I0644897

CLASSIQUES JAUNES

Essais

Étude sur la langue romanesque de Victor Hugo

Judith Wulf

Étude sur la langue romanesque de Victor Hugo

PARIS
CLASSIQUES GARNIER
2022

Spécialiste de littérature française et de stylistique du XIXe siècle, Judith Wulf étudie le renouvellement critique des questions de langue et de style chez les écrivains romantiques, notamment dans le récit romanesque et historique. Elle est l'auteure de plusieurs études de référence sur l'œuvre poétique et romanesque de Victor Hugo, dont *Le Romanesque hugolien. Idée et régime de littérarité.*

Couverture : Victor Hugo, « Vieux burg dans l'orage », 25 août 1837. DR Source ; www.laliberte.ch

© 2022. Classiques Garnier, Paris.
Reproduction et traduction, même partielles, interdites.
Tous droits réservés pour tous les pays.

ISBN 978-2-406-12461-0
ISSN 2417-6400

ABRÉVIATIONS

Sauf indication contraire, toutes les références sont tirées des *Œuvres complètes* de Victor Hugo, sous la direction de Jacques Seebacher et Guy Rosa, Paris, Robert Laffont, coll. « Bouquins », 1985.

Abréviation	Titre	Volume
AM	*L'Archipel de la Manche*	Roman III
BJ	*Bug Jargal*	Roman I
CG	*Claude Gueux*	Roman I
Cho.	*Les Choses de l'infini*	Critique
Civ.	*La Civilisation*	Critique
CV	*Choses vues*	Histoire
Dél.	*Les Déluges*	Critique
DJC	*Le Dernier Jour d'un condamné*	Roman I
Fl.	*Les Fleurs*	Critique
GAP	*Les Génies appartenant au peuple*	Critique
Gé.	*Du Génie*	Critique
Goût	*Le Goût*	Critique
Han	*Han d'Islande*	Roman I
HQR	*L'Homme qui rit*	Roman III
LPM	*Littérature et philosophie mêlées*	Critique
Mis.	*Les Misérables*	Roman II
MV	*La Mer et le Vent*	Critique
NDP	*Notre-Dame de Paris*	Roman I
Oc.	*Océan*	Océan
PC	Préface de *Cromwell*	Critique
Ph.	*Philosophie*	Critique
Préf.	*Préface de mes œuvres et post-scriptum de ma vie*	Critique
PrS	*Promontorium Somnii*	Critique

QS	*La Question sociale*	Critique
QT	*Quatrevingt-Treize*	Roman III
TM	*Les Travailleurs de la mer*	Roman III
Trad.	*Les Traducteurs*	Critique
UB	*Utilité du beau*	Critique
WS	*William Shakespeare*	Critique

INTRODUCTION

« Où la langue manque [...] tout manque » nous dit Victor Hugo dans « Le Goût[1] ». Réinvestissant de manière critique l'héritage classique, l'auteur du *William Shakespeare* le repense à la lueur trouble de la modernité post-révolutionnaire. Le tout, désormais, ne provient plus du vrai, mais apparaît comme une cohérence problématique. Cet extrait du reliquat du grand ouvrage d'esthétique de 1864 fait écho à un autre aphorisme de la même période : « À qui n'interroge pas tout, rien ne se révèle[2] », qui associe la question linguistique à la question herméneutique, dans un paradoxe qui fait de la totalité l'unité de base et met en avant un sujet impersonnel à la fois créateur et interprète.

Nombreuses sont chez Hugo les marques d'aspiration au tout[3] ; elles traversent l'ensemble d'une œuvre qui se manifeste dans des textes conçus « tout à la fois comme expression suffisante, quelle que soit leur taille, d'une individualité tout entière présente en chacune de ses manifestations et comme fragments détachés d'un tout à construire », pour reprendre la formule de Guy Rosa[4]. Qu'elle soit nommée *harmonie*, *unité*, *Pan*, *nature*, *sublime*, *communauté*, ou simplement *tout*, qu'elle soit pensée comme âge d'or, comme utopie ou comme chimère, cette « totalité active », comme la nomme Anne Ubersfeld[5], est l'occasion pour Hugo de défier les lois de l'expression poétique, forcément restreinte, dans un

1 *Goût*, p. 574.

2 *Préf.*, p. 707.

3 Pour Hugo comme pour les romantiques, l'œuvre d'art moderne doit être totale. Cette ambition concerne aussi bien le contenu que le destinataire (« tout est sujet, tout relève de l'art, tout a droit de cité en poésie », préface des *Orientales*) mais également la genèse de l'œuvre, (« L'ensemble de mon œuvre fera un jour un tout indivisible [...] j'existerai par l'ensemble », lettre du 9 décembre 1959) ; l'histoire (« Tout le passé et tout l'avenir », *La Légende des siècles, Nouvelle Série*). le genre humain (« l'homme est un être total, les êtres sont des hommes [...] Tout homme est composé de tout le genre humain... », *L'Âne*).

4 « Hugo complet », *Éditer des manuscrits*, dir. B. Didier et J. Neefs, Vincennes, Presses universitaires de Vincennes, 1996, p. 83-94.

5 Anne Ubersfeld, *Le Roi et le bouffon. Essai sur le théâtre de Hugo*, Paris, Corti, 1974, p. 8.

espoir de création qui place le Verbe divin à la fois comme origine et comme horizon[1].

Aussi, comme l'a bien montré la critique hugolienne, cette question se décline-t-elle dans tous les aspects de l'œuvre, qu'elle s'envisage sous l'angle du sujet, de l'histoire, de la politique ou des conditions de la connaissance. Anne Ubersfeld[2], souligne l'importance de la recherche du tout dans l'évolution personnelle, politique et poétique de Hugo[3]. Claude Millet, réfléchissant sur la construction de *La Légende des siècles*, explique que le principe sériel répond à la question de savoir comment écrire « ce rien que nous appelons Tout[4] ». Florence Naugrette insiste sur la dimension réaliste de la synthèse hugolienne qui vise une « écriture de la totalité appliquée à la nature humaine, qui distribue également les vices et les passions aux grands hommes et aux gens de rien[5] ». Ludmila Charles-Würtz voit dans l'espace fictif du recueil la figuration d'une communauté idéale d'un moi universel. Loin d'un expression solipsiste, le lyrisme correspond bien alors à la définition qu'en donne la préface aux *Odes* de 1822 : « La poésie, c'est tout ce qu'il y a d'intime en tout ». Myriam Roman relie cette aspiration à la totalité à un processus philosophique de type dialectique[6]. David Charles souligne l'« exigence politique » qui fait du « tout de la misère » une « totalité indivisible », dans laquelle chaque « élément engage le tout par métonymie[7] ». Envisageant la question de la totalité dans une perspective génétique, Pierre Laforgue

1 Associé à l'idée de totalité, le Verbe renvoie tour à tour à la question de l'unité ou à celle de l'illimité, reliant la langue, selon les cas, à l'image de la perte ou au contraire à celle de progrès collectif. Dans le premier cas, la multiplicité des langues s'oppose à l'unité du Verbe divin, dans une réécriture pessimiste du mythe de Babel. Car, « quoi qu'ils fassent », les hommes « ne peuvent tout prendre à l'esprit humain et tout donner à la langue. Le tout n'appartient qu'au Verbe. Ici éclaté l'identité de l'esprit humain et de l'esprit divin. La pensée, c'est l'illimité. Exprimer l'illimité, cela ne se peut » (*Trad.*, p. 632).

2 *Le Roi et le Bouffon ; Essai sur le théâtre de Hugo*, éd. citée.

3 Tout le dispositif énonciatif du drame étant destiné à dépasser fracture personnelle et fracture historique, dans un élan vers « le peuple où tout va », *Ibid.*

4 *Victor Hugo, La Légende des siècles*, Paris, PUF, 1995, p. 25.

5 « Le devenir des emplois tragiques et comiques dans le théâtre de Hugo », Groupe Hugo du 31 mars 2001, http://groupugo.div.jussieu.fr/groupugo/01-03-31naugrette.htm.

6 « À la continuité scottienne faite d'un mélange, Hugo oppose un processus dialectique, qui aboutit non au consensus de la majorité, mais à la conversion de la totalité à une vérité supérieure. » (« Victor hugo et le roman historique », Groupe Hugo du 25 novembre 1995, http://groupugo.div.jussieu.fr/Groupugo/95-11-25roman.htm#_edn1).

7 « Le trognon et l'omnibus : faire de sa misère une barricade », *La Barricade*, Actes du colloque de Paris (1995), Centre de Recherches sur l'Histoire du XIXe siècle et Société

en dessine l'évolution : il voit à la fin des années 1820 l'émergence d'une « totalité contradictoire », permettant de « constituer l'écriture dans le manque, dans l'ellipse, autrement dit dans le symbolique[1] ».

Dans toutes ces études, la forme est à l'honneur : qu'il se pose en poète, en metteur en scène, en dessinateur ou encore en artiste bricoleur, Hugo met tous les langages au service de sa quête infinie. Cette dimension de l'œuvre va de soi : Hugo, comme il le réaffirme à de nombreuses reprises se pose en poète plutôt qu'en historien, en homme politique ou même en philosophe et c'est par le prisme de la langue qu'il aborde les questions sociales. Mais cela va plus loin. Si le poète est mieux placé, ce n'est pas uniquement parce que sa maîtrise de la langue lui permet de mettre en forme des problèmes inédits ; c'est parce qu'il démontre que la langue n'est pas seulement au centre, mais *le* centre de la question. Loin d'être une institution sociale parmi d'autres, le langage constitue en effet la condition, le milieu[2] de toute relation. C'est ce que Hugo appelle « le style » :

> Les chefs-d'œuvre sont des formations mystérieuses, l'infini s'y sécrète çà et là ; telle expression qui vous étonne est, au milieu de toutes ces émotions humaines, de toutes ces palpitations réelles, de tout ce pathétique vivant, un brusque épanouissement de l'inconnu. Le style a quelque chose de préexistant. Il reste toujours de son espèce. Il jaillit de tout l'écrivain, de la racine de ses cheveux aussi bien que des profondeurs de son intelligence. Tout le génie, son côté terrestre comme son côté cosmique, son humanité comme sa divinité, le poëte comme le prophète, sont dans le style. Le style est âme et sang ; il provient de ce lieu profond de l'homme où l'organisme aime ; le style est entrailles[3].

Aussi, comme le souligne Henri Meschonnic[4], la langue est-elle le nom, chez Hugo, non d'un système abstrait, mais du *discours*, c'est-à-dire des propriétés qui fondent son ancrage historique. À l'idée, héritée d'Aristote, que seul de tous les animaux, l'homme possède la parole[5],

---

d'Histoire de la Révolution de 1848 et des Révolutions du XIXe siècle, dir. A. Corbin et J.-M. Mayeur, Publications de la Sorbonne, 1997, p. 144.

1 « *Bug Jargal* ou de la difficulté d'écrire en style blanc », *Romantisme*, n° 69, 1990, p. 29-42.

2 Selon le sens que Jean Maurel donne à ce terme dans son *Vocabulaire de Victor Hugo* (Paris, Ellipses, 2006, p. 78).

3 *Trad.*, p. 622.

4 « Ce que Hugo dit de la langue », *Romantisme*, n° 25-26, 1979, p. 57-73.

5 *Zoon logon ekon*, l'homme est un animal qui possède le logos, c'est-à-dire le langage et, partant, la raison.

s'ajoute chez Hugo la conviction, en écho à Vico[1], que c'est aussi ce qui fait sa spécificité comme sujet collectif.

De fait, de nombreux aspects de la réflexion hugolienne échappent, si on ne prend pas en compte la théorie linguistique qui les conditionne : telle est l'hypothèse de départ de cette étude.

LE TOUT : ENTRE SYNTHÈSE ET COMPOSITION

Si l'idée de totalité est si présente dans l'ensemble de l'œuvre, c'est qu'elle ne va pas de soi, ni pour Hugo, ni pour ses contemporains. Contrairement à sa représentation d'Ancien Régime, fondée sur une solidarité par similitude, de type mécanique, la totalité révolutionnaire revendique une solidarité organique, dans laquelle les diverses parties sont aussi différentes les unes des autres que les organes d'un corps. Or cette dernière est-elle même confrontée à son autre historique, fait de contradictions et de ruptures, devenir en expansion que le poète a la responsabilité de transformer.

On peut distinguer deux grandes tendances dans la manière dont le langage permet d'envisager cette recréation : la première, très connue, repose sur la synthèse[2], « harmonie des contraires » envisagée comme moteur de l'histoire :

> Car la philosophie du dix-huitième siècle, qui est l'esprit d'analyse arrivé à sa plus complète expression, n'est pas moins hostile à la poésie qu'à la religion, parce que la poésie comme la religion n'est qu'une grande synthèse. [...] Au dix-neuvième siècle, un changement s'est fait dans les idées à la suite du changement qui s'était fait dans les choses. [...] Au vent philosophique a succédé un souffle religieux, à l'esprit d'analyse l'esprit de synthèse, au démon démolisseur le génie de la reconstruction[3].

1 Par l'entremise de Michelet, qui traduit la *Scienzia Nuova* en 1827. Pour Vico, les peuples comprennent leur histoire et la font grâce au langage, notamment les mythes, qu'ils ont inventés pour l'exprimer indirectement, dans une transposition poétique (« *verum est dictum* »).

2 L'esthétique romantique, notamment dans sa version allemande, vise un possible retour au monde harmonieux de la nature grecque, qui prendrait le contre-pied de la scission kantienne entre la nature mécanique et l'infinie liberté.

3 *LPM*, p. 54.

Dans les années de l'exil, la pensée de la relation linguistique prend un tour paradoxal, ancré dans un double mouvement « d'amalgame et de désagrégation », que Hugo présente en termes de composition :

> Exprimer l'illimité, cela ne se peut. Devant cette énormité immanente, les langues bégaient. Une arrache ceci, l'autre cela. Ces lambeaux recousus, ces morceaux amalgamés composent la connaissance humaine et la pensée publique[1].

À l'utopie de la langue poétique, dont la supériorité synthétique permet de toucher du doigt une unité supérieure, se superpose ici la question de son existence concrète, dans la sphère « publique ». Ancienne, cette question se pose en des termes nouveaux au XIXe siècle et engage une conception originale de l'œuvre poétique. Comme l'explique Jacques Rancière dans une perspective philosophique, l'espace public, ce qu'il appelle « la scène du politique » repose sur un « partage du sensible » : hétérogène, la communauté du peuple entraîne des conflits énonciatifs entre ceux qui croient pouvoir exercer, de droit, un langage défini selon des règles universelles et ceux qui cherchent en vain à être entendu dans leur spécialité langagière. L'espace public est donc partagé dans les deux sens du terme, divisé par une séparation identitaire et en même temps commun aux uns et aux autres.

Après la Révolution, cette question se complexifie encore du fait que les lieux de pouvoir et de confiscation de la langue se diversifient et se superposent à un rythme soutenu. À l'opposition entre langue aristocratique et langue du peuple, s'ajoute une opposition entre langue de la bourgeoisie et langue des ouvriers, mais également langue nationale et langues régionales, langue institutionnelle et parler courant, langue littéraire et langue commune, à chaque spécialisation correspondant une nouvelle rhétorique. Ces oppositions traversent l'œuvre de Hugo, qui pose la question de la langue révolutionnaire, mais également celles de la langue populaire, des langues spéciales et des jargons. À l'utopie poétique d'une « harmonie des contraires », à laquelle Hugo ne renonce jamais vraiment, s'oppose alors la réalité matérielle des conditions historiques de la création littéraire, qui ne peut ignorer ces fractures. Gardant la trace de cette ambivalence constitutive, l'idée de composition hésite

1 *Trad.*, p. 632.

ainsi entre une acception négative et une acception positive : composer est synonyme de créer, mais également de transiger ; composer, c'est aussi composer avec. Cette ambiguïté renvoie chez Hugo à une triple nécessité pratique, théorique et politique.

Il s'agit d'abord d'une nécessité pratique, dans la mesure où cet espace public avec lequel il faut composer se compose lui-même de forces divergentes. C'est ce que souligne l'expérience du drame qui, comme l'a bien montré Anne Ubersfeld, se caractérise par une « esthétique du compromis ». En s'appuyant sur l'émotion collective, qui se constitue au cours de la représentation, le dramaturge espère créer un « autre public[1] », à la fois laboratoire et première étape vers une véritable communauté populaire. Mais en même temps, Hugo doit se plier aux fortes contraintes de mise en scène de l'époque ainsi qu'aux goûts d'un public qui ne comprend pas toujours son théâtre et subit la tentation des divertissements à grand spectacle en plein essor au XIXe siècle. Renoncer à la scène, c'est laisser le champ libre à l'*omonoia* dominante, la concorde publique que confortent des spectacles qui diffusent les lieux d'une rhétorique porteuse des valeurs morales du nouvel ordre établi.

On le comprend, nécessités pratique et politique se rejoignent : réfléchir à la composition d'une œuvre, c'est réfléchir à celle d'une société en transition et participer à sa constitution. C'est déjouer, d'une part, le fatalisme classique qui exprime, à travers ses règles, un ordre établi auquel le sujet n'a d'autre choix que de se conformer et retourner, d'autre part, le nationalisme, qui répartit les forces sociales et les fige dans un partage hiérarchisé, au lieu d'en favoriser la dynamique créatrice.

Il s'agit enfin d'une nécessité théorique : travailler à la composition, c'est renverser le paradigme classique, en posant la relation avant la répartition, en ne séparant plus l'individuel et le collectif, la pensée et le langage. Seul le poète peut y parvenir qui, ne réfléchissant ni en philosophe, ni même en historien[2], sait qu'il ne faut pas séparer le contenu et la forme.

1 *Le Roi et le bouffon*, éd. citée, p. 482.

2 Hugo y revient à plusieurs reprises et de manière d'autant plus affirmée que c'est une tendance de tout le roman, à laquelle il n'échappe pas sans effort : réfléchissant sur les difficultés de réception que rencontre *L'Homme qui rit*, il explique ainsi : « J'ai voulu abuser du roman, j'ai voulu en faire une épopée. J'ai voulu forcer le lecteur à penser à chaque ligne. De là une sorte de colère du public contre moi » (Bernard Leuillot, notice de *L'Homme qui rit*, *Roman* III, « Bouquins », p. 1079).

LE POINT DE VUE DES ROMANS DE L'EXIL

Si l'idée et le terme de *composition* sont, bien entendu, présents dès les premiers écrits de Hugo, leur portée n'est pas la même à tous les moments de l'œuvre. La composition, chez Hugo, n'est pas un concept, qu'on pourrait connaître grâce à un exposé systématique ; c'est un interprétant, une variable, qui n'apparaît sous tous ses aspects qu'en se détachant sur le fond de ses métamorphoses génétiques et génériques.

Se dessine ainsi une évolution, qui va d'une conception transitive à une conception relationnelle, de l'idée de *composition de* à l'idée de *composition avec*, sans que la seconde se substitue jamais entièrement à la première. Dans la première moitié du XIXe siècle, le travail de composition consiste avant tout à trouver une nouvelle forme de cohérence, en adéquation avec les conditions modernes de création. Contrairement aux poétiques classiques, qui réglaient la cohésion de l'œuvre grâce aux principes universels du bon goût, la composition moderne, obéissant à une nécessité intrinsèque, crée ses propres lois[1]. Incarnant un processus réaliste, elle correspond au « génie moderne, si complexe, si varié dans ses formes, si inépuisable dans ses créations[2] ». Aussi existe-t-il pour Hugo deux manières, l'une « profonde », l'autre superficielle, de considérer les lois de la composition :

> Il faut bien se garder de confondre l'ordre avec la régularité. La régularité ne s'attache qu'à la forme extérieure ; l'ordre résulte du fond même des choses, de la disposition intelligente des éléments intimes d'un sujet. La régularité est une combinaison matérielle et purement humaine [...] Le créateur, qui voit de haut, ordonne ; l'imitateur, qui regarde de près, régularise ; le premier procède selon la loi de sa nature, le dernier suivant les règles de son école. L'art est une inspiration pour l'un ; il n'est qu'une science pour l'autre. En deux mots, et nous ne nous opposons pas à ce qu'on juge d'après cette observation les deux littératures dites classique et romantique, la régularité est le goût de la médiocrité, l'ordre est le goût du génie[3].

1 « Composer, c'est-à-dire imaginer ou observer, suivant [sa] conception personnelle de l'art » selon la définition que Maupassant donne de ce terme, en l'associant explicitement à Hugo (*Le Roman*, article publié comme préface à *Pierre et Jean*).

2 *PC*, p. 10.

3 *Odes et ballades*, préface de 1826.

Seules les lois ou les règles conventionnelles peuvent donc être remises en question, tandis que celles qui relèvent d'une nécessité constitutive doivent d'abord être comprises pour mener à la liberté :

> Il n'y a ni règles, ni modèles ; ou plutôt il n'y a d'autres règles que les lois générales de la nature qui planent sur l'art tout entier, et les lois spéciales qui pour chaque composition résultent des conditions d'existence propres à chaque sujet. Les unes sont éternelles, intérieures et restent ; les autres variables, extérieures, et ne servent qu'une fois. Les premières sont la charpente qui soutient la maison ; les secondes l'échafaudage qui sert à la bâtir et qu'on refait a chaque édifice. Celles-ci enfin sont l'ossement, celles-là le vêtement du drame[1].

Cette approche de la composition joue un rôle essentiel dans la théorie du drame. Dans la Préface de *Cromwell*, la question de l'unité de composition apparaît ainsi comme centrale et cela à plusieurs titres : il s'agit tout d'abord d'un principe esthétique qui fait du mouvement centripète, ce que Hugo nomme la « concentration », le gage de la totalisation du drame moderne, dont Shakespeare est le parangon en même temps que la clef de voûte :

> On voit donc que les deux seuls poëtes des temps modernes qui soient de la taille de Shakespeare se rallient à son unité. Ils concourent avec lui à empreindre de la teinte dramatique toute notre poésie ; [...] et, loin de tirer à eux dans ce grand ensemble littéraire qui s'appuie sur Shakespeare, Dante et Milton sont en quelque sorte les deux arcs-boutants de l'édifice dont il est le pilier central, les contre-forts de la voûte dont il est la clef[2].

Il s'agit ensuite d'un principe pratique : pour qu'une multiplicité d'actions puissent être représentées, elles doivent s'articuler autour d'un axe directeur suffisamment solide :

> Du reste, gardons-nous de confondre l'unité avec la simplicité d'action. L'unité d'ensemble ne répudie en aucune façon les actions secondaires sur lesquelles doit s'appuyer l'action principale. Il faut seulement que ces parties, savamment subordonnées au tout, gravitent sans cesse vers l'action centrale et se groupent autour d'elle aux différents étages ou plutôt sur les divers plans du drame[3].

---

1 *PC*, p. 23.
2 *Ibid.*, p. 16.
3 *Ibid.*, p. 20.

Il s'agit enfin d'une question historique : garantie par des valeurs éternelles, la poétique classique peut se référer à des règles de cohésion pérennes ; emportée dans le tourbillon des crises révolutionnaires, l'esthétique romantique doit trouver ses propres repères, qui serviront de jalons pour proposer un tableau cohérent d'une époque sans précédent. C'est l'idée d'une composition comme point d'optique, qui « restaure », « harmonise », « répare », « comble », « groupe[1] », pour les rendre plus lisibles, les événements historiques qui remettent en cause les fondements passés de la société.

Mais que se passe-t-il lorsque Hugo ne peut plus compter sur le théâtre pour diffuser, aussi largement qu'il le souhaiterait, sa vision de la littérature moderne ? Que faire lorsque le peuple, d'abord divisé autour des luttes sociales, renonce à résister au despotisme ? Sur quoi appuyer son cri de résistance, lorsque l'exil prive l'orateur de sa tribune, le poète de son cercle et le dramaturge de son public ? Comment susciter l'émotion lorsqu'on ne sait pas à qui on s'adresse ? Ces questions laissent des traces dans la poésie de Hugo, qui subit de fortes évolutions : polyphonie, narration, éloquence, tous ces aspects – déjà présent dans son lyrisme – occupent une place de plus en plus importante dans la poésie, pour mieux dire les contradictions de l'histoire, incarner la résistance politique et donner la parole à ceux qui en sont privés. Reste la question de la communauté moderne, que la poésie peut regretter ou imaginer, mais peine à concrétiser en relation effective. La communication publique, que permettait le théâtre, devenue impossible, ne reste désormais à Hugo qu'un mode de relation que, à première vue, restreignent doublement l'exil et le livre.

Évolutions génétique et générique vont ainsi de pair. Dans les années 1830, la difficulté principale était de lutter contre la ségrégation des registres et de faire se rencontrer tous les publics dans un même espace physique et symbolique ; d'où l'importance de la pensée du drame dans l'esthétique de Hugo à cette époque. Lorsque la publication d'un écrit devient le principal moyen d'existence de l'œuvre, c'est l'ampleur de la diversité qui pose désormais problème : chercher à traduire, dans une même unité, toutes les voix de l'histoire collective, même lorsqu'elles sont discordantes, risque de les trahir. De même qu'il peut paraître déplacé de figer par écrit une culture populaire, dont la dynamique d'existence

1 *Ibid.*, p. 24.

repose sur l'oral. C'est parce qu'il aborde ces questions de front, que le roman joue un rôle désormais central dans la réflexion formelle.

L'expérience du roman, bien entendu, ne débute pas *après* celle du drame. Mais comme l'explique Anne Ubersfeld, le roman, malgré ses charmes, détournait jusque-là Hugo de « sa véritable parole[1] ». Aussi pouvait-il apparaître comme un genre secondaire. Par opposition à la poésie, qui constitue le socle de son identité et dessine, tout au long de sa vie, la ligne de son destin de créateur, en marge du drame, qui concentre ses espoirs de renommée et de fortune et constitue un laboratoire dialogique[2], le roman fait pâle figure : forme bâtarde du point de vue de l'institution littéraire, il ne peut faire l'objet d'une déconstruction avant-gardiste ; condamné à l'écrit, il semble mal placé pour incarner une parole vive ; tenu pour le champion du sentimentalisme efféminé[3], cantonné en apparence à la sphère privée, il ne semble pas adapté pour servir de support à la création d'une communauté publique. Comme beaucoup de ses contemporains[4], Hugo assortit donc les romans qu'il écrit de justifications politiques, de garanties philosophiques, quand il ne s'excuse pas d'une erreur de jeunesse. Avec l'exil, le roman n'est plus un choix, mais une nécessité.

Étant donné le statut particulier qu'ils occupent dans l'économie d'ensemble de l'œuvre, les romans de l'exil apparaissent alors comme le meilleur *promontoire*[5] pour observer les nouvelles recherches de composition qui se développent à cette période. On choisira donc de s'avancer dans le corps de l'œuvre par un chemin prégnant, susceptible de mettre en perspective ces questions, de les rendre plus lisibles, plutôt que d'emprunter la voie linéaire de la chronologie, qui en masque en

1 *Le Roi et le Bouffon*, éd. citée, p. 11.

2 « Génie lyrique être soi ; génie dramatique être les autres. » (Jacques Cassier et Guy Rosa, *Fragments* [en ligne sur le site du groupe Hugo], Manuscrit : 13398 ; Folio 269 Cote Gâtine139/216, Rubrique Gâtine : « Prose ». enveloppe de papier ; Datation : 1830-1833).

3 « Le temps viendra peut-être bientôt où l'homme qui fera un roman sera aussi ridicule que ceux qu'on voit aujourd'hui faire des robes et des bonnets » écrit ainsi Louis-Simon Auger (« *Léonie de Monfreuse*, par Mme S… G… », *Journal de l'Empire*, 26 avril 1813, repris dans *Mélanges philosophiques et littéraires*, Paris, Ladvocat, 1828, t. II, p. 359, cité par José-Luis Diaz, « Conquêtes du roman (1800-1850) », *Romantisme*, n° 160, 2013, p. 5).

4 À commencer par le modèle de jeunesse, Chateaubriand, qui insiste par exemple sur le fait qu'il « n'y a pas d'aventures dans *Atala* » et que c'est – plutôt qu'un roman – « une sorte de poème, moitié descriptif, moitié dramatique ».

5 Pour reprendre l'association entre ce terme et sa traduction en grec ancien, *problema*, telle que la commente Jean Maurel (*Victor Hugo philosophe*, Paris, PUF, 1985, p. 51).

partie la logique interne, et en se méfiant de l'approche synchronique qui, envisageant à parts égales l'ensemble du corpus romanesque, en aplanit les lignes de fuite. Aborder la question de la composition romanesque depuis les œuvres de l'exil ne signifie donc pas qu'on s'interdira d'étudier les œuvres antérieures ; adoptant une perspective généalogique plutôt que strictement chronologique, on prendra soin de mettre en perspective la spécificité de cette période, où la réflexion est centrée sur le récit écrit.

Si la question de la composition, comme réflexion sur la langue, sur la cohérence et plus généralement sur les conditions publiques de création au XIXe, concerne toute l'œuvre de Hugo, le point de vue des romans de l'exil permettra ainsi de jeter sur elle un regard neuf en modifiant l'échelle d'observation. En témoigne le cas des *Misérables*[1], dont les deux campagnes d'écriture soulignent bien le changement de perspective. C'est dans ce roman que s'affiche dans toute sa complexité la distinction entre composition d'autorité (*composition de*) et composition relative (*composition avec*). Le travail du personnage d'Enjolras est à ce titre emblématique, exemplifiant non seulement la notion elle-même, mais également son évolution génétique : lorsque le roman est abandonné, en février 1848, c'est Courfeyrac qui constitue le *centre*[2] du groupe des jeunes révolutionnaires. Lorsque le roman est repris, au début des années 1860, le groupe se décentre autour d'Enjolras, dont la particularité est de composer *avec*[3] tous les autres :

> Il composait, dans sa pensée, avec l'éloquence philosophique et pénétrante de Combeferre, l'enthousiasme cosmopolite de Feuilly, la verve de Courfeyrac, le rire de Bahorel, la mélancolie de Jean Prouvaire, la science de Joly, les sarcasmes de Bossuet, une sorte de pétillement électrique prenant feu à la fois un peu partout (p. 678).

1 On se référera pour ce texte à l'indispensable édition électronique de Guy Rosa, disponible sur le site du groupe Hugo (http://groupugo.div.jussieu.fr/Miserables/Default.htm).

2 C'est l'idée de centre qui le caractérise avant tout, par opposition à celle de mise en contexte, à laquelle est associé Enjolras : « Autour de Courfeyrac, qui avait toutes les qualités d'un centre, la rondeur et le rayonnement, se groupaient plusieurs jeunes gens » (texte à l'interruption de 1848). Comme le souligne Guy Rosa, « ce trait-là est laissé à Courfeyrac » (édition critique électronique des *Misérables* par Guy Rosa, « tableau de comparaison », http://groupugo.div.jussieu.fr/Miserables/Consultation/Tableau/Tableau_030401.htm).

3 Sur plusieurs dizaines d'occurrences du verbe *composer*, Enjolras est associé à l'unique construction de ce type.

Deux modèles de société s'opposent : un modèle pyramidal (historique), dans lequel la parole est un outil de pouvoir ; un modèle horizontal (poétique), dans lequel la langue, concernant à la fois chacun et tous, constitue le point d'articulation entre individualité et collectivité. Il est désormais établi que la question de la langue conditionne toutes les autres ; aussi n'est-il pas anodin que ce soit par le chapitre « Buvard bavard » que Hugo reprend, en 1860, la rédaction de son roman[1]. Emblématique de l'écrit romanesque, le buvard exemplifie un fragment de discours qui est absorbé par un accessoire pour mieux être offert au premier venu[2], au lieu de se réserver pour un destinataire précis[3]. Contrairement aux ouvrages classiques qui, restant sous le contrôle d'une sociabilité mondaine, permettent toujours de savoir à qui on s'adresse, de manière très différente du théâtre, parce que celui-ci ne mélange les publics qu'en surface, la parole de la littérature romanesque est d'autant plus libre qu'elle est muette[4]. À la dramaturgie de la vaine parole succède alors le roman du bavardage, l'autre « bouteille à la mer[5] » qui, renonçant à l'énonciation englobante du lyrisme et à l'unité de perspective du drame, se jette à corps perdu dans une totalité de divergences et court le risque de renoncer à l'efficience d'une cohérence surplombante, pour mieux gagner l'espoir de donner la parole à tous. C'est parce que la composition du roman est impersonnelle qu'elle peut servir de laboratoire pour penser un véritable espace démocratique[6].

---

1 Comme l'indique Guy Rosa dans son édition électronique (éd. citée), l'ébauche de ce chapitre, datée du 21 février 1848, « est le point ultime de la rédaction des *Misères* ». Sur le manuscrit, « Buvard bavard » est ainsi annoncé : « 14 février (1848) / (Ici le pair de France s'est interrompu, et le proscrit / a continué :) / 30 décembre 1860 / Guernesey » (f° 297 et f° 298).

2 C'est en lisant les traces d'une lettre sur un buvard que Jean Valjean découvre le secret de Cosette.

3 C'est l'un des arguments contre l'écriture, que développe le *Phèdre* de Platon ; seule la parole vive du dialogue peut produire une pensée dialectique. Muette, impersonnelle et figée, l'écriture ne peut engendrer que des contresens.

4 Fondement des « contradictions de la littérature », comme l'explique Jacques Rancière (*La Parole muette. Essai sur les contradiction de la littérature*, Paris, Hachette, 1998).

5 Comme la nomme Anne Ubersfeld.

6 À la fois commun, public et populaire, pour gloser l'étymologie de ce terme.

QUELLE APPROCHE DE LA LANGUE ?

Si la question de la langue est au cœur de la démarche de Hugo, c'est qu'elle prend à son époque une portée toute particulière chez les écrivains, à la croisée de l'imaginaire et de la connaissance, du politique et du poétique. Répondant aux problèmes que pose la société contemporaine, l'écrivain doit également répondre de ses choix formels et des conséquences publiques qu'ils impliquent. Entre dogmes de la grammaire universelle et certitudes structuralistes, la période à laquelle écrit Hugo apparaît ainsi comme le moment de l'interrogation linguistique[1]. Bien documentée pour la période antérieure, lorsque pratique et théorie de la langue ne se distinguent pas, largement abordée pour la période postérieure, lorsque les écrivains dialoguent avec la linguistique constituée en science autonome, cette perspective pâtit, pour la période intermédiaire, des nombreux stéréotypes attachés au romantisme.

C'est pourtant à ce moment que se dessinent bon nombre des débats contemporains : multiplicité et historicité des langues, qui relativisent le statut de chacune sans pour autant renoncer à l'idée de langue universelle, classement, hiérarchisation et place de la langue française, rôle du français dans la constitution d'une identité nationale, normalisation linguistique par la grammaire, les dictionnaires et l'enseignement, autant de questions, mêlant enjeux théoriques et sociaux, que les écrivains mettent en forme et sur lesquelles ils portent un regard critique. Afin de les examiner dans leurs manifestations concrètes et d'en dégager la portée théorique, il s'agira, d'une part, de les replacer dans leurs cadres philosophique et anthropologique et, d'autre part, de les faire dialoguer avec les outils de la linguistique moderne. Plaçant l'histoire et le sujet au cœur de la réflexion, trois courants d'influence intéressent plus particulièrement la conception linguistique de Hugo, celle du premier romantisme allemand, celle de Vico et celle de l'anthropologie historique, dans le sillage des Humboldt.

---

1 Voir Marie-Anne Paveau et Georges-Elia Sarfati, *Les Grandes Théories de la linguistique*, Paris, Armand Colin, 2003.

Se diffusant via le groupe de Coppet[1], les théories linguistiques du premier romantisme allemand soulignent l'importance de la notion de sujet collectif. Contrairement au système philosophique ou scientifique, la cohérence poétique que cherchent à penser les romantiques se nourrit du divers, de l'ouverture sur l'infini des possibles. La synthèse y est multiplicité de synthèses, ce qui implique que cette œuvre ne peut être le produit d'un seul *Moi*, mais engage obligatoirement divers points de vue. Diversité et devenir, nécessité de créer du lien, en ce sens, ne sont pas seulement du côté de l'objet, mais également du sujet ou plutôt des sujets, qui visent une œuvre collective, communauté dynamique, à laquelle Novalis donne le nom de « composition[2] ». Débordant le concept esthétique, la notion de romantisme renvoie à une conception culturelle qui s'appuie elle-même sur un partage linguistique, opposant la langue latine comme source de la littérature d'autorité et la langue romane des récits populaires à partir du Moyen âge. Très largement déclinée par les écrivains français du XIXe, cette conception trouve un écho critique tout particulier chez Hugo, qui la réinvestit dans le cadre de sa lutte contre l'épuration classique : chez lui, c'est moins le latin qui est visé que le français classique et néoclassique, qu'il oppose à la vitalité populaire de la langue de la renaissance, présentée comme modèle d'une langue créative.

L'idée de composition est également au cœur de la philosophie de la connaissance de Vico, diffusée en France par Michelet. S'opposant à la mécanisation de la pensée de la méthode cartésienne, le philosophe italien prône la voie d'une composition synthétique, qui présente la raison comme une réalité en devenir permanent. Proposant une métaphysique originale selon laquelle vérité et création vont de pair (*verum factum*), il explique ainsi, dans le *De antiquissima Italorum sapientia*, que lorsque nous les composons, les vérités que nous connaissons en les composant nous les faisons. C'est vrai pour la nature, création de Dieu qui, loin d'une réalité universelle et immuable, se présente sous la forme

1 Parmi les intellectuels qui fréquentèrent ces « États généraux de l'opinion européenne », pour reprendre la formule de Stendhal (*Rome, Naples et Florence en 1817*, 6 août 1817), on citera avec Hugo Schlegel, Humboldt, Madame de Staël, (notamment comme figure de l'exil dans *William Shakespeare* II, III), mais aussi Chateaubriand.

2 « La figure de la plus petite partie n'est que la figure de la formation originaire – de la formation élémentaire – laquelle n'est que l'expression figurée de la communauté dynamique – ou composition. » Fragment 1052, *Le Brouillon général*, Paris, Allia, 2000, p. 249.

d'un mouvement continu de décompositions et recompositions, selon le principe qui associe composition et mouvement[1] ; c'est vrai pour la société humaine, produit d'une histoire qu'elle crée elle-même et qui prend la forme de cycles qui s'enchaînent en spirale selon un progrès indéfini. L'objet de la connaissance humaine étant de nature culturelle et non physique, le langage en constitue le substrat en même temps que le miroir, dans une démarche qui associe étroitement philosophie et philologie. Dans cette perspective, sujet et objet de la connaissance se forment corrélativement dans le langage. Loin d'être successives, institution d'une organisation politique et désignation de celle-ci vont de pair, dans une dynamique de création linguistique, qui permet conjointement d'en parler et de la penser[2]. C'est pourquoi, s'éloignant de la conception classique d'un Bacon qui enjoint le philosophe de se débarrasser des préjugés attachés aux mots, il en souligne au contraire la nécessité. S'appuyant sur une sémantique particulière des langues populaires, Vico en propose ainsi la collection.

On ajoutera à ces influences qui marquèrent la pensée française, celles de Humboldt, des Humboldt devrait-on dire, tant il est vrai que, si la plupart des références au nom propre renvoient probablement à Alexander[3], beaucoup des réflexions de Hugo sur la langue dialoguent avec des concepts diffusés par Wilhelm[4]. Réfléchissant sur le génie des langues, ce dernier oppose ainsi la « grammaire » et le « dictionnaire », qui sont comparées au « squelette mort » de la langue, et le « discours lié » (*der Verbundene Rede*), seul à même de saisir le « caractère » des langues[5]. Comme l'expliquent Jean-Louis Chiss et Christian Puech, à

1 « *motus omnes compositos* », titre du chapitre III, § 3.

2 Sans aller jusqu'à parler d'opérationisme pour Vico (si l'on entend notamment le *verum factum* par opposition à un *verum faciendum*), il peut-être intéressant de voir un héritage de sa démarche dans le pragmatisme tel qu'il se développe chez des philosophes du langage comme Peirce. Dans une autre perspective, on peut également penser à Foucault, pour qui les discours sont des « pratiques qui forment systématiquement les objets dont ils parlent » (*L'archéologie du savoir*).

3 Hugo ne précise pas, mais le fait qu'il figure dans sa bibliothèque de Hauteville House peut nous amener à penser qu'il a, sinon étudié, du moins accordé, comme beaucoup de ses contemporains, de l'intérêt à cet explorateur.

4 À commencer par sa conception « génétique » de la langue qui est selon lui « non pas un ouvrage fait (*Ergon*) mais une activité en train de se faire (*Energeia*).

5 Wilhelm von Humboldt, cité par Jürgen Trabant, « Du génie aux gènes de la langue », *Et le génie des langues ?*, dir. H. Meshonnic, Saint-Denis, Presses Universitaires de Vincennes, 2000, p. 87.

partir des analyses de Jürgen Trabant, cette linguistique « implique de prendre en compte les discours comme lieu de l'empirique du langage ». Tout en conservant son caractère central à la réflexion sur l'articulation entre langue et pensée, elle la situe « dans une historicité spécifique de l'esprit humain, là où il ne s'agit plus de représenter par le langage des lois générales du fonctionnement mental[1] ». Plus que la branche officielle de la linguistique historique comparée qui, à partir de Bopp, en 1816, mènera au structuralisme saussurien, c'est sa branche anthropologique qui intéresse donc l'œuvre de Hugo, ne serait-ce que par l'événement qui, le 3 août 1804, en fonde le début. Cette date qui marque l'arrivée à Bordeaux de Humboldt et Bonpland, de retour des Amériques, fut si largement célébrée en France et dans toute l'Europe que Napoléon en prit ombrage, raconte Jürgen Traband[2]. De ce voyage, Alexander von Humboldt rapporte plusieurs livres[3] consacrées aux structures de différentes langues américaines, matériaux linguistiques qui seront largement utilisés par son frère Wilhelm[4]. De cette observation de la diversité concrète des langues, découle l'idée que, contrairement aux sciences naturelles qui procèdent par classification, la linguistique, qui a affaire à des individualités mentales, doit prendre en compte le statut culturel de son objet. L'étude de la diversité des langues apparaît alors comme un sujet particulier qui doit être traité sur la base de l'expérience et sous la direction de l'histoire, dans sa relation avec la nature et la finalité humaine.

Ces réflexions, Hugo les fait dialoguer avec les interrogations qui émergent à cette période à propos des rapports entre langue et littérature et abordent la question du livre ainsi que celle du texte. Se démarquant de la littérature d'Ancien Régime, fondé sur la sociabilité de « micro-sociétés closes[5] » ainsi que sur une homogénéité de réception garantie par l'idéal

---

1 Jean-Louis Chiss et Christian Puech, « L'anthropologie du langage : point aveugle de la philosophie linguistique de tradition française », *Cahiers Ferdinand de Saussure*, 56, 2003, p. 229.

2 Dans une conférence donnée à la fondation Singer-Polignac à l'occasion du colloque de la SERD, *Le XIXe siècle et ses langues* (« Inde et Amérique : les deux projets de la linguistique naissante », 24 janvier 2012).

3 Dont le fameux *Voyage de Humbold et Bonpland. Recueil d'observations astronomiques d'opération trigonométriques et des mesures barométriques*, Paris, Schoell, 1810, que possède Hugo.

4 Ainsi que par Friedrich Schlegel.

5 Marc Angenot, *La Parole pamphlétaire : contribution à la typologie des discours modernes*, Paris, Payot, coll. « Langages et sociétés », 1982, p. 64.

de l'honnête homme et les règles du bon goût, il en récuse les fondements rhétoriques, inappropriés à l'image des masses que diffuse la nouvelle ère, dont la Révolution est à la fois le seuil et l'emblème. Conscient du rôle qu'il joue dans la lisibilité d'une société à laquelle la fiction contribue à donner unité et cohérence, il est confronté aux nouveaux patrons formels, véhiculés notamment par la grammaire et l'enseignement.

Aux traces intertextuelles que laissent dans le texte, non seulement les débats philosophiques, mais également le dialogue critique avec la tradition rhétorique, s'ajoute ainsi la problématique interdiscursive, qui vise la circulation des discours en contexte écrit et réfléchit sur l'intégration polyphonique des langages populaires et des idiomes régionaux dans la littérature. Posant la question du texte et du discours en termes de support, Hugo, comme la plupart des romanciers de son époque, réfléchit par ailleurs sur la matérialité des productions symboliques, sur les types de relation intersubjective qu'elles induisent et sur les modes de communauté qu'elles permettent d'espérer[1]. Loin de l'image de l'auteur tout puissant, les romans témoignent d'une conception interactionnelle du sens, dans l'élaboration duquel l'interprétation joue un rôle fondamental.

À ce titre, plusieurs séries d'outils que nous fournit la linguistique dans son évolution actuelle nous seront d'une aide précieuse, notamment l'analyse du discours et des interactions verbales, la linguistique textuelle et l'herméneutique du contexte. Découlant largement des contraintes que produit le contexte dans lequel il écrit, la conception linguistique de Hugo ne peut se comprendre que si on prend en compte l'environnement historique[2] dans lequel elle se développe. Se définissant à l'époque de la Préface de *Cromwell* par rapport à une tradition, elle entre très vite en conflit avec les nouveaux usages et pratiques normatives qui se mettent en place au lendemain de la Révolution et triomphent sous le Second Empire, avant d'être institutionnalisés sous la Troisième République. Étudier la langue romanesque de Hugo implique donc qu'on prenne en compte l'ensemble du dispositif de communication dans lequel se

1 L'influence des modifications du champ littéraire, qui concerne tous les genres, est significative chez Hugo dès les premiers romans, comme l'étudie Caroline Raulet-Marcel dans sa thèse (*Librairie romantique et genre romanesque : l'instauration d'une nouvelle relation entre l'auteur et son lecteur sous la restauration*, Université Paris VII, 2008).

2 Sur l'importance de ce paramètre, voir Dominique Maingueneau, *Le Contexte de l'œuvre littéraire. Énonciation, écrivain, société*, Paris, Dunod, 1993.

développe sa réflexion sur les genres de discours, le public ou le rôle de l'auteur et, dans le cadre de l'analyse du discours, qu'on puisse « se pencher sur les hétérogénéités discursives ou sur la scène d'énonciation[1] ».

Afin de prendre en compte la double dimension énonciative et interactive de la composition telle que nous l'avons définie, il faudra par ailleurs s'appuyer plus précisément sur les théories qui ne se limitent pas à une conception égocentrique de la langue, organisée autour des repères de la première personne (je), du lieu de l'énonciation (ici) et du moment de l'énonciation (maintenant). Si ces outils traditionnels permettent de cerner les phénomènes attachés à l'idée d'expression romantique, qui constitue une part importante du contexte théorique dans lequel évolue la pensée de Hugo, ils masquent le primat de l'interaction verbale, inhérent à l'idée de composition. Dans le cadre plus précis de l'analyse du récit, cela implique qu'on ne se laisse pas enfermer dans l'étude de structures narratologiques décontextualisées[2]. L'idée de composition telle qu'elle se construit progressivement dans le roman hugolien n'est en effet compatible ni avec l'idée de narrativité comme structure profonde, ni avec celle de manifestation textuelle des intentions de l'auteur[3]. Elle se manifeste matériellement dans le tourbillon des énonciations hétérogènes du texte, qu'elles soient ou non assumées par ce dernier[4] et qu'elles soient ou non réfléchies par le lecteur. C'est donc au sein même du parcours interprétatif que se construit un récit qui n'a pas besoin de recourir à l'idée de signifié préexistant[5] pour se définir.

Rejoignant, dans un cadre plus large, une linguistique qui envisage le texte comme « observatoire et institution de la langue[6] », il s'agira

1 *L'Analyse du discours dans les études littéraires*, dir. R. Amossy et D. Maingueneau, Toulouse, Presses Universitaires du Mirail, 2004.

2 Sur ce point, voir la critique de Jacques Bres, *La narrativité*, Duculot, Louvain-La-Neuve, 1994.

3 Comme le souligne la linguistique du point de vue, développée par Alain Rabatel à partir notamment de la critique de l'idée d'omniscience.

4 Selon la distinction établie par Oswald Ducrot, dans *Le Dire et le dit* (Paris, Minuit, 1984), entre « locuteur » (celui qui prend en charge les paroles) et « énonciateur » (celui qui prend en charge le point de vue).

5 Comme le note Jacques Bres : « Nous dirons que la conception sémiotique qui dérive le faire du récit des transformations de la structure profonde est idéaliste. L'organisation de la signification *procède de* et non *précède* l'action de l'homme sur le monde. C'est par/pour son agir que l'homme donne du sens au monde. La signification n'est pas toujours-déjà là » (Jacques Bres, *op. cit.*, p. 35).

6 Franck Neveu, Critique du concept d'« homonymie textuelle », *Langages*, n° 163, 2006, p. 86-98.

de privilégier les outils d'analyse qui, refusant la facilité d'une « décontextualisation », donnent la primauté, dans la constitution du sens, au niveau global de l'énoncé. C'est ce que décrit l'approche herméneutique du contexte, montrant que le signifiant doit lui-même faire l'objet d'une identification dans le cadre d'un parcours interprétatif.

Dans quelle mesure est-il légitime d'ajouter à cette liste les outils que nous fournirait Hugo lui-même ? Notre propos, bien sûr, n'est pas d'en faire un linguiste. Cependant, comme le souligne Charles Bruneau

> Outre ses nombreuses préfaces et le volume intitulé *Littérature et philosophie mêlées* que l'on peut considérer comme un ouvrage de doctrine, Victor Hugo soit dans des « pensées inédites » soit dans des notes marginales, soit dans ses lettres a exprimé de manière à la fois précise et éclatante ses théories linguistiques[1].

Dire que là « où la langue manque, tout manque », ce n'est pas seulement pour Hugo poser l'équivalence de « la question métaphysique » et de « la question philologique » ; c'est aussi revendiquer une place parmi ceux qui « méditent [...] habituellement sur ces vastes problèmes de linguistique[2] ».

Par ailleurs, comme d'autres champs de connaissance à la même époque, la réflexion linguistique romantique se spécialise rarement en discipline autonome. Comme l'explique Pierre Larthomas, « l'époque dite "romantique" se caractérise plus par une pluralité de conceptions et de programmes que par un *credo* linguistique unanimement accepté ». « Autant d'auteurs » ajoute-t-il « autant de personnalités et de conceptions différentes. » De là « la nécessité d'étudier cas par cas avant d'envisager une synthèse ». Et ce n'est certainement pas par hasard qu'il se propose de le faire précisément avec Victor Hugo[3].

Loin de se limiter à un discours d'ordre épilinguistique, à un savoir naïf de la langue ou à une métaphysique[4], on partira donc du principe qu'il y a une véritable épistémologie de la langue chez Hugo, qui porte

1 « L'époque réaliste », *Histoire de la langue française des origines à nos jours*, Ferdinand Brunot, Paris, Armand Colin, 1953, p. 80.

2 *Trad.*, p. 631.

3 « Théories linguistiques de l'école romantique : le cas de Victor Hugo », *Romantisme*, n°86, 1994, p. 68.

4 Comme le soutient Gérald Antoine, « La langue de Victor Hugo », http://www.asmp.fr/ – Académie des Sciences morales et politiques.

sur des questions très précises sans pour autant être systématique : néologisme, archaïsme, langue populaire, langues spéciales, jargon, argot, histoire de la langue française du XVIe au XIXe siècle, place de la grammaire, syntaxe, autant de questions spécifiquement linguistiques sur lesquelles Hugo réfléchit souvent de manière très technique. Mais ce qui intéresse plus profondément Hugo, c'est le fonctionnement général de la langue, reposant sur le postulat qu'il ne faut pas confondre le tout divin du Verbe et la totalité chaotique de la langue humaine. Pensée dès la Préface de *Cromwell* comme un phénomène historique[1], elle se manifeste moins comme structure que comme « effort » : « Après les langues mortes viennent les langues vivantes, continuant le même travail, tâchant de faire tenir de plus en plus l'esprit humain dans la parole humaine. Les idiomes sont un effort[2]. » Envisagée dans *Littérature et philosophie mêlées* comme une « opération mystérieuse faite à la fois par les années et par les hommes, par la foule et par les lettrés, par les événements et par les livres, par les mœurs et par les idées[3] », la langue est une œuvre collective, qui associe le travail du poète à celui du peuple : « Les écrivains créent des mots, la foule sécrète des locutions[4] ».

C'est pourquoi la langue n'existe jamais hors d'un contexte précis, qui se manifeste dans une pratique : c'est « la langue de Montaigne » ou « celle de Rabelais », c'est « la langue de Pascal » ou « celle de Montaigne » ; mais c'est aussi le français, par opposition à la langue française, la langue originale, par opposition à la langue nationale. Comme toujours chez Hugo, l'enjeu politique rejoint l'enjeu poétique. Si, comme le dit Henri Meschonnic, « Hugo ne parle du langage qu'à partir de sa pratique du poème », « s'il ne peut pas séparer la théorie du langage de la théorie du poème », si « sa théorie du langage vient de sa pratique du poème », c'est qu'il « pense qu'une littérature modifie une langue autant qu'elle est modifée par elle[5] », ce qui le conduit à rapprocher les notions de langue et de style.

1 « Une langue ne se fixe pas. L'esprit humain est toujours en marche, ou, si l'on veut, en mouvement, et les langues avec lui » (*PC*, p. 30).
2 *Trad.*, p. 632.
3 *LPM*, p. 53.
4 *Trad.*, p. 632.
5 « Ce que Hugo dit de la langue », art. cité, p. 58.

LANGUE ET STYLE

Par l'étymologie, style et composition se rejoignent. Emprunté au latin *stilus*, le style renvoie matériellement au stylet, métonymiquement à l'écriture, l'action de composer par écrit et, par extension, à la manière d'écrire. Ces trois aspects, on l'a compris, sont caractéristiques de l'écriture romanesque de Hugo. S'ils sont souvent thématisés dans les romans, c'est qu'ils en exemplifient la problématique centrale. À partir de l'exil, l'opposition principale ne s'inscrit plus dans la ligne de partage entre le style dynamique du génie et les règles jugées stériles des poétiques classiques, mais dans la difficile articulation du stylistique et du rhétorique, envisagés comme deux modalités de la parole, respectivement écrite et orale.

La question du style au XIXe siècle est avant tout caractéristique du tournant esthétique qui inaugure, dès l'abbé Dubos, au début du XVIIIe siècle, une réflexion empirique sur le beau, qui l'éloigne des définitions *a priori*, pour l'orienter vers la réception. S'inscrivant dans le cadre de la théorie du génie, qui invite l'artiste à créer non pas d'après la nature mais *comme* la nature, l'idée de style, chez Hugo se pense en opposition à celle de rhétorique. Contrairement aux « rhétoriques », synonymes « d'obédience », de « normes » qui, « ignorent la loi intime du génie et entrevoient à peine sa loi externe », le style « est libre. Il traverse en pleine liberté tous les alambics de la grammaire[1] ».

Se caractérisant par « sa surprenante élasticité », il ne se définit pas selon une logique de l'écart, mais bien dans la perspective d'une affirmation totale : « Tout est voulu dans le chef-d'œuvre » et en même temps que « Shakespeare veut son style [il] veut son humanité. Il la crée ressemblante à l'humanité – et à lui. De face, c'est l'Homme ; de profil, c'est Shakespeare. Changez le nom, mettez Aristophane, mettez Molière, mettez Beaumarchais, la formule reste vraie[2]. »

Principe réaliste, il « jaillit de tout l'écrivain, de la racine de ses cheveux aussi bien que des profondeurs de son intelligence. Tout le génie, son côté terrestre comme son côté cosmique, son humanité comme sa

1 *Trad.*, p. 622.
2 *Ibid.*, p. 620.

divinité, le poëte comme le prophète, sont dans le style. Le style est âme et sang ; il provient de ce lieu profond de l'homme où l'organisme aime ; le style est entrailles[1]. »

Le style chez Hugo n'est donc ni un écart par rapport à la norme, qu'elle se manifeste dans la rhétorique de l'Ancien Régime ou dans l'idéal abstrait de la « belle langue[2] » qui, à partir du Second Empire, reconduit le bon goût dans sa version bourgeoise, ni la marque d'une individualité, mais un « mode de vivre[3] » de la langue, pour reprendre une expression qu'il faut prendre au sérieux. Loin de constituer un répertoire des techniques d'écriture, l'approche stylistique cherchera donc à mettre au jour une conception critique de la langue romanesque chez Hugo, et envisagera cette dernière dans son ancrage historique. Dans l'idée qu'elles engagent forcément une responsabilité, les formes y seront ainsi envisagées dans leur devenir éthique, politique et plus largement public, c'est-à-dire dans une double perspective épistémologique et poétique, comme point singulier[4] ou comme « agent de transfert[5] », en somme comme métaphore, pour revenir aux sources étymologiques de ce terme. S'appuyant sur les connaissances techniques que lui confère son travail poétique, Hugo ne nous propose pas une théorie de la langue, mais une science pratique[6]. Plutôt que sur le système abstrait de la langue, cette approche porte sur « le génie de l'idiome » qui, tenant « en laisse la grammaire » peut « oser, hasarder, créer, inventer son style[7] ».

---

1 *Ibid.*, p. 622.

2 « Susceptible de servir de base à un jugement épistylistique normatif » pour reprendre l'expression de Gilles Philippe (« Purisme linguistique et purisme stylistique : la langue littéraire et la norme au XXe siècle », *Le Français moderne*, n° 1, p. 17).

3 *Trad.*, p. 621.

4 Au sens que Deleuze donne à ce terme dans *Logique du sens*, à savoir un point permettant de faire communiquer deux séries sémantiques *a priori* sans lien.

5 Pour reprendre l'expression de Michel Pierssens, *Savoirs à l'œuvre : Essais d'épistémocritique*, Lille, Septentrion, 1990, p. 9.

6 Pour reprendre la distinction aristotélicienne entre *techne, episteme* et *praxis*, science poietique, science théorique et science pratique.

7 *PC*, p. 30.

PREMIÈRE PARTIE

LE ROUAGE DU ROMAN

> Un livre est un engrenage. Prenez garde à ces lignes noires sur du papier blanc ; ce sont des forces ; elles se combinent, se composent, se décomposent, entrent l'une dans l'autre, pivotent l'une sur l'autre, se dévident, se nouent, s'accouplent, travaillent. Telle ligne mord, telle ligne serre et presse, telle ligne entraîne, telle ligne subjugue. Les idées sont un rouage. Vous vous sentez tiré par le livre. Il ne vous lâchera qu'après avoir donné une façon à votre esprit[1].

Réfléchissant, en ouverture du *Génie*[2] sur les lois de la composition, Hugo en souligne le caractère dynamique. Ce n'est pas le résultat objectif qui fait l'œuvre, mais l'opération de création elle-même et, au-delà, la relation de transformation qu'elle induit chez le sujet, sans distinction explicite de l'auteur et du lecteur.

Plusieurs métaphores en dessinent la complexité : désignée par l'image de l'engrenage, la totalité du livre apparaît comme unité première, déterminant chacune de ses parties dans un processus toujours renouvelé de décomposition-recomposition. Les lignes qui la constituent ne désignent pas un trait ou une délimitation, encore moins une direction, mais la matérialisation d'une relation qui, à l'origine, se manifestait physiquement. L'opposition entre acception géométrique et acception physique est ainsi caractéristique de la méthode hugolienne, qui réinvestit de manière critique des concepts classiques, en soulignant l'évolution du terme à son époque. Dans le cadre du développement des sciences naturelles au XIXe siècle, polarité et interaction apparaissent comme les concepts clés d'un paradigme moderne, qui place la relation avant l'individu[3].

---

1 *Gé.*, p. 560.

2 Ce texte fait partie d'un ensemble de reliquats issus de la rédaction des *Misérables*, de *William Shakespeare* et des *Travailleurs de la mer*. Hugo n'écrit pas un ouvrage après l'autre, mais ouvre de vastes chantiers lors desquels différentes compositions se chevauchent. Les fragments, ébauches ou chapitres écartés qui s'inscrivent en marge des proses des années 1860-1865 soulignent ainsi la continuité et la convergence entre les versants romanesque et critique de l'œuvre.

3 Comme le soulignent Olivier Schefer, Laurent Margantin et Charles Leblanc après Starobinski, « dans la plupart des domaines de recherche des sciences naturelles – en biologie, en chimie ou en physique –, les concepts de polarité et d'interaction structuraient les nouveaux paradigmes. Il n'était plus question de penser un objet comme un élément statique, il fallait l'étudier dans une série d'actions et de réactions en fonction desquelles il était possible de le qualifier » (*La Forme poétique du monde. Anthologie du romantisme allemand*, Paris, José Corti, 2003, p. 50).

Comme Diderot[1] avant lui, Hugo associe ainsi la notion au sensible tout en la rapprochant du domaine de la chimie, sans pour autant s'y limiter[2]. Au-delà, en effet, c'est la question du sujet qui est posée, non comme préalable mais comme résultat (« telle ligne subjugue »), non comme personne mais comme « accouplement », non comme individu mais comme multiplicité générique (« vous vous sentez tiré par le livre ») et impersonnelle (« Il ne vous lâchera qu'après avoir donné une façon à votre esprit. »).

Au centre de ce dispositif métaphorique, apparaît l'image de l'idée comme rouage, c'est-à-dire comme l'ensemble des éléments mobiles du dispositif. Soulignant son opposition à la tradition philosophique qui pense l'idée comme représentation mentale *a priori* d'une chose, comme unité discrète, Hugo en fait la matérialisation sensible de la dynamique intersubjective de composition. Dans cette conception, l'idée est une variable qui échappe aux distinctions entre forme et fond, signifiant et signifié, généralement attachées à la recherche des universaux. Unité formelle de base, elle n'est pourtant attachée ni au mot, ni au groupe de mot et sa localisation est déterminée par des ensembles beaucoup plus larges qu'elle configure à son tour[3]. Loin de se limiter à un contenu idéologique, elle renvoie donc à un point singulier, qui articule différentes exigences de sa poétique, témoignant de l'évolution de sa conception romanesque de la langue, tout en gardant la trace d'un certain idéal de création[4]. À une époque où, chez la plupart des écrivains, la désillusion a eu raison des idéaux de l'avant-garde romantique, où le réalisme désabusé semble être la seule voie raisonnable pour répondre au cynisme qui caractérise la vie culturelle sous le Second Empire, Hugo, loin de renoncer à son utopie créatrice, cherche à l'adapter aux nouvelles conditions de l'exil.

1 « J'arrête mes yeux sur l'amas général des corps : je vois tout en action et réaction ; tout se réduisant sous une forme et se recomposant sous une autre ; des sublimations, des dissolutions, des combinaisons de toutes les espèces », cité par Jean Starobinski, *Action et réaction. Vie et aventure d'un couple*, Paris, Seuil, 1999.

2 « L'air et la mer, action et réaction » note Hugo dans « Philosophie » (*Ph.*, p. 474-475).

3 Opposant conceptions logico-grammaticale et rhétorique du texte, François Rastier explique que « la première attribue aux unités textuelles la discrétion et la présence, l'identité à soi et l'isonomie, à l'image naïve des objets physiques » alors que la seconde « admet en revanche que les objectivités qu'elle construit soient continues, parfois implicites, varient dans le temps et selon leurs occurrences et leurs contextes » (« Formes sémantiques et textualité », *Langages*, nº 163, 2006, p. 100).

4 Dans « La Civilisation », Hugo distingue la philosophie qui devine et la poésie qui idéalise (*Civ*, p. 606).

Revenant aux fondamentaux que constituent la relation sensible, la diversité du devenir et l'articulation entre individu et ensemble, il les repense dans le cadre spécifique du roman.

La première partie de notre étude sur la langue des romans s'intéressera donc à ces différents rouages de création. Après en avoir précisé la nécessité sensible, nous en envisagerons la complexité hétérogène, avant de chercher à mieux comprendre le principe d'articulation entre niveaux global et local qui la caractérise.

RÉVOLUTION SENSIBLE

« Qu'est-ce que nos idées, des sensations et des sensations comparées[1]. » Reprenant le vieux débat sur l'articulation entre concept et affect qui, jusqu'à la période romantique, se termine toujours au profit du premier, Hugo en repense les termes. Par opposition à la tradition philosophique qui, abordant – de Platon aux Lumières – le langage en termes de représentation, assigne systématiquement au sensible un statut inférieur, Hugo, l'envisageant comme composition, insiste sur la relation subjective qui se joue dans la langue. Cette conception se rencontre dès les premiers écrits théoriques en s'articulant à une métaphysique :

> Du jour où le christianisme a dit à l'homme : « Tu es double, tu es composé de deux êtres, l'un périssable, l'autre immortel, l'un charnel, l'autre éthéré, l'un enchaîné par les appétits, les besoins et les passions, l'autre emporté sur les ailes de l'enthousiasme et de la rêverie, celui-ci enfin toujours courbé vers la terre, sa mère, celui-là sans cesse élancé vers le ciel, sa patrie » ; de ce jour le drame a été créé. Est-ce autre chose en effet que ce contraste de tous les jours, que cette lutte de tous les instants entre deux principes opposés qui sont toujours en présence dans la vie, et qui se disputent l'homme depuis le berceau jusqu'à la tombe[2] ?

Étendant ce principe à l'histoire, Hugo insiste sur le rôle que joue la dimension sensible du génie créateur. C'est parce que « Shakespeare a l'émotion, l'instinct, le cri vrai, l'accent juste, toute la multitude humaine avec sa rumeur », qu'il parvient à faire que « sa poésie, c'est lui, et en même temps, c'est vous », de sorte que lui et tous les autres « génies recommençants [...] surgissent à toutes les crises décisives de l'humanité, [qu'ils] résument les phases et complètent les révolutions[3] ».

Dans la perspective de la représentation dramatique, le principe sensible semblait se spécialiser dans sa réflexion sur le public :

1 *LPM*, p. 113.
2 *PC*, p. 16.
3 *WS*, p. 283.

> Trois espèces de spectateurs composent ce qu'on est convenu d'appeler le public : premièrement, les femmes ; deuxièmement, les penseurs ; troisièmement, la foule proprement dite. Ce que la foule demande presque exclusivement à l'œuvre dramatique, c'est de l'action ; ce que les femmes y veulent avant tout, c'est de la passion ; ce qu'y cherchent plus spécialement les penseurs, ce sont des caractères. (Préface de *Ruy Blas*).

Reprenant ces questions sous un angle différent, le roman en renouvelle la portée. Dans le cadre de l'écrit romanesque, qui ne peut s'appuyer sur les ressources de la mise en scène, de l'interprétation et de la réunion physique des subjectivités dans un même espace, c'est sur la seule création poétique, sur le travail du langage verbal que repose l'exigence sensible.

C'est donc à cette notion de sensibilité de la langue romanesque que sera consacré notre premier chapitre. Nous verrons qu'elle ne se limite pas à un simple rapport perceptif, pas plus qu'elle ne cherche dans l'intuition la solution pour établir un rapport immédiat au monde. C'est une véritable relation linguistique, qui tente de construire un mode de médiation complexe. L'idée sensible comme rouage ne se distingue pas de la représentation[1] par sa revendication d'une expression plus directe ou d'un langage plus pur, mais par ses objectifs : il ne s'agit plus de catégoriser le monde, de le penser comme stable, mais de prendre en compte son aspect dynamique.

L'IDÉE SENSIBLE

L'IDÉE « C'EST LA FORME[2] »

Étymologiquement, l'idée c'est d'abord la forme[3]. Cette forme se spécifie chez Platon en forme représentative[4], mais le terme est dès l'origine

1 Entendue comme cheminement purement spéculatif, volontairement coupé des données du sensible.

2 Et « la forme, c'est le fond », nous dit Hugo, qui ajoute, insistant sur le paradoxe qui unit réciproquement matière et abstraction : « La forme est essentielle et absolue ; elle vient des entrailles mêmes de l'idée. » (*UB*, p. 580-581)

3 C'est le sens général que donne du terme *idea* le *Dictionnaire étymologique de la langue grecque* de Chantraine.

4 Le terme finit par désigner les idées suprasensibles chez Platon, en particulier dans *La République* mais on trouve ce terme dans tous les dialogues où s'affirme et se raisonne

dédoublé entre un sens spéculatif et une acception rhétorique[1]. Si la tradition idéaliste, prédominante, favorise le premier, la réflexion sur la langue ne cessera de remettre en débat ce double fondement[2]. Chez Kant, en particulier, la création du concept d'idée transcendantale permet de penser la notion non comme un contenu spéculatif, mais comme un principe de formation définissant les lignes structurelles qui permettront à l'entendement de constituer les phénomènes en connaissances[3].

Réinvestissant de manière critique cette tradition, Hugo met en avant l'originalité de certains de ses enjeux. Loin d'être abstrait, ce principe de formation est indissociable de sa matière langagière. Détournant la notion de l'orientation formaliste que lui donne la philosophie idéaliste, Hugo en valorise le versant sensible : l'idée est une forme-sens qui, loin de préserver la raison des accidents du langage, en révèle le caractère incontournable[4]. S'opposant au concept qui isole pour mieux comprendre, elle est faite de relations dynamiques, voire chaotiques.

---

cette théorie des idées, à savoir *Cratyle*, *Phédon*, *Le Banquet*, *Gorgias*.

1 Ce dédoublement d'emploi est particulièrement net chez Aristote, chez qui ce terme désigne une conception abstraite dans *La Métaphysique*, et un lieu dans *La Rhétorique*; l'acception rhétorique se poursuit dans la tradition puisqu'on la retrouve chez le rhéteur Denys d'Halicarnasse dans l'expression *idea tropikê* pour désigner une figure de style.

2 Comme l'explique François Rastier, deux problématiques, logico-grammaticale et rhétorique/herméneutique, se partagent l'histoire des idées linguistiques occidentales : « La première privilégie le signe et la proposition et se pose donc les problèmes de la référence et de la vérité, fussent-elles fictionnelles. Rapportant les faits de langage aux lois de la pensée rationnelle, elle est centrée sur la cognition et le cognitivisme constitue son aboutissement contemporain. L'autre problématique, moins unifiée, de tradition rhétorique ou herméneutique, prend pour objet les textes et les discours dans leur production et leur interprétation. Elle pose les problèmes de ses conditions historiques et de ses effets individuels et sociaux, notamment sur le plan artistique. À la voie dogmatique qui postule des fonctions *a priori* du langage, elle préfère une voie historico-critique qui renoue avec la tradition philologique de la linguistique et considère le texte tout à la fois dans sa situation et son corpus de référence. » (« Formes sémantiques et textualité », *Langages*, n° 163, 2006, p. 99)

3 C'est ce type d'approche qui lui permettra de parler d'« idées esthétiques » dans *La Critique de la faculté de juger*, les idées esthétiques étant ce qui « donne à penser [...] bien des choses indicibles ». C'est d'ailleurs dans une perspective kantienne que Panofsky, revenant sur la signification du concept grec, intitule sa célèbre étude sur l'art antique et classique *Idea*.

4 Opposant la vivacité de la langue, « au commencement du dix-septième siècle » à l'« épuration » classique dont elle est victime par la suite, Hugo insiste sur la beauté de la première, « qui avait toutes les qualités les plus contraires, selon le besoin du poëte ». Il la présente ainsi comme « une langue élastique et souple, facile à nouer et à dénouer au gré de toutes les fantaisies de la période, une langue toute moirée de figures et d'accidents pittoresques » (*LPM*, p. 53).

Dépassant le principe d'imagination productive[1], poussant à ses limites la conception romantique d'une conscience créatrice comme puissance qui ne se comprend que dans son rapport à l'autre, l'idée dans sa version romanesque apparaît comme un point de singularité qui articule, dans la matérialité des mots, les différentes forces de relation qui constituent le sujet collectif[2]. Ni pure représentation de l'esprit, ni sensation brute, l'idée fonctionne comme une perception cohérente qui se définit indépendamment d'un sujet individuel, sur le modèle de ce que Deleuze nomme percept, par opposition au concept. Matérialisant dans le langage le principe de composition tel quel nous l'avons défini, elle en révèle alors le fondement artistique[3].

SENS ET SENSIBLE

Séparer sens et sensible est une erreur pour Hugo. C'est le sens de la critique des « écoles de sobriété » dans *William Shakespeare* : « Cette école met sous clef les passions, les sentiments, le cœur humain, la réalité, l'idéal, la vie[4]. » Le terme d'idéal est placé ici au cœur des éléments sensibles, ce qui semble le placer sur le même plan. Plus loin, il associe pensée et passion : il parle ainsi des génies « exorbitants en tout, en pensées, en images, en convictions, en émotions, en passion, en foi[5] ». Perception et idée sont clairement associées dans l'expression « Perçoit les idées » (*TM*, p. 217).

Ces phrases suggèrent que Victor Hugo ne se pose pas le problème de la pensée en termes de séparation avec le sensible. La première manifestation de cette association se fonde sur la recherche d'une dimension concrète.

---

1 qui, associant dans l'idéalisme d'un Fichte, la conscience à la production inconsciente du monde, donnait au *Moi* le statut d'origine.

2 Contrairement au discours spéculatif qui vise la vérité cachée derrière les apparences, le discours de fiction, de manière réflexive, attire l'attention sur la vérité même du discours, c'est-à-dire sur ses modalités de fonctionnement, sur l'articulation entre le dire et le dit. Quand le premier dénote de manière univoque, le second pointe les contradictions inhérentes à l'effort spéculatif aussi bien qu'à toute relation discursive, contradictions qui sont le résultat du principe de formation collective, « opération mystérieuse faite tout à la fois par les années et par les hommes, par la foule et par le lettré, par les événements et par les livres, par les mœurs et par les idées » (*LPM*, p. 53).

3 Comme l'explique G. Deleuze dans son *Abécédaire*, « le métier du philosophe c'est de faire des concepts, le métier de l'artiste c'est de faire des percepts ».

4 *WS*, p. 348.

5 *Ibid.*, p. 376.

Le concret

Outre ce que suggère l'emploi des notions d'idée, de pensée et d'idéal, cette volonté se précise dans la manière dont Victor Hugo répète qu'il veut rendre les choses sensibles et palpables : « Jamais cette proximité de l'inconnu n'est plus palpable que dans les tempêtes » (*HQR*, p. 419) ; « On sent l'autre réalité » (*HQR*, p. 419). À aucun moment il ne parle de les expliquer ou de les connaître ; on peut voir dans cette particularité l'annonce d'une autre forme de pensée, qui vise le concret et non son autonomie dans l'abstraction, qui ne dissocie pas langage et pensée, et qui trouve ses ressources dans la dimension artistique de ce langage, ce qui en fait une pensée proprement esthétique. Il cherche à les saisir dans leur individualité, dans ce qui les spécifie, les particularise donc les écarte du modèle éternel[1] :

> Le labyrinthe de l'immanence universelle a un réseau double, l'abstrait, le concret ; mais ce réseau double est en perpétuelle transfusion ; l'abstraction se concrète, la réalité s'abstrait, le palpable devient invisible, l'invisible devient palpable, ce qu'on ne peut que penser naît de ce qu'on touche et de ce qu'on voit[2].

Concret et abstrait sont constamment mis en regard : « La poésie sort de là chef-d'œuvre de chair et d'os[3]. » De même pour le « type » :

> Car ceci est le prodige, le type vit. S'il n'était qu'une abstraction, les hommes ne le reconnaîtraient pas, et laisseraient cette ombre passer son chemin. La tragédie dite classique fait des larves ; le drame fait des types. Une leçon qui est un homme, un mythe à face humaine tellement plastique qu'il vous regarde et que son regard est dans un miroir, une parabole qui vous donne un coup de coude, un symbole qui vous crie gare, une idée qui est nerf, muscle et chair, et qui a un cœur pour aimer, des entrailles pour souffrir et des yeux pour pleurer, et des dents pour dévorer ou rire, une conception psychique qui a le relief du fait, et qui, si elle saigne, saigne du vrai sang, voilà le type. Ô puissance de la poésie ! Les types sont des êtres. Ils respirent, ils palpitent, on entend leur pas sur le plancher, ils existent. Ils existent d'une existence plus intense que n'importe qui, se croyant vivant, là, dans la rue[4].

---

1 Selon Guy Rosa, c'est ce qui permet l'accession du romanesque à l'historique fondée non sur le typique mais sur le caractéristique (« "L'avenir arrivera-t-il ?" *Les Misérables* roman de l'Histoire », *Écriture(s) de l'histoire*, dir. G. Séginger, Presses universitaires de Strasbourg, 2005, p. 53-80).

2 *Préf.*, p. 708.

3 *WS*, p. 293.

4 *Ibid.*, p. 356.

Cette vie qu'il revendique pour l'idée, elle lui est conférée par l'écriture : « Le mot, nous l'avons dit ailleurs, est la chair de l'idée[1] » ; « Le style est âme et sang ; il provient de ce lieu profond de l'homme où l'organisme aime ; le style est entrailles[2]. »

La matière

En somme l'écriture de Hugo met en place un nouveau rapport entre pensée et matière. Comme l'explique Jacques Rancière dans *La Parole muette*, c'est le signe qu'il sort de la poétique classique. « La nouvelle poétique qui triomphe dans le roman de Hugo, peut se caractériser comme bouleversement du système qui ordonnait et hiérarchisait [...] l'*inventio*, la *dispositio* et l'*elocutio.* » Les critiques qui sont faites à Hugo de son temps ne sont pas uniquement formelles. Il ne s'agit pas seulement des enjambements d'*Hernani* ou du bonnet rouge mis au vieux dictionnaire. Le problème est plus profond et concerne bien cette utilisation de la matière qui remet en cause la représentation spéculative. Gustave Planche s'en prend à *Notre-Dame de Paris* :

> œuvre si singulière, si monstrueuse, [où] l'homme et la pierre sont confondus et ne forment plus qu'un seul et même corps. L'homme sous l'ogive n'est pas plus que la mousse sur le mur ou le lichen sur le chêne. Sous la plume de M. Hugo, la pierre s'anime et semble obéir à toutes les passions humaines. L'imagination, éblouie pendant quelques instants, croit assister à l'agrandissement du domaine de la pensée, à l'envahissement de la matière par la vie intelligente. Mais, bientôt désabusée, elle s'aperçoit que la matière est demeurée ce qu'elle était, et que l'homme s'est pétrifié[3].

La matière n'est plus au service de l'idée, mais elle envahit tout le livre. Elle est mise au premier plan par le « travail » du texte, pour reprendre une expression centrale dans l'écriture de Hugo[4]. En ceci, Hugo se distingue du goût classique qui cherche à « dissimuler l'effort » :

1 *Trad.*, p. 621.

2 *WS*, p. «322.

3 « Poètes et romanciers modernes de la France. Monsieur Victor Hugo », *Revue des deux mondes*, 1838, t. 1. p. 757, cité par Jacques Rancière, *op. cit.*, p. 19.

4 *Les Travailleurs de la mer* peut par exemple être compris comme l'expression métaphorique de ce traitement du matériau esthétique qui constitue le véritable enjeu des romans.

« Le comble de l'art serait de posséder, sans le laisser soupçonner, le mérite de la difficulté vaincue. Le talent ne doit plus se consumer dans le travail puéril d'exprimer poétiquement les choses qui ne sont pas poétiques[1] », tel est l'argument de Charles de Rémusat qui résume toute une tradition critique[2].

Caractéristique de cette rupture qui place le travail de la matière, pierre ou mot, avant le contenu, la cathédrale de *Notre-Dame de Paris* est aussi le symbole de la volonté de remettre en cause l'un des fondements de la mimésis, en rapprochant la littérature des arts qui ne représentent pas. L'architecture telle qu'elle se présente dans la cathédrale est inconditionnée ; elle ne correspond à aucun objet ou à aucune idée. Victor Hugo veut faire de même avec les mots, leur ôter leur fonctionnement de substitut ou d'étiquette pour favoriser leur dimension sensible faite de sonorités, de rythmes et d'impressions mentales. Les romans de l'exil ne cesseront de travailler dans cette direction, mais dans une perspective plus souple. Les pierres de la cathédrale seront remplacées par les broussailles ou les labyrinthes des *Misérables* pour aboutir à l'océan des derniers romans qui permettra de penser force et fluidité. Dans *Les Travailleurs de la mer*, l'ombre rejoint la matière dans le rapprochement des deux chapitres « *Sub re* » et « *Sub umbrâ* » (II, 2 ; 4 et II, 2, 5) qui résument « le chef-d'œuvre » de Gilliatt, fait aussi bien de « labeur » que de « méditation ». Revendiquer le sensible dans sa dimension concrète permet à Victor Hugo de se détacher d'une représentation abstraite du langage et de le travailler comme matériau, de manière intransitive[3].

1 « Du *Cromwell* de M. Victor Hugo », *Critiques et études littéraires. Passé et présent*, tome 1, Paris, Didier, 1859, p. 277.

2 Cette tradition prend sa source dans la rhétorique de Quintilien : « les mots les meilleurs sont ceux qui sont le moins recherchés et qui donnent l'impression d'être simples et sortis de la vérité même. Car ceux qui révèlent de l'application et qui veulent même avoir l'air façonnés et arrangés ne gagnent pas la faveur et perdent tout crédit, outre qu'ils jettent de l'ombre sur les sentiments et, comme des herbes exubérantes, étouffent la semence » (*Institution oratoire*, t. V, Paris, Les Belles Lettres p. 50). On retrouve des formules identiques chez Dumarsais : « Toutes ces expressions tirées de trop loin et hors de leur place, marquent une trop grande contention d'esprit, et font sentir toute la peine qu'on a eue à les rechercher » (*Des Tropes ou des différents sens*, Paris, Flammarion, 1988, p. 80).

3 C'est-à-dire avec son opacité concrète, sans se limiter à l'idéal d'une transparence du signe.

ESTHÉTIQUE ET TOTALITÉ

Omniprésent dans les romans, le terme *idée* révèle une véritable ambition théorique. Le fait qu'il soit constamment associé à la dimension sensible ne doit pas nous tromper : il ne s'agit pas pour lui, dans une perspective poétique, d'explorer les modalités langagières de la création d'un univers, mais bien de penser la réalité dans sa diversité interprétative.

EXPRIMER L'INFINI

« La poésie c'est l'infini[1] » : maxime puissante par laquelle Hugo résume la plus haute exigence de l'art verbal. Dire ce que le langage courant et en particulier le langage scientifique ne peuvent et ne veulent dire, telle est l'ambition d'une poétique qui ouvre en filigrane un dialogue avec l'une des problématiques centrales de l'esthétique. L'art exprime ce qui ne peut être dit d'aucune autre manière : c'est la question de l'indicible qui apparaît ici, telle que Kant l'a exposée dans *La Critique de la faculté de juger* :

> L'idée esthétique est une représentation de l'imagination associée à un concept donné, et qui se trouve liée à une telle diversité de représentations partielles dans le libre usage de celles-ci, qu'aucune expression, désignant un concept déterminé, ne peut être trouvée pour elle, et qui donne à penser en plus d'un concept bien des choses indicibles, dont le sentiment anime la faculté de connaissance et qui inspire à la lettre du langage un esprit[2].

L'art exprime ce que la langue ne dit pas grâce à un fonctionnement langagier particulier, fondé avant tout sur les notions d'imagination et de sensation. Contrairement au langage représentatif qui ne saisit pas l'invisible et le continu, le langage de l'art parvient à saisir l'indistinct mystérieux d'un infini indifférencié. C'est la question de la limite qui se pose ici. Il s'agit d'une notion centrale pour la pensée rationaliste et scientifique qui cherche à déterminer les contours du pensable afin de donner un fondement plus sûr à son objet. Aussi ne s'occupe-t-elle

1 *Goût*, p. 569.
2 Kant, *Critique de la faculté de juger*, éd. citée, p. 146.

que de ce qui est intégralement intelligible, rejetant comme illusoire ou impossible à atteindre ce qui n'est pas clairement transmissible[1]. Ici commence le rôle de l'art qui inscrit ses investigations dans les marges mystérieuses de l'inconnaissable. C'est le sens des critiques que Hugo adresse à la science, fustigeant « le positivisme [qui] en est venu à vouloir tout voir et tout palper comme l'idolâtrie ». La science nomme surnaturalisme tout ce qu'elle ne peut observer. Mais ce surnaturalisme inclut aussi le possible de la science elle-même, toutes les découvertes qui lui semblaient absurdes auparavant. La science elle-même, en dépit de sa volonté de tout englober est confrontée à un reste, à un possible qui diffère sans cesse l'obtention d'une vérité. Elle croit s'en préserver en niant ce qu'elle ne comprend pas ; mais tourne en fait le dos aux notions de réalité et de vérité qu'elle prétend viser : « N'admettre que le palpable et le visible, cela se qualifie observation. C'est élimination, et rien autre chose. Et qui sait ? élimination du réel[2] ? » ; « Un certain esprit scientifique, de nos jours, n'est pas moins étroit que l'esprit religieux[3] », « Haine ou surnaturalisme, c'est le cri du sceptique, et c'est aussi le cri du bigot. La nature, voilà le danger. On se barricade contre elle des deux côtés. Pour l'homme d'ironie, elle est trop mystérieuse ; pour l'homme d'idolâtrie, elle est trop mathématique[4]. »

Ces considérations s'étendent à l'ensemble de la pensée rationaliste. Dans un texte intitulé « Philosophie » qui devait servir de préface aux *Misérables*, il écrit : « La logique s'accommode peu de ces grossissements où la conjecture est mêlée. Le raisonnement comme le calcul, n'aime pas voir de la fumée circuler dans la géométrie[5]. » Les termes de « logique » et de « calcul » renvoient à une rationalité fondée sur la catégorisation et la mise en système, formes qui invalident d'emblée la nature même de la réalité qu'elles veulent saisir. Dans les romans, le chiffre est ainsi le symbole de l'oppression, à l'image du vaisseau l'*Orion* dont la description n'est qu'une succession de calculs :

---

1 À l'époque de Hugo, ce problème se pose avec d'autant plus d'acuité que la représentation mécaniste du monde trouve une pleine application dans l'essor de la technique. Le développement industriel place à l'avant de ses penseurs l'ingénieur qui doit pouvoir avant tout donner une idée claire de l'objet à réaliser ainsi que des moyens de sa réalisation.

2 *Préf.*, p. 704.

3 *Ibid.*

4 *Ibid.*, p. 705.

5 *Ph.*, p. 502-503.

> Il portait je ne sais plus quel pavillon qui lui valut un salut réglementaire de onze coups de canon, rendus par lui coup pour coup; total : vingt-deux. On a calculé qu'en salves, [...] le monde civilisé tirait à poudre par toute la terre, toutes les vingt-quatre heures, cent cinquante mille coups de canon inutiles. À six francs le coup de canon, cela fait neuf cent mille francs par jour, trois cents millions par an [...]. Il a onze griffes de fer pour saisir le granit [...]. Son haleine sort par ses cent vingt canons [...]. [le grand mât] est long de soixante toises, et il a trois pieds de diamètre à sa base. Le grand mât anglais s'élève à deux cent dix-sept pieds au-dessus de la ligne de flottaison. La marine de nos pères employait des câbles, la nôtre emploie des chaînes. Le simple tas de chaînes d'un vaisseau de cent canons a quatre pieds de haut, vingt pieds de large, huit pieds de profondeur (*Mis.*, p. 291-293).

C'est le fonctionnement positiviste de la science que Hugo récuse, au profit d'une alternative qu'il qualifie de littéraire à la fin du passage : « Notre but actuel est littéraire et non scientifique[1]. » Ici commence le rôle de l'art qui inscrit ses investigations dans les marges mystérieuses de l'inconnaissable. Contre la maîtrise scientifique qui prend en particulier la forme de la statistique au XIXe siècle[2], Hugo, joue avec les chiffres qu'il convertit en auxiliaires mystérieux : le matricule du bagnard devient le numéro de chance de Cosette, dans un titre de chapitre sans rapport évident avec son contenu : « Le numéro 9430 reparaît et Cosette le gagne à la loterie » (*Les Misérables* chapitre II, 3, 11); la masure Gorbeau hésite entre le numéro 50-52 (*Mis.*, p. 340); mais surtout, les réalités qui intéressent Hugo sont innombrables comme les vents du large dans *Les Travailleurs de la mer* : « Le vent classé par directions, c'est l'incalculable; classé par espèces, c'est l'infini » (*TM*, p. 258). L'infini est la vérité d'une nature qui existe au-delà des limites que lui impose la science; classification et catégorisation ne sont que des reconstructions incomplètes, aussi satisfaisantes pour l'esprit que partielles et fallacieuses pour le penseur qui vise la totalité[3].

---

1 *Préf.*, p. 705.

2 Comme le précise Paule Petitier, « le développement de la statistique [...] construit l'individu comme absence, comme manque. La condition de possibilité de cette discipline réside en effet dans l'effacement des particularités, des individualités. C'est l'individu "écrasé" qui devient substance nombrable » (« Le nombre dans *Les Misérables*, une opération de conscience », Les Misérables *: nommer l'innommable*, dir. G. Chamarat, Orléans, Paradigmes, 1994, p. 31).

3 Comme le souligne Michel Collot, l'infini est l'une des principales conditions de la modernité pour Hugo, dans la lignée de l'esthétique romantique : « Le romantisme assure,

Ce que recherche Hugo, c'est ce qu'il nomme le « vrai » et qu'il oppose au « vraisemblable », dans une approche de la question qui est d'emblée littéraire ; car la représentation est avant tout une notion rhétorique à laquelle Hugo oppose une conception esthétique du monde. Dans la lignée de *La Poétique*, la mimésis classique introduit plus une idée de convenance que de vérité ; Aristote explique que ce qui compte c'est que les actions soient vraisemblables et qu'elles se distinguent ainsi des actions de la réalité qui ne le sont pas toujours : « préférer l'impossible vraisemblable au possible incroyable[1] ». De même lorsque l'abbé Batteux recommande de faire parler les Dieux « comme ils parlent réellement », il ne demande pas de reproduire une réalité dont l'expérience est plutôt réduite, mais de les faire « parler de tout en dieux » « comme ils doivent parler quand on leur suppose le plus haut degré de perfection qui leur convient[2] ». Se démarquant de la tradition aristotélicienne, Victor Hugo met en vedette le vrai contre le vraisemblable, comme en témoignent des expressions comme « Ce que nous venons d'écrire semble étrange et pourtant est vrai » (*Mis.*, p. 683) ; « Dans ces détails, le lecteur rencontrera deux ou trois circonstances invraisemblables que nous maintenons par respect pour la vérité » (*Mis.*, p. 168). Cette vérité, c'est la réalité « dans ses moindres détails », trop dense pour pouvoir être comprise dans le cadre de la représentation spéculative, déroutante pour la logique comme pour la narration, inaccessible à la catégorisation[3]. À partir des *Travailleurs de la mer*, on passe de l'antithèse à l'articulation problématique

---

tant au niveau du lexique que des représentations de l'horizon, le triomphe de l'infini sur le fini, marquant une rupture profonde et durable avec l'esprit classique. Toute réaction néo-classique s'efforcera de rétablir, dans la signification du mot comme dans le paysage, le sens des limites ». Ainsi, « ceux qui tracent une ligne de partage infranchissable entre le visible et l'invisible ne considèrent que la moitié du réel, ils ont un horizon borné, comme celui qui limitait la raison classique ou le monde antique » (*L'Horizon fabuleux*, t. I, Paris, Corti, 1988, p. 47 et 50).

1 *Poétique*, 1460 a.

2 *Les Beaux-Arts réduits à un même principe*, Paris, Aux Amateurs de Livres, 1989, p. 33.

3 Ces réflexions s'inscrivent dans la problématique générale qui tente d'articuler réalité, pensée et langage. La littérature y fait généralement figure de parasite, dans la mesure où on a du mal à la situer. Comme art elle est rejetée par les philosophes rationalistes du côté de l'illusion ; quant aux recherches sur le langage, le courant logique refuse de considérer les énoncés qui ne correspondent pas à un critère de vérité. Thomas Pavel dénonce ainsi la « satisfaction d'un Ryle qui pense que sa théorie des êtres imaginaires ne laisse aucun résidu métaphysique susceptible d'être logé dans un no man's land ontologique » (*Univers de la fiction*, Paris, Seuil, 1988, p. 25).

entre invraisemblable et possible : « Le sommeil est en contact avec le possible, que nous nommons aussi l'invraisemblable » (p. 67). « Invraisemblable » est également l'une des principale qualités d'Ursus, dans *L'Homme qui rit* (p. 352). Lors de sa comparution à Bishopsgate, le docteur en théologie, « Minos », lui reproche de propager « des choses invraisemblables » (p. 584).

La revendication du sensible est là pour nous rappeler qu'elle n'appartient pas à un rationalisme idéaliste. Elle vise la nature dans sa dimension sensible c'est-à-dire dans la perspective du mouvement et de la multiplicité, deux éléments que cherche à réduire la représentation spéculative.

L'art exprime ce qui ne peut être dit d'aucune autre manière. Mais chez Hugo, cette affirmation vient plus fréquemment comme constatation d'une différence typologique, que comme *credo* mystique. C'est le sens de la notion de possible. Dans ses écrits critiques, il distingue de manière explicite « vérité de l'art » et « réalité absolue ». S'il est question d'« abîme », d'« infini » ou d'« illimité » dans les romans, si les écrits théoriques parlent de « chose même », d'« ignoré » ou d'« invisible », tous se rejoignent dans la notion de « possible », pour reprendre un terme encore plus courant sous la plume de Hugo que les précédents. Dans *Les Travailleurs de la mer*, il est ainsi question de « la sombre vision du possible latent » (*TM*, p. 253) ; Cimourdain enjoint Gauvain en ces termes : « Gauvain, reviens sur la terre. Nous voulons réaliser le possible » (*QT*, p. 1058). Toutes les grandes entreprises trouvent ainsi un ancrage réel grâce à la notion de possible, osant ce qu'une pensée spéculative frileuse refuse de considérer : « chercher une quantité de réel qui est dans ce que les hommes nomment impossible » (*QT*, p. 901), tel est ce qui constitue la « grandeur de la Convention », à l'image de toutes les grandes figures de l'idée esthétique dans les romans. L'« Art est une immense ouverture, béante à tout le possible[1] » : par cette phrase, Hugo fonde sa conception de l'infini sur des critères plus rationnels que magiques. L'inconnaissable n'est pas l'inexprimable et l'art reste de l'ordre du possible. Le possible, c'est ce qui n'est pas encore appréhendé, mais qui le sera ; aussi cette notion induit-elle un art qui se pense en termes de médiation.

Loin de se perdre dans le mystère de l'irrationalisme, la conception de la littérature que Hugo nous propose a prétention à trouver une

1 *WS*, p. 327.

place dans le débat sur la raison[1]. S'inscrivant dans une démarche plus esthétique que poétique[2], il ne cherche pas à envisager, d'un point de vue génétique et normatif, les conditions de création littéraire, mais de voir de quelle manière il est possible de penser le réel, à travers le sensible : « Mettons le marteau dans les théories, les poétiques et les systèmes. (…) il n'y a pas d'autres règles que les lois générales de la nature[3] » ; « Poétiques si gênantes pour le talent[4]. » L'art est ainsi pensé dans une relation constante avec la nature, et ce qui intéresse Hugo ce sont les modalités langagières de cette médiation : « Nature et art, deux versants d'un même fait », et plus loin, « Tout ce qui est dans la nature est dans l'art[5]. » Par ces formules, Hugo s'inscrit dans le courant de pensée romantique qui enjoint l'artiste à rivaliser avec l'esprit de la nature dans la production de formes. Très tôt, Hugo rejette tout rapport représentatif avec le monde ; mais cela ne signifie pas qu'il refuse toute idée de médiation. Bien au contraire, le rapport de production permet de penser un autre mode de médiation, non plus fondé sur l'adéquation d'une représentation *a priori*, mais sur la production d'une forme. Il s'agit d'établir un rapport en devenir qui préserve le caractère organique et vivant du monde. D'après une certaine tradition de pensée philosophique, le mode le plus adéquat de médiation du rapport au monde est la représentation, qui comme acte de symbolisation donne lieu à une catégorisation et à un étiquetage. Cassirer, dans une perspective kantienne, présente ainsi la langue comme ce qui permet d'objectiver notre rapport au monde, de le symboliser grâce aux schèmes transcendantaux qui correspondent à des catégories grammaticales. De manière générale, le monde est présenté comme indistinct, indifférencié. Pour le penser, il est nécessaire d'opérer un découpage et un classement, c'est-à-dire une catégorisation. Mais on ne peut étiqueter que des objets ou des idées ; la

1 Cet aspect est souligné par ses références constantes à des philosophes antiques ou modernes, en particulier à Kant qui dans sa *Critique du Jugement* a réfléchi sur une pensée sans concept.

2 Dans le cadre du débat sur le goût, symptomatique de l'évolution de l'idée de beau et plus précisément du tournant esthétique qui inaugure, dès l'abbé Dubos au début du XVIIIe, une réflexion empirique sur le goût, qui l'éloigne des définitions *a priori*, pour l'orienter vers la réception. L'enjeu à l'époque est de savoir si le beau dépend des caprices du plaisir ou répond à un ordre géométrique.

3 *PC*, p. 23.

4 *Ibid.*, p. 24.

5 *WS*, p. 293.

catégorisation suppose qu'on ait fixé des contours précis. Au contraire, Hugo propose un mode de médiation qui, se fondant sur le sensible, puisse penser la nature comme un tout, en incluant les notions sensibles de temps et d'espace. Ce qu'il vise en cherchant à introduire le sensible, c'est la possibilité de rendre compte des existants et non pas des essences.

DEVENIR ET SINGULARITÉ

En substituant un rapport de production à un rapport de représentation *a priori*, Hugo met en avant le processus en son devenir, par opposition à l'être déjà advenu. En cela il se rapproche de conceptions linguistiques comme celle de Humboldt pour qui « langue et vie sont des concepts inséparables, et l'apprentissage en ce domaine n'est rien d'autre qu'une production renouvelée[1]. »

La description dans les romans de Hugo est l'un des procédés textuels qui rend le mieux compte de cette question. Elle est en effet au centre du débat qui oppose discours rationaliste et discours poétique. Grammairiens et logiciens classiques la présentent de manière négative : « La définition moins exacte qu'on appelle description, est celle qui donne quelque connoissance d'une chose par les accidents qui lui sont propres, et qui la déterminent assez pour en donner quelque idée qui la discerne des autres[2]. » Pour les logiciens Arnauld et Nicole, la description n'est jamais qu'une définition moins exacte[3]. Si elle permet de connaître l'objet d'une façon suffisante pour en donner une idée et le distinguer des autres, elle ne permet pas de rendre compte de sa nature et de son essence, dans la mesure où elle ne vise pas les attributs essentiels. Dans la perspective rationaliste de l'âge classique, la description conjugue tous les défauts du sensible, le temporel contre l'éternel, le singulier contre le général, l'accessoire contre l'essentiel[4]. C'est donc le procédé rêvé pour rendre compte de tous ces éléments rejetés par la représentation spéculative. Dans les romans de Hugo, les descriptions ont ainsi pour rôle de matérialiser ce phénomène :

1 *Introduction à l'œuvre sur le Kavi*, Paris, Seuil, 1974, p. 250 [102].
2 Arnauld et Nicole, *La Logique ou l'art de penser*, Paris, Flammarion, 1970, p. 216.
3 Opération classificatoire par excellence, la définition situe un objet du monde dans la grille préparée d'un système opératoire.
4 Marc Buffat, « Sur la notion de description dans *L'Encyclopédie* », *Rhétorique et discours critique*, Paris, Presses de l'É.N.S., p. 114.

> Cet écueil, tenant ainsi sa proie et la faisant voir, était terrible ; les choses ont parfois vis-à-vis de l'homme une ostentation sombre et hostile. Il y avait du défi dans l'attitude de ces rochers. Cela semblait attendre.
>
> Rien d'altier et d'arrogant comme cet ensemble : le vaisseau vaincu, l'abîme maître. Les deux rochers, tout ruisselants encore de la tempête de la veille, semblaient des combattants en sueur. Le vent avait molli, la mer se plissait paisiblement, on devinait à fleur d'eau quelques brisants où les panaches d'écume retombaient avec grâce ; il venait du large un murmure semblable à un bruit d'abeilles. Tout était de niveau, hors les deux Douvres, debout et droites comme deux colonnes noires. Elles étaient jusqu'à une certaine hauteur toutes velues de varech. Leurs hanches escarpées avaient des reflets d'armure. Elles semblaient prêtes à recommencer. On comprenait qu'elles étaient enracinées sous l'eau à des montagnes. Une sorte de toute-puissance tragique s'en dégageait. (*TM*, p. 194)

Deux éléments ressortent de la description qui ne peuvent être saisis par le discours représentatif. Le premier est la notion de devenir[1] : ce que décrit « cet ensemble », c'est « une attente », l'imminence d'une catastrophe. Loin du point de vue de l'essence, c'est le basculement lui-même dont cherche à rendre compte ce passage. Le mouvement est à l'honneur, une grande part du système de la caractérisation étant dévolue au verbe. Dans toute la première partie, l'emploi généralisé de tournures indéfinies semble en effet viser à déplacer l'intérêt du thème sur sa caractérisation. Dans le deuxième paragraphe, l'emploi d'adverbes comme « encore » ou de verbes comme « mollir » souligne la dimension temporelle : cette description ne vise pas à fixer une essence ; c'est une coupe temporelle qui fait signe vers un passé et un futur et se présente ainsi comme un seuil. Ce que décrit cette séquence, ce n'est pas un objet, mais un passage, une pause avant que le combat ne « recommence ». Aussi, la description de l'immobilité des rochers ne fait-elle que souligner le caractère inquiet de ce passage, tout entier tendu vers un changement total de situation.

Mais à travers l'idée de contingence qui découle de la description d'un seuil, c'est la singularité d'une situation qui est ici mise en avant. Détails accessoires (plis des vagues, « panaches d'écume », « varech », « reflet »), associations d'idées (« semblable à un bruit d'abeille »), notations sensibles (« ruisselant », « sueur », « murmure ») et verbes de sentiment

---

1 Conçu sous l'angle de la production, le langage est de l'ordre du continu. Comme tel, il peut rendre compte de cette vérité de la nature qui se trouve en son devenir.

(« semblaient », « on devinait », « on comprenait ») s'associent pour mettre l'accent sur la particularité d'un moment. Loin de la classification logique qui repose sur l'association d'un thème et d'un prédicat, les substantifs sont laissés à eux-mêmes dans des phrases nominales. Il s'agit bien là d'un fonctionnement expressif de la description, pour reprendre la typologie de Jean-Michel Adam et André Petitjean[1], qui souligne tout ce qui est de l'ordre du sensible au détriment de l'objectivité d'une représentation abstraite. Car l'ambition de la totalité est aussi souci de la forme sensible dans sa différence spécifique. Saisir les choses dans leur devenir n'est pas suffisant ; il faut également les appréhender dans leur singularité, dans ce qui fait d'elle un événement et non une essence éternelle. Le singulier est le second ignoré de la représentation spéculative, qui se fonde sur la généralité[2]. Comme l'explique Laurent Jenny, « pour identifier des signes, on a dû en effet écarter tout ce qui n'était pas strictement nécessaire à cette identification, c'est-à-dire non seulement des qualités sensibles, mais aussi des jeux de rapport (disposition, intensités, quantités, homologies et contrastes)[3] ».

Le traitement de l'histoire[4] dans les romans est emblématique de ce rapport à la réalité. En marge de l'histoire officielle qui sélectionne les faits marquants pour mieux les synthétiser, Hugo propose un « pêle-mêle » de détails qui sont la vie même dans sa singularité :

> Voilà, pêle-mêle, ce qui surnage confusément de l'année 1817, oubliée aujourd'hui. L'histoire néglige presque toutes ces particularités, et ne peut faire autrement ; l'infini l'envahirait. Pourtant ces détails, qu'on appelle à tort petits, – il n'y a ni petits faits dans l'humanité, ni petites feuilles dans la végétation, – sont utiles. C'est de la physionomie des années que se compose la figure des siècles (*Mis.*, p. 97).

On retrouve la recherche du mouvant, du multiple et du singulier. Le recours à la dimension historique place le roman à une frontière. La

1 *Le Texte descriptif. Poétique historique et linguistique textuelle*, Paris, Nathan, 1989, p. 18 *sq.*

2 L'adage scolastique *individuum est ineffabile* qui prend sa source chez Aristote est au cœur de la pensée rationaliste et idéaliste dont le développement n'est qu'une longue variation sur les modes de subsomptions du particulier sous le général, quand le particulier n'est pas tout simplement nié comme impensable ou accidentel.

3 Laurent Jenny, *La Parole singulière*, Paris, Belin, 1990, p. 35).

4 L'histoire chez Hugo se distingue de l'histoire monumentale comme genre, qui retient les événements marquants ou les hauts faits ; elle renvoie plutôt à la volonté d'insérer dans le texte des éléments extralittéraires dans la lignée des « Choses vues ».

dimension sensible est alors exploitée en relation avec celle de concret, et la réalité fait irruption avec plus de force. Le singulier trouve sa place dans l'attention portée au détail et à l'anecdote réelle. Les romans puisent une partie de leur matière dans les *Choses vues* ou dans la biographie. De nombreux passages documentaires incluent des développements techniques ou historiques précis qui donnent une importance particulière au détail. Le singulier rejoint ici le multiple. Les événements retenus ne sont pas exemplaires et l'histoire à laquelle Hugo s'intéresse n'est pas l'histoire monumentale des grands hommes et des événements marquants. Par son écriture, il ne cherche pas à sélectionner pour mieux expliquer, à rendre les choses plus claires, mais il présente au contraire la réalité comme composée par une foule d'éléments qui ne sont pas hiérarchisés. Une fois sortis du classement spéculatif, tous les éléments valent comme trace ou symptôme de la réalité. Seule leur multiplication peut donner un aperçu. Jean Valjean arpente les lieux les plus délaissés, jusqu'aux égouts, pour collectionner les expériences. Ce n'est que par l'ingestion de la « vermine de mer » que Gilliatt devient un titan capable d'affronter le chaos[1]. Ce rapport à la réalité n'est pas brut ; il fait l'objet d'un traitement, d'un travail. Ce que Hugo retient de l'histoire ce ne sont pas des faits véridiques. La preuve en est que, dans ses romans, il privilégie les événements qu'on a oubliés sur ceux qui sont passés à la postérité et constituent l'histoire officielle. C'est le cas de personnages comme Barkilphedro : « Barkilphedro n'est pas arrivé jusqu'à l'histoire » (*HQR*, p. 512) ; ou de Cimourdain : « Personne aujourd'hui ne sait son nom. L'histoire a de ces inconnus terribles » (*QT*, p. 867). Pour rendre compte d'épisodes « vrais », Hugo ne choisit jamais les plus évidents, comme il le précise avant de décrire la barricade :

> nous peindrons des choses vraies. Dans les conditions du livre que nous écrivons, nous ne montrerons qu'un côté et qu'un épisode, et à coup sûr le moins connu, des journées des 5 et 6 juin 1832 ; mais nous ferons en sorte que

---

1 Ce phénomène a été exposé par Benjamin dans la figure de l'historien matérialiste comme chiffonnier qui préfère « collectionner » les rebuts « en les utilisant » ce qui permet de conserver leur singularité, plutôt que de réorganiser les faits de manière édifiante, en éliminant ce qui ne peut être classé. (*Paris Capitale du XIXe siècle. Le livre des passages*, « Réflexions théoriques sur la connaissance », N 1 a 8). Figure dédoublée, le chiffonnier est aussi le poète qui « trouve le rebut de la société dans la rue » et « construit son œuvre avec ce matériau ». (*Charles Baudelaire. Un poète à l'apogée du capitalisme*). À l'époque de Victor Hugo, on retrouve ce refus de la hiérarchisation édifiante au profit du détail signifiant chez Michelet, qui fait une place à l'homme du peuple anonyme.

> le lecteur entrevoie, sous le sombre voile que nous allons soulever, la figure réelle de cette effrayante aventure publique (*Mis.*, p. 833).

Ce qui l'intéresse, c'est une autre réalité, pas celle du fait, mais celle du rapport de force. Son rapport à l'histoire ne se fait pas sous la forme d'une collection d'éléments distincts, mais vise une dynamique.

L'utilisation très particulière qui est faite du détail révèle une esthétique à la recherche d'une dimension concrète, qui veut rendre compte de la réalité sans avoir recours à l'abstraction.

LA PERCEPTION COMME NIVEAU DE LA SAISIE ESTHÉTIQUE

L'expérience esthétique par opposition à la connaissance ne se situe pas au niveau de la réflexion et de la logique. Elle repose au contraire sur le niveau de la sensibilité. Pour atteindre la dimension indifférenciée de la réalité, il faut passer en deçà de la catégorisation, dans un rapport prélogique ; il faut échapper à la pensée représentative qui tend à objectiver le monde, et par là à le reconstruire selon des schèmes réflexifs.

A. J. Greimas et Jacques Fontanille dans *Sémiotique des passions* mettent en avant l'existence d'un niveau de passion, préréflexif. À ce niveau, il n'est pas encore possible de connaître, mais seulement d'être sensible. Il est présenté comme antérieur, plus élémentaire que le niveau cognitif ; mais il est tout aussi essentiel et fait partie intégrante de la médiation qui crée le rapport au monde. Jusqu'ici nous n'avons évoqué que le langage comme pensée dans le processus de médiation. Les auteurs précisent bien que ce rapport n'est pas uniquement intellectuel ; il se fait par le corps : « C'est par la médiation du corps percevant que le monde se transforme en sens – en langue[1]. » La sensibilité et le corps ne sont pas des éléments accidentels, mais constitutifs du processus sémiotique ; « Le processus d'homogénéisation par le corps – avec ses conséquences thymiques et sensibles – n'épargne aucun univers sémiotique[2]. » On ne saurait séparer entièrement la dimension cognitive de ce niveau : « Le sujet épistémologique de la construction théorique ne peut pas se présenter comme un pur sujet cognitif "rationnel[3]" ». Pour expliquer

1 A. J. Greimas et Jacques Fontanille, *Sémiotique des passions*, Paris, Hachette, 1979, p. 12.
2 *Ibid.*
3 *Ibid.* p. 13.

ce niveau, ils posent un niveau indistinct, qui se démarque de celui de la compréhension qui, lui, est organisé :

> Se demander si au-delà de la saisie cognitive de la signification qui la discrétise et la rend « compréhensible » il n'y a pas lieu d'instaurer un horizon de tensions à peine esquissées qui, tout en se situant dans un en-deçà du sens de l'être, permettrait cependant de rendre compte des manifestations ondulatoires[1] insolites reconnues dans le discours[2].

Pour faire « advenir la signification et stabiliser la tensivité, le sujet opérateur n'a d'autre solution que de catégoriser la perte de l'objet. [...] Sans la contradiction, la sommation ne déterminerait qu'une pure singularité dans le *continuum* tensif et échouerait à faire advenir la signification[3]. » On est donc séparé entre deux niveaux, celui de la catégorisation, qui permet l'existence d'un sens, ou celui de la sensibilité, qui comme *continuum* est plus proche d'une saisie directe, mais qui ne permet pas une saisie réflexive[4].

C'est ce niveau non représentatif que vise le texte hugolien : « Ce qu'il pensait ne ressemblait plus à de la pensée » (*HQR*, p. 703). De nombreux héros se caractérisent par ce mode de pensée préréflexif. Des personnages comme Gilliatt qui sont présentés comme des penseurs semblent dépourvus de toute capacité d'analyse remplacée par une acuité sensitive inhabituelle : « Le comprenait-il ? Non. Le sentait-il ? Oui » (*TM*, p. 240) ; « Ni ces idées ni cette situation n'étaient de son âge. Il est probable qu'il ne les comprenait pas. Il agissait d'instinct » (*HQR*, p. 457). Javert vient à la pensée par la violence de ses émotions (*Mis.*, p. 1040). Il subit une « Révélation sentimentale » (*Mis.*, p. 1042). De manière générale les scènes de « tempête sous un crâne » évoquent cette incapacité de la pensée analytique à saisir le problème sous toutes ses faces. Elles ne se résolvent jamais par une décision ou une conclusion. Ce n'est que lorsque le personnage cesse de penser, lorsqu'il devient passif, que la crise se dénoue.

---

1 Il est intéressant que cette dimension de l'ondulatoire occupe une place de plus en plus importante dans les romans de Victor Hugo progressivement envahis par la métaphore de l'Océan.

2 A.J. Greimas et Jacques Fontanille, *op. cit.*, p. 16.

3 *Ibid.*

4 L'existence d'un niveau tensif, dans lequel toutes les caractéristiques logiques ne sont pas actualisées, est également fondamental dans le système linguistique de Guillaume.

Refusant l'explication et le calcul, il se tourne vers l'intuition qui seule peut saisir cette dimension préréflexive : « expliquer rapetisse » (*HQR*, p. 696). La description de la bataille de Waterloo oppose une guerre « classique » caractérisée par le « calcul » et le « génie » tourné vers « l'intuition, la divination, l'étrangeté » (*HQR*, p. 274). En associant le problème du génie à un problème poétique, l'entreprise hugolienne s'inscrit avant tout dans une perspective littéraire et donc linguistique. Les contradictions abondent : refuser la catégorisation, c'est choisir le niveau préréflexif des passions et de la sensibilité ; or celui-ci se caractérise par l'indistinct et l'indifférencié. Comme l'explique Paul Ricœur, c'est « l'autre du langage[1] ».

Cependant, affirmer l'existence d'un niveau de pensée tensif qui rejoint l'indifférencié dans une saisie perceptive n'est pas suffisant. Penser la sensibilité comme un niveau inférieur sous-entend qu'on se place dans une logique qui garde comme horizon la pensée représentative, dans la mesure où le non représentatif n'est en fait qu'une étape préalable et inachevée. Penser en termes de niveaux risque de maintenir l'idée dans le schéma d'une dichotomie entre sens et sensible. Il est donc nécessaire de tenter de construire une véritable relation entre sens et sensible. Dans une perspective esthétique, nous verrons de quelle manière il est possible de penser un sensible qui soit véritablement pensée, c'est-à-dire médiation symbolique ; il sera alors possible de penser l'entreprise hugolienne autrement que comme l'utopie romantique d'un rapport direct au monde.

RAISON ET ÉMOTION

ÉTAT DU PROBLÈME

L'articulation complexe entre sens et sensible s'inscrit dans une longue tradition de pensée qu'il est nécessaire de prendre en compte afin de mieux comprendre les modes d'articulation possibles entre ces deux dimensions[2]. Deux perspectives s'opposent : soit le sensible est

1 *Temps et récit*, t. I, Paris, Seuil, 1983, p. 153.

2 Cette mise en perspective est nécessaire dans la mesure où Hugo se pose par rapport à cette tradition de pensée : constamment en opposition avec la pensée classique, il fait

toujours second par rapport au sens ; soit, au contraire, le sensible est glorifié comme moyen de communication plus direct avec le monde.

Dans la théorie normative de l'art telle que la conçoit Platon, le Beau, s'il est un moyen d'accès au Vrai est toujours second par rapport à celui-ci dans la mesure où il doit s'affranchir du sensible : pour qu'une œuvre puisse prétendre à la beauté, elle doit imiter l'harmonie intelligible seule à même de fournir un système d'évaluation commun à l'artiste et au spectateur. La pensée classique hérite de la complexité de cette conception ; si le système cartésien l'empêche d'articuler sensible et raison, d'autres, comme Boileau, s'efforcent de joindre le Beau et le Vrai dans le retour à une origine commune – raisonnable – des arts. Cette perspective prend toute sa force avec l'entreprise théorique, quasi géométrique de l'Abbé Batteux[1], qui regroupe des manifestations particulières dans la synthèse d'un seul principe. Quant au rationalisme absolu hégélien, s'il présente l'art comme révélateur de l'absolu sous une forme intuitive il n'en fait qu'une étape dans le parcours de l'esprit. Considérant que la sensation, associée au multiple et au contingent n'est pas compatible avec la recherche rationnelle, il explique que le point de départ ne peut être que l'idée de beau. Il se moque ainsi de Baumgarten qui, avec son concept d'esthétique[2], fait de la sensation la base de sa réflexion sur l'art. Tout au long du XVIIIe siècle et au début du XIXe siècle s'élabore une théorie esthétique qui se distingue de la philosophie de l'art traditionnelle[3].

Dans cette voie, Shaftesbury, suivi par Hutcheson et Henry Home, thématisent l'intuition et le génie en une doctrine de la saisie esthétique

également souvent référence aux penseurs de l'antiquité. Par ailleurs sa prise de position dans la problématique romantique le met en relation avec les principaux théoriciens de ce courant, comme Schlegel auquel il fait d'ailleurs allusion.

1 Il exemplifie la doctrine classique pour Hugo, qui parle de son « bon sens goutteux » dans *Châtiments* (III, 8, 5), le voue « au panier » dans *Les Contemplations* (« Réponse à un acte d'accusation »), fait rimer son nom avec « piteux » dans *Les Chansons des rues et des bois* (« Le chêne du parc détruit »), l'associe à la « férule » dans *L'art d'être grand-père* et le traite de « vieux cancre » dans *Les Quatre Vents de l'esprit*.

2 Rappelons que le mot esthétique est employé pour la première fois en 1750 par Baumgarten dans son *Aesthetica* pour désigner les faits de sensibilité dans une conception du Beau défini comme vérité perçue de manière sensible.

3 En France, cette genèse passe notamment par Malebranche, Condillac, La Mettrie, Diderot, Rousseau, d'Alembert, Ballanche, Madame de Staël et Chateaubriand (Annie Becq, *Genèse de l'esthétique française moderne. De la Raison classique à l'imagination créatice [1680-1814]*, Pisa, Pacini editore, 1984).

immédiate de ce qu'il y a de sublime dans le Tout. Mais loin de renforcer la place de l'art dans la pensée, la promotion de son caractère sensible le place indéfectiblement du côté de l'irrationnel. C'est ce dont témoignent les théories contemporaines, qu'elles aient la littérature pour objet spécifique ou qu'elles l'étudient comme antithèse du langage scientifique. Les études stylistique et poétique, tout d'abord, héritières des réflexions esthétiques, placent l'art dans une dimension exclusivement sensible. La restriction de l'objet de la stylistique au langage affectif chez Bally dénote le primat du sentiment sur l'intellect : « Qu'est-ce qui crée notre personnalité dans le sens le plus vrai du mot ? Ce ne peuvent être nos idées parce qu'il n'y a rien de plus impersonnel qu'une idée ; c'est bien plutôt la partie affective de notre être, nos émotions, nos sentiments, nos impulsions, nos désirs, nos tendances[1] ». Si la dimension affective est bien une alternative à la représentation spéculative, dans ce type d'approche, elle tend cependant à écarter la dimension intellectuelle. La pensée y reste toujours l'autre de la sensation[2].

Ces analyses sont le pendant stylistique des théories qui dans le sillage de Russell et du positivisme logique, refusent toute valeur théorique aux œuvres de fiction. Ogden et Richards analysent ainsi les énoncés littéraires comme de pseudo-propositions qui ont une fonction émotive[3]. Le sens est toujours pensé en termes de signification, comme un rapport de dénotation où un signe est « mis pour » quelque chose de précis. Comme l'explique Paul Ricœur, soit un langage est descriptif, soit il est émotionnel :

1 *Traité de stylistique française*, C. Winter, Heidelberg, 1921, p. 6.

2 Dans *Structure du langage poétique*, Jean Cohen définit la « fonction ordinaire du langage écrit "intellectuelle" ou "cognitive" ou "représentative" [...] par opposition à l'autre fonction [...] "affective" ou "émotive". Par quoi il faut entendre un éprouvé affectif qui manque à l'idée. L'idée est effectivement neutre, elle renseigne mais ne touche pas » (Paris, Flammarion, 1966, p. 194).

3 *The Meaning of meaning* (New-York, Harcourt, Brace, 1948). Voir aussi *Principles of literary criticism* où Richards fait de la poésie « la forme suprême du langage émotionnel ». Dans le chapitre intitulé « The two uses of language », il insiste sur la différence d'ordre intellectuel qui distingue les deux types de discours et pose la vérité de la référence comme critère du caractère cognitif du langage scientifique (*Principles of literary criticism* ; London, Kegan Paul, Trubner and C, 1944, p. 268). En cela, il s'inscrit dans le sillage de Frege qui, abordant les énoncés fictionnels d'un point de vue logique ou vérifonctionnel, fonde leur définition sur le critère de la dénotation nulle. Ceux-ci ont un sens (*Sinn*) mais pas de référent (*Bedeutung*). (G. Frege, *Écrits logiques et philosophiques*, Paris, Seuil, 1971).

> Il est admis par les critiques formés à l'école du positivisme logique, que tout langage qui n'est pas *descriptif* – au sens de donner une information sur les faits – doit être *émotionnel*. En outre il est admis que ce qui est « émotionnel » est purement ressenti « à l'intérieur du sujet » et n'est rapporté en aucune manière que ce soit à quelque chose d'extérieur au sujet. L'émotion est une affection qui n'a qu'un dedans et pas de dehors[1].

Or, « ce postulat fonctionne en critique littéraire comme un préjugé. Il impose, outre l'alternative entre "cognitif" et "émotionnel", l'alternative entre "dénotatif" et "connotatif[2]" ». On retombe dans une conception dualiste du sens et du sensible.

C'est précisément ce dualisme que cherchent à éviter les œuvres de l'exil, comme en témoignent les essais de cette période : « Dira-t-on : ceci n'est que de la sensation. On se tromperait. La sensation, confirmée par le raisonnement, c'est tout simplement la double forme du réel, et cela a quelque affinité avec l'évidence[3]. » La poésie est une « lumière intellectuelle[4] ». Dans la perspective de donner à l'idée un caractère sensible il relie idée et image : « Quel était le crime de Juvénal : exprimer volontiers l'idée par l'image[5] ». Pensée, idée, émotion et passion sont mises sur le même plan et traitées indifféremment dans la même suite de caractérisants. Il parle ainsi des génies « exorbitants en tout, en pensées, en images, en convictions, en émotions, en passion, en foi[6] » ; ou critique les écoles de sobriété : « Cette école met sous clef les passions, les sentiments, le cœur humain, la réalité, l'idéal, la vie[7]. »

La dimension sensible n'est pas secondaire par rapport à l'intelligible. Le sensible n'existe pas de manière préalable et n'est pas au service d'une fin intelligible. Mais surtout, l'opposition entre sens et sensible est elle-même dépassée. Pour penser cela il faut se tourner vers les théoriciens qui cherchent à penser les liens entre sens et sensible. Wimsatt et Beardsley critiquent ainsi « l'antithèse très nette entre utilisations symbolique et émotive du langage[8] » mise en place Ogden et Richards dans *The Meaning*

---

1 *La Métaphore vive*, Paris, Seuil, 1975, p. 285.
2 *Ibid.*
3 *Ph.*, p. 502.
4 *Goût*, p. 566.
5 *WS*, p. 347.
6 *Ibid.*, p. 376.
7 *Ibid.*, p. 348.
8 « The affective fallacy », *Sewanee Review*, LVII, 1949, p. 32.

of Meaning et proposent, afin de bien préciser le fonctionnement de chacun des deux régimes, de distinguer « signification » (*meaning*) cognitive et « portée » (*import*) émotive[1]. Mais l'essentiel de la réflexion est le fait de philosophes qui réfléchissent sur l'art en termes de forme symbolique : Nelson Goodman et Catherine Elgin associent ainsi esthétique et connaissance dans une perspective générale de la symbolisation. L'œuvre d'art n'appartient pas plus au sensible que n'importe quelle autre chose qu'on perçoit. Elle est tout autant connaissance[2]. Car en fait la perception elle-même relève du fonctionnement symbolique. L'expérience esthétique repose donc sur la capacité à saisir des relations symboliques[3]. Rejetant la dichotomie, sens/sensible, ils insistent sur le fait que dans l'expérience esthétique les émotions fonctionnent de manière cognitive.

Pour Hugo, l'art n'est pas au service de la pensée, mais il est le seul mode d'existence de cette pensée. La contradiction entre sens et sensible est d'ordre analytique ; elle n'a pas lieu d'être dans le cadre d'une approche littéraire, comprise comme travail d'écriture. La problématique esthétique prend une tout autre force et perd de son caractère abstrait ; il ne s'agit pas simplement d'un discours, mais d'un acte et les deux se lient pour donner une réalité plus complexe au concept d'esthétique. C'est pourquoi il est nécessaire de penser ce problème non dans la perspective d'une théorie esthétique, mais dans celle d'une expérience, l'expérience de l'écriture.

LE GOÛT ET LE GÉNIE : SCHÉMATISATION DE L'EXPÉRIENCE DE PENSÉE

« Le goût, c'est la raison du génie[4] » : par cette formule, Hugo fonde l'expérience particulière de la raison sensible sur la notion de génie. Si cette conception du génie vise en particulier à fonder son refus des règles et des poétiques, on peut l'étendre à une conception générale de la pensée esthétique qui prône « la liberté de l'art contre le despotisme des systèmes[5]. » Mais l'intérêt central de cette doctrine du génie repose dans sa conception de la règle comme expérience. Rien n'existe en dehors de

1 *Ibid.*, p. 34.
2 *Esthétique et connaissance*, Combas, l'Éclat, 1990, p. 82.
3 *Ibid.*, p. 85.
4 *PC*, p. 37.
5 *Ibid.*, p. 31.

l'écriture qui doit trouver sa raison dans le processus même de sa production. Sous peine d'être « artificielles », les œuvres doivent se garder de « suivre d'autres lois que celles de leur organisation et de leur nature[1] », et la règle n'est rien d'autre que l'expérience d'une nécessité singulière et contingente. Cette conception du génie peut être étendue à tous les rapports de la raison et de l'art. L'art n'est pas irrationnel, mais il ne doit pas tirer sa raison de normes universelles et extérieures à sa production. Sa nécessité est liée à la contingence d'une expérience, dans une conception paradoxale qui s'accorde bien avec la conception complexe des jugements de goût, lesquels ne se fondent pas sur des normes et pourtant ont valeur de jugement, qui ne découlent pas d'un intérêt de notre nature sensible et de notre particularité individuelle et pourtant se produisent dans l'expérience et trouvent leur origine dans les réactions suscitées par la perception de l'objet. La notion de génie introduit la possibilité de ne pas seulement penser par la discrimination catégorisante, mais aussi dans la synthèse. Seul le génie à « l'esprit cubique[2] » peut parvenir à cette synthèse et « interroger le tout[3] ». Et cette ubiquité du génie est aussi celle de la poésie ; « C'est parce que vous pouvez exiger dans la poésie l'universalité, l'ubiquité l'infinitude, l'omnipotence, l'omniscience, l'omniforme, que vous ne pouvez imposer de règles[4]. »

On rejoint ici la notion de sublime, qui subsiste dans les romans de l'exil moins comme catégorie esthétique que comme expérience de pensée. Le sublime permet de sortir de la rationalité comme représentation abstraite, mais sans tomber dans l'irrationnel. Au lieu d'analyser successivement des objets ou des idées, de les séparer et de les classer, on les saisit de manière synthétique, comme un tout. Ce type de scène sublime apparaît encore fréquemment dans les romans. Dans *Les Misérables*, toute l'assemblée du tribunal est bouche bée devant le discours de M. Madeleine qui annonce être Jean Valjean. Cette scène bouleverse les catégories qui séparent le forçat du notable et les plonge dans les marges, dans le domaine de l'indifférencié :

> Il n'y avait plus dans cette enceinte ni juges, ni accusateurs, ni gendarmes ; il n'y avait que des yeux fixes et des cœurs émus. Personne ne se rappelait

1 *Ibid.*
2 *Préf.*, p. 705.
3 *Ibid.*, p. 707.
4 *Goût*, p. 569.

> plus le rôle que chacun pouvait avoir à jouer ; l'avocat général oubliait qu'il était là pour requérir, le président qu'il était là pour présider, le défenseur qu'il était là pour défendre. Chose frappante, aucune question ne fut faite, aucune autorité n'intervint. Le propre des spectacles sublimes, c'est de prendre toutes les âmes et de faire de tous les témoins des spectateurs. Aucune sans doute ne se rendait compte de ce qu'il éprouvait ; aucun, sans doute, ne se disait qu'il voyait resplendir là une grande lumière ; tous intérieurement se sentaient éblouis (*Mis.*, p. 221-222).

Il en est de même pendant le discours de Gwynplaine devant la chambre des lords (*L'Homme qui rit*, chapitre II, 7, 4 « Les tempêtes d'homme pires que les tempêtes d'océan »). Ces passages montrent que le sublime a comme principale conséquence un changement de conception pour ceux qui y sont confrontés. En les faisant sortir du mode représentatif, de la *doxa*, il leur donne une pensée plus large ne serait-ce que pendant un instant. Il y a bien médiation et dans une certaine mesure reschématisation. Mais au lieu d'aboutir à une classification, celle-ci débouche sur le tout, la synthèse. On atteint à l'indifférencié, mais un indifférencié médiatisé, non pas métaphysique.

La dimension sensible joue donc un double rôle. Elle permet à la fois de sortir de la catégorisation en réintroduisant le continu, mais en même temps elle est la structure qui permet de rester dans la pensée. Elle ne se substitue pas à la dimension intellectuelle ; elle l'organise, au contraire, mais selon des modalités qui lui sont propres et qui s'opposent à une structuration logique. Pour mieux comprendre ce fonctionnement intellectuel particulier, on peut avoir recours à la notion de percept, telle que l'expose Gilles Deleuze[1]. Elle permet en effet de forger pour l'art une notion parallèle à celle de concept. Dans cette perspective, il est possible d'articuler idée et sensible tout en gardant sa spécificité à l'art. Il ne s'agit pas de calquer le fonctionnement critique de l'art sur celui de la représentation abstraite, mais de penser un fonctionnement parallèle qui lui est propre. Penser est alors dans un rapport fondamental avec l'affect ; on ne pense pas sans être sensible à ceci ou à cela : « Et, en effet, qu'est-ce que nos idées ? Des sensations, et des sensations comparées. Qu'est-ce que les arts, sinon les diverses manières d'exprimer nos idées[2]. »

1 Gilles Deleuze, *Qu'est-ce que la philosophie ?*, Paris, Minuit, 1991, « Percept, affect et concept ».

2 *LPM*, p. 113.

Au centre de cette problématique se trouve la notion d'image[1]. Telle que l'expérimente Hugo dans ses romans, celle-ci témoigne d'un rapport au monde qui n'a rien de la transparence d'une adéquation. L'image n'est pas une copie conforme, mais un schème ou plutôt un processus de schématisation. Et cette schématisation se pense en termes de perception. Aussi l'œuvre n'est-elle pas la représentation, mais le diagramme du monde. L'image est donc un mode d'organisation sémantique d'un type particulier, qui vise à fonder le sens sur la perception plutôt que sur l'intellection. Comme nous allons le voir, Hugo fait l'essai de divers procédés qui visent à structurer l'idée dans la sensation elle-même.

Pour expliquer ce mode d'articulation du sens et du sensible, Paul Ricœur utilise le concept d'« icône verbale », emprunté à Wimsatt et Beardsley[2]. « Dans le langage poétique, ce couple du sens et des sens tend à produire un objet clos sur soi, à la différence du langage ordinaire de caractère foncièrement référentiel ; dans le langage poétique, le signe est *looked at* et non *looked through* ; autrement dit le langage au lieu d'être traversé vers la réalité, devient lui-même "matériau" (*stuff*) ». Ainsi, « telle l'icône du culte byzantin, l'icône verbale consiste dans cette fusion du sens et du sensible[3] ». Cette notion d'icône permet ici de penser un sens d'un type particulier, qui ne pense pas directement, mais à travers le travail sur la matière. C'est ce travail de la matière qui constitue la véritable médiation, ou symbolisation, même si on s'éloigne ici de la relation directe à laquelle prétend le symbole.

ANCRAGE LINGUISTIQUE DU SENSIBLE

Pour comprendre le mode de fonctionnement de cette structure sensible, il est nécessaire d'observer les différents points d'ancrage du sensible dans le texte. Il se situe au niveau lexical du trope, mais également dans des structures moins localisées, de nature prosodique ou

1 L'expression « rendre sensible par une image » est ainsi très présente chez Hugo ; par exemple *PC*, p. 16.

2 W.K. Wimsatt et M. Beardsley, *The Verbal Icon*, The University of the South, Sewanee, Tenessee.

3 *La Métaphore vive*, éd. citée, p. 265.

typographique. On verra également que la dimension syntaxique, trop proche de la signification est écartée au profit d'un travail sur la notion plus large de réseau.

LEXICOSYNTAXIQUE : RENDRE L'IDÉE CONCRÈTE

La volonté de Victor Hugo de parvenir à une dimension plus concrète dans la littérature se fait jour dans les différentes techniques littéraires qui peuvent permettre de se rapprocher d'une écriture concrète. L'utilisation fréquente du terme « palpable » souligne son désir d'introduire la dimension du toucher dans l'abstraction littéraire. Cette dimension concrète est avant tout recherchée dans l'utilisation du trope.

L'utilisation de la métaphore chez Hugo ne vise pas, comme dans une conception classique du trope, à un simple transfert de signification[1]. Ce qui l'intéresse, ce n'est pas les relations de substitution d'un mot à un autre, mais la relation de sens qui s'établit à l'intérieur d'un énoncé et qui permet de « rendre sensible par une image les idées[2] » selon une expression très fréquente chez lui.

La métaphore est une utilisation particulière du matériau verbal, elle permet d'introduire plus de concret dans l'expression, selon un mécanisme de sens qui lui est propre. Comme l'explique Laurent Jenny : « À l'exactitude lexicale, la métaphore a préféré la précision sensorielle. Son impropriété même en contexte favorise le déploiement de ses valeurs connotatives. D'un défaut sémantique on fait une qualité évocatoire[3]. » Cette figure est employée dans les romans de Hugo pour mettre en rapport des notations sensibles avec des éléments abstraits. Un terme abstrait se voit offrir un caractérisant concret. Dans l'expression « informe hurlant » le caractérisant « hurlant » donne lieu à une personnification qui rend plus concret l'abstrait « informe » ; de même dans « Je ne sais quelle grandeur sauvage et farouche » (*Mis.*, p. 701). Cette tension entre concret et abstrait se rencontre également dans des structures plus complexes. Lorsque le terme abstrait est en position de sujet, l'utilisation d'un verbe concret lui confère également le statut de sujet au sens sémantique et

1 Dumarsais définit les tropes comme « des figures par lesquelles on fait prendre à un mot une signification qui n'est pas précisément la signification propre de ce mot » (*Des Tropes ou des différents sens*, Paris, Flammarion, 1988, p. 69).

2 *PC*, p. 16.

3 Laurent Jenny, *La Parole singulière*, éd. citée, p. 59.

aboutit ainsi à une personnification. « Les deux styles n'étaient point d'accord » (*Mis.*, p. 958). « L'espace se lamente » (*HQR*, p. 418). Il ne faut pas conclure trop vite ici à une simple métonymie. L'abstrait n'est pas là pour varier l'expression. Il est la trace stylistique d'une réflexion métaphysique.

L'utilisation de métaphores à pivot verbal permet d'ajouter le mouvement au concret : « Tel pioche avec l'idée, tel pioche avec le chiffre, tel pioche avec la colère » (*Mis.*, p. 569). L'utilisation du verbe est particulièrement intéressante lorsqu'il s'agit d'introduire dans l'abstrait une dimension spatiale par le biais du déplacement : « L'incompréhensible venait de faire son entrée dans la cahute de Fauchelevent » (p. 416) ; « Il pénétra dans de l'inattendu. » (*HQR*, p. 689) ; « L'immense abandon des hommes était autour de lui » (*HQR*, p. 387). On assiste, dans ce passage de *L'Homme qui rit*, à une véritable spatialisation de la pensée :

> Il ne la trouvait pas. Impossible de s'orienter. Rien de capiteux comme l'opulence quand on la voit pour la première fois. Mais en outre c'était un labyrinthe. À chaque pas une magnificence lui faisait obstacle. Cela semblait résister à ce qu'il s'en allât. Cela avait l'air de ne pas vouloir le lâcher. Il était comme dans une glu de merveilles. Il se sentait saisi et retenu (*HQR*, p. 688).

Il est clair que cette description de choses matérielles que Gwynplaine est en train de découvrir dans le palais de Lady Josiane exprime également, par syllepse, l'état d'esprit dans lequel il se trouve. On se trouve déjà dans un cas de rapport concret/abstrait, dans la mesure où les préoccupations de Gwynplaine sont décrites sous forme d'éléments matériels. Mais les choses vont plus loin ; on assiste à une véritable spatialisation de la pensée dans la mesure où l'espace est présenté comme une structuration sensible.

Lorsque l'adjectif porte la notion et que le substantif est chargé de la dimension concrète, le mouvement vers le concret est accentué. « La mine[1] religieuse, la mine philosophique » (*Mis.*, p. 569).

La structure la plus courante utilise comme pivot la préposition « de ». Le caractère très ambigu de cette préposition permet de relier plus facilement des éléments très hétérogènes sans préciser la nature de la relation logique. « L'hideux précipice de sa destinée » (*Mis.*, p. 74) ; « La veine noire de la destinée » (*Mis.*, p. 161).

1 Le mot « mine » a ici le sens d'*exploitation*.

La volonté de rendre concrètes, presque palpables les notations abstraites est renforcée par l'utilisation du démonstratif : « elle traversa brusquement ce chaos qu'il avait dans l'intelligence » (*Mis.*, p. 91). « Ces hautes escroqueries n'ont point d'avenir » (*Mis.*, p. 518) et

> [l]e dormeur pas tout à fait voyant, pas tout à fait inconscient, entrevoit ces animalités étranges, ces végétations extraordinaires, ces lividités terribles ou souriantes, ces larves, ces masques, ces figures, ces hydres, ces confusions, ce clair de lune sans lune, ces obscures décompositions du prodige, ces croissances et ces décroissances dans une épaisseur trouble, ces flottaisons de formes dans les ténèbres, tout ce mystère que nous appelons le songe (*TM*, p. 67).

Dans ces phrases, le démonstratif n'est pas d'emploi anaphorique. Les éléments qu'il détermine ne sont pas présents dans le contexte. Son emploi comme déictique rend ces éléments plus concrets en embrayant fictivement sur la situation d'énonciation ce qui donne l'impression qu'ils se présentent au lecteur.

La fameuse structure hugolienne qui consiste à appliquer un partitif à une notion abstraite est également caractéristique du passage de l'abstrait au concret : « Il y avait de l'attaque » (*Mis.*, p. 558) ; « De l'halluciné », « de l'illusion », « Déruchette était de l'allégresse », « c'est de l'ivresse, de l'imprudence », (*TM*, p. 66, 91, 172) ; « il y avait de la maternité dans l'infini » (*QT*, p. 983).

De manière plus générale, la place qui devrait revenir à des concepts clés est occupée par des métaphores comme « l'abîme », « la nuit », « le gouffre », « l'ombre », « le vent », « l'océan ». Dans le même registre, on passe souvent progressivement du substantif à l'adjectif substantivé, plus ambigu. Plutôt que *Misères*, titre de la première mouture de son roman, Victor Hugo choisira *Misérables*.

Pour clore l'étude des tropes on citera l'utilisation de la métonymie-synecdoque qui consiste à mettre un terme abstrait au pluriel. Le fait de présenter l'abstrait comme dénombrable lui confère un caractère concret : « On a aperçu une étoile au fond des espaces » (*HQR*, p. 694) ; « Une certaine oscillation mettait en branle tous les horizons de son cerveau » (*Mis.*, p. 525-526) ; « De là ses audaces, de là aussi ses timidités » (*TM*, p. 66) ; « Les perfections du désastre » (*TM*, p. 196).

Les tropes dans les romans de Victor Hugo ne fonctionnent pas de manière substitutive. Ceux qui ont été étudiés ne consistent pas à remplacer un signifiant par un autre, mais établissent une tension soit syntaxique, soit, plus généralement, prédicative[1]. C'est pourquoi, ils ne se situent pas au niveau du mot, mais de l'énoncé. De manière générale, l'utilisation du concret ne consiste pas uniquement à donner l'impression qu'un élément abstrait est concret, mais à structurer la compréhension d'un phénomène de manière sensible. Pour cela il faut dépasser le niveau du mot, mais aussi de la phrase, pour passer à des structures qui organisent l'ensemble de l'énoncé.

COORDINATION SENSIBLE

C'est le cas de la coordination. Elle est l'un des ressorts de la pensée représentative. Elle permet d'organiser les éléments selon des rapports logiques. Sans elle les différents éléments n'auraient pas de sens à proprement parler dans la mesure où leur rapport resterait neutre. On observe dans les romans qu'une coordination sensible vient se substituer à la coordination logique.

Dans son livre sur *La Coordination en français*, Gérald Antoine inclut dans le phénomène de la coordination « un pouvoir non seulement psychologique et syntaxique mais encore affectif et stylistique[2]. » En élargissant ce phénomène on peut explorer l'utilisation de certaines figures de répétition. « La coordination n'est-elle pas en effet au premier chef phénomène d'enchaînement et de rythme, ou si l'on veut de construction et d'architecture[3] ? » Elles organisent le texte en reliant des groupes qui ont les mêmes signifiants. Ce mode d'organisation est très développé dans les romans de Victor Hugo. Il se substitue à la structure linéaire du roman.

Au niveau du segment textuel, les répétitions créent une sorte de rythme qui induit un sentiment de continuité alors même que le déroulement logique n'est par marqué. C'est le cas dans le chapitre allégorique des *Misérables*, « L'onde et l'ombre ». Le pronom personnel « il », mis en valeur par la structure typographique qui le place systématiquement en tête de paragraphe, rythme l'ensemble du texte et ajoute le dynamisme à la dimension sensible des métaphores[4]. Ce procédé est systématisé dans

---

1 Comme le note Marc Bonhomme : « Sur le plan de leurs processus interactionnels, métonymie et métaphore se définissent comme des troubles affectant la cotopie sémiotique » (*Linguistique de la métonymie*, Bern, Francfort, Main, New York, Paris, Peter Lang, 1987, p. 48).

2 Gérald Antoine, *La Coordination en français*, Paris, D'Artrey, 1958, p. 1343.

3 *Ibid.*, 1331.

4 C'est l'une des particularités du langage poétique selon Claudine Normand qui doit « éviter que la ressemblance du langage n'amène à résumer dans un seul terme ce qui est opération »

L'Homme qui rit, toujours dans le cadre d'une perte de repère du personnage. Pratiquement chacune des phrases commence par le pronom « il » et le texte varie sans cesse la disposition, en le plaçant tantôt à la tête d'une suite de phrases très courtes dans un même paragraphe, tantôt comme amorce de paragraphes d'une ligne, groupés par trois ou quatre.

Lorsque ce système de la répétition ne se situe pas dans un segment textuel rapproché, mais au niveau de l'ensemble de l'ouvrage, l'éloignement, qui invalide généralement la possibilité d'un rapprochement, est pallié par le système des titres. C'est en effet souvent dans les titres que se fait la répétition. Leur particularité est de se présenter comme une deuxième trame, superposée à celle du texte, qui relie les passages entre eux indépendamment de la longueur de la séquence textuelle qui les sépare matériellement. Certains chapitres semblent ainsi se dédoubler ou fonctionner selon un système binaire : « Chance qu'ont eue ces naufragés de rencontrer ce Sloop » et « Chance qu'a eue ce flâneur d'être aperçu par ce pêcheur » (*Les Travailleurs de la mer* I, 4, 6 et I, 4, 7). « *Sub re* » et « *Sub umbrâ* » (*Les Travailleurs de la mer* II, 2, 4 et II, 2, 5). « Quelqu'un échappe » et « Échappe-t-il ? » (*Quatrevingt-Treize* I, 2, 9 et I, 2, 10). Ce système permet également de relier des chapitres plus éloignés : « Le numéro 24601 devint le numéro 3430 » (*Les Misérables* II, 2, 1) et « Le numéro 9430 reparaît, et Cosette le gagne à la loterie » (*Les Misérables* II, 3, 11).

TYPOGRAPHIE

La dimension sonore est soutenue et complétée par une dimension visuelle fondée sur l'agencement typographique. De nombreux systèmes de répétitions sont ainsi mis en valeur par le fait que chaque ligne correspond à un paragraphe. Sur la page, cela correspond à un décrochage de quelques lignes qui se détachent du reste du texte en formant une sorte de colonne.

Dans une liste de noms, chacun occupe une ligne. Le vide[1] laissé dans la page atténue le caractère lourdement informatif du catalogue et laisse la place à l'interprétation[2] :

(*Métaphore et concept*, Bruxelles, Éditions Complexes, 1976, p. 141).

1 Comme le souligne Christine Moulin, liste et fragmentation sont liées chez Hugo (« La liste dans les fragments de Victor Hugo : "une machine faite esprit" », communication au groupe Hugo du 18 juin 2011 [en ligne], http://groupugo.div.jussieu.fr/Groupugo/doc/11-06-18moulin.pdf).

2 « Comme le catalogue épique, le dénombrement homérique prend forme dans une interaction et multiplie les perspectives sans les hiérarchiser » (Judith Wulf, « "Dénombrement

> Laveuve.
> Finistère.
> Homère Hogu, nègre.
> Mardisoir.
> Dépêche.
> Fauntleroy dit Bouquetière.
> Glorieux, forçat libéré.
> [...]
> Demi-liard dit Deux milliards.
> Etc., etc. (*Mis.*, p. 575).

Certaines amorces de chapitre sont présentées en escalier, chaque paragraphe étant constitué d'une phrase de plus en plus longue. Dans ce cas, l'effet visuel se combine avec un effet rythmique pour créer une impression d'élan et de développement du texte :

> Tel était Gilliatt.
> Les filles le trouvaient laid.
> Il n'était pas laid. Il était beau peut-être (*TM*, p. 63).

Au contraire, un chapitre peut être clos sur une phrase brève isolée. C'est le cas de la clôture du chapitre II, 2, 4 de *L'Homme qui rit* intitulé « Les amoureux assortis » :

> De sorte que la haine s'était trompée. Les persécuteurs de Gwynplaine, quels qu'ils fussent, l'énigmatique acharnement, de quelque part qu'il vînt, avaient manqué leur but. [...] Enfant, on avait fait de lui une ruine ; mais cette ruine, la nature l'avait reprise comme elle reprend toutes les ruines ; cette solitude, la nature l'avait consolée comme elle console toutes les solitudes ; la nature vient au secours de tous les abondons ; là où tout manque, elle se redonne toute entière ; elle refleurit et reverdit sur tous les écroulements ; elle a le lierre pour les pierres et l'amour pour les hommes.
>
> Générosité profonde de l'ombre (*HQR*, p. 539).

Rétrécissement visuel et rétrécissement de la pensée dans la conclusion sont alors liés. À la fin d'une description, la conclusion théorique va de pair avec une fermeture visuelle[1].

---

titanique". L'effet-liste dans *Quatrevingt-Treize* », *Liste et effet-liste en littérature*, dir. S. Lawson, M. Lecolle, M. Raymond, Paris, Garnier, 2013).

1 Pour Georges Mathieu, « le blanc ne raconte pas au sens propre, mais il signifie. Il produit dans l'esprit du lecteur la même "mise en condition pour autre chose" que la nuit pour

La typographie peut être reliée au passage de manière mimétique :

> C'était une pelletée de terre qui tombait sur le cercueil.
> Une seconde pelletée de terre tomba.
> Un des trous par où il respirait venait de se boucher.
> Une troisième pelletée de terre tomba.
> Puis une quatrième (*Mis.*, p. 440).

Dans ce passage où Jean Valjean se fait enterrer vivant, des phrases courtes et répétitives semblent mimer les pelletées de terre que le fossoyeur jette sur le cercueil. Elles sont entrecoupées, de phrases plus longues qui exposent la pensée du personnage[1]. Celles-ci vont en décroissant jusqu'au silence final qui indique qu'il a perdu connaissance.

LA MISE EN RÉSEAU

Comme l'a souligné l'étude du rythme et de la typographie, la dimension sensible ne se développe pas au niveau du mot. On s'est également rendu compte que l'utilisation du signifiant ne se faisait pas uniquement au niveau sonore, pas plus qu'on ne peut traiter la disposition spatiale sur la page simplement d'un point de vue visuel. Le sensible en littérature n'est pas le même que dans d'autres arts ; il ne repose pas uniquement sur le niveau sonore ou visuel, mais de manière plus complexe sur un effet mental. C'est pourquoi il est possible de penser le fonctionnement linguistique de l'association d'idée de manière sensible.

Dans *La Métaphore vive*[2], Paul Ricœur met en avant la notion de ressemblance. Contrairement au niveau logique qui est réflexif, le niveau analogique est perceptif[3]. On perçoit une analogie sans pouvoir expliciter de manière exhaustive le cheminement de la pensée, qui varie

---

les personnages » (*Changer de chapitre dans* Les Misérables, Paris, Honoré Champion, 2007, p. 46).

1 Ce qui va bien dans le sens d'une pratique romantique de la division comme « lieu par excellence d'interrogation », pour reprendre l'expression de Jacques Dürrenmatt (*« Bien coupé mal cousu ». De la ponctuation et de la division du texte romantique*, Presses Universitaires de Vincennes, collection essais et savoirs, 1998, p. 8).

2 Éd. citée, Sixième étude, « Le travail de la ressemblance ».

3 Comme le souligne Jacques Seebacher, la question de l'analogie, en particulier du symbolique, est particulièrement importante dans le débat de l'époque concernant sensible et rationalité. Pour Michelet, « le symbolique, c'est le concret. Le symbole c'est la matière. Le symbole c'est l'image. Le symbole c'est l'enfermement » (« Le symbolique dans les romans », *Victor Hugo ou le calcul des profondeurs*, Paris, PUF, 1990, p. 204).

d'ailleurs selon les cas. Or cette perception se fait d'abord au niveau de l'idée puisque « c'est en effet d'abord entre les idées dont les mots sont les noms que la ressemblance opère[1]. » Sur ce modèle l'idée hugolienne n'est jamais isolée. Elle se présente toujours sous la forme d'une association qui, selon l'expression « faire de l'idée un tourbillon », met en valeur le ressenti sur la compréhension.

Sens et sensible sont ici associés au plus près, dans l'élaboration d'un sens qui n'est plus de l'ordre de l'intellection mais de la perception. « L'acte de lire atteste que le trait essentiel du langage poétique n'est pas la fusion du sens avec le son, mais la fusion du sens avec un flot d'images évoquées ou excitées[2]. » On peut prendre comme exemple de ce fonctionnement perceptif de l'image en réseau l'hypotypose.

Nous verrons l'hypotypose en fonction de deux de ses aspects, sa dimension « sensible » et son fonctionnement « macrostructural[3] ». La plupart des définitions de l'hypotypose insistent sur son caractère sensible et concret : nous prendrons comme exemple pour analyser ce phénomène le passage qui décrit la forêt dans laquelle Cosette va chercher de l'eau.

> À côté d'elle l'eau agitée dans le seau faisait des cercles qui ressemblaient à des serpents de feu blanc.
>
> Au-dessus de sa tête le ciel était couvert de vastes nuages noirs qui étaient comme des pans de fumée. Le tragique masque de l'ombre semblait se pencher vaguement sur cet enfant.
>
> Jupiter se couchait dans les profondeurs. L'enfant regardait d'un œil égaré cette grosse étoile qu'elle ne connaissait pas et qui lui faisait peur. La planète, en effet, était en ce moment très près de l'horizon et traversait une épaisse couche de brume qui lui donnait une rougeur horrible. La brume, lugubrement empourprée, élargissait l'astre. On eut dit une plaie lumineuse.
>
> Un vent froid soufflait de la plaine. Le bois était ténébreux, sans aucun froissement de feuilles, sans aucune de ces vagues et fraîches lueurs de l'été. De grands branchages s'y dressaient affreusement. Des buissons chétifs et difformes sifflaient dans les clairières. Les hautes herbes fourmillaient sous la bise comme des anguilles. Les ronces se tordaient comme de longs bras armés de griffes cherchant à prendre des proies. Quelques bruyères sèches, chassées par le vent, avaient l'air de s'enfuir avec épouvante devant quelque chose qui arrivait. De tous les côtés il y avait des étendues lugubres (*Mis.*, p. 308).

1 Paul Ricœur, *op. cit.*, p. 221.
2 *Ibid.*, p. 266.
3 Georges Molinié, *Dictionnaire de rhétorique*, Paris, librairie générale française, article « Hypotypose ».

Tous les éléments de définition de l'hypotypose sont présents. On trouve les notations sensibles, couleurs, lumière, sonorités, sensations tactiles. Mais ces notations sensibles se combinent avec des éléments de nature différente, abstraits. Ce sont les indices qui permettent d'embrayer sur un second niveau d'interprétation, plus abstrait. Il s'agit en particulier de toutes les notations personnalisantes qui permettent de mettre en relation la description d'un décor et celle d'un paysage mental : « Le tragique masque de l'ombre semblait se pencher sur cet enfant » ; « De grands branchages s'y dressaient *affreusement* » ; « Quelques bruyères sèches [...] avaient l'air de s'enfuir avec épouvante » ; « étendues lugubres ». Le rôle du terme d'« ombre » est significatif. Il sert la description sensible en apportant une nuance de lumière et de couleur ; mais il présente également une dimension abstraite. Avec d'autres il sert donc d'embrayeur entre les niveaux descriptif et réflexif.

Ce processus est très clair si l'on étudie le texte d'un point de vue diachronique. Les éléments abstraits se font plus nombreux, au fur et à mesure qu'on avance dans le passage. Le passage suivant, dans un tout autre registre, développera les conclusions abstraites de ce passage hybride. La figure d'hypotypose telle qu'elle fonctionne dans le roman permet donc d'associer les dimensions théorique et sensible, de *ressentir* une dimension cognitive qui devrait normalement être comprise de manière réflexive.

Mais ce phénomène ne prend toute son ampleur qu'en raison de la dimension macrostructurale de cette figure qui lui permet de fonctionner au niveau de l'énoncé et non pas à celui du mot ou du segment verbal. Au niveau du mot, les images font encore partie du message dénoté ou connoté d'un discours. Mais considérées comme réseau, dans un système de relations réciproques d'ouverture et de fermeture, de netteté et d'évanescence, de continuité et de discontinuité, elles donnent lieu à un véritable message sensible. C'est encore plus clair dans le cas de la figure macrostructurale dans la mesure où il est impossible de revenir au niveau du mot.

Cette dimension de l'hypotypose se combine avec son caractère fragmentaire. Les différents éléments sont généralement présentés par petites touches expressives qui ne s'individualisent pas dans la continuité d'une unité. C'est ce qui lui permet de se distinguer d'une description ordinaire. On ne retombe jamais dans la représentation abstraite, dans la mesure où l'objet de la description ne peut jamais être saisi entièrement. Ces descriptions seraient impossibles à rendre en peinture, dans la mesure où elles ne proposent aucun contour, aucune délimitation. Les romans proposent ainsi un fonctionnement particulier de l'hypotypose, dans la mesure où, contrairement à ce qu'avance Fontanier[1], elles ne font pas voir, mais font sentir. C'est très net dans la rencontre de Gilliatt et de la pieuvre ; le texte ne nous livre que des sensations éparses qui ne permettent pas de comprendre l'objet de la description. On se retrouve à nouveau dans le cas de figure d'une image qui ne représente rien, qui n'est pas dans une relation de symbole avec un élément déterminé.

Rendues au niveau de l'énoncé, les figures ne peuvent être considérées comme de simples ornements. Elles ne peuvent être comprises que dans la perspective d'un sens figuré. On est loin d'une problématique de l'écart ; l'introduction de la dimension sensible fait partie intégrante d'un processus critique particulier, qu'on peut résumer sous le terme de *tension*.

TENSION ABSTRAIT/CONCRET

L'idée esthétique introduit un rapport de tension entre le concret et l'abstrait. Un mouvement d'abstraction répond à la volonté d'introduire du concret dans le domaine de l'idée. La tension est ménagée au cœur même de l'écriture, au sein du système figuré.

La métonymie abstractive permet à la fois de remettre en cause le système normal de la prédication, ce qui crée une certaine ambiguïté qui peut même parfois aller jusqu'à l'obscurité, mais aussi de mettre en valeur le caractère abstrait qui est propre au substantif. L'objet s'efface au profit d'une dimension abstraite, sous la forme d'un substantif : « C'était une grande probité, c'était une nudité dans une solitude », « Tout était ébullition », (*TM*, p. 111, 218, 272) ; « Sa figure était dans l'évanouissement », « Tous les effacements », « deux pétrifications, c'était les deux filles », « Tout n'est que contradiction », (*HQR*, p. 535, 604, 612, 614) ; « Le terrible », « l'horrible », « ce fut une extermination » (*QT*, p. 854, 982).

N'importe quel élément peut avoir valeur de notion. En même temps qu'il remet en cause la distinction nette entre l'abstrait et le concret, ce procédé remet en cause la logique même de la prédication dans la

1 Selon Fontanier l'hypotypose « peint les choses d'une manière si vive et si énergique qu'elle les met en quelque sorte sous les yeux, et fait d'un récit ou d'une description une image, un tableau, ou même une scène vivante » (Fontanier, *Les tropes*, Paris, Flammarion, 1968, p. 390).

mesure où il n'y a plus que des thèmes. On rejoint une esthétique de type impressionniste à tendance non figurative.

L'étude des figures permet de mieux comprendre de quelle manière est envisagée l'introduction du sensible. Loin d'être une utopie, il s'agit avant tout d'un problème stylistique et donc linguistique qui se présente sous la forme d'une tension. Encore une fois il ne s'agit pas de nier l'abstrait, l'intelligible au profit du sensible, mais de penser leur rapport. Le sens figuré que met en place le phénomène de la tension n'a rien à voir avec le fonctionnement de l'illustration qui « vise à accroître la présence en concrétisant à l'aide d'un cas particulier une règle abstraite[1]. » Il ne s'agit pas d'illustrer une pensée afin de la rendre plus familière ou plus facile à comprendre, mais de l'organiser selon des modalités inédites ; le trope, ici, ne sert pas de béquille ou de simple support de la pensée, mais entre à part entière dans le fonctionnement de cette pensée en tant qu'elle est en même temps écriture. Il ne rend pas non plus la pensée plus claire, en opérant des distinctions, mais au contraire plus complexe, par l'introduction de la dimension continue du sensible.

Ceci montre combien le traitement de l'idée dans les romans de Hugo est éloigné de ce qu'on pourrait appeler la littérature d'idées : il n'y a pas de distinction entre l'image et l'idée dans le but de mettre la première au service de la seconde. Mais surtout on se rend compte que l'idée comme langage associant sens et sensible ne peut fonctionner qu'en réseau, pas de manière symbolique, au sens où le symbole fait correspondre terme à terme. On est loin du système de l'étiquette propre au régime de la représentation spéculative. Il est nécessaire d'envisager les choses sous une forme expressive.

LE SENS COMME EFFET

DE L'EXPÉRIENCE À L'EXPRESSION

La réalité que veut la saisir Victor Hugo est de l'ordre du mouvant et du multiple. L'idée ne correspond pas à une généralité abstraite, mais elle

1 Charles Perelman et Lucie Olbrechts-Tyteca, *Traité de l'argumentation. La nouvelle rhétorique*, Bruxelles, Éd. de l'Université de Bruxelles, 1970, p. 484. Ce type de fonctionnement cognitif est généralement le seul qui soit reconnu à l'image.

tente de saisir un événement singulier, c'est-à-dire un objet envisagé non pas sous l'angle de l'essence, mais de la contingence. La représentation abstraite, qui repose sur la catégorisation, ne peut fonctionner dans ce cas. La spécificité de cet objet de pensée est donc qu'il ne peut faire l'objet d'une connaissance dans la mesure où il n'est pas donné. Mais cela ne signifie pas qu'il n'existe pas. Simplement, il est nécessaire de repenser le mode d'appréhension de cet objet, non plus en termes de connaissance, mais en termes d'expérience. S'il n'est pas possible de le connaître il est possible d'en faire l'expérience. On voit le rôle particulier que peut jouer le langage littéraire face à ce type d'objet : « Le poëte en effet fait plus que raconter, il montre[1]. » À côté d'un langage discursif et catégorisant, se profile la possibilité ou le désir d'une utilisation artistique du langage qui indiquerait plutôt qu'il ne dirait. L'écriture ne se présente plus comme le moyen de retranscrire une pensée déjà formée, mais elle est le lieu d'une expérience de pensée. Dans cette perspective, l'idée ne sert plus à modéliser l'objet, mais elle rejoint l'écriture comme expérience de pensée.

Singulier et mouvant ne peuvent être saisis dans une logique spéculative, qui a besoin de fixer les éléments dans des catégories. À la répartition analytique, se substitue donc une synthèse dynamique : il s'agit d'une expérience d'écriture où ce qu'on ne peut pas dire peut être exprimé. Dans *Langages de l'art*, Nelson Goodman utilise la notion d'expression pour décrire un fonctionnement symbolique, mais non représentatif du langage : « L'expression est une relation qui est un mode de symbolisation[2]. » Elle se caractérise par un mode de relation indirecte : « L'expression rapporte le symbole à une étiquette qui le dénote métaphoriquement et par là indirectement[3]. » Ainsi, « exemplifier ou exprimer c'est exhiber plutôt que dépeindre ou décrire[4] ». Ce que cherche Goodman avec la notion d'expression, c'est à mettre en avant un double fonctionnement du sens[5] dans le discours littéraire : l'ouvrage

1 *WS*, p. 341.

2 Nelson Goodman, *Langages de l'art*, Nîmes, J. Chambon, 1990, p. 122. On voit que la signification du concept d'expression est tout à fait différente de celle que l'on peut trouver par exemple chez Bally, qui s'en sert pour souligner le caractère émotif et donc non cognitif du langage littéraire. (*Dictionnaire encyclopédique des sciences du langage*, Paris, Seuil, 1972, p. 326).

3 Nelson Goodman, *op. cit.*, p. 123.

4 *Ibid.*, p. 125.

5 Et même un triple fonctionnement, si l'on ajoute la représentation qui est un mode de symbolisation distinct des deux autres selon Goodman.

« exemplifie » une structure narrative et en même temps cette structure « exprime » (c'est-à-dire exemplifie métaphoriquement) un certain type de relation de signification.

Du fait que le texte hugolien ne cherche pas à saisir des essences, des idées bien délimitées, des contours fixes, mais que son objet est de l'ordre du mouvant, de la dynamique, il ne peut se poser comme un objet positif. Cela ne signifie pas qu'il n'existe pas. Mais on peut seulement en faire l'expérience, jamais le dire. Cependant cette expérience est avant tout une expérience littéraire. Si ce que Victor Hugo nomme la nature ne peut être catégorisé selon un système représentatif, cela ne signifie pas qu'elle ne peut pas être médiatisée. C'est ce que permet de penser l'idée d'une fonction expressive : on peut exprimer ce qu'on ne peut pas représenter. Le terme d'« expression » renvoie en effet à cette possibilité des mots de ne pas fonctionner de manière substitutive, ou plutôt du texte de ne pas être conditionné à un but, de ne pas dire quelque chose. « Le langage perd sa fonction de désignation (sa manière à lui d'intégrité) pour découvrir une valeur purement expressive ou comme dit Klossowski "émotionnelle[1]". » Contrairement à la représentation abstraite, l'expression n'est pas expression *de* quelque chose, ou d'une idée.

L'expression rejoint un certain nombre de problématiques de l'esthétique. Elle émerge également à la période romantique, en opposition à la représentation, comme le souligne Tzvetan Todorov dans *Théories du symbole*[2]. On l'emploiera ici dans un sens plus restreint. Non pas comme expression d'une idée déjà constituée ou comme expression d'un sentiment, mais comme fonctionnement particulier du langage qui comporte les propriétés énoncées ci-dessus. Pas plus que l'expérience l'expression n'implique de clôture du langage sur lui-même. Il reste médiation et demeure au service d'un sens sensible. En fait, pour bien comprendre le fonctionnement de ce phénomène il est nécessaire d'élargir la notion d'esthétique, plus tournée vers l'expérience d'écriture, à une dimension pragmatique qui intègre l'ensemble du processus textuel.

---

1 Gilles Deleuze, *Logique du sens*, éd., cit., p. 347.

2 « Dans l'esthétique romantique l'accent tombera non plus sur le rapport de représentation (entre l'œuvre et le monde) mais sur le rapport d'expression : celui qui relie l'œuvre et l'artiste » (*Théories du symbole*, Paris, Seuil, 1977, p. 196).

IDÉE ET TRACE

De même que l'objet de l'expérience esthétique n'est pas un objet positif mais une dynamique, l'expression ne peut se présenter sous la forme d'un contenu. Il n'y a pas d'idée comme proposition dans les romans de Hugo, il n'y a qu'une dynamique de pensée. L'une des raisons des difficultés de certains théoriciens à penser le message littéraire comme ayant un sens repose certainement sur le fait qu'ils assimilent sens et proposition. Or c'est la spécificité de la fiction de proposer un autre mode de fonctionnement du sens. Thomas Pavel critique cette réduction : « Par une manœuvre rappelant le principe structuraliste de la clôture du texte, l'œuvre de fiction se voit identifiée aux propositions imprimées dans ses pages[1] ». C'est là toute la difficulté. Si l'idée ne prend pas la forme de la proposition cela signifie qu'elle ne peut être isolée dans le texte. Dans une logique positiviste, on dirait qu'elle n'a pas de réalité. Mais ne pas pouvoir la délimiter ne signifie pas qu'elle n'existe pas. Comme processus de pensée, elle se manifeste bien.

Pour l'observer dans le texte comme résultat, il est donc nécessaire d'utiliser la notion de trace. Si l'idée comme processus de pensée ne se retrouve pas comme telle dans le texte, elle laisse des traces[2]. Un certain nombre d'éléments du roman, de faits de style ou de langage ne peuvent en effet être compris si on n'a pas recours à cette hypothèse. Contrairement aux écrits théoriques, rien ne laisse penser que les romans soient vraiment porteurs d'une pensée. Elle se laisse entrevoir sous une forme revendicative. La présence constante du terme d'*idée* en est le symptôme. De même, les héros des romans sont sans cesse qualifiés de « pensifs » ou de « songeurs ». Par ailleurs d'autres éléments donnent au texte une tonalité intellectuelle[3] sans pourvoir être considérés comme une théorie. Des éléments qui se présentent comme des concepts ne fonctionnent pas comme tels. Ils ne sont jamais définis, mais ne cessent de se métamorphoser et sont plus proches de la métaphore. Les passages de commentaire n'entrent pas dans un système de hiérarchisation avec les passages descriptifs, ce qui

---

1 *Univers de la fiction*, éd. citée, p. 26.

2 C'est là une conséquence directe de la notion de production telle que nous l'avons exposée plus haut : les formes linguistiques ne sont que la partie apparente de l'acte de production. C'est l'acte qui compte, plus que la substance qui nous signale sa présence.

3 Sur « l'effet-philosophie » des romans, voir Myriam Roman, *Victor Hugo et le roman philosophique*, Paris, Honoré Champion, 1999.

laisserait penser que ces derniers sont soumis à un but démonstratif : ce ne sont pas des illustrations et on ne peut déterminer un processus de conditionnement. La tension entre concret et abstrait, évoquée plus haut, souligne ce phénomène d'un texte qui propose une dimension intellectuelle sans jamais se refermer dans une dimension analytique.

Le dernier des indices repose sur la thématisation constante chez Hugo de la trace. Dans *L'Homme qui rit*, la trace est explicitement rapprochée de l'art. Sur le visage de Gwynplaine on peut reconnaître « la trace de l'art » (*HQR*, p. 531) et le spectacle dans lequel il joue fonctionne par imprégnation : « *Chaos vaincu* se retrouverait au fond des esprits et il leur en resterait quelque chose » (*HQR*, p. 555).

Le sens tel qu'il se présente dans les romans de Victor Hugo est donc indirect. Il repose sur des éléments implicites. Il se rapproche en cela du phénomène de la connotation : « Certains faits phonique, prosodique ou syntaxique pouvaient fournir sur le référent du discours, des informations dont la seule spécificité par rapport aux informations dénotatives résidait dans le fait qu'elles étaient latentes et non patentes, implicites et non explicites, suggérées et non assertées, et que leur actualisation présupposait celle des contenus de dénotation, qu'elles renforçaient en les concrétisant[1]. » L'exposé théorique est avant tout un exposé descriptif dans la mesure où les informations qu'il propose sont des données qu'on peut présenter matériellement. C'est sans doute là que se situe la principale opposition entre un écrit théorique et un écrit littéraire, entre une écriture descriptive et une écriture expressive. Le travail du discours littéraire ne consiste pas à donner une forme linguistique à des éléments déjà constitués. L'expression est le contraire d'une logique dans la mesure où elle ne cherche pas à donner la forme la plus claire à des éléments bien délimités.

Si le langage logique est adéquat, le langage poétique ne l'est pas. Mais grâce à la pluralité il exprime l'indicible, compris comme ce qui ne peut être saisi directement. Il vise l'indicible central, l'implicite, grâce à une infinité d'associations marginales qui inscrivent en nous une foule d'associations et de représentations secondaires. Ce phénomène

1 Catherine Kerbrat-Orecchioni, *La Connotation*, Lyon, Presses Universitaire de Lyon, 1983, p. 94. Mis à part cette dimension implicite, il faut prendre garde au fait que la connotation telle qu'elle est présentée ici fonctionne de manière parallèle à la dénotation à tel point que l'auteur parle de « signifiés de connotation » (p. 19).

est particulièrement sensible dans l'utilisation qui est faite par Hugo de la périphrase :

> L'obscurité est indivisible. Elle est habitée. Habitée sans déplacement par l'absolu ; habitée aussi avec déplacement. On s'y meut, chose inquiétante. Une formation sacrée y accomplit ses phases. Des préméditations, des puissances, des destinations voulues, y élaborent en commun une œuvre démesurée. Une vie terrible et horrible est là dedans. Il y a de vastes évolutions d'astres, la famille stellaire, la famille planétaire, le pollen zodiacal, le Quid divinum des courants, des effluves, des polarisations et des attractions ; il y a l'embrasement et l'antagonisme, un magnifique flux et reflux d'antithèses universelles, l'impondérable en liberté au milieu des centres (*TM*, p. 239).

Confronté à l'indivisible, le langage se perd en indéfinis, en structures passives sans agent, en tournures impersonnelles, qui tentent vainement de dessiner les contours de cette réalité de l'obscurité sans parvenir à la déterminer. La multiplication des périphrases permet alors de répéter les saisies indirectes de cet indéfini, de ce *quid* qu'on ne peut nommer autrement, de ces « centres » eux-mêmes multiples. Comme l'explique Michel Deguy, mettant en avant la signification du préfixe de ce terme[1] : « le singulier est indicible dans sa singularité "absolue". La périphrase tourne autour du singulier[2]. »

Dans l'emploi de la périphrase, on assiste à un débordement du signifiant par le signifié. C'est particulièrement visible dans les séquences textuelles où la périphrase est associée au démonstratif, structure très fréquente chez Hugo :

> Ainsi, cette voie de fait exécrable dont il gardait à jamais la trace, cette mutilation devenue gaieté à perpétuité, ce rictus stigmate, image du contentement supposé des nations sous les oppresseurs, ce masque de joie fait par la torture, cet abîme du ricanement qu'il portait sur la face, cette cicatrice signifiant *jussu régis*, cette attestation du crime commis par le roi sur lui (*HQR*, p. 758).

Seul le démonstratif indique ici la volonté de saisir une réalité précise, effort sans cesse déçu et renouvelé par la multiplication de périphrases qui signalent l'impossibilité de trouver un mot propre. La répétition de

1 « *Péri*, c'est "autour de". Toute tournure, ou trope, toute manière de dire, tout dire, tourne autour. La poésie tourne autour du pot » (« Phrase, périphrase, paraphrase », *Poétique*, nº 117, 1999, p. 59).

2 *Ibid.*, p. 65.

l'anaphore démonstrative, en même temps qu'elle souligne la coréférence, indique l'échec d'une véritable référenciation – à tel point d'ailleurs qu'on ne peut pas dire véritablement si le démonstratif fonctionne comme anaphorique ou cataphorique. Quant à la multiplication des phénomènes de « reprise immédiate[1] », elle souligne le fonctionnement de la périphrase comme effort sans cesse déçu et renouvelé de trouver le mot propre[2].

Exploitant des aspects particuliers du langage, le discours littéraire parvient donc à rendre sensibles certains éléments qui n'ont pas d'existence définie. L'écriture analytique ou les régimes descriptifs cherchent à rendre le moins important possible tous ces éléments cachés qui sont la trace du phénomène d'énonciation. Seules doivent subsister les données brutes afin de ne pas se retrouver dans une situation dans laquelle les éléments accidentels prennent le pas sur le cœur de l'énoncé, qui doit être constitué d'un contenu informatif positif. L'écriture littéraire, au contraire, joue énormément sur les possibilités de tout ce réseau linguistique qui n'est pas de l'ordre du contenu ou du positif.

La définition de l'idée s'en trouve modifiée. Contrairement à l'idée de l'idéalisme, ce n'est pas un élément transcendant qui existe quelle que soit la situation, dans laquelle elle n'est qu'importée ; elle est le fruit de cette situation particulière et ne peut en être distinguée. C'est pourquoi elle est elle-même de l'ordre du singulier.

Pour parler du fait qu'une partie du sens n'est pas immanent à la proposition, François Récanati utilise le concept de marge. « Il est recommandé de garder en tête une opposition de cet ordre, entre le texte et la marge, entre ce qui est dit à proprement parler et ce qui est *marginalement* indiqué[3]. » « Le "représentationalisme" consiste à privilégier le premier mode de signifier au détriment du second, à ignorer la marge en universalisant le texte[4]. » Pour expliquer ce fonctionnement

1 Georges Kleiber utilise cette expression comme base à ses explications sur les contraintes de reprise (voir « Pour une explication du paradoxe de la reprise immédiate », *Langue française*, n° 72, déc 1986 p. 54-76).

2 Comme l'explique Francis Corblin, contrairement à l'article défini qui fonctionne comme anaphorique lexical global, analogue au pronom personnel, comme « identifieur » qui sert à rappeler un référent de discours préalablement défini, le démonstratif suppose une prise en charge énonciative (liée à sa valeur déictique). Aussi l'anaphore démonstrative se prête-elle à « reclassifier » le référent, à le renommer (« Défini et démonstratif dans la reprise immédiate », *Le Français moderne*, 1983 p. 118-133).

3 *La Transparence et l'énonciation*, Paris, Seuil, 1979, p. 142.

4 *Ibid.*, p. 143.

du sens il met en avant des « signes » d'un type particulier : ils sont « passablement imprécis et souvent ambigus, et la plupart ne se laissent pas transposer dans l'écriture[1]. » Pour penser le fonctionnement linguistique de la composition romanesque, il nous faut chercher du côté de cet espace pragmatique du sens.

L'IDÉE COMME IMPRESSION

En contexte représentatif, la communication est fondée sur un transfert d'informations ; le plus de clarté et de précision sont demandées. L'expression, au contraire, ne joue pas sur le contenu positif de la proposition. Les mots ne renvoient pas à des objets du monde comme des étiquettes, mais s'associent pour créer une impression. Cela ne fait pas de l'expression un mode utopique de langage pas plus qu'elle n'est rangée de ce fait du côté d'un langage dépourvu de sens. Dans *Langages de l'art*, Nelson Goodman associe ces deux propriétés : « nous tenons l'expression pour une relation à la fois plus directe et moins littérale que la représentation. Car la possession semble plus intime que la dénotation, tandis que le figuré est à coup sûr moins littéral que le littéral[2]. »

Chez Hugo, nombre de structures de sens ne sont pas fondées sur des éléments représentatifs, mais sur des effets[3]. Alors que le discours représentatif fonde sa cohésion sur l'identité logique des arguments, le discours romanesque utilise des associations impressives. Deux types d'association fondés sur l'effet sont utilisés dans les romans de Hugo, associations sonores et associations d'idées, qui toutes deux visent à établir un lien sémantique qui ne repose pas sur une relation logique ou un enchaînement argumentatif. Contrairement au discours scientifique qui demande un contrôle strict des associations et des enchaînements, le discours poétique accueille volontiers des associations fondées sur l'impression.

L'association sonore, très fréquente dans les romans de Hugo, prend pour base des rapprochements phonétiques pour fonder des relations

1 *Ibid.*, p. 148.
2 Nelson Goodman, *Langages de l'art*, éd. citée, p. 85.
3 Ce phénomène est une autre conséquence de la définition du langage comme production. C'est particulièrement clair dans ces paroles de Humboldt : « Le mot, élément du langage auquel on peut s'en tenir pour plus de simplicité, ne communique pas quelque chose de déjà produit, comme le ferait une substance, ni ne contient un concept déjà clos, mais seulement incite à former d'une certaine façon les concepts avec une force autonome » (*Introduction à l'œuvre sur le Kavi*, [169], éd. citée, p. 322).

sémantiques : « ombre » et « arbre » (*Mis.*, p. 308) « ABC » et « abaissé » (*Mis.*, p. 514), « fuir c'est jouir » (*HQR*, p. 507), « traître » et « prêtre » (*QT*, p. 965). Dans ses exemples, l'idée comme forme signifiante ne se construit pas en fonction de connecteurs argumentatifs immanents au texte, mais sur des impressions sensibles, qui poussent le lecteur à créer de nouvelles associations de sens. Ce rapprochement phonétique organise le texte en séries ; d'un point de vue sémantique la relation est fondée sur un élément commun qui sert de liant entre des éléments hétérogènes[1]. Ce phénomène n'est pas limité à un segment précis ; il peut se rencontrer dans un contexte plus large, à l'échelle d'un roman, comme dans *Les Misérables* où le rapprochement phonétique entre Jean Valjean et Javert crée une relation mystérieuse entre des éléments antithétiques[2].

Le deuxième type de relation impressive est fondé sur les associations d'idées[3]. Les liens sémantiques ne sont plus d'ordre logique, mais analogique ; dans les romans de Hugo, on trouve de nombreux exemples de ce traitement de l'idée que Albert Halsall définit ainsi : « Cet argument, pour sa part, tire une conclusion du rapport de ressemblance qui existe entre le thème et le phore d'une proposition ou d'une série de propositions[4]. » Le passage suivant précise la manière dont Hugo conçoit ce phénomène de sens :

> Paris a un enfant et la forêt a un oiseau ; l'oiseau s'appelle le moineau ; l'enfant s'appelle le gamin.
>
> Accouplez ces deux idées qui contiennent, l'une toute la fournaise, l'autre toute l'aurore, choquez ces étincelles, Paris, l'enfance ; il en jaillit un petit être. *Homuncio*, dirait Plaute (*Mis.*, p. 457).

Dans ce passage, l'association d'idées est redoublée par une association intertextuelle qui ajoute une autre série d'impressions :

> – Le shérif augmenta la majesté de son intonation, et continua :

1 C'est ce que Jacques Fontanille nomme un « agglomérat » (*Sémiotique et littérature*, Paris, PUF, 1999, p. 20).

2 Pierre Laforgue complète la liste avec Gavroche, qu'il présente comme central : « Le nom Javert, inverse phonique de Valjean est aussi la transcription des premières lettres du nom GAVRoche » (*Gavroche. Études sur « Les Misérables »*, Paris, SEDES, 1994, p. 92).

3 François Rastier parle ainsi de « perception sémantiques ». Il explique que cette formule *a priori* contradictoire, se vérifie dans les phénomènes d'« illusions sémantiques (en premier lieu les images mentales qui déterminent l'impression référentielle) [qui] révèlent les lois de la perception du sens » (*Sens et textualité*, Paris, Hachette, 1989, p. 9).

4 *Victor Hugo et l'art de convaincre*, Montréal, Les Éditions Balzac, 1995, p. 122.

> De même que la montagne Harrow est excellent au blé et fournit la fine fleur de farine dont on cuit le pain pour la table royale, de même la mer rend à l'Angleterre tous les services qu'elle peut, et, quand un lord se perd, elle le retrouve et le rapporte (*HQR*, p. 638).

Outre les informations suggérées sur l'esprit du shérif, et à travers lui, sur l'esprit de l'administration royale, ce passage assigne une causalité présumée aux événements qui vont bouleverser le destin de Gwynplaine. Par ailleurs ce procédé permet de donner une coloration particulière au topos du destin et à la scène *d'anagnorisis* qui se déroule dans ce chapitre.

L'induction est ainsi fondée avant tout sur des impressions, à l'image de la déduction faite par Marius sur l'origine des lettres envoyées par Thénardier :

> Cette lettre venait d'où venaient les quatre autres. C'était la même écriture, le même style, la même orthographe, le même papier, la même odeur de tabac. Il y avait cinq missives, cinq histoires, cinq noms, cinq signatures, et un seul signataire. Le capitaine espagnol don Alvarez, la malheureuse mère Balizard, le poète dramatique Genflot, le vieux comédien Fabantou se nommaient tous les quatre Jondrette, si toutefois Jondrette lui-même s'appelait Jondrette (*Mis.*, p. 584-585).

Comme le souligne la fin de ce passage, lorsque l'impression est le seul élément de connexion entre les différentes parties, elle n'apporte pas de solution stable, mais laisse au contraire la pensée ouverte à d'autres cas de figure.

Certaines associations symboliques sont fondées sur la mise en place d'un sens implicite, esquissé mais non pas énoncé. Ainsi en est-il du rapport entre Durande et Déruchette tel qu'il est souligné dans ce passage :

> La poupée de la Durande était le lien entre le bateau et la fille. On nomme *poupée* dans les îles normandes la figure taillée dans la proue, statue de bois sculptée à peu près (*TM*, p. 93-94).

Ou de son caractère révolutionnaire tel qu'il est suggéré dans celui-ci :

> Par hasard ou exprès, elle avait été lancée un 14 juillet. Ce jour-là, Lethierry, debout sur le pont entre les deux tambours, regarda fixement la mer et lui cria : – C'est ton tour ! les parisiens ont pris la Bastille ; maintenant nous te prenons, toi ! (*TM*, p. 86).

Comme souvent le rapport symbolique est ici redoublé – le passage permet également de créer un lien entre la Bastille et la mer – et la série impressive s'organise en réseau.

Le fonctionnement artistique du langage peut donc être qualifié de d'impression dans la mesure où l'on ne définit pas ce terme comme transfert d'informations déjà constituées, mais selon un fonctionnement indirect. Le but de Hugo n'est pas de transmettre une pensée déjà établie, mais de *faire penser*. Le sens n'est pas un contenu immanent au texte, mais un effet produit. Pour le penser il est nécessaire de prendre en compte la situation d'énonciation. « Le sens n'est pas immanent au texte comme message, mais à la situation d'énonciation[1]. » Pour Oswald Ducrot, le sens est la conjugaison de la signification de la phrase et de la situation d'énonciation. La phrase est d'abord traitée par le composant linguistique qui lui donne une signification, puis cette signification est traitée par le composant rhétorique qui lui affecte un sens[2]. Cette dimension rhétorique est primordiale pour Hugo, qui remplace systématiquement le mot simple par une périphrase comportant le terme d'*effet* dès qu'il s'agit d'une réalité indistincte : « Effet de printemps » (titre du chapitre II, 6, 3 des *Misérables* p. 557) ; « Effet de neige » (titre du chapitre I, 3, 2 de *L'Homme qui rit* p. 448). La notion d'effet s'articule alors avec celle d'inexprimable ; ce qui ne peut être dit dans l'immanence d'un mot ne peut être rendu que dans une structure énonciative complexe dont l'effet est la clé : « Dea resplendissait avec on ne sait quel inexprimable effet d'étoile de mer » (*HQR*, p. 608). Hugo pointe d'ailleurs cette loi programmatique de l'œuvre littéraire dans des descriptions à valeur métatextuelle : « La Green-Box était un peu un spectacle fantasmagorique, *Chaos vaincu* était plutôt un songe qu'une pièce, ils étaient habitués à faire sur le public un effet de vision » (*HQR*, p. 589).

Le discours littéraire est en effet particulièrement concerné par ce phénomène. Dans *Sens et expression* Searle traite du problème de la métaphore comme faisant partie des actes de langage indirects :

> L'explication de la manière dont la métaphore fonctionne est un cas particulier du problème général consistant à expliquer comment le sens du locuteur et le sens de la phrase ou du mot peuvent diverger. En d'autres termes, c'est un cas particulier du problème de savoir comment il est possible de dire une chose

1 François Rastier, *op. cit.*, p. 16.
2 *Dire et ne pas dire. Principes de sémantique linguistique*, Paris, Hermann, 1980.

> et de vouloir en dire une autre, et de réussir à communiquer ce que l'on veut dire lors même que le locuteur et l'auditeur savent l'un et l'autre que le sens des mots que le locuteur énonce n'exprime pas exactement ni littéralement ce que le locuteur a voulu dire[1].

Peu importe, à la limite, le sens littéral. Le sens comme acte de pensée, réside en fait dans l'effet que produit l'énoncé. C'est pourquoi il est tout entier de l'ordre de l'implicite. Il n'y a pas addition d'un sens littéral et d'une valeur illocutoire, les deux sont liés. Searle refuse la coupure entre un sens descriptif et un sens pragmatique :

> Puisque toute phrase douée de sens peut, de par sa signification même, être utilisée pour effectuer un ou une série d'actes de langage particuliers, et puisque tout acte de langage réalisable peut en principe recevoir une formulation exacte à l'intérieur d'une ou de plusieurs phrases (en admettant que la situation le permette), il s'ensuit que l'étude de la signification des phrases et l'étude des actes de langage ne forment pas deux domaines indépendants mais seulement un seul, vu sous deux aspects différents[2].

Parler d'idée sensible, ce n'est donc pas seulement viser l'utopie d'un langage immédiat des sens, mais au contraire exploiter les ressources du discours, au-delà des contraintes formelles de la langue. Seule une véritable « conception énonciative du sens[3] » qui ne considère « pas le sens de l'énoncé comme la signification de la phrase plus autre chose[4] », pour reprendre l'analyse d'Oswald Ducrot, peut permettre de penser l'idée esthétique. Dans cette perspective, l'idée n'est plus un universel indépendant de tout contexte, mais le résultat d'une pratique, d'un travail du matériau verbal[5].

Mais comme on le verra dans l'étude du fonctionnement concret des romans, il y a un fonctionnement spécial[6] du langage en contexte

1 *Sens et expression*, Paris, Minuit, 1982, p. 122.

2 *Les Actes de langage*, Paris, Hermann, 1972, p. 54-55.

3 « Texte et énonciation », Paris, Minuit, 1980, p. 43.

4 *Ibid.*, p. 11.

5 Comme le dit Catherine Kerbrat-Orecchioni, « La théorie des actes de langage repose sur la notion de *transformation* » (*L'Implicite*, Paris, Armand Colin, p. 59).

6 *Fonctionnement spécial* s'oppose ici à *langue spéciale*. Envisager le discours littéraire dans une perspective pragmatique permet en effet d'éviter de considérer qu'il existe une langue littéraire différente du code courant, prémisse indispensable si l'on veut replacer le fonctionnement de l'idée esthétique dans une perspective sémiotique générale. Sur l'intérêt d'envisager la stylistique dans une perspective pragmatique plutôt que linguistique, voir Anne Reboul *Rhétorique et stylistique de la fiction*, Nancy, Presses Universitaires de Nancy, 1992.

littéraire. L'implicite dans le langage courant est décrit en termes de présupposés ou de sous-entendus. On infère ou on sous entend telle(s) ou telle(s) chose(s). Le fonctionnement non conditionné du discours littéraire le place dans une perspective un peu différente. C'est pourquoi dans *Sens et expression* Searle traite à part le cas de la métaphore et du langage fictif, pour lesquels le sens de l'énonciation ne se contente pas de dépasser le sens de la phrase dite, mais s'en écarte complètement. L'étude de la composition romanesque ne consistera donc pas à isoler ou à reconstruire ce sens implicite mais à voir de quelle manière le texte conduit à penser en dehors d'un système représentatif.

L'IDÉE ESTHÉTIQUE : UNE PRATIQUE EMPIRIQUE DU DISCOURS

L'étude de la notion de sensible dans les romans de Victor Hugo a permis de révéler une conception des liens entre sens et sensible, indispensable pour construire une pensée de la composition romanesque. Mais outre ce postulat de départ, cette étude a souligné certains aspects du fonctionnement de l'écriture hugolienne qui seront valables pour le reste de notre étude. Deux dimensions sont à souligner tout particulièrement : l'infléchissement de certains principes théoriques à partir du moment où ils sont confrontés à la matérialité d'une pratique concrète de l'écriture ; et la nécessité de penser le texte comme effet, conséquence directe du traitement des notions de sensible, de singularité et de devenir.

L'articulation constante de problématiques philosophiques et esthétiques qui découlent elles-mêmes d'une pratique du langage et non de règles extérieures a pour conséquence de dissoudre certains accents idéalistes dans une dimension plus empirique. Car l'objet de Hugo est avant tout la pratique de l'écriture, et les considérations philosophiques sur la nature n'ont jamais d'intérêt pour elle-même. Ce qu'il pense et qui se produit dans ses écrits est du côté de l'art et de sa réalisation langagière ; ce n'est pas le réel lui-même, qu'il sait impossible à atteindre : « On doit donc reconnaître sous peine de l'absurde que le domaine de l'art et celui de la nature sont parfaitement distincts[1]. » « La vérité de l'art ne saurait jamais être, ainsi que l'ont dit plusieurs, la réalité *absolue.* L'art ne peut donner la chose même[2]. » Plus que métaphysique le problème de Victor Hugo est donc sémiotique en tant qu'il est en même temps problème de langage. Il s'agit d'étudier les modes de relation qui peuvent exister entre un objet concret qui inclut le devenir, le multiple et le concret, et un mode d'appréhension qui, quel qu'il soit, reste toujours abstrait. Les citations précédentes montrent qu'il a conscience que l'art, quel que soit le degré de sensibilité qu'il permet d'introduire, reste toujours une reconstruction symbolique, dans une certaine mesure plus proche de la représentation abstraite que de la nature. Le propos de Hugo n'est donc pas plus d'ordre idéaliste.

« Le réel est l'asymptote du possible[3]. » Cette vérité de l'infini qu'il vise ne peut être atteinte car elle dépasse le niveau humain. Hugo n'est pas idéaliste. Contrairement à certaines conceptions romantiques, l'indicible, comme espace céleste ou expression de Dieu, est toujours de nature élusive ; c'est une fuite et un évanouissement qui comme tel n'est pas le véritable objet de l'écriture. Si l'indicible n'est pas empirique, toutes les formes qui tentent de l'ébaucher le sont. On voit comment certaines problématiques idéalistes qui avaient cours dans le sillage des Lumières sont à la fois récupérées et débordées. Or c'est précisément la problématique esthétique qui est à l'origine de cette modification d'orientation. Contre l'idéalisme qui produit des modèles académiques, l'esthétique oppose l'exigence d'un art qui puise ses règles dans la formation même d'une écriture. Contrairement aux poétiques idéalistes, l'esthétique hugolienne est le souci de la forme sensible dans sa différence spécifique et, comme telle, cherche ainsi à saisir les existants non dans leur essence mais dans leur singularité et leur devenir[4].

Loin de révéler des ambitions métaphysiques, l'esthétique hugolienne, comme pratique, définit ses exigences non plus au-delà de la réalité immanente mais en deçà d'elle. Elle ne vise pas une fonction messianique (le poète est élu pour communiquer avec les dieux) mais veut accentuer

---

1 *PC*, p. 25.
2 *Ibid.*
3 *MV*, p. 691.
4 La volonté de viser totalité et infini s'oppose donc à l'ambition de la forme parfaite et de l'idéal.

notre mondanité[1]. L'art est inéluctablement un fait de la perception et ce n'est qu'en cela qu'elle peut faire valoir une dimension autre. Si certains emplois du terme d'infini conduisent souvent Hugo aux frontières du mysticisme[2], il précise bien dans ses textes critiques son refus de l'irrationnel et s'attache fortement au concept d'immanence : « déraisonnable, oui ; irrationnelles, non[3] » « Le surnaturalisme est immanent[4] » Cette notion d'immanence est essentielle à plusieurs égards. Comme le précise Yves Gohin, « l'emploi de ce mot est limité pour l'essentiel, à la période de 1860-1866, et à des textes en prose dont il souligne, l'unité, la convergence[5]. » Emprunté au vocabulaire spinoziste[6], ce terme est lié au développement de la pensée panthéiste. Mais plus que sa dimension philosophique, c'est le rôle qu'il joue dans l'écriture qui nous intéresse ici. Pratiquement absente du corpus poétique[7], cette notion est propre à la manière dont Hugo voit les choses, à cette période et dans la pratique spécifique d'une écriture en prose. Contrairement aux écrits théoriques, à la poésie lyrique et à certains passages de commentaires de ses romans, ce terme affirme le refus d'une transcendance[8]. Il est ainsi comme le

1 Comme le précise Michel Collot, l'une des principales caractéristiques de la seconde moitié du XIXe siècle par rapport à l'époque romantique est la moindre importance de la dimension métaphysique : « Le romantisme désignait l'horizon comme le lieu de la Voyance, le point de passage vers un Invisible en quelque sorte plus réel que le visible ; il devient une pure et simple vision, qui relève parfois davantage de la pathologie mentale que de la révolution métaphysique. Les voyants font place aux visionnaires ou aux hallucinés. Dans la seconde moitié du siècle, la mode des phénomènes para-normaux, l'usage des stupéfiants envahissent l'horizon d'images provenant non pas d'un au-delà ontologique, mais d'un en-deçà psychologique » (*op. cit.*, t. I p. 99).

2 Il est sans doute plus intéressant de prendre le terme d'infini avec son sens le plus neutre possible. Il change souvent de sens au cours des textes. On pourrait être tenté de lui donner une signification théologique. Tous les propos le concernant n'auraient donc de valeur et de signification que dans le cadre d'une pensée profondément chrétienne. Mais Victor Hugo n'est pas Chateaubriand et le problème est plus complexe que cela. Nous préférons le traiter de manière plus souple sans mettre en avant systématiquement sa dimension transcendante. L'infini est tout ce que le régime analytique ne peut saisir.

3 *MV, Ibid.* p. 499.

4 *Préf.*, p. 703.

5 Yves Gohin, *Sur l'emploi des mots immanent et immanence chez Victor Hugo*, Archives Hugoliennes, n° 6. Archives des lettres modernes, 1968, p. 5.

6 « *Deus est omnium rerum causa immanens* » *Éthique* I, 18.

7 « On voit que l'emploi d'immanent est tout à fait exceptionnel dans sa poésie et que le substantif immanence, n'y est, à notre connaissance, jamais entré » (Yves Gohin, *op. cit.*, p. 5).

8 Comme l'explique Yves Gohin, l'emploi de ce terme est comme un point de passage entre mysticisme et matérialisme : « Il y a bien là une sorte de mystique mais elle est toute matérialiste. L'étendue matérialiste ne paraît pas avoir besoin d'une unité transcendante

signal d'un fonctionnement particulier de la composition romanesque, comme si la pratique même d'une écriture en prose le conduisait à des conclusions particulières. Ce que met en relief ce terme d'immanence, c'est l'absence d'une composition unifiée dans les romans. On reviendra sur ce point, à l'occasion de supports textuels qui fonctionnent de la même manière, et en particulier à propos du traitement de la voix dans les romans.

Ce phénomène trouve un prolongement dans le traitement de la sensation. La sensation telle qu'elle est pensée dans les romans de Hugo n'est pas d'ordre psychologique et comme telle ne conduit pas à un subjectivisme. Les sensations dont il est question ne sont pas d'ordre privé. Indépendantes de ceux qui les éprouvent, elles débordent l'intimité de la personne pour s'inscrire dans un espace plus large, un horizon. C'est là une conséquence directe de la conception de l'écriture comme production et de la notion d'expression qui lui est attachée. En passant d'une problématique représentative à une problématique expressive, l'accent n'est plus mis sur le rapport de désignation (ou d'imitation) qui relie l'œuvre et le monde, mais sur celui d'impression qui relie l'œuvre et l'artiste et au-delà de lui son lecteur. L'œuvre n'est plus pensée dans une perspective essentialiste, mais comme un événement ; à travers la notion d'effet et d'impression, c'est la dimension réceptive qui est soulignée. Cette idée est renforcée par les nombreuses adresses au lecteur qui parsèment le texte. Comme expérience de pensée, l'idée comme rouage romanesque échappe à l'abstraction généralisante de l'idée représentative. La dimension de la réception est donc essentielle. Elle est déjà présente dans la notion d'expérience esthétique, mais elle s'élargit avec l'étude de l'expression comme communication. De manière générale, la notion d'*idée* doit être pensée en relation avec celle d'*affect*, qui permet d'articuler ces deux perspectives. Sens et sensibles ne s'opposent pas dans la mesure où le sens est d'abord ressenti. Les notions de concret et de singulier, qu'on a étudiées en relation avec celle de sensible, se retrouvent dans cette conception d'un langage en situation. La dimension empirique est importante dans la mesure où il s'agit avant tout d'une pratique : l'entreprise d'écriture plonge au cœur

---

pour être immanente : le mouvement de la matière suffit à transformer l'extériorité de l'espace en une intériorité de la vie » (« Une écriture de l'immanence », *Hugo le fabuleux*, dir. J. Seebacher et A. Ubersfeld, Paris, Seghers, 1985, p. 22).

du processus concret de la langue, qui comme le réel qu'il décrit est faite de complexités et de dynamiques singulières. On ne peut revenir à un principe de la langue qui pourrait servir de base à la construction d'une langue parfaite.

L'étude des relations entre sens et sensible nous a révélé un type de fonctionnement particulier, qui remet en cause les notions de contenu positif de signification et de rapport symbolique[1] entre réalité et idée, au profit d'une conception du sens comme acte. Il en résulte que le seul mode d'expression de la forme signifiante ne peut être qu'indirect. Il va maintenant nous falloir étudier la manière dont se met concrètement en place dans le texte ce langage indirect, en utilisant de manière plus précise les notions de négativité, de tension et d'oblique.

1 Le terme symbolique est employé ici non en son sens de médiation symbolique, mais comme fonctionnement symbolique, à savoir un système de relation entre deux éléments qui se correspondent. L'idée ici ne correspond pas à un objet, pas plus que l'expression ne correspond à une idée déjà constituée.

HÉTÉROGÉNÉITÉ EN EXIL

Dans *L'Exil et l'utopie*, Arnaud Bernadet oppose « l'ampleur de vue », « le grand récit » d'un Hugo et la « relation lacunaire et éclatée[1] » que Verlaine entretient à l'histoire. Si ce partage est vrai pour l'homme « de juillet 1830 ou de février 1848 », il ne l'est plus pour l'exilé. En témoigne l'évolution très nette de l'axiologie du terme *exil* dans l'œuvre de Hugo. Les connotations qui, dans les œuvres poétiques, associait l'exil « au tombeau », à la mort, à la solitude, au mutisme et à la privation de liberté, la déploration uniforme qui se déclinait en gémissement et pleurs, que seul le chant pouvait sublimer, la dramatisation qui, dans *Hernani*, place l'exil à l'hémistiche d'une énumération qui le rapproche d'« Abandon, guerre, [...] deuil, misère et terreur[2] » sont fréquemment remplacées par des évaluations plus positives, qui témoignent d'une acceptation, voire d'un certain enthousiasme. Le fameux « Je t'aime, exil ! » des *Châtiments*[3] en constitue un point de bascule très net. Passant la gradualité des *Contemplations*[4] qui, sur l'échelle des justes, place l'exil sur l'avant-dernier échelon (« Ses échelons sont deuil, sagesse, exil, devoir »), la métamorphose de la déploration en affirmation est ainsi très nette, qui mènera à l'idée de l'exilé rebelle, matérialisée dans la très belle figure du personnage de Lord Clancharlie.

Dans les premiers romans, l'exil est soit absent comme thème, soit associé à la division, au partage négatif[5], comme c'est le cas, par exemple, du personnage de Schumacker, dans *Han d'Islande* : « Celui qui avait fondé la noblesse en Danemark voyait, du fond de son exil, les grands

---

1 *L'exil et l'utopie : Politiques de Verlaine*, Saint-Étienne, Publications de l'université de Saint-Étienne, 2007, p. 22-23.

2 *Hernani*, Acte II, scène 2.

3 « Puisque le juste... », *Châtiments*, II, V.

4 « Ce que dit la bouche d'ombre », *Les Contemplations*, III, VI, 26.

5 Dans *Hernani*, l'exil donne également une portée funeste à l'idée de partage, dans la réplique de doña Sol : « Partageant jour à jour sa pauvre destinée, / Abandon, guerre, exil, deuil, misère et terreur » (*Hernani*, Acte II, scène 2).

qu'il avait faits se partager ses propres dignités. » (p. 17). Dans *Les Misérables*, de manière différente, l'exil est également associé à la gloire, à la protestation et au dévouement. Crise et critique vont désormais de pair, érigeant un événement en posture puis en principe d'écriture, entraînant avec elle toute une série de formes qui valorisent l'altérité, l'hétérogénéité, comme autant de forces de résistance à la catégorisation schématique du discours dogmatique.

LES CATÉGORIES DU NÉGATIF DANS LES ROMANS DE HUGO

« L'art est une immense ouverture béante à tout le possible[1] » : négativité, hétérogénéité et ouverture sont au cœur de l'esthétique de Victor Hugo et de sa conception de la langue[2]. Mais contrairement aux écrits théoriques, ces notions ne se rencontrent pas comme telles dans les romans ; elles empruntent des formes propres au contexte littéraire. Précisant le fonctionnement de ce qu'il appelle le « mot poétique », Henri Meschonnic explique ainsi que « l'étude des champs lexicaux (et prosodiques, rythmiques, métaphoriques) de certains mots dans l'œuvre rejoint la recherche des principes d'identification du monde chez un écrivain, images mères, formes (et non principes simplement formels) profondes, contribution à la connaissance de l'écriture, qu'il faudrait que soit la poétique[3] » ; loin de se condenser elles s'éparpillent en figures multiples. Les catégories que nous allons proposer n'ont donc rien à voir avec celles de la représentation spéculative : elles sont ouvertes et s'apparentent plus en ceci à une nébuleuse qu'à un système de classification. Contrairement au concept, les frontières lexicales du

1 *WS*, p. 327.

2 Pour Hugo, le fondement linguistique n'est pas un système, mais une « mixture » : « Les transformations de langues ont besoin d'une mixture préalable. Cet amalgame du fond commun des idiomes est une préparation » écrit-il dans « Les Traducteurs » (*Trad.*, p. 633). Ce principe d'hétérogénéité constitue l'un des fondements de la critique du « jargon » romantiques par les défenseurs du génie de la langue (Claude Millet, « Le jargon romantique », *Politiques de l'antiromantisme*, dir. C. Millet, Paris, Garnier, 2012, p. 25-45).

3 Henri Meschonnic, *Pour la poétique I*, éd. citée, p. 62.

thème remplissent une fonction à la fois de démarcation et d'ouverture[1]. Dans la perspective thématique, le lexème possède une identité double : il trace des frontières précises selon un principe d'identité négative, mais en même temps il sert de point de cristallisation de toutes sortes de contenus et permet ainsi de délimiter un champ plus ouvert.

Comme percept, le thème permet donc un classement[2], qui est nécessaire, mais sans tomber dans la clôture et la rigidité du concept. Toutefois, il ne concerne que la dimension affichée de la problématique. Car le support lexical n'est pas seul et certains éléments très importants peuvent ne pas être thématisés. L'étude de la thématisation des catégories du négatif constituera donc une première mise en perspective.

L'OUVERTURE

Prendre en compte le dehors

« C'était d'ailleurs son instinct de regarder un peu dehors, car aucun homme n'est tout d'une pièce et une nature n'est pas une abstraction » (*HQR*, p. 557). Penser la réalité dans sa complexité, c'est prendre en compte le dehors. Tous les éléments clé du roman sont définis dans cette perspective ; « La mer c'est dehors » (*QT*, p. 825). L'emploi de cet adjectif dans cette phrase est doublement significatif : il est associé à la mer dont on sait qu'elle est l'un des principaux supports de l'idée hugolienne. Mais on a du mal à comprendre le sens de cette phrase, ou plutôt l'intérêt que peut apporter ce terme. C'est qu'il ne s'agit pas d'un simple adjectif et comme tel il ne fonctionne pas comme un prédicat.

1 Comme le précise Claude Brémond : « Considéré dans son dynamisme esthétique (en tant qu'il donne lieu à une série de variations imprévisibles), psychologique (en tant qu'il se fait et se défait dans la conscience d'un auteur, dans celle du lecteur, auditeur, spectateur), sociologique (en tant que grappe d'idées reçues diversement partagées par les groupes socioculturels, véhiculée par la conversation, orchestrée par les médias), historique (en tant que phénomène évolutif, acquérant certains traits, en perdant certains autres, remodelant ses articulations internes, déplaçant ses frontières externes), le thème déborde et remet sans cesse en cause les concepts forgés l'appréhender. C'est la conséquence de *l'exemplification* : aux traits jugés pertinents pour la définition du concept, le thème ajoute un réseau d'idées associées (par analogie, contraste, contiguïté…) qui ne sont pas d'abord considérés comme entrant dans cette définition, mais qui pourront ensuite devenir essentielles pour maîtriser le thème greffé sur ce concept, et qui finiront peut-être par faire retour sur le concept initial pour le mettre en question » (« Concept et thème », *Poétique*, n° 64, nov. 1985 p. 416).

2 « Le thème est un cadre (*frame*), une macrostructure, un modèle de la réalité […] » (Gerald Prince, « Thématiser », *Poétique*, n° 64, nov. 1985 p. 425).

Il s'agit bien d'une catégorie littéraire et non d'un simple caractérisant ; son intérêt n'est pas dans l'information qu'il apporte, mais dans le fait qu'il signale un axe d'interprétation essentiel.

À la fin des *Misérables*, la répétition de ce terme lui ôte son statut de simple prédicat. Terminant le chapitre sur l'indication « Jean Valjean se trouva dehors » (p. 1028), il commence le suivant en précisant « ils étaient dehors » (p. 1029). Dans la deuxième phrase, l'adjectif « dehors » en position de prédicat n'apporte aucune information nouvelle, ce qui semble suggérer qu'il n'est là que pour lui-même. L'important n'est plus que Marius et Jean Valjean soient sortis de l'égout, mais qu'ils soient dehors, comme si désormais il s'agissait d'une propriété quasi métaphysique. D'autres personnages importants possèdent cette propriété : si Javert est censé incarner l'ordre, il entre en contact dans ses marges avec le dehors : « en grandissant il pensa qu'il était en dehors de la société » (*Mis.* p. 137) et le contact avec Jean Valjean le jette « hors de ses gonds » (p. 156). Le terme dehors devient parfois clairement un principe, en particulier quand il est substantivé, comme c'est le cas pour l'un des personnages de l'ABC qui « représentait le dehors » (*Mis.*, p. 517). Personnage principal, Jean Valjean se définit par cette phrase : « je suis dehors » (*Mis.*, p. 1097). Ce terme est associé à tous les personnages marginaux des romans, comme le mendiant de *Quatrevingt-Treize* qui s'interrogeant sur l'expression « hors la loi » se demande s'il est « dans la loi ? » (p. 844).

Contrairement à la mécanique identifiante, la composition romanesque est confrontation avec l'extérieur. La langue telle que la conçoit Victor Hugo ne correspond donc pas à une activité de pensée identitaire consistant à ramener le divers au même. Pour penser le réel dans sa complexité, il faut le penser dans un rapport d'extériorité, non d'adéquation[1], comme le prône le rationalisme classique.

Par sa présence à des postes clé et la particularité de ses emplois le terme « dehors » se signale comme une catégorie littéraire et non comme un simple prédicat. Il est par ailleurs soutenu par tout un réseau thématique. Si les premiers romans privilégient les lieux clos, les romans

1 Qui repose sur une pensée de « l'hétérogénéité constitutive » de tout discours, au sens de « la présence de "l'ailleurs", du "déjà dit" d'autres discours conditionnant tous nos mots et résonnant en eux » (Jacqueline Authier-Revuz, « Repères dans le champ du discours rapporté », *L'Information grammaticale*, n° 55, 1992, p. 38-39).

de l'exil avantagent les grandes étendues, en particulier maritimes. De symbole isolé (la porte toujours ouverte de M. Myriel au début des *Misérables*), les demeures ouvertes se multiplient dans les romans, et prennent un aspect à la fois plus complexe et plus inquiétant : elles ne sont plus vraiment le symbole de l'hospitalité désintéressée, mais plutôt celui de lieux ouverts à tous les vents. Par déplacement métaphorique, cette ouverture est avant tout celle de la pensée sur son extérieur. Comme l'explique le narrateur dans *L'Homme qui rit* : « pour que cette combustion des idées troubles, dites compréhension, puisse s'opérer, il faut de l'air entre les émotions. Ici l'air manquait. L'événement pour ainsi dire n'était pas respirable » (p. 652). La compréhension n'est pas affaire de schéma synthétique mais de respiration.

Au fur et à mesure, les lieux sont de plus en plus ouverts sur le dehors. *Les Travailleurs de la mer*, qui compte parmi les derniers romans, met en avant la structure de l'archipel. Tout ce qui devait constituer la première partie du roman est ainsi consacré à la description de la structure de l'île et de son rapport avec la mer, qui incarne l'extériorité. Les îles de l'archipel de la Manche qui sont des lieux de liberté politique :

> Quelle limite ? Nulle limite. Avez-vous envie d'assembler le peuple ? Faites. En quel lieu ? Dans la place publique. J'attaquerai la royauté ? Cela ne nous regarde pas. Je veux afficher ? Voilà les murailles. Pensez, parlez, écrivez, imprimez, haranguez, c'est votre affaire (*AM*, p. 31).

Les lieux sont également l'occasion même de l'ouverture sur le possible : « Tout borne l'homme, mais rien ne l'arrête. Il réplique à la limite par l'enjambée. L'impossible est une frontière toujours reculante » (*AM*, p. 38). La thématique de l'ouverture entre donc ici dans un rapport plus précis avec l'idée de fragmentation.

Par opposition à ces lieux ouverts à tous les vents, les lieux clos sont décrits comme terrifiants : il s'agit du bagne mais aussi du couvent[1] dans *Les Misérables*, ou de la salle de torture dans *L'Homme qui rit*. Pas d'abri ou de refuge ; Victor Hugo prend le contre-pied de l'idée courante qui veut que tout ce qui est organisé en système soit stable et rassurant. Seule l'ouverture est synonyme de mouvement et de vie tandis que la clôture (et tout ce qui peut lui être associé comme la synthèse homogène

1 Les religieuses sont ainsi comparées aux forçats (p. 450).

ou l'organisme schématique) ne font que la comprimer. De l'ouverture, on passe, à l'idée de limite. Pour échapper à la catégorisation, il s'agit alors de penser la frontière, la marge et le seuil.

Limite

La stratégie principale des romans est d'éviter que ne se crée une unité stable. Le texte cherche à se confronter à son dehors, à son autre, à tout ce qui lui est étranger et donc le déstabilise. Si la pensée représentative procède par catégorisation à savoir par identification et par classement d'unités discrètes, le texte hugolien travaille au contraire sur les seuils et le mélange des zones. Tous les lieux importants sont ainsi des lieux de frontière[1].

– Le seuil

Nombre de lieux ne sont jamais décrits pour eux-mêmes ; le texte, qui n'en donne pas la description, s'attarde sur leur seuil. C'est le cas par exemple du seuil de la prison dans *L'Homme qui rit* (p. 618). Dans *Les Misérables*, les lieux qui sont le plus mis en valeur sont à la périphérie, en marge, par leur situation géographique mais aussi par statut, comme les environs de Paris, ni urbains ni ruraux. Sans cesse le texte cherche à penser des espaces de transition, conflictuels, qui présentent une situation paradoxale, ni d'exclusion ni d'identification. On retrouve la problématique du sens précédemment décrite (p. 37 *sq.*). Ce que le texte cherche à penser est toujours à la frontière de ce qui peut être dit : ni dans l'identité de la représentation spéculative, ni dans le vide de l'absence de langage. En thématisant la notion de seuil, les romans renvoient au fonctionnement du texte qui œuvre toujours à la limite du langage. Comme il est dit dans *L'Archipel de la Manche* : « Tout borne l'homme mais rien ne l'arrête. Il réplique à la limite par l'enjambée. L'impossible est une frontière toujours reculante » (p. 38). On rejoint ici la notion très proche de marge.

1 Très tôt, Hugo s'est spécialisé dans la représentation d'un peuple qui se caractérise par le fait qu'il est « dépourvu d'un "lieu" stable, d'origine, d'appartenance et d'enracinement », comme l'explique Franck Laurent (*Victor Hugo. Espace et politique*, Rennes, PUR, 2008, p. 152). Dans l'exil, Hugo « reprend en les diversifiant, approfondissant et radicalisant [ces] caractéristiques » (*ibid.*, p. 261).

– La marge

Comme l'indique l'introduction du recueil de texte précisément intitulé *Hugo dans les marges* :

> Toute lecture attentive de Victor Hugo est ainsi emportée vers les marges. Non pas seulement vers les lieux d'exception autour desquels s'organise l'imaginaire hugolien. Mais vers ces espaces-limites – failles, blancs, interruption, lignes de point, hors texte – qui installent la marge au cœur du livre [...] marginale et non secondaire. Utopique et non extérieure. Là où un sens se cherche en repoussant ses bords, en intégrant ses ruptures[1].

Les marges concernent avant tout les personnages, ce qui accentue le caractère symbolique de ce thème ; Gilliatt est dit « sur la limite » (*TM*, p. 63) et nombreux sont les personnages de bandits, mendiants ou exclus qui, représentant les marges de la société, occupent une place importante dans le roman. Le terme qui leur est souvent associé est celui de « louche » ; il permet de faire le lien entre les marginaux au sens anecdotique et le principe qu'ils incarnent. Si dans *Les Misérables*, « l'homme louche » est encore définit comme celui « dont on ne connaît pas le nom et qui vient enlever des enfants dans les maisons », il adopte un autre statut dans les romans suivants où il sert par exemple à qualifier Gilliatt (*TM*, p. 61) ; il sort également du champ de l'humain pour qualifier de manière paradoxale des éléments comme le jour (*TM*, p. 250) ou les nuages (p. 261). Aussi ne se contente-t-il pas d'apporter un élément pittoresque ou inquiétant au roman, mais il donne également à la marge le statut de forme-principe.

À côté des marginaux pittoresques, dont Thénardier est l'emblème, nombreux sont ceux qui sont sans aucun relief. Ce qui les caractérise est d'être neutres, presque invisibles, sans signe distinctif[2]. Ils rejoignent en cela cet aspect de la marge, limite entre le langage précis et descriptif et le non langage continu et diffus. Sans caractéristiques ces personnages ne peuvent que s'évanouir. C'est le cas des neveux de Jean Valjean qui disparaissent sans qu'il ait plus de nouvelle ; Fantine est enterrée dans la

1 *Hugo dans les marges*, textes réunis par Lucien Dällenbach et Laurent Jenny, Genève, Zoé, 1985, p. 7.

2 Comme l'a montré Anne Ubersfeld, l'absence d'état civil qui caractérise les misérables correspond à une réflexion sur « l'arbitraire » du « code bourgeois » et de la « classification » (« Nommer la misère », *Revue des sciences humaines*, n° 156, 1974 p. 589).

fosse commune (p. 257) ; les fugitifs « vont à Paris comme à un engloutissement » (p. 371) ; l'argot est une langue qui « s'évapore » (p. 787) ; « l'effacement semblait complet » en ce qui concerne le personnage de Thénardier (p. 1070) ; la nouvelle vie de Gwynplaine donne lieu à une « dispersion inexorable » de ses compagnons (*HQR*, p. 755), il a été lui-même l'objet des Comprachicos qui « excellent dans les disparitions » (p. 373) ; le pendant abstrait de ce phénomène se signale en particulier dans *Les Travailleurs de la mer* où il désigne le « souvenir de Déruchette [qui] s'évanouissait » (p. 99), ou l'examen de « l'obscurité nocturne » est présenté comme « l'étude d'un effacement » (p. 238).

– Altérité

La marge n'est pas seulement confrontation de lieux, mais aussi de personnes. L'altérité est ainsi au cœur des romans de Victor Hugo. Elle se présente comme une autre forme de l'ouverture. Elle est tout d'abord thématisée sous la forme de la rencontre qui conduit à un choc, mais aussi parfois à un transfert de personnalité.

La pensée, chez les héros de Hugo, ne se fait jamais seule, mais dans la confrontation avec un autre. C'est évident dans la relation qu'entretient Jean Valjean avec M. Myriel. Le choc que provoque leur rencontre sert de fondement au parcours de Jean Valjean ; dans le même temps, le personnage de l'évêque disparaît comme s'il s'était désormais fondu dans le personnage de Jean Valjean. Par la suite les romans fonctionnent plutôt sur le système des confrontations. Dans *Quatrevingt-Treize*, il n'y a plus de héros principal, mais des binômes qui se définissent par leur rapport de force, Cimourdain et Gauvain, le marquis de Lantenac et Cimourdain, Gauvain et son oncle Lantenac. Contrairement au roman de formation le personnage n'évolue pas au fil des rencontres, mais se métamorphose et se mêle aux autres.

– L'étrange

L'autre forme de l'altérité se rencontre dans la figure de l'étrange ou de l'étranger. Par sa fréquence et son utilisation le terme « étrange » se signale également comme un thème-principe. Il est souvent employé sous sa forme adverbiale d'« étrangement ». Il s'applique à la « maison visionnée » des *Travailleurs de la mer* (p. 119) ; Gwynplaine est qualifié d'« enfant, étrange lutteur » (*HQR*, p. 445), les yeux du matelot au début de *Quatrevingt-Treize* sont étranges (p. 825), et le mendiant Tellmarch est lui aussi qualifié ainsi (p. 945) ; quant au marquis de Lantenac, il est désigné comme « âme étrange » (p. 1039). On retrouve pour ce terme le même fonctionnement que pour « marginal » ou « louche » : il est appliqué à la fois à des personnages et à des inanimés ou abstraits ce qui le place à la frontière de la simple qualification et du symbole ; mais trop de personnages différents sont concernés pour qu'on puisse déterminer ce qu'il symbolise au juste ; et son statut se complique encore du fait qu'il est généralement employé dans une structure polyphonique, parfois ironique, qui multiplie les niveaux de sens selon que le locuteur qui prend en charge cette valeur soit le narrateur, un personnage ou la *doxa* publique. Tour à tour employé de manière péjorative, ironique, symbolique ou allégorique, ce terme a dans les romans un statut ambigu voire contradictoire. Quant à l'emploi adverbial, il se spécialise dans une utilisation plus symbolique : Gwynplaine fait « cette demi-chute de songer étrangement » (*HQR*, p. 592) et Gilliatt voit « la nature un peu étrangement » (*TM*, p. 66).

On voit ici se préciser l'intérêt de ces lieux ouverts à tous les vents qu'on a décrits plus haut. La clôture, que ce soit celle du texte ou celle de la demeure est synonyme de stabilité mais aussi de confort. Ce fait est symbolique du fonctionnement du texte : privilégier le schéma synthétique dans l'écriture permet plus de stabilité et donc de confort pour le lecteur. Au contraire, de même que les éléments étranges du roman sont inquiétants, les phénomènes d'ouverture du texte créent un effet dérangeant ; la lecture devient non seulement plus difficile, mais inquiétante, dans la mesure où l'on sort des cadres qui sont familiers. Comme on l'a vu, Hugo vise dans ses romans à sortir d'un système d'appréhension de la réalité qui soit représentatif. Il veut tenter d'apercevoir l'infini qui s'ouvre lorsque l'on quitte la stabilité de la catégorisation, de l'identité et du système. Pour le penser, il faut remettre en cause tout ce qui est familier et connu. Il faut chercher du côté du surprenant et de l'inouï. Pour cela, il est indispensable de sortir des cadres régulateurs de la représentation abstraite pour arriver aux bords mêmes de la pensée et de l'écriture. Dans la mesure où elle se confronte à son autre, à ce qui lui est entièrement extérieur, elle est toujours à la limite de se remettre en cause. C'est cette rencontre avec ce qui ne dépend pas d'elle qui crée cet effet d'inquiétude.

L'étrange nous conduit à penser un espace qui est le contraire du refuge. Ceci est particulièrement net avec les maisons qui ne sont jamais considérées comme des abris protégés du vent. Le souffle de la pensée n'est jamais un soulagement ; il inquiète et on le fuit. La première chose que fait Jean Valjean pour tenter d'échapper à sa conscience, c'est de fermer le verrou (*Mis.*, p. 177). Contrairement au régime représentatif qui pense en intégrant la réalité, en rapportant l'autre au même dans un processus identitaire, l'idée telle que la conçoit Victor Hugo consiste paradoxalement à tenter d'appréhender un pur rapport au-dehors.

– L'énigme

Toutes ces figures du dehors convergent vers un principe que Hugo ne cesse de convoquer dans ses romans : l'énigme. L'énigme, c'est l'idée sous sa forme extérieure, non encore maîtrisée par la réflexion[1], comme en témoigne l'exemple de la bataille de Waterloo : « La bataille de Waterloo est une énigme. Elle est aussi obscure pour ceux qui l'ont gagnée que pour ceux qui l'ont perdue » (*Mis.*, p. 272). Aussi est-elle intimement liée à la notion d'indistinct ; Jean Valjean dans l'égout en fait l'expérience : « Par degrés, disons-le, quelque horreur le gagnait. L'ombre qui l'enveloppait entrait dans son esprit. Il marchait dans une énigme » (*Mis.*, p. 1010) ; mais aussi Marius :

> toute l'affaire de la rue de la Chanvrerie était comme un nuage dans son souvenir, des ombres presque indistinctes flottaient dans son esprit [...] ; l'étrange passage de M. Fauchelevent dans cette aventure sanglante lui faisait l'effet d'une énigme dans une tempête (*Mis.*, p. 1053).

Mais l'énigme est avant tout l'expression d'une expérience esthétique, comme le souligne la description de la maison visionnée de Plainmont : « Toute la mer est autour de cette maison. Sa situation est magnifique et par conséquent sinistre. La beauté du lieu devient une énigme »

1 Comme le note Pierre Campion, l'énigme convient mieux que le problème à la forme de la pensée dans les écrits littéraires : « [...] le discours philosophique de ces œuvres littéraires se donne pour objet un certain mode d'exposition, d'exploration et de solution d'une énigme philosophique, plutôt que d'un problème à proprement parler et constitué comme tel » (*La littérature à la recherche de la vérité*, Paris, Seuil, 1996, p. 421).

(*TM*, p. 119). L'énigme esthétique associe beauté et inquiétude comme le souligne le paradoxe « magnifique et par conséquent sinistre ». Nous sommes ici au cœur de la définition de l'art telle que la formule Adorno : « Toutes les œuvres d'art, et l'art en général sont des énigmes [...]. Les œuvres qui se présentent sans résidu au regard et à la pensée, ne sont pas des œuvres d'art[1]. »

L'énigme participe de la « singularité esthétique », pour reprendre une formule de Jean Bessière[2]. Dans les romans, elle est cette obsession qui appelle les personnages vers une autre dimension : « Le flux et le reflux de ces questions est éternel comme la marée. Gilliatt, lui, savait ce qu'il faisait ; mais l'agitation de l'étendue l'obsédait confusément de son énigme » (*TM*, p. 217). Elle possède bien cette dimension rhétorique définie par Michel Meyer : « Le propre de l'art est en tout cas de produire l'énigmatique : stupeur, admiration, étonnement, recherche de sens[3].

« Paroles d'énigme » (*HQR*, p. 411), la littérature fonctionne comme un hiéroglyphe, forme qui signifie tout en masquant, plus proche du concret d'un dessin que de l'abstraction d'un symbole. C'est ce que suggère le motif de la guillotine, « silhouette faite de lignes droites et dures ayant l'aspect d'une lettre hébraïque, ou d'un de ces hiéroglyphes d'Égypte qui faisaient partie de l'alphabet de l'ancienne énigme » (*QT*, p. 1060). Mais comme nous allons le voir, sous sa forme vivante, l'énigme se manifeste dans le monstre.

LE MONSTRUEUX

« Le vers est la forme optique de la pensée », écrit Hugo dans la Préface de *Cromwell* ; « Voilà pourquoi il convient surtout à la perspective scénique [...] L'idée trempée dans le vers prend soudain quelque chose de plus incisif et de plus éclatant[4]. » Loin de l'idée classique d'une transparence du signe, Hugo est très attaché aux mécanismes d'opacification qui distancient la réalité pour mieux inviter à en interroger le sens. Ce principe est d'autant plus délicat pour la prose romanesque qu'il

1 *Théorie esthétique*, Paris, Klincksieck, 1989, p. 163-165.

2 « L'énigmaticité, si on entreprend de le dire dans le cadre littéraire, est ce jeu sur le savoir que la littérature a d'elle-même, sur le savoir qu'elle entend utiliser ou représenter » (*Énigmaticité de la littérature*, Paris, PUF, 1993, p. 11).

3 « Aristote et les principes de la rhétorique contemporaine », Introduction à la *Rhétorique* d'Aristote, Paris Librairie générale française, 1991, p. 66.

4 *PC*, p. 28.

ne peut reposer sur ni sur le cadrage du vers, ni sur la mise en spectacle. C'est sur le percept lui-même que doit donc reposer tout l'effet optique. Dans leur article sur « L'argent des *Misérables* », Guy Rosa et Jean-Claude Nabet expliquent le rôle figuratif que joue la misère : « Les réalité concrètes du monde quotidien se conservent donc dans la misère, mais s'y transforment : elles y figurent comme dans le reste du monde social mais elles y perdent leur cours "naturel", la fausse évidence des nécessités immuables et universelles[1]. » Ainsi en est-il plus largement du monstrueux, avertissement[2] qui nous tire de nos représentations habituelles et attire notre attention sur ce que nous ne voyons même plus.

Thématisation du monstre

Comme pour la catégorie littéraire du dehors, certaines caractéristiques du monstre servent l'intrigue, tandis que d'autres, plus abstraites sont de nature réflexive. On peut d'ailleurs constater l'évolution de cette catégorie au cours des romans, le monstre perdant peu à peu son caractère anecdotique pour devenir de plus en plus symbolique. Il sert de moins en moins l'intrigue et joue un rôle à un niveau plus théorique du roman. C'est pourquoi il perd certaines caractéristiques doxiques : la méchanceté de Han d'Islande n'existe plus chez Gwynplaine. C'est à partir de *Notre-Dame de Paris* qu'il se complexifie pour devenir moins un personnage pittoresque qu'un principe.

De plus en plus d'éléments du roman rejoignent cette catégorie : sont ainsi qualifiés certains personnages comme Gwynplaine ou L'Imânus (*QT*, p. 934), mais aussi le canon du début de *Quatrevingt-Treize* (p. 808) ou la convention (*Ibid.*, p. 891), ainsi que l'égout des *Misérables* (p. 1010).

Difformité

La principale caractéristique du monstre est d'être difforme. Cette notion est particulièrement importante dans l'esthétique de Hugo comme il l'explique dans la Préface de *Cromwell* : « tout dans la création n'est pas humainement beau, que le laid y existe à côté du beau, le difforme près du gracieux[3] » ; « il serait exact aussi de dire que le contact du dif-

1 Guy Rosa, Jean-Claude Nabet, « L'argent des *Misérables* », *Romantisme*, n° 40, 1983, p. 88.
2 Dans l'antiquité, le monstrueux renvoie au prodigieux comme avertissement des dieux.
3 *PC*, p. 9.

forme a donné au sublime moderne quelque chose de plus pur, de plus grand, de plus sublime enfin que le beau antique[1]. » Contrairement à l'époque classique qui place au centre de son esthétique la notion de beau et d'harmonie, Hugo tient à utiliser la notion de difforme.

Les personnages et les objets ne sont pas les seuls à être monstrueux, c'est aussi le cas des mots[2] ; le texte est ainsi truffé de fautes d'orthographe comme le « DÉFENCE D'AFFICHER » écrit sur la masure Gorbeau (*Mis.*, p. 339), des mots-phrases comme le « kekcekça » de Gavroche, des langues hybrides comme la « promiscuité d'idiomes » des Comprachicos (*HQR*, p. 372), ou des « fautes de prononciation » comme celle de Mess Lethierry qui dit « Bourmont a été le traître d'union entre les deux camps » (*TM*, p. 96). On voit, outre l'erreur, le double sens qui se dégage de cette phrase : le monstre est aussi celui qui se dédouble et se mélange.

Hybridation

Car outre sa difformité, le monstre se caractérise par l'amalgame et l'hybridation. Les éléments présentés dans les romans ne sont jamais unifiés. Ils sont en porte à faux avec le principe de non-contradiction. Tous au long des romans on retrouve le vocabulaire de la complication, de l'agrégat et de l'hybridation. Toutes sortes d'éléments sont ainsi caractérisés, jusqu'à Louis-Philippe qui est qualifié d'« individualité composite » (*Mis.*, p. 657). Ursus a une « faculté hermaphrodite » (*HQR*, p. 353) et il forme avec Homo une sorte d'« association » complexe (p. 351). Gwynplaine appartient à deux catégories sociales (p. 641) ; il est également « demi monstre, mais demi dieu » (p. 537, 605). Le mélange n'est pas seulement un agrégat fixe, comme le montre l'exemple de l'argot qui va « se décomposant et se recomposant sans cesse » (*Mis.*, p. 783).

Les lieux sont particulièrement touchés par ce phénomène. C'est le cas du couvent (*Les Misérables*, p. 397, 411, 499). On retrouve les lieux marginaux comme les environs de Paris « espèce de campagne assez laide, mais bizarre et composée de deux natures » (*Mis.*, p. 460),

1 *Ibid.*, p. 12.

2 Comme le souligne Laurent Jenny, le monstre dans les romans de Hugo est avant tout un problème de sens : « Que peuvent les mots contre les monstres ? Parfois, les fixer en un lieu ou les retourner sur un autre. Une chose est sûre : l'inscription du monstrueux ne "représente" pas, au sens banal du terme : elle fragmente, elle typologise, elle figure » (« Des mots et des monstres », *La Terreur et les signes*, Paris, Gallimard, 1982, p. 155).

ou les personnages qui les occupent comme le « gamin », « enfant du bourbier » mais aussi de « l'idéal » (p. 466). La masure Gorbeau est particulièrement représentative de ce type de lieu. Tout en elle n'est que contradiction ou ambiguïté :

> En l'examinant, le détail qui frappait d'abord, c'est que cette porte n'avait jamais pu être que la porte d'un bouge, tandis que cette croisée, si elle eût été coupée dans la pierre de taille au lieu de l'être dans le moellon, aurait pu être la croisée d'un hôtel.
>
> La porte n'était autre chose qu'un assemblage de planches vermoulues grossièrement liées par des traverses pareilles à des bûches mal équarries. Elle s'ouvrait immédiatement sur un roide escalier à hautes marches, boueux, plâtreux, poudreux, de la même largeur qu'elle, qu'on voyait de la rue monter droit comme une échelle et disparaître dans l'ombre entre deux murs. Le haut de la baie informe que battait cette porte était masqué d'une volige étroite au milieu de laquelle on avait scié un jour triangulaire, tout ensemble lucarne et vasistas quand la porte était fermée. Sur le dedans de la porte, un pinceau trempé dans de l'encre avait tracé en deux coups de poing le chiffre 52, et au dessus de la volige le même pinceau avait barbouillé le numéro 50 ; de sorte qu'on hésitait. Où est-on ? Le dessus de la porte dit : au numéro 50 ; le dedans réplique : non, au numéro 52 (p. 340).

Phrases alambiquées, balancements, oppositions, tout dans cette description met en valeur la composition complexe et contradictoire de la masure Gorbeau, qui est comme le symbole du processus monstrueux mis en œuvre dans les romans. Mais c'est surtout l'idée d'une saisie mathématique de la réalité qui est ici remise en cause. Plus loin dans *Les Misérables*, seront ainsi fustigés « les chiffres qui semblent des raisons et qui ne sont que des mots » (p. 829).

Encore une fois ce caractère hétéroclite est synonyme d'étrange et d'inquiétude. La description de la Tourgue dans *Quatrevingt-Treize* présente un mélange de styles contradictoires : « les deux styles n'étaient point d'accord », « l'ensemble terrifiait », « Des deux majestés mêlées sortait on ne sait quoi de féroce » (p. 958).

Grotesque

Inquiétant en raison de son caractère « composite », le monstre n'est pourtant l'objet d'aucun jugement moral. S'il symbolise quelque chose, ce n'est pas le mal. C'est l'un des fondements de la Préface de *Cromwell* de le présenter non comme un accident que l'art doit éviter, mais comme l'indication d'une réalité complexe qui nous échappe :

> Le beau, à parler humainement, n'est que la forme considérée dans son rapport le plus simple, dans sa symétrie la plus absolue, dans son harmonie la plus intime avec notre organisation. Aussi nous offre-t-il toujours un ensemble complet mais restreint comme nous. Ce que nous appelons le laid au contraire est un détail d'un grand ensemble qui nous échappe, et qui s'harmonise non pas avec l'homme, mais avec la création tout entière. Voilà pourquoi il nous présente sans cesse des aspects nouveaux mais incomplets[1].

C'est tout le sens de la catégorie esthétique du grotesque. La beauté ou le difforme n'ont pas d'existence ontologique, ce ne sont que des manières plus ou moins complexes d'appréhender la réalité. Le beau est la manière humaine, organisée et simple de comprendre la réalité, tandis que le laid permet une vision plus vaste qui vise l'inconnu sans jamais l'atteindre. Dans cette perspective, le beau est plus proche de la représentation *a priori*, qui se fonde sur une organisation harmonique ; et le grotesque est le fer de lance d'une esthétique négative à la fois dynamique et déceptive. Contrairement aux esthétiques idéalistes, l'ambition de la totalité chez Hugo s'oppose à l'ambition de la forme parfaite, au rêve de l'achèvement. Si l'écriture vise tout le réel, « l'infini », c'est contre le système synthétique. Comme l'explique Jean-Pierre Reynaud dans sa présentation du volume *Critique* :

> La beauté est décentrée, excentrée, successivement expulsée de toutes ses représentations : *pulchritudo vaga*, en vérité, elle est bien cette beauté libre et vagabonde, que rêvait Kant, cette divine mendiante qui ne séjourne nulle part parce que nulle part pour elle n'est préparé le feu d'un concept ou le lieu d'une forme. Il faut donc bien que grimace le visage impassible d'Apollon et se déplacent et se détraquent les lignes. L'art hugolien se condamne au tourment et à l'imperfection, rencontre la laideur et la souffrance et se consacre à la perpétuelle invention des monstres « pour donner une satisfaction de plus à l'infini[2].

L'antithèse

Comme beaucoup des concepts chez Hugo, celui de synthèse varie en fonction des périodes : dans le cadre de la dramatisation anti-classique

1 *PC*, p. 12-13.
2 P. IX.

de la Préface de *Cromwell*, la synthèse poétique s'oppose à l'analyse philosophique : « Au vent philosophique a succédé un souffle religieux, à l'esprit d'analyse l'esprit de synthèse, au démon démolisseur le génie de la reconstruction[1]. » Plus nuancées, les réflexions des années 1860 présentent un phénomène métaphysique, hors de portée de l'homme : c'est « l'incommensurable synthèse cosmique [qui] nous surcharge et nous accable » dans la mesure où « Tout à la fois ne nous est pas possible[2] ». De ce fait, si « nous tendons toujours vers la synthèse », prétendre résoudre la tension, achever le mouvement en résultat ne peut conduire qu'à une synthèse artificielle et dogmatique, du type de celle que proposent les poétique et les systèmes : « aucune synthèse préalable, ne fait loi en présence de cette souveraineté qu'on appelle l'originalité » écrit ainsi Hugo dans « Le Goût[3] ».

En fait, la seule synthèse qui soit vraiment accessible au poète est donc ce que Hugo nomme antithèse :

> Les plus hauts génies, les intelligences encyclopédiques aussi bien que les esprits épiques, Aristote aussi bien qu'Homère, Bacon aussi bien que Shakespeare, détaillent l'ensemble pour le faire comprendre, et ont recours aux oppositions, aux contrastes et aux antinomies[4].

De même que « La dissection fait le chirurgien, l'analyse fait le philosophe ; l'antithèse est le grand organe de la synthèse ; c'est l'antithèse qui fait la lumière[5] ».

Replaçant cette question dans le cadre de sa démarche poétique, Hugo souligne la portée heuristique de cette forme : « Ce phénomène de la réflexion double élève à la plus haute puissance chez les génies ce que les rhétoriques appellent l'antithèse, c'est-à-dire la faculté souveraine de voir les deux côtés des choses[6]. » L'antithèse développe un dispositif d'oppositions binaires qui apparaît comme l'opposé même du principe de non-contradiction : « Cet enfant du bourbier est aussi enfant de l'idéal » (*Mis.*, p. 466) ; « On ne pouvait rien imaginer de plus charmant ni rien rencontrer de plus lugubre » (*TM*, p. 222) ; « Fatal

1 *PC*, p. 54.
2 *Préf*, p. 699.
3 *Goût*, p. 568.
4 *Préf.*, p. 699.
5 *Ibid.*
6 *WS*, p. 345.

langage, inexprimablement violent et doux. Ce qui insultait n'insultait pas. Ce qui adorait outrageait » (*HQR*, p. 700).

L'antithèse est utilisée en particulier dans les portraits dont elle brise toute harmonie : « La duchesse Josiane avait cette particularité, moins rare du reste qu'on ne croit, qu'un de ses yeux était bleu et l'autre noir. Ses prunelles étaient faites d'amour et de haine, de bonheur et de malheur » (*HQR*, p. 491). De même la reine Anne : « Épouse, elle était infidèle et fidèle, ayant des favoris auxquels elle livrait son cœur, et un consort auquel elle gardait son lit. Chrétienne, elle était hérétique et bigote » (*HQR*, p. 496). L'idée se développe facilement, en raison du caractère macrostructural de la figure qui permet d'en faire une dynamique de pensée.

De manière générale, le mélange est présenté comme une loi essentielle de la composition comme pensée et comme écriture. Comme on l'a vu, tout ce qui est de l'ordre de l'identité, de la pureté ou de la rectitude est présenté comme dangereux. Les personnages trop schématiques sont en fait les plus inquiétants et les moins humains. C'est le cas de Javert ou de Cimourdain dans *Quatrevingt-Treize.* Ils peuvent être également moins intéressants comme Mess Lethierry. D'autres ne présentent un intérêt qu'à partir du moment où ils deviennent plus ambigus. C'est le cas de Marius dont le jugement est qualifié de « beaucoup trop synthétique » dans sa première apparition (*Mis.*, p. 500) ou de Clubin qui ne devient intéressant qu'à partir du moment où se révèle la deuxième face de sa personnalité.

Comme le souligne Philippe Dufour, l'antithèse classique « tend à la résolution ; un choix s'opère ». Par opposition, l'antithèse hugolienne est symptomatique d'un récit « voué au complexe », qui « récuse la logique exclusive du vrai et du faux », rêve la vérité tout en en portant « l'inquiétude[1] ».

LA CRISE

« Marges », « extériorité », « étrangement », « altérité », « difformité », « hybridation », ce que cherchent à cerner les motifs de l'ouverture et du monstre, ce sont ces zones de pensée où la synthèse représentative est en danger, où le calme de l'identité fait place à l'inquiétude de la

1 *La Pensée romanesque du langage*, Paris, Seuil, 2004, p. 288 et 289.

contradiction. Aussi conduisent-ils inévitablement à la catégorie de la crise comme troisième mode de traitement de la négativité.

Toutes les scènes de pensée que nous relatent les romans de Victor Hugo sont ainsi des crises, des « tempêtes sous un crâne » pour reprendre le titre de l'un des chapitres les plus célèbres des *Misérables*. Dans le roman, la pensée est un « moment critique[1] ». De même qu'on ne peut penser que dans l'ouverture et la rencontre, la pensée est toujours relative à un événement qui survient à la pensée et qui remet en cause l'unité sur laquelle elle reposait.

Les romans sont ainsi ponctués de scènes de crise qui remettent l'ordre en cause. C'est le cas en particulier des thèmes de l'émeute et de la barricade, qui se déclinent de différentes manières au cours des romans. Dans *Les Misérables*, ils sont pris au sens propre et ont une dimension historique. Il s'agit des barricades républicaines du 5 juin 1832 à l'occasion de l'enterrement du général Lamarque. Les journées d'émeute s'inscrivent dans un système d'opposition et de contradiction. La crise naît d'une opposition entre la « fraction » et le « tout » (p. 829), elle a lieu « par une journée mêlée de pluie et de soleil » (p. 835). La barricade est présentée comme un chaos orienté, comme en témoigne l'expression « dans le chaos de sentiments et de passion qui défendent la barricade » (*Mis.*, p. 956). Comme la composition romanesque, la barricade se signale par sa polarité, entre chaos et rationalité : impossible à maîtriser, elle est une figure de l'informe (« La mitraille s'y évanouissait dans l'informe ; les obus s'y enfonçaient, s'y engloutissaient, s'y engouffraient ; les boulets n'y réussissaient qu'à trouver des trous ; à quoi bon canonner le chaos ? » *Mis.*, p. 928), tout en conservant sa géométrie :

> Dès qu'on arrivait sur le terrain et qu'on l'apercevait, il était impossible, même aux plus hardis, de ne pas devenir pensif devant cette apparition mystérieuse. C'était ajusté, emboîté, imbriqué, rectiligne, symétrique et funèbre. Il y avait là de la science et des ténèbres. On sentait que le chef de cette barricade était un géomètre ou un spectre (*Mis.*, p. 928-929).

Comme souvent, l'émeute et la barricade ne figurent pas de simples ressorts dramatiques. Si, dans *Les Misérables*, elles sont encore intégrées à l'histoire et à l'Histoire, elles s'en détachent, dans les autres romans,

1 Jean Decottignies, *L'Écriture de la fiction. Situation idéologique du roman*, Paris, PUF, 1979, p. 142.

pour mieux mettre en avant leur statut particulier dans le texte. Dans *Les Travailleurs de la mer*, il s'agit ainsi de l'émeute de la mer et du vent (p. 263) ; et dans *Quatrevingt-Treize*, le terme de *barricade* s'applique de manière inversée au camp réactionnaire.

La crise est présentée comme un travail sur le chaos, mais sans viser à le réduire par la synthèse. L'abîme est toujours présent, qui rappelle que l'ouverture ne peut se clore. Le chaos[1] apparaît ainsi comme une forme d'appréhension de l'informe, dont témoigne la barricade, impossible à maîtriser.

Fracture et brisure

La crise prend toute sa force dans l'idée de fragment. C'est ce qui résume le mieux la manière dont le texte refuse la clôture et la synthèse. L'une des ressources du texte romanesque est d'observer le tout à la lumière de son « atome ». Ce terme est employé en particulier pour désigner Gavroche, représentant du « gamin », afin de décrire « Paris, étudié dans son atome » (*Les Misérables*, troisième partie, livre premier). Ce type de point de vue permet de dessiner une perspective, pour mieux appréhender la totalité, mais aussi de prêter attention à tous les éléments qui sont généralement considérés comme des accidents sans intérêt par un système synthétique. Considérer le fragment, c'est prendre en compte tous les éléments qui n'ont généralement pas de place. On comprend que le point de vue de l'atome sur le tout n'est pas le point de vue d'une partie qui est faite à son image. Il s'agit d'un point de vue déstabilisateur, qui remet en cause les idées reçues en même temps qu'il empêche toute conclusion définitive. L'atome est bien un fragment ici dans la mesure où il fracture l'unité du donné et introduit une différence de point de vue.

Aussi le texte ne livre-t-il que très rarement une vision synthétique d'un élément. Les portraits, en particulier, sont fragmentés. Seuls certaines parties sont représentées. Le portrait de Fantine met l'accent

1 Le chaos est l'un de ces éléments ambivalents dans les romans de Hugo qui n'ont pas la même valeur selon qu'ils sont envisagés dans une perspective idéologique ou comme principe d'écriture. Commentant le titre de la pièce *Chaos vaincu*, Michel Collot souligne ainsi qu'« on trouve dans *L'Homme qui rit* deux cosmogonies rivales et contradictoires, répondant à des exigences différentes : l'une, inspirée par des considérations surtout morales, fait de la création une victoire sur le chaos ; l'autre, guidée par des préoccupations esthétiques, fait d'elle un produit du chaos » (« L'esthétique Baroque dans *L'Homme qui rit* », *« L'Homme qui rit » ou la parole-monstre de Victor Hugo*, Paris, SEDES, 1985, p. 102).

sur ses dents et ses boucles blondes. Éponine n'est décrite qu'une fois morte, à la fin des *Misérables* : « On distinguait dans le tas des morts une face livide, une chevelure dénouée, une main percée, et un sein de femme à demi-nu » (p. 972). Tous les attributs de la femme qui devraient se caractériser par la fluidité, la souplesse et la continuité ne proposent que fracture et discontinuité. La fragmentation du corps est redoublée par celle de ses éléments. Pendant la description de la prise de la barricade, on ne voit des visages que « les bouches » (p. 982). Le portrait des deux amoureux dans *Les Travailleurs de la mer* se limite à « l'œil d'Ebenezer » et « les lèvres de Déruchette » (p. 342). Les visages dont on décrit plusieurs éléments sont les plus fracturés. C'est le cas bien entendu du visage de Gwynplaine qui n'est que déconstruction :

> Cette science, habile aux sections, aux obtusions et aux ligatures, avait fendu la bouche, débridé les lèvres, dénudé les gencives, distendu les oreilles, décloisonné les cartilages, désordonné les sourcils et les joues, élargi le muscle zygomatique, estompé les coutures et les cicatrices, ramené la peau sur les lésions tout en maintenant la face à l'état béant, et de cette sculpture puissante et profonde était sorti ce masque, Gwynplaine (*HQR*, p. 531-532).

C'est également l'un des combattants de *Quatrevingt-Treize* qui est présenté comme « quelque chose d'effroyable ; un œil crevé, une mâchoire fracassée, un masque sanglant » (p. 1007).

On retrouve donc pour le fragment le même phénomène que pour les autres composantes lexicales du texte. D'un côté il participe pleinement au récit et à la description, mais de l'autre il a une portée symbolique. Toutefois, il s'agit d'un fonctionnement symbolique particulier dans la mesure où on le retrouve dans des séquences trop différentes pour permettre la même interprétation ; par ailleurs, la raison de l'utilisation du fragment pour désigner certains personnages reste parfois mystérieuse. Pendant tout le chapitre II, 3, 8 des *Misérables*, Jean Valjean est désigné comme « l'homme jaune » ou « le manteau jaune » par les Thénardier, sans qu'on sache vraiment pourquoi cet élément a été sélectionné. Répété plusieurs fois et détaché de son contexte (Thénardier remarque que Jean Valjean porte une redingote jaune), la couleur jaune devient une sorte de faille dans la caractérisation[1].

---

1 Depuis longtemps associée aux juifs, la couleur jaune distingue également la prostituée, au XIXe siècle, comme l'explique Véronique Bui (« Le châle jaune des prostituées

À travers la notion de fragment, Hugo cherche donc plus à préciser la formation du sens qu'à construire des symboles particuliers : le fragment, c'est l'écriture et la pensée comme effraction, contre la synthèse représentative.

Effraction

« L'incompréhensible venait de faire son entrée dans la cahute de Fauchelevent » (*Mis.*, p. 416). Loin de la catégorisation et de la classification, la langue romanesque comme pensée et comme écriture est une effraction. La pensée est toujours une crise, une « tempête sous un crâne ». Elle n'est accompagnée d'aucune jubilation ; contrairement à l'idée de la philosophie classique, l'idée comme rouage romanesque n'est pas amicale, elle se fait sous la forme d'une rupture ; la scène la plus célèbre se trouve dans le chapitre des *Misérables* intitulé, précisément, « Tempête sous un crâne », dans lequel Jean Valjean passe la nuit en proie aux tourments que lui inflige sa conscience. Mais c'est aussi la « commotion » de Javert lorsqu'il sort du confort de ses principes avant d'en mourir (p. 372) ; ou l'« effraction » qui correspond à la « funèbre entrée de l'ombre dans une âme » pour Gwynplaine confronté à la « grandeur matérielle » (*HQR*, p. 657). Ce phénomène est précisément décrit au début des *Misérables* lorsque Jean Valjean confronté au geste de l'évêque hésite à sortir du calme de son personnage monolithique : « Cet état le fatiguait. Il voyait avec inquiétude s'ébranler au dedans de lui l'espèce de calme affreux que l'injustice de son malheur lui avait donné » (p. 87).

La pieuvre est certainement l'un des symboles les plus clairs de ce fonctionnement de l'idée. Véritable « trouble fête », « hideuse étoile vorace de la mer » qui surgit « dans le plus bel azur » (*TM*, p. 281), la pieuvre est ce que la science ne peut maîtriser :

> Ces étranges animaux la science les rejette d'abord, selon son habitude d'excessive prudence, même vis-à-vis des faits, puis elle se décide à les étudier ; elle les dissèque, elle les classe, elle les catalogue, elle leur met une étiquette ; elle s'en procure des exemplaires ; elle les expose sous verre dans les musées ; ils entrent dans la nomenclature ; elle les qualifie mollusques, invertébrés,

au XIXe siècle : signe d'appartenance ou signe de reconnaissance », *Signe, déchiffrement et interprétation*, Fabula, http://www.fabula.org/colloques/document939.php).

rayonnés ; elle constate leurs voisinages : un peu au delà des calmars, un peu en deçà des sépiaires ; elle trouve à ces hydres de l'eau salée un analogue dans l'eau douce, l'argyronecte ; elle les divise en grande, moyenne et petite espèce ; elle admet aisément la petite espèce que la grande, ce qui est d'ailleurs, dans toutes les régions, la tendance de la science, laquelle est plus volontiers microscopique que télescopique ; elle regarde leur construction et les appelle céphalopodes, elle compte leurs antennes et les appelle octopèdes. Cela fait, elle les laisse là. Où la science les lâche, la philosophie les reprend.

La philosophie étudie à son tour ces êtres. Elle va moins loin et plus loin que la science. Elle ne les dissèque pas elle médite. Où le scalpel a travaillé, elle plonge l'hypothèse. Profond tourment du penseur. Ces créatures l'inquiètent. Elles sont les surprises hideuses. Elles sont les trouble-fête du contemplateur. Il les constate éperdu (*TM*, p. 281-282).

La philosophie dont parle ici Hugo, ce n'est ni l'idéalisme classique, ni le scientisme qui se développe à grands pas sous le Second Empire, mais la philosophie du penseur écrivain qui constate avant tout le caractère irréductible de ces éléments et préfère, à la catégorie, l'énigme d'une métaphore remotivée comme « hideuse étoile vorace de la mer ». Penser, c'est subir l'effraction d'une idée qui met en péril la cohérence ou l'horizon, relatif, de la pensée, qui ne doit proposer qu'une stabilité temporaire. Dans les romans, cette idée est souvent un mot, à l'image du mot de Cambronne dans *Les Misérables* qui « fait l'effet d'une fracture » (p. 271)[1].

PENSER PAR EXTRAORDINAIRE

Qu'il se matérialise comme négatif, dehors, monstrueux ou crise, le principe d'hétérogénéité critique tourne autour d'une question fondamentale née de la Révolution, celle d'extraordinaire. Contrairement aux concepts de la Préface de *Cromwell*, cette notion ne se construit pas en opposition au système classique. Elle se pense bien au contraire dans le cadre d'une absence totale de norme de référence, par exemple à propos du style de la lettre d'Ymbert Galloix[2], présenté comme « l'amalgames d'idées le plus extraordinaire[3] ». Beaucoup plus fréquent dans les essais

1 On peut rapprocher de ces deux « figures » romanesque celle de Thénardier le « filousophe » (*Mis.*, p. 300), dont la fonction première selon Pierre Laforgue est d'être un « scandale », un « résidu inassimilable » qui empêche la philosophie du roman de se clore dans une représentation (« Filousophie de la misère », Les Misérables : *Nommer l'innommable*, éd. citée, p. 73).

2 Poète « mort de misère à Paris », comme le définit Hugo dans les premières lignes de son article.

3 *LPM*, p. 205.

des années 1860, c'est à cette époque que le terme y acquiert le statut de véritable catégorie. Dans *William Shakespeare*, l'extraordinaire, c'est ainsi l'homme qui, s'aventurant sur le promontoire du son songe, « devient extraordinaire aux autres hommes[1] ».

Notion métaphysique, elle est surtout caractéristique du nouveau paradigme de pensée dont la Révolution est à la fois le seuil et l'emblème. Elle interroge alors à la difficile idée d'exception pratique, telle que la défend Robespierre dans le cadre des débats sur le procès du roi, à la Convention :

> Vous confondez une nation qui punit un fonctionnaire public, en conservant la forme du gouvernement, et celle qui détruit le gouvernement lui-même. Nous rapportons à des idées qui nous sont familières un cas extraordinaire, qui dépend de principes que nous n'avons jamais appliqués[2].

Comme l'expliquent les auteurs de l'article dont provient cette citation[3], « la révolution met en place un inconnu pratique, qui est aussi celui des principes de nos actions ». Pour Hugo également, l'idée n'est pas seulement de faire table rase des normes classiques ou de résister aux dogmes en vigueur jusque-là mais de réfléchir aux repères d'un devenir collectif possible. Or ce que le grondement d'une histoire toute proche dramatisait facilement dans la première moitié du XIXe, devient un écho fragile depuis l'exil, à une époque où la révolution semble une réalité bien lointaine. Réintroduire l'extraordinaire dans le roman apparaît alors comme une urgence démocratique. Dans *Quatrevingt-Treize*, le « on ne sait quoi d'extraordinaire » réinvestit ainsi le « je ne sais quoi » du sublime dans sa triple étymologie, l'oblique, le seuil et l'élévation[4].

---

1 *WS*, p. 332.

2 « Discours sur le jugement de Louis XVI », prononcé à la tribune de la Convention le 3 décembre 1792, dans Charles Vellay, *Discours et rapports de Maximilien Robespierre*, Charpertier et Fasquelle, 1908, p. 213.

3 Marc Aymes, Charles Ruelle, Élodie Cassan, Déborah Cohen, Benoît Fliche, Héloïse Hermant, Bérengère Hurand et Laurence Marie, « Penser par extraordinaire », *Labyrinthe*, n° 26, 2007, p. 11-76.

4 « L'étymologie de *sublime* est incertaine mais trois propositions sont plus ou moins concordantes : 1. *Sub-limus*, de manière oblique (*sub* : juste en dessous, près de, légèrement) ; 2. *sub-limen* (*limen* : seuil), juste jusqu'au seuil, ou, au contraire, là où le seuil est juste en dessous, donc au dessus du seuil ; 3. *sub-limes* (*limes* : frontière, limite), menant jusqu'à la limite, très élevé, très loin ; ou encore : suspendu en l'air, planant en l'air, transporté en l'air. […] Il semble que cette troisième étymologie (*sublimes*) garde le plus de résonance dans l'histoire de la notion, mais il faut garder à l'esprit également les deux autres étymologies, surtout l'idée de la proximité des *seuils* » (Herman Parret, « Seuils et

L'étude thématique des catégories de la négativité dans les romans de Victor Hugo nous a permis de segmenter le champ de cette notion. Mais il a également permis d'indiquer quel type de traitement pouvait en être fait dans en contexte littéraire. Motifs et thèmes sont traités selon un fonctionnement complexe : loin de se limiter à un rôle ornemental ou ancillaire[1], ils jouent le rôle de véritables principes de signification. S'ils servent à l'intrigue, à la caractérisation parfois pittoresque des personnages, ils jouent surtout un rôle plus abstrait, théorique ou symbolique, sans qu'on puisse toujours déterminer, en raison même de leurs multiples fonctions, ce qu'ils représentent en dernière instance. C'est précisément parce qu'on est sorti, ici, d'une mécanique spéculative : ces éléments textuels indiquent bien la voie que prend le texte dans une recherche de l'extériorité, de la contradiction et du fragment, afin de tenter de saisir cette réalité non représentable que Victor Hugo nomme « infini » ou « abîme ».

Pourtant, il ne s'agit pas d'une entreprise utopique, ou irrationnelle. Le rapport à l'extériorité ne signifie pas que tout est permis ; il s'agit plutôt d'une confrontation de la pensée avec ce qu'elle ne pense pas encore, ce que Hugo nomme le « possible ». Et cette confrontation est matérielle dans la mesure où elle se fait par l'écriture. C'est pourquoi il est désormais nécessaire d'étudier l'ancrage proprement textuel de la négativité dans le texte.

HÉTÉROGÉNÉITÉ TEXTUELLE

Dans la première section, nous avons vu comment un certain nombre de thèmes ou d'éléments textuels à base lexicale tentaient de définir – en même temps qu'elle le construisait – le fonctionnement négatif du texte : ce que cherche le négatif, c'est à bloquer le phénomène de synthèse qui

discontinuités : les fractures du sublime », *Le Sens et ses hétérogénéités*, dir. H. Parret, Paris, éd. du CNRS, 1991, p. 236).

1 Pour reprendre deux fonctions traditionnelles des éléments descriptifs, bien décrites par Philippe Hamon, l'ekphrasis, comme digression descriptive d'une œuvre d'art ainsi que la description d'ordre explicatif, au service de la narration, « ancilla narrationis » (*Introduction à l'étude du descriptif*, Paris, Hachette, 1981, p. 8-39).

est à la base de la pensée spéculative. Mais il va plus loin, établissant un principe dynamique fondé sur un autre mode de signification, plus symbolique. Nous allons voir que ce phénomène peut être généralisé à toutes les autres caractéristiques textuelles, y compris d'ordre pragmatique. Tout concourt à introduire l'hétérogène dans le texte pour remettre en cause l'identité de l'idée synthétique et la stabilité de l'interprétation. Tous ces éléments s'opposent à une saisie purement représentative, tout en signalant et ménageant une ouverture sur un autre niveau. Nous tenterons donc de mettre en évidence tous les points d'indécision du texte, les déséquilibres, les blancs, les singularités, les interstices qui sont les symptômes d'un autre fonctionnement du discours. Plus que les facteurs de cohésion et d'identités, on mettra donc au premier plan tous les phénomènes de négativité textuelle, hétérogénéité ou discontinuité.

RUPTURES ET FUITES TEXTUELLES

Comme l'indique Herman Parret, on peut distinguer « deux classes de phénomènes qui se laissent grouper sous les deux métaphores de l'échappée de sens d'une part et de la rupture de sens de l'autre[1] ».

Rupture

– Saisie négative

La négativité se manifeste tout d'abord selon un phénomène de rupture. Un grand nombre d'éléments sont ainsi saisis de manière négative.

L'étude de l'antithèse comme figure majeure dans les romans de Victor Hugo a déjà indiqué que certains aspects nécessitaient une saisie négative. Mais ce phénomène est d'ordre plus général dans les romans. On remarque qu'il s'applique à des décors, en particulier à des architectures, qui sont censés représenter le cadre du roman ; la description des alentours de la masure Gorbeau n'est ainsi qu'une suite de négations : « ce n'était pas la solitude, il y avait des passants ; ce n'était pas la campagne, il y avait des maisons et des rues ; ce n'était pas une ville, les rues avaient des ornières comme les grandes routes et l'herbe y poussait ; ce n'était pas un village, les maisons étaient trop hautes » (*Mis.*, p. 339).

1 *Le Sens et ses hétérogénéités*, « Introduction », Paris, éd. du CNRS, 1991, p. 21.

La Jacressarde dans *Les Travailleurs de la mer* est aussi saisie de manière négative : « Des fenêtres, pas un carreau ; des chambranles, pas une porte ; des cheminées, pas un foyer ; c'était la maison » (p. 135) ; c'est également le cas de ce qui devait symboliser la réussite de l'industrie humaine, la Durande :

> Tout avait la forme de la ruine ; une barre d'anspec n'était plus qu'un morceau de fer, une sonde n'était plus qu'un morceau de plomb, un cap-de-mouton n'était plus qu'un morceau de bois, une drisse n'était plus qu'un bout de chanvre, un touron n'était plus qu'un écheveau brouillé, une ralingue n'était plus qu'un fil dans ourlet (*TM*, p. 198).

La multiplication des « négations descriptives », pour reprendre la terminologie d'Oswald Ducrot[1], répétant le rejet[2] de l'énoncé comme inadéquat, souligne le statut énigmatique des éléments à la fois présents et insaisissables.

L'utilisation de la conjonction « mais » est aussi très fréquente. Elle permet de nuancer et de complexifier la dimension purement négative. Comme pour l'utilisation de la négation, l'utilisation de « mais » met en place une structure binaire : « Ces lieux d'erreur mais d'innocence, d'égarement, mais de bonne volonté, d'ignorance, mais de dévouement, de supplice, mais de martyre » (*Mis.*, p. 411). « Le mariage, mais pas l'amour ; la famille, mais pas de fraternité ; la richesse, mais pas de conscience ; la beauté, mais pas de pudeur ; la justice, mais pas d'équité ; l'ordre, mais pas d'équilibre ; la puissance, mais pas d'intelligence ; l'autorité, mais pas de droit ; la splendeur, mais pas de lumière » (*HQR*, p. 762). Dans cet exemple, il apparaît clairement que la conjonction « mais » introduit non pas une simple nuance mais une véritable faille dans la force de stabilité des termes placés en position de thème ; elle a d'autant plus de force que l'absence

---

1 Dans *Le Dire et le dit*, Oswald Ducrot distingue la négation polémique par laquelle le locuteur es'oppose non pas à un locuteur, mais à un énonciateur E1 qu'il met en scène dans son discours même et qui peut n'être assimilé à l'auteur d'aucun contenu effectif », la négation métalinguistique qui « contredit les termes mêmes d'une parole effective à laquelle elle s'oppose », et la négation descriptive « qui sert à représenter un état de choses, sans que son auteur présente sa parole comme s'opposant à un discours adverse » (*op. cit.*, p. 217).

2 Claude Muller, pour sa part, insiste sur ce rôle du rejet– qu'il oppose au refus– qui « sera le résultat de l'évaluation de l'énoncé jugé inadéquat vis-à-vis de la situation » (« La négation comme jugement », *Langue française*, n° 94, 1992 p. 28).

de verbe en fait le seul pivot de la phrase. Dans la maison « visionnée » de Gilliatt « les fenêtres des étages supérieurs sont à la fois fermées et ouvertes, tous les châssis sont verrouillés, mais tous les carreaux sont cassés » (*TM*, p. 50). Dans ce cas, on voit que l'opposition introduite par « mais » vient redoubler une autre opposition qui va à l'encontre du principe de contradiction. « Mais » s'inscrit souvent dans des structures quasi oxymoriques : « spectre mais solaire » (*HQR*, p. 590) ; ou dans des structures étranges dans lesquelles si la syntaxe marque l'opposition, le lexique semble plutôt équivalent : « Despote, mais dictateur » (*Mis.*, p. 502).

Le troisième type de saisie négative repose sur l'emploi de la modalité interrogative, là où l'on attendait une explication ; la description de la maison de Gilliatt se poursuit ainsi sous une forme interrogative :

> La beauté du lieu devient une énigme. Pourquoi aucune famille humaine n'habite-t-elle ce logis ? La place est belle la maison est bonne, d'où vient cet abandon. Aux questions de la raison s'ajoutent les questions de la rêverie. Ce champ est cultivable, d'où vient qu'il est inculte ? Pas de maître. La porte est murée. Qu'a donc ce lieu ? Pourquoi l'homme en fuite ? que se passe-t-il ici ? S'il ne s'y passe rien, pourquoi n'y a-t-il personne (*TM*, p. 50).

Ce passage extrait de la suite d'interrogations qui couvre toute la page, montre que la modalité interrogative s'inscrit bien dans la saisie négative, prenant le relais ou complétant l'utilisation de la négation ou de la structure binaire. De même dans *Quatrevingt-Treize* :

> On ne parlait pas volontiers de Lantenac et on ne parlait pas volontiers à Tellmarch. Les paysans ont un genre de soupçon à eux. Ils n'aimaient pas Tellmarch. Tellmarch le Caimand était un homme inquiétant. Qu'avait-il à regarder toujours le ciel ? que faisait-il et que pensait-il dans ses longues heures d'immobilité (*QT*, p. 945).

On retrouve dans cet exemple les caractéristiques de l'emploi de la modalité interrogative. Elle sert à introduire la faille dans la description ou l'explication. Pour cela elle entre en combinaison avec la négation. Par ailleurs, comme dans l'exemple précédent, l'interrogation n'est pas à mettre au compte du narrateur. Il ne s'agit pas plus d'un personnage particulier mais d'un groupe de gens, les habitants de l'île ou les paysans du coin qui représentent en fait la doxa. On voit ici se dessiner un phénomène d'ironie qui crée un deuxième niveau de rupture cette fois-ci dans le fonctionnement énonciatif[1].

– Hiatus

« Entre la roche en saillie ou l'escarpement intérieur du défilé, il y avait un intervalle, un grand hiatus assez semblable à l'entaille d'une hache ou à l'alvéole d'un coin » (*TM*, p. 268). Si le hiatus comme figure est rare dans les romans, il se présente comme un principe dynamique qui introduit rupture et distorsion dans le texte. Le « hiatus » s'apparente à ce que Michael Riffaterre dans *Sémiotique de la poésie* nomme « agrammaticalité » : « La représentation peut [...] être gauchie par une grammaire ou un lexique déviant (détails contradictoires par exemple), ce que j'appellerai agrammaticalité[2]. »

Aux barbarismes de *Han d'Islande* succèdent d'autres types d'affection du mot. Au niveau du lexique, le plus frappant est la présence de certains néologismes comme « disproportionnait » (*QT*, p. 1041), « sidéralisée » (*TM*, p. 227), « savantasse » (*HQR*, p. 353) ou « Keksekça » (*Mis.*, p. 852). L'utilisation de « hapax » en particulier est très fréquente et, comme l'a montré Émile Brunet, ce phénomène est particulier aux romans chez Hugo, « ni la correspondance, ni le théâtre, ni la poésie [n'ayant] de part appréciable dans l'effectif des hapax[3] ». Il relève en particulier « abaca », « afflation », « aiguilleter », « apitage », « argyronète », « banquetier », « barbeyer » dans *Les Travailleurs de la mer*, et « affiefeur », « arcasien », « archidiaconat », « arquebusé », « atigeur », « baranton », « baraqué », « basbourdis », « bichot » et « bisaiguë » dans *Les Misérables*.

Mais l'essentiel des ruptures concerne la phrase. Certains passages présentent une syntaxe heurtée ou chaotique : elle tient souvent à l'emploi de participes qui alourdissent la phrase et l'empêchent de s'écouler de manière fluide : « On a de ces sommeils après les choses faites » (*TM*, p. 248) ; « Il était redevenu le redoutable allant et venant » (*QT*, p. 1035) ; ce phénomène est accentué lorsque la phrase ne propose pas de verbe pivot : « Tous s'enfonçant dans la nuit » (*HQR*, p. 417). L'utilisation particulière d'apposition ou d'épithètes détachées conduit

1 On reviendra plus loin sur l'utilisation de l'ironie.

2 Michael Riffaterre, *Sémiotique de la poésie*, Paris, Seuil, 1983, p. 12.

3 Émile Brunet, « Le dictionnaire de Hugo a-t-il un bonnet rouge ? » *Cahiers de lexicologie* vol 50, n° 1, 1987 p. 39.

à isoler certains éléments qui semblent à l'écart de l'organisation de la phrase : « Dans le calme, clapotement ; dans l'orage, chaos » (*HQR*, p. 431) ; « C'était on ne sait quel palais de la mort, contente » (*TM*, p. 222). L'utilisation d'une ponctuation plus forte rend même parfois ambigu le statut syntaxique de certains composants de la phrase : « Il l'avait peinte lui-même car il savait faire un peu de tout ; mal » (*Mis.*, p. 124)[1].

Certaines phrases inversent l'ordre du thème et du prédicat, ce qui remet en cause la fonction informative de la place des mots dans la phrase : « Il y avait du tir dans son génie », « Quelques silhouettes de cette ombre » (*Mis.*, p. 247, 395).

Le jeu sur la transitivité peut également provoquer une forte sensation de rupture. De nombreuses phrases créent un rapprochement incongru entre un verbe et son complément d'objet direct : « Il savait la mer », « Fasciner l'éternité » (*HQR*, p. 656) ; « construire un coup de foudre » (p. 648).

Mais le phénomène le plus flagrant est certainement celui du zeugme, qui crée une rupture dans la syntaxe et une forte sensation d'hétérogénéité dans la phrase : « À force de travail, de persévérance, d'attention et de sceaux d'eau » ; « fouille la terre et un homme » (*Mis.*, p. 486, 1050) ; « Toute la nature semblait avoir congé et rire » (*Mis.*, p. 103 et p. 486).

Ces phénomènes de hiatus ont deux conséquences. Ils mettent en relief et remotivent le terme pivot qui serait normalement passé inaperçu. Les exemples ci-dessus montrent que les termes visés par ce type de structure sont des termes clé comme « ombre », « génie » ou « onde ». Ils créent une rupture dans la tranquille compréhension de l'histoire. De véhicules transparents d'une information, les termes ainsi modifiés deviennent opaques. On s'y intéresse pour eux-mêmes et ils créent un obstacle à la signification, au lieu d'en être l'auxiliaire.

D'autres phénomènes de rupture se signalent plus précisément comme des phénomènes d'ouverture. Ils ménagent dans le texte une sorte de

1 Pointant la fréquence de ce type d'apposition dans *Les Misérables*, Franck Neveu en souligne l'intérêt pour la dynamique textuelle : une grande variété de parcours interprétatifs se dessinent selon que le segment apposé « prend place dans un détachement polaire ou non polaire […] dans un détachement polaire d'ouverture et de clôture » (« De la phrase au texte. Les constructions appositives détachées et la structure informationnelle de l'énoncé dans *Les Misérables* », *L'Information grammaticale*, nº 64, 1995, p. 26).

seuil qui permet d'embrayer sur un autre plan de signification. Il s'agit des modes d'inscription du silence[1] dans le texte.

La parataxe, fréquemment utilisée, permet de mettre en avant les mots, libérés de leur lien syntaxique. Ce procédé conduit à rompre avec la hiérarchisation des différents termes qu'imposerait une structure hypotaxique et donc de rendre leur relation plus ambiguë. Par ailleurs, il permet de substituer une lecture tabulaire à l'organisation linéaire du texte :

> Nous y sommes. Montagnes à droite, montagnes à gauche. Des pingouins partout, des pétrels-tempêtes. Un endroit terrible ; Ah ! mille saints mille singes ! quel bataclan, et comme ça tape ! la bourrasque n'a pas besoin qu'on aille à son secours. C'est là qu'on surveille la lisse de hourdi ! C'est là qu'on diminue la toile ! C'est là qu'on te vous remplace la grande voile par le foc, et le foc par le tourmentin ! Coups de vent sur coup de vent. Et puis quelquefois, quatre, cinq, six jours de cap sèche. Souvent d'un jeu de voiles tout neuf il vous reste que de la charpie. Quelle danse ! (*TM*, p. 147).

La ponctuation[2] plus ou moins forte permet de moduler l'inscription du silence dans le texte. Le point d'exclamation crée un effet de rupture, tandis que l'utilisation de points virgules ménage une certaine respiration dans le texte. C'est le cas en particulier dans la description de la chaise Gild-Holm-'ur dont le nom condense procédés de rupture et de silence :

> Cette chaise était traître. On y était insensiblement amené par la beauté de la vue ; on s'y arrêtait « pour l'amour du prospect », comme on dit à Guernesey ; quelque chose vous retenait ; il y a un charme dans les grands horizons. Cette chaise s'offrait ; elle faisait une sorte de niche dans la façade à pic du rocher ; grimper à cette niche était facile (*TM*, p. 68).

Les points de suspension, tout aussi fréquents, sont l'inscription même du silence. Comme dans le langage courant ils sont utilisés pour marquer une interruption qui ajoute une dimension dramatique au dialogue :

---

1 La notion de silence est au cœur de la pensée et de l'écriture de Hugo, comme le montre son emploi fréquent et le fait qu'elle soit associée à des éléments clé comme le peuple (*HQR*, p. 757) ou la forêt (*QT*, p. 916).

2 Comme l'explique Jacques Dürrenmatt, qui reprend le titre des deux chapitres historiques des *Misérables* « Bien coupé » et « Mal cousu » comme métaphore, les effets de rupture associés à la ponctuation sont à lire comme des modes d'expression de la « *mauvaise couture* d'une Histoire qui, à la différence de la grande Révolution, semble balbutier » (*Bien coupé mal cousu. De la Ponctuation et de la division du texte romantique*, éd. citée, p. 7).

> Le danger n'est ni à Londres, comme le croit Robespierre, ni à Berlin [...]. Il est dans l'absence d'unité [...], dans l'anarchie des volontés...
> – L'anarchie, interrompit Danton, qui la fait, si ce n'est vous ? (*QT*, p. 877).

Mais la plupart du temps, ils sont employés en relation avec une réalité difficile à saisir dont ils soulignent le caractère inexprimable. C'est le cas dans le chapitre « Javert déraillé » :

> État violent s'il en fut. Il n'y avait que deux manières d'en sortir. L'une d'aller résolument à Jean Valjean, et de rendre au cachot l'homme du bagne. L'autre... (*Mis.*, p. 1045).

Mais aussi pour rendre compte de motifs mystérieux comme l'étoile ou le gouffre :

> Cette offre d'amour du gouffre, vous la rejetez. Vous mettez votre main sur vos paupières, vous vous cachez, vous vous dérobez, vous vous croyez sauvé. Vous rouvrez les yeux... – L'étoile redoutable est là (*HQR*, p. 964).

La dimension visuelle est très importante pour l'inscription du silence dans le texte. Outre les procédés qui consistent à restreindre les paragraphes à des phrases d'une ligne, plus ou moins courte, afin de faire une place au vide dans la page[1], on trouve certains passages qui affichent un caractère fragmenté. C'est le cas de l'ensemble du chapitre intitulé « Un cœur sous une pierre » qui présente une suite d'aphorismes placés en colonne et séparés par un espace et un trait (*Les Misérables* IV, 5, 4) :

> La réduction de l'univers à un seul être, la dilatation d'un seul être jusqu'à Dieu, voilà l'amour.
>
> ---
>
> L'amour c'est la salutation des anges aux astres.
>
> ---
>
> [...]
>
> ---
>
> S'il n'y avait pas quelqu'un qui aime le soleil s'éteindrait (*Mis.*, p. 737-740).

Il faut ajouter que ces faits textuels qu'on a intitulés « silence » en référence à un terme très fréquent dans les romans de Hugo sont plus que de simples phénomènes de rupture ou d'implicite. Comme l'explique

1 Sur ce point voir p. 37 *sq.*

Eni Pulcinelli Orlandi : « Pour l'implicite ainsi défini, le découpage qui se fait entre le dit et le non dit est celui que l'on fait entre signification manifeste et signification attestée : le non-dit renvoie au dit. Rien de pareil ne se passe avec le silence tel que nous le concevons : le silence ne renvoie pas au dit, il se maintient comme tel, il reste silence[1]. »

Le silence est en fait à la frontière d'un autre type de phénomènes textuels qui permettent d'inscrire la négativité dans le texte, les phénomènes de fuite.

Fuite

Fuite et silence sont la manifestation de la composition romanesque qui veut que le sens se donne et se retire à la fois. Il ne s'agit plus simplement de rupture au niveau du lexique ou de la syntaxe mais au niveau plus large de la logique.

Le texte des romans joue très fréquemment sur la logique. Certaines phrases multiplient les opérateurs logiques, parfois de manière contradictoire, ce qui ne permet pas de s'arrêter sur une relation logique précise : « Ursus médecin guérissait parce que ou quoique » (*HQR*, p. 352). Dans d'autres cas l'opérateur logique affiché débouche sur une conclusion qui ne l'est pas, ce qui crée un décalage : « donc étant ironique et chauve il était le chef » (*Mis.*, p. 99) ; « pourquoi s'appelait-il Gavroche ? probablement parce que son père s'appelait Jondrette » (p. 472). Il peut même y avoir franchement contradiction : « sa situation est magnifique et par conséquent sinistre » (*TM*, p. 119).

L'utilisation de la locution « c'est-à-dire » est à ce titre particulièrement significative : « L'opération que rêvait Gilliatt était pire encore, c'est-à-dire plus belle encore » (*TM*, p. 229). Alors qu'on s'attendait à une simple reformulation, l'allotopie sémantique « plus belle encore » crée un effet de rupture. C'est-à-dire ne permet pas ici au discours « de reprendre appui sur lui-même dans un mouvement à la fois explicatif et justificatif[2] », mais au contraire fait le lit de la contradiction.

L'absence de lien logique exprimé accentue ce phénomène d'échappée du sens. On rencontre des suites qui n'en sont pas dans la mesure où l'un des termes n'entre pas dans une continuité logique avec les autres ;

1 « Hétérogénéités et silence », *Le Sens et ses hétérogénéités*, éd. citée, p. 205.

2 Bernard Cartier-Bresson et Michel Murat, « C'est-à-dire ou la reprise interprétative », *Langue Française*, n° 73, fév. 1987 p. 19.

c'est le cas dans cet exemple de *Quatrevingt-Treize* : « violent, sauvage, régulier » (p. 896).

Cette utilisation d'opérateurs logiques à contre-emploi mime pour ainsi dire la fuite hors de la représentation abstraite. Ce phénomène est accentué par l'utilisation de la caractérisation. On trouve ainsi des exemples très fréquents de caractérisation non pertinente ou surprenante : « rire froid et doux » (*Mis.*, p. 668) ; « chevelure pouilleuse de fleurs » (p. 104) ; « effroyable étoile » (p. 209).

Le décalage glisse parfois vers la contradiction : le spectacle de Gavroche est « épouvantable et charmant » (*Mis.*, p. 960), l'inscription peinte sur la carriole d'Ursus, « énigmatique et transparente » (*HQR*, p. 357) ; ou vers la métaphore hermétique : « Phosphorescence féline des oiseaux de nuit » (*QT*, p. 1031). On assiste également à des retournements : « réalités pleines de spectres, fantasmagories pleines de réalités » (*Mis.*, p. 76).

Tout ce jeu sur la logique et la caractérisation crée un phénomène de tension. Il est clair que le texte sort d'une mécanique de représentation abstraite et va vers une dynamique littéraire, qui travaille la matière analogique et l'image. Mais en même temps, à part dans le cas limite de la métaphore, la contradiction logique est fortement affichée par la présence d'un opérateur logique détourné ou par des méthodes de caractérisation qui permettent de souligner la faille ; cela donne à ces procédés une dimension clairement rhétorique.

Rupture et faille visent avant tout l'interprétation. Il s'agit en fait de déstabiliser l'horizon d'attente du lecteur selon une stratégie déceptive : mettre en cause les codes familiers permet de prendre ses distances avec le mécanisme de la représentation. Dans *Sémiotique de la poésie*, Michael Riffaterre oppose ainsi un niveau de lecture « mimétique » qui concerne « ce que le consensus considère comme la réalité » et un niveau « sémiotique » que signalent les « agrammaticalités [qui] menacent la langue comme représentation[1] ».

La négativité n'est pas seulement indiquée par le lexique, elle s'inscrit au cœur du texte. Aussi n'est-elle pas seulement observable dans des contenus explicites mais à un niveau pragmatique, dans le cadre d'une stratégie déceptive.

1 Michael Riffaterre, *Sémiotique de la poésie*, éd. citée, p. 207.

NÉGATIVITÉ ET DÉCEPTIVITÉ

L'ancrage textuel de la négativité ne concerne pas seulement les règles syntaxiques et sémantiques de formation de la phrase. Le texte des romans introduit également des ruptures dans la formation du discours. Comme l'a montré Umberto Eco[1], la cohérence d'un texte n'est pas liée uniquement au bon fonctionnement syntaxique mais aussi à la construction de la lecture, à la manière dont le lecteur est amené à coopérer dans la construction d'un monde possible. À ce niveau, la négativité se traduit par la mise en place d'une stratégie déceptive. En raison de la spécificité du discours littéraire il faut distinguer différents axes de rupture : le texte des romans remet tout d'abord en cause certaines « lois du discours » qui ont un fondement représentatif, en particulier la loi d'informativité. Mais il joue également sur la cohérence – fondée sur des caractéristiques d'interprétabilité et de compatibilité sémantique et logique– et la cohésion – c'est-à-dire les différents procédés de continuité textuelle[2].

Jeu sur les lois du discours

Outre les « règles de bonne formation syntactico-sémantique » le discours est régi par un certain nombre de « principes[3] ». On va donc voir comment le texte littéraire introduit une rupture dans ce système pour lui substituer un autre mode de fonctionnement qui annonce un second niveau d'interprétation du texte.

Dans un article intitulé « logique et conversation[4] », Paul Grice propose de poser comme fondement de l'échange verbal[5] un « principe de

1 Voir à ce sujet, *Lector in Fabula*, Paris, Grasset, 1985.

2 Jean-Michel Adam insiste sur l'importance non pas seulement de l'enchaînement des séquences mais de leur cohérence pour envisager le texte comme effet : « Je définis [...] l'effet de texte comme résultant du passage de la séquence à la configuration c'est-à-dire de la séquence textuelle comme suite linéaire d'unités linguistiques (connexité) à la reconstruction de cette séquence comme un tout signifiant (cohésif et cohérent) » (« Textualité et séquentialité », *Langue française*, n° 74, mai 1987 p. 55).

3 Cf Catherine Kerbrat-Orecchioni, *L'Ènonciation. De la subjectivité dans le langage*, Paris, Armand Colin, 1980, p. 210.

4 Traduit dans *Communications*, n° 30 p. 57-72.

5 Il précise que « la conversation n'est qu'un cas particulier, ou une variété de conduite intentionnelle voire rationnelle » et que ses conclusions valent pour des situations « autres que l'échange verbal » (p. 62).

coopération » qui repose sur les catégories de quantité, qualité, relation et modalité.

Le texte des romans joue en particulier sur la catégorie de quantité qui concerne l'information.

> Il était isolé, abandonné, affaibli, miné, oublié. Gilliatt avait sa cambuse vide, son outillage ébréché ou défaillant, la soif et la faim le jour, le froid la nuit, des plaies et des loques, des guenilles sur des suppurations, des trous aux habits et à la chair, les mains déchirées, les pieds saignants, les membres maigres, le visage livide, une flamme dans les yeux (*TM*, p. 235).

Du point de vue de la stricte information, certains éléments de ce passage sont redondants, d'autant plus que les pages précédentes ont déjà insisté sur la fièvre, le froid, la faim, les plaies et les habits déchirés. Par ce procédé, Victor Hugo invalide en fait la lecture représentative qui recherche des informations. Comme l'explique Dominique Maingueneau, la transgression de la loi d'informativité ne conduit pas à invalider la lecture mais à la modifier : « confronté à l'œuvre qui débite des évidences (transgression de la loi d'informativité) [le lecteur] fera crédit à l'auteur (si celui-ci est reconnu) et cherchera une interprétation compatible avec les lois du discours[1]. » La variation ne se fait plus sur le contenu mais sur le signifiant ; et parallèlement, on passe du niveau de la saisie anecdotique des mots à une saisie fondée sur les associations d'idées ; par là, le texte signale qu'il a quitté le niveau du récit pour passer au niveau de l'idée esthétique, où le sens ne fonctionne plus comme information.

A contrario, d'autres passages donnent un trop grand nombre d'informations, ce qui rend le texte difficilement compréhensible. Il s'agit par exemple des passages qui emploient une multitude de termes techniques :

> [Ursus] était versé dans les simples. Il tirait parti de la profonde puissance qui est dans un tas de plantes dédaignées, la coudre moissine, la bourdaine blanche, le hardeau, la mancienne, la bourg-épine, la viorne, le nerprun. Il traitait la phthisie par la ros solis ; il usait à propos des feuilles de tithymale qui, arrachées par le bas, sont un purgatif, et, arrachées par le haut sont un vomitif (*HQR*, p. 352).

Le jeu sur l'information remet en cause dans le même mouvement la loi concernant la catégorie de qualité qui veut qu'on soit clair et qu'on

1 *Pragmatique pour le discours littéraire*, Paris, Bordas, 1990, p. 125.

évite obscurité et ambiguïté. Hugo est parfaitement conscient de ce phénomène qu'il pointe d'ailleurs avec malice : « On comprendra que nous omettions beaucoup de détails qui rendraient la chose claire aux gens de métier et obscure aux autres » (*TM*, p. 231).

Jeu sur la cohérence du texte

D'autres règles sont plus spécifiques au texte. Michel Charolles parle ainsi d'une « norme minimale de composition textuelle » et distingue des « métarègles » qui constituent « la compétence textuelle des sujets[1] ». Si le texte entre en contradiction avec ces règles, c'est d'une manière particulière. Pour être efficace, la rupture doit être affichée, c'est-à-dire concerner un pilier de la cohérence textuelle. À défaut, elle sera interprétée comme une simple maladresse :

> À l'échelle du texte ainsi qu'au plan de la phrase, il existe donc des critères efficients de bonne formation instituant une norme minimale de composition textuelle. L'usage de cette norme conduit à des disqualifications massives et naïves : ce texte n'a ni queue ni tête… beaucoup plus puissantes que les évaluations dépréciatives du genre « gauche » etc. qui ne concernent que les arrangements de surface mais ne bloquent pas fondamentalement les processus communicatifs[2].

C'est pourquoi certains phénomènes de rupture comme des détails invraisemblables sont particulièrement voyants. La règle de la vraisemblance permet au texte de se dérouler sans heurt ; au contraire, tout ce qui introduit le doute ou l'interrogation déstabilise le lecteur et sont autant de freins à la progression linéaire du texte. L'invraisemblable est souvent utilisé, en particulier dans *Les Misérables* quand les cheveux de Madeleine blanchissent en une nuit.

Mais l'essentiel des ruptures concerne la continuité du texte, les transitions qui relient les différentes séquences textuelles. Jacques Dürrenmatt a montré le rôle énonciatif de la ponctuation chez Hugo, pointant des « chapitres déceptifs aux longueurs incertaines, aux frontières floues, qui abandonnent au lecteur le soin de produire son propre découpage[3] ».

---

1 « Introduction aux problèmes de la cohérence des textes », *Langue Française*, n° 38, mai 1978, p. 8.

2 *Ibid.*

3 *Bien coupé, mal cousu*, éd. citée, p. 183.

Georges Mathieu insiste, quant à lui, sur « l'espace de méditation ou de résonance émotionnelle » que circonscrit le « blanc intercapitulaire » dans *Les Misérables*[1]. Une scène ou une période décrite en détail se clôt brusquement par une ellipse narrative. La description de Myriel, qui occupe tout le début des *Misérables*, comporte ainsi une brusque ellipse narrative : « Tout, ce qu'on savait c'est que lorsqu'il revint d'Italie, il était prêtre » (p. 6). De même la longue description de Cosette au couvent ne concerne que le début de son installation et se clôt sur un imparfait qui rend floues les limites du procès verbal : « plusieurs années s'écoulèrent ainsi ; Cosette grandissait. » L'ensemble du livre troisième des *Travailleurs de la mer* qui décrit l'effroyable assaut de la tempête, la mer déchaînée et la violence de la pluie et du vent se termine de manière abrupte par « brusquement le ciel fut bleu » (*TM*, p. 274). Le caractère résultatif et la brièveté de ces phrases rompt avec les longs passages minutieux qui les ont précédés. Toute transition est ainsi gommée.

Mais la rupture se sent encore plus dans le passage d'un chapitre à l'autre. La fin d'un passage induit toujours une attente. C'est ce phénomène d'anticipation que viennent briser certaines ouvertures de chapitre ou de partie : la fin du livre premier de la troisième partie des *Misérables* annonce le personnage de Marius, mais à la page suivante et dans toutes celles qui suivent il est question de monsieur Gillenormand. On ne reviendra à Marius que quinze pages et deux chapitres plus tard. L'utilisation des titres est tout à fait significative de ce procédé de composition déceptif. À partir de *Notre-Dame de Paris*, les romans sont constitués d'un réseau de titres qui divisent les ouvrages en parties, livres et chapitres. Le titre est un élément de synthèse par excellence dans la mesure où il permet à la fois de classer et de condenser le contenu de la section qu'il annonce. Les titres sont censés permettre de hiérarchiser les nombreuses informations données par le texte. Or, c'est précisément ces caractéristiques de la synthèse que visent les effets de rupture dans les romans de Victor Hugo. La principale rupture se situe dans les effets d'annonce. Le titre annonce un élément et c'est tout autre chose que propose le texte. C'est particulièrement flagrant au début des *Misérables* : le titre de la première partie annonce un personnage du nom de Fantine et le texte se consacre à M. Myriel, Fantine

1 *Changer de chapitre dans* Les Misérables, éd. citée, p. 360 et 361.

n'apparaissant qu'une centaine de pages et deux livres plus loin. De même la deuxième partie intitulée « Cosette » s'ouvre sur tout un livre consacré à la bataille de Waterloo[1].

C'est la progression thématique qui est alors remise en cause. Les romans de Hugo privilégient en effet une progression à « thèmes dérivés[2] », qu'ils complexifient au point qu'on distingue mal thème principal et thèmes secondaires. La description d'Ursus dans *L'Homme qui rit* est avant tout une description d'Homo et réciproquement, la séparation en sections distinguées explicitement par une numérotation ne faisant alors que souligner la remise en cause d'un classement thématique (*L'Homme qui rit* chapitre, I, 1, 2). Dans *Les Travailleurs de la mer*, la description de la Durande ou plutôt de son utopie (« Histoire éternelle de l'utopie » I, 3, 2), déjà intimement liée à celle de Déruchette, est brusquement interrompue par celle de Rantaine, personnage jusque-là inconnu et qui ne jouera un rôle que beaucoup plus tard (I, 3, 3), cette seconde description étant elle-même entrecoupée de digressions anecdotiques, réapparaît dans un chapitre qui souligne l'interruption dans son titre (« Suite de l'histoire de l'utopie » I, 3, 4) et se poursuit dans ce qui est en fait une description de Lethierry.

Le texte travaille également sur une hétérogénéité d'ambiance, qui crée une sorte de contrepoint dans la description d'un passage de crise. C'est le cas de Cosette qui s'éveille pendant l'assaut de la barricade (*Mis.*, p. 950 *sq.*). La description de cette scène vient rompre brutalement l'ambiance créée par la montée de la tension dans la barricade. La rupture est encore plus forte lorsque le texte change brusquement de registre :

> C'est en faisant la bouche en cœur du côté de ma vieille caboche que tu as taillé, coupé, tourné, viré, traîné, limé, scié, charpenté, inventé, écrabouillé, et fait plus de miracles à toi tout seul que tous les saints du paradis. Ah ! idiot ! tu m'as pourtant assez ennuyé avec ton bug-pipe. On appelle ça biniou en Bretagne. Toujours le même air, l'animal ! (*TM*, p. 318).

1 Ce jeu sur la composition est l'une des principales critiques qui furent faites à son œuvre de son temps. Barbey d'Aurevilly écrit ainsi : « Victor Hugo ne compose jamais. Il rapporte et applique des morceaux à d'autres morceaux, qu'il joint ensemble comme on joint des choses matérielles » (*Victor Hugo*, Paris, Crès et Cie, 1922, p. 74-75).

2 Bernard Combettes, *Pour une grammaire textuelle. La progression thématique*, Paris-Bruxelles, De Boeck-Duculot, 1983, p. 97.

On se demande ici ce que la précision technique sur le nom de l'instrument en Bretagne fait au milieu d'une scène qui est censée rendre compte de toute l'émotion du personnage.

Jeu sur la cohésion textuelle

– Le traitement de la reprise

La rupture est encore plus nette quand elle concerne les phénomènes de reprise. Comme l'explique Michel Charolles :

> pour qu'un texte soit [...] cohérent, il faut qu'il comporte dans son développement linéaire des éléments à récurrence stricte. Pour assurer ces répétitions, la langue dispose de ressources nombreuses et variées : pronominalisation, définitivation, référentiation contextuelle, substitution lexicale, recouvrements présuppositionnels, reprise d'inférence : tous ces procédés permettent d'accrocher une phrase à une autre qui se trouve dans son entourage immédiat[1].

Ce phénomène de reprise est essentiel pour permettre au texte de progresser de manière cohérente. Certains passages des romans rompent cette continuité en jouant sur une détermination indéfinie pour désigner un personnage qu'on connaît déjà. C'est le cas pour Jean Valjean, qui recommence régulièrement à être appelé « l'homme » ou de Fantine qui est appelée « une femme » (*Mis.*, p. 118)[2].

Dans d'autres cas, les règles de l'anaphore sont faussées dans la mesure où un terme n'est pas repris par un pronom mais répété :

> Le palais épiscopal de Digne était attenant à l'hôpital.
> Le palais épiscopal était un vaste et bel hôtel (*Mis.*, p. 7).

Cependant, tous ces phénomènes de rupture ne remettent pas en cause la réception du texte. Ils ne font que la modifier. Comme l'explique Michel Charolles, le lecteur se fonde sur un principe de cohérence qui

---

1 Art. cité, p. 14-15.

2 Francis Corblin insiste sur l'importance stylistique de l'emploi des désignateurs. Il oppose ainsi les romans de la désignation contingente, qui qualifient et classent les personnages à l'aide d'expressions définies et démonstratives, à ceux qui privilégient la « désignation rigide » des noms propres. (« Les désignateurs dans les romans », *Poétique*, n° 54, avril 1983, p. 199-211).

veut que « quel que soit un discours, celui-ci a forcément quelque part une cohérence qui est la sienne[1] ».

La particularité du texte littéraire est de proposer des conventions qui sont d'une part particulières et qui « changent sans arrêt », comme le fait remarquer Thomas Pavel[2]. Les phénomènes de rupture ne sont pas là pour déstabiliser le lecteur ou invalider la lecture, mais ils participent au contraire de la spécificité de ce type de réception qui joue sur ce que Paul Ricœur nomme « l'aspect inachevé du texte littéraire[3] ». Car contrairement au mécanisme de la représentation catégorisante, l'objet littéraire ne vient pas « remplir » intuitivement ses attentes ; il ne peut que les modifier[4].

D'un point de vue pragmatique, la négativité se manifeste donc dans un fonctionnement déceptif, qui consiste à « frustrer l'attente d'une configuration immédiatement lisible[5] ». L'introduction d'une négativité sous forme de rupture et d'hétérogénéité dans le texte permet donc de remettre en cause la lisibilité immédiate d'une lecture fondée sur la représentation pour passer à une lecture qui intègre des règles plus complexes. Le texte rompt avec les règles de la représentation pour substituer celles qui lui sont propres et faire passer d'une lecture naïve à une « lecture sophistiquée[6] ».

– Le traitement de l'isotopie

La particularité du traitement de l'isotopie est particulièrement significative de la manière dont les phénomènes de rupture fonctionnent dans le texte. L'isotopie met en œuvre une « organisation syntagmatique » : « Une isotopie vient inscrire indéniablement une continuité en laquelle une direction et une nécessité se composent[7]. » Contrairement au champ lexical, l'isotopie ne se fonde pas seulement sur un phénomène d'association lexicale, mais repose sur une progression syntaxique du texte[8]. Elle est donc l'un des fondements de la synthèse dans le texte littéraire. Jean-Michel

1 *Op. cit.*, p. 38.
2 *Univers de la fiction*, éd. citée, p. 156.
3 *Temps et Récit* III, Paris, Seuil, 1983, p. 304.
4 *Ibid.*, p. 306.
5 *Ibid.*, III p. 307.
6 Thomas Pavel, *Univers de la fiction*, éd. citée, p. 160.
7 Claude Zilberberg, *Raison et poétique du sens*, Paris, PUF, 1988, p. 160.
8 Jean-Marie Klinkenberg, *Le Sens rhétorique. Essais de sémantique littéraire*, Toronto, Bruxelles, éd. du Gref, éd. Les Éperonniers, 1990, p. 94.

Adam parle ainsi de « l'obligation pour tous les énoncés de se situer dans un cadre intellectuel relativement constant, faute duquel le discours se dissout en coq à l'âne[1] ». Certains passages des romans de Victor Hugo utilisent, précisément, ce principe du coq à l'âne :

> J'ai manqué ma vocation, j'étais né pour être sensuel. Le plus grand des sages est Philoxénès qui souhaita d'avoir un cou de grue pour goûter plus longuement les plaisirs de la table. Zéro de recette aujourd'hui ! rien vendu de la journée ! Calamité. Habitants, laquais, et bourgeois, voilà le médecin, voilà la médecine [...] En voilà une ville maudite où personne n'est malade, le ciel seul a la diarrhée. Quelle neige ! Anaxagore enseignait que la neige est noire (*HQR*, p. 463).

Si le texte présente certains embrayeurs d'isotopies comme le terme « diarrhée » il ne cesse de passer d'une isotopie à l'autre, ce qui crée un effet insistant de discontinuité.

La multiplicité d'isotopie n'est pas en soi un phénomène de rupture. Les textes sont rarement constitués d'une seule isotopie. Toutefois, pour conserver l'unité du texte, elles doivent soit être complémentaires soit passer de l'une à l'autre à l'aide d'un embrayeur d'isotopie. C'est précisément ce qui fait défaut à certains textes des romans de Hugo, créant un effet de rupture. L'hétérogène s'introduit alors dans la cohérence d'une description. C'est le cas dans la description de Jean Prouvaire, celui-là même qui représente le dehors dans les amis de l'ABC :

> Il était lettré jusqu'à l'érudition [...]. Il savait l'italien, le latin, le grec et l'hébreu ; et cela lui servait à ne lire que quatre poètes : Dante, Juvénal, Eschyle et Isaïe. Il flânait volontiers dans les champs de folle avoine et de bleuets et s'occupait des nuages presque autant que des événements (*Mis.*, p. 517).

Le passage brusque du livre à la nature permet de rendre compte ici des aspects contradictoires que présente Jean Prouvaire.

D'autres passages proposent bien un embrayeur, mais il est de l'ordre de l'insaisissable :

> Qu'était-ce que Claquesous ? C'était la nuit. [...] Dans la plus complète obscurité, à ses complices, il ne parlait que de dos. S'appelait-il Claquesous ? non. Il disait : Je m'appelle Pas-du-tout. Si une chandelle survenait, il mettait un masque. Il était ventriloque (p. 573).

1 *Langue et littérature. Analyses pragmatiques et textuelles*, Paris, Hachette, 1991, p. 102.

Ces phénomènes de parasitage de l'isotopie remettent en cause la continuité sans faille du texte. Il opère une ouverture qui est comme une fenêtre sur un autre niveau d'interprétation du texte.

Nombreuses sont les descriptions qui, au lieu d'organiser la représentation, la bouleversent[1]. Traitement de l'isotopie et ruptures syntaxiques s'associent alors pour déranger l'organisation synthétique, comme dans cette première apparition de Gwynplaine :

> Puis brusquement, comme quelqu'un qui prend son parti, hardi, et se dégourdissant, et avec une agilité d'écureuil, – de clown peut-être, – il tourna le dos à la crique et se mit à monter le long de la falaise. Il escalada le sentier, le quitta, y revint, alerte et se risquant (*HQR*, p. 383).

Dans cette séquence, l'accumulation de caractérisants, dont certains sont incidents au verbe, d'autres au pronom sujet, mais qui semblent mis sur le même plan, compromet le déroulement linéaire de la phrase. De nature hétéroclite, ces expansions caractérisantes, toujours prolongeables, menacent la cohésion de la phrase et de l'énoncé, si bien qu'il est difficile de se représenter la scène de manière complète.

Tous ces phénomènes de négativité remettent en cause le discours représentatif. Mais c'est pour mieux travailler le sens et c'est bien une idée qui est visée. Le texte semble donc fonctionner selon un double niveau de signification ; comme l'explique Michael Riffaterre à propos de la « génération du sens en poésie », c'est « précisément le réseau des obscurités, des difficultés d'interprétation au niveau mimétique qui constitue au niveau sémiotique un système signifiant propre au texte[2] ». De même Paul Ricœur parle du « sens d'un énoncé métaphorique [qui] est suscité par l'échec de l'interprétation littérale[3] ». Nous allons donc voir de quelle manière on peut envisager le fonctionnement de ces deux niveaux dans le texte des romans.

1 Comme le dit Philippe Hamon « lieu privilégié où s'organise (ou se détruit) la lisibilité de tout récit, la description se présente donc comme une sorte de réseau sémantique à forte organisation » (« Qu'est-ce qu'une description », *Poétique*, nº 12, 1972, p. 482).

2 *Sémiotique de la poésie*, éd. citée, p. 207.

3 *La Métaphore vive*, éd. citée, p. 289.

NIVEAUX DE SENS ET TENSION

« [P]ar moments on lui voyait l'air étonné dont nous avons parlé, et on l'eût pris pour une brute. Dans d'autres instants, il avait on ne sait quel regard profond. L'antique Chaldée a eu de ces hommes-là ; à de certaines heures l'opacité du pâtre devenait transparente et laissait voir le mage » ; ainsi est qualifié Gilliatt dans *Les Travailleurs de la mer* (p. 63). Quant à Gwynplaine, « sa face riait, sa pensée non » (*HQR*, p. 532). Les principaux héros des romans ne sont pas seulement « composites », ils sont également ambigus. Comme eux le sens du texte possède plusieurs faces. Nous allons voir de quelle manière le texte envisage et articule ces différents niveaux de signification, ce qui nous permettra de mieux envisager le rôle et le fonctionnement de la négativité dans le texte.

LE MODÈLE DE LA STRATIFICATION

Ce fonctionnement du sens se présente sous la forme d'une stratification, comme les paysages qu'il propose. L'espace dans les romans se découpe en plusieurs couches, et se constitue en profondeur. Cette stratification de l'espace est suggérée par les nombreux emplois de ce terme au pluriel : « on a aperçu une étoile au fond des espaces » (*HQR*, p. 694). Chez Victor Hugo l'espace est multiple. Celui qui nous entoure ouvre sur d'autres espaces, extérieurs ou intérieurs, mais le plus souvent invisibles et béants. Plus que la surface, le texte scrute les profondeurs de la terre, du ciel ou de la mer. Au-delà du sol, des vagues ou des nuages, s'ouvrent des précipices ou des abîmes, qui en sont l'envers en même temps que l'au-delà. Mais un au-delà empirique et non transcendant, un au-delà qui laisse sa trace dans le texte et l'écriture. L'aboutissement de l'espace intérieur est l'au-delà de la peau de Josiane qui représente la nudité mais que Barkilphedro préférait « disséquer » (*HQR*, p. 514). C'est surtout l'éternelle ouverture du sourire de Gwynplaine. Tout l'espace est ainsi constitué d'« épaisseurs redoutables » (*Mis.*, p. 308), de « brouillards composites » (*TM*, p. 108), de « superpositions de nuées » (p. 123), de lieux profonds comme l'égout (*Les Misérables*), ou la grotte (*TM*, p. 283). La mer des *Travailleurs de la mer* comporte une « porte » (p. 194) ; la forêt de *Quatrevingt-Treize* une « vie souterraine » (p. 917).

Comme toujours cette superposition des espaces est aussi une stratification du sens, comme le montre le passage des *Travailleurs de la mer* où la « superposition » de la nuit est en même temps « le problème offrant une ouverture de précipice » (p. 237).

Il semble donc que chaque élément du texte fonctionne selon un système de stratification d'ordre herméneutique où au sens littéral s'ajoutent les sens transposés, allégorique et spirituel. Comme l'explique Georges Nonnenmacher, on découvre différents niveaux : « niveau profond de l'opacité obscure, niveau de la matière, puis des formes, puis des signes et des symboles par la médiation desquels s'opère le dévoilement de l'ensemble[1] ». De nombreuses théories de la littérature fondées sur une perspective herméneutique voient ainsi l'œuvre littéraire sous ce modèle de la stratification. C'est le cas de Roman Ingarden, qui écrit que « la structure de l'œuvre littéraire conforme à son essence consiste globalement en ceci : c'est une construction de plusieurs couches hétérogènes[2] ».

Les phénomènes de rupture syntaxique et de déceptivité pragmatique seraient donc le moteur de cette stratification. Ils permettent de distinguer deux « ordres » du discours selon Jean-Michel Adam, « un ordre poétique du discours [qui] soumet l'ordre symbolique (identifié par Julia Kristeva au jugement, à la phrase, à la proposition)[3] » ; et un ordre pragmatique : « Alors que la textualité ordinaire, la connexité séquentielle est un gage de cohérence du discours, la disposition dans l'espace de la page signale une poétique (un type de mise en texte spécifique) et l'incohérence apparente est au service d'une pertinence pragmatique[4]. »

Selon Paul Ricœur, ce phénomène de stratification serait le gage de la littérarité :

> La littérature, précisément, nous met en présence d'un discours où plusieurs choses sont signifiées en même temps, sans que le lecteur soit requis de choisir entre elles. Une définition sémantique de la littérature, c'est-à-dire une définition en termes de signification, peut ainsi être déduite de la proportion de significations secondaires implicites ou suggérées que comporte un discours[5].

1 « Poésie, relation et altérité », *Poésie et altérité*, dir. M. Collot et J.-Cl. Mathieu, Paris, Presse de l'É.N.S., 1990, p. 38.
2 *L'Œuvre d'art littéraire*, Paris, Gallimard, 1973, p. 43.
3 *Langue et littérature. Analyses pragmatiques et textuelles*, éd. citée, p. 105.
4 *Ibid.*, p. 106.
5 *La Métaphore vive*, éd. citée, p. 38.

Contrairement à la régulation de la rhétorique classique, la composition littéraire implique alors le détour d'une médiation.

OBLIQUE

Opposant la signification poétique à la représentation mimétique, Riffaterre distingue deux modes de signification du poème : « Un facteur demeure constant : la poésie exprime les concepts de manière oblique. Bref, *un poème nous dit une chose et en signifie une autre*[1]. » Ainsi,

> tout constituant du poème qui dirige notre attention vers cette « autre chose » signifiée sera donc une constante et, en tant que telle, il sera parfaitement possible de la distinguer de la mimésis. Cette unité formelle et sémantique qui contient tous les indices d'obliquité, je l'appellerai dorénavant la signifiance. Je réserverai le terme de sens pour l'information fournie par le texte au niveau mimétique. Du point de vue du sens, le texte est une succession linéaire d'unités d'information. Du point de vue de la signifiance, le texte est un tout sémantique unifié[2].

La dynamique négative s'attaque avant tout à la lecture doxique. Elle vise ainsi une autre relation de signification :

> Il s'agit d'une hiérarchie de représentation imposée au lecteur en dépit de ses préférences personnelles, par l'expansion plus ou moins grande des constituants de la matrice, une direction imposée au lecteur, en dépit de ses habitudes linguistiques, un saut de référence, qui sans cesse repousse le sens vers un texte absent de la linéarité : vers un paragramme ou un hypogramme[3].

Comme de nombreux éléments des romans, le fonctionnement du texte est « oblique ». Si la pensée représentative fonctionne selon un modèle hypotético-déductif en enchaînant les idées les unes aux autres à partir d'un fondement, la composition romanesque fonctionne selon un principe oblique ; le sens n'est jamais directement visé ; dans la mesure où il ne s'agit pas d'un sens dit mais seulement indiqué, il n'est jamais saisi de manière positive, mais ne peut que se manifester en opposition avec la signification directement lisible.

Ce phénomène est à rapprocher de la figure d'ironie, très utilisée par Hugo. Son emploi est souligné par les nombreuses références à Voltaire,

---

1 *Sémiotique de la poésie*, éd. citée, p. 11.

2 *Ibid.*, p. 13.

3 *Ibid.*, p. 25.

en particulier au début des *Travailleurs de la mer*. Il est intéressant de noter que cette figure est particulièrement employée pour rendre compte des craintes de la foule vis-à-vis d'un des héros du roman. C'est le cas de Gilliatt :

> Gilliatt, nous l'avons dit, n'était pas aimé dans la paroisse. Rien de plus naturel que cette antipathie. Les motifs abondaient. D'abord, on vient de l'expliquer, la maison qu'il habitait. Ensuite son origine. Qu'est-ce que c'était que cette femme et pourquoi cet enfant ? [...] ensuite son jardin qu'il réussissait à cultiver et d'où il tirait des pommes de terre malgré les coups d'équinoxe. Ensuite, de gros livres qu'il avait sur une planche et où il lisait (*TM*, p. 55).

De même pour Ursus :

> Heureusement Ursus n'était jamais allé dans les Pays-Bas. On l'y eût certainement voulu peser pour savoir s'il avait le poids normal au-delà et en-deçà duquel un homme est sorcier. Ce poids en Hollande est sagement fixé par la loi (*HQR*, p. 354).

L'ironie symbolise en même temps qu'elle incarne le principe d'opposition entre une interprétation doxique et un second niveau d'interprétation. Comme l'indique Paul Ricœur à partir de Northop Frye : « toute structure littéraire est ironique : "ce qu'elle dit" est toujours différent par la forme et l'intensité de "ce qu'elle signifie[1]." » Chaque passage des romans fonctionne à la fois de manière mimétique (il raconte ou décrit quelque chose), soit de manière figurée. Certains passages des romans modalisent ce double fonctionnement[2]. C'est le cas par exemple du chapitre des *Misérables* intitulé « LE GAMIN ENNEMI DES LUMIÈRES » (chapitre IV, 15, 2). D'ordre narratif, ce chapitre est important pour l'intrigue puisqu'il raconte l'entrevue entre Gavroche et Jean Valjean, à la fin de laquelle est brièvement précisé qu'il brise un réverbère en s'en allant (p. 916). Mais le terme de « LUMIÈRES »

---

1 *La Métaphore vive*, éd. citée, p. 285. Selon Iouri Lotman : « Le texte appartient à deux (ou plusieurs) langages *simultanément*. En outre, non seulement les éléments du texte reçoivent une signifiance duelle (ou plurielle) mais aussi toute la structure devient porteuse d'information, dans la mesure où elle fonctionne en se projetant sur les normes d'une autre structure » (*La Structure du texte artistique*, Paris, Gallimard, 1973, p. 410).

2 Comme souvent chez Hugo, il ne s'agit pas de découvrir un secret caché mais de « suivre dans le signifiant offert à tous un réseau que l'on pourrait qualifier de secondaire – *second* peut-être – et par rapport auquel prend sens le réseau le plus visible » (Anne Ubersfeld, *Paroles de Hugo*, Paris, Messidor/Éditions sociales, 1985, p. 14).

annoncé dans le titre peut s'entendre également au figuré, d'autant plus facilement que le bris de la lanterne n'est qu'anecdotique si l'on se place dans une perspective narrative. Il s'agit du courant rationaliste des « Lumières », par ailleurs mis en cause dans la fameuse chanson que Gavroche fredonne avant de mourir[1]. Même l'élément le plus anecdotique doit pouvoir être envisagé de manière figurée. Ce double fonctionnement du texte est parfois difficile à percevoir pour le lecteur. Hugo en est conscient qui commente ce fait en décrivant la double nature de Thénardier :

> Thénardier était une de ces natures doubles qui passent quelque fois au milieu de nous à notre insu et qui disparaissent sans qu'on les ait connues parce que la destinée n'en a montré qu'un côté. Le sort de beaucoup d'hommes est de vivre ainsi à demi submergé (*Mis.*, p. 335).

Derrière « hommes », on peut lire *personnage* ou tout simplement phénomène textuel. On voit ici jusqu'où va le principe d'hybridation, qu'on a étudié au début de ce chapitre.

Les différents niveaux de sens fonctionnent de manière allégorique ; l'un des niveaux du texte porte la signification littérale et l'autre le véritable sens. Dans cette perspective, les différentes strates du sens ne sont que des voiles qui cachent le sens à découvrir. Ce modèle pose le problème d'un sens immanent au texte. Tout le processus d'interprétation n'est plus que la découverte d'un sens déjà constitué. Cette perspective est critiquée par François Rastier dans *Sémantique Interprétative* : « Quand aucun sens n'est immédiatement saisissable, on a recours au sens caché, en postulant ce qu'on appelle, de Cicéron à Riffaterre, un mode oblique de signifier. On sauve ainsi la possibilité d'identifier un seul et véritable sens[2]. » Dans cette perspective, « aucun sens n'est donné immédiatement ; même celui de l'énoncé le plus simple est le résultat d'un parcours interprétatif complexe[3] ».

1 « Je suis tombé par terre, / C'est la faute à Voltaire, / Le nez dans le ruisseau, / C'est la faute à Rousseau » (*Mis.*, p. 961). On peut dire que l'opposition de Gavroche se fait sous différentes perspectives : représentant du fragment il s'oppose au système, mais il critique également en Voltaire et Rousseau les maîtres à penser de la bourgeoisie libérale qui soutient le régime et forme, en cette première moitié du XIXe siècle, la garde nationale qui aura raison de la barricade et de lui-même.

2 François Rastier, *Sémantique interprétative*, Paris, PUF, 1987, p. 210.

3 *Ibid.*, p. 211.

Penser le fonctionnement du texte en termes d'allégorie, c'est en fait retomber dans un système spéculatif. Dire que la signification ne se livre pas immédiatement présuppose qu'il existe finalement une signification à découvrir dans le texte. En fait, s'il existe plusieurs niveaux, ils ne sont pas sur le même plan. Comme on l'a vu (p. 37 *sq.*), l'idée n'est pas déjà constituée, c'est un effet que crée le texte. En fait, comme on va le voir, le modèle du texte est moins la stratification que la tension.

TENSION

L'intervalle

« Dans l'intervalle qui sépare six pouces de deux pieds il y a de quoi loger la mort » (*TM*, p. 289). Une autre notion apparaît dans les romans de Hugo, qui fait concurrence à la notion de strates, « l'intervalle », qui ouvre une faille entre deux types de fonctionnement du sens. En fait, le sens véritable ne se situe pas dans un second niveau, mais dans l'ouverture qui sépare les deux. C'est pourquoi il ne peut jamais être saisi de manière positive. L'utilisation qui est faite du sourire permet de mieux comprendre ce phénomène. Dans *Quatrevingt-Treize* par exemple, il apparaît à quelques pages d'intervalle dans deux perspectives différentes. C'est d'abord le sourire de Cimourdain : « Son visage exprimait la torture du triomphe sinistre. Quand Jacob, dans les ténèbres, se fit bénir par l'ange qu'il avait terrassé, il devait avoir ce sourire effrayant » (p. 1053). Puis celui de Gauvain : « Gauvain avait encore sur le visage cette joie pensive qui l'avait illuminé au moment où il avait dit à Cimourdain : je pense à l'avenir. Rien n'était ineffable et sublime comme ce sourire continué » (p. 1064). Dans ces deux exemples, le terme « sourire » est intégré à des structures de rupture. Dans le premier cas le sourire contraste avec des termes comme « sinistre » ou « effrayant » et dans le second cas avec la situation de Gauvain qui va être exécuté. Ces différentes occurrences semblent signaler que l'emploi du terme « sourire » est symbolique. Pourtant il ne symbolise pas la même chose dans les deux cas ; il n'est pas possible d'interpréter le sourire à un niveau mimétique dans lequel il devrait exprimer la joie, mais il n'est pas non plus possible d'en donner une interprétation à un second niveau. C'est une ouverture sans synthèse que ménage ici le sourire : il n'est plus là que pour lui-même, comme phénomène de tension, comme variante de cette ouverture plus grande qui ne cesse de hanter les romans, l'« abîme ».

Profondeur et négativité

C'est sans doute pour cela que stratification et profondeur laissent progressivement place dans les romans à la surface, au flux et reflux des vagues qui comme tension annulent l'opposition. La négativité telle qu'elle se présente dans les romans de Victor Hugo est particulière. Il ne s'agit pas de la négativité dialectique qui s'oppose à l'autre pour mieux poser le même. Pour ne pas retomber dans une logique représentation abstraite, la négativité littéraire doit sortir du schéma binaire du même et de l'autre ; c'est ce que propose le schéma de la tension. Comme l'explique Michel Collot, « l'altérité poétique me semble résider plutôt dans une tension irrésolue entre le même et l'autre, qui nous invite à dépasser leur exclusion réciproque, inscrite dans la logique artistotélicienne, pour penser leur coappartenance conflictuelle[1] ». C'est dans cette perspective de tension que la négativité du texte des romans peut sortir du sens stabilisé et transparent de la représentation spéculative. Cette négativité n'instaure aucune identité par opposition, c'est pourquoi elle est plutôt de l'ordre de la différence. C'est ce que nous apprend la conception de la profondeur dans les romans. Il n'y a pas opposition entre la profondeur et la surface. Si le fond se distingue de la surface, ce n'est pas sous la forme d'une séparation. Comme l'explique Gilles Deleuze parlant de la différence : « Au lieu d'une chose qui se distingue d'autre chose, imaginons quelque chose qui se distingue, et pourtant ce dont il se distingue ne se distingue pas de lui[2]. » Les exemples qu'il prend pour éclairer son propos sont tout à fait hugolien comme l'éclair qui se distingue du ciel noir « mais doit le traîner avec lui » – ou le fond qui doit monter à la surface « sans cesser d'être fond ».

Il y a donc deux niveaux de négativité : un niveau pragmatique de rupture avec le sens spéculatif, et un niveau constitutif du mouvement du sens qui ne peut se faire que dans la tension. Ce mouvement de tension se manifeste dans le texte des romans par un travail généralisé sur le sens figuré.

---

1 « L'autre dans le même », *Poésie et altérité*, éd. citée, p. 25.

2 *Différence et répétition*, Paris, PUF, 1989, p. 43.

LE SENS FIGURÉ

Comme la plupart des aspects du roman, le travail de la figure est le résultat d'une articulation subtile entre niveaux local et global. Entre schématisation et conflit conceptuel, elle hésite entre symbole et allégorie.

LA FIGURE COMME SCHÈME

L'utilisation de la figure dans les romans de Victor Hugo ne se fait pas de manière occasionnelle pour provoquer un effet particulier. Elle est généralisée et se présente en fait comme un principe d'organisation du texte.

On ne se trouve donc en aucun cas ici dans une perspective d'ornement ou d'écart. C'est le sens dans son entier qui fonctionne comme figuré, sans que ce soit en opposition avec un sens littéral. Dans *Théories du symbole*, Tzvetan Todorov explique assez bien ce phénomène à travers le terme de *skhèma*. La figure n'est pas un écart mais une « forme[1] ».

Cette idée d'une figure comme forme et non comme écart inclut la diversité à l'intérieur du langage. Le langage ne se divise pas en un sens littéral, d'ordre représentatif, et un sens figuré qui se signale comme écart et donc comme accessoire. Il n'y a plus de hiérarchie entre signification principale et signification secondaire. C'est ce qui se passe dans une logique spéculative, où la compréhension se fait sous la forme d'une subsomption du particulier sous le général[2]. Une conception du sens comme figuré, au contraire, permet d'intégrer l'hétérogène et le multiple comme tels.

Car ce fonctionnement de la figure n'annule pas tout sens. Nous sommes bien ici dans un travail du sens et de l'idée, ce que révèle l'idée d'une figure non seulement comme forme mais comme schème. C'est ce type de conception qui est à la base d'une étude comme celle de Paul Ricœur sur la métaphore. Se fondant sur les analyses de Nelson Goodman, il explique qu'elle

1 *Théories du symbole*, éd. citée, p. 120.

2 Michel Le Guern note ainsi que la notion de connotation « ne diffère pas sensiblement de celle des “idées accessoires” dont se servent les rhétoriques classiques et la *Logique* de Port-Royal » (*Sémantique de la métaphore et de la métonymie*, Paris, Seuil, 1975, p. 21).

> ne recouvre pas seulement ce que nous venons d'appeler « figure », c'est-à-dire finalement le transfert d'un prédicat isolé fonctionnant en opposition avec un autre (l'alternative rouge ou orange), mais ce qu'il faut appeler « schème », qui désigne un ensemble d'étiquette tel qu'un ensemble correspondant d'objets – un « règne »– est assorti par cet ensemble (par exemple la couleur)[1].

Ainsi, « La métaphore développe son pouvoir de réorganiser la vision des choses lorsque c'est un "règne" entier qui est transposé ».

On comprend que l'étude des figures dans les romans de Hugo est fortement liée au mécanisme de l'idée comme sens. Nous allons voir à présent, de quelle manière fonctionne ce sens figuré et comment il se manifeste dans le texte.

LE CONFLIT CONCEPTUEL

Ce fonctionnement de la figure comme schème ne peut se comprendre que dans une conception tensionnelle du trope. Elle se définit en relation avec le cotexte, comme une tension prédicative entre le terme en emploi métaphorique et le contexte[2]. Sa fonction n'est alors plus ornementale mais cognitive : la métaphore produit alors une vision inédite et réorganisée du réel. Par opposition aux termes qui fonctionnent selon un principe d'identité, le trope se présente comme une contradiction qui se manifeste sous la forme d'une tension. Avec cette approche, on voit qu'on est au plus près d'un fonctionnement de l'idée en dehors de la représentation abstraite. Comme l'explique Michele Prandi, « D'Aristote à Fontanier, le trope est défini comme le transfert d'un mot hors de sa sphère conceptuelle[3] ». Par opposition elle définit le trope comme « mise en forme linguistique d'un conflit entre concepts ou entre sphères conceptuelles » (p. 29).

Ce phénomène se manifeste de diverses manières dans le texte des romans.

---

1 *La Métaphore vive*, éd. citée, p. 297.

2 Harald Weinrich insiste la dimension pragmatique d'une telle conception de la métaphore : « Es entsteht ein Überraschungseffekt und eine Spannung zwischen der ursprünglichen Wortbedeutung und der nun vom Kontext erzwungenen unerwarteten Meinung » (Il découle un effet de surprise et une tension entre la signification originelle du mot et l'idée inattendue provoquée par le contexte) (« Sémantik der Metapher », *Folia linguistica*, I, 1967 p. 6).

3 *Grammaire philosophique des tropes*, Paris, Minuit, 1992, p. 13.

L'oxymore

On a vu que les romans mettaient en avant toutes sortes de phénomènes de crise, d'ouverture et de rupture. Dans cette dynamique générale, les tropes sont utilisés pour créer une prédication contradictoire. Avec ce phénomène, on sort bien d'une logique de la représentation spéculative, qui met au premier plan le principe de non-contradiction. Le lien entre les constituants n'est pas fondé sur la synthèse mais sur l'opposition. L'oxymore est ainsi particulièrement employée dans les romans de Hugo. « Affreuses beautés », « Miel aigre » (*Mis.*, p. 280, 324) ; « Rayonn[er] aveuglément » (*Mis.*, p. 254) ; « Désœuvrement laborieux », « hideuse et splendide » (*TM*, p. 67 et 218) ; « Yeux pleins de lumière aveugle » (*L'Homme qui rit*) ; « resplendissement ténébreux » (*TM*, p. 223) ; « Ombre une et complexe » (*TM*, p. 238). Cette utilisation de l'oxymore permet de remettre en cause toute signification fondée sur l'identité. Si on ne parvient pas à fixer le sens, il existe pourtant sous la forme de l'effet que crée la tension.

Connotation et supplément

« Comprendre, c'est subsumer l'hétérogène en le sauvegardant. Cette résistance à la séduction de la totalisation est sans doute difficile à réaliser[1]. » Cette phrase d'Herman Parret résume bien la difficulté de l'idée qui renonce à la synthèse. Comme Wittgenstein, il voit dans l'analogie, « en opposition avec la démonstration », une possibilité pour sauvegarder l'hétérogène.

L'utilisation de la connotation conçue comme supplément, « idée accessoire » est l'un des moyens d'éviter la synthèse. Pour Catherine Kerbrat-Orecchioni, « la connotation [...] subvertit le fonctionnement "normal" – dénotatif – de la désignation : pour elle un "chat" n'est pas nécessairement un chat et inversement[2] ». Mais l'auteur précise bien que ce phénomène de subversion « ne vaut que pour certains types de faits connotatifs (en tête desquels, figure la métaphore) ». La dimension qui nous intéresse ici peut se résumer dans la notion de supplément, contenue dans l'idée de la connotation comme « valeur sémantique

1 *Le Sens et ses hétérogénéités*, éd. citée, p. 19.
2 *La Connotation*, éd. citée, p. 205.

additionnelle[1] ». Penser à travers la figure, c'est utiliser tout ce qu'une pensée spéculative considérerait comme accessoire ou accidentel. Ce supplément permet de multiplier les connexions et de s'aventurer dans des zones qui ne sont pas maîtrisées.

L'utilisation de la connotation est particulièrement nette dans les descriptions d'éléments clé. Victor Hugo ne cherche jamais à fixer l'élément qu'il décrit dans une définition. À chaque fois qu'il s'approche d'une idée, il la dissout dans un réseau d'associations. La description de la mer la nuit dans *Les Travailleurs de la mer* (p. 237) illustre bien ce phénomène. Des termes comme « ténèbres », « poudre », « semence », « cendre », « désordre du tourbillon », « immobilité du sépulcre » ne permettent pas de cerner le phénomène avec précision. Ils semblent perdre la définition dans toutes sortes de pistes. Chaque précision supplémentaire empêche la définition de se clore de manière synthétique ; autant d'obstacles qui permettent pourtant une avancée. Si les faits de connotation qui caractérisent la figure empêchent une vision claire et synthétique, ils permettent également d'aller de l'avant dans un mode d'appréhension plus riche et plus complexe. L'idée comme problème est une crise qui conditionne l'avancée de la pensée comme ouverture. Car comme on va le voir le sens figuré n'est pas forcément symbolique.

SYMBOLE/ALLÉGORIE

Le symbole

Dans *Théories du symbole*, Tzvetan Todorov pointe l'originalité de l'approche romantique. Si symbole et allégorie sont deux formes de signification indirecte, « dans l'allégorie, la face signifiante est traversée instantanément en vue de la connaissance de ce qui est signifié ; tandis que dans le symbole, elle garde sa valeur propre, son opacité. L'allégorie est transitive, le symbole intransitif – mais de telle sorte qu'il ne continue pas moins de signifier ; son intransitivité, autrement dit, va de pair avec son synthétisme[2] ». Il ajoute : « L'allégorie transforme le phénomène en concept [...]. La symbolique transforme le phénomène en idée, l'idée en image, et de telle sorte que l'idée reste toujours infiniment active

1 *Ibid.*, p. 12.

2 *Théories du Symbole*, éd. citée, p. 237.

et inaccessible dans l'image[1]. » Pourtant si « le rôle de la raison » est différent, dans la mesure où « le symbole produit un effet, et à travers seulement une signification [alors que] l'allégorie a un sens qu'on transmet et qu'on apprend[2] », on reste aux alentours d'une logique représentative : « Le symbole représente et (éventuellement) désigne ; l'allégorie désigne mais ne représente plus[3]. » C'est également l'analyse de Benjamin qui désigne par « allégorèse » ce mouvement « stimulant[4] » et « fragmentaire[5] » de l'expression baroque, qui tourne autour du mystère plutôt que de chercher à le saisir de manière synthétique, comme le symbole romantique[6].

C'est pourquoi la forme signifiante cherche également à échapper au symbole ; « Javert était un symbole » (*Mis.*, p. 137). Lorsqu'on sait ce que représente le personnage de Javert, rectitude, intransigeance et manque d'humanité, on comprend que le symbole est insuffisant. La langue romanesque n'est pas spécifiquement symbolique. Si le niveau symbolique se démarque bien du niveau mimétique, il est encore inférieur au niveau esthétique. Le symbole, en effet, garde quelque chose de la représentation abstraite, car il est toujours symbole de quelque chose et cette transitivité le condamne à un fonctionnement descriptif. Penser la forme signifiante comme symbole, c'est en rester au niveau d'une littérature d'idées, ou le texte comme parabole fait correspondre chacun de ses éléments à une idée particulière[7]. Au contraire, la composition ne livre jamais un sens définitif : si on a l'impression que certains éléments du roman ont une signification en dehors de l'intrigue et de l'anecdote, il n'est pas toujours possible de déterminer laquelle, soit parce qu'elle

1 Tzvetan Todorov cite ici Goethe (*op. cit.*, p. 242).

2 *Ibid.*, p. 239.

3 *Ibid.*, p. 238.

4 « Là où le romantisme valorise dans sa critique l'image parfaite au nom de l'infini de la forme et de l'idée, le regard aigu de l'allégorie transforme d'un seul coup les choses et les œuvres en écrit stimulant » (« Le morcellement allégorique », *Origine du drame baroque allemand*, Paris, Flammarion, 1985, p. 189).

5 « Les allégories sont au domaine de la pensée ce que les ruines sont au domaine des choses. [...] Car le point commun de ces poésies, c'est qu'elles accumulent sans cesses des fragments, sans but rigoureusement défini » (« Le morcellement allégorique », *op. cit.*, p. 191).

6 « Pour contrebalancer la plongée dans les abîmes de la méditation, l'allégorie doit sans cesse renouveler ses développements, sans cesse surprendre. Le symbole au contraire, reste obstinément identique à lui-même, comme l'avaient compris les mythologues romantiques » (*Ibid.*, p. 197).

7 Susan Rubin Suleiman, *Le Roman à thèse ou l'autorité fictive*, Paris, PUF, 1983, p. 43.

change selon les situations soit parce qu'elle reste opaque. Ceci est rendu possible par le fait que l'idée comprise comme sens figuré conserve une matérialité et une opacité irréductible[1].

Le phénomène d'opacité n'est pas suffisant s'il débouche finalement, même de manière oblique, sur une signification fixe. Il faut penser un sens qui ne soit pas une symbolisation. L'idée de « connexion 2 » où « le langage fonctionne sur lui-même, selon la régie d'une symbolisation de rien[2] » permet de mieux comprendre ce phénomène. Il ne s'agit pas ici de renoncer à toute forme de pensée puisque « symbolisation de rien signifie aussi symbolisation de symbolisation[3] » ; mais ce concept conduit à mieux cerner une forme signifiante qui ne se présente pas comme un contenu fixé mais comme un processus dynamique, seule pensée qui échappe à la représentation spéculative en même temps qu'à l'irrationalité.

Fonctionnement non substitutif de la métaphore

Dans les romans de Hugo ce phénomène est particulièrement net dans l'emploi qui est fait de la métaphore. Il cherche à brouiller le rapport d'analogie qui devrait s'établir entre les termes.

Cette distorsion de sens est particulièrement nette dans l'emploi de métaphores attributives. Dans la séquence « Ces lions là sont des consciences » (*QT*, p. 952), le sens est invalidé par le fait qu'il semble y avoir une inversion du thème et du prédicat. Même si on a l'impression de pouvoir rétablir le sens en inversant l'ordre, on sent qu'il s'agit d'un fonctionnement particulier du sens. C'est encore plus flagrant dans la phrase « L'onde c'est l'humanité » (*HQR*, p. 709), dans la mesure où le terme « onde » est trop vague pour qu'on puisse sélectionner les sèmes nécessaires à une précision du sens du terme « humanité ». La copule ne sert pas ici de lien précis. Comme l'explique Joëlle Tamine :

> Les métaphores *in praesentia*, exclusivement nominales – l'infinitif étant lui-même la forme nominale du verbe – utilisent deux cadres, *être* et l'apposition, dans lesquels les relations entre les deux substantifs sont les plus vagues, les moins syntaxiquement définies qu'il est possible, un cadre polysémique et

1 On rejoint ici l'analyse de l'allégorie proposée par Benjamin dans *L'Origine du drame baroque allemand* comme figure qui tourne autour du sens de manière infinie sans jamais s'arrêter sur une signification.

2 Georges Molinié, *Sémiostylistique. L'effet de l'art*, Paris, PUF, 1998, p. 110.

3 *Ibid.*, p. 111.

> ambigu, N1 de N2, qui permet de jouer sur plusieurs relations entre deux substantifs. Dans tous les cas, les liens qui unissent les deux noms sont peu précis, aucun n'exerçant de contrainte sur l'autre[1].

Le fait que le principe d'équivalence entre onde et humanité soit marqué par la locution « c'est » ne suffit pas à expliquer le sens de cette phrase. Dire que « humanité » et « onde » entrent dans un rapport de substitution ou d'équivalence n'apporte pas de solution. Le contexte, ici, ne permet pas de sélectionner dans ce terme les éléments de signification qui pourrait en faire un symbole. On ne peut pas dire ici que l'onde est le symbole de l'humanité ; même si c'est ce que la syntaxe semble indiquer, aucune idée ne s'en dégage. Même si formellement la locution « c'est » indique un jugement synthétique, aucune synthèse n'est possible, dans la mesure où le terme « onde » reste opaque[2].

Qualifiant Javert de « symbole », Hugo nous indique son refus d'un sens symbolique. Par opposition, un personnage comme Gilliatt qui incarne l'idée esthétique, sera qualifié de « diable » (TM, p. 50). On peut penser que derrière ce qualificatif se cache un principe de fonctionnement « diabolique » et non plus symbolique, qui repose sur l'absence de désignation, l'ouverture et la tension contenues dans le préfixe *dia*. On peut dire que ce terme, pris dans son sens étymologique, rend bien compte de tous les principes évoqués dans ce chapitre : ouverture, crise, tension, mais en même temps élan vers l'avant sans que ce soit vers un élément précis. Son emploi même contrairement à celui de « symbole » est un exemple de la tension qui existe dans les romans entre thématisation, principe philosophique et concept linguistique.

Le sens n'est donc pas symbolique dans la mesure où il n'y a pas de principe de substitution entre un signe et une idée. Plus fondamentalement, c'est donc le problème du signe qui se pose ici.

---

1 « Métaphore et syntaxe », *Langages*, nº 54, juin 1979 p. 69.

2 Paul Ricœur insiste sur cette tension entre un « est » et un « n'est pas » qui caractérise la métaphore d'invention. *La Métaphore vive*, éd. citée, p. 312.

LE SIGNE

LE SIGNE EN QUESTION

Le problème du signe est au cœur du romanesque hugolien. L'univers des romans est un ensemble de signes : des lettres s'inscrivent dans le paysage comme le A de Waterloo sur la barre duquel « s'est dit le mot final de la bataille », ou H que forme l'assemblage de la Durande et des deux rochers dans *Les Travailleurs de la mer*. Les romans sont remplis d'inscriptions de toutes sortes sur la matérialité desquelles le narrateur insiste comme pour leur donner une dimension archéologique. On a l'impression que chaque élément peut être décodé. Mais on a vu que cet effet de symbole était en fait déceptif. La principale caractéristique des signes est en effet de ne renvoyer à rien de précis. C'est pourquoi, si les signes abondent, ils ont un statut particulier.

Si nombres d'éléments se présentent comme des signes et attirent de ce fait le regard, ils sont souvent trompeurs. Lorsque Fantine, abandonnée, passe devant l'auberge des Thénardier et voit les deux petites filles, elle croit voir le signe qu'elle peut y laisser Cosette : « La présence des anges est une annonce de paradis. Elle crut voir au dessus de cette auberge le mystérieux ICI de la providence » (*Mis.*, p. 120). À partir des lettres « U.F », marquées sur le mouchoir qu'il a ramassé, Marius élabore toute une interprétation entièrement fausse (*Mis.*, p. 564). Dans *Les Travailleurs de la mer*, le roman et surtout le personnage de Gilliatt naissent de la mauvaise interprétation que Gilliatt fait de son nom inscrit dans la neige par Déruchette.

Il n'y a pas de relation d'adéquation entre un signe et une idée. Le même signe peut donner lieu à plusieurs interprétations :

> Rien de plus doux qu'une fumée, rien de plus effrayant. Il y a les fumées paisibles et il y a les fumées scélérates. […] Une fumée qui monte dans les arbres peut signifier ce qu'il y a de plus charmant au monde, le foyer, ou ce qu'il y a de plus affreux, l'incendie ; et tout le bonheur et tout le malheur de l'homme sont parfois dans cette chose éparse au vent (*QT*, p. 853).

Les romans abondent par ailleurs en paroles qui dépassent ce que le personnage voulait dire : lorsque Cosette, le lendemain de son mariage, surprend la conversation lors de laquelle Jean Valjean annonce à Marius qu'il est un ancien forçat en rupture de ban, les quelques mots qu'elle a saisis la conduisent à une fausse interprétation :

> Je vous prends en flagrant délit [...]. Je viens d'entendre à travers la porte mon père Fauchelevent qui disait : – La conscience... – Faire son devoir... – C'est de la politique, ça. Je ne veux pas. On ne doit pas parler politique dès le lendemain. Ce n'est pas juste
> – Tu te trompes Cosette, répondit Marius (*Mis.*, p. 1101).

Dans la bouche de Cosette le terme « politique » est une erreur parce qu'il ne correspond qu'à une signification. Mais aux yeux de l'auteur les notions de devoir et de conscience sont également celles qui sont à l'origine de l'insurrection. L'emploi du terme politique dans ce contexte permet donc d'en élargir le sens.

La signification des signes n'est pas stable, elle peut disparaître avec la fonte des neiges comme dans *Les Travailleurs de la mer*. Mais surtout un signe peut ne jamais livrer sa signification et on ne saura jamais pourquoi Déruchette a écrit le nom de Gilliatt.

Certains signes ne renvoient tout simplement à rien. « Je ne suis l'écho de rien, je suis le cri de tout », dit Marat dans *Quatrevingt-Treize* (p. 882). Tout le sens de certains lieux est de ne livrer aucun signe comme le parloir du couvent :

> on s'apercevait qu'on ne voyait rien. Ce qu'on voyait, c'était la nuit, le vide, les ténèbres, une brume d'hiver mêlée à une vapeur du tombeau, une sorte de paix effrayante, un silence où l'on ne recueillait rien, pas même des soupirs, une ombre où l'on ne distinguait rien, pas même des fantômes (*Mis.*, p. 381).

Le signe ne prend de l'ampleur que dans son emploi intransitif, comme celui qui se trouve sur le front de Cimourdain, sans que le texte nous dise de quoi il est le signe : « Sur ce front il y avait pour l'observateur un signe » (*QT*, p. 867).

Même ce qui devrait être le plus précis, comme un adverbe de lieu ne désigne rien :

> Aller où ?
> Là ?
> Là ? qu'est-ce que et qu'y a-t-il ? (*TM*, p. 237).

Cet exemple est particulièrement représentatif de la conception du signe qui se développe dans les romans de Hugo : un signe qui pointe vers quelque chose qui est ailleurs, mais sans avoir à représenter ce qu'il désigne.

La pensée, de manière générale, est intransitive : Gwynplaine pense « à Dea, à rien, à tout, aux profondeurs » (*HQR*, p. 576) ; « Les cygnes comprennent les signes » (*Mis.*, p. 966) ; comme l'indique ce jeu de mots, le principal mode de compréhension est poétique. Le signe n'est pas là pour se substituer à une idée. Le travail sur la matérialité poétique vient s'intercaler avec son pouvoir opacifiant. Il n'y a pas relation transparente entre un signe et une idée mais construction poétique de l'idée, selon, comme on va le voir, un phénomène de tension qui implique le contexte, donc un processus plus complexe qu'une simple relation binaire.

Les romans de Hugo proposent donc une conception paradoxale du signe. Les signes sont présents partout, mais ils ne signifient rien, ou plutôt ils signifient *le* rien, à l'image de l'« œil pensif qui regarde attentivement le rien » (*TM*, p. 310). Ce paradoxe concentre en fait toute la difficulté de la composition romanesque. S'appuyant sur un matériau sémantique, la littérature doit pouvoir échapper à la décontextualisation du signe écrit. L'étude des relations entre idée et négativité permet de mettre en évidence des signes poétiques qui jouent non pas sur deux mais sur trois niveaux de sens. Si l'idée ne se fonde pas sur un signe, elle se focalise sur lui. Les éléments des romans de Hugo fonctionnent à la fois comme des signes, des symboles, et des structures plus complexes. L'utilisation du terme « rouge » pendant l'émeute décrite dans *Les Misérables* illustre bien ce processus : il désigne la couleur rouge, il symbolise la révolution et il *indique*, sans l'atteindre, un sens qu'il n'est pas possible d'identifier dans un terme (p. 836).

LE MOT

On comprend ici que le fonctionnement du sens figuré dans les romans de Hugo s'étend en fait à une théorie du signe. De même que la métaphore ne repose pas sur un principe de substitution, le sens ne fonctionne pas selon un phénomène d'adéquation entre un signe et son référent.

C'est pourquoi Paul Ricœur, dans *La Métaphore vive*, se fondant sur « la distinction empruntée à Émile Benveniste, entre une sémantique, où la phrase est le porteur de la signification et une sémiotique pour laquelle le mot est un signe dans le code lexical », fait une distinction « entre une théorie de la tension et une théorie de la substitution, la première s'appliquant à la production de la métaphore au sein de la phrase prise comme un tout, la seconde concernant l'effet de sens au niveau du mot isolé[1] ». Si le régime spéculatif associe généralement la notion d'idée à celle de mot dans le concept afin de ramener l'hétérogène et le multiple à une réalité homogène dont le mot est garant, le sens figuré fonctionne en relation avec le contexte, comme le montre l'idée de la figure comme conflit.

Lorsqu'on veut rendre compte d'une réalité complexe, le sens ne peut se situer au niveau du mot.

> Juin 1848 fut, hâtons-nous de le dire, un fait à part, et presque impossible à classer dans la philosophie de l'histoire. Tous les mots que nous venons de prononcer doivent être écartés quand il s'agit de cette émeute extraordinaire (*Mis.*, p. 926).

En se situant au niveau plus large du contexte, on échappe dans une certaine mesure à la logique de la représentation abstraite, puisqu'on s'expose obligatoirement à un éclatement du sens en divers pôles. En jouant sur la tension et l'hétérogénéité, on multiplie les niveaux d'interprétation, ce qui empêche le sens de se fixer. C'est pourquoi l'idée comme rouage romanesque ne se rattache jamais à un mot précis mais à un réseau dans la mesure où elle est le résultat de multiples tensions de signification.

POLYSÉMIE

Ce n'est que dans une perspective de réseau qu'on peut comprendre la notion de tension. Ce phénomène se manifeste dans l'utilisation qui est faite de la polysémie. On peut prendre pour exemple l'utilisation du terme « misérable ». Placé comme titre d'un roman clé, il semble annoncer une situation précise que le roman va élucider. Avant de lire le roman chacun a déjà une idée de ce qu'il entend par ce terme. Son emploi dans le texte a pour effet premier de remettre en cause certains

1 *La Métaphore vive*, éd. citée, p. 8.

préjugés de l'époque. S'il s'en tenait là on serait dans le cas d'un roman d'idées. Le roman va plus loin dans la mesure où il fait de ce terme un emploi polysémique. Non seulement on ne trouve pas un type de misérable, mais le terme lui-même est employé dans divers sens. Le texte commence par jouer sur les trois sens du terme que propose Littré : « qui est dans la misère », « digne de pitié » et « digne de mépris ». Polysémique, le terme devient encore plus complexe par son emploi dans des structures oxymoriques : « misérable magnanime » (p. 1045) ; ou surprenantes comme lorsque dans ses notes, Hugo parle du mot de Cambronne comme d'un mot misérable :

> c'est le misérable des mots.
> À un moment donné, il se dresse sur le champ de bataille, et devient un héros[1].

Cet emploi contradictoire se retrouve dans les autres romans. Car le réseau de ce terme ne se limite pas au roman du même nom, mais s'écoule dans toute son œuvre : « Les misérables sont les formidables » (*QT*, p. 1024).

La réflexion sur le signe s'inscrit bien dans une réflexion sur la langue. Comme l'écrivent Myriam Roman et Marie-Christine Bellosta, « il ne s'agit pas pour lui de dénoncer l'arbitraire et l'impuissance du signe (le fameux "défaut des langues" que Mallarmé dit être à "rémunérer"), mais plutôt de méditer sur l'autonomie, la mutabilité et la fluidité du signe linguistique, qui évolue sans cesse, dans ses formes et dans ses significations[2] ».

À l'image de l'argot, les langues n'ont pas de fondement[3]. En sortant d'une logique du signe, on sort également d'une logique de l'origine. Il n'y a pas de point d'ancrage de la pensée dans une idée pas plus qu'il n'y a de point d'ancrage du langage dans un mot. Le langage a toujours déjà commencé et le matériau est toujours déjà là. Point n'est besoin de construire les prémisses car tout est dans l'usage en contexte[4].

Pour échapper au mécanisme classique de la représentation *a priori*, Hugo n'invente pas un langage poétique mais introduit de l'hétérogène

1 « Dossier des *Misérables* », *Chantiers*, p. 750.
2 *Les Misérables, roman pensif*, éd. citée, p. 76.
3 Ce qui n'exclut pas, à l'instar de Vico, de penser la langue comme un outil de compréhension de l'histoire. En témoigne le goût de Hugo pour les étymologies, qu'il envisage moins dans une perspective grammaticale qu'épistémologique.
4 Même l'étymologie est ainsi associée au style (*PC*, p. 30).

dans le fonctionnement synthétique et identitaire de la signification. La négativité ne se contente pas, selon un processus déceptif, de remplacer un sens doxique par un sens symbolique ; elle remet en cause la conception informative du langage où l'idée enserrée dans un mot peut être communiquée comme un objet. Par rapport au concept, le symbole joue sur la matérialité du langage et opacifie la relation entre le signe et son référent. Mais le texte va plus loin dans la mesure où il remet en cause la relation binaire du signe pour la remplacer par l'ouverture du réseau. Quoi de mieux que le roman pour expérimenter cette diffusion ? Il est à présent nécessaire de voir de quelle manière fonctionne le sens non seulement en contexte littéraire mais dans ce réseau particulier que construit le roman.

L'ESPACE ROMANESQUE

« Écartons tout ce qui ressemble au couvent, à la caserne, à l'encellulement, à l'alignement », écrit Hugo dans *William Shakespeare* (p. 392). Comme le souligne cette phrase, clôture et division ne constituent pas les seules contraintes avec lesquelles doit composer la forme romanesque. Il en est une dernière qui concerne l'alignement des mots et des idées qui se succèdent sur la page. Cette loi ne concerne pas seulement l'écriture ; elle renvoie également aux règles du discours en général[1] et de la fiction en particulier. Pour Aristote, la ligne dramatique a sur la forme épique les avantages de la densité et de la concision. Le fait que l'intrigue soit la plus cohérente possible et puisse se dérouler sans détour est une condition de la *catharsis* et doit permettre de saisir d'un seul coup d'œil les enjeux d'un destin. Par opposition, le débordement romanesque résiste à la mise en ordre, empiétant sur la vie jusque dans le quotidien[2]. Contrairement aux formes spéculatives, qui privilégient la concentration du concept et la composition hiérarchisée du système, la matière romanesque hésite entre le caractère condensé de la poésie et la dilatation dynamique d'une prose en constante expansion. L'étude des caractéristiques des genres auxquels Hugo fait référence nous permettra de mieux comprendre sa conception du roman, non comme genre, mais comme espace de composition. Un travail sur le temps complétera cette opposition entre trame dramatique (linéaire) et lignes de fuite discursives (en épaisseur), en privilégiant les notions de vitesse et d'aspect sur celles de chronologie et de séparation en époques. Pour finir, nous verrons comment cet espace du roman est avant tout un espace de la fiction, ce qui permettra de souligner l'avantage de la notion de romanesque sur celle de roman.

---

1 Tel qu'on le pratique notamment dans les exercices scolaires intitulés au XIXe siècle « composition française » et « composition latine ».

2 Voir Michel Murat, « Reconnaissance au romanesque », *Le Romanesque*, dir. G. Declercq et M. Murat, Paris, Presses de la Sorbonne Nouvelle, 2004.

LES GENRES DU ROMAN

« Drame dont le premier personnage est l'infini », « poème de la conscience humaine », « épopée supérieure », le terme de *roman* est curieusement absent des passages où Hugo parle de ce qu'il écrit. C'est que, dans la lignée de sa critique d'une poétique normée[1], Hugo réaffirme ici son hostilité aux genres. À l'expression « On doit détrôner Aristote » de la préface aux *Odes et ballades*, fait écho, pour le théâtre :

> Croiser l'unité de temps à l'unité de lieu comme les barreaux d'une cage et y faire pédantesquement entrer, de par Aristote, tous ces faits, tous ces peuples, toutes ces figures que la Providence déroule à si grandes masses dans la réalité ! c'est mutiler hommes et choses ; c'est faire grimacer l'histoire. Disons mieux : tout cela mourra dans l'opération ; et c'est ainsi que les mutilateurs dogmatiques arrivent à leur résultat ordinaire : ce qui était vivant dans la chronique est mort dans la tragédie. Voilà pourquoi, bien souvent, la cage des unités ne renferme qu'un squelette[2].

Commentant ce passage de la Préface de *Cromwell*, Dominique Combe précise qu'à travers Aristote il faut entendre l'aristotélisme, qui s'est progressivement imposé par les traductions de *La Poétique* en Italie dès le XVIe siècle et s'est répandu dans toute l'Europe, contribuant à la conception classique de la tragédie comme genre majeur[3]. Or, contrairement au théâtre ou à la poésie, le roman n'est pas codifié par la tradition classique ; aussi est-il l'occasion de toutes les possibilités.

Le regard que Hugo pose sur le roman n'est pas d'ordre générique, mais génétique : n'étant soumis à aucune norme typologique, il est utilisé par Hugo comme espace ouvert. Jouant sur la distinction entre genre et qualités génériques, Hugo va ainsi chercher les principes de son organisation dans d'autres formes littéraires. Cette conception inscrit l'hétérogénéité de l'idée esthétique au niveau de l'œuvre tout entière.

---

1 Sur le problème de la règle comme norme extérieure et son lien avec le régime représentatif, voir p. 37 *sq.*

2 *PC*, p. 20.

3 Dominique Combe, *Les Genres littéraires*, éd. citée, p. 29.

> Le drame est déconcertant. Il déroute les faibles. Cela tient à son ubiquité. Le drame a tous les horizons. Qu'on juge de sa capacité. L'épopée a pu être fondue dans le drame, et le résultat, c'est cette merveilleuse nouveauté littéraire qui est en même temps une puissance sociale, le roman.
>
> L'épique, le lyrique et le dramatique amalgamés, le roman est ce bronze[1].

Poésie, épopée et drame, tels sont les genres censés se fondre dans le roman. Mais l'emprunt fait à ces genres n'est pas seulement formel ; c'est plus largement leur esprit de synthèse que Hugo tente de saisir pour en composer son roman. Dépassant la simple linéarité anecdotique du récit, il puise dans chacun de ces genres leurs ressources pour les faire jouer dans une synthèse supérieure.

LA SYNTHÈSE LYRIQUE

« Génie lyrique, être soi », cette formule d'un fragment daté des années 1830 associe la poésie lyrique à une synthèse subjective qui, comme l'explique Ludmila Charles-Würtz, vise « une communauté de communication idéale[2] » dans laquelle les sujets parviendraient à un énoncé de « vérité » susceptible « d'entraîner l'accord des consciences[3] ».

On retrouve cet idéal de synthèse dans le roman qui, comme l'écrit Hugo dans *Les Misérables*, consiste à « faire le poëme de la conscience humaine » (p. 175)[4]. Mais comme on le verra, son déplacement dans le contexte réaliste de la composition romanesque lui confère une portée inédite.

Référence et insertion de poèmes

La poésie est présente dans les romans de Hugo sous forme de références et par le biais des poèmes qui sont reportés dans le texte. Loin de renvoyer à la noblesse du genre, les références à la poésie sont souvent de nature ironique comme c'est le cas pour le titre pompeux des *Misérables* :

1 *WS*, p. 306.
2 Par opposition aux luttes de pouvoir dont témoigne la société historique.
3 Ludmila Charles-Würtz, *Poétique du sujet lyrique*, Paris, Honoré Champion, 1994, p. 22.
4 Hugo n'est pas le seul à considérer son roman comme un poème ; Baudelaire dira des *Misérables* : « quant à la forme littéraire du livre, poème d'ailleurs plutôt que roman », ajoutant plus loin que c'est « un roman construit en manière de poème » (« *Les Misérables* par Victor Hugo », article publié dans *Le Boulevard du 20 avril 1862*, repris dans *L'Art Romantique*, Charles Baudelaire, *Œuvres complètes* tome II, « Bibliothèque de la Pléiade », « Critique littéraire », p. 220). Rimbaud, également, qualifie *Les Misérables* de « vrai poème » dans sa lettre à Paul Demeny du 15 mai 1871.

« Quelques éclaircissements sur les origines de la poésie de Gavroche. Influence d'un académicien sur cette poésie » (*Les Misérables* IV, 11, 1). Ignorant les règles académiques, la poésie qui nous est proposée dans ce chapitre est proche de cette esthétique du mélange voulue par Hugo pour le roman : « Farfadet et galopin, il faisait un pot-pourri des voix de la nature et des voix de Paris. Il combinait le répertoire des oiseaux avec le répertoire des ateliers » (*Mis.*, p. 847).

Dans *L'Homme qui rit*, Ursus nous livre une conception matérialiste de la poésie : « Écoute, je vais te parler le langage de la vraie poésie : que Dea mange des tranches de bœuf et des côtelettes de mouton, dans six mois elle sera forte comme une turque » (*HQR*, p. 559).

La poésie lyrique crée de constants contrepoints à la narration, comme dans cet exemple où le poème interrompt brusquement le récit avec lequel il entre en tension :

> Pendant que tout le monde se prépare à la bataille, […] à deux pas de la redoute qu'ils avaient élevée, leurs carabines amorcées et chargées appuyées au dossier de leur chaise, ces beaux jeunes gens si voisins d'une heure suprême, se mirent à dire des vers d'amour.
>
> Quels vers, Les voici :
>
> Vous rappelez-vous notre douce vie.
> Lorsque nous étions si jeunes tous deux,
> Et que nous n'avions au cœur d'autre envie
> Que d'être bien mis et d'être amoureux.
>
> […]
>
> Te rappelles-tu nos bonheurs sans nombre,
> Et tous ces fichus changés en chiffons ?
> Oh ! que de soupirs, nos cœurs pleins d'ombre,
> Se sont envolés dans les cieux profonds ! (*Mis.*, p. 872-874).

Plus loin la poésie de Gavroche brise le silence de l'attente avant l'assaut. (*Mis.*, p. 891).

La plupart du temps, chansons et poèmes ne sont pas utilisés pour introduire l'harmonie dans le texte, mais plutôt son contraire, « difformité » ou « vulgarité », selon le principe d'alliance du « sublime » et du « grotesque » (*AM*, p. 35) :

> Toutes les réminiscences de la France dans l'archipel ne sont pas également gracieuses. Nous connaissons un passant qui, dans l'admirable île de Serk,

un dimanche, a entendu dans la cour d'une ferme un couplet d'un ancien cantique huguenot français chanté en chœur par des voix religieuses :

« Tout le monde pue, pue, pue
Comme une charogne.
Gniac', gniac', gniac' mon doux Jésus
Qui ait l'odeur bonne (*AM*, p. 35).

Dans *Quatrevingt-Treize*, la chanson est intégrée aux jeux politiques :

Et quand Robespierre a fini, Danton, la face au plafond, [...] se renverse en arrière et on entend fredonner :
Cadet Roussel fait des discours
Qui ne sont pas longs quand ils sont courts » (*QT*, p. 906).

Par le procédé de la citation, certains passages des romans s'inscrivent par ailleurs dans l'espace général des œuvres poétiques :

Au moral, Josiane faisait penser au vers de l'épître aux Pisons : *Desinit in piscem.*
Un beau torse de femme en hydre se termine (*HQR*, p. 497).

On s'y donnait pour spectacle un vers de Lucrèce,
Tunc Venus in sylvis jungebat cormora amantum (*HQR*, p. 493).

Un effet de vers sert également souvent de titre à un chapitre : « *Foliis ac frondibus* » (*Les Misérables*, titre du chapitre IV, 3, 3) est extrait d'un vers du *De natura rerum* (V, 971) ; « *Magna testantur voce per umbras* » (*Quatrevingt-Treize* titre du chapitre II, 2, 2) est une transposition d'un vers de *L'Énéide* : « *Admonet et magna testatur voce per umbras* » (VI, 619) ; « *Oculos non habet et videt* » (*L'Homme qui rit*, titre du chapitre II, 2, 3) est un renversement de la formule des *Psaumes* (CXV) où elle s'applique aux idoles : « Elles ont une bouche et ne parlent pas, des yeux et ne voient pas. »

Déploiement textuel

L'utilisation, souvent sur une base intertextuelle, d'images comme conclusion des passages théoriques donne une dimension poétique à la réflexion. L'image de l'étoile est caractéristique. Elle renvoie au dernier vers du « Mendiant » dans *Les Contemplations*, « sa bure où je voyais des constellations », mais aussi aux écrits de Dante auxquels Hugo fait souvent allusion : « *e quindi uscimo a riveder le stelle*[1] » ; ou « *puro e disposito a salire a le stelle* ». Conclure par une image permet de relier interrogations métaphysique et poétique ; d'autres images poétiques comme « le gouffre », « l'abîme » ou « la larve » permettent une conclusion ouverte qui n'aurait pas été possible avec un concept.

Certaines phrases sonnent comme des vers ; Henri Meschonnic parle de « rythmes involontaires[2] : « Dans le jardin, près de la grille sur la rue, il y avait un banc de pierre » (*Mis.*, p. 735). Une courte séquence au rythme lyrique sert fréquemment de clôture à un chapitre : « Le On qui est dans les ténèbres » (*Mis.*, p. 1091) ; « Pour rien, non ; Mais, ô Inconnu, toi seul sais pourquoi » (*TM*, p. 218). Ces clausules poétiques sont également employées pour clore les romans : « Il n'y eut plus rien que la mer » (*TM*, p. 342) ; « Homo qui hurlait dans l'ombre en regardant la mer » (*HQR*, p. 784) ; ou *Quatrevingt-Treize* qui se termine sur deux alexandrins l'un ternaire, l'autre plus classique : « Et ces deux âmes, sœurs tragiques, s'envolèrent ensemble, l'ombre de l'une mêlée à la lumière de l'autre » (p. 1065).

L'utilisation d'une typographie poétique s'oppose à la continuité du récit :

> Il avait le vertige.
> Le vertige double.
> Le vertige de l'ascension et le vertige de la chute.
> Mélange fatal.
> Il s'était senti monter et ne s'était pas senti tomber.
> Voir un nouvel horizon, c'est redoutable (*HQR*, p. 655).
>
> Et en sortant de ce rire, avec ce soufflet, se réfugiant, oiseau blessé, dans son nid, fuyant la haine et cherchant l'amour, qu'avait-il trouvé ?
> Les ténèbres.
> Personne.
> Tout disparu (*HQR*, p. 754-755).

Plus encore que vers le poème court ou le lyrisme, c'est vers les formes plus amples, épopée ou théâtre, que se tourne Hugo. Outre leur taille qui se rapproche de celle du roman, ces deux genres possèdent déjà une dimension hétérogène, structurellement pour l'épopée, qui multiplie

1 Fin de *L'Enfer* ; cité par Henri Meschonnic, « La poésie dans *Les Misérables* », Victor Hugo, *Œuvres complètes*, Club français du livre, p. XXXVII.

2 *Ibid.*, p. XLII.

personnages et actions, historiquement pour le théâtre, présenté comme hybride par Hugo dans sa théorie du drame.

LA SYNTHÈSE ÉPIQUE

Pivot de l'évolution du roman au moment de l'exil, l'épopée est pour Hugo l'occasion d'expérimenter une forme de synthèse inédite. Comme l'explique Claude Millet :

> L'impossibilité désespérante de toute communication immédiate avec le public des théâtres – foule que le drame ne peut plus à lui seule transformer en peuple – appelle l'épopée légendaire, « livre » insiste Hugo, qui relaie le drame en différant cette transformation, en introduisant dans la communion une distance[1].

Puisant aux sources de la parole populaire, l'épopée particulière que représente *La Légende des siècles* se déploie ainsi dans « l'écriture du devenir, de l'objectivité et de la subjectivité, synthèse qui fonde sa vérité[2] ».

Genre qu'il revendique plus que tout autre, l'épopée est utilisée sous divers aspects dans les romans de Hugo. S'il est bien fait référence à l'épopée antique, en particulier à Homère, ce sont les grands poèmes épiques écrits par Hugo lui-même qui servent de référent majeur à son travail romanesque. Plus que comme genre codifié par les poétiques antiques et classiques, l'épopée sera utilisée pour ses ressorts formels et structurels.

Références à l'antiquité

L'épopée homérique est une référence majeure dans les romans de Hugo. Sans cesse il convoque Homère : « [Gwynplaine] entouré de toutes ces figures jeunes et vieilles où rayonnait la grande jubilation homérique » (*HQR*, p. 746) ; « Les batailles de l'océan ont, comme les combats d'Homère » (*HQR*, p. 433) ; Homère est convoqué dans la bataille : « Pour un assiégeant qui utilise l'incendie, brûler Homère ou brûler une botte de foin » (*QT*, p. 958) ; il sert de point de comparaison avec ce qui se produit dans le texte : « Ce cri de Michelle Fléchard fut

1 Claude Millet, *Victor Hugo.* La Légende des siècles, Paris, PUF, « Études littéraires », 1995, p. 29.

2 *Ibid.*, p. 45.

un hurlement. Hécube aboya, dit Homère » (*QT*, p. 1023) ; il va même jusqu'à s'associer au nom de Hugo, à l'intérieur de la liste des bandits de Patron-Minette : « Homère Hogu, nègre » (*Mis.*, p. 575).

Loin de sélectionner ses sujets, l'épopée sert de cadre à toutes sortes de référents fictifs, historiques et sociaux qui se constituent dans le prolongement d'une mythographie antique : le cabaret où se réunissent les amis de l'ABC s'appelle Corinthe, la servante Matelote est une « chimère », la fille d'une « gargouille » (*Mis.*, p. 867) ; Danton, Marat et Robespierre sont comparés à Minos, Éaque et Rhadamante (*QT*, p. 872) ; Gilliatt est représenté comme un Titan dans sa forge (*TM*, p. 222 *sq.*). L'épopée est également nommée comme telle : le titre de la quatrième partie des *Misérables* parle de « l'épopée rue Saint-Denis ». Mais Hugo précise bien qu'il ne fait pas une épopée à proprement parler : « Les scènes successives et simultanées de cette tuerie grandiose nous renonçons à les peindre. L'épopée seule a le droit de remplir douze mille vers avec une bataille » (*Mis.*, p. 982).

Prenant le relais du substantif, l'adjectif « épique » permet d'insister sur le fait que ce n'est pas la forme mais l'esprit de ce genre qui est revendiqué : « Il était resté de cette école épique et redoutable que résume ce mot : Quatrevingt-Treize » (*Mis.*, p. 939). Plus loin il parle de l'« effronterie épique » de Gavroche (*Mis.*, p. 947). La Convention est qualifiée d'« amas épique d'antagonismes » (*QT*, p. 904). Il caractérise un personnage : « Il avait la férocité épique. De là ce surnom difforme, l'*Imânus* » (*QT*, p. 935). Comme à son habitude, Hugo use du même terme pour désigner des personnages, des lieux ou des éléments plus abstraits. Cela lui permet d'en extraire les ressources métaphoriques et symboliques. On retiendra de cette suite d'exemples que le terme « épique » est associé à la parole, mais aussi à la crainte, au contraste et à la hardiesse. Il est appliqué aussi bien à un combattant qu'à un enfant, ce qui annonce une conception paradoxale et contrastée de cette notion.

L'idée d'épique

Comme l'a bien montré H. J. Hunt, le « sens épique[1] » que Hugo cherche à insuffler à ses romans, c'est celui qu'il a expérimenté dans

1 « Le sens épique des *Misérables* », *Centenaire des Misérables, 1862-1962. Hommage à Victor Hugo*, Strasbourg, Presses Universitaires de Strasbourg, 1962, p. 127-138).

ses propres épopées. Pour Hugo, le sujet de son épopée ne doit pas être fourni par un héros national, représentant d'une race ou de la civilisation, mais l'homme lui-même « cette grande figure une et multiple, lugubre et rayonnante, fatale et sacrée » telle qu'il la nomme dans *La Légende des siècles*. Aussi, comme l'explique H. J. Hunt, Hugo accorde-t-il une préférence à « l'épopée fragmentaire, à la "petite épopée" ». S'il y a bien une dimension épique dans les romans, elle se rapproche du goût du XIXe siècle au cours duquel « structure et technique – narration, style, conventions poétiques – ont subi une transformation frappante[1] ». Si l'Histoire est bien présente, elle est autant l'histoire des événements que ce qu'il nomme l'« histoire intérieure ». Présent dans l'ensemble des romans de Hugo, ce double fonctionnement intérieur et extérieur est particulièrement net dans *Quatrevingt-Treize*. Récit d'un épisode tragique de l'histoire de France qui voit se dresser des « titans » comme Marat, Danton ou Robespierre (*QT*, p. 882), « hommes formidables » (p. 882) au « rire de colosse » (p. 876), le roman décrit avant tout le conflit humain qui se joue entre les deux « inconnus de l'histoire », deux « âmes » qui sont aussi deux « principes » (*QT*, p. 950).

Les grands bouleversements sont d'abord des bouleversements intérieurs, « Une tempête sous un crâne » (*Les Misérables* I, 7, 3), « Le dedans du désespoir » (I, 2, 7), « Javert déraillé » (V, 4), « Les désespoirs en présence » (*Les Travailleurs de la mer* III, 3, 2), « Les tempêtes d'hommes pires que les tempêtes d'océan » (*L'Homme qui rit* II, 8, 7), autant de titres qui relient les différents personnages dans un même ébranlement intérieur et les extraient d'une psychologie individuelle pour les faire rejoindre « cette grande figure une et multiple » qui constituait le héros collectif de *La Légende des siècles*. Ainsi la phrase de Gwynplaine devant la chambre des lords, « je suis un symbole [...] j'incarne tout » (*HQR*, p. 744), est à peu de chose près le dernier vers du « Satyre » : « Place à Tout ! Je suis Pan ! Jupiter à genoux ». Nombreux sont d'ailleurs les rapprochements thématiques mais surtout structurels que l'on peut faire avec ce poème. H. J. Hunt rapproche ainsi le chapitre des *Misérables*, « L'année 1817 » du poème « Au lion d'Androclès » dans un « même entassement de faits significatifs ». La description minutieuse de la barricade fait penser au caractère enchevêtré du mur des siècles dans la « vision d'où est sorti

1 « [P]référence accordée à l'épopée fragmentaire, à la "petite épopée" telle que Hugo l'a perfectionnée » (H. J. Hunt, art. cité, p. 127).

ce livre ». C'est le même principe de mélange des genres et des styles qui préside à l'organisation du poème et aux romans riches en coups de théâtre, rebondissements et surprises.

Quant aux *Châtiments*, ils témoignent d'une thématique parfois très proche de celle des romans. Le poème « L'art et le peuple » (*Les Châtiments*, I, 9), souligne cette volonté constante dans les romans d'élever la réalité sociale à une dimension esthétique. « L'homme a ri » (II, 2) sera repris pratiquement tel quel comme titre de roman. « L'égout de Rome » (VII, 4) a son équivalent dans le livre digressif des *Misérables*.

Dilatation, agrandissement, amplification

Selon Daniel Madelénat, l'amplification constitue l'une des principales caractéristiques de l'épopée : « Sous le signe de l'additivité (des vers, des épisodes, des motifs), la monumentalité de l'espace épique révèle sa fécondité : par collage, montage, juxtaposition, elle s'ouvre à l'accroissement[1]. » Présent dès les premiers romans, ce principe se prolonge dans les romans de l'exil pour mieux mettre en lumière en les grossissant, idées et enjeux collectifs, souvent incarnés dans des héros. C'est le cas des cuirassiers de Milhaud, « hommes géants sur des chevaux colosses » (*Mis.*, p. 260) ; ou des deux armées : selon le mode épique, la bataille de Waterloo est présentée comme un duel entre deux combattants : « Deux troupes ennemies sur un champ de bataille sont deux lutteurs » (*Mis.*, p. 248) ; nul arrêt sur la particularité des soldats, qui n'ont plus d'autonomie. Ils s'amalgament dans une foule pour former un tout chaotique, à l'image des « vents du large » des *Travailleurs de la mer*, à la fois foule obscure et escadron, comme le signale le titre du chapitre II, 3, 4, « *Turba, turma* ». Seuls émergent les héros : c'est le cas de Cambronne : « Donc parmi ces géants il y eut un titan, Cambronne » (*Mis.*, p. 271) ; de Javert et de Jean Valjean « Dans cette lutte, entrevue à travers les grossissements de l'épouvante, ces deux hommes lui étaient apparus comme deux géants » (*Mis.*, p. 158) ; de Danton, Marat et Robespierre, qui se détachent dans le « tas de fumées poussées dans tous les sens » qu'est la Convention (*QT*, p. 906) ; mais aussi de Josiane, « La titane » (*L'Homme qui rit*, titre du livre II, 7), vers laquelle convergent « les méandres d'architecture intime » de Corleone-lodge.

1 *L'Épopée*, Paris, PUF, 1986, p. 72.

L'épopée, c'est le colossal, selon un principe largement thématisé : « Le plus grand de tous, une espèce de colosse, marchait sur Gavroche la bayonnette en avant » (*Mis.*, p. 896) ; « Barkilphedro était ce colosse » (*HQR*, p. 520) ; « [Le canot] coque imperceptible (...), atome à la merci des colosses » (*QT*, p. 823). Comme tous les termes-principes, il sert d'embrayeur de l'intrigue vers une dimension plus abstraite : l'épopée est avant tout celle de la parole et de l'idée : les deux idées « se combattaient, il les voyait se combattre. À mesure qu'il songeait, elles avaient grandi devant l'œil de son esprit ; elles avaient maintenant des statures colossales » (*Mis.*, p. 181). Dans *Les Travailleurs de la mer* c'est le « style [qui est] énorme » (p. 218).

Faiblesse épique

Paradoxalement, l'épopée est parfois associée à l'idée de faiblesse. Dans ce cas, la référence n'est plus simplement d'ordre esthétique ou philosophique, mais également éthique. Elle devient une technique littéraire pour modifier la perception de ceux qui sont généralement ignorés, éléments marginaux et laissés-pour-compte de la société et de la rationalité. La dilatation est l'un des moyens qui permet de faire passer l'anonyme au premier rang ; dilatée en horreur, la laideur intègre la dimension de l'infini :

> Horreur, soit ; caricature, jamais. Sinon, pas de grandeur. L'épopée est à ce prix. Ne cachez rien, dites tout ; cette franchise, c'est de la lumière. Rien n'est petit, dit grandement. Homère est dans Thersite autant que dans Priam. Ce qui serait inharmonieux sur la terre perd sa dissonance en se dilatant jusqu'au zénith. La laideur se dissout dans la grandeur. L'infini pénètre de toutes parts et fait formidable une grimace mêlée aux constellations. Le rictus de la poissarde y devient le masque de Némésis[1].

Nombreux sont les laissés-pour-compte qui accèdent à une autre dimension par ce procédé : « Cette figure, ce n'était plus Michelle Fléchard, c'était Gorgone. Les misérables sont les formidables » (*QT*, p. 1024). Quant à l'obscur sergent Radoub, « Alors il devint formidable » (*QT*, p. 1009). Le caractère antithétique des formules provoque un choc des consciences, selon les procédés d'usage de la négativité[2]. La Convention

1 *Fl.*, p. 556-557.
2 Voir p. 91 *sq.*

est alors vue comme « Un tas de héros, un troupeau de lâches » (*QT*, p. 905). Fragilité et grandeur sont associées et les termes épiques caractérisent les plus faibles, dans un contraste saisissant : « L'héroïque enfant » (*Mis.*, p. 905) ; « rien n'était charmant comme ce caprice du hasard qui avait fait d'une chaîne de titans une escarpolette de chérubins » (*Mis.*, p. 118) ; « on percevait par tous les pores l'harmonie qui se dégage de la douceur colossale des choses » (*QT*, p. 983). Ce contraste entre douceur et épopée est comme la conclusion de la scène qui a montré les enfants « terrasser » le livre *Saint-Barthélemy* (*QT*, p. 981).

Mais ce contrepoint épique instaure également une distance. Contrairement aux récits identitaires qui se multiplient au XIXe siècle pour accompagner le développement d'une conscience nationale, l'épopée hugolienne n'est ni univoque, ni manichéenne. Retournant aux sources de l'épos, de la parole vive populaire, elle vise au contraire à révéler la plasticité historique d'un récit qui se donne trop souvent pour éternel. Loin de déboucher sur un mécanisme d'idéalisation rétrospective, elle conduit dans le roman à s'interroger sur l'origine de la communauté historique en mettant en perspective « la part de l'artefact, de l'invention et de la création délibérée appliquée au social dans la genèse des nations[1] ».

LA SYNTHÈSE DRAMATIQUE

Si la réflexion sur l'épique et le légendaire est symptomatique de la bascule de l'exil, le drame, qui a longtemps servi de cadre à l'esthétique de Hugo, reste un interprétant majeur pour tous les romans. C'est sur la portée de la synthèse dramatique, cependant, que la différence est certainement la plus nette. Définie dans la Préface de *Cromwell* comme scission, elle se manifeste sous sa forme la plus frappante comme un « dualisme absolu » qui montre une « exigence éthique [...] en contradiction radicale avec l'Histoire[2] ». Comme l'explique Myriam Roman, c'est dans *Notre-Dame-de-Paris* que la dualité apparaît le plus nettement en pointant « l'absurdité tragique d'une fatalité sans nécessité[3] ». Si elle subsiste dans les romans de l'exil, c'est pour être réinvestie de manière critique par le jeu du montage générique auquel elle est confrontée.

1 Eric Hobsbawm, *Nations et nationalisme depuis 1780. Programme, mythe, réalité*, Paris, Gallimard, 1992, p. 20.

2 Myriam Roman, *Victor Hugo et le roman philosophique*, éd. citée, p. 464.

3 *Ibid.*, p. 460.

Le roman dramatique

La référence au drame n'est pas propre aux romans de Hugo ; elle est constitutive d'une aspiration constante des romanciers du XIXe siècle, notamment lorsqu'ils ne sont pas ou plus en mesure de la concrétiser. Dans les premières réflexions de Hugo sur le roman, au moment de sa découverte de Walter Scott dans les années 1820, elle occupe une place particulière[1]. Dans son article sur *Quentin Durward*[2], qui paraît en juillet 1823 dans le premier numéro de *La Muse française*, il rejette le « roman narratif » et le « roman épistolaire » qui lui semblent trop monotones. À la place, il propose un nouveau roman, un « roman dramatique »

> dans lequel l'action imaginaire se déroule en tableaux vrais et variés, comme se déroulent les événements réels de la vie ; qui ne connaisse d'autre division que celle des différentes scènes à développer ; qui, enfin, soit un long drame, où les descriptions suppléeraient aux décorations et aux costumes, où les personnages pourraient se peindre par eux-mêmes, et représenter, par leurs chocs divers et multipliés, toutes les formes de l'idée unique de l'ouvrage[3].

Composant avec les différentes formes de théâtre, les interprétants dramatiques des romans de l'exil sont plus ambigus. À côté de l'idée que *Les Misérables* sont « un drame dont le premier personnage est l'infini » (p. 403), figurent des notations moins solennelles comme celle qui montre une Cosette « épouvantée du mélodrame improvisé par Toussaint » (*Mis.*, p. 736). Certains titres sont révélateurs : « Le drapeau-premier acte » (*Les Misérables* IV, 14, 1) et « Le drapeau – deuxième acte » (IV, 14, 2). Marius est comme au théâtre lorsqu'il assiste au stratagème de Jondrette avec Jean Valjean. « Rien n'est plus curieux qu'une barricade qui se prépare à un assaut. Chacun choisit sa place comme au spectacle » (*Mis.*, p. 944). Mais les spectateurs sont ici les acteurs. La Convention, également, est présentée comme un théâtre (*QT*, p. 896). Les personnages, quant à eux, ne cessent de se déguiser : Thénardier prend toutes sortes de rôles dont celui de Fabantou « artiste dramatique » ; Jean Valjean change sans cesse d'identité et Tholomyès se distingue par ses « improvisations » (*Mis.*, p. 111). Ce rapprochement avec le théâtre est particulièrement exploité dans *L'Homme qui rit* dont les personnages

1 D'après Myriam Roman, c'est même le pivot de son esthétique et de sa philosophie (*op. cit.*).

2 Repris en 1834 dans *Littérature et philosophie mêlées* (*LPM*, p. 148).

3 *LPM*, p. 149.

principaux, comédiens, jouent une pièce intitulée *Chaos vaincu*, interlude qui contient nombre des clés ou des énigmes du roman. Dans ce livre, la dimension dramatique est tellement forte qu'elle débouchera de fait sur une pièce. Comme l'a montré Yves Gohin *Mangeront-ils* peut être considéré comme une version humorisée de *L'Homme qui rit*[1].

Il faut donc prendre garde à l'évolution de cette notion dans les romans. Les exemples cités précédemment montrent que cette référence au drame comme théorie est essentiellement contemporaine ou antérieure à la rédaction des *Misérables*. Dans les romans suivants, se pose surtout la question de la transposition écrite du caractère spectaculaire du drame et des émotions qu'il met en scène[2]. Ce changement est le signe de l'évolution de la conception du roman chez Hugo. Comme l'explique Jean Gaudon[3], après la période classique où le roman est méprisé mais où il garde toute sa liberté, on trouve un nouveau type de roman qui se veut plus rigoureux et cherche à s'intégrer au système de la littérature, fondé sur la dramaturgie aristotélicienne. Selon La Harpe :

> Un bon roman doit offrir un ensemble régulier, et marcher à un but, comme le drame ; comme le drame, il manque son effet, si l'intérêt est porté sur un trop grand nombre de personnages, si la mémoire est fatiguée et l'attention distraite par une trop grande multitude d'aventures[4].

Le fait que les romanciers du XIXe siècle continuent de parler du roman en termes de drame est le signe d'un statut ambigu du roman, assujetti aux règles d'unité et de composition des genres dramatiques. La disparition progressive de cette référence dans les romans de Hugo signale sa volonté de sortir de ce carcan et d'envisager l'œuvre romanesque

1 Yves Gohin, « Histoire d'un ourson : *L'Homme qui rit* et *Mangeront-ils* », « *L'Homme qui rit* » *ou la parole-monstre de Victor Hugo*, éd. citée, p. 55-70. Ce phénomène est valable également pour *Les Misérables* qui, selon Jean-Bertrand Barrère, trouvent leur équivalent au théâtre dans *Mille francs de récompense* (*La Fantaisie de* Hugo, II, Paris, José Corti, 1949, p. 388).

2 Il ne faut pas oublier que le contact le plus marquant des artistes français avec Shakespeare passe par les représentations spectaculaires de la troupe Penley (1823, 1825, 1827) performances à la fois violentes et poétiques, qui déclenchent à chaque fois dans la salle des réactions bien plus véhémentes que la fameuse bataille d'*Hernani*. L'engouement pour le personnage d'Ophélie chez les artistes romantiques (notamment les peintres), tient ainsi beaucoup à l'interprétation de l'actrice Harriet Smithson, dont le jeu exprimait, avec un réalisme parfois cru (il arrive que son visage devienne « tout violet », comme le précise l'article de *La Réunion* du 14 nov 1827), délires, brutalité, suicide et agonie.

3 « Éloge de la digression », *Travaux de linguistique et de littérature*, 1968, p. 127-130.

4 *Cours de littérature*, t. 23, Paris, Didier, 1924, p. 12.

simplement comme « une exploration, une découverte, une invention perpétuelle[1] ». S'il fait toujours des emprunts au théâtre, c'est à son esprit ou à ses ressources artistiques moins qu'à ses règles de composition.

Le dialogue

S'éloignant de plus en plus du dispositif dualiste de la synthèse auquel correspond de moins en moins sa réflexion sur la composition romanesque, abandonnant la dramatisation du récit au profit d'une construction moins linéaire, Hugo, finalement, garde surtout du théâtre ce qui en fait la spécificité générique : le dialogue. La retranscription des jargons – qu'il s'agisse de « cette langue de province qui a longtemps constitué l'éloquence du barreau », à travers la manière de parler du défenseur de Champmathieu (*Mis.*, p. 212), qu'on entende parler Fauchelevent (p. 417), la paysanne Michèle Fléchard (*QT*, p. 794) ou les enfants retenus dans la tour (*QT*, p. 979) – est ainsi l'occasion pour Hugo de dessiner dans le récit écrit l'horizon d'un devenir oral.

Sans cesse il met en scène les paroles des personnages sans chercher à instaurer une hiérarchie entre dialogue et récit. Le discours de Gillenormand au dîner de mariage de Cosette et Marius est présenté sur deux pages (*Mis.*, p. 1083-1085). Le dialogue des contrebandiers, en espagnol, sur quatre pages (*TM*, p. 128-131) ; et l'espagnol montagnard dans *L'Homme qui rit* est retranscrit tel quel (p. 406).

Le théâtre instaure une identité entre temps de l'action et temps de la parole ; c'est ce phénomène qu'exploite la scène dialoguée dans le roman[2]. Le récit y est comme suspendu au profit d'une nouvelle dimension qui entre en concurrence avec la narration. Cependant, à la différence de l'unité formelle que présente la parlure des personnages de théâtre, celle des personnages de roman se caractérise par son caractère composite. Comme le détaille Philippe Dufour, qui oppose à « l'idée reçue » d'une « uniformité des parlers » le principe d'un « melting-pot de paroles[3] », la parole des personnages ne cesse de se diversifier. Derrière le dialogue,

1 Jean Gaudon, « Éloge de la digression », art. cité, p. 131.

2 À cela près que le dialogue de théâtre impose une stricte coïncidence temporelle alors qu'il s'agit d'un simple effet dans l'écrit romanesque, qui peut procéder à une accélération ou à un ralentissement.

3 « De la langue aux langages : *Les Misérables* », *Victor Hugo et la langue*, dir. F. Naugrette et G. Rosa, Rosny-sous-Bois, Bréal, 2005, p. 299.

qui partage la parole en ses différents interprètes, pointe ainsi toujours le dialogisme inhérent à la langue commune.

C'est ainsi une forme particulière de tension, que met en relief le réinvestissement romanesque du dialogue. Lieu privilégié de l'expression des rapports de force, la parole crée une faille dans l'organisation synthétique du récit : le dialogue entre la mère Plutarque et monsieur Mabœuf met en scène de manière dramatique le refus par le vieil homme de la misère qui le menace (*Mis.*, p. 725-726). L'utilisation de la stichomythie accentue la tension, comme dans la scène où Thénardier apprend de sa fille qu'il a ferré une proie :

> – Il vient !
> Le père tourna les yeux, la femme tourna la tête, la petite sœur ne bougea pas.
> – Qui ? demanda le père.
> – Le monsieur !
> – Le philanthrope ?
> – Oui.
> – De l'église Saint-Jacques ?
> – Oui.
> – Ce vieux ?
> – Et il va venir ?
> – Il me suit.
> – Tu es sûre ?
> – Je suis sûre.
> – Là, vrai, il vient ?
> – Il vient en fiacre.
> – En fiacre, c'est Rothschild !
> – Le père se leva (*Mis.*, p. 594).

Le dialogue permet de présenter les rapports entre personnages non plus sous forme de réseaux narratifs mais à travers des rapports de force : la rencontre entre Cosette et Jean Valjean se fait sous la forme d'un dialogue (*Mis.*, p. 314-315) ; il crée une dimension agonique : c'est le cas du dialogue entre Josiane et Barkilphedro (*HQR*, p. 504) ; du débat tendu entre les chefs de la révolution (*Quatrevingt-Treize* II, 2) ou des effets de la rhétorique du marquis de Lantenac qui tente de sauver sa vie (*QT*, p. 825-826). Le rapport de force peut devenir plus abstrait : le dialogue entre le barbier qui a chassé les deux petits frères de Gavroche et un soldat est présenté comme le « dialogue du rasoir et du sabre » (*Mis.*, p. 849). Le dialogue entre Cimourdain et Gauvain est qualifié de « dialogue de l'épée et de la hache » (*QT*, p. 953).

Au rapport de force, s'ajoute le dédoublement. Ce phénomène prend forme dans des passages qui sont à la frontière du dialogue et du monologue ; Ursus qui se parle à lui-même dans un passage qui fait référence au démon de Socrate illustre bien ce phénomène de division de la voix :

> Ursus était remarquable dans le soliloque. D'une complexion farouche et bavarde, ayant le désir de ne voir personne et le besoin de parler à quelqu'un, il se tirait d'affaire en se parlant à lui-même. [...] Parler tout haut et tout seul, cela fait l'effet d'un dialogue avec le dieu qu'on a en soi. C'était, on ne l'ignore point, l'habitude de Socrate (*HQR*, p. 353).

Le dialogue entre parfois en conflit avec le récit qu'il remet en cause comme mode d'organisation majeur du roman. Dans des moments de suspens, il rompt la dynamique de l'intrigue. C'est le cas dans la scène où Jean Valjean veut faire changer sa roue (*Mis.*, p. 193). Dans *Les Travailleurs de la mer*, l'achat du revolver par Clubin, qui est l'indice de son revirement, est présenté sous la forme d'un dialogue (p. 116-117), ce qui décentre la voix narrative, qui perd un moment son rôle surplombant.

En glissant vers le monologue, le dialogue s'écarte d'une parole efficace ; nombreux sont les monologues qui ne sont que des refus de l'interlocuteur : c'est le cas de Lethierry lorsqu'il s'adresse à Gilliatt (*TM*, p. 316). À la fin du roman, ce sera le tour de Gilliatt qui avoue son amour à une Déruchette muette. Pendant plusieurs pages, Josiane s'adresse à Gwynplaine qui reste muet, et lui refuse l'entrée dans le dialogue lorsqu'il fait mine de lui répondre (*HQR*, p. 696-698). Le rapport de force se fait alors rupture, et le silence est plus imposant que la parole. La rupture est complète lorsque les paroles ne signifient plus rien :

> Tout en contemplant la mariée et tout en lorgnant le pain de savon, [Gavroche] grommelait entre ses dents ceci : – Mardi. – Ce n'est pas mardi. – Est-ce mardi ? – C'est peut-être mardi. – Oui c'est mardi.
>
> On n'a jamais su à quoi avait trait ce monologue (*Mis.*, p. 748).

Plus qu'un élément technique, le monologue est présenté comme une zone de parole indécise et mouvante, comme en témoigne l'expression « monologue des flots » (*TM*, p. 218).

Éclairage

Les références à la lumière sont le signe d'un désir d'utiliser la dimension plastique du théâtre de préférence à sa structure narrative[1]. Le roman n'est plus une suite d'actions, mais un jeu d'ombre et de lumière, qui organise le tout selon une série de contrastes[2]. Aux moments clé, les personnages n'interviennent pas dans le récit, ils sortent de l'ombre. C'est le cas de Jean Valjean au moment de l'arrestation de Fantine : « Au moment où les soldats mirent la main sur la malheureuse, il fit un pas, sortit de l'ombre, et dit : – un instant s'il vous-plaît ! » (*Mis.*, p. 154) ; ou de Gwynplaine à la chambre des Lords : « Toutes les têtes se tournèrent, Gwynplaine était debout. Les gerbes de chandelles placées des deux côtés du trône éclairaient vivement sa face, et la faisaient saillir dans la vaste salle obscure avec le relief qu'aurait un masque sur un fond de fumée » (*HQR*, p. 737).

Certains éléments se définissent avant tout par leur éclairage ; c'est le cas de Josiane lorsque Gwynplaine la rencontre : « La lanterne l'éclairait d'en bas » (*HQR*, p. 775) ; de la grotte des *Travailleurs de la mer*, « Tout cela était éclairé d'en bas à travers l'eau. [...] Jour étrange donné par un engloutissement » ; « Cette clarté s'évasait sous la lame comme un large éventail et se répercutait sur le rocher » (p. 221).

Le travail sur l'éclairage se concentre généralement autour de jeux d'ombre et de lumière qui prennent une dimension symbolique : « Mi-parti, lumière et ombre, Napoléon se sentait protégé dans le bien et toléré dans le mal » (*Mis.*, p. 259) ; « Toute cette nuit et tout ce jour mêlés se résolvaient dans l'esprit du spectateur en un clair-obscur où apparaissaient des perspectives infinies » (*HQR*, p. 554) ; « Gwynplaine avait dans le cerveau le tourbillonnement vertigineux d'une foule de

1 Comme le souligne Anne Ubersfeld, l'interlude *Chaos vaincu* représenté dans *L'Homme qui rit* permet tout particulièrement de pointer cet apport concret du théâtre dans le roman : « il s'agit d'un vrai spectacle où tout porte sens, gestes, paroles, musique, éclairage, le sens complet étant produit non par la juxtaposition, mais par la combinaison signifiante des divers éléments. Théâtre concret, donc, loin d'un théâtre littéraire de pur dialogue, théâtre du corps où les éléments physiques, la transparence de Dea comme la défiguration de Gwynplaine, deviennent des signifiants et où le sens spirituel est non pas du tout signifié ou symbolisé, mais à la lettre produit par le rapport physique des corps » (« *Chaos vaincu* ou la transformation », *Revue d'histoire littéraire de la France*, janv.-fév. 1984, p. 75).

2 Jean Gaudon a bien montré le rôle que joue le demi-jour dans *Les Misérables* (« Je ne sais quel jour de soupirail », Victor Hugo, *Œuvres complètes*, Club français du livre, t. XI p. XLIX-LX).

nouveautés, tout le clair-obscur de la métamorphose » (*HQR*, p. 659) ; « le modelé farouche de cette tête mêlant hideusement l'ombre et la lumière » (*HQR*, p. 738) ; « Les Douvres au-dessus de sa tête étaient éclairées ainsi que par la réverbération d'une grande braise blanche. Il y avait sur toute la façade noire de l'écueil comme le reflet d'un feu » « qu'on se figure des ténèbres allumées » ; « l'ombre entrait comme élément dans cette lumière fantôme » (*TM*, p. 248) ; le spectacle de la tempête commence par la brusque extinction du soleil (*TM*, p. 262) ; « tandis que le vieillard, debout, d'une voix plus haute que le bruit de la mer, disait ces paroles, les ondulations de la mer le faisaient apparaître tantôt dans l'ombre tantôt dans la lumière » (*QT*, p. 828) ; « Et ces deux âmes, sœurs tragiques, s'envolèrent ensemble, l'ombre de l'une mêlée à la lumière de l'autre » (*QT*, p. 1065).

Dans certains cas, les contrastes s'effacent pour laisser place à un clair-obscur : « je ne sais quel jour de soupirail éclairait son âme » (*Mis.*, p. 76) ; la Convention bénéficie d'un « demi-éclairage » (*QT*, p. 895). Ou au contraire ils s'accentuent jusqu'au déchirement de l'éclair : « L'éclair de la victoire passa dans ses yeux » (*Mis.*, p. 259).

Se composant à partir de genres qui sont eux-mêmes des synthèses, composant avec eux, les romans de l'exil en dégagent une portée inédite tout en en tirant un principe de formation dynamique, qui entre en tension avec la linéarité à sens unique du récit et pointe le devenir interpersonnel de l'écrit romanesque.

UNE COMPOSITION EN ÉPAISSEUR

L'IDÉE CONTEXTUELLE ET LE RÉCIT COMME TOTALITÉ

Les deux premiers chapitres ont mis en évidence un fonctionnement particulier du sens chez Victor Hugo, sensible et intransitif. Contrairement à une logique conceptuelle fondée sur la notion de signe, l'idée ne peut être localisée dans un support lexical ou même au niveau logique de la proposition. Le sens littéraire, non isolable, doit être recherché au niveau de l'œuvre en général. L'idée esthétique ne peut donc être envisagée que dans une perspective contextuelle au sens large, dans la totalité du roman.

Le problème est alors de penser le roman comme totalité sans glisser vers la notion de système. Pour cela il nous faudra voir dans quelle mesure les phénomènes d'hétérogénéité, déjà observés de manière ponctuelle, trouvent un prolongement dans l'organisation d'ensemble. La composition du roman est généralement pensée autour de la notion de récit : celle-ci comprend la notion d'intrigue, mais fait aussi référence à une organisation linéaire et logique des différents éléments du roman. Dans *Temps et récit*, Paul Ricœur souligne le caractère synthétique de l'intrigue : « Composer l'intrigue, c'est déjà faire surgir l'intelligible de l'accidentel, l'universel du singulier, le nécessaire ou le vraisemblable de l'épisodique[1]. » La mise en intrigue comporte une dimension symbolique[2] : l'histoire organise les événements « dans une totalité intelligible », « la mise en intrigue est l'opération qui tire d'une simple succession une configuration » ; c'est « une *synthèse de l'hétérogène*[3] ». L'intrigue est donc, au niveau de la composition, l'auxiliaire de la logique représentative.

Par opposition à ce niveau du récit, le roman comme espace de composition ne doit pas être envisagé comme une succession, mais comme un ensemble. Tout en densité, il associe juxtaposition des séquences, creusement des parenthèses et superposition des éléments, autant de procédés de configuration qui visent à l'élaboration d'une forme non spéculative[4].

DENSITÉ CONTRE LINÉARITÉ

Gestion des séquences

Les tensions génériques ne sont pas les seules à animer la composition du roman. Divers types de textes entrent dans son organisation sous la formes de séquences. La structure narrative est travaillée de manière

1 *Temps et récit* I, éd. citée, p. 85.
2 *Ibid.*, p. 113.
3 *Ibid.*, p. 128.
4 Comme le souligne Julia Kristeva, la forme romanesque prend son origine dans cette interrogation sur un sens non représentatif : « Ayant surgi à la source même de la pensée du signe et représentant cette pensée, le roman est donc le complice et le témoin de tout ce qui, aujourd'hui, à la fois fixe et déplace les limites de notre raison. Toujours ambigu, il est le milieu où peuvent jouer simultanément la consécration de la pensée expressive (du symbole ou du signe) et la "sortie" (problématique) de cette expressivité à travers la transformation infinie des signifiants. De là son intérêt et sa position névralgique dans notre culture » (*Le Texte du roman*, La Hague, Paris, New York, Mouton Publishers, 1970, p. 192).

explicite ou implicite par d'autres structures correspondant à d'autres types d'écrit, descriptif, argumentatif, ou expositif, sous la forme de « structures séquentielles de base[1] ». Le texte s'organise à partir d'une suite d'énoncés qui constitue « *un effet de séquences*[2] ». Il « résulte d'une double détermination : *séquentielle* ET *configurationnelle*[3] ». Ainsi, « l'interférence de la séquentialité et de la configuration est responsable de l'effet de texte[4].

Ce phénomène est largement exploité dans les romans de Hugo afin de créer un effet de texte particulier qui remet en cause la prédominance du récit comme mode de configuration majeur. Transitions et autres phénomènes de hiérarchisation sont souvent gommés et la gestion des séquences se fait parfois sur le mode du télescopage. La description, par exemple, interrompt brusquement l'action :

> Vers le milieu de la nuit, Jean Valjean se réveilla.
> Jean Valjean était d'une pauvre famille de la Brie (*Mis.*, p. 68).

Il faudra attendre dix pages et quatre chapitres pour avoir la suite des actes de ce personnage inquiétant. Le « donc » qui est censé marquer la suture souligne en fait la rupture de la narration. « Donc comme deux heures du matin sonnaient à l'horloge de la cathédrale, Jean Valjean se réveilla » (*Mis.*, p. 79).

Mais l'effet le plus frappant concerne les rapports entre séquences narratives et séquences d'exposition ou argumentatives. Le commentaire[5] ralentit souvent l'élan du récit comme dans le passage qui raconte l'arrivée de Gilliatt sur le rocher des Douvres. La narration est constamment entrecoupée de détails et de commentaires et passant du récit à l'exposé :

> Pressé de partir il n'avait emporté d'autre engin de travail que son marteau de forgeron, sa hache et son hacherot, une scie, et une corde à nœuds armée de son grapin. Avec une échelle de cette sorte et la manière de s'en servir, les pentes revêches deviennent maniables et un bon marin trouve des praticables dans les plus rudes escarpements. Au moment où Gilliatt accosta l'écueil, la

1 Jean-Michel Adam, « Types de séquences textuelles élémentaires », *Pratiques*, n° 56, 1987.
2 Jean-Michel Adam, « Textualité et séquentialité », *Langue Française*, n° 74, 1987 p. 52.
3 *Ibid.*, p. 72.
4 *Ibid.*, p. 56.
5 Afin d'éviter les confusions sur le terme « discours » que nous employons pour désigner l'ensemble de la production verbale, nous reprendrons l'opposition récit, commentaire proposée par Weinrich dans *Le Temps* (Paris, Seuil, 1973, p. 22) plutôt que l'opposition « histoire », « discours » théorisée par Benveniste, même si notre analyse s'inspire de cette typologie.

> mer baissait, circonstance favorable. [...] La Durande était assise, suspendue et comme ajustée entre les deux roches à vingt pieds environ au dessus du flot. Il avait fallu pour la jeter là une furieuse violence de la mer.
>
> Ces coups forcenés n'ont rien qui étonne les gens de mer. Pour ne citer qu'un exemple, le 25 janvier 1840 [...] (*TM*, p. 195-196).

Sans cesse la narration cherche à repartir et sans cesse elle est interrompue par une séquence d'exposition. Dans *L'Homme qui rit*, le récit du naufrage est constamment suspendu par des exposés sur les courants, les bancs de sable ou les pensées que lui inspirent la tempête.

Cet exemple montre que la rupture ne se situe pas entre deux séquences précises mais, à un niveau typologique plus large, entre récit et commentaire. Un autre phénomène vient ici s'ajouter à l'hétérogénéité. La séparation entre temps de l'histoire et temps du discours, qui permet de fonder le récit d'un point de vue énonciatif, est remise en question par l'ampleur des passages de commentaire et par leur agencement. Le récit est ici absorbé par la catégorie plus large du discours. Il n'est plus possible de le penser comme une narration caractérisée par l'absence d'intervention du locuteur. Comme discours, il peut donc tout aussi bien être porteur de la pensée du narrateur, qui n'est plus à chercher uniquement dans les passages de commentaire.

La gestion des séquences permet donc de remettre en cause le récit comme structure majeure dans les romans : s'il garde une place prépondérante en quantité, il ne soumet pas les autres séquences à sa logique et peut servir de support à l'idée. Si la notion de linéarité peut permettre de penser l'anecdote, elle ne rend pas compte de l'ensemble du fonctionnement du roman. Le travail de séquences particulières que Hugo nomme parenthèses permet de mieux comprendre comment se forme un espace de l'idée dans le roman.

Le récit en creux

Dans la Préface de *Cromwell*, la digression shakespearienne est présentée comme une atteinte au goût classique ; citant Horace : « Une scène de corps de garde, une révolte de populace, le marché aux poissons, le bagne, le cabaret, sont une bonne fortune pour la muse de Shakespeare.

Elle s'en saisit, elle débarbouille cette canaille, et coud à ces vilenies son clinquant et ses paillettes : *Purpureus assuitur pannus*[1]. »

Mais plus qu'une simple question de style, la digression pose un problème de cohérence : « là où le sujet n'est point perdu de vue, il n'y a point de digression », comme l'explique Hugo dans *Les Misérables*. Non seulement ce procédé attaque précisément la « conception classique, linéaire, dramatique[2] » de la composition, mais elle repense la hiérarchie traditionnelle du discours et du récit. Glissant d'un emploi à l'autre du mot drame, Hugo écrit pourtant à propos du long passage sur la barricade, « Ce tableau d'histoire agrandit l'horizon et fait partie essentielle du drame[3] » ; brouillant les catégories classiques, Hugo utilise souvent le terme de « parenthèses » pour désigner des discours qui, loin de circonscrire les passages de commentaires, ouvrent la voie à tous les débordements.

Comme l'indique l'image du signe de ponctuation, elles ne se présentent pas sous la forme de pause[4], mais creusent le récit et lui donnent une structure en épaisseur. Le roman est entrecoupé de zones d'opacification, qui rompent avec la linéarité du récit. Ces séquences sont généralement perçues comme fortement hétérogènes, comme en témoigne ce commentaire de Lamartine à propos de Waterloo : « Ni plan, ni convenances, ni proportions, dans ce hors-d'œuvre qui emporte le roman tout entier, comme un coup de canon emporte la bourre[5]. »

Les Misérables proposent les digressions les plus importantes dans des livres entiers consacrés à Waterloo, au couvent ou à l'égout ; mais on rencontre également ce que Hugo nomme avec ironie de « courtes parenthèses[6] » : dans *Les Travailleurs de la mer*, elles concernent généralement des précisions géographiques (situation des rochers Douvres p. 151) ou technique (sur l'histoire du bateau à vapeur p. 79), mais surtout le chapitre « Les vents du large » (II, 3, 2). Dans *L'Homme qui rit*, il s'agit d'exposés historiques (p. 498) ou d'explications concernant les institutions (p. 581) ; et dans *Quatrevingt-Treize* on trouve des passages

1 *PC*, p. 27.
2 Jean Gaudon, « Digressions hugoliennes », Hugo, *Œuvres complètes*, Club français du livre, éd. citée, XIV, p. XI.
3 Lettre à Albert Lacroix du 8 mai 1862.
4 La notion de *pause*, telle que l'emploie Genette, sous-entend un déroulement.
5 « Considérations sur un chef-d'œuvre », *Cours familier de littérature*, tome XV, Paris, L'Auteur, 1863, p. 70.
6 *Mis.*, p. 71. Dans la tradition classique, la parenthèse est tolérée – par rapport à la digression qui est proscrite – à condition que sa taille reste raisonnable.

sur « l'oubliette » (p. 956-957) ou « le célèbre volume *Saint-Barthélemy* » (p. 980).

Par leur fréquence et leur ampleur, ces parenthèses ne peuvent être considérées comme secondaires par rapport à la narration. Elles ne lui sont pas non plus logiquement assujetties. Contrairement aux digressions d'un Balzac, qui isolent le savoir de la fiction en les répartissant dans l'économie d'ensemble de l'ouvrage[1], Hugo ne cherche pas à les articuler au fil du récit. Si elles n'appartiennent pas au « drame » elles appartiennent au « sujet », selon une opposition qu'on retrouve dans *Les Misérables*[2] mais aussi à propos du chapitre « La Mer et le Vent[3] » qui, comme *L'Archipel de la Manche*, devait recevoir un statut particulier. Et nous pouvons dire avec Jean Gaudon que « à la conception classique, linéaire, dramatique du roman, on voit donc se substituer une autre esthétique ». Il y a « sous le roman, autre chose que le roman ». Les cadres « éclatent et l'épure dramatique cède le pas à un roman total, capable d'embrasser entre autres l'esthétique et la philosophie de l'histoire[4]. »

Hésitant entre niveau local (la figure mictrostructurale de la parenthèse est censée pouvoir être localisée dans un mot ou un groupe de mots), et niveau global, la digression est symptomatique d'une volonté d'étendre la négativité au niveau de l'organisation d'ensemble de l'œuvre. Elle se prolonge dans toutes sortes de procédés qui visent à remettre en cause la linéarité de l'œuvre et à créer une composition en épaisseur. Elle creuse une autre dimension dans le texte qui échappe à la narrativité.

Superposition

Le traitement des séquences, en particulier des « parenthèses », a souligné que derrière la linéarité du récit se dégageait une autre dimension du roman, en épaisseur. Le roman cherche à se construire selon une esthétique architecturale qu'annonce de manière thématique *Notre-Dame de Paris*. Contrairement au récit qui se déroule par étapes, le monument peut être appréhendé dans son ensemble ; en une seule fois. Toute sa

1 Voir Aude Déruelle, *Balzac et la digression. Une nouvelle prose romanesque*, Saint-Cyr sur Loire, Christian Pirot éditeur, 2004.

2 « Là où le sujet n'est point perdu de vue, il n'y a point de digression » (*Mis.*, p. 926).

3 « En dehors du drame mais non du sujet » f° 315 du ms. Cité par Yves Gohin, « Reliquat des *Travailleurs de la mer* », « Bibliothèque de la Pléiade », p. 1638.

4 « Éloge de la digression », art. cité, p. 134.

complexité se donne à voir en même temps. Cette dimension spatiale s'accorde mieux avec une idée esthétique qui refuse l'enchaînement analytique du développement spéculatif. Dans cette perspective, les séquences n'apparaissent plus comme des époques ou des moments, mais comme les pierres d'un édifice[1].

Pour créer cet effet d'architecture Hugo joue sur des phénomènes de parallélismes et de contrastes proches de la structure du poème. Ce travail sur la dimension spatiale du texte n'entre pas en contradiction avec la structure du roman. Elle est en accord avec une de ses caractéristiques profondes mais qui est généralement masquée par l'illusion de chronologie que veut créer le récit. Gérard Genette explique ainsi que si le livre est tenu par la linéarité du signifiant linguistique, « sa temporalité est en quelque sorte conditionnelle ou instrumentale ; produit comme toute chose dans le temps, il existe dans l'espace et comme espace[2] ». Ainsi, « le texte narratif, comme tout autre texte, n'a pas d'autre temporalité que celle qu'il emprunte, métonymiquement, à sa propre lecture[3] ».

Philippe Hamon a montré que le roman réaliste privilégie un espace horizontal, articulé, découpé, qui permet de classer les différents éléments qu'il parcourt[4]. Comme l'indiquent les « parenthèses », les romans de Hugo fonctionnent plutôt selon un espace vertical, en profondeur ou en épaisseur. Hugo construit cet espace en se dégageant de la temporalité de l'histoire. Pour cela il joue sur différents procédés d'anticipation, de retour en arrière, de parallélismes et d'échos. Dans le chapitre I, 6, 1 des *Misérables*, Javert écrit « à monsieur Chabouillet, secrétaire de monsieur le préfet de police » ; le lecteur ne découvrira qu'au chapitre suivant le contenu de la lettre. Des effets de prolepse troublent l'ordre narratif en anticipant sur la suite de l'action. Lors de guet-apens de la masure Gorbeau, l'évasion est expliquée par les conclusions d'une enquête qui n'aura lieu que plus tard puisque, à ce moment, Jean Valjean est encore prisonnier : « L'enquête judiciaire, à laquelle le guet-apens de la

1 Victor Hugo emploie très largement ce vocabulaire architectural concernant la rédaction de ses romans ; il désigne ainsi ses plans et projets par l'expression « tas de pierres » (*Oc.*, p. 483-528).

2 *Figures III*, Paris, Seuil, 1972, p. 78.

3 *Ibid.*

4 *Le personnel du roman. Le système des personnages dans les « Rougon-Macquart » d'Émile Zola*, Genève, Paris, Honoré Champion, 1983, p. 9-25.

masure Gorbeau donna lieu par la suite, a constaté » (*Mis.*, p. 640). Cet effet permet de dédoubler le texte en une dimension narrative et une dimension plus abstraite, comme le montre la structure de la prolepse qui glisse vers une séquence d'exposition.

Ce procédé est parfois poussé au point de remettre en cause la domination du récit. Hugo inverse souvent deux chapitres. Les deux livres qui sont consacrés à Clubin dans *Les Travailleurs de la mer* sont un retour en arrière que rien ne signale. L'absence de transition et l'ampleur du passage rappellent le procédé de la parenthèse : à l'intérieur même de la narration se crée un effet d'épaisseur ; elle ne se déroule plus mais se compose de blocs autonomes, qu'on peut placer et qui débordent l'ordre chronologique. On retrouve ce procédé dans *L'Homme qui rit*, où l'ensemble du livre premier de la deuxième partie est en fait une prolepse narrative, qui n'est pas signalée. Mi narrative mi explicative, elle semble indiquer que le texte s'organise moins en fonction de la narration que d'un classement thématique : si lord Dirry-Moir, dans les dernières lignes du livre I (p. 529), propose à Josiane d'aller voir Gwynplaine, qui n'arrivera à Londres qu'un livre plus loin, c'est parce que le livre II, I est entièrement consacré à la famille royale. Les faits ne sont plus classés en fonction de leur enchaînement chronologique, ils sont regroupés autour de critères thématiques.

Ce procédé est relayé par le système de la narration simultanée, dans lequel densité et temporalité s'articulent de manière originale. Plusieurs séquences textuelles narrent successivement des actions qui se déroulent au même instant dans des lieux différents. On rejoint l'ambition de totalité d'un regard qui cherche à tout embrasser en même temps. Le livre consacré à la chute de la barricade, le matin du 6 juin 1832, relate également le réveil de Cosette (V, 1, 10) ou l'errance des deux petits frères de Gavroche au Luxembourg (V, 1, 16). Cela permet d'extraire de la narration une autre dimension, constituée des mises en parallèle de ces passages avec l'action principale. Chaque moment se décompose en une stratification ce qui contribue à ouvrir un champ de profondeur dans la linéarité du récit. Dans *Quatrevingt-Treize*, un même segment temporel est partagé entre trois points de vue distincts, l'affrontement entre Gauvain et Lantenac à propos des otages (II, 12-14), la description des trois petits qui jouent dans la bibliothèque (l'ensemble du livre III) et l'errance de Michelle Fléchard à la recherche de ses enfants (IV, 1-5).

Fréquemment utilisé dans les romans, ce procédé du triptyque substitue une temporalité en épaisseur au déroulement chronologique, insistant sur la dimension tabulaire du récit qui prend le pas sur l'organisation linéaire.

Gestion des séquences, creusement des parenthèses ou superposition des époques, tous ces procédés visent à remettre en cause la linéarité du récit au profit d'une construction spatiale, en épaisseur. Les époques sont coupées en blocs qu'il est possible d'assembler selon l'ordre qu'on veut, afin d'extraire du développement narratif une architecture textuelle. Les choses sont vues dans leur aspect total et le regard, à défaut de pouvoir embrasser le monument, pénètre les couches successives. Cette profondeur de champ permet de construire l'espace de l'idée, à part du déroulement de l'anecdote.

LA FORMATION DU RÉCIT

Broussaille et forêt comme modélisations de la composition

Le texte n'est pas seulement dense, il s'épaissit sans cesse. *Les Misérables* par exemple ne cesseront d'enfler au fur et à mesure de leur rédaction. L'étude du manuscrit montre que la rédaction procède de manière circulaire, par retours successifs et augmentation d'une mince trame initiale[1]. Par son mode de composition non linéaire et par le type d'éléments qui viennent compléter le texte, il échappe à la narration. Comme le dit Guy Rosa, ces éléments « modifient non seulement le sens mais aussi le régime de la parole ainsi que l'appartenance littéraire du texte. *Les Misères* étaient un roman, *Les Misérables* sont autre chose[2] ».

Si ce phénomène ne prend pas une ampleur similaire dans les autres romans, il préside également à leur composition. Cette composition faite d'excroissances broussailleuses est envisagée par Hugo à travers le principe poétique de la forêt qui, jusqu'à *Quatrevingt-Treize*, occupe une place de plus en plus importante[3]. Mais de manière générale, la forêt apparaît dans tous les romans comme mode de structuration en

1 René Journet et Guy Robert, *Le Manuscrit des « Misérables »*, Paris, Les Belles Lettres, *Annales littéraires de l'université de Besançon*, volume 61, 1963.

2 *Les Misérables*, « notice », p. 1166.

3 Dès la préface aux *Odes et Ballades* de 1826, Hugo oppose l'ordre « pétrifié » des jardins de Versailles à l'ordre « sans les règles » d'une « forêt primitive du Nouveau-Monde ».

arrière-fond qui s'intègre à tout un réseau de principes de composition narratifs ou dynamiques[1]. La cathédrale de *Notre-Dame de Paris* était déjà un moyen de signifier la volonté de substituer un édifice matériel et formel à l'enchaînement logique des actions du récit. Mais déjà, une dynamique d'excroissances, notamment dans les gargouilles, permettait de ne pas glisser vers une nouvelle forme de rationalité, architecturale.

La forêt n'est jamais vraiment un décor ; les situations inattendues auxquelles elle s'applique indiquent que ce thème est bien traité comme un principe. C'est d'abord une matière comme le montre la description du vaisseau d'Orion qualifiée de « forêt qui flotte » (*Mis.*, p. 293). L'égout est également qualifié de la sorte : « qu'on se figure là-dessous cette forêt de branches ténébreuses qu'on nomme égout » (*Mis.*, p. 1099). Dans la grotte des *Travailleurs de la mer*, la forêt fait signe vers une autre structure, l'eau et sa fluidité : « Çà et là des herbes longues de plus d'une toise ondulaient sous l'eau avec un balancement de cheveux au vent. On entrevoyait des forêts de goëmons » (p. 222).

Comme les autres thèmes-principes, la forêt se pense de plusieurs manières. C'est un principe de composition qui a du sens. Lorsque la rue Plumet est comparée à une forêt, ce n'est pas en raison de son agencement mais des événements qui s'y produisent : « Ce qui venait de se passer dans cette rue n'eût point étonné une forêt. Les futaies, les taillis, les bruyères, les branches âprement entrecroisées, les hautes herbes, existent d'une manière sombre ; le fourmillement sauvage entrevoit là les subites apparitions de l'invisible » (*Mis.*, p. 807). La forêt n'est plus ici un lieu mais une idée. Dans la forêt, l'idée de foisonnement se mêle à celle d'angoisse, plus métaphysique. Le bois dans lequel Cosette doit aller chercher de l'eau est associé à la nuit et à l'enveloppement. Ce sont les branches qui servent d'embrayeur entre le plan de la composition et celui, symbolique, de la peur : « Les ronces se tordaient comme de longs bras armés de griffes cherchant à prendre des proies » ; « Les hautes herbes fourmillaient sous la bise comme des anguilles » ; « De tous côtés il y avait des étendues lugubres » (*Mis.*, p. 307-308). Les sept forêts de Bretagne sont « horribles » (*QT*, p. 915) : « Ce qu'étaient les forêts bretonnes, on se le figurerait difficilement ; c'étaient des villes. Rien de plus sourd, de plus muet et de plus sauvage

1 Nous verrons plus loin comment ce mode de composition se combine avec celui de l'élément liquide.

que ces inextricables enchevêtrements d'épines et de branchages ; ces vastes broussailles étaient des gîtes d'immobilité et de silence » ; elles comportent des souterrains qui cachent « un fourmillement d'hommes » (*QT*, p. 916).

Plus surprenant, la forêt incarne un principe de fuite : que ce soit la description de la forêt de Montfermeil ou du jardin la rue Plumet toutes deux sont construites sur cette isotopie. Car toutes ces branches qui permettent à la forêt de s'étendre sont autant de lignes de fuite :

> Un vent froid soufflait de la plaine. Le bois était ténébreux, sans aucun froissement de feuilles, sans aucune de ces vagues et fraîches lueurs de l'été. De grands branchages s'y dressaient affreusement. Des buissons chétifs et difformes sifflaient dans la clairière. Les hautes herbes fourmillaient sous la bise comme des anguilles. Les ronces se tordaient comme de longs bras armés de griffes cherchant à prendre des proies. Quelques bruyères sèches, chassées par le vent, passaient rapidement et avaient l'air de s'enfuir avec épouvante devant quelque chose qui arrivait. De tous les côtés il y avait des étendues lugubres (*Mis.*, p. 308).

Roman polycentrique

La composition ne suit pas la ligne de l'intrigue qui possède un début et une fin. Comme les branchages, elle suit plusieurs routes qui sont autant de points de départ sans point d'arrivée. Comme l'explique Jean Gaudon, la formule des *Misérables* annonce « l'avènement d'un roman délibérément polycentrique dans lequel la notion même de digression perdrait sa signification[1] ».

Comme celle de ligne droite, la notion de centre est présentée comme inquiétante. Les endroits féeriques comme la grotte des *Travailleurs de la mer* ou le château de Corleone-lodge ont des centres monstrueux, la pieuvre, ou terrifiant par leur beauté, la duchesse Josiane. Le pendu de *L'Homme qui rit* « semblait dans les espaces, un centre, ce qui est effrayant à dire, et quelque chose d'immense s'appuyait sur lui » (p. 389). Lantenac est qualifié de « brigand central » par Danton :

> – [...] la Vendée jusqu'à ce jour éparse entre plusieurs chefs, est au moment de se concentrer. Elle va désormais avoir un capitaine unique...
> – Un brigand central, murmura Danton (*QT*, p. 873).

1 « Éloge de la digression », art. cité, p. 142.

Les nombreux effets de rupture de l'intrigue que nous avons pu constater remettent en cause toute possibilité de centre pour le roman. Si on peut toujours se rattacher à un personnage central, la multiplication des personnages et l'intérêt qui leur est souvent consacré en fait autant de points de départ parallèles. Il en est de même pour les métaphores-clé qui ne permettent pas de construire un système symbolique. Pas d'organisation hiérarchique ; toutes sur le même plan, elles sont comme autant de supports parallèles de la pensée, sans qu'on sache laquelle choisir comme origine.

Le roman dans ses ramifications et ses enchevêtrements propose un ensemble fait de chocs et de ruptures, d'épaisseurs où se déploie l'infini. La linéarité du récit est remise en cause au profit d'autres rapports qui ne sont jamais fixés. Le lecteur est séduit par une « multitude de chemins où il paraît possible de se perdre comme on se perd dans une rêverie sans fond[1] ».

Structure du songe

« Rêver, c'est créer » (*HQR*, p. 698) : constamment réaffirmé, le lien entre rêverie, pensée et art est l'une de clés de l'esthétique hugolienne. Plus qu'un penseur, le héros hugolien est avant tout un songeur ou un rêveur, et l'importance de ce terme se mesure au nombre de ses occurrences. La rêverie est une pensée non représentative qui possède l'intransitivité de l'art : alors que le penseur a un but le rêveur n'en a pas (*QT*, p. 865) ; « l'auteur », lui-même est ainsi qualifié de « rêveur » (*Mis.*, p. 840). Mais le rêve comme forme principe a avant tout à voir avec la composition. Comme dans un rêve, la composition des romans n'est plus logique mais analogique. Reposant sur des d'éléments juxtaposés, libérée de l'ordre logique ou narratif, la composition rejoint la structure libre du rêve. Les éléments, reliés entre eux par des effets de parallélismes, d'écho ou de contrastes, ne sont pas les différentes étapes d'un raisonnement mais autant de lignes de fuite. Il n'y a plus de réalité mais seulement des manières différentes de l'aborder ; l'idée se démultiplie et empêche ainsi toute possibilité de synthèse. Cela ne signifie pas l'absence de pensée, mais une pensée non synthétique et non représentative qui se déploie dans un espace différent. Aussi la rêverie

1 *Ibid.*, p. 142.

ou le songe interviennent-ils souvent dans des moments de crise, lorsque la pensée n'est plus possible : dans la célèbre scène de « tempête sous un crâne » Jean Valjean tombe dans une « rêverie » lorsque la situation devient trop complexe pour sa pensée (*Mis.*, p. 182). C'est également le cas de Gwynplaine lorsqu'il apprend sa nouvelle situation ou de Gilliatt qui accomplit son exploit « dans un songe » :

> Tout le milieu où il était offrait l'extraordinaire de la vision ; Gilliatt avait de la chimère autour de lui. Le demi-étonnement de la nuit s'y ajoutant, il se voyait plongé dans l'impossible. Il se disait : Je rêve (*TM*, p. 211).

La description du rêve que fait Jean Valjean au chapitre I, 7, 4 des *Misérables* souligne certains aspects de cette composition de la rêverie, qui sont annoncés explicitement dans l'introduction : « Ce rêve comme la plupart des rêves, ne se rapportait à la situation que par je ne sais quoi de funeste et de poignant, mais il lui fit impression » (*Mis.*, p. 188). Analogies difficiles à cerner et impressions révèlent sur la dimension pragmatique de cette composition : c'est au niveau esthétique de l'effet que la contradiction du récit trouve une certaine pertinence. De plus, le double niveau de signification se complique d'un fonctionnement énonciatif complexe. Rédigée à la première personne du singulier, la description du rêve ôte, de manière exceptionnelle dans le livre, son statut de simple personnage à Jean Valjean pour en faire un narrateur intradiégétique[1]. Par le procédé du récit de rêve, le texte pointe ainsi un fonctionnement qui est en fait général au récit, utilisant les décalages comme autant de lignes de fuite vers une organisation non systématique.

UNE TOTALITÉ NON SYSTÉMATIQUE

Au-delà du roman

Pas de totalité orientée ni finalisée ; le roman est un ensemble ouvert, en constante expansion, pas un système. C'est pourquoi il excède les limites de l'objet qui porte le même nom[2]. Des morceaux entiers vont

1 Mieke Bal utilise le terme de « métafocalisation », pour rendre compte de ce fonctionnement complexe du rêve à la première personne (« Narration et focalisation. Pour une théorie des instances du récit », *Poétique*, n° 29, 1977, p. 124-125).

2 François Rastier insiste sur l'importance du corpus comme unité textuelle : « l'unité linguistique fondamentale (tant empirique que théorique) n'est pas le signe, ni même la phrase,

jusqu'à s'extraire du roman, comme le passage intitulé *L'Archipel de la Manche* qui n'appartient pas matériellement aux *Travailleurs de la mer*, mais en fait partie comme échappée. Les romans ne sont pas des touts autonomes, bien délimités mais des éléments d'un ensemble qui les dépasse, aussi s'intègrent-ils les uns aux autres selon des systèmes de série indiqués par Hugo : *Notre-Dame de Paris*, *Les Misérables* et *Les Travailleurs de la mer* sont présentés comme une trilogie de « l'anankè ». Mais cette trilogie se dissout elle-même dans la proximité des trois derniers romans, liés dans le temps par leur rédaction mais aussi par leur thématique maritime. Quant à la trilogie qui devait être constituée de *L'Homme qui rit*, *La Monarchie* et *Quatrevingt-Treize*, le fait qu'elle soit restée incomplète signale le refus de toute clôture et la volonté de se fondre dans des ensembles toujours plus souples. Les ouvrages délimités par des titres excèdent les limites de l'objet roman[1] pour former des « archipels » dans une œuvre dont « les aspects se désagrègent pour se recomposer » (*AM*, p. 8)[2].

Le mode d'organisation du texte est alors symptomatique d'un mode de pensée. La genèse du texte est la genèse de l'idée. Contrairement à la taxinomie scientifique, qui divise son objet pour mieux l'appréhender, Hugo cherche de plus en plus à éparpiller son idée, à jeter vers l'avant d'autres œuvres. *La Comédie Humaine* se divise en études de mœurs, études philosophiques, études analytiques ; puis scènes de la vie de province, de la vie militaire etc. Chaque roman prend place dans ce cadre pour dépeindre un milieu particulier, un type sociologique ou psychologique, une passion. Hugo au contraire vise une totalité toujours ouverte. Tout en se trouvant liés les uns aux autres, les romans de Hugo ne s'organisent pas selon un système qui reposerait sur une classification analytique. Il les conçoit avant tout sur le mode d'une interrogation globale, d'une quête du sens. Pour Balzac, la somme des détails hétérogènes donnera la totalité, pour Hugo, la totalité se conçoit comme élan.

---

mais le texte (oral fixé ou écrit), dont l'analyse commande l'accès aux unités de rang inférieur. Cependant l'unité supérieure est le corpus » (« Le problème épistémologique du contexte et le statut de l'interprétation dans les sciences du langage », *Langages*, n° 129, mars 1998 p. 107).

1 Yves Gohin, *roman III*, présentation.

2 On peut rapprocher de cet aspect les différents échanges génériques et intertextuels qu'on a étudiés dans la première section, en précisant que loin d'être un simple effet de citation l'intertextualité est ici conçue comme dynamique de formation et de déformation du texte, à l'image de la définition qu'en donne Julia Kristeva dans *Séméiotikè*.

Roman et finalité

Contrairement au schéma linéaire du roman qui repose sur une suite de transformations finalisées, le roman hugolien refuse l'idée de but. Nombreux sont les trajets de personnages qui sont définis sans but. C'est le cas de Gwynplaine enfant lorsqu'il est abandonné (*HQR*, p. 383) ; « But » est le nom d'un écueil (p. 434) et le texte précise que la seule finalité réussie est le chaos de sa figure (p. 532). *Quatrevingt-Treize*, dont l'un des fils directeurs est l'errance de la paysanne Michelle Fléchard, oppose rêve et but dans le dialogue entre Cimourdain et Gauvain (p. 1059). Par opposition, le hasard est souvent convoqué. Le lancement de la Durande se fait « par hasard ou exprès » un 14 juillet (*TM*, p. 86). Ursus et Homo vivent « de la grande vie du hasard » (*HQR*, p. 354). Michelle Fléchard a « l'œil fixé au hasard sur les profondeurs de la forêt » (*QT*, p. 948).

Dans cette perspective, la fin du roman n'est jamais comprise comme un dénouement, mais comme l'expression d'une limite au-delà de laquelle se déploie l'horizon de l'impensé[1]. *Les Travailleurs de la mer* et *L'Homme qui rit* qui débutent sur la blancheur de la neige se terminent par une disparition dans l'eau. Quant aux *Misérables*, l'absence d'intrigue unique ne permet pas de déterminer quel dénouement il faut choisir. Là encore le texte du roman se termine sur un effacement, celui de l'inscription sur la tombe de Jean Valjean.

L'étude des manuscrits montre cette volonté d'éviter de conclure sur l'intrigue. Pour s'en rendre compte on peut comparer la conclusion de *L'Homme qui rit* : « Quand Ursus revint à lui, il ne vit plus Gwynplaine, et il aperçut près du bord Homo qui hurlait dans l'ombre en regardant la mer », et sa première version :

> Ce que devint Gwynplaine, on ne le sait. On trouva l'habit et le chapeau sur la berge de la Tamise, et la Gazette de Londres (?) annonça que lord Clancharlie ayant péri de mort volontaire sa pairie avait fait retour à lord David Dirry-Moir, sitôt le deuil écoulé, épousait la duchesse Josiane[2].

Point de sens ; si le roman est orienté, c'est vers la disparition ; il tourne sur lui-même autour non d'un centre mais d'un vide.

1 « L'œuvre rend son accomplissement à la totalité blanche d'où elle émerge » (Jacques Neefs « Penser par la fiction », *Hugo le fabuleux*, éd. citée, p. 100).

2 « Reliquat » de *L'Homme qui rit*, édition de l'Imprimerie Nationale p. 566.

L'ARCHITECTURE DE LA MER

Au-delà des principes architecturaux fixes, dont le monument historique est l'emblème[1], la composition est de plus en plus associée à des principes dynamiques. Étirer et épaissir le matériau linguistique n'est pas suffisant. Il faut refuser toute dimension statique qui pourrait le tirer vers la fixité de l'idée spéculative[2].

Dynamique

La figure de l'édifice permet de remettre en cause la linéarité du récit au profit d'un mode de composition vertical ; quant à la figure de la forêt, elle permet de penser la composition comme un développement foisonnant, brisant les contours au profit d'un espace de lignes de fuite. Mais pour compléter ce mode de composition ni narratif ni synthétique, il faut insuffler une dynamique qui remette en question à jamais la fixité du système. C'est pourquoi la structure de l'océan englobe et complète les deux autres principes de composition. L'idée n'est plus seulement étalement ou entrelacs, elle se fait flux et reflux.

L'élément liquide suppose une forme qui peut se défaire à tout moment et qui ne propose une unité que dans sa dynamique. Architecture et fluidité se mêlent. Contrairement à la structure antithétique des maisons visionnées, la structure maritime cherche à excéder ses contours : la matérialité oblique de « la galiote à Lethierry » qualifiée de « Bateau-diable » (*TM*, p. 84) est un excès : « La Galiote était trop courte, trop ronde, trop ramassée ; elle avait trop de joue et trop de hanche ». L'« architecture de la mer » est escarpée et à pic (*TM*, p. 139). La grotte est « la rencontre de la sauvagerie et de l'orfèvrerie dans l'auguste et difforme architecture du hasard » (*TM*, p. 233).

1 Chantal Brière, *Victor Hugo et le roman architectural*, Paris, Honoré Champion, 2007.

2 Derrière la réflexion épistémologique se cache également un enjeu politique. La mer, et plus spécifiquement l'image de la marée montante, sont au XIXe siècle fréquemment associées à la représentation de la foule et de l'insurrection populaire. On notera qu'avant l'exil, les occurrences du terme « marée », chez Hugo, sont exclusivement réservées à cet usage symbolique. Par ailleurs, il est certainement l'écrivain qui a le plus travaillé ce stéréotype en un sens positif, en l'associant à l'idée de peuple en construction.

Débordement

Comme l'explique Bachelard dans *La Formation de l'esprit scientifique*, l'excès de précision dans le cadre d'un exposé scientifique est un obstacle épistémologique. L'esprit scientifique opère par sélection et classement ; par opposition à cela les romans de Hugo multiplient les détails au point qu'ils débordent toute possibilité de clôture synthétique. L'abondance des détails retourne la positivité de la construction en négativité de l'excès. De nombreux passages des romans de Hugo ne sont plus seulement des digressions. On ne passe pas à autre chose, mais le texte déborde en énumérations sans fin. Alors il n'est plus possible de déterminer ni le sens ni l'unité de ces passages. L'ensemble devient une « complication de détails » (*Mis.*, p. 214) à l'image de la Thénardier, « grande, blonde, rouge, grosse, charnue, carrée, énorme » (*Mis.*, p. 299), qu'on finit par avoir du mal à se représenter. De nombreux passages explicatifs deviennent ainsi incompréhensibles en raison du nombre d'informations qui sont données à la suite. C'est le cas du chapitre I, 3, 1 des *Misérables*, « L'année 1817 » ; ou de la description de la tempête dans *Les Travailleurs de la mer*, passages où l'on se noie dans les détails.

Contrairement à l'historien, mais on pourrait en dire autant du philosophe rationaliste ou du scientifique, le narrateur des *Misérables* propose de mettre en avant les détails ; il les présente comme le matériau vivant de son texte :

> Les faits qui vont être racontés appartiennent à cette réalité dramatique et vivante que l'historien néglige quelquefois, faute de temps et d'espace. Là pourtant, nous y insistons, là est la vie, la palpitation, le frémissement humain. Les petits détails, nous croyons l'avoir dit, sont, pour ainsi parler, le feuillage des grands événements et se perdent dans les lointains de l'histoire. [...] Nous allons donc mettre en lumière, parmi les particularités connues et publiées, des choses qu'on n'a point sues (*Mis.*, p. 833).

Le détail n'est pas seulement le vecteur d'une dynamique, il insuffle une sorte de vie au texte, selon un mode de composition plus organique que systématique.

« Faites de l'idée un tourbillon »

La composition des romans est une structure complexe qui joue sur l'opposition de deux niveaux. Au niveau de l'intrigue, auquel convient l'image de la trame, s'oppose la construction d'un espace de l'idée, dense et dynamique dont rend mieux compte l'image de la tempête. L'espace de l'idée n'est pas rationalisé ou géométrique, il est en constant renouvellement. « Rembrandt vaut mieux que Van der Meulen. [...] La géométrie trompe, l'ouragan seul est vrai » écrit-il dans *Les Misérables* (p. 252).

La composition n'est donc pas un simple mode de présentation du sens, c'est le principe même de son développement. « Faites de l'idée un tourbillon » (*Mis.*, p. 470) : cette injonction aux philosophes condense l'esprit d'une idée qui ne se fixe pas en un point mais surgit de la mise en relation de l'ensemble de l'œuvre comprise comme un vaste contexte, grâce à toutes sortes de procédés d'écho, de parallélisme ou de contraste. La pensée est à l'image de la tempête qui s'empare de l'esprit de Gwynplaine : « La pulvérisation des idées était en lui à son comble. Ce qu'il pensait ne ressemblait pas à de la pensée. C'était une diffusion, une dispersion, l'angoisse d'être dans l'incompréhensible » (*HQR*, p. 703).

Jamais condensée, mais indécomposable, l'idée hésite entre développement et concision, selon une structure dynamique qui se fond dans une temporalité non chronologique.

TEMPS DE LA COMPOSITION

Dans la section précédente, on a vu comment le travail sur une composition en épaisseur permet de rompre avec la configuration linéaire, comprise comme le siège de la synthèse représentative dans le roman. Cette conception semble ne laisser place qu'à une alternative insatisfaisante, résumée par Paul Ricœur : « soit la chronologie, soit des rapports systémiques achroniques[1]. » Or comme il l'explique plus loin, « la chronologie a un autre contraire : la temporalité elle-même, portée à son niveau de plus grande tension ». De même que de la configuration du récit se dégageait un espace romanesque, nous allons voir que le roman joue également sur une double temporalité : celle du récit, proche de la causalité abstraite, et celle de la composition, qui repose sur des jeux de vitesses et sur une tension entre concision et dépense.

1 *Temps et récit* I, éd. citée, p. 158.

VITESSE DE LA PAROLE : CONCISION ET DÉPENSE

Le temps de la composition est d'abord une vitesse ; celle-ci est liée à l'importance du segment textuel qui sert de support à la pensée. Cela peut aller de l'instantané de l'intuition au développement analytique du raisonnement. On peut penser que le fait que Hugo ait recourt à la poésie s'explique ici par son ambition de rendre compte d'une totalité indécomposable. Pourtant on verra qu'un mouvement de dépense entre en opposition avec la concision de la poésie.

Concision

La forme signifiante, infinie et indécomposable, ne peut être saisie que dans une vision totalisante, dans l'instant d'une intuition. Le texte cherche donc à réduire au maximum le support verbal afin de s'accorder au mieux avec cette condensation de l'idée. Comme l'explique Henri Meschonnic, « la phrase nominale est l'intuition, le coup d'œil, le contact avec les choses. C'est la note de carnet, le spontané, l'immédiat de l'impression brute[1] ».

L'énoncé est réduit à son minimum : un simple nom porteur d'une image. La phrase est débarrassée de tous les termes outils qui pourraient faire du texte un raisonnement : « Là, paix profonde, silence absolu, nuit » (*Mis.*, p. 989) ; « La trépidation de la mer annonce une épouvante qui s'attend à tout. Inquiétude. Angoisse. Terreur profonde des eaux » (*TM*, p. 255) : l'énoncé glisse vers le simple nom comme si l'idée ne pouvait être expliquée plus avant. Ce type d'énoncé constitue souvent à lui seul un paragraphe, ce qui réduit encore le sentiment de vitesse : « Affût inexorable » (*HQR*, p. 515). Placé en conclusion, il donne l'impression de condenser le raisonnement : « Générosité profonde de l'ombre » (fin du chapitre II, 2, 5). Impossible à expliquer la misère est l'objet privilégié de ce type d'expression : « Une veuve, trois orphelins, la fuite, l'abandon, la solitude, la guerre grondante tout autour de l'horizon, la faim, la soif, pas d'autre nourriture que l'herbe, pas d'autre toit que le ciel » (*QT*, p. 797). L'idée de fuite, particulièrement difficile à cerner, est rendue dans *Les Misérables* par ce procédé pointilliste :

> Une multitude vertigineuse emplit les routes, les sentiers, les ponts, les plaines, les collines, les vallées, les bois, encombrés par cette évasion de quarante

1 « La poésie dans *Les Misérables* », art. cité, p. XXXVIII.

> mille hommes. Cris, désespoir, sacs et fusils jetés dans le seigle, passages frayés à coups d'épées, plus de camarades, plus d'officiers, plus de généraux, une inexprimable épouvante. Zieten sabrant la France à son aise. Les lions devenus chevreuils. Telle fut cette fuite (*Mis.*, p. 269).

Condensée de la sorte la prose se fait poésie et l'idée se manifeste dans une structure particulière qu'on peut qualifier avec Henri Meschonnic de « poésie gnomique ». Concision de la poésie et brièveté de la sentence se mêlent pour donner un support condensé à l'idée.

Non seulement les personnages ou le narrateur ont souvent recours à la sentence, mais cet emploi est affiché : de Thénardier il est dit que « ses théories d'aubergiste jaillissaient quelquefois de lui par éclair. Il avait des aphorismes professionnels qu'il insérait dans l'esprit de sa femme » (*Mis.*, p. 302). Clubin « avait là-dessus des sentences » (*TM*, p. 115). La narration, quant à elle, se dissout souvent dans une suite de sentences au présent :

> […] par moments sa façon dormante et voluptueuse de traîner la fin des phrases imitait les allongements de pattes d'une tigresse marchant dans les jongles.
>
> L'utilité d'être précieuse, c'est que cela déclasse le genre humain. On ne lui fait plus l'honneur d'en être.
>
> Avant tout mettre l'espèce humaine à distance, voilà ce qui importe.
>
> Junon se résout en Araminte. Une prétention de divinité non admise crée la mijaurée. À défaut de coups de tonnerre, on a l'impertinence. Le temple se ratatine en boudoir. Ne pouvant être déesse on est idole.
>
> La coquette et le pédant sont deux voisins. Leur adhérence est visible dans le fat.
>
> Le subtil dérive du sensuel. La gourmandise affecte la délicatesse (*HQR*, p. 489).

Dans cet exemple, on passe de la description sensuelle et poétique de Josiane à des considérations d'ordre général, présentées sous forme de sentences. Mais le travail sur la disposition de ces sentences montre la volonté de Hugo de les fondre dans un troisième principe qui vise à relier, sans les synthétiser, poésie et réflexion. C'est encore plus visible dans le passage suivant, qui ne joue pas seulement sur une ambiance poétique. C'est la concision de la forme qui donne à la phrase sa dimension poétique et lui permet d'embrayer plus facilement sur la brièveté de la sentence :

> L'immensité obscure.
> Remercier devant soi, c'est assez. L'action de grâce a des ailes et va où elle doit aller. Votre prière en sait plus loin que vous (*HQR*, p. 540).

« Moins d'envergure dans la phrase, plus d'intensité dans le coup. Tacite pense à bras raccourci » (*Mis.*, p. 831), cette phrase est à la fois la définition et l'illustration du style et de la pensée que recherche Hugo dans ses romans. La forme condensée de la sentence ne permet pas à la pensée de se développer de manière analytique. Elle repose avant tout sur la force de l'image et suscite chez le lecteur moins une réflexion qu'une intuition. Associés à des images plus qu'à des concepts, les présentatifs témoignent de la volonté d'articuler profondeur de l'idée et force émotionnelle de l'image.

> Leurs nerfs sont devenus des os ; leurs os sont devenus des pierres. Leur voile est de la nuit tissue. Leur souffle sous le voile ressemble à on ne sait quelle tragique respiration de la mort (*Mis.*, p. 404).

L'idée se condense en une suite de phrases brèves, et la concentration de la pensée résulte ici d'une configuration syntaxique qui associe parallélisme et répétition dans un jeu de contrastes travaillé.

> Un monstre de pierre faisant pendant au monstre de bois. Et, disons-le, quand l'homme a touché au bois et à la pierre, le bois et la pierre ne sont plus ni bois ni pierre, et prennent quelque chose de l'homme. Un édifice est un dogme, une machine est une idée (*QT*, p. 1061).

Dans cette description du couple formé par la guillotine et la Tourgue, répétition et parallélisme creusent la phrase comme ces dessins de Hugo aux contrastes appuyés.

Si la poésie gnomique recherche la condensation de l'idée, son emploi en série la fait glisser vers le développement. La sentence se fait fragment ; elle ressortit à une écriture de la répétition, et se conçoit comme ce qui doit être indéfiniment recommencé. L'idée n'est plus concentrée dans un concept, elle condense la pensée mais ne la fixe pas.

> Un glas fait dans l'espace une vilaine ponctuation. Il marque dans les préoccupations de tout le monde des alinéas funèbres. Un glas de cloche ressemble à un râle d'homme. Annonce d'agonie [...]. La rêverie indécise est une sorte de refuge ; on ne sait quoi de diffus dans l'angoisse, permet à quelque espérance

> de percer ; le glas, désolant, précise. Cette diffusion, il la supprime, et dans ce trouble, où l'inquiétude tâche de rester en suspens, il détermine des précipités. [...] Avertissement. Rien de sombre comme un monologue sur lequel tombe cette cadence. Les retours égaux indiquent une intention. Qu'est-ce que ce marteau, la cloche, forge sur cette enclume, la pensée ? (*HQR*, p. 676).

Ce passage éclaire et illustre le principe paradoxal de cette brièveté abondante. C'est une explication ; pourtant on ne trouve aucun connecteur logique pour souligner l'ordre du raisonnement. Les différentes sentences semblent maintenir leur indépendance, tout en formant un développement par juxtaposition, dans une dilatation indéfinie. Il semble qu'on pourrait interrompre le texte après chacune de ces phrases ou au contraire le continuer. C'est encore plus clair dans les passages où les différentes maximes se divisent en paragraphes ; le texte avance par vagues, par « alinéas » pour former une « rêverie indécise ». La condensation de la maxime forme un trait qui se dilate et se perd aussitôt dans l'écho des autres.

Dépense

L'écriture se caractérise alors par une dépense de mots, mais aussi de personnages ou de situations qui dilatent le roman et en étendent indéfiniment le temps. Ceci est particulièrement visible dans *Les Misérables* où « un nombre considérable de personnages, dont l'intervention est pourtant décisive, disparaissent sans que le lecteur s'y attende, en un éparpillement contraire aux lois de la concentration romanesque[1] ».

Par ce procédé, l'écriture invalide à la fois la signification, qui la rapproche du concept, et le développement du récit, qui en fait une analyse. Concision et abondance se combinent pour former une pensée différentielle qui ne prend appui sur un élément que pour mieux bifurquer. L'écriture de Hugo se distingue donc par sa manière d'accumuler les assertions générales, de moduler sans fin les énoncés par la juxtaposition, conférant au style des possibilités d'infini. Avec le roman, la parole se déploie dans le temps et dans l'espace. On se rapproche d'une structure orale, qui inscrit les notions et les informations dans le temps, au lieu de les synthétiser *a priori*. Plus la parole s'étend, plus elle laisse une place importante à l'accident, à l'élément inattendu, qui ne s'intègre pas à la perfection et qui donc permet l'émergence d'une certaine singularité.

1 Annette Rosa, *Les Misérables*, présentation, p. III.

La vitesse du roman se caractérise donc par une tension entre concision de la poésie et étendue de la prose. Car si la poésie permet d'échapper au déroulement analytique du raisonnement pour rejoindre l'intuition totalisante, elle présente des dangers d'idéalisation ; le risque est de retomber dans une structure proche de celle du concept, où l'idée est fixée dans un mot. La prose permet de pallier cette difficulté en diffusant le sens sur une étendue trop vaste pour qu'il puisse être isolé. C'est pourquoi Hugo ne cherche à écrire ni un roman ni un poème mais un roman poétique, composé de la tension de ces deux structures et de leurs deux esprits. Le passage des *Misères* aux *Misérables* est emblématique de la nouvelle conception de l'écriture qui voit le jour chez Hugo à cette époque. Il signifie par son refus d'un titre poétique son dessein de décrire non pas la souffrance comme concept individué mais les souffrants comme diffusion d'une réalité multiple.

ASPECT ET INDÉFINI TEMPOREL

La notion de vitesse et la tension qui caractérise son inscription dans les romans est un premier pas dans la création d'une temporalité non chronologique. Le temps y est hétérogène avant d'être successif. Ce phénomène se combine avec le jeu sur l'aspect. La chronologie du récit divise le temps en époques successives. C'est donc l'un des avatars de la pensée spéculative qui décompose pour mieux classer. Dans sa volonté de penser l'infini, Hugo travaille au contraire sur l'indéfini. Celui-ci peut être visé dans le texte par un travail sur les modes qui ne divisent pas le temps en étapes successives. Comme l'explique Dominique Combe : « Les grands récits exploitent toutes les richesses de l'indicatif pour poser un monde en lequel le lecteur peut croire, de sorte que le terme ultime de la chronogenèse est aussi celui de la narratogenèse[1]. » Or, précisément, « il semble que le récit ne puisse absolument pas se penser sans la référence à ces trois époques passé, présent, avenir, qui sont au centre de toute discussion de la notion de temps depuis Aristote et Saint Augustin[2] ». Selon Gustave Guillaume[3], seul l'indicatif est capable de

1 *La Pensée et le style*, Paris, Éditions Universitaires, 1991, p. 161.
2 *Ibid.*, p. 139-140.
3 Pour ce linguistique, le système verbal du français repose sur une chronogénèse, opération de pensée dans laquelle se construit l'image-temps, composée de trois sous-systèmes appelés chronothèse, qu'il décrit comme « Les trois profils caractéristiques de la formation de l'image-temps : en puissance (*in posse*), en devenir (*in fieri*), en réalité (*in esse*) » (*Temps et verbe*, Paris, Honoré Champion, 1970, p. 10).

proposer une image-temps pleinement réalisée et une temporalisation achevée dans la division en époques. Normalement, les chronothèses qui précèdent la réalisation de l'image temps sont exclues du récit, dans la mesure où elles ne permettent pas de fixer une chronologie précise : les distinctions purement aspectuelles (accompli/inaccompli) « emportées » par les modes « quasi nominaux » de l'infinitif ou du participe, et même celle du subjonctif et des modes *in fieri*, ne suffisent pas à permettre la richesse des perspectives chronologique du récit. Pour penser une alternative au récit, il faut donc travailler sur une alternative à l'indicatif et en particulier au passé simple[1], qui correspond au moment où la durée intuitive accède au stade de la représentation.

Infinitif et participe

Dans ses romans, Hugo cherche à retrouver une temporalité concrète. Il s'agit pour lui de retrouver un mode de pensée où le sens n'est pas décomposé en signes ; de même qu'il ne se satisfait pas de l'espace du mot et cherche à se déployer au niveau de l'œuvre en son entier, il ne se retrouve pas dans la division en époques s'accorde mieux à une temporalité plus proche du rythme que de la chronologie. Rejoignant le fonctionnement du poème, Hugo a recours pour cela à un travail sur l'aspect où, en deçà des relations chronologiques, il n'existe que des tensions de durée. Comme l'explique Guillaume, les premières chronothèses sont caractérisées par leur caractère tensif. L'idée alors n'est jamais vue comme résultat mais uniquement comme dynamique de pensée. Le refus du récit consiste donc dans les formes verbales qui tendent vers le nom.

On trouve ainsi de nombreux emplois de l'infinitif là où l'on attendrait un verbe conjugué :

> Être le prince égalité, porter en soi la contradiction de la restauration et de la révolution, avoir ce côté inquiétant du révolutionnaire qui devient rassurant dans le gouvernant, ce fut là la fortune de Louis-Philippe en 1830 (*Mis.*, p. 660).

---

1 Dans « L'écriture du roman », Roland Barthes insiste sur le rôle du passé simple dans « la liaison logique avec d'autres actions » et sur le fait qu'il « vise à maintenir une hiérarchie dans l'empire des faits. Par son passé simple, le verbe fait implicitement partie d'une chaîne causale, il participe à un ensemble d'actions solidaires et dirigées [...] il appelle un déroulement » et sa « seule fonction est d'unir le plus rapidement une cause et une fin » (*Le Degré zéro de l'écriture*, Paris, Seuil, 1953, p. 25-26).

> Chute brusque dans une cave ; disparition dans l'oubliette de Paris ; quitter cette rue où la mort était partout pour cette espèce de sépulcre où il y avait la vie, ce fut un instant étrange (*Mis.*, p. 1007).

> Tout en cheminant, les deux paysans causaient, et, par-dessus la femme sanglante dont la lune éclairait la face pâle, ils échangeaient des exclamations effarées
> – Tout tuer !
> – Tout brûler ! (*QT*, p. 856).

Le participe est lui aussi fréquemment utilisé :

> Et dans cette communauté de paradis, parlant, chantant, courant, dansant, chassant aux papillons, cueillant des liserons, mouillant leurs bas à jour roses dans les hautes herbes, fraîches, folles, point méchantes toutes recevaient un peu çà et là les baisers de tous (*Mis.*, p. 103).

> Toutes ces cloches forcenées appelant de toute part, et en même temps ce silence, rien de plus sinistre (*QT*, p. 840).

« Le quine, c'était la Durande naviguant » (*TM*, p. 88) ; « Déruchette était de l'allégresse allant et venant dans la maison » (*TM*, p. 90) ; « Mais le défendu attire étant gouffre » (*TM*, p. 237) ; « Elle était inquiétante à voir en effet, tressaillant de tout, effarée, frissonnante, ayant une anxiété fauve, et si effrayée qu'elle était effrayante » (*QT*, p. 991). Adjectifs verbaux et participes se succèdent et réduisent le verbe à sa dimension lexicale :

> On sait le reste, l'irruption d'une troisième armée, la bataille disloquée, quatrevingt-six bouches à feu tonnant tout à coup, Pirch Ier survenant avec Bülow, la cavalerie de Zieten menée par Blücher en personne, les français refoulés, Marcognet Balayé du plateau d'Ohain, Durutte délogé de Papelotte, Donzelot et Quiot reculant, Lobau pris en écharpe, une nouvelle bataille se précipitant à la nuit tombante sur nos régiments démantelés, tout la ligne anglaise reprenant et poussée en avant, la gigantesque trouée faite dans l'armée française, la mitraille anglaise et la mitraille prussienne s'entr'aidant, l'extermination, le désastre de front, le désastre en flanc, la garde entrant en ligne sous cet épouvantable écroulement (*Mis.*, p. 267).

Le texte se tourne vers une syntaxe nominale, emblématique de la résistance au narratif véhiculé par le verbe.

Les formes de l'indicatif

L'utilisation particulière qui est faite des formes verbales de l'indicatif permet également de marquer une rupture avec le récit. Pour cela le texte des romans a recours à une tension entre les formes verbales, ce qui introduit une certaine négativité. Différents procès sont associés de manière hétérogène :

> La trace que la révolution avait laissée en lui était prodigieuse. Son souvenir était comme une empreinte vivante de ces grandes années minute par minute [...]
>
> Louis-Philippe a été un roi de plein jour. Lui régnant, la presse a été libre, la tribune a été libre [...] L'histoire lui tiendra compte de cette loyauté.
>
> Louis-Philippe comme tous les hommes historiques sortis de scène est aujourd'hui mis en jugement (*Mis.*, p. 661).

Dans ce passage, on passe de l'imparfait au passé composé puis au présent, ce qui crée une structure temporelle à la frontière entre récit et commentaire. D'autres passages, dans le même esprit, associent présent, imparfait et passé simple :

> L'orage du combat est encore dans cette cour ; l'horreur y est visible ; le bouleversement de la mêlée s'y est pétrifié ; cela vit, cela meurt ; c'était hier. Les murs agonisent, les pierres tombent, les brèches crient ; les trous sont des plaies ; les arbres penchés et frissonnants semblent faire effort pour s'enfuir.
>
> Cette cour, en 1815, était plus bâtie qu'elle n'est aujourd'hui. Des constructions qu'on a depuis jetées y faisaient des redans, des angles et des coudes d'équerre.
>
> Les anglais s'y étaient barricadés, les français y pénétrèrent, mais ne purent s'y maintenir. À côté de la chapelle, une aile du château, le seul débris qui reste du manoir d'Hougemont, se dresse écroulée (*Mis.*, p. 243).

L'utilisation de ce mélange dans un segment plus resserré le rend encore plus frappant : « Le jour commence par être sinistre. Une blancheur triste entra dans la cahute » (*HQR*, p. 468).

Dans ce dernier exemple, on voit bien comment le texte cherche à extraire du temps chronologique du récit, une temporalité indifférenciée. Le recours à un présent omnitemporel achève alors ce mouvement ; il transforme l'action en un tableau dépourvu de chronologie, indistinct.

Les nombreuses parenthèses dont nous avons parlé dans la deuxième section sont souvent construites autour d'un présent isochrone à l'ensemble de l'axe temporel : « Ces classes de femmes, sont entièrement soumises par nos lois à la discrétion de la police » (*Mis.*, p. 152). Ne représentant pas un ancrage chronologique précis, ce présent rompt souvent avec le récit : « Il attendit. Quoi ? Il épia. Quoi ? ces inexorables portes, une fois fermées, ne se rouvrent pas tout de suite » (*HQR*, p. 661).

Mais plus qu'une rupture avec le récit, l'utilisation du présent cherche à construire une temporalité indéterminée, non datée :

> Après la prise de la Haie-Sainte la bataille vacilla.
>
> Il y a dans cette journée de midi à quatre heures, un intervalle obscur ; le milieu de cette bataille est presque indistinct et participe du sombre de la mêlée. Le crépuscule s'y fait. On aperçoit de vastes fluctuations dans cette brume, un mirage vertigineux, l'attirail de guerre d'alors, presque inconnu aujourd'hui, les colbacks à flamme, les sabretaches flottantes, les buffleteries croisées, les gibernes à grenade, les dolmans des hussards, les bottes rouges à mille plis, les lourds shakos enguirlandés de torsades, l'infanterie presque noire de Brunswick mêlée à l'infanterie écarlate d'Angleterre, les soldats anglais ayant aux chevau-légers hanovriens avec leur casque de cuir oblong à bandes de cuivre et à crinières de crins rouges, les écossais aux genous nus et aux plaids quadrillés, les grandes guêtres blanches de nos grenadiers des tableaux, non des lignes stratégiques, ce qu'il faut à Salvator Rosa, non ce qu'il faut à Gribeauval (*Mis.*, p. 251).

Cet exemple montre clairement le passage du temps du récit au temps de la composition (qui n'est pas le présent d'énonciation). Les premières lignes du deuxième paragraphe laissent penser qu'on passe simplement au présent de narration ; mais la disparition progressive du verbe qui ne réapparaît plus que sous sa forme adjectivale ou impersonnelle et l'accumulation de syntagmes nominaux soulignent que le présent est ici employé comme temps de la neutralité : ni présent actuel, ni présent historique, il semble que le texte veuille construire ici une valeur d'indéfini. Plus de date mais un temps indifférencié, un « intervalle obscur » qui ouvre une brèche dans le découpage en époques du récit. La présence du déictique « aujourd'hui » indique la volonté de fondre toutes les époques en une temporalité non datée. Car pour ouvrir cette brèche, le travail sur la morphologie verbale n'est pas suffisant ; il faut également se préoccuper des repères qui sont propres au récit.

LE PROBLÈME DE L'ACTUALITÉ

Le texte des romans cherche également à remettre en cause cette temporalité. Comme l'explique Marcel Vuillaume, « on peut distinguer, dans les textes de fiction, plusieurs niveaux de repérage temporel. On en identifie aisément au moins deux : l'un lié à l'écriture [...] l'autre lié à la lecture[1] ».

Au lieu d'articuler ces niveaux de repérage à celui du récit, le texte des romans crée un phénomène de tension remettant en cause l'illusion temporelle qui permet de transporter le lecteur dans l'univers narré. On a déjà vu le rôle indéfini du présent de narration, mais il est également utilisé, de manière paradoxale[2], pour souligner l'ambiguïté du repérage temporel. Dans le chapitre II, 1, 2 des *Misérables* qui décrit la visite du narrateur dans le « lieu funèbre » de Hougomont, « commencement » de la défaite de Waterloo, le présent de narration prend le relais de l'imparfait utilisé au chapitre précédent dans le récit de la première étape de sa visite. Quatre repérages temporels se superposent alors : le passé est employé pour raconter la visite du narrateur[3] : « Le passant poussa la porte, coudoya sous un porche une vieille calèche, et entra dans la cour » (p. 242), mais également pour renvoyer à l'époque de Waterloo : « Hougomont, ce fut là un lieu funèbre, le commencement de l'obstacle, la première résistance que rencontra à Waterloo » ; quant au présent, il est utilisé avec une valeur actuelle (« C'était un château, ce n'est plus qu'une ferme[4] »), mais prend aussi le relais du passé pour décrire la visite du narrateur : « On sort de la chapelle, et à gauche on voit un puits. Il y en deux dans cette cour. On demande : pourquoi n'y

1 *Grammaire temporelle des récits*, Paris, Minuit, 1990, p. 25.

2 Le présent de narration joue normalement sur son caractère fictif afin de rendre acceptable le décalage temporel : Antoine Culioli, pour expliquer le « présent aoristique », a ainsi recours à la notion de « repère-origine fictif » ; le présent historique prend pour repère temporel un point fictif, construit à partir du repère de l'énonciation, mais coupé de lui, à la fois identifiable et non identifiable à lui. (« Valeurs aspectuelles et opérations énonciatives », *La Notion d'aspect*, dir. J. David et R. Martin, Paris, Klincksieck, 1980, p. 185-186). Robert Martin précise ce phénomène en insistant sur la valeur de « comme si » : « *De re* les faits sont saisis comme des faits passés ; *de dicto* ils sont pris en charge comme ils le seraient s'ils étaient des faits présents. [...] Tout se passe comme si, au moment où les événements ont lieu, le locuteur les constatait et qu'ainsi la prise en charge de ce qu'il dit était simultanée, *de dicto*, des événements eux-mêmes » (*Langage et croyance*, Bruxelles, Mardaga, 1987, p. 119).

3 Qui précède d'une année l'actualité de l'énonciation comme cela est indiqué une page avant : « L'an dernier (1861), par une belle matinée de mai, un passant, celui qui raconte cette histoire » (*Mis.*, p. 241).

4 Précisons que cette actualité se complique d'un phénomène énonciatif complexe qui consiste pour Hugo à inscrire systématiquement son nom dans le texte : « Hougomont, pour l'antiquaire, c'est *Hugomont*. Ce manoir fut bâti par Hugo » (p. 242). Sur ce point voir p. 349 *sq.*

a-t-il pas de poulie à celui-ci ? C'est parce qu'on n'y puise plus d'eau » (p. 244). Loin de privilégier l'illusion expressive d'un transport dans le passé, en insistant sur le « comme si », l'utilisation du présent accentue la tension qui préside aux déplacements temporels jusqu'aux cas limites où il n'est plus possible de préciser si l'on est dans une situation de repérage déictique ou anaphorique :

> Les murs sont couverts d'inscriptions. Près des pieds du christ on lit ce nom : *Henquinez*. Puis ces autres : *Conde de Rio Maïor. Marques y Marquesa de Almagro* (Habana). Il y a des noms français avec des points d'exclamation, signes de colère. On a reblanchi le mur en 1849. Les nations s'y insultaient (*Mis.*, p. 244).

Le présent utilisé dans le passage ne désigne pas l'actualité de l'énonciateur puisqu'il écrit en 1862 et que les inscriptions ont été effacées en 1849, et il ne s'agit pas non plus d'un présent de narration utilisé pour raconter sa visite passée (qui date de 1861). La seule solution serait un autre niveau de présent de narration qui relaterait des événements encore antérieurs. Mais peu importe ; car ce qui compte ici, c'est l'effet de brouillage référentiel qui remet en question la division du temps en époques : multiplier les niveaux de présent permet en effet de rendre indécidable le repère chronologique à partir duquel s'organise l'ensemble de l'axe temporel.

De manière générale, dans les romans, la multiplication des différents emplois du présent crée un effet de brouillage. L'examen de ces différents cas nécessite ici de revenir sur l'opposition binaire entre récit et commentaire, opposition qui ne suffit pas à envisager tous les cas. Diviser les formes verbales selon qu'elles situent le procès par rapport au référentiel énonciatif ou par rapport à un référentiel non actualisé ou narratif présente l'inconvénient de mélanger deux paramètres : la prise en charge ou non des énoncés par le locuteur et la construction ou non d'un monde disjoint des coordonnées de la situation d'énonciation, comme le montrent Jean-Michel Adam, Gilles Lugrin et Françoise Revaz dans leur article intitulé « Pour en finir avec le couple récit/discours[1] ». Reprenant l'examen des propositions de Benveniste et de Weinrich, ils en arrivent à postuler l'existence de « quatre sous-systèmes constitués par des regroupements préférentiels plus fins de temps verbaux, de pronoms personnels sujets et d'adverbes[2] »

1 Jean-Michel Adam, Gilles Lugrin et Françoise Revaz, « Pour en finir avec le couple récit/discours », *Pratiques*, n° 100, 1998, p. 81-98.

2 *Ibid.*, p. 85.

qui permettent de distinguer à chaque fois une énonciation impliquée et une énonciation distanciée. Dans leur classement typologique, présent de définition et présent gnomique, comme « énonciation distanciée », se distinguent ainsi du présent énonciatif comme « énonciation impliquée », même si tous deux manifestent une « représentation discursive conjointe aux paramètres de la situation d'énonciation ». On peut ainsi distinguer deux autres types de fonctionnement du présent, le présent narratif en énonciation impliquée et le présent narratif en énonciation distanciée, qui s'opposent aux deux présents précédents par le fait qu'ils manifestent une représentation disjointe de la situation d'énonciation (« diégétisation »). Le mélange de ces différentes valeurs du présent complique ainsi encore le schéma de l'articulation entre passé et présent proposé ci-dessus. Dans le chapitre « Hougomont » (*Les Misérables* II, 1, 2), on distingue ainsi le présent énonciatif : « Aujourd'hui encore de certains vestiges reconnaissables, tels que de vieux troncs d'arbres brûlés, marquent la place de ces pauvres bivouacs » (p. 245) ; le présent omnitemporel : « La mort a une façon à elle de harceler la victoire » (p. 245) ; le présent narratif impliqué : « on sort de la chapelle, et à gauche on voit un puits » (p. 245)[1] ; et le présent narratif distancié : « L'orage du combat est encore dans cette cour ; l'horreur y est visible ; le bouleversement de la mêlée s'y est pétrifié, cela vit, cela meurt, c'était hier » (p. 243)[2].

D'autres phénomènes dans les romans permettent de compléter ce phénomène de brouillage actanciel :

L'utilisation de déictiques temporels comme « aujourd'hui » permet de superposer les époques de référence : « Le Saint-Sampson d'aujourd'hui est presque une ville ; le Saint-Sampson d'il y a quarante ans était presque un village » (*TM*, p. 299) ; « Il eut vaguement le cœur serré de sa bassesse, que nous appellerions aujourd'hui abaissement » (*HQR*, p. 593) ; « Les égouts de Paris en 1832 étaient loin d'être ce qu'ils sont aujourd'hui » (*Mis.*, p. 1003) ; « forêt qui, elle-même, est à peine un bois maintenant » (*QT*, p. 957) ; « Au commencement de ce siècle, l'égout de Paris était

1 Le « on » renvoie ici à « celui qui écrit cette histoire », ce qui en fait une énonciation impliquée.

2 Dans ce dernier exemple, seul le dernier présent correspond à la catégorie du futur narratif distancié, le premier et le second étant des présents énonciatifs comme le signale l'emploi du passé composé ; ceci souligne encore la complexité de mélange des différents niveaux, et le fait qu'à moins de les considérer dans une perspective graduelle, il est souvent difficile de les distinguer nettement.

encore un lieu mystérieux » (*Mis.*, p. 997). L'actualité du lecteur n'est pas celle de l'énonciateur et plus le texte insiste sur le repérage déictique, plus la tension énonciative propre au discours littéraire se fait sentir[1].

D'autres procédés permettent de mélanger les repères. On peut distinguer cinq types de repérage temporel dans les romans de Hugo :

Ils sont historiques avec le recours à des dates : 1815, « L'année 1817 », le 6 mai 1832 dans *Les Misérables* ; « 182. » dans *Les Travailleurs de la mer* (p. 79) et bien sûr de manière éponyme dans *Quatrevingt-Treize*.

Les repères propres à l'univers de la fiction recherchent souvent l'indétermination. On trouve très fréquemment des compléments comme « un jour », « un autre jour », « un soir », « le lendemain ».

Ces repères de la fiction entrent en tension avec les repères de structuration du texte : « on vient de lire pourquoi dans les chapitres précédents » (*Mis.*, p. 298) ; « on vient de voir tout à l'heure, au livre quatrième » (p. 571) ; « nous venons de le dire » (*TM*, p. 302).

La référence à une actualité mixte prétend relier actualités du lecteur, du narrateur et de la fiction :

> Cimourdain entendait que le marquis fût décapité chez lui, sur place, sur ses terres, et en quelque sorte dans sa maison, afin que la demeure féodale vît tomber la tête de l'homme féodal, et que l'exemple fût mémorable.
>
> C'est pourquoi il avait envoyé chercher à Fougère la guillotine. *On vient de la voir en route* (*QT*, p. 996).

Mais le texte fait également référence à une actualité de l'écriture : « Quarante ans environ avant l'époque où se passent les faits que nous racontons ici, il y avait dans la banlieue de Paris » (*TM*, p. 80) ; « Il y a quarante ans Saint-Malo possédait une ruelle dite la ruelle Coutanchez » (p. 137) ; « L'an dernier (1861) » (*Mis.*, p. 241) ; « Le voyageur qui il y a quarante ans » (*QT*, p. 954) ; « Il y a près de quarante ans aujourd'hui » (*Mis.*, p. 220) et « il y a trente ans, à l'époque de l'insurrection des 5 et 6 juin » (p. 1003).

La multiplication des niveaux d'actualité annule la possibilité d'en faire un point de référence pour la constitution d'une chronologie. Le lecteur ne peut plus se situer, en particulier de manière fictionnelle, dans

1 Reprenant les travaux de J. Simonin, André Petitjean souligne qu'un repérage formellement déictique peut fonctionner de manière anaphorique (« Les typologies textuelles », *Pratiques*, n° 62, 1989 p. 86-125).

le déroulement du récit. Cela lui permet d'aborder une autre perspective temporelle, non chronologique.

GENÈSE

Comme toujours ce travail sur la temporalité ne peut se faire que de manière négative, dans une tension avec le temps du récit qui ne cesse de resurgir et qu'il faut sans cesse remettre en question. Il n'est pas étonnant que Hugo, dans son travail sur le développement de l'idée, revienne sans cesse sur des questions de date ou de calendrier qui sont comme l'emblème de cette problématique. Parce qu'il est tout entier tendu contre le temps chronologique et logique, le romanesque hugolien crée une temporalité originale dont la genèse est perpétuellement recommencée. Le travail du style consiste à retenir la tendance naturelle et spontanée d'une langue orientée vers l'achèvement. De la même manière, le développement logique de la configuration narrative est dénié pour que triomphe non l'anarchie mais un autre mode d'organisation fondé sur des relations en perpétuel devenir. Le roman présente une genèse, non un résultat, et nombre de passages insistent sur cette dimension : « Origine de l'adoration perpétuelle » (*Mis.*, p. 399). « Formation embryonnaire des crimes dans l'incubation des prisons » (*Mis.*, p. 685). « Quelques éclaircissements sur l'origine de la poésie de Gavroche » (p. 845).

Cette genèse perpétuelle de la temporalité poétique est à l'image de la langue comme la conçoit Humboldt (auquel Hugo fait souvent référence), c'est-à-dire comme « *Bildung* », comme formation, en opposition avec un récit qui prétend livrer un résultat coupé de l'énonciation. Seul ce type de temporalité peut servir de base à une idée comprise comme dynamique de pensée. Ceci pose le problème des rapports entre idée et fiction ; car il n'est possible de chercher à extraire du récit un espace ou un temps de l'idée que dans une conception particulière de la fiction.

L'ESPACE DE LA FICTION

LE FILTRE

On a vu que Hugo refusait de construire le roman autour d'une configuration et d'une temporalité propres au récit. La fiction dans les romans de Hugo n'est pas conçue de manière ontologique, comme une illusion, mais de manière esthétique, comme un lieu de construction de l'idée en même temps qu'un mode d'appréhension de celle-ci, une expérience à part entière. Le travail du romanesque ne consiste pas dans la création d'un monde fictionnel, coupé de la réalité concrète[1]. La fiction serait plutôt le filtre à travers lequel il est possible de penser collectivement. Hugo définit ce phénomène par l'image de la « lentille convexe » que produit la lumière diffusée à travers l'eau de la grotte des *Travailleurs de la mer* : elle « estompait tous les linéaments dans une sorte de diffusion visionnaire. Chaque vague était un prisme. Les contours des choses, sous ces ondoiements irisés, avaient le chromatisme des lentilles d'optique trop convexes » (p. 223). Cette image était déjà présente dans *Les Misérables* lorsque pour définir « la haute intelligence » de Thénardier, le texte fait référence au « regard des marins accoutumés à cligner des yeux dans les lunettes d'approche » (p. 301).

La fiction comme filtre est bien cet espace diffus du sens. Elle permet de travailler l'opacité du langage. Comme on l'a vu (p. 91 *sq.*), la forme signifiante se matérialise dans des constructions intransitives ; le langage ne rend pas compte de manière directe ni même symbolique et le sens se construit en négatif. La seule possibilité est donc de créer un cadre d'appréhension de cette idée, la fiction. C'est ce que Hugo cherche à créer dans le travail de la ligne.

LE TRAVAIL DE LA LIGNE

La ligne droite n'est pas simplement emblématique de la linéarité du récit et de ses conséquences finalisantes ; elle représente le sens comme

---

1 La réalité concrète telle qu'elle nous intéresse ici, n'est pas une quelconque réalité ontologique, mais la situation concrète de pensée, selon le double mouvement énonciatif propre à la littérature, qui concerne aussi bien la lecture que l'écriture.

direction mais aussi comme pensée. En cela elle rejoint la problématique de la fiction telle que semble l'envisager Hugo dans ses romans. Descriptions de scènes, de paysages ou d'objets, toutes sont la proie des lignes, témoignant par là de la façon dont cette problématique esthétique, qui rattache le texte au dessin, est en même temps une problématique de l'idée.

La ligne droite incarne une pensée directe et violente : on la trouve dans la guillotine, « silhouette faite de lignes droites et dures » (*QT*, p. 1060). Elle ne prend une dimension héroïque que lorsqu'elle se fond dans les ténèbres comme la masure Gorbeau : « Les lignes noires s'enfonçaient et se perdaient dans les ténèbres comme des tronçons de l'infini ». Jean Valjean qui s'enfuit « faisant le plus de lignes brisées qu'il pouvait » (*Mis.*, p. 354) ; ou la barricade du Faubourg du Temple, « rectiligne, symétrique et funèbre » (*Mis.*, p. 929).

Par opposition à celle-ci, le texte met en scène des lignes courbes ou en zigzags, des diagonales comme lignes d'horizon ou des spirales qui rejoignent l'ondulation de l'océan. Le sentier de la crique de Portland est fait de zigzags (*HQR*, p. 378). Le chef de la bande des Comprachicos, comparé à l'« éclair » se déplace en « faisant de rapides zigzags » (*HQR*, p. 404). Lorsque Gilliatt se met en route pour sa disparition, il traverse « diagonalement son jardin » (*TM*, p. 340). Dans le chapitre des *Misérables* intitulé « Les zigzags de la stratégie » on voit Jean Valjean échapper à Javert en « faisant le plus de lignes brisées qu'il pouvait » (p. 354). Ces lignes brisées sont celles de l'architecture de la mer décrite dans *L'Archipel de la Manche* :

> Les grandes lignes et les grandes majestés de la nature, le niveau des mers, la silhouette des montagnes, le sombre des forêts, le bleu du ciel, se compliquent d'on ne sait quelle dislocation énorme mêlée à l'harmonie. La beauté a ses lignes, la difformité a les siennes. Il y a le sourire et il y a le rictus. La désagrégation fait sur la roche les mêmes effets que sur la nuée. Ceci flotte et se décompose, ceci est stable et incohérent. Un reste d'angoisse du chaos est dans la création. […] Toutes les lignes sont brisées dans le flot, dans le feuillage, dans le rocher (*AM*, p. 9).

Toutes ces « lignes brisées » sont des lignes de fiction, des « effets ». Elles rappellent que tout discours n'est que construction (comme événement non comme résultat), et que le langage est un lieu de développement du sens, non le vecteur d'une signification. La ligne n'est plus le dessin d'un contour mais l'ouverture d'un espace. Nombre d'éléments ne sont pas déterminés par la délimitation de leurs traits mais par une combinaison d'élans verticaux et horizontaux qui creusent l'espace vers des lignes d'horizon :

> La roche heureusement était à pic, il y avait beaucoup de fond, Gilliatt effaça, et parvint à longer la muraille. La marée soulevait assez la barque pour que Gilliatt en se haussant debout sur le bord de la panse pût atteindre aux pieds de l'homme. Il se dressa sur le bordage et éleva la main (*TM*, p. 109).
>
> Derrière lui la mer, devant lui la terre, au dessus de sa tête le ciel (*HQR*, p. 383).
>
> Le plateau de Portland a çà et là de hautes ampoules ruinées brusquement par la côte et coupées à pic sur la mer. [...] Au fond d'un lointain pli de terrain, vers l'est, au bas de cette lividité opaque, sorte d'escarpement mouvant et blême qui ressemblait à une falaise de la nuit, rampaient et flottaient de vagues lambeaux noirs (*HQR*, p. 396).

L'oubliette est caractérisée par « deux sillons parallèles et verticaux qui allaient d'un mur à l'autre en passant par la voûte où ils étaient profondément empreints, et qui donnaient l'idée de deux ornières » (*QT*, p. 956).

La description du palais de Corleone-lodge résume cet espace fictionnel fait de lignes de fuite :

> Par le vitrage d'une longue fenêtre allant du plancher au plafond, un clair ciel nocturne d'avril faisait entrevoir au dehors un demi-cercle de colonnes autour d'une cour d'honneur fermée d'un portail à trois portes, une fort large et deux basses [...]. Ces portes étaient fermées de grilles dont les pointes brillaient ; une haute sculpture couronnait la porte centrale [...] des zigzags de balustres montaient et descendaient indiquant des escaliers de terrasse. Au dessus de la cour se dressait une immense architecture brumeuse et vague à cause de la nuit. Des intervalles de ciel, pleins d'étoiles, découpaient une silhouette de palais (*HQR*, p. 650).

La notion d'intervalle est ici essentielle : elle met bien en avant ce fonctionnement particulier de la ligne de fiction qui découpe sans poser de limites strictes, qui organise l'espace sans pour autant en faire un lieu déterminé et quadrillé. Associée au motif de la « silhouette », l'intervalle permet de comprendre le double caractère de la ligne de fuite, qui insiste sur la présence d'un contour tout en le rendant insaisissable.

L'étude des rapports entre ensemble romanesque et formes plus localisées a montré qu'il était possible d'envisager un espace spécifique à ce que Hugo nomme le « rouage » du roman. Le travail de la négativité complexifie la composition romanesque, qui ne se limite plus ni au récit linéaire, ni à la chronologie. Ces deux aspects, sur lesquels repose la logique de l'intrigue, sont aussi les supports de la représentation abstraite, dans la mesure où ils sont synonymes de découpage analytique, d'organisation cloisonnée et de classement. Le travail de l'écriture permet de dégager de cela un autre niveau, proprement romanesque, qui repose sur des rapports d'analogie, diffus, souples, dynamiques. Cet espace permet de penser la composition dans son développement et non comme résultat, dans un texte compris comme ensemble de relations, non comme organisation d'éléments fixés. C'est le seul espace possible pour l'idée comme rouage, dans la mesure où il n'isole pas le sens mais lui permet d'exister. C'est avant tout l'espace de la fiction, conçu comme un filtre et organisé autour de l'agencement de lignes de fuite qui servent de cadre ouvert. Cet espace de la fiction est celui du roman. Car comme on l'a vu dans la première section, le roman n'est pas le résultat de règles positives, mais un espace neutre, ce qui en fait le verso de l'expérience poétique : contrairement à la « forme optique » du vers, qui envisage la simplicité comme horizon, la prose romanesque la traite comme base commune de la relation discursive, inversant les termes de l'articulation entre exigences complexes de la forme et contraintes de lisibilité.

DEUXIÈME PARTIE

LES CONTRAINTES DU VERBAL

Dans leur étude sur la langue littéraire telle qu'elle se développe de 1850 à 2000[1], Gilles Philippe et Julien Piat expliquent que la deuxième partie du XIXe siècle marque le divorce de la langue littéraire et de la langue commune : dans l'imaginaire de l'époque, s'instaure le *credo* que le français ne serait pas une langue adaptée à la création littéraire. Alors qu'au XVIIIe siècle c'est plutôt l'inadaptabilité du français au rythme poétique, pensé sur le modèle du vers latin, qui pose problème, l'idée d'une distinction entre langue commune et langue littéraire émerge au début du XIXe siècle[2].

Remontant au XVIIIe siècle, l'idée que le caractère du français n'est pas bien adapté à l'expression littéraire se poursuit au XIXe, où elle trouve de nombreux échos, prenant la forme d'une doxa qui justifiera l'idée moderniste que l'écrivain ne peut écrire que dans une « autre langue » voire en se préservant de la langue commune, comme c'est le cas chez un Mallarmé. Ce n'est pas la position de Hugo, qui n'y voit pas une loi générale de la langue, mais le simple retour du dogme classique de la clarté du français. On le sait, c'est contre ce dernier qu'il a construit son esthétique à partir de la Préface de *Cromwell.* Il y oppose la « correction de surface » du français classique, que « tient en laisse la grammaire » et la « correction intime, profonde, raisonnée, qui s'est pénétrée du génie d'un idiome, qui en a sondé les racines, fouillé les étymologies » grâce à quoi « elle peut oser, hasarder, créer, inventer son style[3] ». Ce postulat selon lequel une « langue ne se fixe pas » se trouve réaffirmé au moment de l'exil avec une portée nouvelle. Sous le Second Empire, la classe dominante cherche dans le retour aux règles classiques une manière d'asseoir sa légitimité et trouve dans l'utopie du français comme langue nationale un nouveau mode de contrôle politique[4].

---

1 *La Langue littéraire. Une histoire de la prose en France de Gustave Flaubert à Claude Simon*, dir. G. Philippe et J. Piat, Paris, Fayard, 2009.

2 « Benjamin Constant écrit encore *Adolphe* dans le même style, la même "langue" que celle qu'il emploie pour son journal et ses lettres à Germaine de Staël, non Chateaubriand, qui n'écrit pas *Atala* comme il écrit à Fontanes. Chateaubriand dans son œuvre littéraire n'écrit pas seulement mieux que le commun des hommes, il écrit autrement, jargonne une langue étrangère », comme l'explique Claude Millet (« Le jargon romantique », art. cité).

3 *PC*, p. 30.

4 Voir Jacques-Philippe Saint-Gérand, « Langue et langages du XIXe siècle », *Nouvelle histoire de la langue française*, dir. J. Chaurand, Paris, Seuil, 1999, p. 379-504.

Hugo se refuse à en prendre acte : la langue n'existe pas en dehors des individus qui la font, au premier rang desquels le génie créateur, dont le rôle n'est pas seulement de refléter l'éclat d'un idéal, mais de contribuer à la formation d'une matière historique. Car la langue pour Hugo n'est ni un système, ni un outil, mais bien un matériau, avec ses propriétés spécifiques.

À côté des règles de la grammaire officielle et des idéaux de la langue littéraire, Hugo choisit une troisième voie, celle des contraintes de la langue de tous. Nul besoin en ce sens de faire la guerre aux structures linguistiques[1] ; il suffit, résistant à l'épuration grammaticale, de retrouver le principe de sa formation populaire, en faisant résonner l'écho étymologique qui relie langue romane et langue romanesque. Selon le principe du bricolage révolutionnaire qui, comme l'explique David Charles[2], consiste à faire du retournement de l'obstacle le principe même du progrès, Hugo se concentre alors tout particulièrement sur trois types de contraintes du langage verbal, lisibilité, signification et forme.

1 C'est en ce sens qu'on peut comprendre le célèbre vers des *Contemplations*, rhétorique et syntaxe renvoyant, par métonymie, aux règles du bon goût classique pour la première et à l'organisation plastique de la langue pour la seconde.

2 *La Pensée technique dans l'œuvre de Victor Hugo*, Paris, PUF, 1997.

CHARME DE LA SIMPLICITÉ

« De tous pour tous par tous[1] » : nul autre genre que le roman ne semble à même de remplir ce programme. En témoigne la variété des lecteurs de roman et la diversité de leurs conditions. Dans *Les Misérables*, le roman est lu aussi bien par la Thénardier que par la mère Plutarque ; il s'infiltre entre les murs du couvent pour y faire pénétrer « la vie des passions du dehors » ; dans la chambre de Courfeyrac, il s'insère entre les volumes de droit, qu'il « soutient et complète ». Les romans sont écrits par Ducray-Duminil, mais aussi par « L'abbé Camus [...] un évêque d'esprit » qui donne aux pauvres tout le revenu de son évêché et écrit des romans sur le conseil de Saint François de Sales[2].

La logique de Kant et des Lumières établissait la communauté des hommes sur la raison et l'universalité du jugement de goût ; pour Hugo, il s'agit avant tout d'une communauté de subjectivités, « relation très particulière qui nous unit par ce qui devrait précisément nous séparer », comme l'explique Pierre Campion[3]. C'est ce qui explique le caractère à la fois exemplaire et exemplifiant du lyrisme des *Contemplations*, qui cherche dans le chant les ressources utopiques d'une nouvelle harmonie entre les sujets.

Plus pragmatique, le roman aura une attention toute particulière pour les émotions les plus simples, comme le charmant :

> Les cimes des poëtes n'ont pas moins de nuages que les sommets des monts. On y entend des roulements de tonnerres. Du reste, dans les vallons, dans les gorges, dans les replis abrités, dans les entre-deux d'escarpements, ruisseaux, oiseaux, nids, feuillages, enchantements, flores extraordinaires. [...] Tels sont les poëtes ; telles sont les Alpes. Ces grands vieux monts horribles sont de merveilleux faiseurs de roses et de violettes ; ils se servent de l'aube et de la rosée, mieux que toutes vos prairies et que toutes vos collines, dont c'est l'état pourtant ; l'avril de la plaine est plat et vulgaire à côté du leur, et ils

1 *Civ.*, p. 609.
2 *WS*, p. 321.
3 « La raison lyrique », http://pierre.campion2.free.fr/express23.htm.

> ont, ces vieillards immenses, dans leur ravin le plus farouche, un charmant petit printemps à eux, bien connu des abeilles[1].

Des puissants effets de contraste, des tensions profondes et des antithèses marquées, le charmant apparaît non comme le contraire, mais comme le revers indissociable. Présentée comme une nécessité naturelle, cette articulation du plus élevée et du plus simple, conduit à revoir leur hiérarchisation traditionnelle. Transposé en termes poétiques, cela revient à faire du plus accessible, non le signe d'une infériorité générique du roman, mais une loi de l'écriture. Loin de s'opposer, complexité et lisibilité sont des fondements de la relation de composition.

« UN LIVRE POUR TOUS »

Cette formule employée par Hugo à propos des *Misérables*[2] résume la nécessité à laquelle est confrontée la composition dans ses romans : s'adresser à tous. S'opposer à la représentation spéculative en jouant sur la négativité, explorer des modes de pensée analogiques comme le rêve et refuser toute forme doxique de la pensée resteraient à l'état d'utopie si le texte ne prenait en compte les contraintes de la réalité. Or, la réalité d'un texte est d'abord sa réception ; exigences et contraintes entrent alors dans un processus de tension : refuser la représentation spéculative sans sortir de la raison, faire une littérature pour tous tout en quittant le niveau doxique pour le niveau esthétique.

LE PROBLÈME DE L'HERMÉTISME

« Écrivains, si vous voulez durer, ne mettez pas dans ce que vous écrivez toutes les extrémités de votre esprit. La forte vie de l'avenir résulte d'un certain accord du génie avec la raison de tous[3]. » Si l'écriture de Hugo est exigeante dans son refus d'une représentation codifiée, ce n'est pas

1 *WS*, p. 377-378.
2 Lettre du 18 octobre 1862 à M. Daelli, éditeur de la traduction italienne des *Misérables* à Milan.
3 « Faits et croyances » [13424], *Oc.*, p. 160.

au prix de n'être compris que par un petit nombre de privilégiés. Elle doit chercher les moyens de gagner le plus grand nombre. Le problème est bien celui de l'hermétisme. Le refus d'une pensée doxique passe par la déconstruction du langage spéculatif. Mais cela aboutit trop souvent à une écriture hermétique. C'est précisément ce que refuse Hugo. Parce que l'esthétique des textes est en même temps une pensée, elle ne peut se satisfaire de la rupture.

Pour qu'une pensée existe, elle doit être reçue. Elle ne devient œuvre que dans l'interaction entre le texte et la réception. Le problème de la lisibilité se manifeste donc sous la forme d'une tension : rompre avec la pensée doxique sans rompre avec ceux qui la prennent comme référence, telle est la manière dont les romans de Hugo posent le problème. Il va nous falloir étudier à présent de quelle manière le texte travaille cette question. Pour cela il faudra examiner les procédures argumentatives[1] à l'œuvre dans le cadre particulier du discours littéraire.

RHÉTORIQUE DE LA LECTURE[2]

Comme l'explique France Vernier à propos des *Misérables*, « le texte travaille la lecture » : ainsi, « Contrairement aux textes "de la rupture" qui ont en commun de bloquer la lecture dominante [...] *Les Misérables* travaillent la lecture en ce sens qu'ils l'affrontent telle qu'elle est, n'imposent aucun refus préalable, aucune condition, aucune aide ou initiation théorique ou critique ; en ce sens aussi qu'ils n'éliminent aucun lecteur[3] ». Ainsi, « ils laissent venir à eux les petits enfants, ceux des écoles et les adultes qui n'ont été ni lycéens ni étudiants. Ceux-ci ne peuvent, tant la machine est bien faite, faire le saut salutaire et savant qu'exigent les textes "modernes[4]" ». Or le paradoxe des *Misérables* est de « récuser *à sa racine* la "lecture commune" – qui est la plus institutionnellement apprise bien qu'elle passe, bien sûr, pour spontanée – sans

1 Dans son livre sur la rhétorique de la fiction (*The Rhetoric of fiction*, Chicago, University of Chicago Press, 1961), Wayne Booth insiste sur l'importance des techniques mises en œuvre par le romancier (« implied author », l'auteur implicite) pour communiquer avec son lecteur, c'est-à-dire pour lui imposer son système de valeur.

2 Pour reprendre le titre d'un ouvrage de Michel Charles, qui explique bien toutes les implications de cette manière de concevoir la littérature (*Rhétorique de la lecture*, Paris, Seuil, 1977).

3 « *Les Misérables*, un texte intraitable », *Lire* Les Misérables, Paris, J. Corti, p. 5-27, p. 10.

4 *Ibid.*, p. 10-11.

l'interdire d'emblée, sans postuler qu'il faut (et qu'il suffit) d'en faire une autre[1]. » Ce que réalisent les romans de Hugo, c'est

> une mise en jeu de l'écriture qui ne s'appuie sur aucune illusion d'un « hors-jeu » possible sur aucun rêve d'une langue « pure » des déterminations qui la fondent, sur aucune confusion entre le modèle abstrait, instrument construit pour l'analyse, et la langue réelle. Ni pour l'écrivain, ni pour les lecteurs, il n'existe de lieu ou de mode d'emploi qui mette à l'abri des pouvoirs que recèle l'exercice du français sur ses « utilisateurs » et qui organisent, outre l'« expression », la pensée, l'action, la morale, les sentiments et jusqu'à la qualité des perceptions[2].

L'accord entre l'écrivain et son lecteur est d'abord celui du langage. Loin d'être élitiste, le texte des romans utilise fréquemment le parler courant. Si, comme l'écrit Dominique Maingueneau, « le romantisme se chargera de séparer l'œuvre littéraire de la conversation, voire de les opposer[3] », Hugo entreprend le paradoxe de les réunir. Cette volonté de prendre en compte le langage courant est sans cesse réaffirmée dans les romans : le langage du narrateur alterne ainsi avec les manières de parler singulières des personnages. Placer l'argot au centre du roman des *Misérables* est le symbole de cette volonté de se plonger dans la parole concrète à l'opposé d'une langue épurée. L'emploi du discours direct, très fréquent, donne une dimension empirique à la parole. C'est par exemple la retranscription de mots de « gamins » dont on ne comprend pas toujours le sens tant elles rendent bien la singularité d'une conversation :

> C'est ce qui explique cette exclamation d'un gamin parisien, épiphénomène profond dont le vulgaire rit sans le comprendre. – *Dieu de Dieu ! ai-je du malheur ! dire que je n'ai pas encore vu quelqu'un tomber d'un cinquième !* (*Ai-je* se prononce *j'ai-t-y* ; *cinquième* se prononce *cintième*) (*Mis.*, p. 463).

L'utilisation du dialogue permet de laisser une place au langage concret de la conversation, qui se mêle au style littéraire pour former le roman. Dans *Les Travailleurs de la mer*, le patois n'est pas signalé comme un trait pittoresque ; il affleure à l'occasion d'un dialogue, comme la trace d'un fonctionnement plus profond du langage de l'œuvre (p. 57). Mais le dialogue permet surtout de rendre compte de l'économie particulière

1 *Ibid.*, p. 12.
2 *Ibid.*, p. 13.
3 *Pragmatique pour le discours littéraire*, Paris, Bordas, 1990, p. 132.

de la parole en situation. Contrairement à l'écrit, qui cherche à optimiser l'utilisation du langage, la parole concrète est faite d'hésitations, de traits inutiles, de tous ces accidents que cherchent à éviter aussi bien le langage logique de la représentation, qu'un certain langage poétique. Nombreux sont les dialogues des romans de Hugo qui semblent trop longs parce qu'ils comportent des éléments *a priori* sans intérêt. Le chapitre des *Travailleurs de la mer* intitulé « Propos interrompus » (I, 6, 3) illustre bien ce phénomène. Le passage est présenté comme une véritable conversation :

> – Monsieur, voyez donc cette jolie mouche verte et rouge.
> – Elle s'est égarée en mer et se repose sur le navire.
> – Une mouche se fatigue peu.
> – Au fait, c'est si léger. Le vent la porte.
> – Monsieur, on a pesé une once de mouches, puis on les a comptées, et l'on en a trouvé six mille deux cent soixante-huit.
> [...]
> – Le bœuf d'Aubrac a le torse rond et trapu, les jambes courtes, le pelage fauve. Il est lent au travail, à cause de la brièveté de ses jambes.
> – Sous ce rapport, le Salers vaut mieux que l'Aubrac.
> [...]
> – Monsieur, vous me croiriez si vous voulez, dans le midi il y a des concours d'âne.
> – D'ânes ?
> – D'ânes. Comme j'ai l'honneur. Et ce sont les laids qui sont les beaux.
> – Alors c'est comme les mulassières. Ce sont les laides qui sont les bonnes.
> – Justement. La jument poitevine. Gros ventre, grosses jambes.
> [...]
> – La beauté des bêtes n'est pas la même que la beauté des hommes.
> – Et surtout des femmes.
> – C'est juste.
> – Moi, je tiens à ce qu'une femme soit jolie ;
> – Moi, je tiens à ce qu'elle soit bien mise.
> [...]
> – Je reviens à mes bœufs. J'ai vu vendre ces deux bœufs au marché de Thouars.
> – Le marché de Thouars, je le connais (p. 157-158).

Comme beaucoup de dialogues des romans, il s'étend sur plusieurs pages. Cette importance exclut son emploi comme simple illustration de la parole populaire. Par son étendue, la conversation s'impose ici comme une parole particulière. Pas plus le thème que les interlocuteurs n'ont vraiment d'importance dans le roman. Le contenu des propos n'est pas à proprement parler informatif et n'apporte aucune avancée dans la narration. Le dialogue ne fait progresser ni l'action ni l'information. La portée littéraire ou symbolique est réduite par l'absence de mise en relief d'une structure ou d'un mot. Seul le caractère contingent de la parole est ici mis en valeur en contradiction avec toute démarche démonstrative. Ce type de passage illustre la volonté d'articuler la langue littéraire à la pensée commune de la conversation avec ses associations d'idées, ses propos à bâton rompu, et son absence d'organisation.

Reprendre le langage concret de chacun est une manière de se tourner vers tous, à l'image de Myriel, qui parle patois ce qui « plaisait beaucoup au peuple et n'avait pas peu contribué à lui donner accès près de tous les esprits » (*Mis.*, p. 14).

LA CRÉATION D'UN ESPACE DE FAMILIARITÉ

HORIZON D'ATTENTE ET NOUVEAUTÉ

« Les nouveautés ont cela contre elles que tout le monde leur en veut » (*TM*, p. 107). Pour être acceptée, la nouveauté ne doit pas créer de rupture avec le fond de pensée du lecteur. Pour étudier ce phénomène Jauss utilise la notion « d'horizon d'attente[1] » : « Même au moment où elle paraît, une œuvre littéraire ne se présente pas comme une nouveauté absolue surgissant dans un désert d'information ; partout un jeu d'annonces, de signaux – manifestes ou latents –, de références implicites, de caractéristiques déjà familières, son public est prédisposé à un certain mode de réception[2]. » Cet horizon d'attente doit être pris en compte si l'on veut qu'il y ait réception effective. Il constitue une « prescience » qui ne peut être négligée : « Comme toute expérience actuelle, l'expérience littéraire nouvelle que procure une œuvre jusqu'alors inconnue comporte

1 Introduit par Gadamer dans une perspective phénoménologique (« L'horizon est le cercle visuel qui embrasse et iclut tout ce qui et visible à partir d'un point précis », *Vérité et méthode*, Paris, Seuil, 1976), l'emploi du terme « horizon » s'étend à de nombreuses études qui réfléchissent sur la notion d'interprétation.

2 *Pour une esthétique de la réception*, Paris, Gallimard, 1978, p. 50.

une “prescience” (*Vorwissen*) qui fait partie de l’expérience elle-même, sans laquelle la nouveauté dont nous prenons connaissance ne pourrait pas même être objet d’expérience, et qui la rend, en quelque sorte, déchiffrable dans le contexte de l’expérience déjà acquise[1] ».

La notion d’horizon d’attente conduit à envisager la manière dont la nouveauté est reçue. Il s’agit d’un processus complexe qui repose sur une construction : « À ce premier stade de l’expérience esthétique, le processus psychique d’accueil d’un texte ne se réduit nullement à la succession contingente de simples impressions subjectives ; c’est une perception, qui se déroule conformément à un schéma indicatif bien déterminé, un processus correspondant à des intentions et déclenché par des signaux que l’on peut découvrir, et même décrire en termes de linguistique textuelle[2]. »

Lire, comme le remarque Wolfgang Iser à la suite de Dewey[3], constitue un événement : « en lisant un texte de fiction, une interaction s’établit [qui] met en jeu deux processus solidaires : le bouleversement du statut de l’expérience ancienne et la formation d’une expérience nouvelle[4] ». Ainsi, « la compréhension du texte n’est pas un processus passif d’acceptation mais bien une réponse productive à une différence vécue[5] ». Si l’on se place dans une perspective de réception empirique, la forme sens comme nouveauté ne va pas de soi. Elle doit composer avec les contraintes que permet de mettre au jour la notion d’horizon d’attente[6]. Pour que la composition soit effective, il est nécessaire que s’opère « un changement d’horizon ». C’est l’une des caractéristiques essentielles de l’œuvre d’art selon Jauss : « Pouvoir ainsi reconstituer l’horizon d’attente d’une œuvre d’art, c’est aussi pouvoir définir celle-ci en tant qu’œuvre d’art, en fonction de la nature et de l’intensité de son effet sur un public donné[7]. »

1 Jauss cite ici G. Buck, *Lernen und Erfahrung* (« Apprentissage et expérience ») Stuttgart, 1967, p. 56.

2 *Op. cit.*, p. 50.

3 John Dewey, *Art as experience*, New York, Capricorn Books, 1958.

4 *L’Acte de lecture*, Bruxelles, Mardaga, 1985, p. 241.

5 *Ibid.*

6 Wolfgang Iser parle de « normes d’attente » : « En principe les normes d’attente peuvent avoir, pour un texte déterminé, une double nature. Premièrement, si l’on part du fait que les normes sociales et les cadres de référence participent, en qualité d’éléments du répertoire, à la construction de l’horizon de ce texte, les normes d’attente élaborées vont constituer la toile de fond sur laquelle va naître l’effet du texte. Deuxièmement, la norme d’attente peut se rapporter aux traditions socioculturelles d’un certain public que le texte assume de façon plus ou moins évidente, comme son destinataire » (*op. cit.*, p. 167).

7 *Pour une esthétique de la réception*, éd. citée, p. 53.

La notion d'horizon d'attente est donc essentielle si l'on veut étudier la réception de la nouveauté d'un point de vue empirique, c'est-à-dire en prenant en compte les contraintes concrètes. Elle est d'autant plus importante dans le cadre d'un écrit qui se conçoit comme pensée. Le fonctionnement du texte rejoint alors celui de l'argumentation. L'étude des procédures argumentatives permettra de mieux comprendre comment se fait la réception des formes sens ; on verra qu'elle se fonde sur un ancrage théorique mais aussi sur des phénomènes d'adhésion.

L'ANCRAGE COGNITIF

Les recherches sur l'argumentation permettent de mieux saisir selon quels processus une pensée peut être transmise. Elles envisagent la dimension cognitive du point de vue de la réception, et montrent que cette dernière repose sur un fonctionnement complexe.

Comme l'explique Grize, « l'argumentation qu'un orateur déploie pour et avec son auditoire apparaît ainsi comme une organisation vivante et peut être pensée en termes d'équilibrations locales et successives entre des assimilations de toutes sortes de préconstruits plus ou moins généraux et des accommodations spécifiques aux finalités et aux circonstances[1] ». Proposer une pensée pour tous, c'est prendre les difficultés concrètes dues à cette exigence. Comme le dit Grize :

> j'ai indiqué plus haut qu'une schématisation –expression d'un discours pratique – était toujours construite pour un auditoire donné. Or, un auditoire, ou éventuellement un auditeur, appartient nécessairement à un certain milieu socio-culturel. Déterminer sa nature particulière n'est pas l'affaire du logicien. Il doit en revanche lui faire sa place dans le cadre théorique et reconnaître, pour cela, que, par le biais des langues naturelles, un discours quelconque prend toujours ancrage dans un *préconstruit culturel* et dans un *préconstruit situationnel*[2].

Dans les romans, la notion de préconstruit rejoint l'image de l'horizon. La pensée des personnages s'installe dans une perspective qui les rassure. Le drame vient souvent de la rupture de cette manière de voir. Dans *L'Homme qui rit*, Gwynplaine qui n'a « d'autre horizon et d'autre vision que ce ciel où était Dea » (p. 608) voit sa perspective bouleversée

1 *De la logique à l'argumentation*, Genève, Droz, 1982, p. 29.
2 *Ibid.*, p. 200.

par l'apparition de Josiane, qui incarne une tout autre conception. La découverte de son statut de noble provoque également une rupture : « Tout évanoui. Tout en allé. Tout perdu. La nuit. Rien. C'était là son horizon » (p. 755). L'arrivée d'une nouvelle idée perturbe l'équilibre de la pensée de Marius dans *Les Misérables* : « Une certaine oscillation mettait en branle tous les horizons de son cerveau » (p. 526).

Si le passage d'une pensée à l'autre se fait sur le mode de la rupture, elle provoque un bouleversement. Pour éviter cela, il est nécessaire de ménager une certaine continuité. Dans son livre sur *L'Argumentation philosophique*[1] Alban Bouvier explique qu'il « faut un savoir commun servant d'arrière-fond à l'échange argumentatif et qui en définit l'espace ; celui-ci permet les interactions effectives, mais il les contraint aussi et, en ce sens, les limite ; pour utiliser une autre métaphore, on peut ainsi dire que ce savoir commun joue le rôle d'un "filtre[2]". »

Nous sommes donc confrontés à un nouveau type de tension. Comme relation interprétative, la composition vise l'étrangeté et la rupture avec clôture spéculative ; mais elle doit également prendre en compte les limites que lui impose la pensée du récepteur. Il est donc nécessaire de voir comment il est possible d'envisager une continuité sans remettre en cause le changement radical que proposent les romans. Hugo souligne ce paradoxe lorsqu'il parle à propos de Gilliatt d'un « élargissement étrange pour son esprit » (*TM*, p. 217). Si la notion d'étrange reste au cœur du processus de pensée, le terme « élargissement » indique la volonté de maintenir une certaine continuité.

Grize modélise l'idée d'une continuité grâce à la notion d'« ancrage[3] ». Pour lui tout discours « prend toujours ancrage dans un préconstruit culturel et dans un préconstruit situationnel[4] ». Pour être reçue, une pensée doit prendre son origine dans des représentations déjà formées dans l'esprit du récepteur. Ce préconstruit dont parle Grize ne doit pas

---

1 Bien que ce livre concerne le discours philosophique, il n'étudie pas seulement le raisonnement comme langage formel mais les procédures de construction argumentative ; c'est ce processus qui nous intéresse même s'il se manifeste différemment dans le cadre d'un écrit littéraire. Comme l'explique Tzvetan Todorov, s'interrogeant sur les modes de construction de la lecture dans un texte littéraire : « [...] il ne semble pas qu'il y ait un grand écart entre la construction à partir d'un texte littéraire et à partir d'un autre texte, référentiel mais non littéraire » (« La lecture comme construction », *Nouvelles Recherches sur le récit*, Paris, Seuil, 1971, p. 187).

2 *L'Argumentation philosophique*, Paris, PUF, 1995, p. 40.

3 *Op. cit.*

4 *Ibid.*, p. 200.

être envisagé de manière péjorative comme un préjugé. Il est de l'ordre de la nécessité et comme tel ne peut être jugé. Mais il ne s'agit pas non plus d'une fatalité ou d'une structure innée. Comme le suggère la notion de construction, ce qui sert de fondement à l'élaboration de la pensée n'est pas donné, mais résulte lui-même d'une élaboration antérieure. C'est pourquoi il est possible d'envisager de le modifier.

En se fondant sur la notion de dérivation empruntée à Pareto, Alban Bouvier montre en effet qu'« en s'ancrant dans les prénotions adaptées d'un auditoire, on peut transformer ses représentations[1] ». L'intérêt de cette théorie est d'envisager le processus selon lequel il est possible de construire un nouvel horizon d'attente.

CARACTÉRISTIQUES TEXTUELLES

Divers éléments textuels sont utilisés dans les romans pour construire cet ancrage cognitif.

Simplicité

La recherche de la simplicité est la première caractéristique des romans. La rupture n'est que très rarement affichée et l'écriture semble faite pour être la plus claire possible. Les romans sont composés de nombreux élément « simple à se figurer », selon l'expression des *Misérables* (p. 20), et la référence à Homère est souvent fondée sur l'admiration que Hugo a pour sa simplicité.

Des passages entiers paraissent viser l'écriture la plus neutre possible, celle qui peut être lue par tous, et ne demande aucune compétence particulière. En témoigne la rencontre entre Gilliatt et Ebenezer :

> Cette nuit-là, Gilliatt, au moment où le vent avait molli, était allé pêcher, sans toutefois pousser la panse trop loin de la côte.
>
> Comme il rentrait, à la marée montante, vers deux heures de l'après-midi, par un très-beau soleil, en passant devant la Corne de la Bête pour gagner l'anse du Bû de la Rue, il lui sembla voir dans la projection de la chaise Gild-Holm-'Ur une ombre portée qui n'était pas celle du rocher. Il laissa arriver la panse de ce côté, et reconnut qu'un homme était assis dans la chaise Gild-Holm-'Ur. La mer était déjà très-haute, la roche était cernée par le flot, le retour n'était plus possible. Gilliatt fit à l'homme de grands gestes, l'homme resta immobile. Gilliatt s'approcha. L'homme était endormi.

1 *Ibid.*, p. 45.

> Cet homme était vêtu de noir. – Cela a l'air d'un prêtre, pensa Gilliatt. Il approcha plus près encore, et vit un visage d'adolescent (*TM*, p. 109).

Ce passage des *Travailleurs de la mer* illustre bien le degré de simplicité que recherche Hugo dans certaines séquences de ses romans, dans un chapitre étonnant de banalité par son contenu et élémentaire par son écriture. Aucun contresens n'est possible, aucun problème de vocabulaire ou de grammaire. Telle que cette rencontre est racontée dans ce passage, elle ne débouche sur aucun événement, aucun rebondissement, aucun fait saillant. Les phrases sont rudimentaires, souvent réduites à la structure minimum ou constituées de propositions facilement identifiables comme les temporelles. Les verbes sont on ne peut plus simples, verbes d'état comme « être », « sembler » ou « rester », ou exprimant une action simple comme « aller » ou « faire » ; même le verbe « penser » est ici employé de la manière la moins marquée possible. Les sensations sont réduites à la vue. Cette séquence semble viser l'absence totale de style. Les mots, la syntaxe[1], la ponctuation sont réduits à leur fonction utile. Aucun élément ne laisse transparaître la moindre marque de dramatisation, d'affectivité ou de jugement ; aucun indice de la présence d'un sujet, les faits donnent l'impression de « parler d'eux-mêmes », comme s'ils n'étaient pas le fait d'une intervention humaine.

Ce passage ressemble à un condensé de manuel scolaire d'apprentissage du français ; par son vocabulaire, la mer, le soleil, le rocher, le vent. Deux professions sont évoquées, le pêcheur et le prêtre ; les adverbes, réduits à « très », sont enfantins. Les compléments circonstanciels comme « vers deux heures de l'après-midi » sont plus que sobres. L'emploi des temps grammaticaux est également exemplaire. Récit au passé simple, description à l'imparfait et emploi des temps composés pour marquer l'antériorité.

La simplicité est le moyen le plus facile de rendre le roman accessible. La recherche de la transparence et de la neutralité permet de créer l'ancrage le plus large possible. Dans d'autres cas, l'ancrage est construit par le moyen de l'analogie ou de l'exemple.

1 Marie-Hélène Prat insiste sur le fait que la simplicité de la syntaxe est l'une des principales caractéristiques de l'écriture de Hugo dans ses romans : « de façon moins frappante mais tout aussi significative, la syntaxe hugolienne est placée sous le signe de la **simplicité**. » (« Aspects de la phrase hugolienne dans *L'Homme qui rit* », *L'Information grammaticale*, n° 23 octobre 1984 p. 25).

Exemple, comparaison, analogie

Contrairement au discours spéculatif, qui cherche à se fonder sur des opérations formelles de raisonnement, la construction d'un nouvel horizon repose sur des opérations psychologiques, plus analogiques que logiques. Ce sont elles qui prennent le relais lorsqu'il n'est pas possible d'inférer à partir de principes *a priori*. Comme l'explique Grize, « la logique naturelle connaît d'autres modes de raisonnement que celui qui consiste à passer de prémisses à une conclusion. Elle utilise l'analogie, l'exemple, la contradiction[1] ». Un certain nombre de procédés textuels permettent d'ancrer une pensée abstraite dans une réalité plus concrète : il s'agit de l'illustration, de l'analogie ou de la fable.

– L'illustration

Le texte propose souvent d'illustrer une idée. Dans *Les Misérables*, chaque personnage paraît être un exemple concret d'un trait de la société : Jean Valjean est le bagnard, Fantine la prostituée, Thénardier le méchant. Ils peuvent également illustrer une valeur : M. Myriel illustre la bonté, le narrateur dit de Fantine que « c'était la joie » (*Mis.*, p. 101). Certains passages précisent même ce que symbolisent les personnages : « Cimourdain, c'est-à-dire 93 tenait Lantenac, c'est-à-dire la monarchie » (*QT*, p. 1038).

– Le réseau d'analogies

L'utilisation de réseaux d'analogies permet également de constituer une communauté de communication. Grize explique que le préconstruit se présente en particulier sous la forme d'un « faisceau de propriétés, de relations et de transformations virtuelles qui est attaché aux objets que construit la schématisation[2] ». La construction d'un réseau d'analogie commun est donc un bon moyen de relier ces faisceaux divergents.

Hugo a fréquemment recours au raisonnement par analogie dans ses romans, qui construit un rapport de ressemblance entre deux situations sous forme d'une série de propositions comparatives. Le caractère doxique de la présupposition sur laquelle se fonde l'argument permet d'ancrer la pensée du lecteur dans un univers qui lui est plus familier.

---

1 *De la logique à l'argumentation*, Genève, Droz, 1982, p. 32.
2 *Ibid.*, p. 214.

L'utilisation fréquente de l'expression déterminative « un(e) de ces … qui » souligne la généralisation d'une expérience que le lecteur est censé partager[1].

Le narrateur des *Misérables* emploie l'argument par analogie pour expliquer une « intuition » de Thénardier concernant Jean Valjean : « De même que les démons et les génies reconnaissaient à de certains signes la présence d'un dieu supérieur, le Thénardier comprit qu'il avait affaire à quelqu'un de très fort » (p. 332). Dans *Quatrevingt-Treize*, le raisonnement par analogie sert à définir la nature idéologique du monde décrit :

> Pitt était d'ailleurs un malfaiteur d'État ; dans la politique il y a la trahison de même que dans la panoplie il y a le poignard ; Pitt poignardait notre pays et trahissait le sien ; c'est trahir son pays que de le déshonorer ; l'Angleterre, sous lui et par lui, faisait la guerre punique. Elle espionnait, mentait, fraudait (*QT*, p. 961-962).

Le recours à l'analogie se généralise, en dehors des structures balisées. Le chapitre des *Travailleurs de la mer* intitulé « Les ressources de celui à qui tout manque » (II, 2, 1) montre Gilliatt en train de forger des outils de fortune pour commencer son travail de sauvetage de la machine. L'isotopie du bricolage permet d'ancrer le passage dans un réseau notionnel concret. Mais petit à petit on comprend que derrière le sens technique des mots se cache un sens plus abstrait : Gilliatt n'est pas simplement en train de forger des outils pour faire face à un problème mécanique, il cherche les moyens de penser ce qui dépasse son horizon. Ceci est suggéré par des termes comme « impossible », « infini », « rêverie » qui sont généralement associés à ce type de situation.

Avec le bricolage, l'analogie fonctionne à un double niveau, qui superpose, de manière paradoxale, un univers familier et un devenir original. Ce qui sera reconnu comme plus concret pour le travailleur sera susceptible de déranger le lettré qui, voyant dans l'analogie un procédé littéraire, ne s'attend pas à y trouver des images triviales. Derrière le choix de cette analogie se dessine alors une certaine conception de la langue romanesque, qui ne repose pas sur le respect de codes ancestraux mais sur leur détournement singulier. Comme l'explique David Charles[2], la

1 Éric Bordas a souligné la ambivalence pragmatique de cette tournure dans la prose romanesque du XIXe siècle. Censé renvoyer à une expérience partagée, il crée bien souvent l'objet auquel il prétend faire référence. (« Un stylème dix-neuviémiste : le déterminant discontinu *un de ces… qui…* », *L'Information grammaticale*, n° 90, 2001, p. 32-43.

2 *La pensée technique dans l'œuvre de Victor Hugo : le bricolage de l'infini*, éd. citée.

métaphore du bricolage renvoie à une certaine conception du progrès : alors que les tendances réactionnaires ne peuvent que rafistoler des institutions périmées, la révolution réemploie les éléments « précontraints[1] » du passé pour leur donner une nouvelle orientation. Deux conceptions du lieu commun s'opposent dans cette perspective, celle qui consiste à s'y adosser comme un préalable linguistique et celle qui l'envisage comme le résultat d'un réinvestissement critique.

– Le point de vue

L'utilisation du point de vue se rapproche de ce procédé. Certaines scènes du roman, qui sont censées conduire à une réflexion, sont interprétées par des personnages qui donnent ainsi un exemple de la manière dont on peut appréhender la pensée du roman. Dans *Les Misérables*, les actions de Myriel sont commentées par sa sœur dans une lettre qui simplifie l'approche qu'on peut avoir du personnage, en sélectionnant certains traits (I, 1, 9 « Le frère raconté par la sœur »). Il s'agit généralement de personnages populaires qui n'ont qu'une vision partielle de la situation. Mais la multiplication de ces points de vue permet de pallier cette difficulté et surtout de montrer la complexité de l'interprétation[2]. Dans *Les Travailleurs de la mer* ou *L'Homme qui rit*, la parole populaire est constamment convoquée sous la forme des dires des gens qui entourent les deux héros. Même si ces paroles sont nuancées par le regard que le narrateur porte sur elles, elles permettent toutefois d'ancrer l'interprétation de l'intrigue dans un sens commun qui peut être proche de celui du lecteur. L'intérêt n'est pas de donner une solution mais de proposer un point de départ concret à l'interprétation. La diversité des personnages permet au lecteur de choisir celui qui lui semble le plus proche tout en gardant à l'esprit qu'il ne s'agit là que d'une vision partielle.

1 « précontraints » par leur destination première, selon la manière dont Lévi-Strauss analyse le bricolage (*La pensée sauvage*, Paris, Plon, p. 27 *sq.*).

2 Comme l'explique Alain Rabatel, les relations énonciatives à l'œuvre dans le récit ne se limitent pas à la mise en scène d'une signification préétablie qui rendrait compte des intentions d'un auteur. Il s'agit d'indices mettant en relief les centres de perspective sur lesquels le lecteur peut choisir de s'appuyer pour construire le récit. (*Argumenter en racontant*, De Boeck, Bruxelles, 2004).

La fable

La fable constitue un moyen traditionnel de structurer une pensée nouvelle. Comme l'explique Paul Ricœur à partir d'Aristote, la fable permet d'agencer les faits en système et a donc une fonction heuristique. Dans son rôle organisateur, l'intrigue permet de produire un certain nombre d'universaux : « la sorte d'universalité que comporte l'intrigue dérive de son ordonnance, laquelle fait sa complétude et sa totalité. [...] La connexion interne en tant que telle est l'amorce de l'universalisation[1]. » Dès qu'il est raconté, un événement perd sa singularité et se trouve intégré dans une chaîne. En racontant les événements les uns après les autres, le récit les assemble en un ordre logique où chacun trouve sa place et devient par là intelligible. Dans *Les Misérables*, M. Myriel a ainsi recours à des paraboles qu'il « invente » (p. 12). De nombreux passages du roman fonctionnent de cette manière. La longue parenthèse théorique concernant le couvent du Petit-Picpus est en partie constituée d'anecdotes. Pour illustrer la notion de gaieté, le narrateur raconte de petites histoires qui sont arrivées aux pensionnaires (*Les Misérables*, chapitre II, 6, 4, « Gaîtés »).

Chez les écrivains du XIXe siècle et chez l'auteur de *La Légende des siècles* en particulier, la fable possède une portée particulière. Comme l'a montré Claude Millet, elle se trouve prise dans un « dispositif poétique de mise en relation du mythe et de l'Histoire, de la religion et de la politique, avec pour horizon la fondation de la communauté dans son unité[2] ». Ce principe est au cœur des romans. Le portrait de M. Myriel au début des *Misérables* est ainsi présenté comme « la légende vivante de Digne ». On retrouve le principe de l'inversion romanesque, qui consiste ici à allier devenir épique et trivialité anecdotique[3]. Le récit de sa vie est ainsi ponctué d'une série d'anecdotes qui témoignent de son humilité, de sa générosité ou et de son dévouement. Lorsqu'il rencontre Napoléon à Paris, la discrétion de Myriel prend toute sa valeur par un système de contrastes qui se condense dans la phrase : « Sire, dit M. Myriel, vous regardez un bonhomme, et moi je regarde un grand homme. Chacun de nous peut profiter » (p. 6). Cette polarisation de l'exemplarité de la fable vers le particulier plutôt que vers l'universel est caractéristique des

1 *Temps et récit* I, éd. citée, p. 85.

2 *Le Légendaire au* XIXe *siècle*, Paris, PUF, 1997, p. 290.

3 Alors que le principe des *Petites Épopées* irait plutôt dans le sens d'un devenir trivial à partir d'une base épique.

romans de l'exil. La préface du *Dernier Jour d'un Condamné* insiste ainsi sur la nécessité « d'élaguer de toutes parts, dans son sujet, le contingent, l'accident, le particulier, le spécial, le relatif, le modifiable, l'épisode, l'anecdote ». Dans *Les Misérables*, au contraire, l'anecdote est appréciée comme matière première de la fable : « Les collecteurs de petits faits, qui se font des herbiers d'anecdotes et qui piquent dans leur mémoire les dates fugaces avec une épingle, savent qu'il y avait à Paris, au siècle dernier, vers 1770, deux procureurs au Châtelet [...] » (p. 341). Dans *Les Travailleurs de la mer*, *L'Homme qui rit* et *Quatrevingt-Treize*, le terme d'*anecdote* est employé pour désigner le résumé, par l'un des personnages, de l'intrigue principale (*TM*, p. 317, *HQR*, p. 730, *QT*, p. 910). Le chapitre des *Misérables* consacré au bandit Cravatte annonce d'emblée l'intérêt de ce type d'anecdote : « Ici se place naturellement un fait que nous ne devons pas omettre, car il est de ceux qui font le mieux voir quel homme c'était que monsieur l'évêque de Digne » (p. 23). Il se clôt sur une morale énoncée par l'évêque lui-même : « Ne craignons jamais les voleurs ni les meurtriers. Ce sont là les dangers du dehors, les petits dangers. Craignons-nous nous-mêmes. Les préjugés, voilà les voleurs » (p. 25). Le personnage de Gilliatt dans *Les Travailleurs de la mer* est présenté sur un mode similaire ; le récit de sa vie s'apparente à un conte : « On contait dans le pays qu'une femme [...] » (p. 53). Le chapitre qui raconte la manière dont il a gagné son bateau permet d'illustrer son ingéniosité et son habileté de marin (I, 1, 6, « La panse »). Dans *L'Homme qui rit* on trouve encore un type de présentation proche de la fable, mais ce type de passage est plus précisément inséré dans l'intrigue. Il s'agit moins d'anecdotes isolées, destinées à illustrer une idée x, que d'éléments utiles à la composition du roman en général. Mais on rencontre tout de même ce type de digression narrative en tableau avec par exemple la requête de Barkilphedro pour l'emploi de « déboucheur de bouteilles de l'océan » (p. 503). Si tel n'est pas l'unique but de ce passage, il permet d'illustrer, par contraste, l'échelle de valeur des pauvres et des puissants, comme en témoigne la conclusion : « Ce qui vous fait vivre une minute nous fait vivre un an, nous autres. C'est l'avantage qu'ont les pauvres » (p. 505).

Un certain nombre de procédés permettent d'ancrer la pensée des romans dans des représentations communes. Pour atteindre le public le plus large, le texte a recours à la simplification, à l'exemple concret ou aux ressources heuristiques de la fable, mais également à la déconstruction des anciens lieux communs. Faire comprendre n'est cependant pas suffisant pour rendre un discours acceptable. Il faut également faire adhérer le lecteur. Là encore, d'anciens procédés font l'objet d'un réinvestissement critique de la part de Hugo.

ADHÉSION

S'inscrivant dans le cadre d'une énonciation différée, destinée de surcroît à un public difficile à cerner, l'écrit romanesque est contraint de travailler tout particulièrement la relation d'adhésion. Contrairement à la rhétorique classique qui, s'étant développée dans un environnement homogène, a pu s'appuyer sur des mécanismes routiniers, l'argumentation démocratique se doit d'être particulièrement inventive, notamment dans le domaine de l'adhésion. C'est dans ce domaine également, que la responsabilité de l'écrivain est la plus importante. La frontière est mince et l'équilibre difficile à trouver entre l'adhésion qui repose sur la sincérité et celle qui s'appuie sur un cynisme technique. Parfaitement conscient des enjeux et des contraintes pratiques qu'ils impliquent, le romancier pourra écarter ou réagencer certains procédés valorisés par la tradition. C'est le cas par exemple du rire qui dans certains contextes est d'autant plus insoutenable qu'il fait du peuple à la fois la principale victime et le complice d'un dispositif d'aliénation auquel il participe activement, notamment parce qu'il y consent :

> Le meurt-de-faim rit, le mendiant rit, le forçat rit, la prostituée rit, l'orphelin, pour mieux gagner sa vie, rit, l'esclave rit, le soldat rit, le peuple rit ; la société humaine est faite de telle façon que toutes les perditions, toutes les indigences, toutes les catastrophes, toutes les fièvres, tous les ulcères, toutes les agonies, se résolvent au-dessus du gouffre en une épouvantable grimace de joie (*HQR*, p. 759).

Font également l'objet d'un soupçon les procédés rhétoriques qui reposent sur un effet de terreur. Associés à la « personne royale[1] », à la religion et plus généralement aux dispositifs dogmatiques, ils sont suspectés d'entraver une adhésion réfléchie :

---

1 « La personne royale dégage de la terreur ; elle est idole » (*Civ.*, p. 599).

> Comment échapper à la terreur sacrée ?
> Le genre humain se précipite dans les religions, portes ouvertes.
> Mais des religions peuvent naître et naissent les superstitions et les fanatismes, ces difformités de la foi.
> Danger.
> Les sages, les philosophes, les libres penseurs l'ont compris.
> Comment obvier à ce péril[1] ?

Se méfiant de ces procédés d'adhésion traditionnels, Hugo privilégie les modes d'ancrage d'une argumentation moderne, que favorise tout particulièrement l'écriture romanesque.

ANCRAGE ÉPISTÉMIQUE

Rendre intelligible n'est pas le seul moyen de rendre la pensée acceptable. Le rapport à la pensée n'est pas uniquement cognitif, surtout dans le cas d'une pensée qui repose sur un effet. Alban Bouvier distingue ainsi deux types d'ancrage, cognitif et épistémique, le second étant fondé sur des procédures d'adhésion, à distinguer de la compréhension[2]. Comme il l'explique : « Il ne s'agit plus d'un problème d'intelligibilité mais de crédibilité, non plus d'un problème d'accessibilité mais d'un problème d'acceptabilité[3]. » Ce qu'il appelle « ancrage épistémique » repose également sur un « préconstruit épistémique (lequel joue un rôle de "filtre" sur ce qui peut être accepté)[4] ».

Ce phénomène d'adhésion n'a pas seulement lieu dans l'argumentation courante. C'est un problème qui concerne l'œuvre dans son ensemble à partir du moment où on l'envisage du point de vue de la réception. Jauss insiste sur la dimension communicative de l'œuvre littéraire : « Il faut enfin considérer encore le troisième aspect de l'expérience esthétique : sa fonction de communication[5] » ; cherchant à prendre en compte le lecteur concret il souligne l'importance de ne pas négliger des phénomènes simples comme le plaisir du texte : « L'esthétique de la négativité, qui règne aujourd'hui encore sans contestation, veut – comme on l'a déjà vu – purger le plaisir esthétique de toute identification émotionnelle pour

1 *Ph.*, p. 504.
2 *Op. cit.*, chapitre 3.
3 *Ibid.*, p. 86.
4 *Ibid.*, p. 87.
5 *Pour une esthétique de la réception*, éd. citée, p. 147.

le réduire entièrement à la réflexion esthétique, à la qualité sensible de la perception et à la conscience libératrice[1]. » Pour lui cette perspective est contradictoire avec la conception de l'œuvre comme communication : « elle présuppose chez un public déjà cultivé par le contact avec l'art cette conscience émancipée que l'expérience esthétique en tant que communication de normes, créatrice d'un consensus, est censée pouvoir seule faire naître[2]. » Cela le conduit à formaliser la thèse suivante :

> L'expérience esthétique est amputée de sa fonction sociale primaire précisément si la relation du public à l'œuvre d'art reste enfermée dans le cercle vicieux qui renvoie de l'expérience de l'œuvre à l'expérience de soi et inversement, et si elle ne s'ouvre pas sur cette expérience de l'autre qui s'accomplit depuis toujours, dans l'expérience artistique, au niveau de l'identification esthétique spontanée qui touche, qui bouleverse, qui fait admirer, pleurer ou rire par sympathie, et que seul le snobisme peut considérer comme vulgaire[3].

Cette conception de l'œuvre est bien celle de Hugo qui écrit dans sa présentation de *Littérature et philosophie mêlées* : « profiter de l'attention des masses pour leur enseigner à leur insu, à travers le plaisir que vous leur donnez[4]. » Largement exploités dans les romans, les procédés d'adhésion jouent sur l'« identification esthétique spontanée », qui permet d'« attirer la foule à un drame comme l'oiseau à un miroir ».

ANCRAGE AFFECTIF

Émouvoir

Susciter l'émotion est la manière la plus simple de faire adhérer le lecteur. De nombreux passages des romans jouent sur un principe pathétique et font passer l'émotion avant la compréhension ou le sens critique. Le terme de *pathétique* est souvent employé en association à une réflexion comme dans l'expression « débat pathétique » (*QT*, p. 1037). Le texte des romans joue ainsi sur un grand nombre d'émotions inventoriées par Aristote. Comme l'explique Albert W. Halsall, « on trouve en effet dans le récit hugolien de multiples exemples qui peuvent

1 *Ibid.*
2 *Ibid.*
3 *Ibid.*
4 *LPM*, p. 59.

servir à illustrer la théorie pragmatique des émotions exposée dans *La Rhétorique*[1]. »

– La pitié

Aristote définit la pitié comme « une peine consécutive au spectacle d'un mal destructif et pénible, frappant qui ne le méritait pas, et que l'on peut s'attendre à souffrir soi-même dans sa personne ou la personne d'un des siens, et cela quand ce mal paraît proche[2] ». Ambivalente[3], cette émotion est souvent narrativisée dans le roman. Le mal dont souffre le personnage faible et vertueux est ainsi largement exploité. Nombreuses sont les scènes d'agonie, de mort violente et de suicide racontées par ces récits. Dans *Les Misérables*, les scènes d'agonie de Fantine et de Jean Valjean recourent largement à l'hypotypose. Cette figure vise à rendre présentes les souffrances de personnages rendus sympathiques par le récit. La mort de Dea à la fin de *L'Homme qui rit* est rendue encore plus émouvante par la culpabilité de Gwynplaine qui a le sentiment d'en être responsable. Ces scènes invitent le lecteur à s'apitoyer sur le sort de ces personnages qui personnifient la misère. Le chapitre « L'agonie de la mort après l'agonie de la vie » (IV, 14, 6) illustre bien ce phénomène :

> Marius fit un mouvement.
>
> – Oh ! ne vous en allez pas ! dit-elle, cela ne sera pas long à présent !
>
> Elle était presque sur son séant, mais sa voix était très basse et coupée de hoquets. Par intervalles le râle l'interrompait. Elle approchait le plus qu'elle pouvait son visage du visage de Marius. [...] Elle laissa retomber sa tête sur les genoux de Marius et ses paupières se fermèrent. Il crut cette pauvre âme partie. Éponine restait immobile ; tout à coup, à l'instant où Marius la croyait à jamais endormie, elle ouvrit lentement ses yeux où apparaissait la sombre profondeur de la mort et lui dit avec un accent dont la douceur semblait venir d'un autre monde :
>
> – Et puis, tenez, monsieur Marius, je crois que j'étais un peu amoureuse de vous.
>
> Elle essaya encore de sourire et expira (*Mis.*, p. 902).

---

1 *Victor Hugo et l'art de convaincre*, éd. citée, p. 275.

2 *La Rhétorique*, II, 8, 1385b 13-15.

3 Caractéristique de la purgation des passions, dans le conflit tragique qui associe la mort du héros à l'acceptation de l'ordre supérieur contre lequel il croyait pouvoir lutter, la pitié, comme la terreur « cèdent la place, dans le théâtre de Hugo, à la compassion et la révolte, qui démantèlent le mythe pour relancer l'histoire », comme l'explique Florence Naugrette, (« Le coup de théâtre dans la dramaturgie hugolienne », Groupe hugo janvier 1999, http://www.groupugo.univ-paris-diderot.fr/groupugo/99-01-23Naugrette.htm).

Dans cette scène, le pathétique est accentué par le contraste entre la précision des effets de l'agonie et le calme d'Éponine. Toute la misère de ce personnage, auquel le roman a toujours réservé une place discrète, apparaît ici. Sa mort n'occupe qu'une place modeste au milieu de l'effervescence du récit de la barricade. Or, c'est cette discrétion même qui la rend pathétique, dans la mesure où elle symbolise l'indifférence générale qui frappe cette figure romanesque, jusqu'à Marius qu'elle ne veut pas déranger par son amour.

– L'indignation

Complémentaire de la pitié, l'indignation se fonde sur la « règle de justice » qui selon Perelman « exige l'application d'un traitement identique à des êtres ou à des situations que l'on intègre dans une même catégorie[1] ». Cette règle est souvent utilisée comme lieu rhétorique dans les romans. Ce procédé est largement exploité dans *L'Homme qui rit*, qui présente sur un mode souvent ironique le contraste entre les droits illimités de la noblesse et l'absence de droit des pauvres. Dans *Les Misérables*, il est employé de manière exemplaire pour rendre compte de la situation de Cosette :

> Les Thénardier s'accoutumèrent à ne plus voir dans la petite fille qu'un enfant qu'ils avaient chez eux par charité, et la traitèrent en conséquence [...] on l'habilla de vieilles jupes et des vielles chemises des petites Thénardier, c'est-à-dire de haillons. On la nourrit des restes de tout le monde, un peu mieux que le chien et un peu plus mal que le chat. Le chat et le chien étaient du reste ses commensaux habituels ; Cosette mangeait avec eux sous la table dans une écuelle de bois pareille à la leur (p. 125).

En plaçant Cosette dans la même catégorie que les animaux, le récit révèle l'injustice de la situation pour éveiller l'indignation du lecteur. Ce procédé se trouve redoublé, opposant le rejet de Cosette à l'affection que la Thénardier apporte à ses filles.

Mais plus encore, le texte a recours à l'indignation, qui insiste sur le rapprochement entre le personnage et le lecteur. Commentant la rhétorique d'Aristote, Michel Meyer explique ainsi que « si pitié et indignation affirment : "cela n'aurait pas dû être", elles procèdent l'une, d'une mise à distance de l'intéressé, l'autre du rapprochement[2] ». Il ne s'agit pas

1 *Traité de l'argumentation*, Bruxelles, Éd. de l'Université de Bruxelles, 1970, p. 294.

2 Aristote, *Rhétorique des passions*, postface de Michel Meyer, Paris, Marseille, Rivages, 1991.

seulement d'émouvoir, mais de faire réagir. Pour ce faire, le texte joue sur le sentiment de justice qu'il organise en lieu. Dans *Les Misérables*, le récit de la sortie de prison de Jean Valjean permet de narrativiser le sentiment d'injustice, devant les déboires de l'ancien forçat, injustement traité en raison de son passé :

> Le lendemain de sa libération, à Grasse, il vit [...] des hommes qui déchargeaient des ballots. Il offrit ses services. La besogne pressait, on l'accepta. Il se mit à l'ouvrage. Il était intelligent, robuste et adroit ; il faisait de son mieux ; le maître paraissait content. Pendant qu'il travaillait, un gendarme passa, le remarqua, et lui demanda ses papiers. Il fallut montrer le passeport jaune. Cela fait, Jean Valjean reprit son travail. Un peu avant, il avait questionné l'un des ouvriers sur ce qu'ils gagnaient à cette besogne par jour ; on lui avait répondu *trente sous*. Le soir venu, [...] il se présenta devant le maître [...] et le pria de le payer. Le maître [...] lui proféra vingt-cinq sous. Il réclama. On lui répondit : *Cela est assez bon pour toi*. Il insista. Le maître le regarda entre les deux yeux et lui dit : *Gare le bloc* (*Mis.*, p. 79).

L'indignation provient de l'impossibilité pour la victime d'échapper à son passé, malgré sa longue peine et ses efforts présents. Le récit met en perspective l'injustice de la société qui fait de Jean Valjean un proscrit à vie. Seul l'appel à l'indignation peut permettre de rendre compte d'une réflexion sociale qu'un discours théorique ne ferait que représenter abstraitement[1].

Quant aux passages où le discours se fait réflexif pour les besoins de la démonstration, ils sont colorés de lyrisme, comme on l'a vu à plusieurs reprises pour des chapitres comme « L'onde et l'ombre » ou « *Christus nos liberavit* ». Empêchant le discours de se refermer sur une représentation abstraite, la poésie permet de maintenir une dynamique textuelle fondée sur l'émotion, repoussant à tout prix la froideur du discours analytique qui ne peut que déboucher sur l'indifférence.

Frapper

D'autres scènes jouent sur un caractère frappant. C'est le cas par exemple dans *Quatrevingt-Treize* où le marquis de Lantenac ordonne de

1 Comme l'explique Vladimir Jankélévich : « L'indignation morale est le seul moteur grâce auquel nous passons du constat notionnel à l'effectivité, et du spectacle platonique de l'inégalité au refus insurrectionnel du scandale. La colère n'est pas analytiquement contenue dans le spectacle de l'exploitation » (*Quelque part dans l'inachevé*, Paris, Gallimard, 1978, p. 93).

fusiller celui qu'il vient de décorer. Le contraste frappant de ces deux gestes successifs vise à faire prendre conscience du caractère implacable du chef de guerre qu'est le marquis (p. 814). Dans *Les Misérables*, on rencontre également ce type de surprise, par exemple lorsque Jean Valjean libère Javert qu'il s'était proposé d'exécuter : « Jean Valjean tira de son gousset un couteau et l'ouvrit [...] vous êtes libre » (p. 972). Dans *L'Homme qui rit*, c'est Gwynplaine qui passe brusquement de saltimbanque condamné à celui de lord :

> Ce n'est pas vrai. Ce n'est pas moi. [...] Ayez compassion d'un homme qui n'a rien fait, et qui est sans protection et sans défense. Vous avez devant vous un pauvre saltimbanque.
>
> – J'ai devant moi, dit le shériff, lord Fermain Clancharlie, baron Clancharlie et Hunkerville, marquis de Gorleone en Sicile, pair d'Angleterre (p. 633).

Dans ces exemples, le contenu de signification n'est jamais exposé ; il est reçu de manière frappante par le lecteur qui cherche une explication à la surprise qu'il vient d'éprouver. Le brusque retournement permet de faire passer le paradoxe de manière dynamique. L'idée comme forme ne se détache jamais vraiment de l'action romanesque, plus acceptable pour le lecteur.

Charmer

Les descriptions grandioses, quant à elles, suscitent l'adhésion du lecteur en le charmant. On peut citer la grotte de la pieuvre dans *Les Travailleurs de la mer* (p. 218-220), dont la description fait état d'un chef-d'œuvre. Le vocabulaire, les figures d'amplification, mais aussi le rythme et les sonorités donnent au lieu un caractère merveilleux. Le même type de procédé est employé dans la description du palais de Corleone-lodge, d'ailleurs qualifié de « château enchanté » (*HQR*, p. 689). Les figures d'énumération sont soutenues par un rythme serré et une profusion de caractérisants variés. Les sonorités et la longueur des mots, la recherche du lexique visent à rendre à la demeure décrite tout son caractère royal. Comme les héros qui sont « comme dans une glu de merveilles » (*HQR*, p. 688), le lecteur se laisse guider vers le monstre-idée qui se trouve au centre de ces endroits. Le charme de la description vise ainsi à transformer le refus de l'étrangeté en fascination.

Le recours à un style lyrique, dans certains passages théoriques, permet également d'en accroître l'effet. Le caractère lyrique de chapitres comme « L'onde et l'ombre » ou « *Christus nos liberavit* », dans *Les Misérables*, place la forme signifiante sous le signe de l'émotion plus que de la réflexion. Plus que l'adhésion du lecteur, ils visent son attachement en cherchant à l'émouvoir.

Tous ces procédés correspondent à un ancrage affectif. La forme interprétative est associée à d'autres éléments qui se chargent de toucher le lecteur, et ainsi de l'amener progressivement vers une pensée dont il se serait, sinon, détourné[1]. D'autres procédés visent à créer un effet de familiarité et donc à susciter la confiance du lecteur. Même si la forme signifiante est étrangère, le texte semble familier.

EFFET DE FAMILIARITÉ

Le cliché

Créer un espace de familiarité permet d'ancrer une idée nouvelle dans l'horizon du lecteur. À défaut de modifier sa manière de voir, il est possible de lui donner des repères auxquels il puisse se rattacher, en utilisant le cliché comme filtre social[2]. Comme l'ont montré Jean-Claude Anscombe et Oswald Ducrot[3], l'utilisation du « topos » est un principe essentiel du processus argumentatif. Pour prétendre « faire admettre quelque chose », il faut supposer que le passage de l'argument à la conclusion « est justifié par quelque principe général, admis déjà par le destinataire [...], et qui vaut non seulement pour la situation dont on parle, mais pour un ensemble de situations auxquelles celle-ci est jugée

1 Comme le souligne Jean-Marie Schaeffer, le critère de plaisir n'est pas contradictoire avec la visée rationnelle : « Le fait que la relation cognitive exercée dans le cadre de la conduite esthétique soit régulée par son indice de (dis)satisfaction interne scelle le statut intrinsèquement subjectif du jugement de goût. [...] il n'en découle pas que le jugement esthétique soit "irrationnel" : l'expression d'une préférence subjective n'est pas plus "irrationnelle" qu'un jugement de fait – il s'agit simplement d'un type de rapport au monde pour lequel la question de la rationalité ou de l'irrationalité n'est pas pertinente » (*Les Célibataires de l'art*, Paris, Gallimard, 1996, p. 345).

2 Selon Philipe Hamon, « serait lisible quelque chose qui nous donnerait la sensation du déjà vu (ou déjà lu, ou déjà dit, par le texte ou par l'extratexte diffus de la culture) » (« Note sur les notions de norme et de lisibilité en stylistique », *Littérature*, n° 14, mai 1974 p. 120).

3 Jean-Claude Anscombe et Oswald Ducrot, *L'Argumentation dans la langue*, Bruxelles, Mardaga, 1983.

analogue[1] ». De même qu'il est impossible d'échapper à la langue comme système symbolique, on ne peut ignorer le système symbolique d'une culture dont les clichés sont les dénominateurs communs et « les filtres sociaux inévitables (heureusement) qui, dès notre naissance, médiatisent notre premier rapport au réel[2] ». Utilisant le cliché comme principe, les romans de Hugo construisent un espace de familiarité dans le texte. Le lecteur est rassuré par un mode de raisonnement qu'il connaît et trouve dans les clichés autant de points de repère[3].

Dans les romans de Hugo, les clichés ne sont donc pas une fin en soi mais visent un dispositif culturel plus large qui, débordant les frontières du texte, s'inscrit plus largement comme stéréotype ou lieu commun[4]. On rencontre par exemple le stéréotype de la jeune ouvrière qui délaisse son travail pour l'oisiveté et se retrouve dépourvue (Fantine dans *Les Misérables*) ou l'idée paternaliste de la nécessité de moraliser les ouvrières de Montreuil-sur-Mer ; Gilliatt est travailleur et honnête ; l'amour entre Dea et Gwynplaine est d'autant plus pur qu'il est chaste et les soldats de *Quatrevingt-Treize* sont courageux et dévoués à leur maître. On pourrait multiplier les stéréotypes idéologiques dans les romans de Hugo. Mais ils ne sont pas seuls à donner au texte une dimension familière. Les romans s'organisent principalement autour de stéréotypes littéraires qui reposent sur des éléments thématiques et formels. Le cliché dans les romans de Hugo se compose en processus intertextuel qui en menace l'enlisement[5].

1 Oswald Ducrot, « Topoi et "Argumentation dans la langue" », *Lieux communs, topoï, stéréotypes, clichés*, Paris, Kimé, 1993, p. 238.

2 Peter I. von Moos, « Introduction à une histoire de l'endoxon », *op. cit.*, p. 4.

3 Michael Riffaterre insiste sur ce fonctionnement particulier du cliché comme « fait de style » : « Son efficacité comme fait de style est orientée. Alors que le fait de style original est un nouveau venu dans son contexte, le cliché est rattaché au macrocontexte [...] ; il fonctionne donc comme une citation, comme une référence à un certain niveau social, à certaines manifestations de culture » (« Fonction du cliché dans la prose littéraire », *Essais de stylistique structurale*, Paris, Flammarion, 1971, p. 170).

4 Pour Ruth Amossy et Elisheva Rosen, le cliché est de nature « discursive, par opposition au lieu commun qui ne se laisse pas définir au niveau verbal » (*Les discours du cliché*, Paris, SEDES, 1982).

5 Comme l'explique Laurent Jenny, « L'intertextualité est une machine perturbante. Il s'agit de ne pas laisser le sens en repos – de conjurer le triomphe du cliché par un travail transformateur. Si en effet la rémanence culturelle est nourricière de tout texte, elle est aussi pour lui une constante menace d'enlisement » (« La stratégie de la forme », *Poétique*, n° 27, 1976, p. 278).

Intertextualité

Comme le souligne Michael Riffaterre, l'intertextualité est avant tout un effet de lecture qui ouvre le texte à l'horizon de son lecteur et lui signale sa participation[1]. L'intertexte n'est pas ici utilisé comme objet ou comme effet d'ouverture[2], mais il se rapproche du cliché dans la mesure où il fonctionne comme un filtre, comme le point d'ancrage du nouveau dans l'ancien. À l'époque romantique, ce phénomène se modélise dans l'image de la mémoire comme palimpseste. Dans sa traduction commentaire de Thomas de Quincey, Baudelaire reprend cette image de la pensée comme palimpseste qui relie auteur et lecteur : « Qu'est-ce que le cerveau humain, sinon un palimpseste immense et naturel ? Mon cerveau est un palimpseste et le vôtre aussi, lecteur[3] ». Et ce palimpseste est avant tout de nature intertextuelle : « Oui lecteur, innombrables sont les poèmes de joie ou de chagrin qui se sont gravés successivement sur le palimpseste de votre cerveau[4] ». C'est ce principe intertextuel qu'utilise Hugo dans ses romans, cherchant à articuler la nouveauté de l'idée comme forme à l'horizon mémoriel de son lecteur.

On sait que Hugo écrit à partir de modèles déjà là[5]. Proposer des formes que le lecteur connaît et qu'il apprécie, c'est lui permettre de se reposer sur un mode d'organisation stable. Mais c'est également une manière de renvoyer dos à dos les stéréotypes littéraires passés et présents. Tout en apprivoisant le lecteur, il s'agit de mettre en question le support même de cet ancrage. Les romans de Hugo choisissent ainsi de s'ancrer dans les genres les plus lus qui sont aussi les plus codifiés. *Les Misérables* est le roman qui exploite au mieux ce procédé. Mais on le rencontre très tôt. Dans sa présentation des premiers romans de Hugo, Jacques Seebacher remarque que Hugo

1 « La trace de l'intertexte », *La Pensée*, n° 215 octobre 1980.
2 Sur cette autre fonction de l'intertextualité chez Hugo, voir p. 153 *sq*.
3 Traduction par Baudelaire du « Palimpseste du cerveau humain » de Thomas de Quincey, *Suspiria de profundis. Confessions of an english opium eater 1845*, *Un mangeur d'opium*, p. 240.
4 *Ibid.*, p. 242.
5 Ce phénomène va jusqu'à des « emprunts » faits à des ouvrages comme *La France pittoresque* pour décrire Digne et ses environs dans le livre premier des *Misérables*, technique que Jean Gaudon qualifie de « collage » (« Collages : *La France pittoresque* dans *Les Misérables* », *Victor Hugo*, Les Misérables. *La preuve par les abîmes*, Paris, SEDES, 1994, p. 23-33).

> entre 1819 et 1832 s'empare d'un goût, d'une mode, et d'un modèle déjà là : le récit exotique et précisément créole greffé sur la nouvelle militaire de *Bug-Jargal*, le roman noir que Nodier proclame frénétique pour *Han d'Islande*, les scènes de prison et d'échafaud diffusées par toute une littérature de « Mélanges » et par la *Gazette des tribunaux* pour *Le Dernier Jour d'un condamné* et, bien entendu, la gloire triomphale de Walter Scott dans le roman historique pour *Notre-Dame de Paris*[1].

Cependant, comme le note Myriam Roman, ce procédé est surtout vrai avant l'exil[2]. Par la suite, non seulement l'actualité littéraire joue un rôle de moins en moins important, mais la permanence de clichés associés à des genres désormais démodés pose la question de leur fonction. Elle est multiple. Il s'agit de bénéficier de l'effet de familiarité du stéréotype, qu'on contribue à asseoir dans la durée, de faire mieux apparaître les enjeux qui ont sous-tendu son émergence en les remotivant, tout en le confrontant de manière critique aux autres stéréotypes. Une fois de plus, c'est moins la forme elle-même que le montage formel qui fait sens, avec tous les risques que comporte cette démarche[3].

Chaque courant est ainsi réinvesti pour des raisons différentes. Les traits stéréotypés du roman gothique, tout d'abord, valent avant tout pour leurs propriétés d'opacification et de métissage. L'expression « roman noir » qui caractérise le genre, renvoie bien à la volonté de Hugo d'orienter l'appareil optique de la fiction vers « la noirceur incommensurable » de certains espaces, qu'ils soient concrets ou abstraits[4]. Aussi n'est-il pas anodin que les topoï gothiques qui subsistent dans les romans de l'exil se manifestent dans des lieux, plus dans des personnages ou des actions : dans *L'Homme qui rit*, la prison et la salle de torture tiennent du décor gothique comme en témoigne l'évocation de « la voûte », des murs qui suintent, du souterrain, ou des « colonnes basses et difformes [qui]

1 Jacques Seebacher, introduction à Victor Hugo, *Œuvres complètes*, « Bouquins », vol. Roman I p. II.

2 « Le rapport à l'actualité se modifie [à partir de l'exil, puisque seuls *Les Travailleurs de la mer* entretiennent, génériquement parlant, un rapport évident avec un contexte littéraire et trouvent un écho à partir de la fin des années soixante dans les romans de Jules Verne » (*Victor Hugo et le roman philosophique*, éd. citée, p. 239).

3 Comme en témoignent les problèmes de réception de ces romans, qu'il s'agisse du mauvais accueil que rencontra *L'Homme qui rit* ou du fait que *Quatrevingt-Treize* fut perçu comme le type même du roman historique « à la mode scottienne ».

4 « L'état normal du ciel, c'est la nuit [...] La pensée peut concevoir d'autres cieux qui existent probablement et dont la lumière inonde toutes les zones, mais le ciel que nous voyons est ainsi fait, et nous ne pouvons parler que de celui-là [...]La nuit opaque, stagnante, informe, éternelle. » (« Philosophie », 9, p. 485.)

soutiennent un porche lourdement ogival » (*HQR*, p. 624-625). La lande escarpée et battue par les vents prépare également la vision lugubre du pendu mangé par les corbeaux (*L'Homme qui rit* I, 1, 6, « Bataille entre la mort et la nuit »). Dans *Quatrevingt-Treize*, la Tourgue et son oubliette constituent un lieu sinistre ; « lézardée, sabordée, balafrée, démantelée », elle est le symbole même de la « ruine » (p. 955). Quant à l'oubliette, elle comporte tous les éléments sinistres, « salle de torture », « soupirail », et « souffle glacial ». Dans *Les Misérables*, c'est le couvent qui joue ce rôle, « sombre concrétion du Moyen Âge », son cloître est qualifié de « point d'intersection des terreurs. Le cloître catholique proprement dit est tout rempli du rayonnement noir de la mort » (p. 404). Une fois abandonné le filon du succès, il s'agit de prendre au sérieux les raisons qui conduisirent une époque entière à se laisser « fasciner ». « Qu'est-ce que la nuit ? C'est l'éblouissement[1] » Comme l'explique Annie Le Brun, l'enjeu des différentes veines du roman noir est de « penser l'impensable, pour renvoyer à la même découverte qui renvoie religion et idéologie dos à dos : il n'y a pas d'essence du mal, il n'y a pas de fatalité du mal, il n'y a qu'un mécanisme [...] dans tout ce qui a pour fin de réduire l'homme à l'objet[2] » Ces questions que pose un genre autour de la période révolutionnaire ont-elles trouvé une réponse dans la seconde moitié du XIXe siècle ? Est-il inutile de s'y attarder plus longtemps ? Autant de questions que suggère leur réemploi dans les romans de l'exil.

À cela s'ajoute un effet de métissage associé à ce genre. S'il y a une tradition française du roman noir, représentée dans la première moitié du XVIIIe siècle par Madame de Tencin et ses *Mémoires du compte de Comminge* (1735), certains romans de l'abbé Prévost et, plus tard Sade et *La Religieuse de Diderot*, le gothique anglais prend une influence décisive au tournant du siècle. À la base du cliché générique, il y a un stéréotype étranger – de nature culturelle ou linguistique – qui non seulement l'opacifie[3], mais l'inscrit dans un dispositif de circulation.

L'usage de clichés issu des romans sentimentaux pose également la question du romanesque et de ses contradictions. Hugo parle à propos de la Thénardier qui s'en nourrit de « l'époque où l'antique roman classique,

1 *Ibid.*, p. 484.
2 Annie Le Brun, *Les Châteaux de la subversion*, Paris, Jean-Jacques Pauvert, 1982, p. 255.
3 Et, diraient les détracteurs du « jargon romantique », dénature doublement le français, dont le génie est fondé sur la clarté et l'origine latine (voir Claude Millet, art. cité).

qui, après avoir été Clélie, n'était plus que Lodoïska, toujours noble, mais de plus en plus vulgaire, tombé de mademoiselle de Scudéri à madame Bournon-Marlarme, et de madame de Lafayette à madame Barthélemy-Hadot, incendiait l'âme aimante des portières de Paris et ravageait même un peu la banlieue » (*Mis.*, p. 124). Plus loin il cite également Paul de Kock, célèbre pour sa peinture joyeuse du monde des petits bourgeois, des étudiants et des grisettes[1]. Dans *Les Misérables*, le livre « En l'année 1817 » permet de faire le tableau des grisettes et de leurs amants qui se promènent dans les rues de Paris ou à Saint-Cloud par des après-midi de printemps. « L'idylle de la rue Plumet » fait glisser le roman vers le conte : la pauvre Cosette finit par épouser le noble Marius. *Les Travailleurs de la mer* se fondent sur une histoire d'amour : on a pitié de Gilliatt, éconduit, qui meurt en regardant s'éloigner le bateau qui emmène la belle Déruchette et le séduisant Ebenezer. Dans *L'Homme qui rit* on retrouve l'amour idyllique de Gwynplaine et de Dea que contrarient finalement leur différence sociale et l'apparition de la sulfureuse Josiane.

Ces exemples reflètent l'ambiguïté des romans de l'exil dans le rapport aux stéréotypes romanesques, entre convention et subversion, charme et dérision. Si la mention de ce type de roman invite à la distance critique, elle n'exclut pas l'adhésion. C'est donc sur le mode du paradoxe qu'est traité ce type de stéréotypes, dans une superposition d'évaluations, qui évite au narrateur de retomber dans la hiérarchisation morale qui caractérise justement ce type de littérature. Ce phénomène dialogique est encore accentué dans le cadre formel de sérialisation du roman feuilleton qui mêle peinture des milieux populaires et revendication d'un droit à la parole et à « l'identité sociale de classes exclues de la société : le peuple [...], mais aussi les petits-bourgeois semi-prolétarisés, les artisans, les êtres au statut juridique flou ou injuste (mendiants, miséreux, filles-mères, forçats, victimes d'erreurs judiciaires ou d'internements abusifs, enfants naturels etc.)[2] ». Toutes ces catégories sont largement exploitées

1 Dans le ventre de l'éléphant Gavroche dit à ses frères : « Nous n'avons pas le temps de lire des romans de monsieur Paul de Kock ». Comme l'a souligné Jean Pommier, le roman *La Laitière de Montfermeil* a servi de modèle « livresque » pour le cadre mais aussi pour l'intrigue du livre trois des *Misérables* (I, 3, « Accomplissement de la promesse faite à la mort »), au cours duquel Jean Valjean vient chercher Cosette chez les Thénardier (« Premiers pas dans l'étude des *Misérables* », *Centenaire des Misérables, 1862-1962. Hommage à Victor Hugo*, Strasbourg, Presses Universitaires de Strasbourg, 1962, p. 35-36).

2 Yves-Olivier Martin, *Histoire du roman populaire en France de 1840 à 1980*, Paris, Albin Michel, 1980, p. 15.

dans *Les Misérables*, qui ressemble par bien des points aux *Mystères de Paris*. Fantine et Cosette rappellent Fleur-de-Marie. Les Thénardier se rapprochent du couple monstrueux de La Chouette et du Maître d'école. Le personnage de François Hardy dans *Le Juif Errant*, symbole d'un développement industriel paternaliste, trouve son correspondant en Madeleine bienfaiteur de Montreuil-sur-Mer.

C'est au cœur même du cliché, dans le montage de stéréotypes déjà bien établis que Hugo construit la singularité de son romanesque. Plus la référence est nette, plus le stéréotype est mis en question. Comme dans la caricature, distance et familiarisation vont de pair. En témoigne la manière dont sont exploitées les caractéristiques mélodramatiques du roman-feuilleton[1]. « Coups de théâtre, suspense, rebondissements, contrastes entre lumière et ténèbres (de l'âme et de la société) », pour reprendre certains des « traits dominants du roman-feuilleton romantique » énumérés par Lise Queffelec[2], abondent dans les romans de Hugo. Jusqu'à la dernière minute, on ne sait pas si Jean Valjean va se dénoncer pour sauver Champmathieu au risque de perdre Fantine ni comment il va réussir à échapper au traquenard que lui ont tendu les Thénardier ; le combat de Gilliatt contre l'océan est soumis à de multiples rebondissements : ayant vaincu la tempête, puis la pieuvre, il lui reste à affronter la voie d'eau (*TM*, p. 289) ; dans *L'Homme qui rit* Gwynplaine passe brusquement du statut d'accusé à celui de Lord ; traîné en prison par le wapentake devant un homme qu'on a torturé et qui s'écrit à sa vue « c'est lui ! oui ! c'est lui »,

> il lui sembla comprendre qu'un scélérat l'entraînait dans sa destinée [...] et frémissant, effaré éperdu, il jeta au hasard les premiers cris qui lui vinrent et toutes ces paroles de l'angoisse ont l'air de projectiles insensés.
>
> – Ce n'est pas vrai. Ce n'est pas moi. [...] Vous avez devant vous un pauvre saltimbanque.
>
> – J'ai devant moi, dit le shériff, lord Fermain Clancharlie, baron Clancharlie et Hunkerville, marquis de Gorleone en Sicile, pair d'Angleterre (*HQR*, p. 632-633).

1 C'est l'une des principales critiques que Lamartine adresse à Victor Hugo qui « abaissent Hugo au niveau de Sue, de Paul de Kock, du mauvais Rousseau, du pire Balzac » (Antoine Court, « Lamartine "lecteur" des *Misérables* », *G comme Hugo*, Saint-Étienne, 1987, p. 46) : « Ces égouts, ces rencontres, ces complications, ces dénouements, ressemblent infiniment trop au boulevard du Crime. Le roman finit en mélodrame souterrain. C'est du Pixerécourt » (« Considérations sur un chef-d'œuvre », *Cours familier de littérature*, tome XV, éd. citée, p. 153).

2 Lise Queffelec, *Le Roman-feuilleton français au XIXe siècle*, Paris, PUF, 1989, p. 26-27.

Avec les stéréotypes du roman policier, c'est le fait divers qui est mis en question, dans une orchestration subtile du quotidien et de la fiction : « dès les années trente, il existait déjà un très vif intérêt pour les mœurs criminelles, intérêt dont témoignent le succès de *La Gazette des Tribunaux*, mais aussi l'engouement pour les *Mémoires* de Vidocq en 1828 ou pour ceux de Lacenaire en 1836, ou encore l'intérêt pour les nouvelles d'Edgar Poe dès la fin de la Monarchie de Juillet[1]. » Avant *Les Misérables*, Hugo s'est inspiré des affaires judiciaires dans *Le Dernier Jour d'un condamné* et dans *Claude Gueux*. Les romans suivants se rattachent à cette veine dans la mesure où ils mettent en scène des personnages confrontés à la justice. On peut citer Jean Valjean, Champmathieu, le condamné à mort que Monseigneur Bienvenu assiste ou le bandit Cravatte dans *Les Misérables* ; Gwynplaine et Hardquanone dans *L'Homme qui rit* et le tribunal populaire de Cimourdain dans *Quatrevingt-Treize*. Mais c'est surtout l'enquête sous toutes ses formes qui est exploitée : dans *Les Misérables* Javert poursuit Jean Valjean et traque Patron-Minette ; dans *Les Travailleurs de la mer* Clubin finit par retrouver Rantaine avant de chercher lui-même à disparaître. « Ursus espionne la police » dans *L'Homme qui rit* et le marquis de Lantenac est recherché dans *Quatrevingt-Treize*.

L'opacification intertextuelle du stéréotype oriente alors la lecture dans le sens d'une réflexion herméneutique. Les romans insistent sur les indices, les procédés de déduction, les traces. Le principe qui consiste à ne jamais nommer les personnages que l'on connaît, mais à construire par déduction est une manière de mettre l'accent sur le symptôme au détriment du signe et pose la question du statut préalable du signifiant. Dans les nombreuses caractéristiques qui construisent le portrait de Madeleine, on peut noter qu'il connaît les herbes, qu'il paraît en deuil à la mort de l'évêque et qu'il donne de l'argent à tous les petits savoyards qui passent par le pays (*Mis.*, p. 134). Lorsque Fantine reparaît après avoir complètement changé d'apparence, l'évocation d'une mèche blonde et de ses belles dents met sur la piste du personnage qui n'est nommé que plus loin (p. 119). Certaines phrases, apparemment anodines, mais dont l'intérêt est en fait masqué, servent à mettre sur la voie le lecteur attentif. « Quel dommage qu'il ne soit pas lord ! ce serait une fameuse canaille » dit Maître Nicless de Tom-Jim-Jack qui est en fait lord Dirry-Moir (*HQR*, p. 575). Dans *Les Travailleurs de la mer*, toute une

1 *Les Misérables, roman pensif*, éd. citée, p. 95.

série d'indices annonce le revirement de Clubin, principalement dans le chapitre « Les déniquoiseaux » (I, 5, 5). Ce qui se présente comme une scène fantastique sous le regard des enfants laisse filtrer certaines indications. On peut en particulier rapprocher la conversation à propos d'un homme mystérieux qu'il s'agit de faire passer en Angleterre, de l'évocation du retour de Clubin quelques lignes plus loin.

Ce fonctionnement du texte indique que les éléments ne sont pas donnés comme tels mais sont destinés à être interprétés. C'est une manière de favoriser un type de réception adapté à la forme signifiante, dont la caractéristique principale est d'être oblique. De policière, l'énigme est progressivement étendue à tous les aspects du roman.

Intrigue

De manière générale tout est mis en œuvre pour articuler composition et action. Comme le dit Hugo dans *Les Misérables*, il s'agit d'un « livre dont le premier personnage est l'infini » (p. 403). Il faut prendre le terme personnage au sens propre, comme en témoignent les nombreuses scènes d'action où les protagonistes ne sont autres que les pensées. C'est particulièrement net dans les « tempêtes sous un crâne », où l'on voit s'affronter les pensées de Jean Valjean, dans le suspens et les retournements de situation. Ce phénomène est souligné par le parallélisme qu'on peut faire avec les chapitres suivants, qui proposent la même structure, faite de rebondissements, mais cette fois-ci pour le voyage de Jean Valjean à Arras. Hugo compare d'ailleurs la conscience à un « champ de bataille des passions » où l'on rencontre « sous le silence extérieur, des combats de géants comme dans Homère, des mêlées de dragons et d'hydres et des nuées de fantômes comme dans Milton, des spirales visionnaires comme chez Dante » (*Mis.*, p. 175). La pensée est présentée comme une intrigue, avec ses personnages, ses revirements et ses combats. Dans le combat que Gilliatt mène contre l'océan, on passe ainsi progressivement de situations maritimes concrètes à une dimension abstraite. Les considérations sur la mer en proie à la tempête sont entrecoupées de remarques sur « l'incompréhensible » ou l'« inintelligible » (*TM*, p. 239). C'est d'ailleurs à cette dimension abstraite que sont appliquées les caractéristiques effrayantes « horreur », « épouvante » et « chaos » (p. 238). Dans *L'Homme qui rit*, c'est aussi sous la forme d'un combat contre les éléments que se présente la mise en scène d'une forme signifiante. Le rapprochement entre la description extérieure et intérieure est mis en avant, selon un principe de composition central dans les romans de Hugo, qui consiste à toujours trouver un équivalent humain à chaque élément descriptif. Les embrayeurs se multiplient qui permettent de passer d'une isotopie à l'autre. Ainsi le chapitre I, 3, 3 est intitulé « Les hommes inquiets sur la mer inquiète ». Dans *Quatrevingt-Treize*, la guerre de Vendée est présentée comme la « querelle de l'idée locale contre l'idée universelle » (p. 925) et la description du combat révolutionnaire est en fait la mise en scène du combat des différentes « âmes » du roman, comme en témoigne la métaphore finale : « Et ces deux âmes, sœurs tragiques, s'envolèrent ensemble, l'ombre de l'une mêlée à la lumière de l'autre » (*QT*, p. 1065). Si la volonté de proposer un roman de la pensée est l'objet d'un commentaire explicite dans *Les Misérables*, ces deux dimensions sont complètement intégrées dans les romans suivants.

Présenter la pensée comme une intrigue est donc un autre moyen d'ancrer l'étrangeté de la composition créatrice dans une structure romanesque familière. Recourir à des ressorts romanesques codifiés permet d'attirer le lecteur en lui proposant des repères. Tout étrangère qu'elle soit, la pensée est donc rendue acceptable grâce à des procédures qui charment ou qui rassurent. Il reste à voir à présent de quelle manière se fait la jonction entre ces deux types de réception.

ARTICULATION DES NIVEAUX

Hors question

Pour articuler ressources romanesques et composition, le texte joue sur la dimension de l'implicite. Comme on l'a vu précédemment, l'idée interprétative ne se présente pas sous la forme d'un contenu explicite ; elle fonctionne plutôt selon un système d'inférence. L'implicite est l'un des recours de l'argumentation. Ce qui est implicite est présenté comme « hors question » pour reprendre une expression de Michel Meyer[1]. Ce phénomène a des conséquences sur la réception, dans la mesure où le lecteur peut avoir l'impression de n'être concerné que par ce qui est

1 *Questions de rhétorique : langage, raison et séduction*, Paris, Librairie Générale Française, 1993, p. 54.

affiché, négligeant ce qui entre dans la sphère implicite. Michel Meyer précise que « le texte littéraire est un bon exemple de discours qui, par le biais de sa réception, est porteur d'interrogation, sans que ce qui est demandé soit expressément spécifié[1] ». Lorsque Jean Valjean, poursuivi par Javert, parcourt les rues de Paris en emportant Cosette à la recherche d'un refuge, on peut voir dans le texte le mystérieux affrontement de la rectitude inhumaine de Javert et des « lignes brisées » que Jean Valjean dessine dans le « labyrinthe » des ruelles (*Mis.*, p. 354). On retrouve dans cette opposition le contraste entre la pensée linéaire de la représentation et l'obliquité de la forme signifiante. Mais les choses ne sont pas présentées comme telles et il est parfaitement possible de lire le passage comme une poursuite destinée à introduire action et suspens dans l'intrigue. Le fonctionnement sylleptique du roman tel qu'on l'a exposé plus haut[2] a donc également un intérêt rhétorique ; le niveau esthétique étant indépendant du niveau doxique, le roman est lisible même si l'on ne le prend pas en compte[3].

Lignes de fuite

Le texte des romans de Hugo joue ainsi à mettre en relation ces deux niveaux : le niveau explicite de l'action et des codes communs du récit, et le niveau implicite de la composition[4]. Cette mise en relation est rendue

1 *Ibid.*, p. 89.

2 Voir p. 91 *sq.*

3 De manière un peu différente, Michael Riffaterre insiste sur le fait que ce « double parcours » de la lecture qui permet de saisir d'une part « la signification » comme « fonction mimétique des mots » et d'autre part « la signifiance », est essentiel au fonctionnement de l'œuvre littéraire : « ce n'est pas faire preuve d'un excès d'audace que de conclure que la référentialité effective n'est jamais pertinente à la signifiance poétique… Mais l'illusion référentielle, en tant qu'illusion, est la modalité de perception de cette signifiance » (« L'illusion référentielle » *Littérature et réalité*, dir. R. Barthes *et alii*, Paris, Seuil, 1982, p. 96 et 118).

4 Catherine Kerbrat-Orecchioni définit l'implicite de la manière suivante : « La compréhension de certains énoncés inclut celle d'autres énoncés que l'on construit à partir des premiers. […] les énoncés apparaissent comme des sortes de feuilletés, dont la structure sémantique se constitue d'un ensemble de contenus propositionnels. » Elle précise que la plupart de ces contenus implicites « relèvent d'un ancrage indirect » c'est-à-dire que « le contenu implicite vient se greffer, selon un mécanisme de "décrochement" analogue à celui qui caractérise certains des contenus de connotation. » (*L'Implicite*, éd. citée, p. 14 et p. 13-14). Par rapport à cette définition, il faut cependant préciser que le fonctionnement de l'implicite dans le discours littéraire est un peu différent dans la mesure où, comme on

possible par le phénomène des lignes de fuite[1]. Dans les moments les plus proches d'une structure romanesque, certains éléments discrets indiquent une autre voie, de manière déceptive ou par embrayage. L'implicite est alors suggéré, le sous-entendu établi réciproquement par une mise en relief.

De manière déceptive, tout d'abord, les conclusions qui découlent généralement des récits populaires ne correspondent pas à ce qu'attend le lecteur. La morale conformiste qui découle des romans populaires ainsi que leur fin heureuse ne sont pas reprises dans les romans de Hugo : les histoires d'amour finissent souvent mal comme c'est le cas pour Fantine, Gilliatt ou Gwynplaine ; leur morale pompeuse est présentée comme une aliénation comme en témoigne la présentation d'un roman de Ducray-Duminil dans le bouge des Jondrette : « Sur la couverture s'étalait ce titre imprimé en grosses lettres majuscules : DIEU, LE ROI, L'HONNEUR ET LES DAMES, PAR DUCRAY-DUMINIL. 1814 » (*Mis.*, p. 592). Enfin, l'énigme policière n'est jamais résolue ou plutôt sa résolution n'est plus affichée comme la priorité du récit.

Certains éléments présentés sur le mode du récit semblent une fausse note dans sa cohésion. Le chapitre « Mort d'un cheval » (*Les Misérables* I, 3, 8) crée une discordance dans le récit joyeux de la sortie des quatre couples. Il permet également d'isoler le personnage de Fantine, qui est la seule à s'émouvoir de l'« incident ». Si le récit se poursuit sur le même ton qu'il avait commencé, une autre dimension ouverte par cet événement restera sous-entendue.

L'implicite peut également être indiqué par un phénomène de ligne de fuite. Dans les passages d'action ou de suspens qui conduisent le lecteur à une attention particulière, certains éléments permettent de faire le lien entre les deux perspectives. Au début du roman, le passage où Jean Valjean pénètre dans la chambre de l'évêque est aussi un moment de suspens ; on se demande ce que le forçat va faire à Myriel. Mais c'est autre chose qui survient, et se matérialise dans le texte par l'intermédiaire du

---

l'a vu (p. 97 *sq.*), la dimension intransitive du niveau esthétique ne permet pas de parler en termes de « contenus ».

1 Cette organisation complexe interdit absolument de parler de roman à thèse. Comme l'explique Susan Suleiman, « le roman à thèse vise le sens unique, la clôture absolue » : « le sens se construit progressivement mais il n'est pas pulvérisable. Au contraire, plus on avance, plus les redondances se multiplient et plus le sens se limite, se fait un » (*Le Roman à thèse*, éd. citée, p. 33 et 71).

rayon de lune qui vient éclairer le visage de l'évêque (p. 82). Pourtant, cet élément ne reste qu'un « reflet », une ligne de fuite qui indique un autre niveau et l'action se poursuit avec le vol des chandeliers (p. 83). Ces lignes de fuite ne se manifestent pas obligatoirement dans un segment textuel ; elles peuvent concerner tout le roman, dans la répétition d'une figure ou dans la réapparition d'un personnage. C'est le cas du « filousophe » Thénardier, scandale personnifié au contact duquel s'éprouve la vérité de la misère, dans une dynamique de « relativisation des valeurs morales » qui « procède par séries de déplacement et, contrainte et forcée, ne cesse d'opérer des amalgames[1] ». Personnage polyphonique, il se laisse traverser par des voix divergentes, parmi lesquelles celle de Hugo lui-même, comme en témoignent certains échos troublants[2].

Lorsque Cosette pénètre terrifiée dans le bois où elle doit aller chercher de l'eau, la description du lieu sinistre laisse filtrer une autre dimension. Ce qui est présenté comme une action provoquant inquiétude et pitié chez le lecteur ouvre sur une autre perspective. Ceci est suggéré par des éléments dissonants comme le passage au présent de commentaire : « Il faut à l'homme de la clarté. Quiconque s'enfonce dans le contraire du jour se sent le cœur serré. Quand l'œil voit noir, l'esprit voit trouble » (*Mis.*, p. 308). Mais à l'intérieur même de la description, différents termes sont comme des seuils qui relient les deux niveaux :

> Sans se rendre compte de ce qu'elle éprouvait, Cosette se sentait saisir par cette énormité noire de la nature. Ce n'était plus seulement de la terreur qui la gagnait, c'était quelque chose de plus terrible même que la terreur. Elle frissonnait. Les expressions manquent pour dire ce qu'avait d'étrange ce frisson qui la glaçait jusqu'au fond du cœur. Son œil était devenu farouche. Elle croyait sentir qu'elle ne pourrait pas s'empêcher de revenir là à la même heure le lendemain (*Mis.*, p. 309).

Figures d'abstraction, périphrases indéfinies, expressions qui appartiennent au paradigme des passages métaphysiques dans les romans, autant d'éléments qui permettent à une description *a priori* destinée à servir la tension de la narration de faire signe vers une autre dimension de sens. Après ce passage, la narration reprend un cours normal :

---

1 Pierre Laforgue, « filousophie de la misère », Les Misérables *: nommer l'innommable*, éd. citée, p. 79.

2 Claude Millet a montré par exemple que le discours de Thénardier sur la vanité de l'ornementation des tombes du père Lachaise a été tenu par Hugo (« Amphibologie : le génie, le passant, la philosophie, l'opinion », *op. cit.*, p. 137-138).

> Alors, par une sorte d'instinct, pour sortir de cet état singulier qu'elle ne comprenait pas, mais qui l'effrayait, elle se mit à compter à haute voix un, deux, trois, quatre, jusqu'à dix, et, quand elle eut fini, elle recommença. Cela lui rendit la perception vraie des choses qui l'entouraient. Elle sentit le froid à ses mains qu'elle avait mouillées en puisant de l'eau. Elle se leva. La peur lui était revenue, une peur naturelle et insurmontable. Elle n'eut plus qu'une pensée, s'enfuir ; s'enfuir à toutes jambes, à travers bois, à travers champs, jusqu'aux maisons, jusqu'aux fenêtres, jusqu'aux chandelles allumées. Son regard tomba sur le sceau qui était devant elle. Tel était l'effroi que lui inspirait la Thénardier qu'elle n'osa pas s'enfuir sans le sceau d'eau. Elle saisit l'anse à deux mains. Elle eut de la peine à soulever le sceau (*Mis.*, p. 309).

La comparaison de ces deux séquences textuelles permet de mieux comprendre le fonctionnement de la ligne de fuite. Elle joue sur le contraste, et utilise à contre-emploi les règles de la description réaliste. Loin d'une simple illusion référentielle, le texte multiplie les expressions surdéterminées, met en valeur le travail de l'écriture et le caractère artificiel du traitement du langage[1], autant d'éléments qui s'affichent d'autant plus qu'ils contrastent avec la simplicité de la trame narrative[2].

L'implicite est donc soutenu et complété par un autre phénomène, celui de l'ambiguïté. Le texte feint de parler d'autre chose, de fonctionner comme un roman traditionnel, mais certains éléments ambigus indiquent une autre piste. L'ambiguïté permet de faire adhérer l'auditoire en donnant la simple apparence du roman. Elle est associée à la notion de vague et d'indétermination qui permet de faire passer un certain nombre d'éléments sans qu'ils soient vraiment remarqués. Le système des lignes de fuite permet de soulever une question sans pour autant la poser puisqu'il incombe au récepteur de prendre en charge les éléments qui lui sont proposés comme il l'entend.

---

1 L'écriture va ainsi à l'encontre de deux règles essentielles du discours réaliste énoncées par Philippe Hamon : « Le *support* (le message) doit s'effacer au maximum » et « le *geste* producteur du message (style, énonciation, modalisation) doit s'effacer au maximum » (« Un discours contraint », *Littérature et réalité* éd. citée, p. 133).

2 Contrairement à la première partie du passage, la seconde partie emploie un vocabulaire beaucoup plus simple (plus « l'angoisse » métaphysique, mais la « peur » d'une petite fille), multiplie les notations réalistes (elle a froid, elle compte jusqu'à dix, elle prend le sceau à deux mains), insiste sur la vraisemblance des éléments rapportés (si elle a froid aux mains c'est qu'elle les a mouillées en puisant de l'eau, elle a du mal à porter le sceau) et rétablit le lien entre description et narration (l'opposition entre la « peur » du noir et « l'effroi » que lui inspire la Thénardier produit une tension dramatique).

Si la composition est du côté de l'étrangeté, le texte ne peut afficher la rupture sans remettre en cause la réception, du moins telle que l'entend Hugo, c'est-à-dire de tous. Le texte fonctionne donc selon un double système d'écriture qui affiche la simplicité et la familiarité pour construire un ancrage et réserve l'étrangeté au domaine implicite en jouant sur l'ambiguïté. Les deux plans ne sont pas séparés de manière aussi schématique. Il n'y a pas d'un côté un affichage représentatif employé à des fins rhétoriques, et de l'autre une négation esthétique de ce premier plan. Loin de n'être qu'un simple procédé, le travail sur le cliché est au cœur de l'esthétique romanesque.

EXCÈS DE MIMÉSIS[1]

Victor Hugo n'utilise pas simplement le cliché comme mode d'ancrage, comme élément de familiarité et de lien. Il s'en sert véritablement comme mode de travail du texte. Le fait qu'il ne cherche pas à créer un genre romanesque mais s'empare de genres déjà là est significatif de ce qu'il recherche. Renonçant à l'idée d'échapper à la langue commune, il cherche au contraire à dissoudre la lisibilité en la poussant à ses limites.

Trois notions sont souvent assimilées, qui fonctionnent en fait de manière différente : la mimésis, la représentation[2] et la lisibilité[3]. Si lisibilité et mimésis sont souvent du côté de la représentation, c'est dans l'usage qui en est fait, non par définition. Définir la mimésis comme une figuration lisible et non comme représentation abstraite permet de

1 Le terme de mimésis recoupant des problématiques diverses nous précisons que nous l'utiliserons ici comme synonyme de fonctionnement descriptif du langage, tel que peut le mettre en œuvre un discours réaliste compris non comme genre mais comme conception du langage qui se rapproche de celle du régime représentatif.

2 C'est particulièrement net chez Erich Auerbach qui sous-titre son livre *Mimésis*, « La représentation de la réalité dans la littérature occidentale ».

3 Cette notion de lisibilité est essentielle chez Aristote qui conçoit la mimésis comme ce qui consiste à « figurer les choses [...] telles qu'on les dit et telles qu'elles semblent » (*Poétique* 1460 b 7). Le problème de la *mimésis* n'est pas dans ce cas de figurer les choses de manière exacte, en accord avec la réalité, mais de manière « vraisemblable », et de refuser toute figuration « inintelligible » (« *alogon* », *Poétique* 1460 a 26), ce qui rapproche le problème de la mimésis de celui de la lisibilité.

penser qu'elle peut être utilisée dans un régime esthétique, pas seulement dans un régime spéculatif. Dans son livre sur Mahler, Adorno qualifie de « nouveau[1] » des compositions qualifiées de « pots-pourris symphoniques[2] » à son époque. « Ce qui, dans la musique de Mahler, donne l'impression d'être en retard sur sa propre époque est étroitement lié à son Idée[3]. » Cette musique qu'il qualifie par ailleurs de *romanesque*, « cette juxtaposition arbitraire de mélodies à succès qui faisait la misère du pot-pourri devient chez lui un assemblage plein de vertu [...] une alliance provocatrice avec la musique vulgaire. Ses symphonies étalent sans vergogne ce que tout le monde a dans l'oreille : bribes de mélodies venues de la grande musique, chansons populaires rebattues, rengaines et refrains à la mode. [...] De ces morceaux de la fin du romantisme tenant du pot-pourri, Mahler retient les tournures isolées à la fois frappantes et prégnantes, mais laisse de côté l'ouvrage intermédiaire devenu inepte[4]. Il est intéressant de noter que ce terme de *nouveau* désigne également l'œuvre de Schönberg, archétype de la modernité qui déconstruit le langage musical traditionnel. Cette double figure du nouveau indique que le régime esthétique ne passe pas obligatoirement par un langage de rupture ; comme l'indique l'analyse sur Mahler, il existe une alternative dans l'utilisation du langage traditionnel dans ce qu'il a de plus commun, qui consiste à jouer sur la notion d'isolement. Dans ce texte, Adorno cherche à penser un nouveau statut de la mimésis, qui ne serait plus une instance de l'identité mais de l'altérité. Il existe deux manières de remettre en cause la représentation spéculative : aller vers l'abstraction d'un langage qui ne s'occupe plus que de lui-même ou au contraire aller vers plus de mimésis.

Dans ses romans Hugo choisit la seconde méthode et cherche à l'inscrire dans son texte de deux manières : pousser la figure jusqu'à l'excès jusqu'à sortir de la représentation et utiliser le montage.

SORTIR DE LA FIGURE

Si une partie du texte fonctionne sur des effets de rupture, utilisant la négativité et l'hétérogénéité, un autre mouvement cherche au contraire

1 *Mahler, une physionomie musicale*, Paris, Minuit, 1976, p. 45.
2 *Ibid.*, p. 57.
3 *Ibid.*, p. 55.
4 *Ibid.*, p. 58.

à aller au fond d'une logique mimétique du cliché. Mais les deux stratégies visent le même but : l'hétéronomie. Deux modes alternent : soit la volonté de laisser émerger dans le texte tout ce qui est le contraire de la clôture spéculative, l'inconnu, l'étrange et le sauvage, soit la radicalisation de la figuration. Les propres lois qui fondent la représentation spéculative sont à la source d'une hétéronomie radicale.

Le rapport entre régime spéculatif et mimésis peut s'organiser autour de l'idée de figure. La figure est ce qui permet de donner une signification à un élément en l'intégrant à une logique, à un récit, à des normes. Le verbe « se figurer » est ainsi souvent employé dans les romans de Hugo pour désigner l'action de se représenter un élément de manière claire et ordonnée. La notion de figure est particulièrement exploitée dans *L'Homme qui rit*, qui place au centre de son économie « le talent » des Comprachicos qui consiste à « défigurer » (p. 369).

Pousser la figure à l'excès

Le premier mouvement consiste à pousser la figure à l'excès. Si les éléments qui sont décrits dans les romans de Hugo peuvent paraître très réalistes, ils sont toujours traités dans l'excès. Cet excès est souvent remarqué par les commentateurs du XIXe siècle. Dans un article paru le 1er avril 1878 dans *Le Bien Public*, Zola parle du grandissement des éléments des *Misérables* : « Victor Hugo n'a jamais regardé à ses pieds. Quand il baisse les yeux il voit les fleurettes du chemin s'épanouir comme des soleils et les simples cailloux briller comme des diamants [...] le grandissement des types en augmente le relief ». Les personnages finissent par mourir de cet excès. En voulant suivre jusqu'au bout leur logique, les figures des romans en perdent tout repère et finissent d'ailleurs par disparaître, symbolisant par là la remise en cause de la radicalité spéculative. La mort de Jean Valjean peut apparaître comme l'aboutissement de sa rédemption. En fait, elle en représente l'excès, comme en témoigne la conclusion du livre qui s'achève sur la disparition des quatre vers qui s'effacent sur la pierre tombale. Poussée à son terme, son histoire banale excède toute signification et ne peut que s'effacer. Cette conclusion est commune à beaucoup de romans. C'est aussi dans l'évanouissement que se terminent les histoires d'amour de Gilliatt ou de Gwynplaine et la relation faite de devoir et d'amour qui unit Gauvain et Cimourdain.

Isoler la figure

La représentation implique le rapport d'une image à un objet, mais également le rapport entre plusieurs images, dans un ensemble composé qui donne à chacune son objet. Comme système, la composition et la narration sont le corrélat de la représentation. Ce ne sont pas les figures en elles-mêmes, mais le lien hiérarchisé qui les unit, qui les intègre à un régime représentatif. Isoler les figures est donc l'un des moyens pour rompre avec la représentation, du moins avec ce qui en constitue le caractère le plus abstrait.

On découvre ici un nouvel enjeu du principe de « parenthèse ». Elle abstrait l'élément de la trame narrative qui lui donne sa place. Coupée du reste de la narration, la séquence se développe selon une autonomie qui lui donne un statut particulier. Le livre sur le couvent, intitulé « Parenthèse », n'est pas destiné à donner la description de l'endroit où Jean Valjean et Cosette vont passer quelques années. Il ne rassemble d'ailleurs pas l'ensemble de leur séjour au couvent, qui a déjà été évoqué avant et se continue dans les livres suivants. Par cette séparation typographique et narrative, la parenthèse se signale comme isolée ; le couvent acquiert une autonomie ; il ne sert plus la narration, mais appartient désormais à un ordre moins abstrait, qui fonctionne selon un nouveau type de relation.

Outre la parenthèse, Hugo utilise également la notion de triangle comme moyen d'isoler les figures. Cette image revient souvent dans les romans ; on la rencontre en particulier pour définir l'archipel de la Manche : « Les Cyclades dessinent le cercle ; l'archipel de la Manche dessine le triangle » (*AM*, p. 17) ; elle est également utilisée pour parler de la guillotine dans la dernière page de *Quatrevingt-Treize* : « le triangle se détacha et glissa lentement d'abord, puis rapidement » (p. 1065). On retrouve cette image du triangle dans les lettres qui découpent l'espace des scènes importantes des *Misérables* : la topographie du champ de bataille de Waterloo forme un A : « ceux qui veulent se figurer nettement la bataille de Waterloo n'ont qu'à coucher sur le sol par la pensée un A majuscule » (*Mis.*, p. 249) ; dans sa fuite Jean Valjean aboutit à « un point où la rue se bifurquait. [...] Jean Valjean avait devant lui comme les deux branches d'un Y » (p. 357) ; enfin, la barricade a la forme d'un N : « Les personnes qui voudraient se représenter [...] n'ont qu'à se figurer [...] un N » (p. 855). Le découpage de l'espace en triangle est lié à la figuration mais à une figuration non représentative, comme en témoigne l'emploi d'une lettre isolée, détachée du mot. Le triangle découpe un espace dans le texte qui permet d'extraire l'élément de la narration et donc de le préserver de la représentation abstraite.

On rejoint ici l'image de l'archipel qui est une autre manière de définir un mode de découpage du texte fondé sur l'isolement des éléments. Que les romans s'inscrivent ou non dans un environnement maritime, ils se construisent autour de l'« île ». Elle prolonge les notions de parenthèse et de triangle, comme en témoigne l'image du couvent comme « île » : « Ce couvent était pour Jean Valjean comme une île entourée de gouffres » (*Mis.*, p. 449) ; l'archipel qui forme un triangle (*AM*, p. 17) se réduit peu à peu à l'image de l'« écueil isolé » dans *Les Travailleurs de la mer* (p. 218).

Dans le texte, isolement et coupure se font de manière typographique par le découpage en chapitres en livres ou en paragraphes qui ont plus souvent comme conséquence d'isoler les séquences que de les organiser de manière hiérarchisée. On peut citer par exemple la suite de tableaux qui constitue la description de la Tourgue dans *Quatrevingt-Treize*. Le texte ne nous propose pas une description d'un seul tenant, mais découpe son objet en figures qu'isolent des chapitres différents : « La Tourgue » (III, 2, 1), « La brèche » (III, 2, 2), « L'oubliette » (III, 2, 3), « Le pont-Châtelet » (III, 2, 4), « La porte de fer » (III, 2, 5), « La bibliothèque » (III, 2, 6), « Le grenier » (III, 2, 7).

Insignifiance de la figure

Isoler les figures n'est pas la seule manière de distinguer la lisibilité de la représentation. Le texte joue également sur le caractère insignifiant de certains éléments. Insignifiant ne signifie pas indistinct ; la netteté est détruite par la netteté, la lisibilité par la lisibilité. Les éléments ne sont pas incompréhensibles mais insignifiants et leur insignifiance est révélée par leur précision même.

Le texte propose ainsi une succession de traits insignifiants. *Les Misérables* consacrent tout un livre à des personnages dont il est dit au début « Ces jeunes gens étaient insignifiants » (p. 97). L'activité de Gilliatt, censé être le héros des *Travailleurs de la mer*, se résume au fait qu'il « pêchait beaucoup de poisson » (p. 65). Nombreuses sont les descriptions qui tout en étant très précises n'ont aucun relief ; c'est le cas de la maison des Bravées, qui possède des fenêtres et un jardin fleuri :

> Il avait de plus acheté à crédit, à l'entrée même du port de Saint-Sampson, une jolie maison de pierre, toute neuve, entre mer et jardin, sur l'encoignure de laquelle on lisait ce nom : les Bravées. Le logis des Bravées, dont la devanture faisait partie de la muraille même du port, était remarquable par une double rangée de fenêtre, au nord du côté d'un enclos plein de fleurs, au sud, du côté de l'océan (*TM*, p. 87).

Un peu plus loin, la description du jardin de Déruchette et de la chambre de Lethierry n'ont pas plus de particularité :

> [Déruchette] arrosait elle-même ses plates-bandes de roses trémières, de molènes pourpres, de phlox vivaces et de benoîtes écarlates ; elle cultivait le crépi rose et l'oxalyde rose ; elle tirait partir du climat de cette île de Guernesey si hospitalière aux fleurs [...] Son petit potager était savamment ordonné ; elle y faisait succéder les épinards aux radis et les pois aux épinards ; elle savait semer les choux fleurs de Hollande et des choux de Bruxelles qu'elle repiquait en juillet, des navets pour août, de la chicorée frisée pour l'hiver (*TM*, p. 90).

Ce passage est significatif de la manière dont le texte allie précision et insignifiance. Il énumère les plantes en les appelant par leur nom technique au risque de créer des répétitions comme « crépi rose et oxalyde rose ». Les éléments se succèdent sans qu'aucun soit mis en relief, ni par la syntaxe, où se suivent très simplement le sujet, le verbe et le complément, ni par le classement sommaire qui oppose les fleurs et les légumes du potager, qui eux-mêmes ne se distinguent que par le mois de leur repiquage. Ce type de passage crée une zone de flou dans le texte. De tels éléments ne sont représentatifs de rien alors même que, pris isolément, ils sont des modèles de lisibilité.

Ce caractère à la fois inconsistant et précis est particulièrement représenté par les dialogues. Ainsi le dialogue entre Ursus et Nicless dans *L'Homme qui rit* :

> – [...]Pendant que vous faisiez la pièce et le public à vous tout seul, on a frappé à la porte de la taverne.
> – On a frappé à la porte ?
> – Lui

– Je n'aime pas ça
– Moi non plus.
– Et puis ?
– Et puis j'ai ouvert
– Qui est-ce qui frappait ?
– Quelqu'un qui m'a parlé.
– Qu'est-ce qu'il a dit ?
– Je l'ai écouté.
– Qu'est-ce que vous avez répondu ?
– Rien. Je suis revenu vous voir jouer.
– Et… ?
– Et l'on a frappé une seconde fois.
– Qui ? Le même ?
– Non. Un autre.
– Quelqu'un encore qui vous a parlé ?
– Quelqu'un qui ne m'a rien dit (p. 673).

L'excès de précision empêche le dialogue de progresser. Chaque élément aussi menu soit-il est repris comme centre de la réplique suivante. Tout est détaillé, même ce qui n'apporte aucune information et le dialogue s'étend ainsi sur une page.

EXCÈS DE PRÉCISION

Le texte n'échappe pas à la représentation parce qu'il ne serait pas assez précis ; au contraire il en montre trop et met en valeur ce qui n'a pas d'intérêt. En plaçant l'objectif trop près, il approche la frontière où la ressemblance devient retrait. La présence trop importante et trop lisible de certains éléments se dissout dans l'absence. Le travail du portrait est significatif de ce phénomène. Si le portrait de Fantine est constitué de traits précis, ils sont trop éparses pour qu'on puisse avoir une vue d'ensemble de ce personnage. Le texte sélectionne des éléments sur lesquels il met l'accent, sans qu'ils s'organisent les uns par rapport aux autres pour donner de Fantine une représentation claire. On passe des « dents splendides » au « petit chapeau de paille cousue, aux longues brides blanches » ; puis se succèdent les « épais cheveux blonds », les « lèvres roses », « les coins de sa bouche » et « ses longs cils pleins d'ombre » (p. 101). Le grossissement des traits et l'absence de lien entre eux ne permet pas de se figurer le personnage qui absorbe toute signification. On retrouvera d'autres portraits de Fantine tout au long de la partie qui lui est consacrée. Au fur et à mesure, les descriptions se font plus réalistes, cherchant à cerner sa déchéance ; mais dans le même mouvement la figure romanesque s'efface un peu plus, passant par la « transparence » de la maladie, jusqu'à l'anonymat de la mort, enterrée dans la fosse commune.

L'excès de mimésis aboutit à un déséquilibre entre description et signification. Les romans de Hugo nous montrent certains éléments de manière insistante sans nous dire ce qu'il faut en penser, c'est-à-dire sans les intégrer à une logique de récit. La figure n'est plus porteuse de sens. Même si la description est parfaitement lisible, l'usage qui en est fait lui permet de sortir des cadres de la représentation abstraite : pas de hiérarchie ni d'adaptation des formes au sujet. L'objet montré est coupé de toute justification utilitaire, il est déconnecté des liens normaux qui devraient justifier sa présence. La représentation n'est pas qu'une question de similitude, elle repose sur un rapport réglé entre signification et description. Il y a une disjonction logique entre ce qui est montré et ce qu'il faut en penser, pas de régulation de ce qu'il faut en faire. Le texte peut ainsi s'attarder sur la description d'éléments qui n'ont aucun intérêt pour le récit, remettant en cause le principe de pertinence[1] et par là la signification de ces éléments. Le portrait de M. Gervais-Gaboureau dans *Les Travailleurs de la mer* (p. 113) est aussi soigné que celui des autres personnages du roman. Il est en particulier tout à fait semblable à celui qui est fait de Clubin deux pages plus loin. Pourtant ce personnage ne joue pour ainsi dire aucun rôle dans le roman. Il se crée de ce fait une inadéquation entre l'intérêt qui est porté à celui-ci et la signification qu'il a dans le roman.

Dans *Les Misérables*, la description minutieuse de la charrette devant l'auberge des Thénardier n'est pas en accord avec le fait qu'elle ne joue aucun rôle, même symbolique.

> C'était l'avant-train d'un de ces fardiers, usités dans les pays de forêts, et qui servent à charrier des madriers et des troncs d'arbres. Cet avant-train se composait d'un massif essieu de fer à pivot où s'emboîtait un lourd timon, et que supportaient deux roues démesurées. Tout cet ensemble était trapu, écrasant et difforme. On eût dit l'affût d'un canon géant. Les ornières avaient

1 Selon Dan Sperber et Deirdre Wilson, le principe de pertinence coiffe toutes les autres lois du discours (« Remarques sur l'interprétation des énoncés selon Paul Grice », *Communications*, n° 30, 1979, p. 80-94).

> donné aux roues, aux jantes, aux moyeux, à l'essieu et au timon, une couche de vase, hideux badigeonnage jaunâtre assez semblable à celui dont on orne volontiers les cathédrales. Le bois disparaissait sous la boue et le fer sous la rouille. Sous l'essieu pendant en draperie une grosse chaîne digne de Goliath forçat. Cette chaîne faisait songer, non aux poutres qu'elle avait fonction de transporter, mais aux mastodontes et aux mammons qu'elle eût pu atteler ; elle avait un air de bagne, mais de bagne cyclopéen et surhumain, et elle semblait détachée de quelque monstre (p. 117).

Malgré la petite phrase d'introduction de cette description qui en souligne les qualités picturales, il est difficile de penser pouvoir se représenter cet objet. La précision avec laquelle les différents éléments sont décrits n'a d'égal que la difficulté à les assembler en un tout cohérent. On a l'impression d'un regard qui s'approche si près de l'objet qu'il n'a plus la distance nécessaire pour le saisir. L'hypertrophie des détails des lignes et des formes confine à l'irreprésentable. La description mimétique prend une telle ampleur, le grossissement est tellement fort que la figure se dissout. Ce grossissement la conduit par ailleurs à échapper à toute signification dans la mesure où il est sans rapport avec le rôle qu'elle joue dans le roman.

D'autres passages sont mis exagérément en valeur par une typographie[1] qui s'accorde mal avec un contenu insignifiant :

> Il était chez lui désormais.
>
> La grande Douvre était sa maison ; la Durande était son chantier.
>
> Aller et venir, monter et descendre, rien de plus simple.
>
> Il dégringola vivement de la corde à nœuds sur le pont.
>
> La journée était bonne, cela commençait bien, il était content, il s'aperçut qu'il avait faim (*TM*, p. 209).

Dans ce passage, la simplicité des faits présentés n'est pas en accord avec la typographie qui les met en valeur en les isolant chacun sur un paragraphe. L'ensemble du passage se détache sur la page sans que cela

1 Henri Mitterand insiste sur le rôle du paragraphe comme unité d'ordre sémantique et thématique (« Le paragraphe est-il une unité linguistique ? », *La Notion de paragraphe*, dir. R. Laufer, Paris, Éditions du CNRS, 1985, p. 83-92). Il faut y ajouter une dimension dialogique, telle que la pointe Bakhtine : « À la base du discours en parties dénommées paragraphes dans leur forme écrite, on trouve *l'ajustement aux réactions prévues de l'auditeur ou du lecteur.* Plus l'ajustement à l'auditeur et la prise en compte de ses réctions sont faibles, plus le discours sera d'un bloc et moins il y aura de paragraphes » (*Le Marxisme et la philosophie du langage*, Paris, Minuit, 1977, p. 158).

soit justifié par un intérêt particulier. Ce manque d'adéquation brouille la signification dans un passage à première vue parfaitement lisible.

La mimésis définie comme lisibilité ne conduit pas obligatoirement à l'abstraction : c'est son utilisation qui, soit la rend transparente, soit l'opacifie, insiste sur l'identité ou au contraire sur l'hétérogénéité. La forme interprétative ne repose pas sur l'évanouissement de la mimésis mais sur l'émancipation des cadres de la représentation. Il s'agit plus d'un excès que d'un retrait. Le dérèglement de la représentation dans les romans de Hugo ne repose pas sur la création d'un langage particulier, abstrait de la langue commune, mais sur un dérèglement du rapport entre ce qui est montré apparemment de manière transparente et l'intérêt de le montrer. Pour briser l'abstraction représentative, les romans utilisent une technique de montage fondée sur la juxtaposition.

JUXTAPOSITION ET MONTAGE

La remise en question de la représentation abstraite, dans le cadre de la mimésis, se fait également par ce que France Vernier appelle un « montage systématique » : « J'entends par systématique le fait qu'il opère constamment, embarque tout lecteur savant ou rustre, dans une maison d'illusions, où, tour à tour, la créance accordée à chacun des modes de vision/représentation/expression, pourvu qu'ils respectent les lieux et les cas, est minée[1]. » C'est par leur confrontation, non par leur structure propre que les séquences échappent au régime spéculatif. Les romans se présentent comme un « démontage » de toute perspective représentative, par le choc des systèmes d'écriture. Les pratiques de discours qui donnent une impression de lisibilité sont déplacées du lieu qui leur assure une illusoire transparence.

Si le texte propose des passages d'une grande lisibilité, l'éclairage qu'il porte sur eux en dévoile le caractère problématique. Juxtaposant les modes d'écriture, il les fait jouer pour mieux les confronter. Comme Jean Valjean dans les sables mouvants de l'égout, les romans n'offrent aucun appui stable de l'écriture. Comme l'explique France Vernier à propos des *Misérables*, c'est ce qui rend le roman « intraitable » : « ses extraits isolés sont facilement utilisables, une fois privés de ce qui fonde leur force, leur rapport entre eux[2]. » Si l'écriture des passages lisibles

1 « *Les Misérables*, un texte intraitable », *Lire* Les Misérables, éd. citée p. 13.
2 *Ibid.*

ne prétend pas à l'altérité, elle remet en cause tout fonctionnement de l'identité par la confrontation. Ils n'instaurent nullement un nouveau langage, mais désignent le manque dans les interstices qui séparent les séquences et créent une brèche dans la transparence de la représentation.

Seule la prise en compte du contexte permet de saisir le mécanisme de traitement du cliché dans les romans de Hugo ; laissé intact, il est travaillé de l'extérieur par l'insertion dans un contexte en rupture ou en contraste. Si le texte est traité ponctuellement sur le mode de la lisibilité, il fonctionne dans son ensemble selon une juxtaposition de familiarité et d'étrangeté. Comme toujours, la pensée de Hugo repose sur le principe de la marge, et l'étrangeté se détache sur un fond de familiarité. On pourrait reprendre ici la définition de Michel Collot qui dit que « l'altérité poétique pourrait être définie comme une familière étrangeté[1] ». « Le mystérieux dans le familier » telle est la formule que Hugo emploie dans *L'Homme qui rit* (p. 524). Pour que la composition existe comme pensée et comme esthétique, elle doit prendre sa source dans un espace de familiarité qui se révèle différent de ce qu'on imaginait. C'est le propre de la forme signifiante de venir à la place de ce qu'on attendait ; de montrer que, ce dont on croyait avoir fait l'expérience, on ne le connaissait pas et on ne voulait pas le voir.

SÉDUCTION

La lisibilité dans les romans de Hugo est donc exploitée de différentes manières. Elle permet de ménager un espace de familiarité, point d'ancrage de la forme interprétative, dans la pensée commune, tout en relançant le processus d'altérité qui sape le régime spéculatif. Mais ce processus n'est ni affiché ni conscient ; il n'apparaît pas comme une règle positive du texte, mais découle des différents jeux d'inférence qui s'inscrivent dans l'implicite du texte. Utiliser des procédés rhétoriques, jouer sur l'implicite et l'ambiguïté, c'est aussi manipuler le lecteur. Si le travail sur la lisibilité est une nécessité de la composition, c'est aussi une séduction. Et celle-ci comporte certains dangers. L'argumentation est

1 « L'autre dans le même », *Poésie et altérité*, éd. citée, p. 26.

avant tout une pratique et le résultat n'est pas toujours conforme à ce qui était visé. L'étude du fonctionnement du texte n'est pas suffisante pour apprécier le processus argumentatif. Comme l'explique Alban Bouvier, il faut procéder à une « praxéologie de l'argumentation », étudier « les effets voulus, les effets non voulus et l'absence d'effet[1] ».

FORMES DE LA SÉDUCTION

La lisibilité comme voile

Toute la difficulté de ce processus de séduction est qu'il est lui-même indispensable. Avant de présenter sa pensée au lecteur, le texte cherche à l'apprivoiser :

> Nous avons déjà regardé dans les profondeurs de cette conscience ; le moment est venu d'y regarder encore. Nous ne le faisons pas sans émotion et sans tremblement. Il n'existe rien de plus terrifiant que cette sorte de contemplation (*Mis.*, p. 174-175).

Contempler la pensée est terrifiant. Pour supporter le choc de l'inconnu il est nécessaire de recouvrir la pensée d'un voile de style. Dans cette perspective, le style simple et rassurant des romans de Hugo n'est pas seulement un mode d'ancrage, c'est également un moyen de masquer ce qu'on ne peut regarder en face. Paul Ricœur parle ainsi de la « nécessité de jeter un voile apollinien sur la fascination dionysiaque du chaos, si l'on ne veut pas mourir d'avoir osé contempler le néant[2] ». Si pour viser l'infini, l'écriture doit déconstruire la représentation, elle doit également ménager un certain ordre qui le rende supportable[3]. Cette volonté d'utiliser le charme de l'écriture comme moyen d'accepter la « vision du gouffre » s'illustre dans la manière dont les passages de combats sont suivis de douceur. En contrepoint de la prise de la barricade, se développe une séquence qui décrit la douceur du Luxembourg en cette

1 *L'Argumentation philosophique*, éd. citée, p. 215.

2 *Temps et récit* II, Paris, Seuil, 1984, p. 55.

3 Comme l'écrit Georg Simmel, « puisque [l'art] vient exclusivement de la vie, puisque c'est de l'impulsion de la vie qu'il tire les formes de son développement, l'harmonie que trouvent les choses dans le reflet de l'art, si partielle puisse-t-elle être, est pour nous un pressentiment et un gage pour que les éléments de la vie dans le fondement le plus profond de leur réalité ne tombent peut-être pas dans une différence et une contradiction aussi désespérantes que la vie elle-même veut si souvent nous le faire croire » (*Philosophie de la modernité*, II, Paris, Payot, 1990, p. 162-163).

journée de juin (*Les Misérables* V, 1, 16). Dans *Les Travailleurs de la mer*, la pieuvre, monstre central, est entourée des merveilles de la grotte comme l'est Josiane dans le palais de Corleone-lodge. « À qui vit de fiction la vérité est infecte » (*HQR*, p. 760) ; le tout est de ne pas opposer ces deux notions mais réussir à les intégrer, car elles entrent dans un rapport de dépendance. Seule la fiction peut permettre de supporter la vérité, même si elle la voile dans le même mouvement. Dépouillées de leur aura, les choses deviennent insupportables, comme en témoigne le suicide de Javert qui ne peut supporter de se défaire des cadres qui le préservaient d'une réalité trop complexe pour son entendement.

La lisibilité comme voile est une manière de ne pas se perdre dans le chaos de la composition. Ce que le lecteur prend pour la simplicité du roman n'est que le résultat d'une stratégie destinée à l'attirer vers le plan de la forme signifiante. Par la création de cette illusion, le texte se fait séduction puisqu'il attire le lecteur par des moyens détournés.

Tourner autour

L'évolution est progressive. Comme Marius cherchant à séduire Cosette, le texte tourne autour de son objet sans jamais le viser directement. L'évolution de M. Myriel au début des *Misérables* illustre bien ce phénomène. Une suite de petites scènes qui confrontent l'évêque à d'autres personnages le poussent vers une autre forme de pensée et avec lui le lecteur. Mais aucune conclusion ne vient jamais brusquer cette évolution ; les expériences se contentent de circonscrire l'esprit du personnage sans pour autant le contraindre. Le texte pose la question de manière sous-jacente sans vraiment l'affronter directement. En répétant les séquences familières, il tourne autour du problème sans le dire. Par l'image du pallier, on rejoint l'idée des niveaux qui fondent les romans de Hugo. C'est par ce procédé que le lecteur passe du régime spéculatif au régime esthétique.

DANGERS DE LA SÉDUCTION

> Il fit tout de suite cette demi-chute de songer étrangement. Il faut prendre garde à la rêverie qui s'impose. La rêverie a le mystère et la subtilité d'une odeur. Elle est à la pensée ce que le parfum est à la tubéreuse. Elle est parfois la dilatation d'une idée vénéneuse, et elle a la pénétration d'une fumée. On peut s'empoisonner avec des rêveries comme avec des fleurs. Suicide enivrant, exquis, sinistre (*HQR*, p. 592).

La rêverie, chez Hugo, c'est parfois la pensée comme effet de séduction, cette pratique rhétorique qui court-circuite la réflexion, charme l'interlocuteur pour mieux manipuler son esprit. Si elle est bien l'une des clés pour « songer étrangement », elle n'en comporte pas moins des dangers. La séduction, c'est la neutralisation de la défense de l'esprit critique. Dans *L'Argumentation philosophique*, Alban Bouvier insiste sur la dimension irrationnelle du processus de pensée dans l'argumentation. Entraîner le lecteur dans ce processus de séduction, c'est aussi lui ôter tout réflexe critique. Hypnotisé, il est confronté au danger comme celui qui s'assied sur la chaise Gild-Holm-'Ur :

> La curiosité de ce rocher, c'était, du côté de la mer, une sorte de chaise naturelle creusée par la vague et polie par la pluie. Cette chaise était traître. On y était insensiblement amené par la beauté de la vue ; on s'y arrêtait « pour l'amour du prospect », comme on dit à Guernesey ; quelque chose vous retenait ; il y a un charme dans les grands horizons. Cette chaise s'offrait ; elle faisait une sorte de niche dans la façade à pic du rocher ; grimper sur cette niche était facile ; la mer qui l'avait taillée dans le roc avait étagé au dessous et commodément disposé une sorte d'escalier de pierres plates ; l'abîme a de ces prévenances, défiez-vous de ses politesses ; la chaise tentait, on y montait, on s'y asseyait ; là on était à l'aise […] rien de plus simple que de s'oublier dans ce fauteuil ; […] on s'émerveillait, on regardait, on jouissait, on sentait la caresse de la brise et du flot. […] quand les yeux sont remplis d'un excès de beauté et de lumière, c'est une volupté de les fermer. Tout à coup on se réveillait. Il était trop tard (*TM*, p. 69).

Le lecteur est comme le passant sur cette chaise. Facilité et plaisir se conjuguent pour lui ôter toute réflexion jusqu'à ce qu'il soit trop tard.

Manipulation

Le principal problème concerne la manipulation qui est à l'œuvre dans toute séduction. Le lecteur est conduit à penser malgré lui et sans même le savoir. Si le but recherché est de lui permettre de passer à un type de pensée différent, on peut se demander ce qu'il se passe lorsqu'il n'est pas atteint. On risque de se retrouver dans une situation où le lecteur, s'il n'accède pas au niveau interprétatif, est dépourvu de tout sens critique. Un tel procédé est donc dangereux : du fait qu'il manie l'absence de distance critique, il s'engage dans une voie où le lecteur n'est pas maître de sa pensée, dans une voie irrationnelle où il est difficile de faire la part des choses. Ceci est possible dans une théorie de l'art pour l'art complet où celui-ci est considéré de manière entièrement formelle et coupé de tout ce qui n'est pas lui. Mais à partir du moment où l'on considère que l'art est aussi une pensée, il n'est pas possible de parler de neutralité : toute forme correspond à une idéologie et on comprend le risque de la transmettre sans contrôle. Ce phénomène est dû en particulier au fonctionnement implicite[1] de la pensée qui ne donne pas de possibilité de contrôle. Wayne Booth souligne le danger d'une idéologie qui n'a pas d'ancrage explicite : outre le problème moral, la confusion engendrée peut en particulier conduire à accuser l'auteur à tort[2].

Effet inverse

L'argumentation peut par ailleurs manquer son but. Passer par la séduction de la familiarité peut conduire à effacer toute exigence de nouveauté. Comme le dit Paul Ricœur, si l'entreprise « réussit trop bien, le non-familier devient le familier et le lecteur se sentant de plein-pied avec l'œuvre en vient à y croire au point de s'y perdre[3] ». Lorsque Marius cherche à faire accepter à son grand-père son mariage avec Cosette, il tente de le séduire en vantant les charmes de la jeune fille. En cela, il va dans le sens de la demande de Gillenormand : « conte-moi tes amourettes, jabote, dis-moi tout ! » (*Mis.*, p. 818). Dans le récit, son amour prend un statut familier pour le grand-père. C'est pourquoi celui-ci n'est plus furieux comme à l'annonce de son mariage. Mais en même temps l'effet escompté n'a pas lieu : loin d'approuver le mariage Gillenormand l'engage à en faire sa maîtresse, croyant que Marius a le même point de vue que lui. En cherchant ce qui pourrait toucher son grand-père, Marius va à l'encontre de son objectif dont il sait que Gillenormand ne pourrait le comprendre.

Réception et modernité

Ce problème se retrouve de manière générale dans la réception des romans de Hugo. À vouloir les ancrer dans un horizon familier, ils sont souvent reçus au premier degré. Dans son article sur « *Les Misérables*, un

1 Le lien entre implicite et manipulation est souligné par Catherine Kerbrat-Orecchioni (*L'Implicite*, éd. citée, p. 282).
2 *The Rhetoric of fiction*, éd. citée, p. 388.
3 *Temps et récit* III, éd. citée, p. 308.

texte intraitable » France Vernier parle d'une « modernité qui échappe aux instruments de la critique instituée[1] » :

> Cette mise en cause, dont je viens de parler, se fait, dans le cas des *Misérables*, d'une manière atypique par rapport à ce que, depuis un siècle, nous avons appris à percevoir comme caractéristique de la modernité. Au sens où celle-ci est perçue, à bon droit, comme rupture, insoumission déclarée face aux fonctions que sournoisement – sous couleur de nécessité esthétique ou de respect des genres, de goût etc. – la pratique la plus naïve de l'écriture littéraire remplit quelle que soit l'intention de l'écrivain[2].

Si, comme on l'a observé, l'utilisation d'une forme lisible n'est là que pour mieux mettre en place une écriture qui revendique également la rupture, elle risque, prise au premier degré, de produire l'effet inverse[3]. Gwynplaine à la chambre des pairs ou Champmathieu devant le tribunal, les romans sont pleins de ces échecs d'une parole trop simple. C'est un risque que Hugo assume lorsqu'il dit : « Je ne peux ni ne veux rien cacher de ma pensée. Je vis et je pense à mes risques et périls, ce qui fait que par moments, j'ai l'air d'un imbécile. J'y consens. J'ai la fierté de ma bêtise[4]. »

Le traitement de la lisibilité dans les romans de Hugo témoigne de la complexité du travail de la composition. Face à l'exigence du nouveau, s'oppose la nécessité de la réception. Loin de s'échapper dans un langage idéal, Hugo décide d'aller au bout de cette contrainte que lui impose le langage verbal. Il met en place des procédures d'ancrage sans pour autant négliger le travail de l'œuvre. Jouant sur l'implicite et l'ambiguïté, il guide le lecteur dans un parcours interprétatif sans que celui-ci s'en rende compte et développe en même temps une esthétique du cliché, qui pousse à l'excès la mimésis comme lisibilité, jusqu'à la soustraire à la représentation abstraite.

---

1 « *Les Misérables*, un texte intraitable », art. cité, p. 7.

2 *Ibid.*

3 C'est le paradoxe d'une écriture dont « la modernité [...] échappe aux canons de la modernité », pour reprendre une expression de Francer Vernier (« *Les Misérables* ou de la modernité », *Hugo le fabuleux*, éd. citée, p. 66.

4 [13397] « Philosophie Prose », *Oc.*, p. 89.

IDÉOLOGIE DE LA SIGNIFICATION

« Il n'y a plus rien d'original aujourd'hui à pécher contre la grammaire ; beaucoup d'écrivains nous ont lassés de cette originalité-là. Il faut aussi éviter de tirer parti des petits détails, genre qui montre de la recherche et de l'affectation. Il faut laisser ces puérils moyens d'amuser à ces gens qui mettent des intentions dans une virgule et des réflexions dans un trait suspensif, font de l'esprit sur tout[1] » écrit Hugo en 1820 dans *Le Conservateur littéraire*. Loin d'être un fondement de la conception hugolienne de la langue, ces formules n'en sont qu'un premier jalon, qui le mènera, au fil d'une évolution importante, à adopter une position contraire. Comme l'explique Jacques Dürrenmatt, « en 1859, il paraît totalement converti à l'idée [...] qu'il convient de faire de la ponctuation un des chevaux de bataille de la revendication d'une totale indépendance de l'écrivain à l'égard des normes grammaticales et éditoriales en usage dès lors que les entorses relèvent d'une légitimité stylistique[2] ». Cette évolution s'accorde à la transformation des conceptions linguistiques qui, des Idéologues à Saussure, mènera à une représentation plus scientifique que morale de la langue. Pour les grammairiens normatifs, qui se multiplient dans la première partie du XIXe siècle, la responsabilité d'un usage correct de la langue incombe à chaque individu comme un devoir moral[3]. Sous l'influence des

---

1 *LPM*, p. 101.

2 « Virgules et blancs : une question d'importance ? », *Victor Hugo et la langue*, éd. citée, p. 72.

3 Comme l'explique Jacques-Philippe Saint-Gérand : « En deçà et au-delà de l'événement révolutionnaire [...] les pratiques discursives quotidiennes des sujets parlants sont soumises à une codification de plus en plus contraignante, qui permet à une norme langagière, tant phonétique que morpho-syntaxique et lexicale, de s'édifier. De Desgrouais et ses *Gasconismes corrigés* (1768) aux ouvrages publiés autour de 1830, puis des *Omnibus de langage* et autres *Langage vicieux corrigé* des années 1845-1850, la définition et l'application de cette norme sont dictées avant tout par des considérations politiques et socio-culturelles. Ces dernières procèdent de l'évolution historique, certes, mais ne se présentent jamais que comme les reflets d'un univers déjà travaillé par la spéculation primitive de la langue » (« L'étamine des idéologies », http://projects.chass.utoronto.ca/langueXIX/etamine/).

recherches de linguistique historique et comparée, les variations historiques et géographiques apparaissent peu à peu comme des faits imputables à des milieux linguistiques hétérogènes, ce qui leur donne plus de légitimité. Le rapprochement de la langue et du style, qui caractérise l'évolution des conceptions linguistiques hugoliennes dans le roman, en est symptomatique. Comme chez d'autres romanciers avant lui[1], mais en des termes différents, elle touche notamment à la difficile question de la signification.

Posant le langage, comme premier, Hugo s'inscrit ainsi dans une conception de la langue qui en fait non le moyen de la représentation, mais de la communication. Par opposition à la signification, le sens ne se définit pas comme une relation entre un sujet et un objet, mais comme une relation entre des sujets[2].

Mais comment faire lorsque le matériau même de l'œuvre artistique est fait de cette représentation ? Contrairement aux autres arts, dont le matériau n'est pas en soi représentatif, l'art verbal doit en effet composer avec le sémantique. Si un trait reste un trait même lorsqu'il ne figure plus rien, un énoncé n'en est plus un s'il n'a pas de sens. Certes le sens n'est pas la signification, mais il en reste toujours quelque chose, sans quoi le texte est un dessin et la parole un assemblage de sons. Deux problèmes se posent : d'un point de vue structurel on ne peut ignorer que la signification fait partie du discours littéraire et d'un point de vue pragmatique, celle-ci risque toujours d'orienter la lecture vers une représentation abstraite.

Le problème est d'autant plus important dans le cadre d'un texte qui assume pleinement et revendique la contrainte de lisibilité. On a du mal à se détacher de la signification pour entrer dans un mode d'expression non représentatif. Les théoriciens de la littérature définissent un fonctionnement particulier de la signification : opacité du signifiant, « rôle prépondérant accordé aux significations contextuelles, aux dépens de la signification principale », double orientation qui correspond à deux « fonctions du discours, l'une représentative, l'autre autonome (esthétique)[3] ».

1 À commencer par Stendhal, comme l'a montré Jacques-Philippe Saint-Gérand (« Les mots pour interpréter : Stendhal sémiologue contre l'idéologie », *L'Information grammaticale*, n° 72, 1997, p. 41-46).

2 Pour reprendre l'opposition entre les deux grands courants qui « se partagent l'histoire des idées linguistiques » selon François Rastier (« Rhétorique et interprétation des figures », *Sémantique et rhétorique*, dir. M. Ballabriga, Toulouse, Éditions Universitaires du Sud, 1998, p. 33).

3 Oswald Ducrot et Tzvetan Todorov, « Typologie des faits de sens », *op. cit.*, p. 331.

Les romans sont donc pris dans une nouvelle tension entre les exigences d'un régime littéraire non spéculatif et les contraintes d'un matériau qui repose sur un mécanisme de signification. Nous verrons comment Hugo envisage ce problème dans ses romans et par quelles expériences textuelles il parvient à traiter la signification elle-même comme matériau esthétique. Car s'il considère la signification comme un danger, comme en témoigne sa critique du fait de nommer, il en reconnaît le caractère incontournable. Plutôt que d'éluder le problème il le place au centre de son travail.

L'ACTE DE NOMMER COMME FONDEMENT DE LA SIGNIFICATION

Nombreux sont les effets pervers de la signification décrits dans les romans. C'est le cas notamment pour la nomination, que les romans présentent de manière ambivalente : incontournable en raison de son rôle dans le processus d'individuation[1], la nomination est pourtant bien souvent thématisée de manière négative. Nommer, c'est fixer l'idée dans un concept ou une structure prédicative qui lui ôte mouvement et vie. Nommer est l'acte représentatif par excellence. Il permet de diviser, de dissoudre les liens entre les éléments qui composent le réel immédiat. Il sépare une entité particulière de sa réalité matérielle pour en faire un universel, un concept. En cela il est négation de la chose dans sa particularité immédiate[2]. Trois conséquences désastreuses de la nomination sont exposées dans les romans de Hugo : elle enferme la forme signifiante dans une identité rigide ; elle tue le singulier et ne conserve que le général ; elle remet en cause l'étrange et l'hétérogène, conditions de la relation de composition.

RIGIDITÉ

Dans les romans de Hugo, le fait de nommer est souvent synonyme de rigidité et de clôture. En désignant, le nom assigne une place et

1 « [U]n *nom* est un *centre* » (*Mis.*, p. 784).

2 Selon Adorno, « le nom » comme « idéologie positive » est le premier moment de la « violence de l'universel » s'exprimant dans une rationalité totalitaire qui absorbe l'individu (*Dialectique négative*, Paris, Payot, 1992, p. 48 et 242).

un rôle aux choses et aux êtres selon une grille d'interprétation et de classification qui n'autorise aucun questionnement mais surtout aucun devenir. « Ne demandez pas son nom à qui vous demande un gîte. C'est surtout celui-là que son nom embarrasse qui a besoin d'asile » écrit Monseigneur Myriel. Le nom est associé à une essence, et il scelle une fois pour toutes le statut de ce dont il s'empare. C'est particulièrement net dans le passage qui présente l'arrestation de Jean Valjean et le début de sa vie comme forçat. En fait de portrait, le chapitre intitulé « Jean Valjean » présente la manière dont il tombe dans son statut. La description de son appauvrissement et le récit de son vol se closent sur la proposition « c'était Jean Valjean » (*Mis.*, p. 69). Composée d'un présentatif et d'un nom propre, cette formule résume la véritable condamnation du personnage : une fois nommé, il sera enchaîné à un statut considéré comme essentiel, comme le suggère la structure attributive.

Cette tyrannie du fait de nommer sera dénoncée tout au long du roman. Son nom est associé au forçat de manière essentielle. Nommé Lambert par Thénardier, Jean Valjean n'attire plus l'attention de Javert : « Lambert est un nom bonhomme et très rassurant. Javert s'en revint à Paris » (p. 373). Lors du procès d'Arras, peu importe la personne en question du moment qu'elle porte ce nom : « il fallait un Jean Valjean à l'avocat général » (p. 228). La puissance définitoire du mot annule toutes les actions du personnage ; « Au seul mot, c'était un galérien », toute la bonne société abandonne Jean Valjean.

L'action de nommer est au centre de l'organisation sociale rigide que Hugo dénonce dans ses romans. L'oppression passe par un système d'abstraction qui ordonne les éléments selon une classification sévère. Le dispositif est indifférent à toute situation qui n'entre pas dans les cases de sa grille de représentation. Le fait de nommer est donc au centre d'un dispositif violent qui refuse de prendre en compte ce qui échappe au système de catégories qu'il a mis en place.

ASSIMILATION

Le fait de nommer est par ailleurs le meilleur moyen de ramener l'altérité au même. L'opération de symbolisation du langage verbal aboutit à une assimilation identifiante et rassurante. En cela, il s'oppose au processus de l'art qui est justement d'introduire le trouble, le nouveau, d'ouvrir de nouvelles perspectives dans un mouvement dynamique, parfois inquiétant. Le concept n'est pas limité à une utilisation technique du langage verbal ; il en est le principe. En nommant, le langage permet de découper l'inconnu, de le classer en espèces, formes, fins et lois. Nommer aide à maîtriser la nouveauté à la contrôler pour la rendre moins inquiétante. Au sein de l'inconnu, nous ne pouvons que chercher à nous repérer ; faire des rubriques sous lesquelles nous classons les événements, les choses, les actions est un moyen que nous offre le langage verbal. En cela, il remet en cause l'une des dynamiques de l'art qui vise à déstabiliser pour offrir de nouvelles perspectives à la pensée.

Ce phénomène, présenté comme réducteur, est souvent abordé dans les romans. Face à des situations inconnues ou nouvelles, les diverses figures de « l'opinion » ont recours à la nomination. C'est le cas du mendiant Tellmarch, « homme inquiétant » dont l'attitude n'évoque que des questions chez ceux qui le côtoient. Plutôt que d'y réfléchir, ils préfèrent le classer dans une catégorie : « – Cet homme est fou, disaient les passants » (*QT*, p. 946). C'est aussi le cas de Gilliatt, personnage incompréhensible pour les habitants de Saint-Sampson. C'est pourquoi ils s'efforcent de le définir : « L'opinion n'était pas bien fixée sur le compte de Gilliatt » (*TM*, p. 61). La définition se limite en fait à faire entrer Gilliatt dans une classification, rendue ridicule par l'usage de noms pittoresques assortis de pseudo-définitions :

> Généralement on le croyait marcou, quelques-uns allaient jusqu'à le croire cambion. Le cambion est le fils qu'une femme a du diable.
>
> Quand une femme a d'un homme sept enfants mâles consécutifs, le septième est marcou. Mais il ne faut pas qu'une fille gâte la série des garçons (*TM*, p. 61).

Suit une présentation scientifique et comparative des caractéristiques physiques et géographiques du marcou et du cambion afin de déterminer la catégorie qui convient le mieux à Gilliatt :

> Le marcou a une fleur de lys naturelle empreinte sur une partie quelconque du corps, ce qu'il fait qu'il guérit les écrouelles aussi bien que les rois de France. Il y a des marcous en France un peu partout, particulièrement dans l'Orléanais. Chaque village du Gâtinais a son marcou. [...]
>
> Il y a des marcous à Jersey, à Aurigny et à Guernesey. [...]
>
> Ceux qui s'obstinaient à le croire cambion, c'est-à-dire fils du diable, se trompaient évidemment. Ils auraient dû savoir qu'il n'y a guère de cambions qu'en Allemagne (*TM*, p. 61).

Ce passage montre que, techniquement, le langage verbal peut servir à faire les classifications les plus absurdes. C'est parce que celle-ci est moins un outil de connaissance qu'une manière de se préserver de l'inconnu. En ceci, la classification n'est pas un outil mais une fin en soi.

Finalement, ne sachant comment le définir, « on l'avait surnommé Gilliatt le Malin ». Le texte met ici en perspective toute l'ambiguïté du processus de nomination. Ces termes à la tonalité poétique ne le sont pas, en raison de la manière dont ils sont employés : ce sont des étiquettes plus que des mots. Le texte suggère ici une parenté entre le nom commun et le nom propre, entre la métaphore et le concept. Une fois donné, le nom perd la mémoire du processus imaginaire duquel il est issu. Il se prend pour une vérité et y est encouragé par le système sémantique qui permet de l'utiliser dans tous les contextes du moment que la structure de la phrase est correcte. Réorganisé et fixé dans la grammaire, l'inconnu devient stable et rassurant ; tout élément extérieur au système de la langue peut y être intégré.

NÉGATION DE L'INDIVIDUEL

Une fois nommé? l'élément individuel est pris dans un dispositif qui lui ôte toute dimension sensible. C'est ce problème qu'envisage Julia Kristeva lorsqu'elle se demande « comment les signes peuvent [...] retrouver l'instant de la sensation ? Comment le verbe peut-il être chair[1] » Cette question qui s'applique ici à l'écriture proustienne recoupe une interrogation qui concerne toute littérature : si la dimension artistique prend sa source dans une expérience sensible, comment est-il possible de concevoir un art fondé sur une dimension sémantique qui nie toute singularité sensible ?

Confrontés à la singularité des sentiments, les héros se heurtent à l'impossibilité de les mettre en mots : « Ce qu'il éprouvait échappe aux paroles ; l'émotion est toujours neuve, et le mot a toujours servi » (*TM*, p. 311). Par nature, le mot est de l'ordre du général, c'est pourquoi il ne peut servir à appréhender l'expérience singulière. C'est le problème même de l'interprétation associée au langage verbal : nécessairement tournée vers la présence sensible, elle s'incarne dans un matériau qui la remet en cause. On retrouve ce type d'interrogation chez Blanchot

1 *Le Temps sensible. Proust et l'expérience littéraire*, Paris, Gallimard, 1994, p. 252.

quand il parle de la puissance de néantisation qui est inhérente au langage. Le rapport du langage au réel est un rapport de négation. Le nom, loin de nous donner la chose nommée, la nie dans son existence en se substituant à elle. Nommer n'est pas seulement un acte violent, c'est également un anéantissement : « Le mot me donne ce qu'il signifie mais d'abord il le supprime. Pour que je puisse dire : cette femme, il faut que d'une manière ou d'une autre je lui retire sa réalité d'os et de chair, la rende absente et l'anéantisse. Le mot me donne l'être, mais il me le donne privé d'être[1]. » C'est précisément la singularité qui est niée : « Sans doute mon langage ne tue personne. [...] mon langage veut dire que cette personne-ci, qui est là, maintenant, peut être détachée d'elle-même, soustraite à son existence et à sa présence et plongée soudain dans un néant d'existence et de présence[2]. » Or la littérature est la recherche de cette singularité : « Dans la parole meurt ce qui donne vie à la parole ; la parole est la vie de cette mort, elle est "la vie qui porte la mort et se maintient en elle". Admirable puissance. Mais quelque chose était là qui n'y est plus. Quelque chose a disparu. Comment le retrouver, comment me retourner vers ce qui est *après* ? » C'est le but de la littérature de penser la chose dans son existence, non comme essence : « Le langage de la littérature est la recherche de ce moment qui la précède. Généralement elle le nomme existence ; elle veut le chat tel qu'il existe, le galet dans son *parti pris de chose*, non pas l'homme, mais celui-ci et, dans celui-ci, ce que l'homme rejette pour le dire, ce qui est le fondement de la parole et que la parole exclut pour parler, l'abîme[3]. »

« L'abîme », mot hugolien qui souligne combien cette problématique est proche de celle de Hugo. C'est bien en effet cette disparition de la chose dans le mot que dépeignent ses romans. Les personnages, ainsi, sont d'autant plus proches des mystères auxquels ils sont confrontés qu'ils ne sont pas capables de les analyser. C'est par exemple le cas de Gilliatt, qui

> ignorait le mot hallucination, mais connaissait la chose. Les mystérieuses rencontres avec l'invraisemblable que, pour nous tirer d'affaire, nous appelons hallucinations, sont dans la nature. Illusions ou réalités, des visions passent. Qui se trouve là les voit. Gilliatt, nous l'avons dit, était un pensif (*TM*, p. 286).

1 « La littérature et le droit à la mort », *La Part du feu*, Paris, Gallimard, 1949, p. 312.
2 *Ibid.*, p. 313.
3 *Ibid.*, p. 316.

Cet extrait illustre bien la manière dont Hugo envisage le rapport entre le mystère des choses et la manière dont nous le traitons rationnellement pour en faire une information acceptable pour notre esprit. Le langage est certes une manière d'appréhender ce qui ne peut être que senti, mais cela conduit à perdre l'expérience pour n'en conserver qu'une représentation. La littérature est alors un moyen d'échapper au processus effrayant et destructeur d'un langage indifférent au singulier.

Pourtant, la perte que constitue la disparition du langage est la condition même du langage. Comme l'explique Blanchot à travers la métaphore du « jour », la représentation annule toute dimension : « Le jour dans le cours du jour, nous permet d'échapper aux choses, il nous les fait comprendre et, en nous les faisant comprendre, il les rend transparentes et comme nulles[1]. » C'est pourtant une nécessité : « Mais le jour est ce à quoi on n'échappe pas : en lui nous sommes libres mais lui-même est fatalité, et le jour comme fatalité est l'être de ce qu'il y a avant le jour[2]. »

Ces réflexions résument bien la tension de la littérature : comme art, elle cherche à rejoindre la singularité sensible que Blanchot, comme Hugo, nomme « abîme » ou « nuit ». Mais comme langage verbal, elle se rapproche de la communication, et de la connaissance, de la signification et de la représentation.

LA SIGNIFICATION COMME CONTRAINTE INCONTOURNABLE DU VERBAL

La signification n'est pas un simple effet ou une simple composante du langage verbal ; elle en est une nécessité. D'un point de vue structurel, la signification entre dans la définition même du langage verbal. De fait, la pratique de la catégorisation est indispensable à la pensée : viser l'indistinct complet, c'est tomber dans la folie, c'est-à-dire dans l'absence d'œuvre. Le problème de la signification dans le langage verbal est donc l'objet d'une tension : le langage doit être rationnel sans être spéculatif, éviter le raisonnement sans tomber dans l'irrationnel.

1 *Ibid.*, p. 318.
2 *Ibid.*

LA SIGNIFICATION COMME COMPOSANTE DU LANGAGE VERBAL

Si la notion de signe ne permet pas de rendre compte de l'ensemble du fonctionnement du langage verbal, elle permet de mettre l'accent sur l'importance du processus de signification. Comme l'explique Umberto Eco, le langage n'a de valeur que dans une perspective de signification : « Pensons au signe /cheval/ [...] le signifiant /cheval/ ne signifie rien pour un Esquimau qui ne connaîtrait pas le français (autrement dit : qui ne posséderait pas notre code)[1]. » Seuls des mécanismes symboliques peuvent lui être substitués : « [des] solutions impliquent que, au lieu du signifiant à expliquer, je lui offre d'autres signifiants (verbaux, visuels, etc., que nous appellerons *interprétants* du signe) : en tout cas l'expérience nous dit qu'à un certain moment il comprendra ce que signifie /cheval/[2]. » Aussi, quelle que soit la conception linguistique, le langage implique des phénomènes de représentation et d'interprétation : « Certains pensent que dans son esprit il se serait formé une "idée" ou un "concept" ; d'autres diront plutôt que nous avons stimulé chez lui une "disposition à répondre". [...] En tout cas, à partir du moment où il est en possession du code, au signifiant /cheval/ correspond [...] un signifié "x[3]". »

Mais la séparation d'ordre méthodique entre signifiant et signifié ne signifie pas que ce dernier n'est qu'un composant du signe. Il n'y a pas de signe sans signification. Comme l'explique Josette Rey-Debove : « La dualité signifiant/signifié n'est qu'une vue métalinguistique sur le signe, car il n'existe pas, dans les manifestations langagières, de signifiant ni de signifié à l'état isolé[4]. » Lorsqu'on croit « reconnaître, par l'ouïe ou par la vue, un "signe" sans signifié (ni connu ni inconnu) qui serait réduit à son signifiant, il faut aussitôt conclure qu'il ne s'agit pas d'un signe : ni d'un signe linguistique, ni d'un signe appartenant à un autre système[5] ». « De nombreux linguistes y manquent, et confondent signe et signifiant, abusés par la présence concrète du signifiant, qui s'impose au détriment de la présence abstraite du signifié[6]. »

1 *Le Signe*, Bruxelles, Éditions Labor, 1988, repris dans Le Livre de Poche, p. 37.
2 *Ibid.*
3 *Ibid.*
4 *Le Métalangage*, Paris, Le Robert, 1978, repris chez Armand Colin/Masson, 1997, p. 88.
5 *Ibid.*, p. 89-89.
6 *Ibid.*, p. 89.

Nombreuses sont les théories esthétiques qui soulignent le statut particulier que donne à la littérature l'utilisation d'un matériau sémantique. Schlegel insiste sur le fait que « le médium de la poésie est celui-là même par lequel l'esprit humain parvient à la connaissance et domine ses représentations en les combinant à sa guise : le langage[1] ». Quant à Hegel, il précise que la spécificité de la littérature réside dans son matériau spéculatif :

> se pose alors la question de savoir ce qui alors dans la poésie, si ce n'est le son, constituera l'extériorité et objectivité caractéristique. À quoi nous répondrons simplement : la *représentation et la vision intérieure* elles-mêmes. Ce sont des formes *spirituelles* qui viennent prendre la place du sensible et qui fournissent le matériau à configurer, au même titre que jadis c'étaient le marbre, l'airain, la couleur et les sons musicaux[2].

Cela conduit Hegel à souligner la spécificité de la littérature dans le système des arts. Si le processus symbolique présent dans chaque art en fait une étape de la pensée, la littérature en est une forme plus avancée : la *Dichtung* est un art où « l'art à la fois commence à se dissoudre lui-même, et acquiert pour la connaissance philosophique son point de passage [...] à la prose du penser scientifique[3] ». Cette spécificité de la littérature est également ce qui l'éloigne de l'art ; celui-ci court toujours le danger de se dissoudre dans le système de la représentation auquel appartient son matériau.

Quelle que soit la force de la dimension expressive de la littérature, il reste toujours une part de signification. C'est ce qu'explique Julia Kristeva notant que même lorsqu'on parle de « musicalisation » du texte littéraire en soulignant les perturbations que le travail des pulsions peut introduire dans le jeu du symbolique, « le texte n'est pas un fétiche[4] ». Ainsi, « si le mot abstrait peut être pensé comme un corrélat du fétiche dont se servent les sociétés primitives, il est tout autre chose qu'un fétiche parce qu'il *signifie* ; c'est-à-dire qu'il n'est pas un *substitut* mais un *signe* (signifiant/signifié)[5] ».

Ces analyses montrent toute la difficulté de penser la littérature comme art. Son matériau n'est pas seulement le son ou le dessin ce qui

1 *Leçons sur l'histoire de la théorie des beaux arts*, Paris, Pichon et Didier, 1830, p. 261.
2 *Cours d'esthétique*, troisième partie, Paris, Aubier, 1997, p. 210.
3 *Ibid.*, p. 216.
4 *La Révolution du langage poétique*, Paris, Seuil, 1974, p. 65.
5 *Ibid.*

permettrait facilement de comprendre comment on peut l'utiliser dans un régime représentatif ou esthétique ; c'est le langage verbal avec sa dimension significative qui constitue la base de la littérature, ce qui semble l'attacher définitivement à la représentation. Dans *Sémiostylistique*, Georges Molinié souligne ce problème en mettant en évidence la spécificité sémantique du langage verbal, expliquant « que seul le langage verbal élabore du sens, stricto sensu, et que, corollairement, le sémantique est le domaine spécifique et exclusif du langage verbal[1] ». « Le sens, la constitution sémantique, fait partie intégrante du matériau avec quoi est réalisée une (possible) œuvre d'art verbal[2]. » C'est ce qui explique que la réception d'un texte littéraire puisse être fondée sur le même fonctionnement représentatif que n'importe quel autre type de texte.

Que son fonctionnement soit particulier ou complexe, qu'il soit multiple ou inconnu le langage verbal a toujours une signification comme le suggère cette phrase des *Travailleurs de la mer* : « Il avait des mots à lui, bizarres, mais ayant un sens » (p. 96). La signification est donc plus qu'une contrainte de la littérature ; elle en est la base, le matériau. Cette nécessité se retrouve dans le fonctionnement de la composition. L'exigence d'une forme non représentative entre alors en contradiction avec la contrainte de catégorisation. La pensée que produit le langage verbal comporte en effet nécessairement une part de rationalisation.

NÉCESSITÉ DE CATÉGORISER

La folie comme limite

Ce que vise la composition se situe pour Hugo hors de la sphère de la clôture spéculative ; « abîme » ou « nuit », le terme d'« infini » qui désigne cette extériorité absolue est selon son expression « innommable ». Tenter de dire ce que c'est est impossible et ne conduit qu'à le ramener à une identité normée. Mais l'affronter sans aucun soutien rationnel est tout aussi utopique ou dangereux : « Seulement n'oubliez pas ceci : il faut que le songeur soit plus fort que le songe. Autrement danger. Tout rêve est une lutte. Le possible n'aborde pas le réel sans on ne sait quelle mystérieuse colère. Un cerveau peut être rongé par une chimère[3]. »

1 *Sémiostylistique. L'effet de l'art*, éd. citée, p. 23.
2 *Ibid.*, p. 32.
3 *PrS*, p. 652.

Si ce que Hugo nomme « songe » est la clé de la composition, c'en est aussi le danger. La fiction peut servir d'alternative à la mécanisation de la pensée, mais dans les limites de la raison. On voit là se dessiner toute la complexité de la pensée et de l'esthétique de Hugo, qui sait que la littérature n'est pas la magie. Comme toute entreprise de pensée, elle est soumise à la réalité, à la nécessité de la raison, au-delà de laquelle il n'y a rien. La folie, c'est l'absence d'œuvre[1] ; c'est pourquoi remettre en cause la représentation, « abandonner la surface [...] est toujours une aventure[2] ». Cette volonté de prendre en compte les contraintes du langage, de prendre la nécessité au sérieux, renforce dans l'idée que l'écriture de Hugo est une véritable pensée et non une fiction coupée de toute réalité.

« Les spéculations abstruses contiennent du vertige » (*Mis.*, p. 47). et il est toujours risqué de s'y aventurer : « La méditation humaine n'a point de limite. À ses risques et périls, elle analyse et creuse son propre éblouissement » (*Mis.*, p. 47). Si les romans ne cessent de viser l'infini, ils en montrent aussi le danger, mettant en scène la prudence des personnages qui les aborde :

> il y a sur la terre des hommes – sont-ce des hommes ? – qui aperçoivent distinctement au fond des horizons du rêve les hauteurs de l'absolu, et qui ont la vision terrible de la montagne infinie. Monseigneur Bienvenu n'était point de ces hommes-là, monseigneur Bienvenu n'était pas un génie. Il eût redouté ces sublimités d'où quelques-uns, très grands même, comme Swedenborg et Pascal, ont glissé dans la démence (*Mis.*, p. 47).

C'est pourquoi les héros des romans qui sont confrontés à cet infini ne peuvent que chercher à le mettre en forme en utilisant une manière de classement, d'organisation rationnelle. La première action de Gilliatt est une entreprise de remise en ordre de ce que la tempête a désorganisé :

> À la fin de la semaine, Gilliatt avait dans ce hangar de granit tout l'informe bric-à-brac de la tempête mis en ordre. Il y avait le coin des écouets et le coin des écoutes ; les boulines n'étaient point mêlées avec les drisses ; les bigots étaient

1 Cette tension entre radicalité de l'expérience esthétique et absence d'œuvre est traitée de manière similaire par Blanchot dans « le regard d'Orphée ». La difficulté de son entreprise n'est pas d'affronter « la nuit » des enfers, ce qu'il appelle le « point » de l'art mais d'en faire une œuvre : « Son *œuvre*, c'est de le ramener au jour et de lui donner, dans le jour, forme, figure et réalité », mais pour cela il ne peut le regarder en face. (*L'Espace littéraire*, Paris, Gallimard, 1955, p. 227).

2 *PrS*, p. 652.

> rangés selon la quantité de trous qu'ils avaient ; les emboudinures, soigneusement détachées des organeaux des ancres brisées, étaient roulées en écheveaux ; les moques, qui n'ont point de rouet, étaient séparées des moufles (*TM*, p. 214).

Séparer, calculer, ranger, classer, autant d'actions de rationalisation de l'indistinction à laquelle a conduit la tempête. « Chaque débris avait sa place. Tout le naufrage était là, classé et étiqueté. C'était quelque chose comme le chaos en magasin » (p. 214), seule manière pour Gilliatt de l'appréhender. La force et le mystère de l'entreprise de Gilliatt résident dans sa confrontation avec le chaos de la tempête. Mais son œuvre consiste à ramener la machine ; et pour cela il doit l'extraire du chaos où l'a placée la tempête : « En huit jour ce sauvetage des débris fut achevé ; l'écueil fut nettoyé, et la Durande fut allégée. Il ne resta plus sur l'épave que la machine » (p. 215). Pour appréhender cet indistinct qu'il nomme « nature », Gilliatt doit le médiatiser, « dompter cette ébauche jusqu'à la rendre maniable » (p. 215). Ce travail de Gilliatt est très proche de la définition qu'on peut donner de l'action transformatrice du langage sur le monde. Selon Benveniste, la pensée « n'est rien d'autre que ce pouvoir de construire des représentations des choses et d'opérer sur ces représentations » ; ainsi, « elle n'est pas un simple reflet du monde : elle catégorise la réalité, et en cette fonction organisatrice elle est si étroitement associée au langage qu'on peut être tenté d'identifier pensée et langage à ce point de vue[1] ».

Si rester dans un système représentatif ne permet jamais d'atteindre réellement l'« infini », se défaire de ce garde fou conduit à sombrer dans l'abîme. Cela se traduit dans les romans, thématiquement par la folie des personnages qui franchissent le pas, et textuellement par l'interruption du roman. Si nommer dissout l'art dans la représentation, l'absence de toute catégorisation conduit à l'impossibilité même de l'œuvre. C'est sur cette disparition que se terminent de nombreux romans : l'indistinction de la mer annonce alors la page blanche. Si on a parfois l'impression que l'art côtoie la folie, la possibilité de l'œuvre est précisément ce qui les sépare : le dérèglement complet de la représentation conduit à la folie et à l'absence d'œuvre :

> La rêverie est un creusement. Abandonner la surface, soit pour monter, soit pour descendre, est toujours une aventure. […] Ces empiétements sur l'ombre ne sont pas sans danger. La rêverie a ses morts, les fous. On rencontre çà

1 *Problèmes de linguistique générale*, I, Paris, Gallimard, 1966, p. 27-28.

> et là dans ces obscurités des cadavres d'intelligences [...] ; ces fouilleurs de l'âme humaine sont des mineurs très exposés. Des sinistres arrivent dans ces profondeurs. Il y a des coups de feu grisou[1].

Nommer, une nécessité pour exister socialement

Si les romans de Hugo thématisent une critique de la représentation, ils en connaissent aussi l'importance. Nommer est un acte violent, mais ceux qui ne peuvent le faire n'ont aucun espoir. L'une des caractéristiques des misérables est d'être exclus de cette possibilité. Soit qu'ils refusent de se plier au langage normé, soit qu'ils ne le possèdent pas, ils sont condamnés à rester dans l'isolement d'une parole sans effet.

Si le fait de nommer est présenté comme une tyrannie, ceux qui ne peuvent le faire sont exclus de la société : lorsque Champmathieu tente d'expliquer son cas au tribunal, l'avocat général en conclut qu'il s'agit « des dénégations confuses, mais fort habiles de l'accusé qui voudrait bien se faire passer pour un idiot » (*Mis.*, p. 217). Avant de subir l'influence de l'évêque, Jean Valjean non plus ne parvient pas à se faire comprendre. Lorsqu'il entre chez Myriel, l'exposé qu'il fait de sa situation semble rester sans effet sur les autres personnages qui continuent de vaquer à leurs occupations (p. 61). Quant à Gwynplaine, son discours devant la chambre des Lords manque totalement son but en déclenchant le fou rire de l'assemblée.

> – Je suis celui qui vient des profondeurs. Mylords vous êtes les grands et les riches. C'est périlleux. Vous profitez de la nuit. Mais prenez garde, il y a une grande puissance, l'aurore. L'aube ne peut être vaincue. Elle arrivera. Elle arrive. Elle a en elle le jet du jour irrésistible. [...] Je viens vous avertir. Je viens vous dénoncer votre bonheur. [...] Moi, je ne suis qu'une voix. Le genre humain est une bouche, et j'en suis le cri [...] J'ai été jeté au gouffre. Dans quel but ? pour que j'en visse le fond. Je suis plongeur, et je rapporte la perle, la vérité. Je parle, parce que je sais. Vous m'entendrez, mylords. J'ai éprouvé. J'ai vu. La souffrance, non, ce n'est pas un mot, messieurs [...] et je la revomirai devant vous, et ce vomissement de toutes les misères éclaboussera vos pieds et flamboiera (*HQR*, p. 738-739).

Cet échec de Gwynplaine n'est pas dû à une simple différence sociale, car c'est comme pair d'Angleterre qu'il s'adresse à l'assemblée. C'est ce qu'il a vu qui le rend incompréhensible, car il ne peut le formuler

1 *PrS*, p. 652.

autrement que dans un cri. Le cri, chez Hugo, c'est le paradoxe d'une parole qui ne peut se faire intelligible sans trahir ce qu'elle rapporte, mais qui faute d'être compréhensible n'est pas entendue.

Le problème que pose la signification constitue certainement le cœur de la problématique de la composition. Le texte est pris dans une tension entre l'exigence artistique, qui l'éloigne de l'abstraction représentative, et la réalité du matériau verbal, de nature sémantique. C'est le paradoxe de la littérature de chercher à associer volonté esthétique et nécessité verbale. C'est ce problème que ne cessent de traiter les romans à partir des *Misérables*, exposant le danger de l'acte de nommer tout en montrant les limites du refus radical de la représentation, qui conduit à la disparition de l'œuvre. Il nous faut maintenant voir comment cette difficulté est expérimentée dans le texte, et quels essais sont réalisés pour toucher la « profondeur » tout en restant à la « surface ».

MONOTONIE ET RABÂCHAGE : DÉBORDER LA SIGNIFICATION

« Le même phénomène d'envahissement de l'horizon par l'écueil se reproduisait avec la monotonie grandiose du gouffre. Les batailles de l'Océan ont, comme les combats d'Homère, ce rabâchage sublime » (*HQR*, p. 433). « Monotonie » et « rabâchage » sont deux manières pour Hugo de désigner un mode de traitement particulier de la signification. Ne pouvant éluder le problème du sémantique, il décide en effet de le travailler jusqu'à en tirer l'effet inverse, selon le principe d'excès qui est au centre de son esthétique. Il s'agit d'insister sur la signification au point de la dissoudre dans un processus langagier qui met en relief la signification jusqu'à la rendre confuse. Excès et répétition sont les deux formes qu'elle prend dans les romans de Hugo.

« DILATATION » DE LA REPRÉSENTATION

« Qu'il dilatât la prière jusqu'à une aspiration surhumaine, cela est probable » (*Mis.*, p. 47). Dilater la parole jusqu'à la faire sortir de la clôture représentative est le premier moyen qu'expérimente le texte pour allier exigences esthétiques et contraintes du langage verbal. Dissoudre la signification dans l'excès de signification, tel est le pari de cette expérience. La bataille de Waterloo est particulièrement significative de ce traitement de la signification : elle accumule l'information jusqu'à la rendre illisible, et dilate la représentation, jusqu'à invalider toute synthèse.

« Il n'est donné à aucun narrateur, si consciencieux qu'il soit, de fixer absolument la forme de ce nuage horrible qu'on appelle une bataille » nous dit Hugo dans *Les Misérables* (p. 252). Nébuleuse indistincte, la bataille de Waterloo échappe à la représentation. L'entendement humain qui cherche à la saisir en la découpant en moments distincts est inefficace. La parole aboutit à un « bégaiement ». Or, c'est précisément ce procédé qui est utilisé pour décrire cet épisode dans *Les Misérables*. Le texte ne cherche pas à rendre compte directement du chaos. La bataille est décrite avec une grande précision. Chaque protagoniste est énuméré ; Napoléon, Wellington, Blücher évidemment, mais aussi les officiers comme « Bourgeois », « Donzelot » « Durutte », « Quiot », « Vieux », « Best », « Pack », « Ponsomby » (p. 258-259). Tous sont cités jusqu'au « petit pâtre » qui donne un conseil inexact sur l'itinéraire à suivre.

Le temps est découpé en une chronologie très précise. Le récit commence par l'indication de la situation de l'armée anglaise « vers quatre heures de l'après-midi ». L'emploi du temps de Napoléon est décrit pas à pas : « à une heure » (p. 254), « à trois heures et demi du matin », « à quatre heures », « le matin », « à huit heures » (p. 255), « à neuf heures », « de neuf heures à dix heures et demie » (p. 256).

L'espace est également quadrillé en une multitude de lieux fidèlement énumérés :

> Là où est aujourd'hui la grosse pyramide de terre surmontée du lion, il y avait une crête qui, vers la route de Nivelle, s'abaissait en rampe praticable, mais qui, du côté de la chaussée de Genappe, était presque un escarpement. L'élévation de cet escarpement peut encore être mesurée aujourd'hui par la hauteur des deux grandes sépultures qui encaissent la route, de Genappe à Bruxelles ; l'une le tombeau anglais à gauche, l'autre le tombeau allemand à droite. […] Grâce aux mille et mille charretées de terre employées à la butte de cent cinquante pieds de haut et d'un demi-mille de circuit, le plateau de Mont-Saint-Jean est aujourd'hui accessible en pente douce ; le jour de la bataille, surtout du côté de la Haie-Sainte, il était d'un abord âpre et abrupt (p. 257).

Ce passage est significatif de la minutie avec laquelle est décrite la bataille. Loin de viser l'indistinct de « ce nuage horrible » annoncé en introduction, le texte accumule les informations qui découpent l'événement en d'infinies catégories spatiales, temporelles et actancielles. Plus une place pour l'imagination, tout est passé au crible de l'analyse, chaque élément mentionné, chaque donnée examinée. Pourtant il est difficile de « se figurer » ce qui est décrit. Au-delà d'un certain seuil, l'accumulation de données fait obstacle à la représentation. Ce qui devrait aider l'esprit l'embarrasse. Si la synthèse ne peut se faire qu'à partir de données significatives correctement classées, l'excès de ces données fait éclater les cadres de la représentation. On voit ici comment poussée à l'excès, la représentation se dissout.

« BÉGAIEMENT »

« Brouhaha vertigineux qui ressemble à un langage et qui est un langage en effet ; c'est l'effort que fait le monde pour parler, c'est le bégaiement du prodige » (*HQR*, p. 418). « Effort que fait le monde pour parler » ou tentative de parler du monde, le « bégaiement » est un terme qui revient souvent dans les romans de Hugo pour désigner un essai de saisie de l'infini par le langage. Le dérèglement de la signification dans le bégaiement ne vient pas de l'absence du nom mais de sa répétition. Chaque élément du mot est accentué jusqu'à lui faire perdre son fondement identitaire. Par le redoublement, l'information se différencie toujours plus profondément. Car loin de produire l'identité, la répétition met au jour une différence. Même si l'élément paraît identique, son ressassement promeut la variation. Ceci permet de réintroduire une forme de singularité. Utilisé une fois, l'élément renvoie à une signification générale ; mais une fois répété il rejoint une certaine contingence. Dans la répétition, l'élément devient un événement singulier, déterminé dans le temps et l'espace, qui n'a lieu qu'une fois. Le phénomène de la répétition remet donc en cause une partie du caractère général du processus de nomination. Ce phénomène se combine avec celui de la dilatation dans la description de la bataille de Waterloo.

> La bataille de Waterloo est une énigme. Elle est aussi obscure pour ceux qui l'ont gagnée que pour celui qui l'a perdue. Pour Napoléon, c'est une panique ; Blücher n'y voit que du feu ; Wellington n'y comprend rien. Voyez

> les rapports. Les bulletins sont confus, les commentaires sont embrouillés. Ceux-ci balbutient, ceux-là bégayent. Jomini partage la bataille de Waterloo en quatre moments ; Muffling la coupe en trois péripéties (*Mis.*, p. 272-273).

Si les détails se multiplient à l'excès, apportant un surcroît de signification, certains éléments sont au contraire répétés à l'identique. Le circonstant temporel « quatre heures de l'après-midi » censé apporter une information temporelle, perd ce statut dans la répétition. La phrase « vers quatre heures, la situation de l'armée anglaise était grave » en début de chapitre (p. 252), devient « vers quatre heures, la ligne anglaise s'ébranla en arrière » à la fin (p. 254). Employé comme titre de ce chapitre (II, 1, 6 « Quatre heures de l'après-midi »), il prend encore une autre dimension : il ne s'agit plus simplement d'une indication temporelle, mais d'un circonstant présenté comme tel dans la variété de ses situations qui lui donnent un sens à chaque fois décalé et contingent. D'autres éléments sont utilisés de cette manière, comme le circonstant spatial « le centre » répété cinq fois dans la page 253 : « il n'y avait plus qu'un nœud, le centre », « le centre de l'armée anglaise [...] était fortement situé », « le centre de l'armée anglo-hollandaise était en bonne posture », « *L'aile droite*, comme dit Charras, *fut rebattue derrière le centre* ».

L'élément est mis en valeur par l'absence de recours au mécanisme de l'anaphore. Il est par ailleurs souligné par sa position dans la phrase et par sa situation typographique : rejeté en fin de phrase dans le premier cas, placé en début de phrase, au centre d'un paragraphe d'à peine plus d'une ligne ou inscrit en italique, sa singularité est toujours mise en avant. Encore une fois, le mot devient opaque. Il n'est plus un simple outil de signification mais une chose singulière.

On rejoint ici la monotonie homérique pointée par Hugo. Loin du « *work in progress* de la nomination », pour reprendre une expression de Jacqueline Authier-Revuz[1], l'élément « rabâché » perd son statut d'information[2]. Il n'a plus de signification générale ; seule sa présence contingente, dans un lieu et un temps toujours renouvelé semble faire sens.

---

1 *Ces mots qui ne vont pas de soi. Boucles réflexives et non coïncidences du dire*, Paris, Larousse, 1995, p. 616.

2 Et du même coup sa signification ; comme l'explique Michel Charolles une assertion est pertinente dès lors qu'elle répond à une « attente d'information » (« L'ordre de la signification », *Pratiques*, n° spécial, 1980, p. 50).

Synonymie

La répétition n'est pas simplement thématique, mais porte également sur le contenu de signification. Ce phénomène de répétition sémantique se rencontre dans l'utilisation de relations synonymiques. La figure de la métabole, en particulier, est très utilisée dans les romans de Hugo. Le texte accumule les expressions synonymes pour caractériser le même contenu : « pour que cette cale fétide, obscure, sordide, malsaine, hideuse, abominable, se nomme le Paradis » (*Mis.*, p. 459). La phrase se développe par addition d'expressions synonymiques. L'information est répétée de manière à introduire la variation dans le même, ce qui remet en cause l'identité de la signification. L'absence de classement des termes selon un ordre ne permet pas de déterminer celui qui sert de pivot aux synonymes. En ce sens, on ne peut parler de précision mais d'une accumulation d'éléments qui interdisent de s'appuyer sur un centre de signification.

Il est intéressant de remarquer que ce procédé est très employé dans le livre sur l'argot. Redoublant l'exposé métalinguistique sur cette langue particulière, l'emploi de la synonymie illustre le principe d'une signification fuyante : « L'argot véritable, l'argot par excellence si ces deux mots peuvent s'accoupler, l'immémorial argot qui était un royaume, n'est autre chose, nous le répétons, que la langue laide, inquiète, sournoise, traître, venimeuse, cruelle, louche, vile, profonde, fatale, de la misère » (*Mis.*, p. 777) ; ou encore, « les meurt-la-faim, les va-nu-pieds, les bras-nus, les déshérités, les orphelins, les malheureux et les infâmes » (p. 778).

Reformulation

Les exemples de reformulation permettent de mieux comprendre le fonctionnement de la répétition dans les romans de Hugo. Il ne s'agit pas de faire revenir le même dans l'identité, mais de créer un phénomène de différence. Il ne s'agit pas non plus d'apporter un surcroît d'information. Comme l'expliquent Bernard Cartier-Bresson et Michel Murat, « la reformulation n'est en aucun cas une rectification » : « Elle postule la conservation d'un invariant de sens, [...] elle n'impose pas de hiérarchie entre les termes, qui sont placés sur le même plan comme deux formulations également possibles[1]. »

1 « C'est-à-dire ou la reprise interprétative », *Langue française*, n° 73, fév. 1987, p. 10.

L'emploi de « c'est-à-dire » dans les romans de Hugo illustre bien ce phénomène. On en trouve un exemple dans *Les Travailleurs de la mer* : « Mess Lethierry était guernesiais, c'est-à-dire normand, c'est-à-dire anglais, c'est-à-dire français » (p. 72). Comme le font remarquer Bernard Cartier-Bresson et Michel Murat à propos de « c'est-à-dire », « un énoncé de ce genre n'est informatif que si "ce qu'est" B est plus clair et plus compréhensible que "ce qu'est" A[1] ».

Dans la répétition, l'élément passe progressivement d'un statut théorique à un statut plus concret. C'est le cas du personnage de Gavroche qui vient redoubler le portrait plus abstrait qui a été fait du « gamin parisien ». Le livre premier de la troisième partie intitulé « Paris étudié dans son atome » se termine par un rétrécissement sur « Le petit gavroche » (III, 1, 13). Ce personnage apparaît comme le redoublement plus concret de ce qui a été précédemment exposé. Ce phénomène est d'ailleurs souligné par la locution restrictive « si ... ne pas » : « un petit garçon de onze ou douze ans qui eût assez correctement réalisé cet idéal du gamin ébauché plus haut, si, avec le rire de son âge sur les lèvres, il n'eût pas eu le cœur absolument sombre et vide » (p. 470-471).

PERSPECTIVES MULTIPLES

À un niveau plus général, la différence dans la répétition se rencontre dans l'utilisation du point de vue. Une même scène est racontée par plusieurs observateurs. Il arrive parfois que le changement de centre d'observation n'apporte aucune information supplémentaire. Dans ce cas, la signification se dissout dans la répétition et le retour de l'information développe une épaisseur dans le texte. Il ne s'agit plus de construire une signification mais de travailler la matière du texte.

Le chapitre « Le frère raconté par la sœur » (*Les Misérables* I, 1, 9), donne des détails qui ont déjà été exposés dans les chapitres précédents : « Mon frère est si bon. Il donne tout ce qu'il a aux indigents et aux malades » reprend les chapitres qui décrivent les premières actions de M. Myriel à Digne, en particulier la manière dont il échange sa propre demeure contre ce qui tenait lieu d'hôpital. « Figurez-vous que la porte de la maison n'est jamais fermée. Entre qui veut et on est tout de suite chez mon frère. Il ne craint rien, même la nuit » (p. 29), reprend presque

1 *Ibid.*, p. 6.

à l'identique : « La maison n'avait pas une porte qui fermât à clef. La porte de la salle à manger qui, nous l'avons dit, donnait de plain-pied sur la place de la cathédrale, était jadis ornée de serrures [...] L'évêque avait fait ôter toutes ces ferrures, et cette porte, la nuit comme le jour n'était fermée qu'au loquet » (p. 22). « L'an dernier il est allé tout seul dans un pays de voleurs » résume le chapitre I, 1, 7 « Cravatte ».

Ce phénomène est d'ailleurs souligné par des procédés d'annonce :

> Toutes les chambres de la maison, au rez-de-chaussée ainsi qu'au premier sans exception, étaient blanchies au lait de chaux, ce qui est une mode de caserne et d'hôpital.
>
> Cependant, dans les dernières années, madame Magloire retrouva, comme on le verra plus loin, sous le papier badigeonné, des peintures qui ornaient l'appartement de mademoiselle Baptistine (p. 21).

Cette information est effectivement reprise, sans y apporter vraiment de précision, dans la lettre de mademoiselle Baptistine à la vicomtesse de Boischevron :

> Figurez-vous qu'en lavant et époussetant les plafonds et les murs, madame Magloire a fait des découvertes : maintenant nos deux chambres tapissées de vieux papier blanchi à la chaux ne dépareraient pas un château dans le genre du vôtre. Madame Magloire a déchiré tout le papier. Il y avait des choses dessous [...]. Mais c'est ma chambre qu'il faut voir. Madame Magloire a découvert, sous au moins dix papiers collés dessus, des peintures, sans être bonnes qui peuvent se supporter (p. 28).

Ces changements de points de vue pour parler de la même information sont comme des entretiens à distance entre des personnages qui parfois ne se connaissent pas. Ce phénomène de l'entretien qui répète l'information se rencontre également dans de nombreux dialogues.

DIALOGUE ET RÉPÉTITION

De nombreux dialogues proposés par les romans de Hugo sont fondés sur un système de répétitions :

> – Qu'est-ce que vous voulez, gars ?
> – L'homme d'ici
> – Il n'y est point.
> – Où est-il ?

– Je ne sais point
– Y sera-t-il demain ?
– Je ne sais point.
– Est-ce qu'il est parti ?
– Je ne sais point.
C'est que, voyez-vous, la femme, le nouveau recteur de la paroisse, le révérend Ebenezer Caudray, voudrait lui faire une visite.
– Je ne sais point.
Le révérend m'envoie demander si l'homme du Bû de la Rue sera chez lui demain matin.
– Je ne sais point (*TM*, p. 185).

Si l'un des personnages tente de faire progresser l'information, l'autre maintient le dialogue dans la répétition. Cela est particulièrement net dans l'avant-dernier échange ; la phrase répétée ne répondant à aucune question apparaît comme dénuée de signification. Cela montre comment, au fil des répétitions, l'élément verbal perd peu à peu son caractère représentatif.

Certains dialogues présentent une tension entre l'absence de signification d'une parole répétée et la volonté affichée de comprendre de l'interlocuteur. Le désir d'aller au bout de la signification crée un effet comique dans lequel se dissout la représentation. C'est le cas du dialogue entre Fauchelevent et la mère prieure :

– Aucun autre homme que vous ne peut et ne doit entrer dans cette chambre-là. Veillez-y bien. Il ferait beau voir qu'un homme entrât dans la chambre des mortes !
– Plus souvent !
– Hein ?
– Plus souvent !
– Qu'est-ce que vous dites ?
– Je dis plus souvent.
– Plus souvent que quoi ?
– Révérende mère je ne dis pas plus souvent que quoi, je dis plus souvent.
– Je ne vous comprends pas. Pourquoi dites-vous plus souvent ?
– Pour dire comme vous, révérende mère.
– Mais je n'ai pas dit plus souvent.
– Vous ne l'avez pas dit, mais je l'ai dit pour dire comme vous (*Mis.*, p. 424).

L'insistance de la prieure pour comprendre la signification d'une locution qui est passée à l'état de simple interjection remet en cause le sens de tout le dialogue jusqu'à le rendre absurde. La répétition de l'expression « plus souvent » y contribue fortement ; constamment présente dans chaque réplique, elle brouille tout le dialogue.

D'autres dialogues privilégient la répétition entre les deux interlocuteurs. Il n'y a pas de discussion. L'interlocuteur dans sa réplique ne nie pas la proposition, ne lui oppose aucune proposition contraire, mais se contente de répéter. Le dialogue introduit le discontinu dans la répétition. De son côté, elle brise la dimension discursive du dialogue dans la mesure où elle provoque le retour où l'on attendait une progression. Répétition et altérité se combinent pour donner lieu à une parole plurielle. Redoublé, l'élément significatif perd l'identité qui le rattache à la représentation. On trouve un exemple de ce phénomène dans l'entretien entre Gwynplaine et Ursus à propos du wapentake :

> – Eh bien ?
> – Eh bien, Gwynplaine, cet homme est le wapentake.
> – Qu'est-ce que le wapentake ?
> – C'est le bailli de la centaine.
> – Qu'est-ce que c'est que le bailli de la centaine ?
> – C'est le *præpositus hundredi.*
> – Qu'est-ce que c'est que le *præpositus hundredi* ?
> – C'est un officier terrible.
> – Qu'est-ce qu'il a à la main ?
> – C'est l'iron-weapon.
> – Qu'est-ce que l'iron-weapon ?
> – C'est une chose en fer.
> – Qu'est-ce qu'il fait de ça ?
> – D'abord il jure dessus. Et c'est pour cela qu'on l'appelle le wapentake.
> – Ensuite ?
> – Ensuite il vous touche avec.
> – Avec quoi ?
> – Avec l'iron-weapon.
> – Le wapentake vous touche avec l'iron-weapon ? (*HQR*, p. 581).

Ce dialogue combine deux manières de dissoudre la signification dans la répétition. L'excès d'explications finit par ôter tout sens aux paroles qui ne sont que la répétition d'elles-mêmes et conduisent le discours à tourner en rond. Mais en même temps la répétition se fait d'un interlocuteur à l'autre ce qui introduit une légère variation. L'interlocuteur en faisant sienne la parole déjà prononcée par l'autre, en la répétant, la modifie, la déplace légèrement. Cette légère modification est soulignée dans le texte par le changement de modalité. Ainsi, dans la répétition même, se glisse entre les deux répliques une légère distance qui suffit à remettre en cause l'identité de la signification.

TRAVAIL ESTHÉTIQUE DE LA SIGNIFICATION

Ne pouvant ni accepter la dimension sémantique du matériau verbal comme tel, ni simplement l'ignorer, Victor Hugo choisit de la pousser jusqu'à ses limites. Ainsi utilisée, la signification sort du régime représentatif. Mais cette pratique n'est pas suffisante. En agissant de la sorte, Hugo se place dans une stratégie défensive par rapport à la signification. Sans l'ignorer, il cherche toujours à neutraliser une partie du matériau verbal. Or une telle pratique n'est pas à la hauteur de sa conception d'un régime esthétique qui se veut artistique. La négativité n'est pas suffisante dans la mesure où elle rejoint toujours l'identité. Seule l'affirmation de l'ensemble, y compris dans sa dimension hétérogène, permet d'atteindre le régime esthétique. C'est pourquoi la signification ne doit pas simplement être neutralisée, elle doit être utilisée comme matériau à part entière. Deux éléments sont à prendre en compte dans cette perspective : la mise en valeur de la signification comme matériau, et l'affirmation du caractère hétérogène de cette signification.

ART ET TRAITEMENT DU MATÉRIAU

La caractéristique principale de l'art selon Kandinsky consiste dans la volonté de privilégier un traitement « pur » de son matériau : « Chaque artiste en tant que serviteur de l'art doit exprimer ce qui est propre à l'art en général (l'élément de l'art pur et éternel…)[1] ». L'artiste doit centrer son travail sur ce qui fait la spécificité d'un art, sur son « matériau ». Il doit avoir recours « non à des éléments d'expression fortuits et peut-être étrangers à l'art, mais à des moyens sans lesquels nous ne connaissons pas tel ou tel art, sans lesquels nous ne pouvions pas nous l'imaginer et que nous tenons pour son langage éternel : en littérature

1 *Du Spirituel dans l'art*, Paris, Gallimard, 1989, p. 133.

– le mot, en musique – le son, en sculpture – le volume extérieur, en architecture – la ligne, en peinture – la couleur[1]. »

C'est ce travail du matériau qui différencie l'art de la représentation spéculative. Dans la perspective d'appliquer cette théorie à la littérature Georges Molinié propose de « penser un traitement "pur" de l'art verbal » sur le modèle « des arts à matériau sémiotique non verbal : de l'art grosso modo non figuratif ; de l'art qui afficherait sa picturalité, sa musicalité en tant que picturalité, en tant que musicalité ; non pas peinture de tel ou tel objet ou thème, ni musique d'un chant d'oiseaux ou de telle émotion ; mais picturalité nue de lignes et des couleurs, musicalité libre des sons[2] ». Conception qui constitue « une praxis-limite » mais « qui permet simplement d'en penser la radicalité[3] ». Il est possible de construire un modèle analogue pour le langage verbal : « La pensée radicale homologue du verbal (en espérant que ce ne soit point l'impensé radical) est à creuser dans le traitement nu, libre, brut, du matériau langagier tout entier, en tant que tel, sémantique et fonctionnement éventuellement représentatif compris dans le bloc[4]. »

Si, comme on l'a vu, la notion d'affichage est délicate à utiliser dans le cas des romans de Hugo qui masquent la dimension esthétique autant qu'ils la mettent en avant, on peut néanmoins parler d'un travail du matériau verbal, et en particulier de sa dimension sémantique voire représentative. C'est ce qu'indiquent certaines pratiques textuelles.

TRAVAIL TEXTUEL DE LA SIGNIFICATION

« La forme et le fond sont aussi indivisibles que la chair et le sang[5]. » Cette phrase est plus qu'une simple évidence sur le caractère indissociable de la forme et du fond. Elle souligne la dimension matérielle aussi bien des mots que de leur signification. Diverses pratiques permettent au texte des romans de travailler la signification comme une matière[6]. Il

1 *Ibid.*, p. 89-90.
2 *Sémiostylistique*, éd. citée, p. 38.
3 *Ibid.*
4 *Ibid.*, p. 38-39.
5 *Goût*, p. 575.
6 Soulignant cette particularité de l'écriture de Hugo, moins fondée sur une « vision sensorielle » que sur « des systèmes de signes déjà entièrement textualisés », Michael Riffaterre parle de « géométrie de la signifiance » (« Sémiosis hugolienne », *Hugo le fabuleux*, éd. citée, p. 38-39).

s'agit de jouer sur un dédoublement métatextuel qui met l'accent sur la signification comme telle.

Autonymie

L'utilisation des ressources de l'autonymie est ainsi particulièrement développée dans les romans de Hugo. L'emploi du mot en mention met en perspective l'emploi réflexif du langage, sa propriété d'autoréférence. Selon Josette Rey-Debove il s'agit de la « question fondamentale en linguistique et encore plus en littérature de savoir dans quelle mesure un signe ordinaire peut signifier ce qu'il est c'est-à-dire perdre sa transparence pour imposer son propre signifiant tout en continuant à signifier le monde[1] ».

Le travail sur l'autonymie provoque un retour réflexif sur la signification. Avec l'autonymie l'objet du langage n'est plus la réalité mais la signification, puisqu'un signe ne signifie plus un élément mais un autre signe. Généralement employée dans une perspective utilitaire, parler du langage, l'autonymie est utilisée dans les romans pour mettre l'accent sur la signification en elle-même. Si certains passages ont un fonctionnement métalinguistique normal (comme lorsque Hugo parle de l'argot), d'autres permettent de détacher la signification de son caractère utilitaire. Ce phénomène est rendu visible par l'écriture de longs passages consacrés entièrement à la définition, qui, selon le fonctionnement de la parenthèse dans les romans de Hugo, se signalent comme esthétiques :

> Le vocabulaire maritime de nos pères, presque entièrement renouvelé aujourd'hui, était encore usité à Guernesey vers 1820. Un navire qui tient bien le vent était « bon boulinier » ; un navire qui se range au vent presque de lui-même, malgré ses voiles d'avant et son gouvernail, était « un vaisseau ardent ». Entrer en mouvement, c'était « prendre aire » ; mettre à la cape, c'était « capeyer » ; amarrer le bout d'une manœuvre courante, c'était « faire dormant » ; prendre le vent dessus, c'était « faire chapelle » ; tenir bon sur le câble, c'était « faire teste » ; être en désordre à bord, c'était « être en pantenne » ; avoir le vent dans les voiles, c'était porter-plain (*TM*, p. 74).

Cette série de définitions sans fin[2] provoque un rythme monotone, accentué par des structures qui mettent plus l'accent sur le parallélisme

1 *Le Métalangage*, éd. citée, p. 4.

2 Hugo est souvent critiqué sur ce point. Par exemple par Charles Péguy : « Il m'abrutit des références les plus extraordinaires qui ne me laissent aucun doute sur son érudition. Des

que sur la variation. Tout ce qui peut accentuer le caractère sensible d'un texte, images, sonorités, rythme et figures, est mis de côté au profit de la signification brute. Seule la précision du vocabulaire semble importer ici. Pourtant, l'intérêt de ces définitions est difficile à saisir, et on a l'impression que la définition n'a d'autre but qu'elle-même.

Le phénomène s'accentue dans la suite du passage, sur un mode légèrement différent. Cependant la variation se garde bien d'enrayer la monotonie : elle se contente de mettre un peu plus l'accent sur la dimension autonymique du passage en introduisant le verbe « dire ». Comme l'explique Josette Rey-Debove à propos de « s'appeler », ce type de verbe « n'amène jamais un signifiant, auquel serait réduit le nom [...]. Il y a donc une redondance du signifié "Y" entre le signifié du sujet et celui du prédicat[1] » :

> Rien de tout cela ne se dit plus. Aujourd'hui on dit : *louvoyer*, alors on disait *leauvoyer*; on dit : *naviguer*, on disait : *naviger*; on dit : *virer vent devant*, on disait : *donner vent devant*; on dit : *aller de l'avant*, on disait : *tailler de l'avant*; on dit : *tirez d'accord*, on disait : *halez d'accord*; on dit : *dérapez*, on disait *déplanter*; on dit *embraquez*, on disait *abraquez*; on dit *taquez*, on disait *bittons*; on dit *burins*, on disait *tappes*; on dit *balancines*, on disait *valancines*, on dit *tribord*, on disait : *stribord*; on dit : *les hommes de quart à bâbord*, on disait : les *basbourdis*. (*TM*, p. 74).

La structure des phrases, le rythme, mais surtout les modalisateurs ont changé ici : il ne s'agit plus de la copule et des guillemets, mais de la tournure « on dit » et de l'italique. Dans certains cas, la signification est par ailleurs mise en valeur par l'insistance sur sa constitution sémantique ; le redoublement d'un élément de signification le souligne tout en le coupant de son fonctionnement utilitaire. Détaché du cotexte, l'élément ne remplit plus la fonction syntaxique qui seule fait accéder cet élément à la représentation. Dans la répétition, seule les locutions adverbiales « de l'avant » et « d'accord » ou le préfixe *dé–* apparaissent, sans avoir de sens par eux-mêmes. La confusion est accentuée par l'utilisation d'une ponctuation qui permet difficilement de distinguer les éléments qui appartiennent au même segment syntaxique.

---

noms qu'on n'a jamais ni vus ni connus [...] ». (*Victor-Marie, comte Hugo, Œuvres en prose* (1909-1914), Bibliothèque de la pléiade p. 709, cité par Jean Gaudon, « Les vicissitudes du savoir », « *L'Homme qui rit » ou la parole-monstre de Victor Hugo*, éd. citée, p. 25-26).

1 *Le Métalangage*, éd. citée, p. 188.

La suite est une variation sur les différents modalisateurs :

> Tourville écrivait à Hocquincourt : *nous avons singlé.* Au lieu de « la rafale », *le raffal*; au lieu de « bossoir », boussoir; au lieu de « drosse », *drousse.* On n'entendait plus que là les vieux commandants : *Tour-et-choque* ! – *Bosse et bitte* ! – un matelot de Granville disait déjà *le clan*, qu'un matelot de Saint-Aubin ou de Saint-Sampson disait encore *le canal de pouliot.* Ce qui était *bout d'alonge* à Saint-Malo était à Saint-Hélier *oreille d'âne.* Mess Lethierry, absolument comme le duc de Viconne, appelait la courbure concave des ponts *la tonture* et le ciseau du calfat *la patarasse* (*TM*, p. 74).

Guillemets, italiques, « ce qui est », « disait », « appelait », les différents modalisateurs se combinent pour mettre l'accent sur le mot. C'est la matière même de la signification qui est visée ici. Les mots sont utilisés pour leur substance ; pas simplement pour leur sonorité mais dans leur ensemble, pour leurs différents signifiés, et les glissements qu'ils introduisent dans la signification, pour les concepts particuliers et les réalités originales auxquels ils renvoient.

– Connotation autonymique

D'autres passages ont recours à la connotation autonymique, définie par Josette Rey-Debove comme « statut du signe intermédiaire entre l'emploi ordinaire et l'emploi autonyme ». Comme elle le précise, « les phrases nous parlent du monde, et non du langage, mais elles connotent leur signe de telle sorte qu'on ne peut leur donner ni synonyme ni traduction[1]. » Le signe n'est plus seulement signifié comme signe, il est cité comme tel. Ce procédé accentue le phénomène de mise en valeur de la signification pour elle-même. On ne se contente donc pas de faire retour sur la signification, on en propose un morceau. Contrairement aux énoncés métalinguistiques qui peuvent toujours être pris pour des passages informatifs destinés à proposer un enseignement par l'entremise du roman, l'emploi de la connotation autonymique insiste sur la tension entre signification utile et signification pour elle-même. Le phénomène de connotation souligne en effet que le mot n'a pas son statut habituel et qu'il faut chercher autre chose dans son emploi. Il est par ailleurs tout à fait adapté à la volonté de Hugo de ne pas toujours afficher le travail esthétique. Il permet, tout en mettant au premier plan un fonctionnement

1 *Le Métalangage*, préface à l'édition de 1997, éd. citée, p. VIII.

normal du langage, de réserver un espace au traitement esthétique : « Dans ce misérable qui n'était tout à l'heure qu'un brigand on sentait maintenant "l'homme qui a étudié pour être prêtre" » (*Mis.*, p. 634). Le double statut du segment entre guillemets le met à part dans la phrase. L'expression ne sert pas simplement à signifier quelque chose, elle est exposée grâce aux guillemets qui lui servent d'encadrement.

L'indication de la connotation autonymique prend des formes variées. Si l'emploi d'outils métalinguistiques comme « dit-on » ou « comme on dit » rend moins évidente la portée du phénomène, il est bien mis en valeur par l'emploi de marques graphiques sans commentaire métalinguistique. L'utilisation de mots étrangers, dont la signification utilitaire est rendue plus difficile en raison de leur caractère extérieur au code, est très fréquente dans les romans de Hugo. Espagnol, anglais ou latin, l'emploi de ces langues dans des segments restreints les isole du processus habituel de signification : « Vous contemplez ici les artistes associés. Nous sommes quatre. *A lupo principium* » (*HQR*, p. 571). « Le *facit indignatio* remplace les Gracques » (*Mis.*, p. 831). Comme l'explique Josette Rey-Debove, « un signe incompris attire l'attention sur lui en tant que signe, par une prise de conscience métalinguistique. [...] On dira que toute séquence étrangère à L1 et qui n'est pas autonyme est connotée[1]. »

Mais c'est certainement l'emploi du verbe être qui est le plus significatif de la manière de traiter la signification à travers l'utilisation de la connotation autonymique. Ce verbe qui, pris au sens plein, exprime par excellence la notion d'essence, et qui, comme copule, constitue la structure syntaxique prédicative de base est employé dans des structures autonymiques que Martin Riegel définit comme « énoncés définitoires copulatifs », qui « sont des cas de connotation autonymique[2] ». Largement utilisée dans les romans de Hugo, cette structure apparaît de manière exemplaire à la fin du livre sur Waterloo, dont on connaît le rôle dans le traitement de la signification :

> En somme, et incontestablement, ce qui triomphait à Waterloo, ce qui souriait derrière Wellington, ce qui lui apportait tous les bâtons de maréchal de France, ce qui roulait joyeusement les brouettées de terre pleine d'ossements pour élever la butte du lion, ce qui a triomphalement écrit sur ce piédestal cette

1 *Ibid.*, p. 263.

2 « Définition directe et indirecte dans le langage copulatif ; les énoncés définitoires copulatifs », *Langue Française*, n° 73, fév. 1987, p. 51.

> date : 18 juin 1815, ce qui encourageait Blücher sabrant la déroute, ce qui du haut du plateau de Mont-Saint-Jean se penchait sur la France comme sur une proie, c'était la contre-révolution. C'est la contre-révolution qui murmurait ce mot infâme : démembrement (*Mis.*, p. 277).

L'usage de la structure clivée dans le cadre d'un exemple de connotation autonymique met en parallèle l'attribution d'une caractéristique à une chose et le fait que la caractéristique principale du mot est la signification.

En dehors des passages énumératifs, les phénomènes autonymiques servent généralement à attribuer des caractéristiques. Dans cet univers essentiellement verbal que constitue le roman, certains personnages se manifestent avant tout par des significations linguistiques. Le portrait de Gillenormand, par exemple, est fondé principalement sur les expressions qu'il emploie. Le nom importe d'ailleurs plus pour lui que ce qu'il désigne : « Il se scandalisait de tous les noms qu'il voyait dans la politique et au pouvoir, les trouvant bas et bourgeois » (*Mis.*, p. 475). De la même manière, le texte le décrit à travers son vocabulaire : « Les mots qu'il prononçait le plus souvent, c'était : *l'homme sensible*, et *la nature* » (p. 474). « Il disait avec autorité : *La révolution française est un tas de chenapans* » ; « Il lisait les journaux, *les papiers nouvelles*, *les gazettes*, comme il disait » (p. 475). L'expressivité de ce personnage vient alors du contenu des vocables qu'il utilise. Les termes ne servent plus à décrire Gillenormand, ils en sont la caractéristique, ce qui leur confère une valeur autonome. Ils ne sont plus le substitut d'une qualité ou d'un défaut mais des caractères à eux tout seuls.

Le signe n'est pas un simple substitut linguistique, il est un matériau de signification qui peut être utilisé de manière autonome. Ce phénomène est accentué par le cas limite du signe comme trace.

– Le signe comme trace matérielle

D'autres passages ne se contentent pas de travailler la signification comme matériau du texte, mais font référence à la matérialité du signe. Josette Rey-Debove envisage ce cas limite dans son étude sur l'autonymie : « Lorsqu'on parle d'un signe, on l'envisage généralement comme une forme au sens saussurien et hjelmslevien du terme "forme de l'expression et du contenu" qui fait partie d'un système abstrait, la langue. C'est la forme linguistique. Mais on peut également l'évoquer concrètement comme une trace matérielle sur un support : /*Jamais* était presque effacé/, ou comme une production sonore /*Jamais* retentissait dans ses oreilles/[1]. » Ce phénomène est souvent exploité dans les romans de Hugo ; son emploi dans des passages clé témoigne de son importance. C'est le cas de la dernière page des *Misérables* :

> voilà de cela bien des années, déjà, une main y a écrit au crayon ces quatre vers qui sont devenus peu à peu illisibles sous la pluie et la poussière, et qui probablement sont aujourd'hui effacés :
> Il dort. Quoique le sort fut pour lui bien étrange.

Dans cette séquence, le signe est présenté pratiquement comme un objet. On ne parle pas seulement du contenu d'un message mais du graphisme de ce message qui a été inscrit et qui s'est effacé. Il s'agit d'un troisième cas où « un signe ne signifie ni la chose attendue ni le signe en tant que signe[2] ». Ce cas limite souligne la volonté de traitement de la signification comme matériau. S'il clôt *Les Misérables*, il ouvre ainsi *Les Travailleurs de la mer* dans lequel on trouve le plus d'exemples de mise en valeur de l'autonymie pour elle-même. Le premier chapitre intitulé « un mot sur une page blanche » propose un exemple de signe trace : « son regard tomba machinalement sur l'endroit où la jeune fille s'était arrêtée. Deux petits pieds s'y étaient imprimés, et à côté, il lut ce mot tracé par elle dans la neige : *Gilliatt* » (p. 50). L'évocation de la trace laissée par les pieds souligne le parallélisme entre les deux types de traces, insistant sur le caractère matériel de l'inscription.

La division

Parallèlement au traitement de l'autonymie, le procédé de la division insiste sur le phénomène général de la catégorisation, qui est le fondement de la représentation : « Quel que soit le sujet dont on veut traiter il faut premièrement le définir, afin qu'on sache de quoi il s'agit ; et secondement le diviser, afin d'en connaître toutes les parties, ou de déterminer celles dont on veut traiter en particulier[3]. » Les principales fonctions de la division consistent à « éclaircir les matières » et à « les

1 Josette Rey-Debove, *op. cit.*, p. 106-107.
2 *Ibid.*, p. 107.
3 Bossuet, *Logique du dauphin*, Paris, Éditions universitaires, 1990, p. 110.

exposer par ordre[1] ». Dans les romans de Hugo, ce procédé est détourné de son caractère utilitaire pour être utilisé pour lui-même. Les chapitres de *L'Archipel de la Manche* censés être destinés à en donner une vision organisée, séparée en parties, proposent certains modes de classement qu'on a du mal à insérer dans l'ensemble. Il s'agit en particulier des chapitres XIII (« Particularités locales »), XV (« Autres particularités »), XVII (« Suite des particularités »), qui s'insèrent entre des chapitres en apparence plus proches d'une classification (« Travail de la civilisation dans l'archipel » et « Coutumes, lois et mœurs »). Utilisant l'amplification, ces chapitres présentent toutes sortes de données, trop nombreuses pour donner lieu à une organisation véritable, la confusion étant complétée par l'utilisation de fréquentes parataxes. Cela donne lieu à des classifications présentées pour elles-mêmes, en dehors de toute finalité réellement organisatrice.

L'utilisation de catalogues est très fréquente dans les romans de Hugo. Catalogue des « vents » dans *Les Travailleurs de la mer*, « dénombrement titanique » des acteurs de la Convention dans *Quatrevingt-Treize* (p. 896) ou série des pairies affichées dans la cahute d'Ursus dans *L'Homme qui rit* (p. 357-359), il s'agit d'une autre manifestation de cette volonté de traiter la catégorisation comme telle. Ce phénomène tient également de la « monotonie homérique », qui est au cœur du traitement de la signification. Si, dans son contexte habituel, le catalogue est fortement utilitaire, dans le cadre du roman il devient une manière de travailler la signification pour elle-même. Présentée sous forme de catalogue, l'information échappe à l'enchaînement syntagmatique, fondement du régime représentatif. De nombreux passages des romans proposent des catalogues, parfois sur plusieurs pages pour en accroître l'effet. Trop précises, les informations perdent leur caractère utilitaire pour être appréciées pour elles-mêmes, comme dans une collection. On peut trouver un exemple de ce phénomène dans l'énumération des « trente-deux vents » dans *Les Travailleurs de la mer* :

> Tous les rumbs sont là : le vent du Gulf-Stream qui dégorge tant de brume sur Terre-Neuve, le vent du Pérou, région à ciel muet où jamais l'homme n'a entendu tonner, le vent de la Nouvelle-Écosse où vole le Grand-Auk, *Alca impennis*, au bec rayé, les tourbillons de Fer des mers de Chine, le vent du

1 *Ibid.*

> Mozambique qui malmène les pangaies et les jonques, le vent Électrique du Japon dénoncé par le gong, le vent d'Afrique qui habite entre la montagne de la Table et la montagne du Diable et qui se déchaîne de là, le vent de l'Équateur qui passe par dessus les vents alizés, et qui trace une parabole dont le sommet est toujours à l'ouest, le vent plutonien qui sort des cratères et qui est le véritables souffle de la flamme (p. 259-260).

Dans ce catalogue, qui se continue sur deux pages, l'information se dissout dans l'énumération. Chaque mot est collectionné comme si c'était un objet, et aucune organisation ne permet de donner un but prédéterminé à cette énumération. Ce phénomène est accentué par le fait qu'un grand nombre de termes, trop techniques, ne sont pas compréhensibles. Seule importe la mise en scène de leur organisation[1]. Ce que vise le texte n'est pas de substituer une sensation rythmique à une organisation logique, mais de faire de l'organisation elle-même un matériau poétique ouvert à l'interprétation[2]. Souvent explicitement thématisées comme telles, les listes catalogues ne s'intègrent au récit qu'au prix d'une opacification autonymique, dans la mesure où le signe textuel n'est plus le simple support de l'événement relaté mais s'exhibe lui-même, qu'il s'agisse de circonscrire le segment textuel comme liste ou de pointer en la décomposant, sa mise en forme matérielle.

OUVERTURE DE L'ART SUR CE QUI LUI RÉSISTE

Travailler la signification comme matériau ne signifie pas la fin du problème. Les différents modes de travail du texte, énumérés plus haut, restent des expériences et ne sont en rien des solutions. Ils ne résolvent pas la tension entre nécessité de la signification et exigence esthétique. La littérature reste à la frontière de l'art dont elle est un cas limite.

Or, c'est peut-être en cela qu'elle apporte quelque chose de particulier à la notion d'art. On a en effet trop tendance à donner des définitions de l'art qui lui confèrent un caractère synthétique. Celles-ci inclinent à faire oublier que l'art est tout sauf une pratique normée. Au contraire, il est l'expérience même de ce qui échappe. Or, quelle est la chose qui

1 Michel Butor insiste ainsi sur la dimension prosodique du dispositif (*Répertoire II*, Paris, Minuit, 1964, p. 236).

2 Sur l'articulation entre catalogue et orientation du parcours interprétatif, voir Judith Wulf, « "Dénombrement titanique". L'effet-liste dans *Quatrevingt-Treize* », art. cité, p. 267 *sq.*

résiste le plus à l'art que l'abstraction spéculative ? Dans une certaine mesure, la littérature est une manière de pousser à bout l'expérience de l'art ; elle est ouverture de l'œuvre à ce qui lui est autre, à ce qui lui échappe, la signification. Le moment artistique autosuffisant de l'œuvre se double alors d'un mouvement d'aspiration à la dissonance. Voilà une autre manière d'interpréter les réflexions de Hugo à propos de la nécessité d'intégrer le laid, la grimace, le déchet à côté de la beauté. Le refus d'une vision idéaliste de l'art ne se limite pas à la problématique du beau. Avec la littérature, l'hétéronomie est radicale, elle va jusqu'à confronter l'art à ce qui s'y oppose.

Si Hugo refuse la signification comme nomination, il en reconnaît la nécessité. Ce paradoxe révèle une conception non monolithique de la signification qui lui permet d'être, ou non, selon les cas, à la base de la représentation. Pour mieux comprendre ce phénomène, il est nécessaire de préciser les différents modes d'articulation de la signification et de la représentation, en revenant sur la notion de régime, en relation avec celle de matériau.

COMPOSITION LITTÉRAIRE ET MATÉRIAU VERBAL

Après l'étude de l'utilisation de la signification dans les romans de Hugo, on comprend mieux ce qu'une perspective stylistique peut apporter à la notion de composition : elle permet de l'envisager en termes de régime. Contrairement aux philosophies rationalistes mécanistes qui séparent les différents modes de pensée en facultés distinctes, la notion de régime permet de penser les phénomènes de tension et de combinaison. Séparer la pensée en entendement, raison et imagination permet certes de rendre compte des différents types de fonctionnement de la pensée ; mais cela n'offre pas la possibilité de penser les phénomènes mixtes, où l'on ne se trouve ni dans une catégorie ni dans l'autre.

Le fonctionnement de l'idée comme régime est à la base de toute l'esthétique de Hugo. Pour lui l'art n'est pas dans le matériau mais dans l'usage qui en est fait. Loin d'une conception essentialiste de l'art,

Hugo utilise ainsi les matériaux les plus ordinaires, les plus communs, les moins « purs ». En témoignent sa pratique du dessin ainsi que son goût pour de multiples autres formes d'expression, comme l'incroyable décoration de sa demeure de Guernesey[1]. Comme le souligne Jean Gaudon, la technique de Hugo en matière de dessin tient du bricolage. L'utilisation de matériaux divers comme le café souligne une pratique qui ne fait pas du matériau la source de l'art. Par ailleurs, coulures, pliures, ou pochoirs sont autant de techniques aléatoires qui font sortir l'idée de la forme et non le contraire[2]. Quant à ce qu'il nomme lui-même le « bric-à-brac[3] » de sa demeure de Guernesey, il est le théâtre de constantes transformations, où des pieds de fauteuils deviennent des lustres et des dossiers de chaises renversés les lambrequins des fenêtres de la salle à manger. On comprend mieux, dans ces conditions, qu'il puisse utiliser la signification, *a priori* contraire à une fonction esthétique, pour en faire le matériau de ses romans.

Distinguer régime de signification et matériau sémantique permet ainsi de mieux comprendre le statut ambigu de la signification en contexte esthétique. Cela induit la possibilité d'une variation de régime au cours même de la lecture[4] : tantôt représentatif, tantôt esthétique, le sémantique varie en fonction d'un ensemble de circonstances. Mais à ce premier mode d'articulation, d'ordre temporel, s'ajoute un autre, qui fait

1 À Hauteville-House, disait Charles Hugo, « me fut révélée une œuvre nouvelle [...]. Les appartements et les galeries n'ont été disposées que d'après les idées et sur les dessins de Victor Hugo [...]. Pas une pièce, pas un groupe qui ne soit une création. Les curiosités les plus rares, les chênes sculptés du moyen âge et de la renaissance, les vieilles tapisseries, les émaux, des porcelaines recueillies par le goût le plus éclairé, s'y rencontrent avec les élégances vénitiennes et florentines. La maison [...] n'est qu'une œuvre d'art dont les matériaux eux-mêmes sont des chefs-d'œuvre. » (cité par Pierre Dhainaut, *La Demeure océan de Victor Hugo*, Paris, Nouvelle Société des Éditions Encre, p. 11).

2 Voir Jean Gaudon, « Bricolage et collage », *Soleil d'encre de Victor Hugo : manuscrits et dessins de Victor Hugo*, Paris, Paris Musées, 1985, p. 21-22.

3 Qu'on ne peut s'empêcher de rapprocher du principe de « pêle-mêle » exploité dans ses romans.

4 Ce phénomène se rattache à la notion de « tmèse » exposée par Barthes : « le récit le plus classique [...] porte en lui une sorte de tmèse affaiblie : nous ne lisons pas tout avec la même intensité de lecture ; un rythme s'établit, désinvolte, peu respectueux à l'égard de *l'intégrité* du texte ; l'avidité même de la connaissance nous entraîne à survoler ou à enjamber certains passages (pressentis “ennuyeux”) pour retrouver au plus vite les lieux brûlants de l'anecdote. [...] nous sautons impunément (personne ne nous voit) les descriptions, les explications, les considérations, les conversations » (*Le Plaisir du texte*, Paris, Seuil, 1973, p. 20-21).

intervenir la notion de connotation[1] : le texte peut afficher un régime tout en en connotant un autre. Mais ce double processus est hiérarchisé ; c'est le régime représentatif qui reste dominant, ce qui explique que, dans certains cas, la connotation ne soit pas perçue. Elle peut également être plus ou moins perçue et, selon le degré, influente ou non.

Penser la composition en régime poétique, c'est donc la penser dans une perspective de communication qui intègre divers facteurs fondés sur le degré, le temps, la situation en général. C'est pourquoi, comme l'explique Jacques Fontanille, il est nécessaire d'étudier le texte dans son émergence plutôt que comme un résultat : comparant ses travaux à la première vague d'étude sémiotique en France il précise que « l'autre perspective qui se dessine, celle du discours en acte, ne constitue pourtant pas, à proprement parler, une autre sémiotique : il s'agit toujours d'une sémiotique du discours, c'est-à-dire d'une discipline qui s'efforce d'établir les conditions dans lesquelles les expressions et pratiques humaines verbales et non verbales font sens[2] ». La divergence porte sur le concept d'émergence : « Mais au lieu de considérer, comme elle le faisait à ses débuts, la signification comme résultant d'articulations déposées dans un énoncé achevé, elle s'exerce maintenant à en repérer l'émergence, à dégager les opérations qui la produisent. On s'efforce alors, en somme, de restituer le sens de cette expérience humaine qui consiste à produire ou à interpréter quelque chose de signifiant[3]. »

Seule cette perspective permet d'envisager la composition romanesque, sans passer sous silence les difficultés liées à la signification. Il ne faut pas confondre la signification comme matériau non exclusivement lié au régime représentatif et les contenus de signification qu'on peut trouver dans un texte. Il ne s'agit pas de deux choses différentes, mais de deux perspectives. Seul le second cas permet d'envisager la composition comme relation dynamique entre plusieurs données qui peuvent changer de valeur selon la manière dont elles se combinent avec d'autres facteurs. La composition poétique n'existe pas comme une signification dans le texte,

1 Josette Rey-Debove insiste bien sur le fait que le phénomène de la connotation autonymique est un excellent interprétant de la littérarité. Elle explique ainsi que « les traits linguistiquement identifiables de la littérarité [peuvent] trouver une source commune dans l'hypothèse de la connotation autonymique. » (« Autonymie et sémiotique littéraire », *Littérature*, n° 16, déc. 1974, p. 116).

2 *Sémiotique et littérature*, éd. citée, p. 7.

3 *Ibid.*

mais résulte de l'effet créé par ces combinaisons. Envisagée comme acte, la composition ne se trouve pas en telle ou telle signification ; elle n'a pas d'objectivité substantialiste, mais elle est produite par une interaction.

On retrouve ici toute l'importance de la notion d'implicite. La forme signifiante n'est pas un contenu qu'on pourrait isoler dans des structures verbales explicites. Elle résulte d'associations contextuelles fondées sur des mots ou des phrases mais aussi d'autres types de relations plus diffuses, thématiques ou sérielles. Plus ces agencements sont diffus, plus ils laissent de place à l'interprétation et à l'implicite. La notion d'implicite sert donc de base à celle de régime. Elle permet de traiter des problèmes qui se posent de manière concrète dans des textes empiriques. On peut alors envisager une articulation des notions de signification et de régime esthétique, essentielle pour comprendre le fonctionnement de la composition littéraire : si concrètement la signification est généralement traitée de manière représentative, elle peut dans certaines situations résultant de combinaisons complexes, à un degré plus ou moins élevé, être utilisée dans un régime esthétique, même si une réussite complète tient peut-être de l'idéal. On comprend ici que l'implicite n'est pas un espace transcendant. Il reste soumis aux exigences de la situation, et ne peut échapper totalement aux nécessités des structures explicites. C'est pourquoi il va nous falloir à présent étudier plus précisément cette articulation en abordant la question de la forme.

FLOTTEMENT DE LA FORME

Dans la lettre qu'il écrit à l'éditeur de la traduction italienne des *Misérables*, Hugo insiste sur le caractère dynamique et ouvert de la langue :

> Les livres, pour répondre à l'élargissement croissant de la civilisation, doivent cesser d'être exclusivement français, italiens, allemands, espagnols, anglais, et devenir européens ; je dis plus, humains. De là une nouvelle logique de l'art, et de certaines nécessités de composition qui modifient tout, même les conditions, jadis étroites, de goût et de langue, lesquelles doivent s'élargir comme le reste[1].

Derrière cette formule énigmatique, qui prône l'élargissement des langues comme du « reste », se dessine une conception linguistique originale : ni fixée d'avance par un caractère, ni issue d'une déformation, la forme du livre apparaît comme indéterminée du point de vue linguistique aussi bien que du point de vue poétique. Cette indétermination est ce que Hugo nomme le *flottant*. Elle concerne « le songeur », défini comme « penseur agrandi mais flottant[2] » et permet de remettre en cause l'individu au profit de sujet collectif : « Une bouteille pleine d'eau flotte dans l'océan ; elle se brise, l'eau s'écoule et se confond avec la mer. Point de trace. Voilà l'homme. L'homme n'est pas, l'Humanité seule existe[3] » ; plus généralement (« Il y a dans tout de l'errant et du flottant[4] »), elle renvoie au principe d'une « forme dénouée [qui] ondule mêlée à l'idée[5] ». Contrairement aux métaphores solides qui associaient la diversité des langues à la dispersion à la fragmentation, au processus d'écroulement, la « Babel de la mer » en donne une version plus optimiste. Nul besoin d'un premier mouvement de décomposition, pour trouver un matériau adéquat à l'édification d'un nouveau monument.

---

1 Lettre à M. Daëlli du 18 octobre 1862.
2 *WS*, p. 331.
3 *Ph.*, p. 507.
4 *PrS*, p. 644.
5 *Ibid.*

C'est la continuité qui est première, non l'unité discrète qui n'en est qu'une modalité.

Le problème de la forme donne ainsi lieu à un troisième type de tension entre exigences de la composition et contraintes du langage verbal : refuser les contours d'un contenu, même implicite[1], c'est se rapprocher de l'indistinct comme opposé de l'individualisation conceptuelle. Mais c'est aussi renoncer au langage comme milieu de la relation humaine, au profit d'un espace transcendant. Refusant l'idée d'un universel poétique, Hugo cherche à expérimenter une forme qui n'existerait pas hors du contenu textuel sans pour autant se confondre avec lui. Dans une logique du signe linguistique, la forme est assimilée au signifiant. Se développant dans un espace discursif plus large, les effets de composition tirent au contraire leur existence formelle d'un contexte qu'ils configurent à leur tour, selon un processus complexe d'articulation réciproque entre local et global[2].

TROP DE CONTOUR DANS LES MOTS

> Il est presque impossible d'exprimer dans leurs limites exactes les évolutions abstruses qui se font dans le cerveau. L'inconvénient des mots c'est d'avoir plus de contour que les idées. Toutes les idées se mêlent par les bords ; les mots, non. Un certain côté diffus de l'âme leur échappe toujours (*HQR*, p. 595).

La dimension sémantique du mot n'est pas la seule difficulté que le langage verbal pose à la composition comme relation interprétative. La forme qui sépare l'objet en unités distinctes en est une autre, tout aussi délicate à traiter pour l'écriture romanesque. Comme on l'a vu, ce que vise Hugo, c'est la réalité comme infini, comme *continuum* indistinct,

1 Selon Catherine Kerbrat-Orecchioni, les segments implicites constituent des contenus de signification, qu'on peut reconstituer « en leur octroyant des supports signifiants, c'est-à-dire en les convertissant en énoncés verbaux » (*L'Implicite*, éd. citée, p. 14).

2 C'est ce que décrit l'approche herméneutique du contexte, montrant que le signifiant doit lui-même faire l'objet d'une reconnaissance, laquelle « est précédée par les attentes et présomptions définies par le contrat propre au genre textuel ». Loin d'en être à l'origine, l'identification du signifiant intervient à l'issue d'un processus interprétatif dans lequel le sens se construit selon des parcours qui vont « de signifié en signifié, aussi bien que du signifié vers le signifiant » pour reprendre l'expression de François Rastier (« Problématiques du signe et du texte », *Intellectica*, n° 23, 1996, p. 36 et 35).

nébuleuse indifférenciée, que seule la sensibilité peut appréhender[1]. Reposant sur l'analyse, la pensée spéculative manque la totalité dont elle ne peut que proposer une représentation figée. L'exigence de la composition, au contraire, est de parvenir à saisir cette unité dans sa multiplicité et son devenir.

La représentation repose sur le découpage et l'organisation de son objet. Elle se fonde en cela sur le mot, unité discrète censée condenser les données essentielles en les séparant d'éléments considérés comme accidentels. « Contour » est le mot clé d'une pensée qui ne peut se développer qu'en distinguant, limitant, fixant. Ce que veut au contraire la forme signifiante, c'est rendre compte de ces « évolutions abstruses », faites de mouvement et d'indistinct. Si rigueur et précision sont indispensables à une pensée efficace, elles ne peuvent appréhender le « diffus ». Seule la forme poétique le peut, qui recherche sans cesse l'absence de contour.

LES MOTIFS DE L'INFORME

L'absence de contour, c'est l'informe : « C'était peu distinct. Cela avait à peine des contours. C'étaient des réalités pourtant, mais informes » (*HQR*, p. 522). Mais l'informe n'en est pas moins une « réalité », il se manifeste, il a une « voix », « c'est l'informe hurlant. C'est l'inarticulé parlé par l'indéfini » (*HQR*, p. 418). Seules sont retenues les « formes confuses » (*HQR*, p. 552), formes faites de « vapeur » ou « nuée » qui ont « je ne sais quoi d'insaisissable » (p. 693). Comme Josiane nue, elles sont à la fois présence et absence : « Chose bizarre à dire, elle était là, chair visible, et elle restait chimérique. Palpable elle semblait lointaine » (p. 693). Formes « diffuses » (*Mis.*, p. 22), elles échappent à la détermination et à la forme en général, conçue comme définition de limites.

Nombreuses sont les figures des romans de Hugo qui se définissent par la disparition de leurs contours : fantômes, silhouettes, ou esquisses, elles tendent autant vers la disparition que vers la présence : Fantine est « un fantôme ayant la forme d'une nymphe » (*Mis.*, p. 110) ; Jean Valjean se définit sans cesse par ses disparitions : « C'est ainsi que ce fantôme qui s'était appelé M. Madeleine se dissipa à Montreuil-sur-Mer » (*Mis.*, p. 234). Ce terme ne qualifie pas simplement un personnage mais une fonction clé : « Le comédien est un phare à éclipses, apparition, puis

---

1 Voir p. 37 *sq.*

disparition, et il n'existe guère pour le public que comme fantôme et lueur dans cette vie à feux tournants » (*HQR*, p. 564-565).

Le texte emploie alors de préférence le terme de *figure* à celui de *forme* : « Les animaux ne sont autre chose que les figures de nos vertus et de nos vices, errantes devant nos yeux, les fantômes visibles de nos âmes » (*Mis.*, p. 135-136). Dans cette détermination plus abstraite, c'est le terme de *spectre* qui est le plus fréquent : le spectre ne représente pas seulement l'absence de forme physique, mais également l'absence de forme abstraite, selon la loi de correspondance hugolienne entre extérieur et intérieur, concret et abstrait : « Le matin a ses spectres comme le soir. Il ne les voyait pas, mais, à son insu, et par une sorte de pénétration presque physique, ces noires silhouettes d'arbres et de collines ajoutaient à l'état violent de son âme je ne sais quoi de morne et de sinistre » (*Mis.*, p. 192). « Plus bas, confusément, à la limite qui sépare l'indistinct de l'invisible, on aperçoit d'autres hommes sombres, qui peut-être n'existent pas encore. Ceux d'hier sont des spectres ; ceux de demain sont des larves » (p. 570).

L'ambiguïté n'est plus ici entre absence chimérique et présence physique, mais entre visible et invisible ; c'est le motif du spectre solaire : « soleil spectre » de la pieuvre dans *Les Travailleurs de la mer* (p. 281), ou Josiane « spectre mais solaire » (*HQR*, p. 590). C'est aussi celui de l'ombre matière, celle qui constitue mademoiselle Baptistine : « Sa personne semblait faite d'ombre » (*Mis.*, p. 7). « Ombres et arbres, deux épaisseurs redoutables » (p. 308) : employé au pluriel, qualifié d'épaisseur, le mot « ombre », paradoxalement, ne désigne pas le vide mais l'informe compris comme structure sans contour ; c'est pourquoi il peut être employé dans des phrases comme « Quelques silhouettes de cette ombre » (titre du chapitre II, 6, 7), qui lui confèrent une certaine matérialité.

Fantôme, *spectre* ou *ombre*, tous ces motifs parlent du refus de la forme. Contre la forme, qui détermine et définit dans des contours précis, l'informe fait disparaître les frontières : c'est la noirceur sans démarcation mais aussi la blancheur sans contraste ; plus de bords mais une porosité généralisée qui ne permet plus de distinguer les différents éléments : « La mer comme la terre était blanche ; l'une de neige, l'autre d'écume » (*HQR*, p. 384).

DANGER DE LA FORME

Si l'informe est inquiétant, la forme est constamment rapprochée d'éléments que le récit présente comme dangereux ; élément solide, elle est alors associée à la pierre : « Jean Valjean semblait fait d'ombre, et Javert, de pierre » (*Mis.*, p. 1031). Autre symbole de l'oppression, la Tourgue est qualifiée de « monstre de pierre » (*QT*, p. 1061). La forme signale l'horreur : « La première chose que j'ai vu, c'est la loi, sous la forme d'un gibet ; la deuxième c'est la richesse, c'est votre richesse, sous la forme d'une femme morte de froid et de faim ; la troisième c'est l'avenir sous la forme d'un enfant agonisant ; la quatrième c'est le bon, le vrai, et le juste, sous la figure d'un vagabond n'ayant pour compagnon et pour ami qu'un loup » (*HQR*, p. 740). Encore une fois, c'est la figure qui prend le relais de la forme lorsqu'il s'agit de faire référence à des éléments positifs.

Comme le signe, la forme est trompeuse. Le texte dénonce ainsi souvent l'utopie d'une forme transparente qui dénoterait avec certitude ; il insiste au contraire sur la distorsion qui existe entre la forme et le sens, comme dans ce passage des *Travailleurs de la mer* : « La forme de sa bouche démentait le sens de ses paroles » (p. 82). La notion de masque illustre bien ce phénomène. Le masque est ce qui trompe, à l'image de la corvette *Claymore* maquillée en navire marchand : « rien ne se voyait au dehors ; les sabords étaient aveuglés ; les panneaux étaient fermés ; c'était comme un masque mis à la corvette » (*QT*, p. 798). S'il permet de donner des contours à une réalité insaisissable le masque est en même temps mensonger : « Le plus redoutable et le plus perfide des aspects, c'est le masque de l'abîme » (*TM*, p. 253).

Mais la forme est surtout associée à la rigidité. Couvent, cachot ou prison sont faits de lignes qui tracent des contours sans échappatoires : « on voyait au mur en face de la porte un trou quadrangulaire d'environ un pied carré, grillé d'une grille en fer à barreaux entre-croisés, noirs, noueux, solides, lesquels formaient des carreaux, j'ai presque dit des mailles, de moins d'un pouce et demi de diagonale » (*Mis.*, p. 380).

FORCE DU VIDE

Par opposition à la rigidité des contours de la forme, le texte met en valeur d'autres types de lignes, lignes de fuite ou lignes brisées ou, mieux encore, linéaments :

> On presse l'abîme de questions. Rien de plus. Quant aux réponses, elles sont là, mais mêlées à l'ombre. Les énormes linéaments des vérités semblent parfois apparaître un instant, puis rentrent et se perdent dans l'absolu[1].

1 *WS*, p. 332.

Leitmotiv des romans de Hugo, le linéament est la clé d'une esthétique où la forme n'est acceptée que comme évanouissement. Ainsi en est-il de la beauté de l'archipel de la Manche : « Toutes les lignes sont brisées dans le flot, dans le feuillage, dans le rocher [...]. L'informe y domine. Jamais un contour n'y est correct » (*AM*, p. 9). C'est pourquoi le texte ne propose que des « esquisses ébauchées » (*Mis.*, p. 877). La description de Paris qui précède le suicide de Javert insiste particulièrement sur le lien entre l'indistinction, le vide et cette forme de ligne qu'est le linéament : « L'obscurité était complète [...] Tout ce qu'on apercevait des rues et des quais était désert ; Notre-Dame et les tours du Palais de justice semblait des linéaments de la nuit [...] Tout était noir. On ne distinguait rien » (*Mis.*, p. 1047). Les linéaments servent à décrire l'indistinct de la nuit mais aussi celui de la force, qui se manifeste souvent dans le principe du vent : « Qui aperçoit leurs linéaments livides dans cette dispersion qui est l'horizon de la mer, se sent en présence de la force irréductible » (*TM*, p. 254).

Le motif de la ligne brisée rejoint celui de la disparition : « l'ellipse est le zigzag de la phrase » (*Mis.*, p. 85). Les contours ne sont pas simplement indistincts, ils disparaissent. C'est le motif de l'évanouissement, tel que Hugo le qualifie explicitement : « Quel était son visage, il l'ignorait. Sa figure était dans l'évanouissement [...] Il avait pour face une disparition » (*HQR*, p. 535). Après l'arrestation du maire de Montreuil-sur-Mer, « tout s'évanouit » (*Mis.*, p. 287). Certains personnages ne semblent avoir d'autre fonction que de représenter ce phénomène ; c'est le cas de Claquesous qui après l'arrestation de Thénardier et ses complices « s'était changé en vapeur » (p. 685) ; et plus loin, « Claquesous n'a laissé nulle trace de sa disparition ; il semblerait s'être amalgamé à l'invisible » (p. 880). La notion de forme est alors associée à celle de disparition comme dans la phrase qui clôt le suicide de Javert : « et l'ombre seule fut dans le secret des convulsions de cette forme obscure disparue sous l'eau » (*Mis.*, p. 1047).

Les thématiques de la forme et de son absence aboutissent moins à une esthétique du silence que du vide. Le motif de l'ombre et de la nuit est ainsi souvent associé à celui du gouffre ou de l'abîme : le « gouffre » est la seconde caractéristique de Josiane (*HQR*, p. 600), « fille du gouffre » (p. 692). Ce gouffre est d'abord celui de la pensée dans lequel se dissipe toute précision : c'est sur lui que se concluent les aveux de Jean Valjean à Marius : « Tous deux se taisaient, chacun abîmé dans un gouffre de pensées » (*Mis.*, p. 110). Il caractérise l'indécision de Gauvain : « Deux abîmes s'ouvraient devant Gauvain [...] lequel de ces deux gouffres était le devoir » (*QT*, p. 1040) ; il est réemployé à propos de son procès : « Ses paupières abaissées cachaient ses yeux immobiles fixés sur l'affiche du décret et la considéraient comme on considérerait un gouffre » (p. 1051).

L'océan est un abîme, le vent en est un autre, mais tous deux se rejoignent dans leur art : « Quel artiste que l'abîme » est ce qu'on peut conclure de la manière dont l'océan a sculpté la grotte des *Travailleurs de la mer* (p. 223) ; « la sombre ruse de l'abîme » qualifie plus loin les vents qui s'apprêtent à s'abattre sur Gilliatt (p. 260). Vent, abîme ou océan, trois formes qui n'en sont pas, trois vides qui puisent leur beauté dans leur vacuité même.

Mais l'abîme est avant tout ouverture sur l'espace de la pensée : « de là dans l'homme des ouvertures d'abîmes [...]. Les vastes horizons conduisent l'âme aux idées générales » (*QT*, p. 925). Au plus fort de son combat contre la mer et le vent, c'est l'espace que voit Gilliatt : « Gilliatt éperdu regardait l'espace » (*TM*, p. 294). C'est également la situation du futur naufragé de *L'Homme qui rit* : « Sa prunelle devenue tout à fait de hibou et toute ronde, s'était dilatée de stupeur en examinant un point de l'espace » (p. 411). Les personnages « luttent contre l'espace » (p. 761). Si « l'espace se lamente » (p. 418), suggérant par métonymie les plaintes de ceux qui lui sont confrontés, il est aussi associé à la liberté comme en témoigne la série, « devant lui, l'espace, la nuit, la liberté, la vie » (*QT*, p. 1047).

EFFET DE COMPOSITION

À la figure du vide, vient s'associer celle de l'océan, qui ajoute une dimension dynamique. Ce dont ces figures cherchent à rendre compte, c'est que la forme interprétative n'est pas un contenu mais un événement. Comme telle on ne peut la contenir dans des contours particuliers. C'est ce que permet de comprendre la description de la pieuvre dans *Les Travailleurs de la mer*. Motif central de l'océan, elle n'est jamais décrite. Seuls les effets qu'elle produit sont mis en scène :

> Subitement il n'y eut plus rien.
> Le crabe venait de se fourrer dans quelque crevasse sous le rocher. [...]

> Plus près encore que cet enfoncement, il remarqua, au dessus du niveau de l'eau, à portée de sa main, une fissure horizontale dans le granit. Le crabe était probablement là. Il y plongea le poing le plus avant qu'il put, et se mit à tâtonner dans ce trou de ténèbres.
>
> Tout à coup il se sentit saisir le bras.
>
> Ce qu'il éprouva en ce moment, c'est l'horreur indescriptible.
>
> Quelque chose qui était mince, âpre, plat, glacé, gluant et vivant venait de se tordre dans l'ombre autour de son bras nu. Cela lui montait vers la poitrine. C'était la pression d'une courroie et la poussée d'une vrille. En moins d'une seconde, on ne sait quelle spirale lui avait envahi le poignet et le coude et touchait l'épaule. La pointe fouillait sous l'aisselle (p. 276-277).

Vide et indétermination, mais pourtant existence de « quelque chose », la pieuvre n'apparaît ici qu'à travers les effets qu'elle produit sur Gilliatt. Ce n'est qu'au bout de deux pages de description que la pieuvre est nommée. L'absence de terme fédérateur qui oriente la description insiste sur la volonté de ne pas décrire un objet. Il s'agit d'un événement qui comme tel ne peut se réduire à un concept. C'est pourquoi l'essentiel de la description est construit autour de verbes.

Comme événement, la composition ne peut trouver sa place que dans l'indistinct du vide ou de l'abîme. Seul existe, pourtant, le contenu du texte : c'est le problème de la contrainte formelle qu'il nous faut à présent étudier.

LA CONTRAINTE FORMELLE

NÉCESSITÉ DU CONTOUR

« Rien n'est accablant comme une croyance sans contour » (*TM*, p. 239). Si Hugo condamne le contour, il en reconnaît la nécessité. Le texte une fois de plus est pris dans la tension qui oppose les exigences de son esthétique et les contraintes du langage[1]. Indiquant la manière

1 Comme le note Jean-Pierre Reynaud : « l'image, comme représentation lumineuse et structurée du réel, n'est pas, chez Hugo, une donnée première. Elle est plutôt une conquête, fragile et mal assurée. Pour qu'il y ait image, il faut qu'il y ait à la fois lumière et contour. Or ce qui est premier pour ce regard qui veut saisir le fond même du réel, la substance même des choses (c'est-à-dire pour le regard de la contemplation hugolienne), ce n'est

dont il convient de décrire la bataille de Waterloo, le narrateur souligne à la fois l'exigence du mouvement, du diffus, de l'indifférencié et la nécessité de dégager les contours principaux :

> Une certaine quantité de tempête se mêle toujours à une bataille. [...] Chaque historien trace un peu le linéament qui lui plaît dans ce pêle-mêle. Quelle que soit la combinaison des généraux, le choc des masses armées a d'incalculables reflux ; [...] La ligne de bataille flotte et serpente comme un fil, les traînées de sang ruissellent illogiquement, les fronts des armées ondoient [...]. Il y avait là quelque chose, cherchez, c'est disparu ; les éclaircies se déplacent ; les plis sombres avancent et reculent. [...] L'immobilité d'un plan mathématique exprime une minute et non une journée. Pour peindre une bataille il faut de ces puissants peintres qui aient du chaos dans leur pinceau ; [...] La géométrie trompe ; l'ouragan seul est vrai. [...] Ajoutons qu'il y a toujours un certain instant où la bataille dégénère en combat, se particularise, et s'éparpille en d'innombrables faits de détails [...]. L'historien, en ce cas, a le droit évident de résumé. Il ne peut que saisir les contours principaux de la lutte, et il n'est donné à aucun narrateur, si consciencieux qu'il soit de fixer absolument la forme de ce nuage horrible qu'on appelle une bataille (*Mis.*, p. 251-252).

Si « du chaos dans [le] pinceau » est nécessaire pour rendre compte du mouvement insaisissable d'une bataille, on « ne peut qu'en saisir les contours », sans pour autant les « fixer absolument [dans une] forme ». Ce passage résume bien la tension qui existe entre exigence et nécessité. Si l'écrivain est un génie, il n'en est pas moins un homme soumis aux nécessités empiriques, en particulier celles du langage, comme en témoigne l'oscillation entre les figures du peintre et de l'historien.

Cette nécessité humaine est illustrée par les différents personnages : confrontés à « la nuit », ils ne s'en sortent qu'à l'instant où ils peuvent en dessiner les contours. C'est le cas de Jean Valjean qui n'échappe au bagne qu'à partir du moment où il abandonne ses sentiments indistincts pour une pensée délimitée :

> À travers les perceptions maladives d'une nature incomplète et d'une intelligence accablée, il sentait confusément qu'une chose monstrueuse était sur lui. Dans cette pénombre obscure et blafarde où il rampait chaque fois qu'il tournait le cou et qu'il essayait d'élever son regard, il voyait, avec une terreur

pas la lumière mais le noir, ce n'est pas la diversité du contour mais la ténébreuse unité de la nuit » (« Le contour et l'infini », *Victor Hugo et les images*, Dijon, Aux Amateurs de Livres, 1989, p. 214).

> mêlée de rage, s'échafauder, s'étager et monter à perte de vue au-dessus de lui, avec des escarpements horribles, une sorte d'entassement effrayant de choses, de lois, de préjugés, d'hommes et de faits, dont les contours lui échappaient (*Mis.*, p. 75).

Restant dans l'indistinction de « cet ensemble fourmillant et difforme », Jean Valjean multiplie les tentatives d'évasion « si parfaitement inutiles et folles. [...] L'instinct lui disait : sauve-toi ! Le raisonnement lui eût dit : reste ! » Mais petit à petit il passe de l'instinct à la réflexion :

> Jean Valjean [...] était devenu capable, grâce à la manière dont le bagne l'avait façonné, de deux espèces de mauvaises actions : premièrement, d'une mauvaise action rapide, irréfléchie, pleine d'étourdissement, toute d'instinct, sorte de représaille pour le mal souffert ; deuxièmement, d'une mauvaise action grave, sérieuse, débattue en conscience et méditée avec les idées fausses que peut donner un pareil malheur (p. 76).

Le verbe façonner insiste ici sur la mise en forme de la pensée de Jean Valjean ; peu importe que ses idées soient fausses, du moment qu'elles prennent une certaine forme, qu'elles sont délimitées par un « point de départ » et un « point d'arrivée ».

À toute « idée il faut une enveloppe visible » selon l'expression de *Quatrevingt-Treize* (p. 892). Paradoxalement la « géométrie » peut contenir la « tempête ». C'est ainsi que Hugo décide de décrire l'architecture de la Convention pour rendre compte de l'esprit de la révolution. Forme et indistinct entrent donc dans un rapport singulier, un rapport d'incarnation qui pose le problème de la transcendance de la forme interprétative.

PROBLÈME DE TRANSCENDANCE

Incarnation

Le rapport entre forme et idée peut se définir comme principe d'incarnation, selon un terme fréquemment employé chez Hugo. Les personnages sont souvent présentés comme des manières d'incarner une idée : ainsi en est-il de Dea dans *L'Homme qui rit*, « songe ayant un peu pris corps » (p. 538). Thématisé dans l'ensemble des romans, ce phénomène est résumé de la manière suivante : « quand un homme contient une idée, quand il est l'incarnation d'un fait, quand il est homme symbole en même temps qu'homme en chair et en os » (*HQR*, p. 757). La forme est celle du ou des personnage(s) éponyme(s) du roman, et le récit est une manière de mettre en forme l'idée de l'ouvrage. D'autres formes, plus abstraites peuvent remplir ce rôle. Dans *Quatrevingt-Treize*, c'est une « année [qui] incarne la révolution » (p. 951). Mais toujours l'architecture est désignée comme la forme de l'idée la plus adéquate : « Dans la Tourgue étaient condensés quinze cents ans, le moyen âge, le vasselage, la glèbe, la féodalité ; dans la guillotine une année, 93 » (*QT*, p. 1061).

« Incarner », « condenser », « prendre corps », tous ces termes semblent indiquer que la forme n'est qu'un support ou un contenant d'une idée qui existerait par ailleurs. Le principe de condensation pose alors la question de la transcendance de l'idée. Car si le langage est une forme particulière, plus abstraite que physique, s'il joue sur le fonctionnement implicite du discours, sa réalité est faite de mots visibles et audibles ; aussi nous faut-il envisager une conception de l'immanence qui se distingue d'une logique du contenu[1].

Immanence[2]

La notion d'immanence est le garant de la nécessité de la forme. Elle est à la base de l'esthétique de Hugo, qui la revendique explicitement. Le chapitre des *Travailleurs de la mer* « *Sub umbrâ* », qui livre un certain nombre des réflexions de Hugo sur le motif de l'ombre, en définit les principes : « obscurité », « indivisible », « hors de portée », « insaisissable », et « impalpable », ces termes qui qualifient l'ombre sont repris lexicalement par « cette immanence » (p. 239). La phrase « Partout l'incompréhensible, nulle par l'inintelligible » qui précède cette reprise, insiste sur la particularité d'une idée qui, sans être fixée, « comprise » dans une forme, n'en est pas moins immanente. Dans *L'Homme qui rit* le terme d'« immanence » est également associé à la série « ciel, gouffre [...] tombeau, éternité » (p. 389) autant de termes qui sont généralement associés à l'idée de transcendance.

1 Gérard Genette distingue ainsi précisément les notions d'idéalité et de transcendance et met en garde contre leur confusion. Il explique que « l'idéalité, du moins telle que je la définis et l'utilise, est un type d'immanence (opposé à l'immanence physique ou matérielle) qui n'a rien (de pertinent) à voir avec la transcendance – même si cette dernière a sans doute elle aussi quelque chose d'idéal ». (« Du texte à l'œuvre », *Figures IV*, Paris, Seuil, 1999, p. 37).

2 Sur la particularité d'emploi du terme « immanence » dans les romans de Hugo voir p. 37 *sq.*

LA COMPOSITION COMME ÉVÉNEMENT FORMEL

La composition n'est pas un objet mais un événement, c'est pourquoi elle ne peut être saisie. Mais d'un autre côté, refuser toute saisie est impossible. L'indistinct ne peut être directement appréhendé ; il doit être structuré. Comme l'explique Hjelmslev, c'est précisément le rôle de la forme, qui doit organiser « la masse amorphe de la pensée[1] ». Sans la forme, il n'existe donc pas de sens.

L'utilisation du motif de l'océan dans les romans de Hugo renvoie également à cette idée de *continuum*. C'est pourquoi il est associé à l'idée de noyade. Aucun personnage ne peut y être directement confronté sans disparaître. Ce thème est largement présent dans *Les Misérables* en particulier dans le chapitre « L'onde et l'ombre ». C'est également la noyade qui attend Javert, trop directement confronté à l'incompréhensible. Dans *Les Travailleurs de la mer*, Gilliatt ne peut affronter l'océan que tant qu'il s'appuie sur des objets matériels. Lorsqu'il supprime ce support, il disparaît englouti, et le roman avec lui, qui n'existe pas en dehors des mots qui le constituent.

Cette tension entre caractère événementiel de la composition et nécessité de la forme est exposée dans le motif du promontoire :

> Tout homme a en lui son Pathmos, il est libre d'aller ou de ne point aller sur cet effrayant promontoire de la pensée où l'on aperçoit les ténèbres. S'il n'y va point il reste dans la vie ordinaire, dans la conscience ordinaire, dans la vertu ordinaire, dans la foi ordinaire ou dans le doute ordinaire ; et c'est bien. Pour le repos ordinaire c'est évidemment le mieux. S'il va sur cette cime, il est pris. Les profondes vagues du prodige lui ont apparu. Nul ne voit impunément cet océan là. Désormais il sera le penseur dilaté, agrandi mais flottant ; c'est-à-dire le songeur. Il touchera par un point au poète, et par l'autre au prophète. Une certaine quantité de lui appartient maintenant à l'ombre. L'illimité entre dans sa vie, dans sa conscience, dans sa vertu, dans sa philosophie. Il devient extraordinaire aux autres hommes, ayant une mesure différente de la leur. Il a des devoirs qu'ils n'ont pas [...]. C'est ainsi qu'on pénètre dans l'impénétrable et c'est ainsi qu'on va dans les élargissements sans bords de la méditation infinie.
>
> Qui y descend est Kant, qui y tombe est Swedenborg[2].

1 *Prolégomènes à une théorie du langage*, Paris, Minuit, 1968-1971, p. 70. Or, selon ce linguistique, la forme organise en effet deux types de *continuum* indistincts, celui de l'expression mais aussi celui du contenu.

2 *WS*, p. 331-332.

S'avancer dans l'océan incorporel de la pensée ne peut se faire qu'en empruntant un chemin stable. Il faut progresser vers les ténèbres sans s'y évanouir. Trouver un soutien qui soit déjà le vide. Le promontoire est le symbole même du problème de la forme. Comme l'explique Jean Maurel : « Le promontoire, c'est, en grec, le *problema*, ce qui se lance en avant, ce qui paradoxalement fait obstacle pour servir, relie en séparant l'organe-obstacle, arme de défense et aussi d'attaque, qui ouvre et ferme, barre et pourtant fait avancer[1]. » Comme le promontoire, la forme sépare de l'indistinct non représentatif, mais est en même temps indispensable pour ne pas s'y noyer. Le motif du promontoire est comme une variante de la métaphore de la colombe employée par Kant pour expliquer la nécessité d'une dimension empirique : « La colombe légère, lorsque, dans son libre vol, elle fend l'air dont elle sent la résistance, pourrait s'imaginer qu'elle réussirait bien mieux encore dans le vide ». Mais sans support sur lequel se fixer et appliquer ses forces, point de mouvement[2].

Cette question de la forme rejoint le dilemme central des romans de Hugo : comment toucher la profondeur en restant à la surface. Ses héros tentent d'y répondre de différentes manières, écartelés entre la volonté d'œuvrer contre l'abîme et le désir de le rejoindre. Le retour sur la forme linguistique du texte apparaît dès lors incontournable.

L'UNITÉ FORMELLE

LE PROBLÈME DES CATÉGORIES POÉTIQUES

La tension entre exigence interprétative et contrainte formelle conduit à la nécessité de déterminer une forme propre au texte littéraire. Le « Tout », comme l'appelle Hugo, doit être segmenté sans quoi il ne peut être saisi. Une des méthodes possibles consisterait à isoler dans le texte un certain nombre d'unités formelles spécifiques au texte littéraire. On risque cependant de retomber dans la perspective des unités minimales dont on a vu avec le problème du signe qu'elles conviennent

---

1 *Victor Hugo philosophe*, éd. citée, p. 51.
2 Introduction à la *Critique de la raison pure*, Paris, PUF, 1975, p. 36.

mal au fonctionnement de la forme signifiante dans les romans de Hugo. Déterminer une forme spécifique au texte littéraire ne doit pas conduire à l'aligner sur la forme d'une pensée représentative, fondée sur une logique du contenu. C'est le problème des théories qui reposent sur les notions d'universel ou de catégorie.

Certains théoriciens établissent un parallèle entre catégorie poétique et catégorie conceptuelle, la première n'étant qu'une forme primitive ou dégradée de la seconde. Dans les fragments qui préparent à son étude sur le langage, Herder explique ainsi que certaines formes littéraires peuvent servir à formuler une idée à un moindre degré d'abstraction. Le personnage d'Achille dans les poèmes homériques est ainsi le support non conceptuel de l'universel courage. Ses actes courageux dans le récit ne sont pas un ressort dramatique mais une manière d'exprimer une problématique. Il en est de même avec d'autres universaux comme la sagacité ou l'imagination[1].

Si une telle théorie rend bien compte des formes spécifiques de l'idée dans le texte littéraire, elle ne permet pas de déterminer un fonctionnement qui lui soit propre. La catégorie littéraire du personnage ou de l'action n'est ici qu'une forme non achevée de la catégorie représentative, proche du concept. C'est le sens de la réflexion de Hugo sur le « type » et le « mythe ». Si Hugo utilise le mot « type », ce n'est pas dans la perspective catégorisante du roman au XIXe siècle, qui met en forme des modèles généraux, psychologiques et sociaux historiques. Ce que Hugo place dans le terme « type » est loin d'un simple universel : « Une leçon qui est un homme, un mythe à face humaine tellement plastique qu'il vous regarde et que son regard est dans un miroir, une parabole qui vous donne un coup de coude, un symbole qui vous crie gare, une idée qui est nerf, muscle et chair[2]. » « Mythe à face humaine », la forme chez Hugo vise l'existence plus que l'essence[3]. Même lorsqu'elle se déclare « symbole », ce qu'elle symbolise est trop vaste et trop indéfini pour qu'on puisse parler

1 Johann Gottfried Herder, *Sämtliche Werke* V, 72 et V, 73, cité par Denise Modigliani, « La céleste étincelle de Prométhée. Essai sur la philosophie du langage dans le discours de Herder », Herder, *Traité de l'origine du langage*, Paris, PUF, 1997, p. 200.

2 *WS*, p. 356.

3 Pierre Albouy a bien montré cette « tendance à penser de façon mythique » chez Hugo qui traduit une « attitude, une réaction de la sensibilité et de l'imagination devant les différents aspects de la réalité » (*La Création mythologique chez Victor Hugo*, Paris, José Corti, 1968, p. 177).

de catégorie, à l'image de Gwynplaine qui déclare à la chambre des Lords : « Ah ! vous me prenez pour une exception ! Je suis un symbole. Ô tout puissants-imbéciles que vous êtes, ouvrez les yeux. J'incarne tout. Je représente l'humanité telle que ses maîtres l'ont faite » (*HQR*, p. 745).

Forme singulière qui fait signe vers un « tout » trop général pour fonctionner réellement de manière symbolique, Gwynplaine est le contraire d'un type, à l'image de tous les héros des romans dont on ne peut dire à coup sûr quel principe ils incarnent. C'est encore plus net pour les personnages secondaires dont on pourrait penser qu'ils sont plus lisibles. Si, *a priori*, Josiane joue le rôle de la mauvaise femme contre Dea qui serait le bien, ce personnage comporte trop de contradictions. Elle est la « chair » mais elle est « vierge » ; c'est une figure positive, « bonne » qui a « la clarté de l'inaccessible » et rejoint ainsi le personnage de Dea, mais quelques lignes plus loin « se fait fille du gouffre » (*HQR*, p. 692). Dans les romans, le symbole trop parfait est souvent déceptif et nous met en garde contre la tentation de réduire le personnage à un type, à un schéma. C'est particulièrement net avec le personnage de Clubin dans *Les Travailleurs de la mer*, qui dans toute la première partie symbolise la fidélité et la probité en opposition avec la trahison de Rantaine, et qui finalement se révèle encore plus fourbe.

Si la tentation est grande de rapprocher les éléments littéraires de catégories, on risque de manquer leur spécificité. C'est le risque de penser le discours en termes de structure. Comme l'explique François Rastier, il faut prendre garde à ne pas tomber dans une conception réifiante de la structure : « Le sens comme objet n'a pas la pleine objectivité des sciences positives ; c'est une interaction entre un texte et [...] un ensemble de conditions de communication[1]. » Aussi varie-t-il avec son contexte. Tenter d'organiser le sens d'un texte littéraire à partir de structures fixes, catégorisantes ne peut se faire que dans une perspective représentative. Le carré sémiotique, par exemple, explicite les relations de contrariété, contradiction, implication qui organisent une catégorie. Mais il ne peut le faire qu'en laissant de côté une partie du texte, dans la mesure où il vise à établir des éléments fixes, incompatibles avec certains faits singuliers ou changeants[2]. C'est le problème d'une

1 *Sens et textualité*, éd. citée, p. 16.

2 « Une typologie des relation est nécessaire, grâce à laquelle on pourra distinguer les traits intrinsèques, constitutifs de la catégorie, de ceux qui lui sont étrangers » (« Carré

méthode qui cherche à mettre au jour des structures précises. Dans les romans de Hugo, plusieurs séries coexistent et ne permettent pas de déterminer une catégorie fixe. C'est particulièrement net dans l'emploi de termes comme « chaos » qui peuvent être appréhendés de manière contradictoire. Le chaos est à la fois l'objet d'un traitement péjoratif et mélioratif : c'est un élément négatif qui doit être vaincu comme en témoigne le titre de la pièce d'Ursus ; à la fin de *L'Homme qui rit* il est question du « chaos des ricanements » qui font s'écrouler d'un coup tous les efforts de Gwynplaine (*HQR*, p. 744). Mais en même temps le chaos renvoie à la création : la force de l'art, comme lorsqu'il est question du fait qu'un peintre doit avoir « du chaos dans son pinceau » (*Mis.*, p. 572). Ce caractère intrinsèquement contradictoire du terme « chaos » qui l'éloigne de la catégorie est d'ailleurs souligné dans l'expression « le chaos rétablissant l'ordre » (*HQR*, p. 647). Mais ce terme ne se contente pas de faire exploser la catégorie dans la contradiction. Son rôle est avant tout de signaler l'existence de séries parallèles qui n'ont pas de rapport logique apparent, même pas celui de l'opposition. Ainsi, le terme chaos est associé également au cœur humain : « Le cœur humain, ce chaos » (*HQR*, p. 685). Le terme permet également de faire converger différentes séries de personnages, comme dans cet exemple, où il fait le lien avec Josiane : « rêver c'est créer [...]. Mêler le haut et le bas, c'est le chaos et le chaos me plaît » (*HQR*, p. 699). Les éléments textuels sont mouvants et ne peuvent s'intégrer à une organisation systématique. Il y aura toujours une occurrence qui remettra en cause le système.

Comme l'explique Jacques Fontanille, il n'est pas suffisant d'« adopter le point de vue du discours énoncé [où] le sens est achevé, on peut le reconstruire après coup à partir des isotopies chacune susceptible d'être organisée en carré sémiotique[1] ». Aussi propose-t-il d'« examiner la manière dont un texte associe ou dissocie, agrège ou désagrège ses figures, pour comprendre comment les isotopies s'y forment dans le mouvement même de l'énonciation[2] ».

La composition ne résulte pas d'un assemblage de catégories distinctes. On ne peut isoler des structures élémentaires même spécifiques au texte

sémiotique », A. J. Greimas et J. Courtés, *Sémiotique. Dictionnaire raisonné de la théorie du langage*, Paris, Hachette, 1979, p. 30).

1 *Sémiotique et littérature*, éd. citée, p. 3.

2 *Ibid.*

littéraire. Elle résulte d'un acte et ne peut se réduire à un contenu, signe ou catégorie.

RELATIONS FORMELLES

La spécificité de la forme romanesque n'est pas à chercher dans des contenus propres au texte littéraire. Isoler des structures logiques conduit à retomber dans une problématique du concept. Si l'on définit le concept comme ce qui condense l'idée dans une structure délimitée, les structures littéraires comme les thèmes, les motifs ou les personnages peuvent aboutir au même processus. L'emploi de catégories dans le texte littéraire conduit donc également à un devenir représentatif, à un phénomène de désignation ou de signification.

C'est en cela que les romans de Hugo se distinguent d'une littérature d'idées. Les formes et les structures proposées par les romans ne sont pas là pour rendre compte d'une idée ; thèmes ou motifs ne renvoient pas à un contenu de sens.

Pour bien comprendre comment aborder le problème il est nécessaire de revenir sur la notion de forme. Elle regroupe en fait trois types de rapports différents : l'élément est individué pour mieux être représenté. Un seul mot est sélectionné comme celui qui correspond le mieux à l'objet ; un contenu bien délimité correspond à un élément bien déterminé. On est ici dans une problématique du signe, dans la mesure où la forme délimite des segments aux contours précis, des catégories. Le deuxième type de rapport est celui de la signification. Le mot est en rapport avec des concepts universels ou généraux et l'organisation syntaxique avec un raisonnement. La phrase n'est qu'une partie d'un raisonnement[1] qui s'étend au-delà d'elle. La forme peut entrer avec le sens dans un rapport implicite, l'idée étant sous-entendue ou inférée, mais dans tous les cas on est dans une problématique du contenu.

Mais un autre type de rapport existe. Il permet non pas de délimiter un contenu implicite ou explicite mais de soutenir le sens comme événement. Il s'agit de viser l'indistinct tout en lui conservant son indépendance. « Fantôme », « ombre » ou « gouffre », Hugo cherche à désigner par ces motifs quelque chose d'irréductible à un objet individuel ou à

1 Le terme de *raisonnement* ne signifie pas qu'on se trouve obligatoirement dans un texte argumentatif ; pris en un sens plus large, il désigne ici la signification comme processus.

un mot précis, à un raisonnement délimité ou à des concepts universels et généraux : ni objet, ni mot, ni représentation, la forme signifiante est d'une nature différente. C'est un événement qui n'existe pas hors du contenu comme résultat de la forme mais qui, pourtant, ne se confond pas avec lui. C'est tout le sens de la notion de persistance, exploitée dans les romans pour décrire une forme sans forme, qui subsiste sans exister :

> C'était une condensation de noirceur ayant un aspect. il y avait de la nuit dessus et de la nuit dedans ; cela était en proie au grandissement sépulcral ; les crépuscules, les levers de lune, les descentes de constellations derrière les falaises, les flottaisons de l'espace, les nuages, toute la rose des vents, avaient fini par entrer dans la composition de ce néant visible ; cette espèce de bloc quelconque suspendu dans le vent participait de l'impersonnalité éparse au loin sur la mer et dans le ciel, et les ténèbres achevaient cette chose qui avait été un homme.
>
> C'était ce qui n'est plus.
>
> Être un reste, ceci échappe à la langue humaine. Ne plus exister, et persister (*HQR*, p. 388).

Indéfinis et formes impersonnelles mènent tous à ce reste qui n'existe pas dans un contenu défini mais qui persiste dans une forme évanescente, à ce « néant visible » dont la forme n'en est pas une. La composition telle que la veut Hugo est une forme qui ne se laisse pas confondre avec son résultat, avec un contenu. C'est pourquoi l'idée apparaît toujours sous différentes formes : dans le récit et dans une chanson ou dans le titre d'une pièce de théâtre, pour désigner ou pour symboliser, comme perception concrète d'un personnage et comme réflexion générale du roman. En passant par ces différents éléments, l'idée montre qu'elle ne peut être réduite à aucun d'eux. L'étude du traitement du personnage chez Hugo nous permettra de mieux comprendre comment fonctionne ce phénomène dans le texte des romans.

L'EXEMPLE DE LA MISE EN FORME TEXTUELLE DU PERSONNAGE

Personnage et nom propre

La première des caractéristiques du personnage est sa désignation par un nom propre. Cette caractéristique est essentielle pour le fonctionnement de l'idée romanesque car comme le rappelle Roland Barthes :

« Toute subversion ou toute soumission romanesque commence par le nom propre[1]. » Les logiciens soulignent que le nom propre a un fonctionnement particulier, dans la mesure où il n'a pas de sens. D'après Kripke qui reprend la distinction de Frege entre sens et référence, les noms propres n'ont pas de sens mais un référent. Ce sont des désignateurs rigides qui désignent directement un même référent, dans tous les mondes possibles sans passer par l'intermédiaire d'un sens[2]. Mais comme le précise Marie-Noële Gary-Prieur, certains théoriciens insistent au contraire sur le surplus de sens des noms propres : « Si l'on classait les noms d'après la quantité d'idées qu'ils éveillent, les noms propres devraient être en tête, car ils sont les plus significatifs de tous, étant les plus individuels[3]. »

Ces deux définitions peuvent nous éclairer sur la manière dont fonctionnent les noms propres de personnage dans les romans de Hugo. Incarner une idée dans un personnage plutôt que dans un concept, c'est lui donner la possibilité d'une forme qui n'a pas de signification précise ; c'est donc dessiner des contours sans pour autant placer à l'intérieur un contenu qu'on peut expliciter. Par son nom, le personnage sert de support tout en échappant à la logique du contenu. Le nom propre permet en effet une identification formelle qui ne va pas de pair avec une signification[4]. Mais en même temps Hugo joue sur les effets de connotation qui permettent de lui associer toutes sortes d'idées, sans jamais pouvoir les relier à une signification précise ; aussi n'est-il jamais à proprement parler symbolique ; soulignant sa neutralité, il ne renvoie pas à une idée particulière : Tom-Jim-Jack peut ainsi être compris comme un équivalent de Pierre-Paul-Jacques ; Jean Valjean a un nom tellement vague qu'il est aisément rapproché de celui de Champmathieu par le procureur ; il en change d'ailleurs aisément et la manière dont Thénardier le nomme « Monsieur-dont-je-ne-sais-pas-le-nom » (*Mis.*, p. 337) souligne bien cette particularité d'un nom tellement insignifiant

1 Roland Barthes, *S/Z*, Paris, Seuil, 1970, p. 102.

2 Saul Kripke, *La Logique des noms propres*, Paris, Minuit, 1982.

3 Michel Bréal, *Essais de sémantique*, cité par Marie-Noëlle. Gary-Prieur, « Le nom propre constitue-t-il une catégorie linguistique », *Langue Française*, n° 92, déc 1991, p. 14. *Prolégomènes à une théorie du langage*, éd. citée, p. 75.

4 Eugène Nicole explique ainsi que l'intérêt du nom propre est « d'assurer l'identification des membres du groupe et la continuité de cette référence dans le procès de la narration » (« L'onomastique littéraire », *Poétique*, n° 54, avril 1983, p. 235).

qu'il finit par disparaître. En même temps, il permet de créer des réseaux comme celui de tous les personnages hugoliens qui ont pour initiale la lettre G[1]. « Le G majuscule circule » pour reprendre l'expression de Roger Bellet[2] : Gavroche, Gilliatt, Gwynplaine, Gauvain, mais aussi le conventionnel G. ou maître Gorbeau dans *Les Misérables*, Grand-Francœur et Gouge-le-Bruant, lieutenant de Lantenac appelé Bouge-le-Gruand dans *Quatrevingt-Treize ;* et si l'on veut rattacher à cette lettre ses variantes phoniques ou graphiques on rapprochera de ce premier groupe Javert ou Josiane, Cosette ou Cimourdain. On voit ici comme l'usage du nom propre peut rapprocher des personnages au statut très hétérogène et ainsi passer outre le symbolique pour créer des séries d'idées inédites. Plus que comme un signe, le nom propre fonctionne comme une sorte de rime, qui organise l'idée selon un schéma plus prosodique que sémantique. C'est pourquoi, loin d'être des catégories ou des types, les personnages dans les romans de Hugo sont conçus comme un mode de segmentation qui ne débouche pas sur un contenu de signification.

À l'opposé du concept qui vise un universel, le nom propre se présente sous la forme d'un faisceau, c'est pourquoi nous proposons de le qualifier de singulier formel : il s'agit bien du résultat d'une forme, mais d'une forme d'un type particulier dans la mesure où elle reste ouverte.

Circonscrire sans clôturer

La description des personnages circonscrit sans pour autant clôturer : Le personnage de Gilliatt, par exemple, possède diverses caractéristiques : La description qui en est donnée rend bien compte du traitement particulier dont il est l'objet :

> Les filles le trouvaient laid.
> Il n'était pas laid. Il était beau peut-être. [...] son front était d'une courbe noble et sereine, sa prunelle franche regardait bien, quoique troublée par ce clignement que donne aux pêcheurs la réverbération des vagues. [...] mais le hâle l'avait fait nègre. On ne se mêle pas impunément à l'océan, la tempête, et à la nuit ; [...]

---

1 « Hugo accroche à ce G une métaphysique nominale, un polymorphisme phonique et visuel, dont il joue, et qui en révèlent l'illimité » (Roger Bellet, « Le G majuscule dans l'onomastique hugolienne », *G comme Hugo*, éd. citée, p. 10).

2 *Ibid.*, p. 11.

Il avait en lui du gymnaste ; il se servait indifféremment de sa main droite et de sa main gauche.

Il ne chassait pas, mais il pêchait [...].

La solitude fait des gens à talent ou des idiots. Gilliatt s'offrait sous ces deux aspects. Par moments on lui voyait « l'air étonné » dont nous avons parlé et on l'aurait pris pour une brute. Dans d'autres instants il avait on ne sait quel regard profond. [...]

En somme ce n'était qu'un pauvre homme sachant lire et écrire ; Il est probable qu'il était sur la limite qui sépare le songeur du penseur [...] (p. 62).

Du point de vue de l'intrigue, ces caractéristiques sont d'ordre psychologique. Elles indiquent un caractère sauvage qui explique son échec amoureux avec Déruchette. Mais d'autres caractéristiques suggèrent un statut différent : Gilliatt n'est pas seulement un « pêcheur » mais « un penseur » et les exploits que va décrire le roman ne sont pas seulement d'ordre technique mais aussi théorique. Les diverses caractéristiques ne s'additionnent pas pour faire le portrait d'un personnage au statut unique, mais se distribuent selon des dimensions différentes. Quant à certaines expressions comme celles de « gymnaste », elles peuvent être comprises tour à tour dans une perspective psychologique ou symbolique. En fait, plutôt que de caractéristiques complémentaires, il s'agit d'éléments contradictoires, comme en témoignent les structures alternatives, qui indiquent que les différents éléments appartiennent à des sphères différentes. Le personnage est redéfini selon la dimension concernée.

Si le personnage permet de servir de forme, il n'est jamais utilisé comme un type. Tiré dans des perspectives différentes, il est par ailleurs soumis au mouvement. Il change sans pour autant suivre une direction précise, ce qui ne permet pas de forger autour de lui une notion fixe. Il ne matérialise pas des concepts, mais une dynamique. De même que le nom propre permettait de circonscrire un faisceau signifiant, ses caractéristiques le font fonctionner comme un nœud. Il permet ainsi d'articuler non seulement différentes idées, mais différents niveaux de l'idée.

Personnages en série

La troisième caractéristique formelle du personnage est son utilisation en série. Le faisceau d'idées que condense le personnage peut excéder ses limites. La plupart des personnages ont des caractéristiques communes, ce qui permet de les relier en séries. Dans *Les Misérables*, un certain nombre de personnages s'unissent autour du motif de l'araignée : lorsque Jean Valjean vient au secours du gabier sur l'Orion il est comparé à « une araignée venant saisir une mouche » (p. 295). Ce terme qualifie également les Thénardier (p. 303). La principale occupation de Cosette lorsqu'elle ne sert pas les Thénardier est de couper la tête des mouches à l'aide de son petit sabre de plomb. Poursuivant Jean Valjean, Javert a dans le regard « cette volupté de l'araignée qui laisse voleter la mouche » (p. 375). L'agression de Montparnasse sur Jean Valjean est aussi qualifiée d'« attaque d'araignée à la mouche » (p. 727).

La série peut par ailleurs dépasser les limites du roman[1]. On retrouve le motif de l'araignée dans *Les Travailleurs de la mer* pour qualifier la tempête qui s'abat sur Gilliatt (p. 263). Dans *L'Homme qui rit* il forme une nouvelle série regroupant la mer (p. 410), Gwynplaine (p. 559) ou Josiane (p. 690).

La série est ici un exemple de forme telle que l'entend Hugo. Les personnages ne sont pas les parties d'un tout qui se distinguerait par un système d'opposition. Différents voire opposés, ils sont pourtant tous reliés. Et c'est précisément pourquoi ils ne peuvent renvoyer à des substances. Comme tels ils seraient contradictoires, aussi ne peut-on les comprendre que comme des modes de la forme.

Le traitement du personnage donne un aperçu de la manière dont Hugo conçoit la forme dans ses romans : forme singulière, il permet de circonscrire un actant, sans pour autant en faire un universel. Caractérisé de manière contradictoire il est indifférent à tous les opposés car ceux-ci ne sont pas des réalités mais seulement des modes de formation. La forme ne renvoie pas à des réalités ontologiquement distinctes mais à des modes. L'image du filet, utilisée par Hjelmslev, rend bien compte de ce phénomène : « c'est en vertu de la forme du contenu et de la forme de l'expression, et seulement en vertu d'elles, qu'existent la substance du contenu et la substance de l'expression qui apparaissent quand on projette la forme sur le sens, comme un filet tendu projette son ombre sur une face ininterrompue[2]. » Les substances n'ont pas de réalité onto-

1 Et du genre romanesque. Le motif de l'araignée joue ainsi un rôle important dans le drame, comme le souligne Anne ubersfeld dans *Le Roi et le bouffon* (éd. citée). La question de la sérialisation n'est pas pour autant d'ordre strictement poétique. Après *La Légende des siècles*, la sérialisation du personnage est également une manière de revenir sur la relation entre le sujet et son contexte, l'homme et son environnement.

2 *Prolégomènes à une théorie du langage*, éd. citée, p. 75.

logique ; ce ne sont que des points de vue et c'est en ce sens qu'on peut parler de modes. La forme est avant tout « un principe de formation » et ce que dessine la projection peut toujours changer.

Diverses solutions techniques sont expérimentées par Hugo dans ses romans pour mettre en œuvre cette idée d'une formation qui ne s'hypostasie pas dans un contenu. Nous les regrouperons autour de deux axes : dans la lignée de l'image du filet nous verrons comment Hugo utilise ce qu'on peut appeler, en reprenant l'un de ses termes, le principe d'échafaudage, avant d'étudier son travail sur l'effacement et la déformation.

ÉCHAFAUDAGE ET STRUCTURES FLOTTANTES

ÉCHAFAUDAGE

Le plus fameux des artisans hugoliens, Gilliatt, ce travailleur de la mer tour à tour menuisier ou forgeron, ne construit pourtant aucun ouvrage. Son chef d'œuvre, comme il est dit au début de son expédition, est de réaliser « l'évasion d'une machine » (p. 229). Surprenante architecture que celle qui est conçue dans un but indirect. Tout ce que construit Gilliatt ne trouve pas de fin en soi. Son ambition est d'élaborer le support d'un mouvement, « le sauvetage ». Sa construction n'est donc pas destinée à servir de forme à un contenu ; et la forme n'est là que pour soutenir quelque chose d'autre, qui en est entièrement distinct mais qui pourtant n'existe pas sans elle.

Ce que met en scène *Les Travailleurs de la mer*, c'est ce paradoxe d'une forme « échafaudage ». La forme dans ce roman ne présente pas un contenu délimité, elle soutient le mouvement de formation signifiant. Comme dans un échafaudage, les traits ne sont pas là pour eux-mêmes mais comme supports, et fonctionnent comme les indices de quelque chose d'autre[1].

1 Ces notions d'indice et de support sont essentielles pour comprendre le fonctionnement de tout élément implicite, comme le souligne Catherine Kerbrat-Orecchioni qui explique que tout élément implicite « possède [...] certains *supports signifiants* sur lesquels repose prioritairement son émergence. Laquelle peut être en outre sollicitée par un certain nombre *d'indices* » (*L'Implicite*, éd. citée, p. 16).

À l'image de l'échafaudage, les constructions de Gilliatt sont constituées d'un agencement géométrique qui quadrille un espace :

> Un jour, le dernier jour d'avril, je crois, ou le premier de mai, tout se trouva prêt. Le parquet de la machine était comme encadré entre les huit câbles des palans, quatre d'un côté, quatre de l'autre ; Les seize ouvertures par où passaient ces câbles étaient reliées sur le pont et sous la carène par des traits de scie. Le vaigrage avait été coupé avec la scie, la charpente avec la hache, la ferrure avec la lime, le doublage avec le ciseau. La partie de la quille à laquelle se superposait la machine était coupée carrément et prête à glisser avec la machine en la soutenant. Tout ce branle effrayant ne tenait plus qu'à une chaîne qui, elle-même, ne tenait plus qu'à un coup de lime (*TM*, p. 241).

« Câbles », « traits », autant de lignes qui dessinent le « cadre » d'une machine et qui « relient » des « ouvertures ». « Coupures » et « chaînes » se conjuguent ici pour former non un contenu mais un « branle effrayant », et l'évasion dont il est question n'est pas celle du bâtiment qu'est la Durande mais de sa seule « machine ».

Un autre type de formation, un peu plus loin, illustre cet étrange phénomène de l'échafaudage. Il s'agit cette fois-ci de « contenir » la force de la tempête :

> Les clous plantés, Gilliatt traîna des poutres, puis des cordes, puis des chaînes, et, sans détourner les yeux de son travail, sans se distraire un instant, il se mit à construire en travers du goulet de L'Homme, avec des madriers fixés horizontalement et rattachés par des câbles, un de ces barrages à claire-voie que la science aujourd'hui a adoptés et qu'elle qualifie brise-lames (p. 250-251).

Horizontalité, verticalité, on retrouve ici le goût de Hugo pour les découpages géométriques de l'espace. Mais il s'agit bien d'un échafaudage comme le montre la phrase de conclusion de son travail : « Il échafauda encore quatre ou cinq charpentes, puis monta de nouveau sur le barrage » (p. 251).

L'ensemble du texte est construit sur ce modèle de l'échafaudage ; contenus explicites ou implicites, formes résultats ne sont là que pour soutenir la pensée ; « ces formes éveillent l'idée » selon l'expression de *L'Archipel de la Manche* (p. 8). C'est pourquoi la forme est formation : elle n'est pas prise sous l'angle du résultat, comme un contenu fixe, mais comme un acte, qui consiste à segmenter ce qui sans cela serait insaisissable.

Car la forme n'est en aucun cas un prétexte : c'est une nécessité. Sans elle il n'y a rien car seul elle existe. La forme telle que l'entend Hugo dans le principe de l'échafaudage est une manière d'envisager le dilemme qui oppose l'exigence esthétique du vide à la nécessité empirique de la structure. Le motif du « promontoire » ou de « l'isthme » rend bien compte de ce phénomène complexe. Il est cette forme, cette ligne de fuite qui permet de s'avancer dans la profondeur tout en restant à la surface. Comme Gwynplaine au début de *L'Homme qui rit*, chacun des personnages se trouve à un moment donné « sur un isthme », équilibre « entre deux abîmes » (p. 445).

« Ombres », « fantômes » ou « silhouettes » sont les formes de l'« esquisse ébauchée » (*Mis.*, p. 877) que Hugo réalise dans ses romans, c'est-à-dire du texte envisagé sous l'angle de sa dynamique, non de son résultat. Le « linéament » en est la clé, ligne destinée à s'effacer, mais qui en même temps segmente et organise.

Techniquement, ce phénomène de l'échafaudage se matérialise au sein du texte dans les commentaires métatextuels[1] qui indexent ce fonctionnement particulier de la forme romanesque. Dans ces séquences, il apparaît clairement que le mot n'est pas un signe transparent, mais le résultat d'un travail de la forme, derrière lequel se cache un processus. Ces passages sont très fréquents dans les romans. La description de l'avocat général au procès de Jean Valjean est un commentaire métarhétorique :

> Il félicita le défenseur de sa « loyauté », et profita habilement de cette loyauté. Il atteignit l'accusé par toutes les concessions que l'avocat avait faites. L'avocat semblait accorder que l'accusé était Jean Valjean. ceci était acquis à l'accusation et ne pouvait plus se contester. Ici, par une habile antonomase, remontant aux sources de la criminalité, l'avocat général tonna contre l'immoralité de l'école romantique (*Mis.*, p. 213).

Outre les figures de rhétorique qui sont ici nommées ainsi que la référence à la bataille littéraire qui oppose romantiques et classiques, ce passage démonte le fonctionnement argumentatif. Ce phénomène sera accentué dans le chapitre suivant intitulé « Le système de dénégations » (*Les Misérables*, chapitre I, 7, 10).

1 Parmi les indices de l'implicite, Catherine Kerbrat-Orecchioni signale les éléments de nature paratextuelle (prosodique ou mimo-gestuelle) (*Ibid.*). On peut dire que les séquences métatextuelle sont comme un mouvement de la tête ou du doigt qui indique quelque chose.

L'antithèse, qui constitue l'un des fondements de l'esthétique hugolienne, est explicitement nommée dans ce passage des *Misérables*, soulignant qu'il ne raconte pas une histoire mais met en scène un agencement : « Napoléon et Wellington. Ce ne sont pas des ennemis, ce sont des contraires. Jamais Dieu, qui se plaît aux antithèses, n'a fait un plus saisissant contraste et une confrontation plus extraordinaire » (*Mis.*, p. 273).

Le rôle de cette figure est également souligné dans *Quatrevingt-Treize* :

> Plus tard, à la ville tragique succéda la ville cynique ; les rues de Paris ont eu deux aspects révolutionnaires très distincts, avant et après le 9 thermidore ; le Paris de Saint-Just fit place au Paris de Tallien ; et, ce sont là les continuelles antithèses de Dieu, immédiatement après le Sinaï, la Courtille apparut (*QT*, p. 862).

En mettant sans cesse en avant de quelle manière fonctionne son texte, Hugo souligne qu'il ne s'agit là que d'un travail, d'une armature. Souligner le rôle des mots comme armature, c'est empêcher qu'on les considère comme de simples contenus. Loin de contenir une idée, ils renvoient à un événement et, comme tels, ne doivent pas être considérés pour eux-mêmes.

PARALLÉLISME DES SÉRIES

Techniquement, ces linéaments qui fondent le principe de la forme-échafaudage se manifestent dans le texte sous la forme de séries. Celles-ci permettent d'articuler les contenus explicites ou implicites et le vide signifiant, qui correspondent respectivement aux formes fixes descriptives ou symboliques et à la forme dynamique d'ordre esthétique.

Chacune de ces séries à la même importance ; pourtant elles ne sont pas égales. La série descriptive est la forme figurative en tant qu'elle comporte des dimensions de désignation et de signification. Quant à la série signifiante, elle se composent des éléments non transitifs, qui ne figurent rien de particulier, de tous les éléments qui fonctionnent comme embrayeurs ou lignes de fuite. Selon les passages, les différences entre séries peuvent être plus ou moins grandes. Elles n'introduisent parfois que des variations infinitésimales, mais qui n'en sont pas moins efficaces. Dans certains passages, il est ainsi facile de déterminer ce qui distingue chacune : les éléments qui sont associés aux actions de Gilliatt pour guetter Déruchette renvoient plus précisément à l'histoire d'amour. Au contraire, lorsque Gilliatt affronte la tempête, chacune des données du texte renvoie aussi bien à la narration de son exploit qu'à la dimension métaphysique du texte sans qu'on puisse démêler quel élément appartient à telle ou telle série (*Les Travailleurs de la mer* II, 3 « La lutte »).

L'important est qu'une véritable différence de nature apparaisse entre les deux séries, dévoilant deux niveaux distincts de fonctionnement du texte, qui se développent simultanément. On a vu (p. 172 *sq.*) comment Hugo creusait une épaisseur dans le récit en jouant sur le parallélisme et la narration simultanée ; on retrouve ce principe dans l'articulation des séries : lorsque Cosette va chercher de l'eau dans la forêt (*Les Misérables* II, 3, 5 « La petite toute seule »), le passage renvoie simultanément au récit de l'épreuve de la fillette, ainsi qu'au suspens qu'il implique, et aux réflexions sur l'ombre.

Par ailleurs, le système des séries est entièrement indépendant de l'ordre chronologique dans lequel se matérialise le roman. Selon les moments du roman, l'une ou l'autre des séries peut être privilégiée sans que cela remette en cause le fonctionnement général. Au principe de simultanéité, vient donc s'ajouter un principe d'intermittence.

Dans les romans de Hugo, les deux séries ne se manifestent pas sous la même forme. Comme on l'a vu, la série descriptive revêt une importance particulière, notamment pour des raisons de lisibilité. La série signifiante est moins affichée. Il faut prendre garde, cependant, à ne pas hypostasier ses deux séries. Si l'on cherche à les distinguer nettement, c'est pour des questions de méthode. En réalité, elles s'articulent de manière complexe, comme en témoigne la forme de l'échafaudage qui peut utiliser la série descriptive comme support formel de la série esthétique.

ARTICULATION DES SÉRIES

Embrayeur

Le rapport entre les séries et leur distribution se fait selon trois principes dont chacun correspond à une technique textuelle un peu différente : les éléments de chaque série sont en perpétuel décalage par rapport à ceux de l'autre série. Ce décalage institue un système de variation entre les différentes séries ; il est ce qui permet à l'une de se dédoubler dans l'autre. C'est précisément ce système de variation qui permet à l'une de se rapporter à l'autre : c'est le principe même du parallélisme qui associe liens et différences. Il y a donc un glissement d'une série dans l'autre, et c'est ce glissement qui les constitue l'une par rapport à l'autre, mais en perpétuel déséquilibre. C'est un élément au statut particulier qui permet de constituer ce lien décalé ; on peut le qualifier d'embrayeur, dans la mesure où sa principale fonction est de servir de médiation entre les séries. Instance à double face, il assure la convergence des deux séries tout en les faisant diverger sans cesse.

Dans *Les Travailleurs de la mer*, le rocher joue ce type de rôle : il fait communiquer toutes les séries dans un arrangement chaotique, « stable et incohérent » où « jamais un contour n'est correct » (*AM*, p. 9). C'est ainsi qu'il est utilisé dans chaque partie et dans chaque chapitre, mais dans des directions différentes. Il est à la fois l'objet dramatique par excellence, celui qui crée un bouleversement dans le récit et le constitue comme structure dramatique. Mais c'est aussi autour de lui que s'organise la série non linéaire, que s'articulent les éléments du parcours interprétatif. Il provoque le naufrage de la Durande, mais sert aussi de support au travail de Gilliatt et à son combat contre l'océan. Il permet alors d'instaurer un strict parallélisme entre les séries. Comme on l'a déjà vu, que ce soit à propos de la contrainte de lisibilité ou de celle de signification, il n'y a pas prédominance d'une série sur l'autre. Le terme de *niveau* qui évoque une hiérarchie en profondeur est à ce titre trompeur. Car Hugo met sur le même plan d'importance les différentes séries qui se différencient en fait par leur fonction. Il n'y a donc pas une série originaire et l'autre dérivée, une série prétexte et une série qui comprendrait le sens authentique.

Corrélant les séries entre elles, le rocher les synthétise de manière originale, comme en témoignent les passages où ce lieu singulier est décrit. La description des rochers sur lesquels s'est échouée la Durande illustre bien ce phénomène. Il ne s'agit pas d'un mais de deux rochers, qui rappellent le dédoublement des séries, entre lesquels la Durande fait comme un lien et dans lesquels elle est prisonnière. Outre cette dimension symbolique, la forme même de la description qui se développe en une accumulation paratactique d'éléments est comme un échantillon de la synthèse qui organise les séries :

> Sur la petite Douvre, recourbée et aiguë, on voyait se ramifier, de la base à la cime, de longues veines d'une roche couleur brique, relativement tendre, qui cloisonnait de ses lames l'intérieur du granit. Aux affleurements de ces lames rougeâtres il y avait des cassures utiles à l'escalade [...]. Le granit de la petite Douvre était arrondi à la surface et mousse comme de la pierre de touche, douceur qui ne lui ôtait rien de sa dureté. La petite Douvre se terminait en pointe comme une corne. La grande Douvre, polie, unie lisse, perpendiculaire, et comme taillée sur une épure, était d'un seul morceau et semblait faite d'ivoire noir. Pas un trou, pas un relief. L'escarpement était inhospitalier ; un forçat n'eût pu s'en servir pour sa fuite ni un oiseau pour son nid. Au sommet il y avait, comme sur le rocher l'Homme, une plate-forme ; seulement cette plate-forme était inaccessible (*TM*, p. 197).

Dédoublement et ramification, propositions indépendantes qui s'additionnent les unes aux autres dans une parataxe parfois reliée par la conjonction « et » ou l'un de ses équivalents, alternance d'un objet à l'autre, la forme de la description se présente comme la coordination libre de plusieurs séries, et illustre bien ainsi la synthèse que propose la forme telle que l'entend Hugo dans ses romans.

Terme hybride

Le parallélisme peut d'autre part se combiner avec le principe d'hybridation, autre pivot de l'esthétique hugolienne. L'embrayeur n'est pas alors un simple « motif » de médiation, mais joue également sur des rapports sonores. L'articulation se fait ainsi sur un terme difficilement prononçable, qui fonctionne généralement comme un mot-valise[1]. Contrairement au nom propre de personnage, qui propose une forme sans vraiment apporter de signification, ou au nom commun du motif comme le rocher, qui fait alterner dénotation et connotation, le mot-valise induit un phénomène d'hybridation entre plusieurs mots mais aussi entre plusieurs niveaux linguistiques. « La chaise Gild-Holm-'Ur » permet de mieux comprendre ce phénomène :

> À l'extrémité du Bû de la Rue, il y avait une grande roche que les pêcheurs du Houmet appelaient la Corne de la Bête. [...] À marée haute, le flot la séparait de la banque, et la Corne était isolée. À marée basse, on y arrivait par un isthme de rochers praticables. La curiosité de ce rocher, c'était, du côté de la mer, une

1 Chez Deleuze, le mot-valise articule des significations diverses pour créer un sens ouvert. Il déjoue ainsi la rigidité descriptive du langage narratif.

> sorte de chaise naturelle creusée par la vague et polie par la pluie. [...] Rien de plus simple que de s'oublier dans ce fauteuil ; on découvrait toute la mer, on voyait au loin les navires arriver ou s'en aller, on pouvait suivre des yeux une voile jusqu'à ce qu'elle s'enfonçât au delà des Casquets sous la rondeur de l'océan, on s'émerveillait, on regardait, on jouissait, on sentait la caresse de la brise et du flot ; [...] Les très-anciens habitants de Guernesey appelaient jadis cette niche façonnée dans le roc par le flot la Chaise Gild-Holm-'Ur, ou *Kidormur*. Mot celte, dit-on, que ceux qui savent le celte ne comprennent pas et que ceux qui savent le français comprennent. *Qui-dort-meurt*. Telle est la traduction paysanne.
>
> On est libre de choisir entre cette traduction. *Qui-dort-meurt*, et la traduction donnée en 1819, je crois dans *l'Armoricain*, par M. Athénas. Selon cet honorable celtisant, Gild-Holm-'Ur signifierait *Halte-de-troupes-d'oiseaux*.
>
> Il existe à Aurigny une autre chaise de ce genre, qu'on nomme la Chaise-au-Moine (*TM*, p. 69).

Avec la chaise Gild-Holm-'Ur, le rocher passe de l'objet coordonnant au terme hybride. Sa forme de mot-valise indique un contenu composite. Objet du roman, la chaise semble être une association de plusieurs séries : par sa double signification ; elle renvoie à la fois à la série de la fascination fatale pour l'océan ainsi qu'à la série moins évidente des oiseaux, qui relie Déruchette, Gilliatt, ou des personnages secondaires comme les « déniquoiseaux » – autre exemple de mot-valise. Par sa composition sonore, elle évoque une association étrange entre différents points de référence du roman, Gilliatt, Homère et Hugo.

Toujours associée au motif de l'isthme, la forme à laquelle réfère ce terme est plus complexe. Il ne se contente pas de coordonner les séries, mais il les ramifie. Il s'insère dans un réseau de termes hybrides qui font que toute série est toujours déjà segmentée en principe et encore segmentable. C'est pourquoi la chaise appelle nécessairement « une autre chaise ». Chacun de ces mots peut devenir un aiguillage et ouvrir sur un réseau qui est précisément la forme en échafaudage. C'est le principe de la « patte d'oie », selon une expression récurrente dans les romans, qui s'insère dans une série de motifs, en particulier la « broussaille » ou la « forêt ».

Multipliant les ramifications, le texte finit par aboutir à une mer de lignes, rejoignant ainsi l'indistinct non par le vide mais par l'excès, selon le procédé central de l'écriture des romans.

Mais le principe d'hybridation fonctionne à plusieurs niveaux : par sa teneur, l'embrayeur hybride fait référence à un objet composite, tandis que par sa fonction, il relie deux séries hétérogènes, dont l'une seulement concerne l'objet et dont l'autre renvoie à une idée. Contrairement à l'embrayeur fondé sur un motif simple qui assurait la coordination des séries hétérogènes selon une synthèse conjonctive, l'embrayeur hybride porte à la fois sur le contenu et l'expression, sur les éléments de son et de sens. Il est fondé sur une disjonction. C'est pourquoi la description utilise toujours une structure paratactique, mais qui s'insère dans une synthèse disjonctive, où le coordonnant n'est plus « et » mais « ou », et où l'on « est libre de choisir » entre plusieurs sens mais aussi entre plusieurs logiques d'interprétation.

Motif simple ou terme hybride, les séries s'articulent autour de ces instances paradoxales qui ne cessent de circuler entre celles-ci pour en assurer la communication. Instance à double face, elle assure la convergence des deux séries qu'elle parcourt mais à condition précisément de les faire diverger sans cesse. C'est qu'elle a pour propriété de ne jamais proposer de contenu qui lui soit propre. Comme la chaise Gild-Holm-'Ur, c'est une place vide qui sert de transition entre la terre et la mer.

STRUCTURES FLOTTANTES

Si la forme structure bien l'espace de la composition romanesque, elle ne produit pas pour autant une structure qu'on pourrait isoler dans le texte. Empiriquement pourtant, le texte nous propose bien des termes et des assemblages de termes. Le système des séries était une première manière de les utiliser autrement que dans une logique du contenu. Il en va de même de l'usage de lexies flottantes. « Onde » et « ombre », « abîme », « infini » ou « nuit », ces termes sont d'un emploi tellement varié qu'il est difficile d'en déterminer l'application. Pourtant, ou peut-être en raison même de cela, ils apportent plus d'indétermination que de précision au contexte dans lequel ils sont employés. L'exemple du terme « ombre » dans *Les Travailleurs de la mer* révèle un terme au fonctionnement particulier. Utilisé dans son sens descriptif dans la première ligne du chapitre (« Parfois, la nuit, Gilliatt ouvrait les yeux et regardait l'ombre »), il prend peu à peu une tournure abstraite, matérialisée dans l'usage de la majuscule : « L'invisible devenu vision. C'est l'Ombre » (p. 239). L'emploi attributif est remis en question par la séparation en deux phrases distinctes. Il semble que ce terme serve à apporter une information tout en restant dans l'indéterminé. Cette indétermination s'accentue tout au long de la page : l'emploi de nombreux présentatifs comme « c'est » ou « il y a » donne une réalité concrète à cet élément, mais sans jamais la préciser. Le fait qu'il commute avec des termes comme « chose » ou « cela » souligne encore son caractère indéterminé, « indistinct » pour reprendre le maître mot de ce chapitre et de tous ceux qui emploient des mots de ce type.

Mais s'il commute avec eux, c'est précisément parce qu'ils fonctionnent sensiblement de la même manière. Dans son étude sur le mot « chose », Georges Kleiber insiste sur la particularité d'un terme qui associe les caractéristiques d'être comptable et indéterminé : « Il lui manque en effet la dimension sortale ou descriptive des autres noms : il ne dit rien sur – il ne les décrit pas – les entités auxquelles il s'applique. Le seul principe qu'il véhicule et qu'il partage avec les noms comptables est celui de l'unité, de l'individuation, de l'existence d'items isolables discriminés[1]. »

La fonction de ce terme est d'isoler un élément dans l'indistinct de ce qui est inconnu. Mais en même temps il n'apporte pas l'information nécessaire pour intégrer cet élément dans un processus de connaissance : « Il engage une vision discontinue de l'univers, une appréhension de la réalité comme constituée de parties discriminables, mais n'offre pas lui-même les moyens d'une telle discrimination. Il présuppose uniquement une multiplicité, une pluralité d'existants. Dès qu'il y a conscience d'une limite, d'une différenciation, il y a chose. *Chose* fait naître à l'existence le segment découpé, mais sans préjuger de sa valeur qualitative[2]. »

On comprend qu'il s'agit là d'une forme particulière, qui segmente sans fixer, « un interprétateur générique », comme il est nommé plus loin, « c'est-à-dire un substantif qui a un contenu tellement large qu'il ne peut être attaché exclusivement à un type unique[3] ».

Dans son *Introduction à l'œuvre de Marcel Mauss*, Lévi-Strauss étudie ce type de fonctionnement linguistique comme étant à la base de tout langage symbolique humain. Dans ce contexte ethnographique, il analyse le fonctionnement sémantique de *mana*[4] : « Les conceptions du type *mana*

1 *Nominales. Essais de sémantique référentielle*, Paris, Armand Colin, 1994, p. 17.
2 *Ibid.*, p. 17-18.
3 *Ibid.*, p. 18.
4 Commentant ce passage de Lévi-Srauss, Yves Vadé souligne la proximité de ces pratiques « mythiques » du langage avec l'art : « elle serait cet effort perpétuellement inachevé pour répartir le surplus de signification dont les hommes disposent par rapport aux signifiés sur lesquels ils sont parvenus au cours des âges à se mettre d'accord, et pour redonner

sont si fréquentes et si répandues qu'il convient de se demander si nous ne sommes pas en présence d'une forme de pensée universelle et permanente, qui, loin de caractériser certaines civilisations, ou prétendus "stades" archaïques ou mi-archaïques de l'évolution de l'esprit humain, serait fonction d'une certaine situation de l'esprit en présence des choses, devant donc apparaître chaque fois que cette situation est donnée[1]. » Il compare d'ailleurs l'emploi de ce terme à celui de « *machin* », « *truc* » ou « *chose* », « quand nous qualifions un objet inconnu ou dont l'usage s'explique mal[2] ».

« Il désigne plus particulièrement tout être qui n'a pas encore un nom commun, qui n'est pas familier[3]. » On sait combien la notion de familiarité est importante et utilisée de manière complexe dans les romans de Hugo. Contrairement au concept qui cherche à préciser le contenu d'une notion, ce genre de lexie en conserve au contraire toute l'indétermination. « Ces types de notion interviennent, un peu comme des symboles algébriques, pour représenter une valeur indéterminée de signification, en elle-même vide de sens et donc susceptible de recevoir n'importe quel sens[4] » ; leur fonction est de « combler un écart entre le signifiant et le signifié, ou, plus exactement, de signaler le fait que dans telle circonstance, un rapport d'inadéquation s'établit entre le signifiant et le signifié au préjudice de la relation complémentaire antérieure[5] ». C'est une forme vide, une structure sans contenu. Lévi-Strauss parle ici de « signifiant flottant » : « Les notions de types *mana*, aussi diverses qu'elles puissent être, et en les envisageant dans leur fonction la plus générale (qui, nous l'avons vu, ne disparaît pas dans notre mentalité et dans notre forme de société) représentent précisément ce *signifiant flottant*, qui est la servitude de toute pensée finie (mais aussi le gage de tout art, toute poésie, toute invention mythique et esthétique), bien que la connaissance scientifique soit capable, sinon de l'étancher, au moins de le discipliner partiellement[6]. » Il y a donc bien un type de forme particulier qui est propre au fonctionnement de la composition

au monde cette unité dont le découpage en signifiés – dès les premiers pas de la pensée mythique, et à plus forte raison à mesure que se développe la pensée conceptuelle – le prive irrémédiablement » (*L'Enchantement littéraire*, Paris, Gallimard, 1990, p. 26).

1 « Introduction à l'œuvre de Marcel Mauss », *Marcel Mauss, Sociologie et anthropologie*, Paris, PUF, 1968, p. XLIII.

2 *Ibid.*, p. XLIV.

3 *Ibid.*, p. XLIII.

4 *Ibid.*, p. XLIV.

5 *Ibid.*

6 *Ibid.*

romanesque : « Nous voyons dans le *mana* [...] et autres notions du même type, l'expression consciente d'une *fonction sémantique*, dont le rôle est de permettre à la pensée symbolique de s'exercer malgré la contradiction qui lui est propre. Ainsi s'expliquent les antinomies en apparence insolubles, attachées à cette notion, qui ont tant frappé les ethnographes : force et action, qualité et état ; substantif, adjectif et verbe à la fois, abstraite et concrète, omniprésente et localisée. Et en effet le *mana* est tout à la fois[1] » ; mais c'est précisément « parce qu'il n'est rien de tout cela : simple forme, ou plus exactement symbole à l'état pur, donc susceptible de se charger de n'importe quel contenu symbolique ». « Dans ce système symbolique que constitue toute cosmologie, ce serait simplement une *valeur symbolique zéro*, c'est-à-dire un signe marquant la nécessité d'un contenu symbolique supplémentaire à celui qui charge déjà le signifié[2]. » Cette forme s'oppose à celle de l'idée spéculative, selon « l'opposition fondamentale, dans l'histoire de l'esprit humain, entre le symbolisme, qui offre un caractère de discontinuité, et la connaissance, marquée de continuité[3] ».

La notion d'échafaudage permet de déterminer certaines caractéristiques de la forme telle que Hugo cherche à l'expérimenter dans ses romans. C'est une structure flottante : elle ne permet pas de déterminer un contenu particulier, mais sert de support à un événement. Comme toute forme, elle permet de segmenter l'indistinct afin de le rendre appréhendable, sans pour autant en fixer les contours. Constituées de termes qui n'existent que par le rapport qu'ils entretiennent les uns avec les autres, les séries renvoient à des événements particuliers qui pour autant ne sont pas identifiables.

EFFACER

On ne part pas de l'indistinct : la matière est toujours déjà là. Pris dans une tension entre exigence et nécessité, Hugo choisit d'affirmer la contrainte pour rejoindre son objectif. Loin de refuser la forme, il la

1 *Ibid.*, p. XLIX-L.
2 *Ibid.*, p. L.
3 *Ibid.*, p. XLVII.

pose comme point d'appui incontournable de son écriture : c'est le sens de la notion d'effacement ; pas d'effacement sans élément à effacer, c'est par ce mouvement que Hugo parvient à récupérer la tension même qui fondait le problème de la forme.

ÉVANOUISSEMENT

> L'obscurité nocturne est pleine d'un vertige. Qui l'approfondit s'y submerge et s'y débat. Pas de fatigue comparable à cet examen des ténèbres. C'est l'étude d'un effacement.
>
> Aucun lieu définitif où poser l'esprit. Des points de départ sans point d'arrivée. L'entre-croisement des solutions contradictoires, tous les embranchements du doute s'offrant en même temps, la ramification des phénomènes s'exfoliant sans limite sous une poussée indéfinie [...] ; l'immense front d'attaque de toutes les questions se développant dans l'obscurité sans bornes ; l'entrevu ébauchant l'ignoré ; la simultanéité cosmique en pleine apparition, non pour le regard mais pour l'intelligence, dans le grand espace indistinct (*TM*, p. 238-239).

« Obscurité nocturne », discontinuité des « solutions contradictoires », « embranchement », « ramification », « indéfini », « simultanéité », toutes les caractéristiques de la forme de l'idée esthétique se regroupent dans le terme d'« effacement » : « des points de départ sans point d'arrivée », telle est la manière de résumer la caractéristique fondamentale du traitement de la forme dans le texte des romans.

L'effacement est d'abord celui des lignes qui disparaissent sous l'invasion de la couleur ou d'autres qualités de ce type qui créent moins un cadre qu'un champ diffus : « le niveau des mers, la silhouette des montagnes, le sombre des forêts, le bleu du ciel », ce que Hugo nomme « les grandes lignes et les grandes majestés de la nature » (*AM*, p. 9) sont autant de modèles dans sa recherche d'une forme sans contour.

La disparition fait signe vers l'indistinct tout en conservant la forme comme trace : si l'inscription sur la tombe de Jean Valjean s'est effacée, il en reste une trace dans la mesure où elle peut encore être transmise. C'est le sens du principe d'évanouissement sans cesse répété dans le roman. « Tout s'évanouit » selon la formule qui conclut l'expérience de Montreuil-sur-Mer après la disparition de monsieur Madeleine (*Mis.*, p. 287). « Plus rien dans la rue, plus rien dans le jardin. Ce qui menaçait, ce qui rassurait, tout s'était évanoui » (p. 365). Régulièrement reprise dans le roman, cette formule résume le mouvement de la forme dans l'écriture de l'idée. L'évanouissement est aussi celui du jardin du père de Marius après sa mort (p. 497), de la famille de Jean Valjean après son arrestation ; l'évanouissement est encore le principe du vent (*TM*, p. 254) ou le résultat de la « transfiguration » de Gwynplaine (*HQR*, p. 655). Mais c'est surtout le fondement de l'argot, « langue qui s'évapore sans cesse » (*Mis.*, p. 784), langue autour de laquelle Hugo condense certaines de ses réflexions sur la langue qu'il recherche.

Se rapprochant de la « sublimation » sans se confondre avec elle[1], la « transfiguration » insiste sur les modalités formelles de la métamorphose : si la forme s'évanouit elle se déforme aussi, rejoignant par là un motif très développé dans les romans.

DÉFORMATION

« Dans un temps donné la configuration d'une île change. Une île est une construction de l'océan. La matière est éternelle non l'aspect. [...] Tout se déforme même l'informe » (*AM*, p. 37).

Ce qui disparaît, c'est la figure ; la « matière », cet indistinct que Hugo présente sous la forme de l'océan peut toujours être formé dans une nouvelle configuration. Mais c'est le processus, non le résultat qui intéresse l'écrivain ; c'est pourquoi, au principe de formation, il préfère un principe de déformation, signifiant par là sa volonté de conserver le mouvement de la forme. Les romans sont peuplés d'artistes qui manient la déformation, à commencer par les Comprachicos qui « excellaient dans les disparitions. [...]. Un héritier gênant, en bas âge, qu'ils prenaient et qu'ils maniaient, perdait sa forme » (*HQR*, p. 373). Mais cette déformation est encore une forme, d'un autre type, comme en témoigne l'emploi de ce terme pour le plus réussi de leurs sujets, Gwynplaine : « La difformité de moins, il semble que ce pouvait être là une offre à lui faire. Comme il l'eût repoussée ! » (p. 556) ; « Être monstre était pour lui la forme du bonheur » (p. 557).

1 Contre l'illusion classique d'un mode homogène et simplifié, la métaphore alchimique de la sublimation renvoie à la variété des interprétations, qui donne accès à la variété des significations, seule manière de toucher à l'illimité : « L'art a, comme la flamme, une puissance de sublimation. Jetez dans l'art, comme dans la flamme, les poisons, les ordures, les rouilles, les oxydes, l'arsenic, le vert-de-gris, faites passer ces incandescences à travers le prisme ou à travers la poésie, vous aurez des spectres splendides, et le laid deviendra le grand, et le mal deviendra le beau » (*Goût*, p. 577).

C'est pourquoi « le difforme est l'envers du sublime » (*HQR*, p. 699). Pas seulement en raison de cette esthétique romantique qui cherche à échapper aux conventions du goût classique, mais comme idéal d'une écriture qui refuse les contours de la représentation sans pour autant se noyer dans l'indistinct de l'absence de forme. « comment le défiguré se transfigure » (p. 554) est la clé d'une problématique qui organise l'ensemble des romans autour de l'exigence d'une forme sans contenu.

MÉTAMORPHOSE

Dans le texte des romans, Hugo expérimente ce principe de la déformation grâce à un mouvement de métamorphose : « Les promontoires, les caps, les finisterres », ces motifs qui sont les symboles mêmes de la problématique de la forme chez Hugo sont qualifiés de « constructions multiformes » (*TM*, p. 218). On peut rapprocher ce processus des figures qui jouent sur le transfert dans une perspective analogique. Il fonctionne en effet selon une dynamique de passage dans des formes successives.

Ce changement de forme est souvent thématisé dans les romans dans des expressions comme « le danger [...] changea de forme » (*HQR*, p. 446), « Autre forme du désert » (titre du chapitre I, 3, 4), « C'était toujours, sous une autre forme, le naufrage » (*QT*, p. 817). Différence et répétition, tel est le principe d'une forme qui change tout en gardant le même sens. Plus surprenante, cependant, est l'expression qui décrit Déruchette comme « un oiseau qui a la forme d'une fille » (*TM*, p. 78) : pas d'association d'une forme et d'un contenu, mais un dédoublement de la forme qui lui permet d'échapper à la logique de la substance. Matériau du promontoire, le rocher est le symbole même de cette forme en constante transfiguration : « rien ne change de forme comme les nuages, si ce n'est les rochers » (*AM*, p. 9). C'est en cela qu'ils incarnent par excellence les « lignes » de « la difformité » : « Toutes sortes de visages s'y dessinent, toutes sortes de ressemblances s'y montrent, toutes sortes de figures s'y esquissent » (p. 10).

C'est selon ce principe que la forme est travaillée dans les romans. Passant d'une forme à l'autre, l'idée comme rouage ne peut se fixer dans des contours, mais conserve les « linéaments » qui lui permettent de ne pas disparaître.

Chaque élément des romans semble ainsi réapparaître sous une autre forme, selon un système de transfert, d'augmentation ou de réduction :

bataille centrale des *Misérables* et nœud symbolique de ce roman, Waterloo réapparaît de manière anecdotique dans *Les Travailleurs de la mer* sous la forme d'une courte comparaison (p. 306). Le cheval, qui provoque par sa mort une grande émotion chez Fantine et occupe tout un chapitre des *Misérables*, revient, de manière moins développée, sous la forme d'un âne auquel Gilliatt veut porter secours dans *Les Travailleurs de la mer* (p. 60).

À aucun moment on ne peut faire la synthèse de ce changement de forme pour en tirer une idée abstraite. Le rapprochement n'est là que pour déclencher l'interrogation, non pour donner une solution. Le motif du « clignement de l'œil » illustre bien ce phénomène mystérieux. Le clignement d'yeux de Thénardier se métamorphose en celui de Gilliatt (p. 62). Mais c'est également celui de l'opinion publique, qualifié par ailleurs ironiquement de « satisfait » (p. 116). C'est encore celui de Jacquemin Hérode, théologien à « la mine docte » (p. 187). Sortant du paradigme des personnages, cette expression sert par ailleurs d'image pour les lumières qui s'éteignent (p. 299). L'expression passe ici d'une situation à une autre sans qu'il soit réellement possible de déterminer la logique du lien qui les réunit. Le contexte de chacune de ces situations pourrait servir de centre d'interprétation à cette expression. Très divers, les différents contextes ne permettent pas de dégager une ligne directrice. Les points de départ se multiplient, ramifiant à l'envi les lignes de l'interprétation jusqu'à interdire toute possibilité de fixer un résultat. En constant mouvement, l'idée comme événement de sens introduit une dynamique dans l'échafaudage des séries : elle a pour fonction de les parcourir, d'une part de les coordonner et des les faire résonner, d'autre part de le ramifier en introduisant des disjonctions multiples.

LES RÉSEAUX SÉMIQUES

Mais plus petit qu'une expression ou même qu'un mot, des multitudes de petits éléments se combinent et se ramifient dans le texte, insufflant du mouvement à la forme. Il s'agit d'un travail sur ce que François Rastier nomme « les molécules sémiques[1] ». Ces molécules ne s'inscrivent pas dans une linguistique du signe, c'est pourquoi elles ne peuvent pas être synthétisées dans un mot clé : « Les molécules sémiques induisent une récurrence des faisceaux d'isotopies spécifiques. Elles ne sont pas liées à

1 *Sens et textualité*, éd. citée, p. 57.

une lexicalisation déterminée[1]. » Une molécule a le statut d'un « type » particulier : « dans le même intervalle de temps textuel, ses occurrences peuvent revêtir des degrés de typicalité très divers, jusqu'à ne manifester qu'un seul de ses composants[2] ». Par ailleurs, « la composition d'une molécule peut varier, dans un même univers et dans un même monde, entre deux intervalles de temps textuel. Loin d'être des unités statiques, les molécules constituent de puissants morphogènes[3] ».

Dans les romans de Hugo, non seulement les molécules sémiques rassemblent des traits *a priori* contradictoires, mais elles s'appliquent à des situations différentes voire inverses. Par exemple, le groupement non exhaustif des traits /ombre/, /lumière/, /indéterminé/, /vide/, /étrange/, /ouvert/, /complexe/, /métamorphose/, /concret/, /abstrait/ se rencontre dans tous les romans, diversement incarné en tout ou partie dans des éléments comme l'océan, la nuit, la forêt, le vent, dans des lieux comme la demeure de Gilliatt ou la « maison visionnée » des *Travailleurs de la mer*, mais encore dans chacun des personnages principaux des romans. On le trouve de manière appuyée aussi bien dans le chapitre « *Sub umbrâ* » des *Travailleurs de la mer* que dans la description du gamin de Paris, diversement lexicalisé en « étincelle » (p. 457), « se transfigure » (p. 458), « composé de deux natures » (p. 460), « solitude » (p. 460), « bizarre », « enfant du bourbier » (p. 466), « enfant de l'idéal » (p. 466), « bouche universelle » (p. 469).

Impossible à condenser dans un mot clé, l'idée trouve ici une forme dynamique, une déformation, qui l'organise sans jamais la fixer.

L'INFORME

Dans cette logique, l'informe n'est plus une exigence utopique, ignorante des nécessités du langage, mais le dernier stade de ce principe de métamorphose. Loin de dénier toute existence à la forme, il la fonde comme réalité dynamique. De même que Jakobson définit un phonème zéro qui ne possède aucune valeur phonétique déterminée, mais qui s'oppose à l'absence de phonème et non pas au phonème, ou de même qu'on peut parler en grammaire d'article zéro, de même l'informe ne possède aucune forme particulière, mais s'oppose à l'absence de forme

1 *Ibid.*
2 *Ibid.*
3 *Ibid.*

et non pas à la forme qu'il travaille au contraire largement. C'est en ce sens que Hugo peut employer l'expression apparemment oxymorique « stratification informe » à propos de la grotte des *Travailleurs de la mer* (p. 224).

Dans cette perspective, disparaît l'opposition radicale entre surface et profondeur qui signalait la tension de la forme. On n'est plus ici dans une logique de la distinction, mais dans ce qu'on peut nommer avec Gilles Deleuze une logique du pli. Ce terme est souvent utilisé chez Hugo en association avec les autres motifs principaux de la forme comme le rocher ou le vent. La description des rochers dans *L'Archipel de la Manche* parle ainsi des « plis pétrifiés de leur voile [qui] ont la forme de la fuite du vent » (p. 8). Pétrification et fuite, rocher et vent ne s'opposent pas comme deux éléments distincts, mais s'articulent autour de la notion de pli. De même il n'y a plus d'opposition ontologique entre surface et profondeur : l'abîme n'est plus le vide mais le pli du relief, comme l'indique la manière dont Hugo assimile montagne et gouffre. Pas non plus d'opposition entre contenus et informe, les premiers étant les modes, les points de vue du second : les romans de Hugo ne cessent de mettre en scène sous différentes figures cette idée d'un *continuum* qui se plie et se creuse pour dessiner une forme dynamique et sans contours déterminés. La figure de l'océan est privilégiée, qui représente le mouvement mais aussi le pli que fait la vague qui ne prend du relief qu'en creusant la surface liquide, et qui n'existe pas en dehors de l'océan sans pour autant se confondre avec lui.

On le comprend, il n'y a pas une différence de degré entre les différents niveaux de la composition mais un strict parallélisme entre des séries qui ne s'opposent pas rigoureusement mais qui se distinguent comme différents points de vue. La forme ne découpe pas des contenus ontologiquement distincts, mais segmente dans un *continuum* des éléments qui en sont les modes.

Mais ce parallélisme des séries excède le seul problème de la forme et révèle l'une des particularités de l'esthétique de Hugo qui prend sérieusement en compte les contraintes empiriques du langage verbal. Aucun élément n'est par nature attaché aux régimes spéculatif ou littéraire, mais chacun peut leur être rapporté, selon le point de vue envisagé.

Nous allons voir que ce principe du point de vue joue un rôle encore plus grand lorsqu'il s'agit de déterminer le fonctionnement de la composition dans la perspective de l'interprétation.

TROISIÈME PARTIE

LE STYLE COMME MODE DE VIVRE

Le style, comme le souligne Éric Bordas, est un concept caractéristique du tournant linguistique que représente le XIXe siècle. Depuis la première utilisation du terme « stylistique » par Novalis, en 1801, l'extension de la notion ne cesse de croître jusqu'à désigner, dans le langage contemporain, toute une série de pratiques et devenir un lieu essentiel de « construction idéologique[1] ». Très présente chez Hugo, la notion renvoie à deux moments de réflexion esthétique. Dans le cadre de la théorie du drame, le style s'oppose à la rhétorique comme le droit au devoir, la création à l'imitation, l'invention au « lieu commun », l'imagination « sans pruderie » au manque d'audace classique[2]. Dans les textes critiques des années 1860, il acquiert une portée plus large, jusqu'à désigner une certaine conception de la langue. Prenant sa source dans un « mode de vivre[3] » original, le style renvoie à un espace singulier de transition entre subjectivités individuelle et collective. Caractéristique du tournant anthropologique qu'inaugure l'expérience du légendaire, la réflexion sur le style conduit Hugo à envisager la langue avant tout comme pratique humaine[4], comme histoire[5]. Après avoir mis « le marteau dans les théories, les poétiques et les systèmes[6] » rhétoriques, le style apparaît plus généralement comme un autre regard sur la langue, qui n'existe qu'à travers ses réalisations concrètes et individuelles : « l'idiosyncrasie, ce cordon ombilical », écrit Hugo[7]. Se démarquant du

1 Éric Bordas, *« Style ». Un mot et des discours*, Paris, Éditions Kimé, 2008.

2 *PC*, p. 28-30.

3 *Trad.*, p. 621.

4 Comme le rappelle Jürgen Trabant (« Les langues des peuples sauvages dans quelques projets anthropologiques autour de 1800 », *Revue Germanique internationale*, 21, 2004, p. 11), Kant oppose la philosophie, qui « s'intéresse à l'homme en général ou à ses aspects universels » et l'anthropologie, qui permet de connaître l'homme comme citoyen du monde (*Erkenntnis des Menschen als Weltbürgers*, Kant, 1798, 400, *Anthr.* AB VII), dans la pratique de son existence politique, sociale et culturelle.

5 Selon l'étymologie grecque du terme histoire qui, plus qu'à l'idée de récit, renvoie à celle d'enquête, de recherche. À côté de « la narration des choses dignes de mémoire », le *Dictionnaire de l'Académie* précise qu'*histoire* « se dit aussi de la descriptions des choses naturelles, comme plantes, minéraux etc. » et *Littré* insiste sur la démarche scientifique d'observation.

6 *PC*, p. 23.

7 *Trad.*, p. 620.

conservatisme classique qui vise, par l'observation de règles universelles, à garantir la pureté et la clarté du français, glissant de l'idée de génie des langues à celle de génie créateur[1], Hugo pointe le rôle de chacun des grands noms de la littérature dans l'enrichissement de la langue : « Ces suprêmes génies ne sont point une série fermée. L'auteur de Tout y ajoute un nom quand les besoins du progrès l'exigent[2] ». Participant à la vitalité de la langue dans ses différentes époques, ils donnent à chacune un nom tout en en tirant leur propre renommée : « La langue de Montaigne n'est plus celle de Rabelais, la langue de Pascal n'est plus celle de Montaigne, la langue de Montesquieu n'est plus celle de Pascal. Chacune de ces quatre langues, prise en soi, est admirable, parce qu'elle est originale[3] ».

Penser la langue comme style, c'est se placer dans une perspective pragmatique qui prend nécessairement en compte la situation d'énonciation dans laquelle elle s'insère[4]. La notion de forme, en particulier, prend alors une autre dimension : il ne s'agit plus simplement de comprendre le mode d'organisation de la langue, mais d'une pratique humaine, de ce qu'on peut appeler avec Wittgenstein, « une forme de vie[5] ». Il s'agit également d'envisager le contexte pragmatique dans son entier, comme mode d'existence, ce qui inclut une dimension extratextuelle[6].

1 Comme le souligne Claude Millet (« Histoire de la langue », *Victor Hugo et la langue*, éd. citée, p. 549-562) le collectif n'est pas l'unité première. C'est vrai si on entend par là la communauté nationale, qui ne constitue pas une base linguistique cohérente pour Hugo (voir sur ce point Franck Laurent « Langue et nation », *op. cit.*, p. 525-548). Opposer le collectif à l'individuel ne permet pas cependant de bien saisir l'originalité de la pensée de Hugo, qui voit dans le style un espace singulier qui fait jouer ces deux dimensions dans une transition indifférenciée.

2 *WS*, p. 289.

3 *PC*, p. 30.

4 Comme l'explique François Rastier : « le sens n'est pas immanent au texte comme message, mais à une situation de communication comprenant en outre un émetteur et un récepteur [...], comme aussi un ensemble de conditions (des normes dont le genre textuel, et une pratique sociale déterminée). Ces conditions peuvent être dites pragmatiques mais au sens d'une pragmatique englobante » (*Sens et textualité*, éd. citée, p. 16).

5 Dans les *Investigations philosophiques*, Wittgenstein use de cette notion pour généraliser les « jeux de langage » : la signification d'une expression ne peut être établie que dans un « usage » qui met en avant le fonctionnement du « jeu de langage » comme « activité » ou « forme de vie » : « "jeu" de langage doit faire ressortir que le parler du langage fait partie d'une activité ou d'une forme de vie qu'elle condense » (*Investigations philosophiques*, § 23, Paris, Gallimard, 1961, p. 125).

6 Comme l'explique Iouri Lotman : « Une œuvre artistique étant un modèle déterminé du monde, un message dans le langage de l'art n'existe purement et simplement pas en dehors de ce langage, de même qu'en dehors de tous les autres langages des communications

Deux pôles d'interaction sont alors à prendre en compte : l'un concerne les différentes voix du texte, qui le fondent comme résultat d'un processus généralisé d'interprétation. L'autre conduit à prendre en compte le contexte mondain, et pose la question de la référence[1].

sociales. [...] Tout l'ensemble des codes artistiques historiquement élaborés, qui rend un texte significatif, se rapporte à la sphère des liaisons extra-textuelles. Mais ce sont des liaisons tout à fait réelles » (*La Structure du texte artistique*, éd. citée, p. 89).

1 Si ces deux pôles rappellent le sujet et l'objet de la représentation, nous verrons que le processus de composition remet précisément en question cette distinction, dans la mesure où la dichotomie s'estompe dans le processus général de l'interprétation.

LE PARADOXE ÉNONCIATIF

Dans son projet de préface pour *Les Misérables*, Hugo insiste sur la relation qui l'unit à son lecteur : « D'ailleurs, il n'est point mal qu'une étude de ce genre, qui a l'humanité pour objet, soit précédée d'une espèce de méditation préalable en commun avec le lecteur[1]. » En passant de la synthèse dramatique à la composition romanesque, Hugo revoit de manière fondamentale sa conception de la réception. Séparant le sujet créateur de son public, le drame, tout en représentant les blocages historiques de la parole, rêvait à la possibilité d'un public peuple, hésitant entre constat réaliste et « bouteille à la mer », pour reprendre l'expression d'Anne Ubersfeld dans *Le Roi et le Bouffon*. À partir de l'exil, le modèle de la communication connaît un tournant décisif : au fur et à mesure que s'efface l'autorité de l'écrivain[2] et que les voix du peuple prennent une place de plus en plus importante, la séparation entre les deux actants devient plus floue. En témoigne l'évolution de la notion de public qui, dans *William Shakespeare*, ne représente exactement ni le domaine public par opposition au domaine privé, ni l'assemblée des spectateurs réunis dans une salle de spectacle, ni l'ensemble sociologique des lecteurs qui « s'approprient une œuvre imprimée[3] », mais un devenir : « cette élite, accumulée de siècle en siècle et toujours ajoutée à elle-même, finit par faire nombre, devient avec le temps multitude, et compose la foule suprême, public définitif des génies, souverain comme eux[4]. »

Ce que Hugo nomme la « pensée publique[5] » rejoint le problème de la langue romanesque autour de la question de l'interprétation. Comme on le

1 *Ph.*, p. 467.

2 Selon Jacques Rancière, c'est l'un des fondements du partage des rôles dans la littérature, après la Révolution : d'un côté l'autorité créatrice, de l'autre l'évaluation du lectorat. L'effacement de l'autorité créatrice constitue donc un enjeu majeur de l'esthétique hugolienne de la composition.

3 Pour reprendre la typologie d'Alain Vaillant (*La Crise de la littérature. Romantisme et modernité*, Grenoble, ELLUG, 2005, p. 12).

4 *WS*, p. 372.

5 *Trad.*, p. 632.

verra, le traitement de ce problème se traduit sous la forme d'une tension entre la volonté d'effacer tout processus d'identification dans un sujet et la constante inscription d'un *moi* tout puissant. Après avoir observé les modalités de sa thématisation, nous verrons que son traitement concret dans le texte aboutit à une expérience généralisée de la polyphonie, selon le principe de l'excès, qui est au centre de l'esthétique hugolienne. La seule manière d'envisager le problème dans son ensemble est en effet de configurer un sujet singulier, qui permet d'articuler les deux mouvements *a priori* contradictoires de la détermination et de l'indéterminé.

LE PROBLÈME DE L'INDIVIDU

LE VOCABULAIRE DE LA CONSCIENCE

« Faire le poème de la conscience humaine, ne fût-ce qu'à propos d'un seul homme, ne fût-ce qu'à propos du plus infime des hommes, ce serait fondre toutes les épopées dans une épopée supérieure et définitive » (*Mis.*, p. 148). Cette phrase des *Misérables* sonne comme un souhait programmatique. Avant l'idée comme rouage, la notion de conscience apparaît ici comme l'axe de toute son œuvre. « L'ancre c'est la conscience » (*HQR*, p. 694) : dans la lignée de la tradition romantique, il semble que Hugo, par l'entremise de la notion de conscience, fasse du moi le point d'ancrage de la pensée au milieu de l'inextricable mouvement de la réalité :

> Dans les vastes échanges cosmiques, la vie universelle va et vient en quantités inconnues, roulant tout dans l'invisible mystère des effluves, employant tout, ne perdant pas un rêve et pas un sommeil, semant un animalcule, ici, émiettant un astre là, oscillant et serpentant, faisant de la lumière une force et de la pensée un élément, disséminée et indivisible, dissolvant tout, excepté ce point géométrique, le moi (*Mis.*, p. 702).

Mais la conscience n'est pas un concept, pas plus que ne l'est le *moi* ou le sujet. Ce serait oublier que les mots des romans de Hugo, loin d'être des étiquettes, appartiennent à la matière du texte. Si certains passages semblent inscrire la conscience dans une lignée philosophique qui construit sa théorie de la pensée autour du sujet, d'autres segments textuels brisent cette perspective et inscrivent cette notion dans des agencements plus complexes : « Ces lions-là sont des consciences. Ces lions-là sont des idées. Ces lions-là sont des principes » (*QT*, p. 952). Divers aspects de la première phrase de cette séquence en rendent la compréhension difficile ; placé en position de prédicat, le terme de *consciences* est de peu d'utilité en raison de son extension trop large, que ne permettent de restreindre ni le verbe être, ni le sujet, en raison de son caractère métaphorique ; l'utilisation du pluriel le fait par ailleurs sortir de la sphère du concept et entrer dans celle de la figure, rejoignant ainsi la métaphore « ces lions-là ». Elle quitte ainsi le paradigme philosophique qui lui donne sa signification traditionnelle pour s'insérer dans la série des « signifiants flottants » qui permettent de cerner un élément sans lui imposer de contenu fixe. C'est pourquoi la conscience est également associée à *l'Océan*, à « l'ombre », au « vent » et « au gouffre » (*HQR*, p. 418). Elle est alors « mauvaise conscience », conscience négative du « tumulte » et de la tempête, mais peut tout aussi bien s'accorder aux mêmes éléments dans une perspective contraire avec « l'onde imperturbable comme une conscience, le chaos rétablissant l'ordre » (*HQR*, p. 647).

Loin d'être le gage d'une pensée identifiante, la conscience rejoint donc la série de ces formes qui permettent de penser l'hétérogène et le mouvant. C'est déjà ce qu'annonçait la suite du passage des *Misérables* :

> La conscience, c'est le chaos des chimères, des convoitises et des tentatives, la fournaise des rêves, l'antre des idées dont on a honte ; c'est le pandémonium des sophismes, c'est le champ de bataille des passions. À de certaines heures, pénétrez à travers la face livide d'un être humain qui réfléchit et regardez derrière, regardez dans cette âme, regardez dans cette obscurité. Il y a sous ce silence extérieur, des combats de géants comme dans Homère, des mêlées de dragons et d'hydres et des nuées de fantôme comme dans Milton, des spirales visionnaires comme chez Dante. Chose sombre que cet infini que tout homme porte en soi et auquel il mesure avec désespoir les volontés de son cerveau et les actions de sa vie (*Mis.*, p. 702).

« Chaos » et « bataille », « rêve » et « passion », « visionnaire » et « sombre », la conscience est le versant subjectif de la forme signifiante, « cet infini que tout homme porte en soi ». Dans les romans de Hugo, la conscience n'est pas une instance unificatrice et pacificatrice mais un lieu de crise. Selon ce processus courant chez Hugo qui consiste à pousser à ses limites ce qu'on ne peut pas refuser, il fait exploser le sujet à force d'analyse : c'est « la tempête sous un crâne », principe central de la dynamique de composition. Dans le chapitre qui porte ce nom, chapitre duquel est d'ailleurs extrait le passage définitoire de la conscience, c'est précisément le problème de l'identité qui se joue, d'un point de vue structurel mais aussi thématique, puisque l'enjeu est la découverte du véritable état civil de Jean Valjean[1].

Le personnage de Jean Valjean accède à la condition qui sera celle de tous les grands héros des romans suivants. Le personnage froid et déterminé du début qui se « constitua en tribunal » (p. 72) perd ici toute autorité sur lui-même. Sa tentative pour « prendre possession de lui-même » échoue : « son cerveau avait perdu la force de retenir ses idées, elles passaient comme des ondes, et il prenait son front entre ses deux mains pour les arrêter » (p. 177). De « la conscience », on passe au « tumulte qui bouleversait sa volonté et sa raison » ; cherchant à en « tirer une résolution, rien ne se dégageait que l'angoisse ». La structure affirmative du début du roman laisse la place au questionnement comme le suggère la comparaison de ces deux passages :

> Il se constitua en tribunal.
> Il commença par se juger lui-même.
> Il reconnut qu'il n'était pas un innocent injustement puni. Il s'avoua qu'il avait commis une action extrême et blâmable (p. 72).

> Où en suis-je ? – Est-ce que je ne rêve pas ? Que m'a-t-on dit ? – Est-ce bien vrai que j'ai vu ce Javert et qu'il m'a parlé ainsi ? – Que peut bien être ce Champmathieu ? – Il me ressemble donc ? – Est-ce possible ? [...] –Qu'y a-t-il dans cet incident ? – Comment se dénouera-t-il ? Que faire ? (p. 177).

Respectant les règles du récit, le premier passage en fait un sujet à part entière. La répétition du pronom personnel et l'emploi des temps de l'indicatif et de la modalité assertive contribuent à constituer le personnage en sujet. Dans le second passage, au contraire, l'affirmation se fait interrogation et remet ainsi partiellement en cause l'actualisation du pronom « je ». Il disparaît d'ailleurs peu à peu au profit de pronoms indéfinis comme « ce », impersonnel comme « il » ou de la tournure pronominale de sens passif. À la fin du paragraphe, le sujet a entièrement

1 On rappelle que dans ce chapitre, Jean Valjean, alors maire de Montreuil-sur-Mer sous le nom de Madeleine, se demande s'il doit révéler son identité pour sauver un dénommé Champmathieu qui a été arrêté à sa place.

disparu, dans une proposition qui utilise comme pivot l'infinitif, mode impersonnel dont on sait le faible degré d'actualisation. Tout est fait dans cette séquence pour éviter la constitution d'un sujet temporel.

Conçue, normalement, comme instrument libre de vérité et de connaissance, la conscience est une « illusion », comme cela est dit dès le début du passage. C'est pourquoi les idées ne sont pas le produit de ses réflexions mais des éléments insurrectionnels, comme le suggère ce parallélisme avec les révolutionnaires :

> Qu'est-ce que les convulsions d'une ville auprès des émeutes de l'âme ? L'homme est une profondeur plus grande encore que le peuple. Jean Valjean, en ce moment-là même était en proie à un soulèvement effrayant. Tous les gouffres s'étaient rouverts en lui. Lui aussi frissonnait, comme Paris, au seuil d'une révolution formidable et obscure. Quelques heures avaient suffi. Sa destinée et sa conscience s'étaient brusquement couvertes d'ombre. De lui aussi, comme de Paris on pouvait dire : les deux principes sont en présence. L'ange blanc et l'ange noir vont se saisir corps à corps sur le pont de l'abîme. Lequel des deux précipitera l'autre ? Qui l'emportera ? (*Mis.* p. 907).

L'expression « émeute de l'âme » souligne la similitude entre l'insurrection populaire et la révolte des idées contre le centralisme de la conscience. Toute la dimension épique est reprise dans un combat intérieur qui finit par dépasser les limites du sujet.

Si le *moi* est présenté comme le point d'ancrage de la pensée et la conscience comme le versant intérieur de l'infini, il ne s'agit pas pour autant d'un sujet centralisateur qui conduirait à retomber dans une pensée représentative. Fidèle aux deux principes d'hétérogénéité et de dilatation qui président à son écriture, Hugo fait de la conscience le contraire de ce qu'elle est dans la représentation, en la faisant sortir de ses frontières. Mais ce procédé ne se limite pas à la notion de conscience. Tout ce qui pourrait servir de point d'ancrage à une identité personnelle est démonté. Ce phénomène est particulièrement net dans le traitement des personnages.

AU SUJET DU PERSONNAGE

Pas d'identité

Qu'il soit envisagé dans une perspective psychologique ou fonctionnelle, le personnage a toujours trait de près ou de loin avec la notion de sujet. « Construit comme une quasi-personne », c'est une catégorie qui « correspond à une thématisation "spontanée" de la matière narrative et dramatique[1] ». « Autrement dit, il existe une relation non contingente entre personnage fictif et personne : le personnage est fictivement une personne, en sorte que l'activité projective qui nous fait traiter le premier comme une personne est essentielle à la création et à la réception des récits[2]. » Cette définition du personnage montre bien l'importance du rôle qu'il joue dans la composition. S'il ne correspond pas à une personne, il prend la place du sujet et c'est autour de lui que peut se faire l'activité de catégorisation[3]. Philippe Hamon a ainsi montré que c'est sur lui que repose l'orientation axiologique du récit, dans la mesure où « il ne peut y avoir de norme que là où un "sujet" est mis en scène[4] ». Mais on peut étendre ce principe à toute activité de pensée en disant qu'il est le premier outil de la synthèse nécessaire à la représentation. Étudier le traitement des personnages dans le roman permet donc de déterminer l'orientation générale de la pensée dans le texte.

Or, dans les romans de Hugo, c'est *a contrario* l'absence de détermination qui caractérise avant tout les personnages. Ce phénomène est particulièrement développé dans *Les Misérables*, dans la mesure où la misère est synonyme de la perte de l'identité, mais elle s'étend à tous les romans. Jean Valjean, Cosette ou Éponine sont sans âge : « Cinquante ans mêlés à quinze » (*Mis.*, p. 583) ; et ce trait les rapproche de Lantenac dont il « eût été difficile de préciser l'âge, parce qu'il semblait à la fois vieux et jeune » (*QT*, p. 800), de Tellmarch qui n'a « jamais été jeune » : « Voilà quarante ans qu'on m'appelle le Vieux » (*QT*, p. 845) ou de Barkilphedro : « Quel âge avait Barkilphedro ? aucun » (*HQR*, p. 506). Les personnages sont aussi dépourvus de nom : Cosette-Euphrasie est appelée par la Thénardier « mademoiselle chien sans nom », et Gwynplaine ne retrouvera son nom qu'en retrouvant son titre. « Tristes créatures sans nom, sans âge » mais aussi « sans sexe » selon la triple

1 Oswald Ducrot et Jean-Marie Schaeffer, *Nouveau Dictionnaire encyclopédique des sciences du langage*, Paris, Seuil, 1995, article « Personnage », p. 622.

2 *Ibid.*, p. 623.

3 Deux caractéristiques du personnages sont ici particulièrement importantes : le faits qu'il constitue l'un des principaux axes de mise en forme de la réception, comme l'a montré Vincent Jouve (*L'Effet-personnage dans le roman*, Paris, PUF, 1992), et le fait qu'il « naisse des unités de sens » produites par le texte (R. Wellek et A. Waren, *La Théorie littéraire*, Paris, Seuil, 1971, p. 208).

4 « Personnage et évaluation », *Texte et idéologie*, Paris, PUF, 1984, p. 104.

absence de détermination définie dans *Les Misérables*. C'est le cas de la Thénardier « hommasse » – « jamais l'idée ne fût venue à personne de dire d'elle : c'est une femme » (*Mis.*, p. 121 et 300), de Montparnasse, « gentil, efféminé, gracieux » (p. 573), de Jean Valjean dont Cosette se demande « c'est peut-être ma mère cet homme-là », mais aussi de tous ces héros asexués comme Jean Valjean ou Gilliatt qui à l'instar de M. Mabeuf ont « oublié d'aimer ».

Sans identité, les personnages ne coïncident jamais avec eux-mêmes, comme le souligne l'emploi aussi étrange que fréquent de la préposition « devant » pour les caractériser : Jean Valjean « haïssait devant lui » (*Mis.*, p. 74), Déruchette « vivait devant elle » (*TM*, p. 98). Toujours en avant d'eux-mêmes les personnages ne s'identifient pas à une limite mais s'ouvrent toujours à un autre.

Personnage sans limite

Le personnage n'est pas l'objet d'une limitation. Il se présente au contraire sous le signe de l'ouverture et du mélange. Ses contours ne sont pas délimités de façon précise et s'il peut être défini d'une certaine manière il tend toujours vers autre chose. Il ne s'agit pas d'une simple hybridation, d'une composition, mais d'un mouvement qui le place toujours à la limite de sortir de lui-même, à l'opposé du sujet fédérateur et identitaire. Déruchette est l'exemple même de ce phénomène ; tour à tour « oiseau qui a la forme d'une fille » (*TM*, p. 77) ou destinée « plutôt à être fleur qu'à être femme » (p. 89), elle semble échapper à toute condition, à toute détermination. Son nom, en particulier, est le résultat de ce phénomène qui est moins une déformation qu'une constante tension dynamique vers autre chose : « Durande et Déruchette, c'est le même nom. Déruchette est un diminutif » (*TM*, p. 88). Principe d'élargissement, ou ici de rétrécissement, qui permet de passer d'une jeune fille à un bateau sans tenir compte des délimitations d'essence.

Nombreux sont les personnages qui n'existent que dans leur appartenance à un personnage collectif. Dans *Les Misérables*, ce sont les cuirassiers de Waterloo, les religieuses du couvent, les bagnards ou les masques de carnaval, dans *L'Homme qui rit* les Comprachicos ou les forains et dans *Quatrevingt-Treize* les paysans. On peut également citer des groupes comme Patron Minette, les amis de l'ABC ou le bataillon du

Bonnet-Rouge, des quatuors comme ceux que décrit « En l'année 1817 » ainsi que des personnages doubles comme Mademoiselle Baptistine et Madame Magloire, les sœurs Simplice et Perpétue, Éponine et Azelma, les servantes Matelote et Gibelotte des *Misérables* auxquelles répondent Vinos et Fibi dans *L'Homme qui rit*.

Même présentés individuellement, les personnages sont pris dans un faisceau serré, qui fait de chacun d'eux la variation d'un autre. Le minuscule fossoyeur Gribier décalque Thénardier. Mabeuf est un conventionnel G. qui n'aurait pas d'opinions politiques et Courfeyrac un Tholomyès qui en a. Certains rapprochements entre des personnages *a priori* réellement éloignés comme Cosette et Javert, qui chacun à leur manière programment la disparition de Jean Valjean, semblent indiquer que toutes ces suites s'entrecroisent pour former un réseau collectif. Celui-ci excède d'ailleurs le niveau d'un seul livre : le discours de Lantenac dans son cachot (*Quatrevingt-Treize* III, 7, 1) rassemble le « c'est la faute à Voltaire » de Gavroche et le discours de Gillenormand dans *Les Misérables*. Gwynplaine est aussi désorienté au début de *L'Homme qui rit* que les petits frères de Gavroche après leur abandon. Quant à Déruchette, dont l'insouciance provoque la mort de Gilliatt, elle rappelle Cosette qui sera à l'origine de celle de Jean Valjean.

Toute une série de personnages sont construits sur ce principe analysé dans *Les Travailleurs de la mer* :

> Les saints dans les campagnes portent souvent leur nom avec tous ces diminutifs ou augmentatifs. On croirait à plusieurs personnes là où il n'y en a qu'une. Ces identités de patrons et de patronnes sous des noms différents ne sont point choses rares. Lise, Lisette, Lisa, Élisa, Isabelle, Lisbeth, Betsy, cette multitude est Élisabeth (*TM*, p. 88).

Car tout ceci n'est qu'affaire de segmentation, de point de vue, de mot : il s'agit d'une continuité, d'« une multitude », selon l'expression du texte, qu'on découpe de diverses manières.

Cette tension vers autre chose vient remplacer le principe d'identité qui gouverne normalement le statut du personnage. On a déjà pu constater à plusieurs reprises que le personnage dans les romans de Hugo ne pouvait être considéré comme un type. Ce nouveau principe vient confirmer cette tendance en refusant de le soumettre à une logique de délimitation. Ce phénomène est largement thématisé dans les romans sous la forme de la rencontre. Il constitue la trame de toute la première partie des *Misérables*, s'érigeant en principe de l'ensemble du roman. Ces chapitres qui dressent le portrait de M. Myriel présentent un personnage qui tire son identité des rencontres qu'il fait avec autrui. Du chef d'état au condamné à mort en passant par le sénateur, le conventionnel ou le bandit, toute la première partie, à laquelle il donne son nom, est constituée de ces rencontres. Souvent effrayantes pour les autres (« Oh ! mon Dieu ! si vous alliez les rencontrer ! », s'exclame le maire p. 24), elles construisent le personnage de Myriel. « Sa rencontre, ce qu'on pourrait presque appeler sa conjonction avec le conventionnel G., lui laissa une sorte d'étonnement » (p. 39) : cette phrase est comme la définition d'un processus qui combine association et ouverture, qui bouleverse pour mieux remettre en question.

La rencontre finale de l'évêque avec Jean Valjean permettra de transmettre ce principe à celui qui servira d'axe principal à la suite du roman. La scène où l'évêque lui « achète » son âme devant les policiers qui l'ont attrapé avec son larcin, scelle également son destin placé sous le signe du débordement, comme en témoignent les isotopies de la rencontre et de l'évanouissement. La phrase que prononcent les policiers pour rendre compte de la situation est par ailleurs énigmatique et suggère qu'une sorte de court-circuit s'est produit : après le discours de l'évêque, qui affirme qu'il a offert les couverts à Jean Valjean, et malgré l'étonnement de ce dernier, le brigadier répond : « ce que cet homme disait était donc vrai ? Nous l'avons rencontré. Il allait comme quelqu'un qui s'en va. Nous l'avons arrêté pour voir. Il avait cette argenterie » (*Mis.*, p. 85). La première phrase semble indiquer que les paroles de l'évêque ont déjà été celles de Jean Valjean. Deux logiques du texte se superposent ici, ce qui crée cette impression de court-circuit : Jean Valjean découvre, étonné, la version de l'évêque qui ne correspond pas à la réalité alors qu'il a prononcé ces paroles avant lui. La chronologie du discours n'a de fondement que dans une logique de la séparation des consciences qui n'a pas cours ici : peu importe qui a dit quoi et dans quel ordre dans ce système fondé sur la rencontre. Jean Valjean n'est désormais rien d'autre que « quelqu'un qui s'en va » par opposition aux policiers, hommes du « voir » dont le rôle est d'« arrêter » au sens d'emprisonner mais aussi de fixer. C'est le début de la suite des personnages de Jean Valjean, différents et identiques, s'ouvrant eux-mêmes vers d'autres séries avec lesquels il forme des réseaux, qui servent de forme à des idées que ne pourrait contenir une individualité.

C'est pourquoi les personnages ne sont des individualités qu'après coup, pour des raisons de lisibilité. Ils se dégagent d'entités complexes ou même de l'indifférencié, à partir du moment où ils sont synthétisés, c'est-à-dire délimités et organisés autour d'une focalisation : « La porte s'ouvrit. Un groupe étrange et violent apparut sur le seuil. Trois hommes en tenaient un quatrième au collet. Les trois hommes étaient des gendarmes ; l'autre était Jean Valjean » (*Mis.*, p. 85). Ce n'est qu'au fur et à mesure que les éléments se découpent et s'organisent jusqu'à ce qu'on puisse les identifier séparément. Mais tout ceci n'est qu'une question de point de vue et ils continuent sans cesse à se présenter agrégés de diverses manières, dans des agencements multiples et mouvants. C'est le cas par exemple de l'ensemble formé tour à tour par Ursus et Homo, Ursus, Homo et la carriole, Ursus, Homo, Gwynplaine, Dea, Fibi, Vinos et la Green-Box : « Le chariot couleur d'espérance qui portait, Ursus, Gwynplaine et leur fortune, et en tête duquel Fibi et Vinos trompettaient comme deux renommées faisait partie de tout ce grand ensemble bohémien et littéraire » (*HQR*, p. 550).

La présence de la carriole indique que le principe d'agglomération ne se limite pas aux personnages entre eux mais aux différents éléments du roman, objets ou paysages, abolissant par là un nouveau type de séparation entre animés et inanimés, qui fonde normalement la séparation entre sujet et objet. Quant à l'expression « bohémien et littéraire », elle remet en cause un troisième type de séparation entre caractérisants concrets et abstraits. Les divers constituants du texte, généralement mis sur des plans distincts, se rejoignent ici ; personnages, décors, ou structures abstraites s'agrègent et se séparent selon la perspective dans laquelle ils s'insèrent, la manière dont ils sont organisés et délimités : c'est le cas de Cosette et de sa poupée ou de Gilliatt et de l'océan : « Ce fut un moment bizarre que celui où les haillons de Cosette rencontrèrent et étreignirent les rubans et les fraîches mousselines roses de la poupée » (*Mis.*, p. 325). Dans cette séquence, Cosette et la poupée se fondent pour former, virtuellement pour le moment, ce qui se matérialisera dans le texte sous la forme de la baronne de Pontmercy.

De manière anecdotique ou plus fondamentale, au détour d'un segment textuel ou comme dynamique générale, cette alternance de fusion et de découpage ôte toute possibilité de fonder un sujet, entendu comme acteur animé mais aussi dans sa fonction d'agent. L'idée, quant à elle, ne se situe jamais au niveau du personnage individuel, du type, mais au niveau plus large formé par l'agrégat, ou plutôt dans le mouvement même de fusion et de séparation. Plus qu'un sujet, le personnage est un lieu, le résultat d'une formation. C'est sur lui que repose l'articulation entre synthèse et analyse.

PERSONNAGE ET SYNTHÈSE

Étudiant les rapports entre espace et représentation dans un texte littéraire, Denis Bertrand explique ainsi que cette « construction prend tout son appui sur la figure d'un sujet observateur, “il”, source du savoir, véritable sentinelle de la connaissance, qui détermine contrôle et ordonne et qui enfin, sur le fond inaltérable de cette confiance, rend possible l'expansion sémantique des images perçues[1] ».

C'est autour de ce sujet que se fait l'articulation entre synthèse et analyse qui est à la source de la signification. Jacques Fontanille les associe ainsi à des opérations de débrayage et d'embrayage. La première « pluralise » tandis que la seconde « reconstitue l'unité », « référentialise[2] ». Tel est le rapport ordinaire entre analyse et synthèse : d'un côté diviser les différents éléments et de l'autre les réorganiser. Mais comme on l'a vu précédemment, la synthèse est souvent travaillée d'une manière particulière dans les romans de Hugo. Dans le cas qui nous occupe, le personnage donne une forme aux éléments sans pour autant remettre en question la fragmentation. Il n'y a donc pas de rapport de dépendance entre synthèse et analyse.

Dans le texte, ce phénomène se matérialise par un affaiblissement du sujet et par une dérégulation entre décomposition et recomposition. Comme l'explique Jacques Fontanille dans *Sémiotique et littérature* : « ce que règle le point de vue c'est une certaine corrélation entre une intensité (netteté) et une extension perceptive[3]. » Constitués d'une suite importante d'éléments désorganisés, beaucoup de témoignages sont ainsi présentés de manière fragmentée :

---

1 Denis Bertrand, « Le langage spatial dans *La Bête humaine* », *Mimesis et semiosis, Littérature et représentation*, Paris, Nathan, 1992, p. 194.

2 Jacques Fontanille : *Le Savoir partagé. Sémiotique et théorie de la connaissance chez Marcel Proust*, Paris, Amsterdam, Philadelphia, Hadès Benjamin, 1987, p. 169.

3 *Sémiotique et littérature*, éd. citée, p. 47.

> Ce bon vieux héros de la mer avait rapporté de ses voyages des récits surprenants. Il avait vu à Madagascar des plumes d'oiseau dont trois suffisaient à faire le toit d'une maison. Il avait vu dans l'Inde des tiges d'oseille hautes de neuf pieds. Il avait vu dans la Nouvelle-Hollande des troupeaux de dindons et d'oies menés et gardés par un chien de berger qui est un oiseau, et qu'on appelle l'agami. Il avait vu des cimetières d'éléphants. Il avait vu en Afrique des gorilles, espèces d'hommes-tigres, de sept pieds de haut. Au Chili, il avait vu une guenon attendrir les chasseurs en montrant son petit. Il avait vu en Californie un tronc d'arbre creux tombé à terre dans l'intérieur duquel un homme à cheval pouvait faire cent cinquante pas. Il avait vu au Maroc les mozabites et les biskris se battre à coups de matraks et de barres de fer (*TM*, p. 93).

Cette suite de données qui se poursuit sur une page livre des informations sans les organiser. L'absence de connecteurs se combine avec l'impossibilité de regrouper les éléments dans une unité lexicale. Ni organisation géographique, ni organisation thématique ne semble se dégager de l'agencement des différentes phrases. Seul lien entre elles, la référence à l'observateur, elle-même affaiblie par l'absence de précision de l'expression toujours identique, « il avait vu ». La structure paratactique souligne la décomposition des différents éléments dans une vision qui ne peut pas être représentation.

POSTURES DU *MOI*

UNE PROBLÉMATIQUE ROMANTIQUE

L'inscription du moi au centre de toute activité d'écriture et de pensée est l'une des caractéristiques principales du romantisme. Ce phénomène est la marque de sa modernité dans la continuité de la « nouvelle représentation du sujet que la Révolution avait instaurée dans le droit civil et constitutionnel, le capitalisme dans les rapports de production et Kant dans la philosophie[1] ». L'individu prend la place des institutions politiques religieuses ou dogmatiques et détient désormais le pouvoir d'édicter ses propres règles. En littérature, cela se traduit par le refus

1 Guy Rosa, « Du moi-je au mage : individu et sujet dans le romantisme et chez Victor Hugo », *Hugo le fabuleux*, éd. citée, p. 267.

des règles et de l'imitation. L'originalité est reine, et l'auteur comme créateur impose sa volonté au centre d'un système qui ne souffre plus d'anonymat. Prométhée et Satan sont les grands héros d'un mouvement qui, à l'instar de Napoléon posant lui-même la couronne sur sa tête, s'autoproclame souverain. Le romantisme n'invente pas l'individu et le sujet, pas plus qu'il n'est le premier à le placer dans un lieu central. Mais combiné aux structures de l'époque, dont témoigne en particulier la critique kantienne et sa fameuse « révolution copernicienne », le sujet prend une autre dimension : c'est désormais le sujet et non plus l'objet qui est la véritable origine du savoir. Il ne s'agit plus de s'adapter à la réalité, mais c'est la réalité qui désormais s'organise autour de ce nouveau centre. Fondé sur l'unité synthétique finie de la personne et plus seulement sur l'identité analytique de l'individu, le sujet instaure une relation de nécessité entre le « je » et la représentation même.

De nombreux personnages mais aussi beaucoup de thèmes des romans de Hugo rejoignent cette tendance. Si Satan est plus présent dans la poésie, Prométhée et Napoléon sont largement exploités[1]. Mais l'idée d'un sujet fédérateur s'exprime bien plus encore dans la figure de l'auteur : un aspect important des romans consiste ainsi à l'inscrire dans le texte comme seule origine de sa production. Loin de se fondre dans l'anonymat du narrateur, l'auteur rappelle sans cesse sa présence comme origine du texte.

HUGO EN TEXTE

Signature

Les romans fourmillent de références au nom de l'auteur, qui laisse toutes sortes de traces dans le texte. Dans *Les Misérables*, le nom propre s'affiche fréquemment : il renvoie alors à des ancêtres authentiques – son oncle le capitaine Louis Hugo (p. 487) – ou fictif comme « Hugo, évêque de Ptolémaïs, arrière-grand-oncle de celui qui écrit ce livre » (p. 18). On le rencontre à Waterloo : « ce manoir fut bâti par Hugo, Sire de Somerel, le même qui dota la sixième chapellenie de l'abbaye de Villers » (p. 242). Mais on le retrouve également dans *L'Homme qui rit* avec « Jean Hugo, archevêque de Trèvres » (*HQR*, p. 570).

1 Sans parler de Kant, auquel Hugo fait fréquemment allusion directement ou indirectement.

Parfois, seules les initiales apparaissent : « le comte H », général sous lequel a servi le père de Marius (p. 499) ; de manière déformée dans « l'Ugolin social » (p. 571) ; dans l'anagramme « Homère Hogu, nègre » (p. 575), de la troupe de Patron-minette ou dans la Tourgue dont Yves Gohin fait remarquer qu'il s'agit presque de « vicTOR hUGO[1] » ; dans le message codé des républicains « u go a fe » (p. 671) qu'on peut lire « Hugo l'a fait », comme l'indique Annette Rosa[2] ; comme agencement spatial, enfin, de la Durande et de l'écueil des Douvres dans *Les Travailleurs de la mer* : « L'espèce d'immense H majuscule formée par les deux Douvres ayant la Durande pour trait d'union, apparaissaient à l'horizon dans on ne sait quelle majesté crépusculaire » (p. 194). Démon des bas-fonds, bandit des lettres ou écrivain révolutionnaire mais avant tout édifice, Hugo est partout dans son œuvre comme pour indiquer que chaque type de personnage mais aussi chaque forme du texte n'est autre que lui-même[3]. Alors que Hugo ne peut plus, comme aux temps du drame, populariser sa signature stylistique à travers les pastiches dont ses pièces faisaient régulièrement l'objet, il lui faut désormais inciter le lecteur à dégager lui-même la manière singulière individualisante » tout en posant avec ironie « la question de l'identité et de la propriété[4] ».

Plus qu'une signature, cette pratique vise à brouiller la frontière entre texte et hors texte. Ce phénomène est complété par l'insertion d'éléments autobiographiques.

Autobiographèmes

Comme l'explique Catherine Kerbrat-Orecchioni : « L'auteur et le narrateur [...] sont toujours des instances distinctes. Mais il s'établit entre eux des relations dont la consistance varie avec la densité de ce qui dans le texte peut-être tenu pour des "auto-biographèmes[5]". » Hugo ne se contente pas d'apposer sa signature dans le texte de ses romans ; il y laisse également des traces de sa biographie sous la forme de chiffres

1 Victor Hugo, *Quatrevingt-Treize*, Paris, Gallimard, « Folio », 1979, p. 520-521, n. 79.

2 Présentation des *Misérables*, p. XIV.

3 « Dans la mesure où l'auteur s'est incorporé dans son œuvre, l'auctorialité se mesure non pas tant par l'œuvre elle-même mais par la création d'un style singulier et reconnaissable » (Éric Bordas, « Introduction », *Romantisme*, nº 148, « Style d'auteur », 2010, p. 22).

4 Pour reprendre les formules d'Éric Bordas, dans son introduction au numéro 148 de la revue *Romantisme* consacré au « Style d'auteur » (p. 6).

5 *L'Énonciation. De la subjectivité dans le langage*, éd. citée, p. 176.

qui correspondent à des dates importantes de sa vie. Comme le précise Annette Rosa dans sa présentation des *Misérables*, le roman comprend « tous les lieux et les moments de l'histoire de sa propre vie » : le livre « En l'année 1817 » évoque sa jeunesse, et Marius le représente à vingt ans physiquement, mais aussi dans son évolution familiale et politique. Il parcourt le Luxembourg comme Hugo en 1820-1821 pour y voir Adèle. Il se marie avec Cosette le jour qui marque le début de la liaison de Hugo et Juliette Drouet, le 16 février 1833. L'ombre de Léopoldine hante le roman. On la retrouve dans la poupée Catherine, dans les gestes et le pronom d'Éponine et dans celui de Fantine mais aussi dans le matricule de Jean Valjean, 9430, qui rappelle la date de sa mort comme les quarante-trois insurgés de la barricade. Tous les éléments importants de sa vie semblent être repris dans *Les Misérables*. Hugo dit d'ailleurs explicitement avoir écrit « sous le nom de Marius des quasi-mémoires[1] ». L'usage des noms propres de personnages, en particulier, renvoie à des éléments biographiques. Comme l'indique Michel Grimaud, « "Gilliatt" et "Gauvain" dans *Les Travailleurs de la mer* et *Quatrevingt-Treize* sont respectivement une prononciation anglaise de Juliette et le nom de jeune fille de Juliette Drouet[2] ». Dea est un « anagramme imparfait » d'Adèle, qui se rapproche également du personnage aveugle par les troubles visuels dont elle souffre pour la première fois à la lecture des *Travailleurs de la mer*[3].

Mais c'est avant tout comme homme public que Hugo se représente dans ses romans. L'épisode où Fantine se retrouve au commissariat rappelle une aventure dont Hugo fut témoin et acteur, le 9 janvier 1841 à Paris[4]. Pendant l'épisode de la barricade, il précise qu'il décrit là une expérience personnelle :

---

1 Comme l'explique Guy Rosa, « ce roman, profondément autobiographique par la structure de son intrigue, le devint par le détail dans d'innombrables ajouts effectués en 1860-1862 – au moment précisément où se prépare la publication du livre d'Adèle. Il nous semble très probable que ces deux livres se soient nourris réciproquement, formant ainsi les deux premiers volets du triptyque autobiographique que *William Shakespeare* viendra compléter l'année suivante ». Comme le précise Jean-Marc Hovasse, « peut-être cet ensemble fortement structuré explique-t-il l'abandon par Adèle, et par son entourage, de la suite projetée à *Victor Hugo raconté*, qui aurait fini par faire double emploi » (« Victor Hugo raconté par le roman de sa vie », *Les Misérables, un roman inconnu ?*, Maison de Victor Hugo, 10 octobre 2008-1er février 2009, dir. Danielle Molinari et Vincent Gille, Paris-Musées, 2008, p. 43).

2 « Compétence narrative et nom propre », « *L'Homme qui rit* » *ou la parole-monstre de Victor Hugo*, éd. citée, p. 145.

3 Guy Rosa, « Critique et autocritique », *op. cit.*, p. 6.

4 Relaté dans *Choses vues* (*CV*, p. 204-208).

> Un observateur, un rêveur, l'auteur de ce livre qui est allé voir le volcan de plus près, se trouva dans le passage pris entre deux feux. Il n'avait pour se garantir des balles que le renflement des demi-colonnes qui séparent les boutiques ; il fut près d'une demi-heure dans cette situation délicate (*Mis.*, p. 840).

Mais surtout il se présente dans *Les Misérables* comme l'auteur de *Claude Gueux* et du *Dernier jour d'un condamné* (p. 71, 463 et 775). De manière générale, il fait très souvent référence à la situation d'énonciation, en particulier à son statut d'exilé, précisant par exemple dans sa description de Paris, que cette ville n'existe plus comme il l'a connue : « Voilà bien des années déjà que l'auteur de ce livre, forcé, à regret, de parler de lui, est absent de Paris. Depuis qu'il l'a quitté, Paris s'est transformé. Une ville nouvelle a surgi qui lui est en quelque sorte inconnue » (*Mis.*, p. 353).

Le détail de la fiction apparemment le plus arbitraire peut être motivé par un jeu de signes qui trouvent dans la vie de l'auteur un sens précis. Hugo superpose ainsi sa propre biographie à l'histoire de ses personnages. Pourtant, l'affichage est surtout important dans *Les Misérables* et il se fera plus crypté dans les romans suivants. Mais déjà dans *Les Misérables*, l'éparpillement des différents éléments[1] ne permettait pas de construire un individu déterminé. Parcourant sous la forme de la possibilité toute une série de déterminations diverses, il leur donne une existence poétique avant de s'abîmer lui-même dans le néant. Comme toujours chez Hugo, l'excès d'affichage se retourne en son contraire. Derrière la précision de l'individu gronde le fond indifférencié, langage sans visage dans lequel se défait la personne.

1 Ce caractère fragmentaire de l'élément biographique correspond bien à ce que Roland Barthes entend par l'expression « biographème » : « s'il faut que par une dialectique retorse, il y ait dans le texte, destructeur de tout sujet, un sujet à aimer, ce sujet est dispersé un peut comme les cendres que l'on jette au vent après la mort. [...] si j'étais écrivain et mort, comme j'aimerais que ma vie se réduisît, par les soins d'un biographe amical et désinvolte à quelques détails, à quelques goûts, à quelques inflexions, disons des "biographèmes" dont la distinction et la mobilité pourraient voyager hors de tout destin et venir toucher, à la façon des atomes épicuriens, quelques corps futurs, promis à la même dispersion » (*Sade, Fourier, Loyola*, Paris, Seuil, 1971, p. 14).

INDÉTERMINATION DE L'AUTEUR

L'AUTEUR EN CRISE

« Nous avons l'oreille de lumière où parle l'esprit et l'oreille d'obscurité où parle l'instinct. Dans cette oreille amplifiante des voix inconnues lui faisaient des offres » (*HQR*, p. 598). Derrière les intentions affirmées et volontaires de l'auteur tout puissant qui appose sa signature au fil du texte se cache le fond indifférencié, l'autre voix qui annonce le chaos dans lequel se dissout la personne[1]. C'est le « cri » derrière la parole, la dimension corporelle de la voix qui remonte à la surface. Cette thématique est souvent développée à des moments clés. Le tableau typique autour duquel s'organise le portrait des Thénardier, est interrompu « par intervalles, [par] le cri d'un très jeune enfant, qui était quelque part dans la maison [et] perçait au milieu du cabaret » (*Mis.*, p. 299). Ce « cri dans les ténèbres », comme il sera qualifié bien plus tard, confère une certaine profondeur au portrait jusqu'ici assez classique des deux aubergistes. Semblant venir de nulle part, il est comme l'arrière-fond physique du portrait organisé. C'est pourquoi le cri est avant tout associé à l'indéfini de « l'abîme » : « Le rugissement de l'abîme, rien n'est comparable à cela. C'est l'immense voix bestiale du monde. [...] Cri de l'ouragan. [...] C'est l'informe hurlant. C'est l'inarticulé parlé par l'indéfini » (*HQR*, p. 418). Le cri permet de faire le lien entre toutes les situations où l'individu s'ouvre à l'arrière-fond qui le relie physiquement à l'univers non comme cosmos mais comme chaos. Il permet de relier l'abîme, l'enfant et l'animal, mais aussi la mère, autre symbole de cette tension de la personne hors d'elle-même. Ainsi en est-il de Michelle Fléchard dans *Quatrevingt-Treize* :

> La mère reconnut ses enfants.
> Elle jeta un cri effrayant.

---

1 Selon Pierre Albouy, ce traitement du *je* ne se développe vraiment qu'à partir de l'exil : « Avant l'exil, les voix s'épanchaient par des fissures du moi que, du même coup, elles colmataient et, pour ainsi dire, enrobaient, maintenant, dans l'exil, la voix non seulement jaillit de la rupture, mais assure la rupture, est elle-même rupture » (« Hugo ou le je éclaté », *Romantisme*, n° 1-2, 1971, p. 54).

> Ce cri de l'inexprimable angoisse n'est donné qu'aux mères. Rien n'est plus farouche et rien n'est plus touchant. Quand une femme le jette on croit entendre une louve ; quand une louve le pousse, on croit entendre une femme.
> Ce cri de Michelle Fléchard fut un hurlement. Hécube aboya, dit Homère (p. 1023).

On retrouve, autour de cette thématique du cri, l'idée d'une tension vers autre chose, qui supprime les limites de l'individu pour l'inscrire dans un *continuum* indifférencié. Le cri est le symptôme de la crise avec lequel il partage un lien phonétique. Il l'annonce et la matérialise à la fois, comme pour Jean Valjean à la fin de l'épisode décisif de Petit Gervais : « Quand l'intelligence se réveilla et vit cette action de brute, Jean Valjean recula avec angoisse et poussa un cri d'épouvante. [...] Au moment où il s'écria : je suis un misérable ! il venait de s'apercevoir tel qu'il était, et il était déjà à ce point séparé de lui-même qu'il lui semblait qu'il n'était plus qu'un fantôme » (*Mis.*, p. 91). Moment de crise où Jean Valjean prend conscience de son véritable de statut de « misérable » qui consiste précisément dans la perte d'identité. « Être séparé de lui-même », telle est la véritable situation de celui qui écrit, non pas individu mais « fantôme ».

C'est pourquoi les tempêtes sous un crâne sont avant tout celles de l'auteur ou plutôt de sa disparition. Celle qui s'empare de Gwynplaine après qu'il a reçu la lettre de Josiane illustre bien ce phénomène. « Cette figure [...] empreinte [...] dans ce cerveau inconscient » est la cause de son trouble. Le vide qui se creuse alors dans la personnalité de Gwynplaine est marqué dans le texte par la dislocation de la syntaxe, rythmée par une interjection qui est le symbole de la frontière entre parole et cri :

> Quoi ! on voulait de lui ! Quoi ! la princesse descendait de son trône, l'idole de son autel, la statue de son piédestal, le fantôme de sa nuée ! Quoi ! du fond de l'impossible, la chimère arrivait ! Quoi ! cette déité du plafond, quoi ! cette irradiation, quoi ! cette néréide toute mouillée de pierreries, quoi ! cette beauté inabordable et suprême, du haut de son escarpement de rayons, elle se penchait vers Gwynplaine ! (*HQR*, p. 604).

À ce tournant du roman, Gwynplaine est séparé entre deux statuts que symbolisent deux femmes, Dea et Josiane. Mais si opposées soient-elles, elles se rejoignent autour de l'idée de la femme comme « gouffre » (p. 600), cette « volupté » qui est la cause mais aussi l'essence même de cette crise dont il est victime.

Précisant le lien entre les tempêtes qui s'emparent des personnages et l'expérience de perte de l'identité narrative, le même type de structure syntaxique est employé dans les moments de doute du narrateur. Plus que des éléments destinés à créer une illusion réaliste, les expressions comme « nous l'ignorons » (*TM*, p. 104), « dont le nom nous échappent en ce moment » (*Mis.*, p. 103), qui fourmillent dans les romans, servent à souligner la perte d'identité[1]. Elles trouvent un prolongement significatif dans des séquences interrogatives plus longues :

> Toute la mer est autour de cette maison. Sa situation est magnifique et par conséquent sinistre. La beauté du lieu devient une énigme. Pourquoi aucune famille humaine n'habite-t-elle dans ce logis ? La place est belle, la maison est bonne. D'où vient cet abandon ? Aux questions de la raison s'ajoutent les questions de la rêverie. Ce champ est cultivable, d'où vient qu'il est inculte ? Pas de maître. La porte murée. Qu'a donc ce lieu ? pourquoi l'homme en fuite ? que se passe-t-il ici ? S'il ne s'y passe rien, pourquoi n'y a-t-il personne ? quand tout est endormi, y a-t-il ici quelqu'un d'éveillé ? (*TM*, p. 119-120)

Loin d'être un point centralisateur pour le récit, le narrateur s'éparpille en une multitude de questions qui s'étendent sur toute une page. Celui qui devrait fédérer la description est emporté par « l'énigme » de ce qui ne peut être objet de représentation.

LA « BOUCHE D'OMBRE »

Deux paradoxes récurrents se développent dans l'exil, en opposition à l'idéal de la clarté classique. Le premier consiste en une transposition vocale[2]. Le second esquisse un jeu, à partir de l'image de la bouche de volcan, sur l'ouverture obstruée, sur la bouche bouchée. Les deux se croisent de manières diverses, avec l'idée que « certaines taches du soleil sont des bouches de volcan[3] » et surtout avec la fameuse métaphore de la « bouche d'ombre », des *Contemplations*. Prolongeant l'idée paradoxale

1 Cette modalisation atténuative fait partie des « quatre espaces [...] de "non-coïncidence" ou d'hétérogénéité, auxquels le dire se représente comme localement confronté au point x où altéré, il se dédouble » définis par Jacqueline Authier-Revuz (« Énonciation, méta-énonciation. Hétérogénéités énonciatives et problématiques du sujet », *Les Sujets et leurs discours. Énonciation et interaction*, dir. R. Vion, Aix-en-Provence, Publications de l'Université de Provence, p. 73).

2 « Toute lumière a une bouche, et parle » (*Ph.*, p. 491).

3 *Ibid.*, p. 482-483.

que c'est de l'ombre que doit provenir la lumière[1], les romans associent très fréquemment la voix à une zone d'ombre indéterminée : « Tout à coup, du fond de cette ombre, une voix, d'autant plus sinistre qu'on ne voyait personne, et qu'il semblait que c'était elle-même qui parlait, cria » (*Mis.*, p. 892) ; « la maison redevint noire. Alors il en sortit des bruits. Ces bruits ressemblaient à des voix. C'est toujours comme cela. Quand on voit, on n'entend pas ; quand on ne voit pas, on entend » (*TM*, p. 126). La voix s'oppose à la vision comme la parole poétique à la représentation. Cette voix est celle de nombreux personnages : voix de Gavroche qui crie dans la nuit, « voix cassée et sépulcrale » d'Éponine (p. 617), voix « devenue ombre » d'Ursus (*HQR*, p. 770).

Mais plus souvent qu'une personne, cette origine sombre de la voix, cette bouche d'ombre, correspond à un lieu indéterminé. Il s'agit par exemple du couvent des *Misérables* : « Au bout de quelques instants, on entendait une voix qui vous appelait de derrière ces volets [...] C'était une voix aimée, quelquefois une voix adorée. On ne voyait personne » (p. 380) ; c'est le cas également du puits de Hougomont, qui servit de « sépulcre » pour les cadavres de Waterloo : « Il paraît que, la nuit qui suivit l'ensevelissement, on entendit sortir du puits des voix faibles qui appelaient » (*Mis.*, p. 245).

La bouche d'ombre efface l'auteur au profit d'une origine spatiale de la voix. Plus d'individu mais un lieu, comme en témoigne la figure de la tête de mort. C'est le « chant de cigale », « le cri grinçant » du pendu de *L'Homme qui rit* (p. 392). Dans *Les Travailleurs de la mer*, toute dimension organique a disparu ; elle n'est plus qu'une forme, la forme d'un lieu, la grotte de la pieuvre ; elle a de surcroît perdu jusqu'à l'ouverture des yeux, faisant de la bouche la source de toutes les sensations. « Cette cave figurait le dedans d'une tête de mort énorme et splendide ; la voûte était le crâne, et l'arche était la bouche ; les trous des yeux manquaient. Cette bouche, avalant et rendant le flux et le reflux, béante au plein midi extérieur, buvait de la lumière et vomissait de l'amertume » (p. 221).

Plus d'individu biologique, de conscience psychologique ni de sujet abstrait comme source de la parole romanesque ; elle surgit d'une zone imprécise, qui circonscrit sans déterminer. Privilégiant la voix sur le regard,

---

1 Hugo réinvestit ici une conception du paradoxe qu'on trouve déjà chez Pascal (voir Laurent Susini, « "Je ne vois partout qu'obscurité" : clairs-obscurs du paradoxe dans les Pensées de Pascal. », *L'obscurité. Langage et herméneutique sous l'Ancien Régime*, dir. D. Denis, Academia-Bruylant, 2007, p. 93-106).

la composition n'est plus le modèle du système représentatif, mais le milieu de la pensée, dans cette tension vers l'impersonnel où les mots alternent entre organisation et fuite. Tout au plus l'individu comme segmentation nécessaire est-il le siège de l'idée comme événement, mais jamais l'auteur compris comme garant. Se pose alors le problème de la volonté.

PASSIVITÉ DE L'AUTEUR, INCONSCIENT DE LA CRÉATION

« L'homme pensif est souvent l'homme passif » (*HQR*, p. 757). À l'image de ce qui arrive à Gwynplaine, désorienté devant le résultat de sa nouvelle condition, la forme énonciative sous sa forme la plus haute est synonyme de passivité dans les romans de Hugo. Elle s'incarne alors dans le personnage, « homme symbole en même temps qu'homme en chair et en os ». Avant tout présentée comme corporelle, elle apparaît à travers une affection. Aussi est-elle souvent thématisée sous la forme d'un amour violent, physique, qui ôte toute dimension réflexive : « Pourquoi dit-on un amoureux ? On devrait dire un possédé » (*HQR*, p. 599). Dans cette perspective, le narrateur ne répond pas à des choix intentionnels, guidés par une intention de signification précise. « Le langage poétique, ou au moins celui du texte, fonctionne sur la voie de la pulsion », écrit Julia Kristeva dans *La Révolution du langage poétique*[1]. C'est pourquoi, plus que des signes, les tempêtes sous un crâne livrent des impressions, les sensations corporelles qui rendent compte de ce qui affecte le personnage ; la prise de conscience de Jean Valjean n'est pas présentée comme le choix libre d'un esprit réfléchi. Plus qu'un cheminement intellectuel, le texte décrit des réactions corporelles : « sa tête était brûlante » (p. 177), « convulsion de la conscience » (p. 178), « saveur amère d'une mauvaise pensée » (p. 180), « ses artères battaient violemment dans ses tempes » (p. 182), « il avait froid », dans toutes ces expressions, l'analyse fait place aux considérations les plus physiques. À aucun moment Jean Valjean ne détient la vérité du sens de ses pensées et de ses actes : Soumis à la fatigue, il « pense malgré lui » (p. 182).

Ce qui disparaît ici, c'est l'idée d'une intention de l'artiste. Il n'y a pas d'antériorité chronologique d'un projet signifiant sur sa mise en forme. La composition n'est pas le résultat de la libre volonté de l'artiste.

---

1 *La Révolution du langage poétique*, éd. citée, p. 542-543.

Dépossédé de lui-même, de sa personne, il entre dans la violence de la passion, passion charnelle comme celle qui affecte Gwynplaine devant Josiane nue : « Gwynplaine, effaré et pâle, contemplait. Il écoutait ce sein palpiter et croyait entendre une respiration de fantôme. Il était attiré, il se débattait. Que faire contre elle ? que faire contre lui ? » (*HQR*, p. 693). Cette question « que faire ? », rythme toute la fin du chapitre : « Un courant irrésistible, et l'écueil. L'écueil ce n'est pas le rocher c'est la sirène. Un aimant est au fond de l'abîme. S'arracher à cette attraction, Gwynplaine le voulait mais comment faire ? » (p. 694). Défait de toute volonté, Gwynplaine se soumet à cette voix de l'abîme, voix de la sirène qui l'entraîne dans un courant irrésistible. Car la composition n'est pas production mais affection. Et l'effet dont elle résulte n'est pas seulement un effet sur le lecteur mais également sur le narrateur, dont on a vu que les interrogations se confondaient avec celles des personnages.

Le terme de *volonté* ne désigne plus ici l'autonomie d'un sujet visant la réalisation de ses fins, mais l'abîme indéterminé qui se tient en dessous de la représentation et de la raison. L'emploi de ce terme pour désigner la révolution permet de mieux comprendre son fonctionnement :

> Esprits en proie au vent.
>
> Mais ce vent était un vent de prodige.
>
> Être un membre de la Convention, c'était être une vague de l'Océan. Et ceci était vrai des plus grands. La force d'impulsion venait d'en haut. Il y avait dans la Convention une volonté qui était celle de tous et n'était celle de personne. Cette volonté était une idée, idée indomptable et démesurée qui soufflait dans l'ombre du haut du ciel. Nous appelons cela Révolution. Quand cette idée passait, elle abattait l'un et soulevait l'autre ; elle emportait celui-ci en écume et brisait celui-là aux écueils. Cette idée savait où elle allait, et poussait le gouffre devant elle. Imputer la révolution aux hommes, c'est imputer la marée aux flots.
>
> La révolution est une action de l'Inconnu (*QT*, p. 906).

« Force démesurée », la volonté disloque l'individu et l'éparpille à tous les vents. Idée sans maître, elle rejoint les éléments, vent, mer et rocher dans une « action de l'Inconnu ». S'il y a bien une volonté, elle ne trouve pas son origine dans un sujet.

Loin du caractère réflexif d'une conscience qui fait retour sur elle-même pour mieux se maîtriser, l'écriture est l'expérience d'une fascination et d'une affection. Trop complexe, la matière romanesque ne peut être l'objet d'une décomposition, d'une libre analyse : « Le raisonnement est éveillé, la logique est appelée » (*TM*, p. 304). La tournure passive signale bien ici le fonctionnement d'une pensée qui ne peut avoir lieu que dans une entière passivité. C'est tout le sens de la figure du gymnaste ou de l'athlète, qui réapparaît régulièrement dans les romans. Si Gilliatt sort vainqueur de son combat contre l'océan, c'est qu'il est « maître dans ces gymnastiques de la mer » (*TM*, p. 288). Cette caractéristique est avant tout celle de Gwynplaine, le clown funambule ; mais elle concerne également toutes sortes de personnages qui suivent plus leur instinct que leur raison, comme Halmalo, habile à « manier l'intrigue de la mer », [qui] « ne sait pas la géométrie mais fait des mouvements de mer surprenants » (*QT*, p. 833) de Cimourdain qui de « prêtre était devenu philosophe, et de philosophe athlète » (*QT*, p. 864) ou de Clubin qui a comme qualité « l'instinct du possible » et qui « est de cette race d'hommes rompus à la gymnastique de la mer » (*TM*, p. 92). Comme le gymnaste, le penseur ne peut prétendre contrôler chacun de ses gestes, sans quoi il risquerait de tomber. L'harmonie du geste, comme la synthèse, ne peuvent se faire que dans l'inconscient d'une pratique.

INDÉFINI ET VOIX MOYENNE

Sans la présence d'un garant, l'initiative est laissée aux mots. C'est certainement le sens de ce passage d'« une tempête sous un crâne » : « On peut dire même que le verbe n'est jamais un plus magnifique mystère que lorsqu'il va, dans l'intérieur d'un homme, de la pensée à la conscience et qu'il retourne de la conscience à la pensée » (p. 179). Mais c'est surtout la clé de la poésie d'Ursus, « magicien » qui provoque « des formations spontanées de chiffres ou de mots » (*HQR*, p. 549).

Ce n'est plus l'homme qui pense, mais le « verbe » qui, sujet de la phrase, passe de la profondeur à la surface. Précisant de quelle manière il est passé de la prose à la poésie, Yves Bonnefoy explique ce phénomène en indiquant le rôle qu'a joué le mot « Douve » dans cette conversion : « Une métamorphose avait commencé, cela m'est clair maintenant, dans un devenir d'écriture qui faisait se briser une première structure. Mais elle s'accomplissait sans que j'en prisse conscience[1]. »

1 « Lettre à John E. Jackson », *Entretiens sur la poésie*, Paris, Mercure de France, 1992, p. 95.

Mais ce phénomène n'est pas passivation absolue : « c'était lui qui parlait et lui qui écoutait » : tour à tour origine et visée, il s'agit plus d'une voix moyenne, qui permet de faire glisser la personne dans l'indéfini.

Cette forme est ainsi très souvent employée dans les romans. Elle représente une voix particulière, à la fois personnelle et impersonnelle, qui dépasse l'individu précis pour se fondre dans l'individu du groupe. Tel est le cas de l'ensemble « contraire » qui « fraternise » contre Gwynplaine :

> Ce déchaînement d'envie contre Gwynplaine ne se tint pas pour battu. [...]
> Aux bateleurs se joignirent les révérends. L'Homme qui Rit avait porté coup aux prêches. Le vide ne s'était pas fait seulement dans les baraques mais aussi dans les églises. Les chapelles des cinq paroisses de Southwark n'avaient plus d'auditoire. On délaissait le sermon pour aller à Gwynplaine. [...] La voix qui harangue dans le désert, *vox clamantis in deserto*, n'est pas contente et adjure volontiers le gouvernement. Les pasteurs des cinq paroisses se plaignirent à l'évêque de Londres, lequel se plaignit à sa majesté.
> La plainte des bateleurs se fondait sur la religion (*HQR*, p. 577).

Pour rendre compte de l'indéfini, la tournure pronominale est préférée aux constructions passives. Quand l'esprit est hors de lui-même, la voix moyenne s'associe à l'indéfini d'une vision sans forme. C'est le cas de Jean Valjean à l'issue de sa nuit de fièvre :

> Cela grandissait, cela semblait se mouvoir avec ordre, pourtant c'était hérissé et frémissant ; [...] Par degrés les linéaments se fixèrent, quoique noyés de ténèbres [...]. Des silhouettes s'agitaient sur des chariots, on voyait des étincelles dans le crépuscule comme s'il y avait des sabres nus, on entendait un cliquetis qui ressemblait à des chaînes remuées, cela s'avançait, les voix grossissaient, et c'était une chose formidable comme il en sort de la caverne des songes.
> En approchant cela prit forme et s'ébaucha derrière les arbres avec le blêmissement d'une apparition (*Mis.*, p. 717).

Le langage semble prendre l'initiative, tout en étant le siège d'un procès qui le dépasse, ainsi que l'atteste l'emploi de formes pronominales. Il ne s'agit pas de tomber dans un inconscient complet, sans quoi aucun sens ne serait possible. La voix moyenne ouvre la possibilité d'une forme signifiante à mi-chemin entre conscience et inconscient[1].

---

1 On croise ici la pensée d'un Schelling qui prône la synthèse du conscient et de l'inconscient : « Le conscient et l'inconscient ne doivent faire qu'un dans le produit de l'art. » Ou encore

Le mot n'est plus écrit selon une visée consciente. L'inscription dans la neige de Déruchette illustre bien ce phénomène. Elle n'a pas de finalité. À la question de Gilliatt qui se demande : « Mais enfin pourquoi a-t-elle écrit mon nom dans la neige ? » (p. 104) il n'est pas de réponse. Car comme il a été indiqué plus tôt, « Déruchette s'éveillait chaque matin avec l'inconscience de ses actions de la veille. [...] Elle chantait au hasard, jasait au hasard, vivait devant elle, jetait un mot et passait » (p. 98).

Pourtant inscrit dans son texte de manière appuyée, l'auteur comme sujet s'efface donc au profit d'un narrateur conçu comme origine passive : c'est le paradoxe du « Job-Prométhée », pour reprendre la comparaison qui définit Gilliatt. Refusant toute individuation du sujet qui pourrait servir de centre à la représentation, le texte organise sa disparition afin de viser l'indifférencié de la relation de composition.

Selon le procédé principal des romans, la négation et le vide n'apparaissent pas comme tels et se matérialisent dans le texte par l'entremise d'un processus d'excès : la démultiplication des points de vue.

LA VOIX DE L'ÉCRIVAIN

Comme l'explique Annette Rosa dans la présentation des *Misérables* :

> L'excès de l'affichage s'inverse en un anonymat que confirment ailleurs les fantômes du « promeneur solitaire » ou du « rôdeur de barrières » – Javert dirait que l'auteur « a des allures ». Inassignable et déconstruit, lui aussi, le narrateur – on l'a vu– se décompose entre les différentes voix du texte tout comme Victor Hugo lui-même, écrivant l'autobiographie la plus rusée et la moins narcissique qui soit, éparpille, émiette, démembre et distribue entre tous les personnages, tous les lieux et tous les moments l'histoire de sa propre vie[1].

Refusant toute origine de la voix dans un sujet centralisateur, l'énonciation dans le texte des romans est l'objet d'un traitement particulier. Démultiplication des points de vue et polyphonie généralisée aboutissent à l'élaboration d'une source collective, qui permet d'inscrire

« l'œuvre d'art représente pour nous l'identité du conscient et de l'inconscient » (*Système de l'idéalisme transcendantal*, III, Paris, Vrin, p. 163 et 168).

1 Collection « Bouquins », p. XIV.

l'indifférencié dans le texte. L'étude du schéma actanciel permettra par ailleurs d'élargir ce phénomène de multiplication des foyers de conscience aux relations auteur lecteur à travers l'étude du problème de l'interaction. Pointer l'instabilité du point de vue, c'est remettre en question la catégorisation dominante qui résulte souvent de la domination pour faire apparaître les voix antérieures qui la hantent[1].

DIALOGISME

Multiplication des voix

L'une des principales caractéristiques des romans de Hugo est le traitement du discours des personnages. Celui-ci témoigne de l'importance que le phénomène de la voix peut avoir dans les romans de Hugo. Une grande part du texte est en effet consacrée à la mise en scène des paroles. Dans *Les Misérables*, la parole constitue le premier des critères qui permet de distinguer les pauvres des bourgeois. Au sortir du bagne, Jean Valjean utilise les structures les plus minimalistes pour s'exprimer. (I, 2, 1 « Le soir d'un jour de marche »). Le monologue de Fantine, au commissariat, est d'autant plus pathétique qu'elle est d'ordinaire peu bavarde. Il est par ailleurs extrêmement décousu et saccadé (p. 153). Quant au discours de Champmathieu au tribunal, il est tellement incompréhensible qu'il en paraît artificiel à la cour (p. 215). À l'opposé, l'avocat s'exprime « en beau style » (p. 212) ; l'esprit de Tholomyès se manifeste dans ses « jeux de mots » et « calembours », la « sagacité » de Luc-Esprit Gillenormand dans ses « théories » (p. 476-477).

Dans les romans suivants, les passages de discours direct prennent une autre dimension. La parole quitte son rôle symbolique pour devenir un véritable matériau du roman. Le personnage le plus emblématique de ce phénomène est certainement Ursus, figure même du « poète » dans le texte (*HQR*, p. 549). On peut trouver dans ses discours la manifestation de la plupart des principes esthétiques de Hugo : Coq à l'âne, digression, parataxe, antithèse, jeux sur le signifiant, phénomènes sériels, excès, dilatation etc. Tout un chapitre est ainsi consacré à l'un de ses discours constitués d'une suite de phrases sans cohésion apparente. (II, 2, 11 « Gwynplaine est dans le juste, Ursus est dans le vrai »).

1 C'est le fondement du dialogisme de Bakhtine, mais également de la notion d'interdiscours chez Michel Pêcheux.

Mais plus que la parole en elle-même, c'est la conversation qui est importante. On a déjà vu à plusieurs reprises quel rôle jouait le dialogue dans les romans de Hugo. L'importance consacrée au thème général de la conversation et pas seulement à la forme dialoguée montre qu'il s'agit d'un principe de base de l'esthétique romanesque. Les rencontres de Myriel avec différents personnages, qui constituent toute la première partie des *Misérables*, sont avant tout des conversations. La multiplicité des interlocuteurs ouvre le roman sur une palette de points de vue sans trouver de synthèse dans une visée finale. C'est la diversité qui est importante ici : refuser d'organiser la parole autour d'un sujet centralisateur, c'est également refuser de l'orienter selon un seul point de vue. C'est pourquoi aucune de ces conversations n'a de véritable conclusion : ambiguïté ou absence de commentaire de la part du narrateur, doute et parfois même modification de l'orientation de Myriel, utilisation de la contradiction pour abolir toute possibilité d'homogénéité d'interprétation, tous les niveaux du texte sont sollicités afin d'ouvrir le roman sur une altérité de points de vue.

Cette multiplication des points de vue repose sur différents critères textuels, qui se combinent en séries. Dans le cas des conversations de M. Myriel, c'est d'abord le critère idéologique qui est en jeu. C'est tout à fait clair en ce qui concerne le condamné à mort, le sénateur matérialiste et le conventionnel G., qui permettent d'évoquer les différents points de vue.

Mais le texte joue également sur la diversité des formes : discours politiques, lettres, vers ou chansons cherchent à représenter dans le roman tous les registres de parole. Au français, dans lequel les romans sont rédigés, se mêlent différentes langues en particulier l'espagnol et le latin, l'anglais aussi, parfois, mais plus précisément pour les besoins des romans qui situent leur action dans des contrées anglophones. Ces emplois sont reliés par la recherche d'une dimension étrangère, qui correspond à une différence de perspective. « Cab roule en anglais et jappe en argot » (*Mis.*, p. 801) ; ce titre du chapitre IV, 8, 4 des *Misérables* signale le lien entre langues et segmentation. Selon qu'elle est comprise ou non la langue construit une perspective particulière, et surtout s'intègre à un réseau différent :

> Le titre des interludes d'Ursus était quelquefois en latin, comme le voit, et la poésie quelquefois en espagnol. Les vers espagnols d'Ursus étaient rimés

> comme presque tous les sonnets castillans de ce temps-là. Cela ne gênait point le peuple. L'espagnol était alors une langue courante, et les marins anglais parlaient castillan de même que les soldats romains parlaient carthaginois. Voyez Plaute. D'ailleurs, au spectacle comme à la messe, la langue latine ou autre, que l'auditoire ne comprenait pas, n'embarrassait personne. On s'en tirait en l'accompagnant gaîment de paroles connues (*HQR*, p. 551).

En accord avec la langue choisie, une nouvelle série se crée selon un rapport analogique, mais sur des plans différents : espagnol, castillan, anglais, latin et carthaginois s'associent autour d'un comportement, tandis que latin et anglais entrent dans un rapport phonétique.

Les parlures, enfin, complètent cette prolifération des voix narratives. Les discours directs sont en effet souvent l'occasion de retranscrire la manière propre de parler d'un personnage. On peut citer l'argot qui est largement utilisé dans *Les Misérables* mais aussi toutes sortes de dialectes : dans *Les Travailleurs de la mer*, la conversation entre deux personnages inconnus forme une digression qui ne semble là que pour laisser apparaître une manière différente de parler dans le texte :

> on crut être certain de reconnaître la voix de Gilliatt mêlée à l'épouvantable conversation que voici :
> – Comment se porte Vésin Brovard ?
> – Il guarit
> – Ver dia ! il a chu de plus haut que ce grand pau. C'est ravissant qu'il ne se soit rien rompu (*TM*, p. 57).

Dans *Quatrevingt-Treize*, le langage des enfants est retranscrit phonétiquement :

> Georgette braqua son doigt sur les hirondelles et cria : – Cocos !
> René-Jean la réprimanda.
> – Mamoiselle, on ne dit pas des cocos, on dit des oseaux.
> – Zozos, dit Georgette (*QT*, p. 977).

Tout le chapitre III, 3, 1, « Le massacre de Saint-Barthélemy », est construit sur ce procédé.

L'espace, enfin, constitue un autre enjeu de point de vue. S'il est *a priori* plus difficile à articuler avec la notion de voix, le lien est pourtant souligné à plusieurs reprises dans des expressions comme « haranguer l'espace » (*HQR*, p. 353), « l'espace se lamente » (p. 418) ou « les plaintes de l'espace » (p. 449). Ce rapprochement témoigne de la volonté de fonder la multiplicité des voix comme principe central de l'organisation du roman. C'est que la conduite de la parole repose sur un agencement de perspectives d'ordre perceptif, impliquant hauteur, profondeur et ouverture, selon des motifs très présents dans les romans de Hugo : Profondeur de l'égout dans *Les Misérables*, abîme de l'océan des *Travailleurs de la mer*, ou montagne de la Convention dans *Quatrevingt-Treize*, autant d'angles sous lesquels la parole se décline. En témoigne le personnage du Caimand, mendiant dont la cabane est faite de « compartiments [aussi] bizarres » que la manière dont il classe les situations : « C'est justement ce que j'ai pensé. En vous voyant je me suis dit : quand je pense que quelqu'un qui livrerait cet homme gagnerait soixante mille francs et ferait fortune ! Dépêchons-nous de le cacher » (*QT*, p. 844).

L'association de la voix et du point de vue permet par ailleurs d'échapper, partiellement du moins, au piège d'une représentation personnalisante en la définissant comme lieu d'origine, orientation, angle d'ouverture d'une source lumineuse : c'est pourquoi le spectacle *Chaos vaincu* repose autant sur la poésie d'Ursus que sur « des magies d'éclairage » (*HQR*, p. 549). Aussi important que le texte de la pièce ou que les acteurs, la Green-Box offre ainsi toute une gamme de points de vue :

> La Green-Box, fabriquée sur la savante épure d'Ursus, offrait ce raffinement ingénieux qu'entre les deux roues de devant et de derrière, le panneau central de la façade de gauche tournait sur charnière à l'aide d'un jeu de chaînes et de poulies, et s'abattait à volonté comme un pont-levis. En s'abattant il mettait en liberté trois supports fléaux à gonds qui, gardant la verticale pendant que le panneau s'abaissait, venaient se poser droits sur le sol comme les pieds d'une table, et soutenaient au-dessus du pavé, ainsi qu'une estrade, le panneau devenu plateau. En même temps le théâtre apparaissait, augmenté du plateau qui en faisait l'avant scène. Cette ouverture ressemblait absolument à une bouche de l'enfer (*HQR*, p. 550).

Voix et point de vue sont deux éléments fondamentaux dans les romans de Hugo. Leur traitement thématique, à travers la tempête et l'océan, témoigne de leur importance :

> On entendait des voix sans nombre. Qui donc crie ainsi ? L'antique épouvante panique était là. par moments, cela avait l'air de parler, comme si quelqu'un

> faisait un commandement. Puis des clameurs, des clairons, des trépidations étranges, et ce grand hurlement majestueux que les marins nomment *appel de l'Océan* (*TM*, p. 31).

À l'image de la « rumeur » des vents, qui « chantent dans l'infini, avec toutes les voix amalgamées » (*TM*, p. 256), la multiplication des voix dans le roman permet de créer une configuration qui rejoint l'indéfini de la tempête.

Le point de vue comme configuration

De même que le phénomène des digressions descriptives ou narratives bouleversaient l'ordre linéaire du récit au profit d'une configuration en épaisseur[1], la multiplication de ces voix narratives dessine un nouveau type de configuration fondé sur le dialogue. Dans *Temps et récit*, Paul Ricœur insiste sur cette particularité du dialogue comme structure fondamentale du récit. Voir les choses sous cet angle contribue à « substituer à la mise en intrigue un principe structurant radicalement différent[2] ». Ainsi, « avec le dialogue intervient un facteur d'inachèvement et d'incomplétude qui affecte non seulement les personnages et leur vision du monde, mais la composition elle-même, condamnée, semble-t-il, à rester tenue en suspens, sinon inachevée[3] ».

L'intrigue subsiste donc, mais sous une forme particulière. Rejoignant le « carnavalesque » de Bakhtine, elle apparaît comme le principe, indéfiniment flexible, d'une configuration toute en déformation, mais qui, pourtant, conserve l'organisation du récit. Ce type d'analyse convient particulièrement aux romans de Hugo[4] dont on sait qu'ils préfèrent la superposition de plusieurs formes ainsi que l'hétéronomie à la négation directe des structures classiques. Le rapprochement est d'autant plus aisé que le carnaval est thématisé dans nombre de romans[5]. Outre la

1 Voir p. 153 *sq.*

2 *Temps et Récit* II, éd. citée, p. 184.

3 *Ibid.*

4 Le rapprochement avec la structure du roman dostoievskien est d'autant plus facile que, comme le précise René Journet, Dostoievski était un grand lecteur des romans de Victor Hugo, parlant « avec admiration » de *Notre-Dame de Paris*, se passionnant pour *Les Misérables* « pour lesquels il conserva une sorte de vénération ». (René Journet, « Victor Hugo et la métamorphose du roman », *Romantisme*, n° 60, 1988 p. 112).

5 Anne Ubersfeld souligne « la coïncidence » de ces concepts avec « les thèses de Bakhtine », dont témoigne en particulier la Préface de *Cromwell* (« Le carnaval de *Cromwell* », *Romantisme*, n° 1-2, 1971 p. 82).

fameuse scène de *Notre-Dame de Paris*, on retrouve celui-ci à la fin des *Misérables*. Cette thématique se prolonge par ailleurs sous d'autres formes, par exemple les pièces d'Ursus, le lien étant souligné par la référence commune au « chariot de Thespis » (*Mis.*, p. 1076 et *L'Homme qui rit* p. 550).

Cette référence commune prolonge le principe d'organisation carnavalesque en une configuration « en écho », selon un mot fréquent dans les situations où le dialogue dépasse la simple relation entre personnages pour se dissoudre dans l'infini. C'est ce que décrit le chapitre III, 4, 5, de *Quatrevingt-Treize* intitulé « *Vox in deserto* » qui rend compte du désespoir de Michelle Fléchard à la recherche de ses enfants :

> Alors, en présence de cet abandon immense, sentant fléchir ses genoux, et comme devenu insensée, la mère éperdue jeta à la solitude ce cri étrange :
> – Y a-t-il quelque ici ?
> Et elle attendit la réponse.
> On répondit.
> Une voix sourde et profonde éclata, cette voix venait du fond de l'horizon, elle se répercuta d'écho en écho ; cela ressemblait à un coup de tonnerre à moins que ce ne fût un coup de canon ; et il semblait que cette voix répliquait à la question de la mère et qu'elle disait : Oui (p. 995).

Le coup de canon est là pour relier ce passage à l'intrigue, puisqu'il s'agit effectivement d'une bataille. Mais autour de l'écho se crée une autre configuration qui organise le roman autour de voix impersonnelles qui, en se répercutant, changent d'orientation, s'ouvrent sur de nouvelles séries dans un devenir « insensé », selon l'expression qui qualifie Michelle Fléchard dans ce passage.

Si le problème de la voix ne se limite pas à celui du point de vue, les deux principes sont inséparables, comme s'il s'agissait d'une seule fonction considérée sous l'angle de deux questions. La parole introduit ainsi une dimension spatiale, tandis que l'expression de la vision reste une métaphore, soulignant que, dans un texte, tout est raconté[1].

Mais envisager les choses sous l'angle de la voix permet de mettre en relief l'importance de la dimension énonciative dans le traitement littéraire de la composition. C'est une confirmation du fait que le sens est

1 C'est sans doute ce que suggère l'écho entre le titre du chapitre II, 2, 3 de *L'Homme qui rit*, « Oculos non habet et videt » et celui du chapitre I, 4, 2 de *Quatrevingt-Treize*, « Aures habet et non audiet ».

moins à chercher dans les structures d'un énoncé que dans la formation d'une énonciation. Car si le point de vue relève encore d'un problème de composition et peut se limiter à une représentation close du récit, la simple évocation de la voix crée déjà une ouverture dans le texte, dans la mesure où elle évoque des problèmes de communication.

Superposition des foyers de conscience

Mais le texte ne se contente pas d'entrecroiser plusieurs voix. Trouvant leur origine dans la même source, elles se superposent pour créer un flux indéfini. C'est Gilliatt, capable de « baragouiner un peu toutes les langues » (*TM*, p. 72), mais c'est surtout le personnage du ventriloque, qu'on rencontre en la personne d'Ursus : véritable Protée de la voix[1], « il est lui et tous. Soliloque et polyglotte » (*HQR*, p. 667). Le monologue qu'il fait en présence de Gwynplaine, la première fois qu'il rencontre celui-ci, permet bien de se rendre compte de ce phénomène :

> Ursus poursuivait entre cuir et chair son imprécation en sourdine :
> – J'ai vu le roi Jacques souper en personne dans le Banqueting House où l'on admire des peintures du fameux Rubens ; sa majesté ne touchait à rien. Ce gueux-ci broute ! brouter, mot qui dérive de brute. Quelle idée ai-je eue de venir dans ce Weymouth, sept fois voué aux dieux infernaux ! Je n'ai depuis ce matin rien vendu, j'ai parlé à la neige, j'ai joué de la flûte à l'ouragan, je n'ai pas empoché un farthing, et ce soir il m'arrive des pauvres ! Hideuse contrée ! […] Il est mieux qu'affamé, il est enragé, cet être là. Ce n'est pas de l'appétit, c'est de la férocité. Il est surmené par un virus rabique. Qui sait ? il a peut-être la peste. As-tu la peste, brigand ? S'il allait la donner à Homo ? Ah mais, non ! crevez, populace, mais je ne veux pas que mon loup meure. […] Je suis tout seul, je fais du feu, je n'ai qu'une pomme de terre, une croûte de pain, une bouchée de lard et une goutte de lait, je mets ça à chauffer, je me dis : bon ! je m'imagine que je vais me repaître. Patatras ! il faut que ce crocodile me tombe dans ce moment-là (*HQR*, p. 461).

Plusieurs dimensions énonciatives se superposent dans ce passage. Énonciation impliquée et distanciée alternent brusquement, créant un effet de court-circuit[2] (« Ce gueux-ci broute ! brouter, mot qui dérive de brute »). Dans son soliloque, Ursus prend Gwynplaine à parti, passant

1 « Ce que Protée faisait pour le regard, Ursus le faisait pour l'ouïe » (*HQR*, p. 668).
2 Sur l'intérêt de cette distinction typologique, proposée par Jean-Michel Adam, Gilles Lugrin et Françoise Revaz, pour les romans de Hugo (*op. cit.*), voir p. 153 *sq.*

d'un système d'interlocution à une description : « As-tu la peste brigand ? S'il allait la donner à Homo » ; il alterne par ailleurs récit et repérage actualisé utilisant des anaphoriques comme « ce moment là » pour décrire ce qui lui arrive au moment même (« il faut que ce crocodile me tombe dans ce moment-là ») au milieu de nombreux embrayeurs soulignés par les modalités, interrogatives, exclamatives et les interjections.

Ce principe de superposition des voix est également particulièrement sensible dans les scènes de « tempête sous un crâne », où le mélange des différents modes de discours crée un effet de superposition. C'est le cas pour Jean Valjean :

> La clarté devint complète, et il s'avoua ceci : – Que sa place était vide aux galères, qu'il avait beau faire, qu'elle l'y attendait toujours, que le vol de Petit-Gervais l'y ramenait […]
>
> – Eh bien quoi ! se dit-il, de quoi est-ce que j'ai peur ? qu'est-ce que j'ai à songer comme cela ? Me voilà sauvé. Tout est fini.
>
> Au bout de peu d'instants, il eut beau faire, il reprit ce sombre dialogue dans lequel c'était lui qui parlait et lui qui écoutait, disant ce qu'il eût voulu taire, écoutant ce qu'il n'eût pas voulu entendre, cédant à cette puissance mystérieuse qui lui disait : pense ! comme elle disait il y a deux mille ans à un autre condamné : marche ! […]
>
> Il se demanda donc où il en était. Il s'interrogea sur cette « résolution prise ». Il se confessa à lui-même que tout ce qu'il venait d'arranger dans son esprit était monstrueux, que « laisser aller les choses, laisser faire le bon Dieu », c'était tout simplement horrible. Laisser s'accomplir cette méprise de la destinée et des hommes, ne pas l'empêcher, s'y prêter par son silence, ne rien faire enfin, c'était faire tout ! c'était le dernier degré de l'indignité hypocrite ! c'était un crime bas, lâche, sournois, abject, hideux (*Mis.*, p. 179-180).

Au fur et à mesure que Jean Valjean endosse plusieurs points de vue, les styles se mêlent comme pour rendre mieux compte de la multiplicité de son flux de conscience pour le moins discontinu. Discours direct, discours indirect, discours indirect libre, et discours narrativisé[1] se mélangent comme autant de voix superposées. La multiplicité déborde d'ailleurs cette quadripartition, comme en témoignent les passages qui n'y entrent pas. Dans le premier paragraphe, l'emploi du tiret qui est la

1 Ce dernier terme appartient à la typologie établie par Gérard Genette dans « discours du récit » et qui correspond à la typologie de Dorit Cohn, qui distingue le « psycho-récit », le « monologue rapporté », et le « monologue narrativisé » (*Nouveau Discours du récit*, Paris, Seuil, 1983, p. 40).

marque du discours direct entre en conflit avec la conjonction « que » de discours indirect. Dans le troisième paragraphe, l'emploi des guillemets crée également un phénomène de confusion. À la multiplicité, s'ajoute la tension dans la mesure où il devient difficile de dégager nettement les différents niveaux des changements de voix. Dans cette conversation intérieure, les voix ne sont plus seulement multiples mais entremêlées de manière complexe. Elles se superposent aux différents foyers d'une conscience désunifiée.

Le texte allant par ailleurs toujours vers plus d'ouverture, le phénomène de la superposition des voix débordent le cadre de la conscience pour rejoindre un flux plus général. Le monologue polyphonique idéal reste « le monologue des flots » selon l'expression des *Travailleurs de la mer* (p. 218). La voix humaine s'en approche lorsqu'elle se mêle à ce qui n'est pas elle pour former un « torrent », « vacarme de voix et de voiture » (*HQR*, p. 617), ou association d'une voix et d'une cloche (p. 422).

VOIX ET NARRATION

Mais pour que la dimension polyphonique devienne réellement effective, il faut y inclure la principale voix du récit : celle du narrateur. Dans son étude sur la *Poétique de Dostoïevski*, Bakhtine place le narrateur au centre de sa définition de la polyphonie. Dans le roman monologique, la voix du narrateur s'identifiant à celle de l'auteur conditionne toutes les autres voix, même lorsqu'elles se divisent en une multiplication de points de vue selon le mode de configuration étudié plus haut. Ramené à cette instance le texte parle d'une seule voix. Dans la conception polyphonique du roman, au contraire, le dialogue excède les relations entre les personnages pour inclure le rapport entre le narrateur et ses personnages. L'auteur comme conscience maîtresse disparaît alors.

Les points de vue du narrateur

Loin de conserver la même orientation tout au long des romans, différentes focalisations narratives se mêlent, annulant toute possibilité de centralisation autour de la voix d'un narrateur stable[1], se mêlent dans

1 Les romans de Hugo ne proposent pas vraiment de séquences correspondant exactement à la typologie proposée par Gérard Genette dans *Figures III*, ce qui tendrait à aller dans

le roman et empêchent toute unification. Certes, comme l'explique ce dernier, il est fréquent que le récit ne s'en tienne pas à un seul type de modalité[1]. Mais comme l'a montré Guy Rosa pour *Les Misérables*[2], ce phénomène se généralise dans l'écriture de Hugo et participe au premier chef aux expériences d'effacement qui sont au cœur de son esthétique. Pivot du récit dans la mesure où, trop proche de l'indistinct, la pensée des personnages leur interdit un discours assez centralisé pour être compréhensible, la narration doit être assumée par le narrateur. Mais en même temps, comme l'explique Guy Rosa « le texte change incessamment de mode narratif[3] ». Prenant comme exemple un segment qui s'étend sur quelques pages (chapitre I, 2, 6 « Jean Valjean » p. 68-71), il pointe l'alternance entre les incertitudes du narrateur (« il est probable », « c'était je crois »), l'ignorance affichée (« Que devint la sœur ? Que devinrent les sept enfants ? », « je ne sais plus par quelle voie ce renseignement lui parvint »), le caractère omniscient du narrateur (« Jean Valjean était d'un caractère… »), ou la restriction de champ (« et à ce geste on devina que la chose quelconque qu'il avait faite… »). Par ailleurs le narrateur n'assume pas toujours le récit qu'il délègue à un témoin : « un ancien guichetier de la prison, qui a près de quatre-vingt dix ans aujourd'hui, se souvient encore parfaitement de ce malheureux qui fut ferré à l'extrémité du quatrième cordon dans l'angle nord de la cour »(p. 69). On peut noter un dernier type de narration que Guy Rosa nomme lyrique « dont la valeur informative est faible, où le poids des figures est considérable et qui, sans proposer à proprement parler un commentaire, tend à qualifier la réalité, à l'ériger en objet signifiant et à provoquer une émotion » :

> C'est toujours la même histoire. Ces pauvres êtres vivants, ces créatures de Dieu, sans appui désormais, sans guide, sans asile, s'en allèrent au hasard, qui sait même ? chacun de leur côté peut-être, et s'enfoncèrent peu à peu dans cette froide brume où s'engloutissent les destinées solitaires, mornes ténèbres où disparaissent successivement tant de têtes infortunées dans la sombre marche du genre humain (*Mis.*, p. 70).

le sens de la critique qu'Alain Rabatel fait de la notion de focalisation comme structure profonde, lui préférant celle de point de vue comme mise en scène énonciative qui pointe le jeu interactionnel des personnages ainsi que les enjeux de la narration. (« Fondus enchaînés énonciatifs. Scénographie énonciative et points de vue », *Poétique*, n 126, 2001, p. 151-173).

1 *Figures III*, éd. citée, p. 209.

2 « Réalisme et irréalisme des *Misérables* », *Lire* Les Misérables, éd. citée.

3 *Ibid.*, p. 234.

Proche du « je » de la poésie, ce mode permet de rendre compte d'une expérience personnelle élargie à un caractère universel[1]. On sort ici de la contingence du récit pour entrer dans l'expression d'une vérité générale, comme le souligne le passage du passé simple au présent. Voix fictive de l'auteur, elle sonne comme une confidence au lecteur auquel elle étend le rapport dialogique. Un « je » des *Misérables* peut-être rapproché de ce fonctionnement : « Je me souviens d'un papillon blanc qui allait et venait dans la rue » (*Mis.*, p. 929). Unique en son genre[2], ce pronom crée un effet particulier. Le mélange énonciatif qui préside à la narration des romans en général et des *Misérables* en particulier, impose que les références à l'auteur soit toujours nuancées. Emploi de la troisième personne, (« l'auteur de ce livre ») du « nous » ou du « on » se succèdent sans jamais permettre de construire une véritable première personne. L'emploi de ce pronom crée ici un effet de tension[3]. Il implique une irréductible singularité, un engagement personnel qui définit une situation précise, mais en même temps il ne désigne qu'une place vide à laquelle seul le contexte donne consistance.

Comme le dit Guy Rosa : « La modalité générale de cette narration polycentrique et qu'on pourrait dire à instances diverses et disparaissantes, obéit au principe général du livre. Elle enregistre concrètement la nécessité de voir et de dire la misère et l'impossibilité de le faire[4]. » En ceci, elle échappe à la représentation puisque qu'elle refuse d'accéder à un point de vue unique et stable. En se multipliant, le narrateur s'absente et rejoint l'anonymat d'une voix non personnelle. Mais grâce à un

1 Comme le souligne Victor Brombert, ce phénomène est lié de manière tensive à l'effacement de la voix : « Dans cette perspective d'un moi-lui auteur, les textes hugoliens restent au demeurant soumis à une tension fondamentale. Ils affirment au départ rupture et cassure, le point de vue de la mort, un système d'effacement, une voix qui, devenue silence, s'absente d'elle-même dans l'immanence de l'écriture, un évanouissement intertextuel au service de la poésie plutôt que du poème, c'est-à-dire soumis entièrement au devenir de l'écriture. Mais d'autre part, le système de l'effacement implique un moi élargi, l'affirmation de la plénitude, un théâtre de la conscience si démesuré… qu'il finit par contenir l'infini » (« Victor Hugo : l'auteur effacé ou le moi de l'infini », *Poétique*, n° 52, nov. 1982, p. 425).

2 Les autres emplois de ce pronom sont intégrés à des locutions du type « je ne sais quoi ».

3 C'est le même effet de tension que crée la poésie lyrique, comme le souligne Dominique Rabaté : « L'énonciation lyrique cherche dans le présent de son inscription à jouer contre la mort, en soustrayant l'instant à sa fugacité, en le redynamisant dans un dire qui l'arrache au passé perdu. Mais la tension se redouble sans doute de ce que le même désir serait de dire ce moment comme pur instant, passé indiscutable » (*Figures du sujet lyrique*, Paris, PUF, 1995, p. 71).

4 « Réalisme et irréalisme des *Misérables* », art. cité, p. 234.

fonctionnement lyrique, il inscrit cette voix dans une matérialité, donnant au sens un ancrage physique et sensible qui seul permet l'émergence de la singularité. On peut dire ainsi que le fonctionnement énonciatif particulier des romans permet de rejoindre la notion d'émotion telle que la définit Michel Collot. Liée à un « horizon qui déborde le sujet mais par lequel il s'exprime[1] », l'émotion est la seule origine subjective possible qui soit pensable[2].

Hétérogénéité énonciative

Mais pour que toute autorité disparaisse, il faut que s'efface le clivage entre les différentes origines de la voix. Il n'y a pas simplement combinaison des paroles des personnages d'un côté et des modalités narratives de l'autre mais un mélange entre ces différentes voix[3].

Si ce phénomène est surtout fréquent dans l'utilisation du discours indirect libre, il est essentiellement présent dans les romans de Hugo, dans des passages de récit qui se rapprochent d'une structure ironique. C'est le cas en particulier dans le début des *Travailleurs de la mer*, qui mêle la description de Gilliatt à l'opinion que les gens du coin s'en font. Si c'est bien le narrateur qui parle, ce n'est pas toujours son point de vue qu'il exprime. Souvent, l'ironie est évidente :

> Des gens fort prud'homme et des personnes absolument croyables affirmaient avoir vu, près de ces pierres, Gilliatt causer avec un crapaud. Or, il n'y a pas de crapauds à Guernesey ; Guernesey a toutes les couleuvres et Jersey tous les crapauds. Ce crapaud avait dû venir de Jersey à la nage pour parler à Gilliatt. La conversation était amicale.
>
> Ces faits demeurèrent constatés ; et la preuve, c'est que les trois pierres sont encore là. Les gens qui douteraient peuvent les aller voir, et même, à peu de distance, il y a une maison au coin de laquelle on lit cette enseigne (*TM*, p. 57).

---

1 *La Matière-émotion*, Paris, PUF, 1997, p. 2.

2 Ce type de problématique n'est pas propre à la poésie moderne. Comme le souligne Ludmila Charles-Wurtz, le « caractère labile du je » est d'abord une expérience romantique : « Parce qu'il se définit comme un discours, le lyrisme constitue au début du XIXe siècle un véritable laboratoire énonciatif. [...] il est l'espace de liberté, le champ d'expérience où l'individu explore les contradictions et les potentialités de sa propre énonciation » (*Poétique du sujet lyrique*, éd. citée, p. 13).

3 Comme le note Anne Reboul, il n'est pas suffisant de combattre l'unicité du sujet parlant au niveau du texte, il faut le faire au niveau de l'énoncé. (*Rhétorique et stylistique de la fiction*, éd. citée, p. 77).

Parfois la distinction des différents points de vue est moins nette : les parlures des personnages contaminent les commentaires du narrateur. C'est le cas dans le passage qui rend compte de la manière de parler des gens de Guernesey :

> – Comment va la Catherine ?
> – Elle est de charme.
> « La Catherine » était évidemment une sarregousette (*TM*, p. 57).

Le fait que « la Catherine » soit entre guillemets accentue la confusion, dans la mesure où on a l'impression que c'est le seul élément de la phrase qui soit emprunté aux personnages. Laissant « sarregousette » comme tel, le narrateur fait semblant de le reprendre à son compte, comme s'il adoptait le point de vue des habitants.

Au-delà de l'analyse narratologique qui traite des différentes paroles dans le roman, il est donc nécessaire de s'intéresser aux rapports entre sujet et énonciation, en s'appuyant sur la distinction établie par Oswald Ducrot entre « locuteur » et « énonciateur[1] ».

CELUI QUI ÉCRIT

Mais la polyphonie n'est pas un principe suffisant. Pour que la bouche d'ombre trouve une forme dans le texte, la voix doit avoir son origine dans un vide. Multiplier les centres n'est pas assez. Il faut que le texte déborde ses limites. Il ne doit plus se borner à son contenu ou à ses structures mais s'ouvrir sur la situation d'énonciation qui inclut des éléments non textuels, comme l'auteur ou le lecteur. Indéterminables et surtout extérieurs au texte, ils permettent de construire une origine indéfinie. Mais pourtant réels, ils s'inscrivent dans une matérialité, une immanence extratextuelle[2].

---

1 « J'appelle "énonciateur" ces êtres qui sont censés s'exprimer à travers l'énonciation, sans que pour autant on leur attribue de mots précis ; s'ils "parlent", c'est seulement en ce sens que l'énonciation est vue comme exprimant leur point de vue, leur position, leur attitude, mais non pas, au sens matériel du terme, leurs paroles » (*Le Dire et le dit*, éd. citée, p. 204).

2 Comme le précise François Rastier, on peut distinguer plusieurs types d'immanence, et en ce qui concerne le sens, il « n'est pas immanent au texte comme message, mais à une *situation d'énonciation* » (*Sens et textualité*, éd. citée, p. 16).

Le texte comme interaction

Comme tout discours, le discours littéraire est le produit d'une interaction. Le sens, l'idée comme rouage du roman, ne sont pas immanents à un texte, mais à une situation d'énonciation. Refuser cette dimension de la lecture, c'est tomber dans une idéologie essentialiste du texte, pour reprendre l'analyse de Michel Charles qui critique cette croyance en « l'existence du texte » : « [...] tout se passe comme si le texte existait hors de l'expérience que j'en ai, hors des opérations que je lui fais subir pour que précisément il devienne un texte[1]. » S'interroger sur l'idéologie textuelle qui est en œuvre est essentiel dans la mesure où elle est le symptôme de la manière dont la subjectivité est envisagée. La notion de texte est ainsi comme un avatar de la notion de conscience, notion qui comme on l'a vu est mise en question par la pratique textuelle. Conserver l'autorité du texte, c'est rester dans une logique du sujet[2]. Dans cette évolution historique, le romantisme est considéré comme le moment où la conception de l'auteur tout puissant est portée à l'extrême. En marge de cette « scénographie auctoriale[3] », les romans de l'exil présentent un lecteur actif, à l'image de Myriel qui écrit « sur les pages mêmes » des livres qu'il lit :

> Parfois au milieu d'une lecture, quel que fût le livre qu'il eût entre les mains, il tombait tout à coup dans une méditation profonde, d'où il ne sortait que pour écrire quelques lignes sur les pages mêmes du volume. Ces lignes souvent n'ont aucun rapport avec le livre qui les contient (*Mis.*, p. 18)[4].

---

1 *Introduction à l'étude des textes* p. 40.

2 En témoigne le fait que ces deux notions ont une évolution historique parallèle : comme le précise Cécile Bougeard, l'émergence de la notion moderne de sujet, au siècle des Lumières, rend possible l'apparition juridique de notions telles que la propriété individuelle et le droit d'auteur. (« Les racines du droit d'auteur », *Le Droit d'auteur aujourd'hui*, Paris, Éd. du CNRS, 1991, p. 8-9). C'est aussi à cette période que les figures d'auteur, furtive jusque-là (*Don Quichotte, Histoire comique de Francion*) prennent une place de plus en plus importante dans la fiction romanesque, dans un mouvement qui allie légitimation du roman comme genre sérieux et renouvellement du pouvoir symbolique et spirituel de l'écrivain sur la société (Paul Bénichou, *Le Sacre de l'écrivain. 1750-1830. Essai sur l'avènement d'un pouvoir spirituel laïque dans la France moderne*, Paris, Corti, 1973).

3 Pour reprendre l'expression de José-Luis Diaz, qui explique que le mouvement de personnalisation de la littérature à l'époque romantique s'accompagne paradoxalement d'« une collectivisation des attitudes littéraires, et donc aussi [d']une stéréotypisation des scénographies auctoriales » (*L'Écrivain imaginaire. Scénographies auctoriales à l'époque romantique*, Paris, Honoré Champion, 2007, p. 3-4).

4 Le passage au présent suggère ici que cette expérience de lecture-écriture doit être généralisée. On voit ici que Hugo va beaucoup plus loin que Valéry dans sa conception de la lecture

Comme l'explique Guy Rosa, « Hugo participe incontestablement au romantisme mais ne lui appartient pas ; il le sature et s'y dérobe[1] ». Et cette « gêne taxinomique » se signale en particulier dans sa conception particulière du « moi » qui fait du lecteur non pas une individualité distincte de l'auteur mais les fond dans un même processus de signification[2].

Remettre en cause l'auteur n'est donc pas suffisant pour penser la spécificité du fonctionnement énonciatif des romans de Hugo. Il faut également remettre en cause l'autorité du texte. P. 211 *sq.*, nous avons vu que les romans étaient conçus en fonction d'une stratégie de la lecture. Mais, envisagées du point de vue d'une praxéologie, certaines procédures n'étaient pas obligatoirement suivies des effets escomptés, comme nous l'avons remarqué. C'est le signe qu'envisager le texte dans une perspective de production ne suffit pas et que l'on ne peut comprendre l'ensemble de son fonctionnement que dans une perspective pragmatique, qui intègre la réception dans la situation d'énonciation et ne se contente pas d'y voir la mise en forme de normes préalablement définies[3]. Critiquant la notion d'auteur implicite chez Wayne Booth, Susan Suleiman souligne que celle-ci ne permet pas de rendre compte des zones hétérogènes où la voix de l'auteur n'est plus stable et unifiée, en particulier les passages ironiques qui soulignent le fonctionnement polyphonique du texte[4].

La notion d'interprétation prend alors tout son sens. Il ne s'agit pas seulement de considérer qu'elle consiste à exécuter les prescriptions

---

irrespectueuse. Rapportant son expérience d'une lecture de *Phèdre* à laquelle il tenta, selon sa conception du « lecteur actif », « de faire subir [des] substitutions » (*Rhumbs*, *Tel quel*, *Œuvres*, t. II, « Bibliothèque de la Pléiade », p. 626), Valéry conclut finalement au caractère intangible de l'œuvre : « Mais le texte ne se laissait pas ressaisir. Phèdre me résistait. Je connus par expérience directe et sensation immédiate, ce que c'est que la perfection d'un ouvrage » (« Sur Phèdre femme », *Variétés*, *Œuvres*, t. I, « Bibliothèque de la Pléiade », t. I, p. 508).

1 « Victor Hugo poète romantique ou le droit à la parole », *Romantisme*, n° 60, p. 39.

2 « Évidé de sa particularité et accueillant à tous, dilaté aux dimensions de l'humanité, noyé dans l'océan du peuple humain ou l'ayant tout entier absorbé, le destinateur du texte se [confond] avec son destinataire : l'infini des lecteurs » (*Ibid.*, p. 48).

3 Comme l'explique Stanley Fish, la réception ne doit pas être considérée comme « une réponse *au* sens [du texte] mais *est* le sens, du moins l'espace dans lequel ce que j'appelle le sens se produit, et de ce fait l'ignorer ou ne pas en tenir compte c'est risquer de faire manquer une grande partie de ce qui se passe » (« the reader's response is not *to* the meaning ; it *is* the meaning, or at least the medium in which what I wanted to call the meaning comes into being, and therefore to ignore or discount it is, [...], to risk missing a great deal of what is going on. » *Is there a text in this class ?*, Cambridge, Mass., Harvard University Press, 1982, p. 3).

4 Susan Suleiman, introduction à *The Reader in the text. Essays on audience and interpretation*, Princeton, Princeton University Press, 1980, p. 9.

du texte[1], mais qu'elle est la « forme » même du texte pour reprendre l'expression de Stanley Fish[2]. Nous allons voir comment cette question se signale dans le texte.

Ancrage énonciatif

Un certain nombre d'éléments dans les romans de Victor Hugo montrent que le texte est écrit dans cette perspective générale de communication[3]. L'auteur s'adresse directement au lecteur : « Dans ces détails, le lecteur rencontrera deux ou trois circonstances invraisemblables, que nous maintenons par respect pour la vérité » (*Mis.*, p. 169). Il le fait complice de ses actes : « Quoique ce couvent fût le plus muré de tous, nous allons essayer d'y pénétrer et d'y faire pénétrer le lecteur » (p. 381). Il le prend à partie ou lui parle sur le ton de la confidence :

> Ivresse matinale de la vie ! Adorables années ! L'aile des libellules frissonne. Oh ! qui que vous soyez, vous souvenez-vous ? Avez-vous marché dans les broussailles en écartant les branches à cause de la tête charmante qui vient derrière vous ? (*Mis.*, p. 100).

Ou au contraire lui interdit certaines choses : « On peut à la rigueur introduire le lecteur dans une chambre nuptiale, non dans une chambre virginale » (p. 351). Si le lecteur est nommé comme tel dans *Les Misérables* il est plutôt suggéré par la suite. Comme le souligne Marie-Hélène Prat, la présence du lecteur est moins explicite dans les romans suivants[4]. Dans *L'Homme qui rit*, on trouve toutefois cette référence injonctive à la lecture : « une fille que le roi au berceau avait fait duchesse, on ne savait trop pourquoi. Lisez, si voulez, on savait trop pourquoi. » (*HQR*, p. 483).

1 Selon Gérard Genette : « un musicien, un architecte (j'ajouterais un écrivain) produit un objet qui servira de signal dans un processus intellectuel d'exécution qui suppose une lecture interprétative en référence à un code (notations musicales, conventions diagrammatiques ou linguistiques) » (*L'œuvre de l'art*, t I, Paris, Seuil, 1994, p. 59).

2 « Shape » (*op. cit.*, p. 13).

3 Selon Naomi Schor, l'interprétation n'est pas seulement un phénomène extérieur au texte mais un acte fictionnel : « interpretation is viewed not as something that is done *to* fiction, but rather as something that is done *in* fiction » (« Fiction as interpretation/Interpretation as fiction », *The Reader in the text*, éd. citée, p. 168).

4 Marie-Hélène Prat, « Victor Hugo ou l'homme qui parle », *L'Information grammaticale*, n° 24, janvier 1985, p. 29.

L'utilisation d'impératifs jussifs signale la présence du destinataire : « Il est effrayant de penser que cette chose qu'on a en soi, le jugement, n'est pas la justice. Le jugement c'est le relatif. La justice c'est l'absolu. Réfléchissez à la différence du juste et de l'injuste » (*HQR*, p. 518).

Certaines questions sont également la marque de l'interlocution : « Barkilphedro y devint le moteur. Avez-vous remarqué dans certains mécanismes la petitesse de la roue motrice ? » (*HQR*, p. 511). Elles permettent de prendre le lecteur à parti : « Barkilphedro se tenait en arrêt, dirigeant contre la duchesse toute sa méchanceté secrète. Cela vous étonne ? que vous a fait l'oiseau à qui vous tirez un coup de fusil ? » (*HQR*, p. 513).

De manière générale, dans les trois derniers romans, le lecteur est plutôt présent de manière implicite, dans des structures polyphoniques qui signalent l'existence d'une situation d'interlocution. C'est le cas d'expressions qui font appel à la participation du lecteur, du type « comme on voudra » (*QT*, p. 867) ou « on s'en souvient » : « Un demi bataillon seulement, on s'en souvient, avait été exterminé à Herbe-en-Pail » (*QT*, p. 939).

Mais principalement, dans ces romans, c'est à travers l'interrogation que l'interlocution est la plus présente[1]. On peut prendre pour exemple de ce procédé la description de la Jacressarde dans *Les Travailleurs de la mer* :

> Les habitués entraient par la porte de la cour ; le public entrait par la boutique.
>
> Qu'était-ce que la boutique ?
>
> Le haut mur faisant façade sur la rue était percé à droite (p. 136).

Un peu plus loin, ce phénomène est souligné par l'emploi des adverbes « oui » et « non » :

> Tout cela accru par la solitude pesait sur Gilliatt.
>
> Le comprenait-il ? Non.
>
> Le sentait-il ? Oui (p. 239).

1 Comme le souligne Émile Benveniste, l'interrogation comme modalité de phrase indique une attitude fondamentale du locuteur à l'égard de l'allocutaire. C'est une « énonciation construite pour susciter une "réponse" par un procès linguistique qui est en même temps un procès de comportement » (*Problèmes de linguistique générale*, II, Paris, Gallimard, 1974, p. 84).

Contrairement aux séries d'interrogations destinées à remettre en cause l'existence d'une conscience auctoriale, ce type de questions semble là pour inscrire, même fictivement, l'interlocution dans le texte. La typographie indique que ces passages sont des cas de frontières, dans la mesure où une partie seulement reprend les normes du dialogue : le fait d'aller à la ligne, en particulier, ne recoupe pas exactement les termes du dialogue, mais crée un effet de va-et-vient énonciatif qui souligne le processus d'interaction de la lecture[1].

De l'auteur à l'écrivain

Le statut particulier de l'écrivain est le deuxième critère à prendre en compte dans l'étude de la situation d'énonciation. Si certains éléments de sa biographie sont intégrés au texte, lui-même n'existe pas à proprement parler. C'est pourquoi il se présente comme un mort :

> Louis-Philippe ayant été apprécié sévèrement par les uns, durement peut-être par les autres, il est tout simple qu'un homme, fantôme lui-même aujourd'hui, qui a connu ce roi, vienne déposer pour lui devant l'histoire ; cette déposition, quelle qu'elle soit est évidemment et avant tout désintéressée ; une épitaphe écrite par un mort est sincère ; une ombre peut consoler une autre ombre ; le partage des mêmes ténèbres donne le droit de louange ; il est peu à craindre qu'on dise jamais de deux tombeaux dans l'exil : celui-ci a flatté l'autre (*Mis.*, p. 662).

C'est bien de lui que parle ici Victor Hugo, qui connut Louis-Philippe et qui est en exil. La mort dont il parle est symbolique, en raison de sa situation d'exilé, mais également en raison de son statut d'auteur. L'auteur n'est pas simplement une figure indéterminée. Il n'existe pas matériellement.

On peut interpréter ceci à la lumière de ce que Georges Molinié nomme « la non-actorialité de l'actant émetteur α ». « Cet actant émetteur α, le scripteur, est responsable du programme structural du texte[2]. » Il ne

1 On peut penser à cette métaphore de la lecture comme jeu de paume chez Montaigne : « La parole est moitié à celuy qui parle ; moitié à celuy qui l'escoute. Cettuy-cy se doibt preparer à la recevoir selon le branle qu'elle prend. Comme entre ceux qui jouent à la paume, celuy qui soustient se desmarche et s'apreste selon qu'il voit remuer celuy qui luy jette le coup et selon la forme du coup » (« de l'expérience », *Les Essais*, III, 13, Paris, PUF, 1992, p. 1088).

2 *Sémiostylistique*, éd. citée, p. 58.

peut être localisé dans aucune partie de la matérialité du texte, même de manière indéfinie : « Il y a une indétermination topique de l'actant émetteur α, qui fantomatise fortement l'appréhension auctoriale[1]. » Pourtant il reste possible « de penser une spécification particulière » de cet actant qui permette de conserver « la trace du concept d'*auteur*[2] ».

Cette trace se matérialise dans la figure de l'écrivain, « celui qui écrit ces lignes », pour reprendre une expression qu'on rencontre souvent, aussi bien dans les textes critiques que dans les romans[3]. C'est pourquoi Hugo fait plus souvent référence au moment de l'écriture qu'à sa propre personne. Ce qui importe, c'est la situation de la production du texte, plutôt que celle de celui qui l'a produit. La manière dont les éléments de la biographie du narrateur sont inscrits sous le texte indique moins une volonté de les dissimuler que le désir de les signaler comme une influence, un agencement qui relie plusieurs niveaux de la situation d'énonciation.

Ce statut ambigu s'inscrit dans le texte sous la figure du passant. Généralement employée à la place du « nous » de narration, cette instance apparaît lorsqu'il s'agit de faire référence à une situation vécue mais qui doit passer dans le texte de manière impersonnelle : « L'an dernier (1861), par une belle matinée de mai, un passant, celui qui raconte cette histoire, arrivait de Nivelles » (*Mis.*, p. 241). Comme

1 *Ibid.*, p. 59.

2 *Ibid.*, p. 65. C'est l'actant émetteur α zéro, par opposition à l'actant émetteur a-n qui représente la plus grande généralité possible de l'actant émetteur α.

3 « Celui qui écrit ces lignes » ou « celui qui écrit ceci » sont des formules qu'on rencontre à partir de la Préface de *Cromwell* et qu'on retrouve aussi bien dans *Littérature et philosophie mêlées* (une dizaine d'occurrences), *Le Dernier Jour d'un condamné, Claude Gueux, Histoire d'un crime, Napoléon le Petit, Les Misérables, Les Travailleurs de la mer, William Shakespeare, Actes et paroles.* Par opposition, des expressions comme « l'auteur de ce livre » sont omniprésentes dans la poésie (plusieurs dizaine pour *Les Odes et Ballades, Les Orientales, Les Feuilles d'automne, Les Chants du crépuscules, Les Voix intérieures, La Légende des siècles)* et dans une moindre mesure de théâtre (avec de nombreuses occurrences dans la Préface de *Cromwell*, mais aussi dans les préface à *Hernani* et *Ruy Blas*). Dans les romans, ce type de référence est surtout caractéristique du *Dernier Jour d'un condamné* et de *Notre-Dame de Paris.* À partir des *Contemplations*, l'auteur subsiste comme figure problématique. On notera dans *Les Misérables* la phrase qui, de manière emblématique, distingue nettement auteur et écrivain (« J'ai dû renoncer à l'état d'auteur. Pourtant je suis encore écrivain public. ») et dans *Quatrevingt-Treize*, l'association explicite entre auteur et autorité despotique : « Renverser les bastilles, c'est délivrer l'humanité ; abolir la féodalité, c'est fonder la famille. L'auteur étant le point de départ de l'autorité, et l'autorité étant incluse dans l'auteur, il n'y a point d'autre autorité que la paternité ».

l'indique la note de l'éditeur, « Victor Hugo séjourna à Waterloo du 7 mai 1861 au 21 juillet pour y écrire le récit de la bataille et achever ainsi son roman[1] ». Ce passant se distingue bien du narrateur qui sera mentionné quelques pages plus loin : « Retournons en arrière, c'est un des droits du narrateur » (*Mis.*, p. 247). Il s'agit ici de pointer la situation d'énonciation elle-même. La référence à la date indique cette particularité de la situation d'énonciation en littérature, qui fait qu'elle n'est pas la même pour l'auteur et le lecteur.

Avec la figure du passant, très fréquente dans tous ses romans, Hugo se présente comme un simple médiateur, qui permet de synthétiser des éléments de portée universelle mais qui lui-même s'efface comme personnage particulier et se présente comme une voix venue d'outre-tombe, une « bouche d'ombre ». Guy Rosa a ainsi montré comment se développait chez Victor Hugo une « fantasmatique du moi évidé mais dilaté et envahi, devenant moi du monde, symétrique à celle de sa dépossession[2] ».

Aussi la composition n'est-elle pas le produit de l'auteur conçu comme personne mais résulte d'une zone indéterminée, « un champ » selon le jeu de mots des *Misérables* (« Le champ de l'Alouette », titre du chapitre IV, 2, 1 p. 681). C'est aussi pourquoi Gilliatt « pense *du côté* de Déruchette » (*Les Travailleurs de la mer* p. 105), l'idée n'ayant ni origine ni visée dans un individu. La figure du passant permet de penser un auteur qui n'est pas simplement indéfini mais impersonnel et indéterminé[3]. Bien sûr, comme élément inscrit dans le texte, il appartient au même niveau que le narrateur ; mais il fonctionne également comme un principe qui permet de penser l'idée d'un scripteur inexistant matériellement, qui ne se confond pas avec la personne de l'auteur mais en garde les traces.

1 Note 1, p. 1183.

2 « Du moi-je au mage : Individu et sujet dans le romantisme et chez Hugo », art. cité, p. 276. On peut rapprocher cette figure de celle de l'artiste romantique telle que la présente Schlegel : « Nul ne peut être à soi-même, par son seul esprit, son médiateur direct [...]. Un médiateur est celui qui perçoit en lui le divin et se sacrifie, s'anéantissant lui-même, pour annoncer, communiquer et représenter ce divin à tous les hommes par ses mœurs et par ses actes, par ses paroles et par ses œuvres [...] Médiatiser, être médiatisé, c'est toute la vie supérieure de l'homme, et chaque artiste est médiateur pour tous les autres » (Idées, n° 44, cité dans *L'Absolu littéraire*, Paris, Seuil, 1978, p. 210).

3 Ce faisant, la figure du passant pointe le dispositif polyphonique qui, dans le discours fictionnel, envisage auteur et narrateur comme deux énonciateurs distincts. Cette sous-énonciation de l'auteur associée à la figure du passant entre dans un montage complexe avec les passages de surénonciation, conduisant à l'absence de « lieu stable de l'énonciation ou de langage du vrai » dont parle France Vernier (art. cité).

Mais cette figure du passant ne se limite pas à cela : le fait qu'elle soit également employée pour désigner d'autres types d'actant signale un fonctionnement plus complexe[1].

Articulation des différents actants

La figure du passant excède en effet la détermination de l'énonciateur dans le texte : il joue le rôle d'un témoin anonyme[2] : « Nous connaissons un passant qui, dans l'admirable île de Serk, un dimanche, a entendu dans la cour d'une ferme » (*AM*, p. 35). Il influe sur l'action et produit un effet sur des personnages : c'est le cas de Marius (« Ce muet malentendu entre lui et les jolies passantes l'avait rendu farouche », *Mis.*, p. 553), ou de Cosette qui se rend compte de sa beauté en raison de la remarque d'un passant, ce qui apparaît comme une perspective « lugubre » pour Jean Valjean (p. 707). Le passant permet d'annoncer des personnages de manière indéterminée sans les nommer, en utilisant une focalisation réduite : « Dans tout le tronçon de route qui sépare la première tour de la seconde tour, il n'y avait que trois passants, un enfant, un homme et une femme » (*TM*, p. 49). Si l'indétermination de la femme et de l'homme – en fait les héros du roman – joue un rôle classique dans cet *incipit*, celle de l'enfant est singulière dans la mesure où il n'en sera plus question ensuite. Il n'a donc d'autre rôle que de signaler l'indétermination comme principe structurel de l'ensemble du roman.

Loin de se limiter au narrateur, la figure du passant s'étend à tous les actants du roman, y compris le lecteur. Outre les phénomènes d'adresse au lecteur, on peut en effet noter des passages où auteur, lecteur, narrateur et personnages se fondent dans cette figure du passant : « Nous n'avons pu passer devant cette maison extraordinaire, inconnue, obscure, sans y entrer et sans y faire entrer les esprits qui nous accompagnent et qui nous écoutent raconter, pour l'utilité de quelques-uns peut-être, l'histoire mélancolique de Jean Valjean » (*Mis.*, p. 401). Le terme d'« esprit » indique ici qu'il ne s'agit plus du lecteur anecdotique, mais

1 La figure du passant est ainsi une marque actancielle qui souligne la complexité de la relation énonciative de narration, du « niveau I », pour reprendre la terminologie de Georges Molinié (*Approches de la réception*, Paris, PUF, 1993, p. 49).

2 Ce statut du passant se rapproche de celui des « personnages-anaphores » décrits par Philippe Hamon (« Pour un statut sémiologique du personnage », *Poétique du récit*, Paris, Seuil, 1977, p. 123).

d'un élément indéfini. C'est le récepteur, celui que vise l'effet, comme l'indique la périphrase auditive « qui nous écoutent raconter ». Et ce passage s'ouvre encore vers d'autres actants encore plus indéterminés, ces « quelques-uns peut-être » qui sonnent comme une ligne de fuite vers l'indéfini, une simple possibilité.

Indistinction des différents actants

Cette unification des différents actants autour de la figure du passant signale un fonctionnement plus général du texte. L'indétermination ne concerne pas simplement chacun des actants pris isolément mais leur ensemble. Au dernier degré d'indétermination, ils ne se distinguent pas en effet les uns des autres. C'est qu'ils appartiennent à un même *continuum*, celui du processus d'énonciation, et ne se séparent que sous l'angle du résultat, pour les besoins d'une compréhension qui doit segmenter pour fonctionner[1]. En témoigne l'emploi du verbe « passer » pour désigner non des actants mais le processus de parole lui-même. Le passant n'est en effet qu'une simple substantialisation d'un phénomène beaucoup plus large qui s'étend à l'ensemble de l'écriture. Aussi rencontre-t-on ce radical dans des expressions comme « disons-le en passant » également très fréquentes dans les romans (par exemple dans *Les Misérables* p. 40, 69, 124, 133, dans *Les Travailleurs de la mer* p. 64, 118).

Pas de véritable distinction entre auteur et lecteur ; tous deux sont le résultat de l'effet, non son origine. Ce phénomène qui est une « propriété de la communication verbale[2] » prend une dimension particulière dans les romans de Hugo. C'est ce que semble indiquer la genèse des romans et en particulier des *Misérables*. Écrit en deux étapes entre 1845 et 1860-62 il ne s'est pas construit linéairement mais selon deux perspectives : celle du récit consacré à une représentation historique et sociale et celle des digressions en particulier poétiques et métaphysiques. Comme l'explique Guy Rosa, le livre fut le résultat d'un mouvement dialectique entre ces deux tendances, philosophique et narrative, chacune modifiant l'élan de l'autre. C'est pourquoi des textes théoriques comme la préface philosophique furent finalement écartés. Loin d'être la réalisation d'un

1 Voir p. 303 *sq.*

2 C'est ce que Catherine Kerbrat-Orecchioni nomme « réflexivité », pointant le fait que « l'émetteur du message est en même temps son premier récepteur » (*L'Énonciation. De la subjectivité dans le langage*, éd. citée, p. 21).

projet prédéterminé, le texte découle de son écriture même et « fait sens de sa propre genèse[1] ». Le texte est bien le résultat d'une situation d'énonciation qui englobe l'auteur aussi bien que le lecteur, qui fait de la lecture le moteur de l'écriture ou plutôt qui les relie dans un ensemble continu qu'il est parfois difficile de diviser.

On retrouve ce phénomène dans la rédaction de ses derniers romans, comme l'indique la préface de *L'Homme qui rit* : « Le vrai titre de ce livre serait *L'Aristocratie*. Un autre livre, qui suivra, pourra être intitulé *La Monarchie*. Et ces deux livres, s'il est donné à l'auteur d'achever ce travail, en précéderont et en amèneront un autre qui sera intitulé : *Quatrevingt-Treize* » (*HQR*, p. 347). Le futur catégorique sera démenti chez un auteur qui subit l'influence de son écriture plus qu'il ne la dirige. La dimension trop démonstrative et abstraite de la trilogie qu'il annonce dans une lettre à Auguste Vacquerie du 27 janvier 1869 (« C'est une trilogie qui commence [...] et j'aurai fait la preuve de la Révolution »), est remise en cause par la nécessité de l'écriture elle-même. Comme l'explique Yves Gohin dans sa notice de *Quatrevingt-Treize* : « cette belle rationalisation ne vaut que ce que valent les plans que Hugo n'a jamais cessé de concevoir, comme s'il voulait, à chaque pas, inventer un système qui pût englober tout le passé et tout l'avenir ».

Dans cette perspective, l'auteur est avant tout un lecteur. C'est ce qu'explique la préface des *Contemplations*, qui parle de « toutes les impressions, tous les souvenirs, toutes les réalités, tous les fantômes vagues, riants ou funèbres que peut contenir une conscience ». Mais ces éléments n'appartiennent pas à un individu. Ils sont le résultat d'effets généraux : « Nul n'a l'honneur d'avoir une vie qui soit à lui. Ma vie est la vôtre, votre vie est la mienne, vous vivez ce que je vis [...]. Ah insensé qui crois que je ne suis pas toi : ce livre contient, nous le répétons, autant l'individualité du lecteur que celle de l'auteur ». Ce passage dénonce l'isolement des consciences mais aussi des actants qui leur correspondent dans le roman. Mais comme l'explique Jean Maurel, « cela ne veut pas dire que le moi et le toi se confondent dans l'unité "panthéiste", de l'être ou dans la substantialité d'un nous ou de l'esprit humain [...]. L'unité de la destinée n'est pas l'unité d'une réalité totale fermée sur soi, mais celle de rencontre, d'un champ de rencontres[2] ». Il s'agit d'une

1 « Réalisme et irréalisme des *Misérables* », art. cité, p. 208.
2 *Victor Hugo philosophe*, éd. citée, p. 48.

généralisation de l'interaction. Sans se confondre, les différentes voix du texte se rejoignent, formant des séries singulières qui se ramifient dans une énonciation commune.

Renoncer à l'autorité de l'auteur, c'est renoncer à séparer les différents actants selon des rôles et des individus prédéfinis. L'ordre de la composition est celui de l'indifférencié. C'est pourquoi, comme on va le voir, Hugo cherche à construire dans son texte un pôle collectif qui permette de déterminer une zone d'origine de la relation formelle tout en restant dans l'indéterminé.

LES VOIX DU PEUPLE

La critique hugolienne s'est beaucoup intéressée au statut polymorphe du *Je* : on parle de son « éclatement[1] », de son « effacement[2] », de sa « diffraction ». Loin d'être une voix triomphante, l'énonciateur adopte une position en retrait, qu'on peut qualifier avec Guy Rosa de « désappropriation du moi[3] », « surgissement précaire[4] » d'un sujet qui ne cesse d'interroger l'histoire.

Les cas de l'insertion de la parole populaire dans les romans de l'exil s'inscrit en marge de ce vaste dispositif énonciatif. Ils en gardent la trace (à travers notamment l'adoption de certaines techniques) tout en y ajoutant un enjeu plus immédiat qu'atemporel : à une époque où les institutions cherchent à dissoudre toute particularité locale dans une langue officielle[5], la littérature apparaît ainsi comme un moyen de conservation. Par ailleurs, contrairement à un Maupassant qui retranscrit le parler populaire normand qu'il connaît depuis l'enfance, Hugo fait référence à des particularismes auxquels il est étranger de naissance (au sens social mais aussi historique ou géographique). De ces spécificités,

---

1 Pierre Albouy, *op. cit.*

2 Victor Brombert, « Victor Hugo, l'auteur effacé ou le moi de l'infini », *Poétique* 13, 52, 1982, p. 417-429.

3 Guy Rosa, « Du Moi-je au Mage. Individu et sujet dans le romantisme et chez Victor Hugo », art. cité, p. 267-285.

4 Pour reprendre les termes de Jacques Neefs (« Penser par la fiction », art. cité, p. 106).

5 *Cf* les analyses de Jacques-Philippe Saint-Gérand, « Langue et langages du XIXe siècle », art. cité.

résulte la mise en place d'un cadre énonciatif particulier, qui s'appuie sur différents procédés.

ON

Le premier est le pronom *on*, d'emploi très fréquent dans les romans. « Vague sujet », « sa valeur de base est celle d'un pronom indéfini renvoyant à une personne ou à un ensemble de personnes d'extension variable, que le locuteur ne peut ou ne veut pas identifier de façon plus précise[1] ». Cette indétermination « le rend apte à fonctionner comme substitut de tous les autres pronoms personnels en rejetant leur référence dans l'anonymat[2] » ; *on* est ainsi souvent employé pour rendre compte des traits de comportement de la foule indifférenciée : « Le bas prix appelle la basse classe. Ce qui venait à lui c'étaient les faibles, les pauvres, les petits. On allait à Gwynplaine comme on va au gin. On venait acheter pour deux sous d'oubli » (*HQR*, p. 557). Comme le montre cet exemple, l'emploi de *on* dans les romans crée une tension entre l'identifiable et le non identifiable, le singulier et l'indéfini. Il permet de faire partir l'idée d'un champ multiple plutôt que d'une perception individuelle. Aussi a-t-il une certaine indépendance par rapport à une focalisation précise, sans pour autant nier toute synthèse puisqu'il définit un champ d'observation.

Par ailleurs, *on* donne la possibilité de réduire le réflexe sectaire qui consiste à évaluer une parole ou une pratique en fonction de la classe sociale à laquelle appartient l'actant qui la prend en charge. La volonté d'effacer tout effet de hiérarchisation apparaît dans le parallélisme des deux constructions suivantes, désignant deux manières de baptiser le même personnage, « On l'appelait Lord David Dirry-Moir » (*HQR*, p. 481) et « On l'appelait Tom-Jim-Jack. » (p. 496). Seule la modalisation de l'appellation rapportée varie ici, non le cadre énonciatif (aristocratique pour le premier exemple, populaire pour le second) dans lequel elle s'insère. Certes le contexte de chacune de ces phrases, nous renseignant sur ce que reprend chacun de ces « on », peut-être source de hiérarchisation chez le lecteur, mais elle n'est pas assumée par le narrateur qui montre au contraire sa volonté de la réduire. *On* permet ainsi une neutralisation

1 Martin Riegel, Jean-Christophe Pellat et René Rioul, *Grammaire méthodique du français* p. 197.
2 *Ibid.*

de la personne, qui rend nécessaire son interprétation mais n'impose pas l'identification de son référent : celui-ci peut être identifié sans être explicité et *on* détermine tout en restant dans l'indéterminé.

Lorsque *on* désigne un groupe de personnages dans les romans, c'est de manière frénétique, pour indiquer un naufrage ; il est alors associé à l'Océan et aux champs lexicaux de l'ouverture et de la faille :

> On prit les bagages, et on se débarrassa de tout ce chargement par la brèche de bordage.
>
> On retira les ballots et on les poussa à l'Océan.
>
> On acheva de vider la cabine. La lanterne le chouquet, les barils [...] tout alla aux flots.
>
> On dévissa les écrous du fourneau de fer éteint depuis longtemps, on le scella, on le hissa sur le pont, on le traîna jusqu'à la brèche, et on le précipita hors du navire (*HQR*, p. 438).

On renvoie également à l'opinion publique : « on remarqua dans la ville ce deuil et on jasa » mais permet également de donner un sujet indéterminé aux médiations :

> Une nuit il était seul dans sa petite chambre située sous le toit. Sa bougie était allumée ; il lisait accoudé sur sa table à côté de sa fenêtre ouverte. Toutes sortes de rêveries lui arrivaient de l'espace et se mêlaient à sa pensée. Quel spectacle que la nuit ! on entend des bruits sourds sans savoir d'où ils viennent, on voit rutiler comme une braise Jupiter qui est douze cents fois plus gros que la terre, l'azur est noir, les étoiles brillent, c'est formidable (*Mis.*, p. 501).

Dans ce passage, le glissement du *il* au *on* indique la volonté de l'auteur de n'inscrire l'idée que dans l'indétermination d'une non-personne.

Mais de manière encore plus générale, *on* représente l'indéterminé-même et il rejoint des expressions comme « abîme », « infini » ou « *quid obscurum* » : « On ? L'inconnu » (*TM*, p. 234).

> Qui ? on ? puisque Jean Valjean était seul et qu'il n'y avait personne là ?
> Le On qui est dans les ténèbres (*Mis.*, p. 1091).

On permet une neutralisation de la personne, qui rend nécessaire son interprétation mais n'impose pas l'identification de son référent : celui-ci peut être identifié sans être explicité et *on* permet une détermination tout en restant dans l'indéterminé. Comme le remarque Françoise Atlani, alors que *nous* « implique qu'une personne au moins soit identifiée : l'énonciateur », « dans le fonctionnement de *on* la dimension de nom propre, ou en tout cas de l'identification à une classe est gommée[1] ». *On* est à considérer non comme un pur substitut personnel ou un pur indéfini, mais comme une « frontière entre la personne et la non personne[2] ».

L'emploi de *on* dans les romans vise donc à créer une tension entre l'identifiable et le non identifiable, le singulier et l'indéfini. Il permet de faire partir l'idée d'un champ impersonnel plutôt que d'une perception individuelle. Aussi a-t-il une certaine indépendance par rapport à une focalisation précise sans pour autant nier toute synthèse puisqu'il définit un champ d'observation. Sans renvoyer à telle ou telle personne réelle, *on* ne se confond pas avec la profondeur indifférenciée.

On retient souvent l'interprétation métaphysique que Hugo donne lui-même de *on* :

> On abat un rocher, on abat un chêne, on abat un chien ; le meurtrier commence à l'homme ; l'homme peut seul être assassiné [...] On passe avec calme devant un abattoir et avec horreur devant la Roquette. Quand je dis on, je désigne Tous, la foule. On, c'est Omnes. J'enregistre ici les sentiments généraux, parce que, seuls, ils constituent un état mental de l'humanité ; ce qui fait leur valeur philosophique[3].

Il faudrait y ajouter la portée historique de *on*, qui, grâce à ses propriétés transitionnelles, rejoue de manière imaginaire l'absence d'individu[4]. Subsiste cependant une certaine idéalisation de la parole populaire qui, réhabilitée en théorie, reste cependant abstraite.

LA *DOXA*

Autre mode d'encadrement énonciatif non individuel, la *doxa* populaire pallie en partie ce problème. En proposant une figure qui permet un degré d'individualisation plus important, le texte propose un cadre

1 *Ibid.*
2 *Ibid.*
3 *Ph.*, p. 505.
4 Comme l'explique Catherine Détrie à la suite de Jeanne-Marie Barbéris, *on*, à l'articulation du système en *je* et du système en *tu*, permet de récuser la dichotomie entre moi et l'autre au profit d'une dynamique relationnelle et bloque la dialectique conduisant à la constitution d'une ipseité effective. (« Entre ipséité et altérité : Statut énonciatif de "on" dans *Sylvie* », *L'Information grammaticale*, n° 76, 1998, p. 29).

énonciatif plus proche de l'expérience du lecteur, ce qui l'associe à une humanité moins abstraite :

> Le peuple disait : Voilà un homme riche qui n'a pas l'air fier. Voilà un homme heureux qui n'a pas l'air content.
>
> Quelques-uns prétendaient que c'était un personnage. mystérieux et affirmaient qu'on n'entrait jamais dans sa chambre, laquelle était une vraie cellule d'anachorète meublée de sabliers ailés et enjolivée de tibias en croix et de têtes de mort. Cela se disait beaucoup, si bien que quelques jeunes femmes élégantes et malignes de Montreuil-sur-Mer vinrent chez lui un jour, et lui demandèrent : – Monsieur le maire, montrez-nous donc votre chambre. On dit que c'est une grotte. – Il sourit, et les introduisit sur-le-champ dans cette « grotte ». Elles furent bien punies de leur curiosité. C'était une chambre garnie tout bonnement de meubles d'acajou assez laids comme tous les meubles de ce genre et tapissée de papier à douze sous. Elles n'y purent rien remarquer que deux flambeaux de forme vieillie qui étaient sur la cheminée et qui avaient l'air d'être en argent, « car ils étaient contrôlés ». Observation pleine de l'esprit des petites villes (*Mis.*, p. 132).

Dans ce passage, on peut mesurer les variations que permet l'utilisation de la *doxa*. Il ne s'agit plus d'une figure comme le passant, et elle ne se précise pas dans une forme grammaticale. C'est un principe d'organisation général[1]. En se spécifiant, elle permet de voir différents points de vue parfois contradictoires[2]. « Quelques-uns », « quelques jeunes femmes élégantes » permet de préciser certains éléments du groupe tandis que « on » ou des formules impersonnelles les font retomber dans l'anonymat. Les moments où la parole trouve son origine dans des personnages précis alternent avec ceux où elle retombe dans la plus grande indétermination, en passant par la voix médiatrice du narrateur.

La *doxa* est comprise comme une sorte de *continuum* de singularités. Elle détermine tout en restant dans l'indéterminé. Georges Molinié parle à ce propos « d'indétermination topique ». « Le topique, on le sait, désigne un lieu, une zone, un espace, à la fois ouvert et malgré tout caractérisé : reconnu[3] ». Ainsi, « la mesure de ce lieu, sa reconnaissance, tient à la

---

1 C'est donc un topos, c'est-à-dire un modèle général, un « stéréotype d'organisation de la réflexion » (Jean Mazaleyrat et Georges Molinié, *Vocabulaire de la stylistique*, Paris, PUF, 1989, article « lieu »).

2 Comme l'explique Claude Millet, « l'opinion, dans sa diversité, imprime des variations au fait-divers, et le constitue en enjeu politique – en espace de conflit d'opinions » (« Amphibologie, le génie, le passant, la philosophie, l'opinion », Les Misérables, *Nommer l'innommable*, éd. citée, p. 126).

3 *Sémiostylistique*, éd. citée, p. 59.

généralité du sujet qui le pose en le constituant ; cette généralité définit aussi une communauté subjective floue, à la fois en aucun cas spécifiée et pourtant toujours identifiable[1] ».

INTERPRÉTATION ET AGENCEMENT

Deux grandes idées s'articulent autour de ce principe de la *doxa* qu'on peut résumer dans la notion d'interprétation : l'origine de la composition ne se trouve pas dans le sujet individuel car celui-ci est toujours déjà pris dans un ensemble plus large. Cet ensemble est un agencement qui correspond à la situation d'énonciation. Comme l'explique Catherine Kerbrat-Orecchioni : « s'il est vrai qu'un énoncé est en général pris en charge par un locuteur individuel, il est également vrai qu'à un autre niveau d'analyse, l'énonciateur peut être considéré [...] comme le représentant et le porte parole d'un groupe social, d'une instance idéologico-institutionnelle[2]. » Loin d'être une entité individuelle, l'énonciateur est donc pris dans un groupe plus large, qui organise en partie sa manière de penser. La formation discursive romanesque est par ailleurs l'objet d'un deuxième niveau de combinaisons. Ce premier type d'agencement s'articule en effet avec l'ensemble auquel appartient le lecteur, en vertu du fait que la situation d'énonciation de l'œuvre littéraire est double.

On peut préciser ce phénomène grâce à la sémiotique de Peirce qui allie la nécessité d'une interprétation sans pour autant la fonder sur un sujet. La notion d'interprétant insiste sur le fait qu'il n'y a pas de sens en dehors du phénomène d'interprétation. L'analyse triadique du signe ne permet plus de penser les signes comme existant avant la communication. Le rôle qui est dévolu à l'interprétant redistribue les rôles respectifs des interprètes ; ceux-ci cessent d'être en quelque sorte « extérieurs » à des signes qu'ils ne pourraient qu'utiliser. Ils deviennent des « producteurs de sens » à l'intérieur des signes[3]. Cette notion d'interprétant permet

1 *Ibid.*

2 *L'Énonciation. De la subjectivité dans le langage*, éd. citée, p. 183.

3 « La signification d'un signe, dit Peirce, est ce qu'il fait, comment il agit sur l'interprète, quel effet il produit. Décrire la signification d'un signe, c'est décrire le processus cognitif par lequel le signe est interprété et provoque un type d'action » (Nicole Everaert-Desmedt, *Le Processus interprétatif. Introduction à la sémiotique de Charles S. Peirce*, Liège, Mardaga, 1990, p. 30) : « Si un mot, une proposition, une phrase conduit à agir de deux manières différentes, le mot, la proposition, la phrase n'a pas une, mais deux significations. Si deux mots, deux propositions, deux phrases ne donnent lieu qu'à un seul type d'action, ils n'ont pas deux

bien d'éclairer le fonctionnement de la composition romanesque. Loin d'être inscrite dans le texte, elle naît de la communication elle-même, communication qui n'inclut pas seulement des sujets mais des formes sémiotiques plus générales[1]. Le phénomène d'interprétation devient alors le garant du caractère multiple de la composition. L'idée comme rouage n'a pas un sens qui serait là avant d'être compris. Elle est l'objet d'une interprétation et c'est ce qui la fait entrer dans le processus des séries[2]. Le sens est l'objet d'un réseau[3].

Aussi rejoint-on la problématique générale de la série. Usage ou formes de vies ne sont en effet rien d'autre qu'un *continuum* formé d'une multitude d'événements singuliers qui organisent la situation d'énonciation dans son aspect le plus compact. Dans cette densité continue, toute identité s'efface et toute localisation se dilue. On est ici au cœur du processus modal qu'on avait déjà envisagé en étudiant le problème de la forme : les voix n'étant que des manières de segmenter un *continuum* elles sont bien individuelles sans être ontologiquement distinctes. Il n'existe rien de personnel dans l'œuvre littéraire comme dans toute œuvre d'art, les singularités dont il est question ici n'étant pas des individus privés.

---

signification mais une seule » (Charles S. Peirce, *Écrits sur le signe*, Paris, Seuil, 1978, p. 148-149). « À la différence des théories sémiotiques issues de la linguistique structurale et de la sémantique formelle, la théorie de Peirce ne tente pas d'analyer un objet signifiant comme un système clos, extérieur à l'interprète, mais elle aborde simultanément le signe et son contexte d'interprétation, au point de définir la signification comme l'action du signe sur l'interprète » (*Le Processus interprétatif. Introduction à la sémiotique de Charles S. Peirce*, éd. citée, p. 142).

1 Chez Peirce, l'interprétant n'est pas l'interprète, c'est un processus de médiation, dont il parle comme d'un signe, l'interprétant logique final étant « l'habitude ». (Voir G. Deledalle commentaire de C. S. Peirce, *Écrits sur le signe*, éd. citée, p. 220).

2 C'est le sens de la notion de *compréhension* chez Wittgenstein. « Pour Wittgenstein il n'y a pas de sens sans compréhension de sens. […] Comprendre c'est organiser l'hétérogène tout en le conservant », comme l'explique Herman Parret dans son introduction au *Sens et ses hétérogénéités*, éd. citée, p. 19.

3 Dans la compréhension telle que l'entend Wittgenstein, pas de réalisme objectiviste de la signification – le mot signifie quelque chose réellement – ni de signification personnelle, mais une ramification à travers les séries qui se produisent dans des formes d'action et de vie : « Il n'est pas possible que ce soit qu'une fois pour toutes qu'un homme ait obéit à une règle. Il n'est pas possible que ce ne soit qu'une fois pour toutes qu'une communication, un ordre aient été donnés ou compris ; et ainsi de suite. Obéir à une règle, faire une communication, donner un ordre, faire une partie d'échecs, sont des *habitudes* (usages, institutions). Comprendre une phrase veut dire comprendre un langage. Comprendre un langage veut dire être maître d'une technique » (*Investigations philosophiques*, § 199, Paris, Gallimard, 1961, p. 202).

La meilleure manière d'envisager le problème de l'interprétation sans retomber dans l'individualité est donc d'envisager des voix sociales et non individuelles, à travers le topos que permet de distinguer la *doxa*. Loin d'être le résultat d'individuation les voix singulières président au contraire à la formation des individus. Mais surtout « dépsychologiser » le lieu poétique permet de « le restituer à l'immanence de la langue[1] ».

L'étude du problème de l'interprétation nous a donc montré l'importance de ce hors texte que constitue la situation d'énonciation. Les constantes inscriptions d'initiales ou d'éléments biographiques nous rappellent qu'il ne faut pas négliger cette ouverture du texte. Pourtant il ne faut pas les considérer à titre individuel, mais comme de simples éléments d'un réseau plus large, qui ne se limite pas à la personne privée. Conçue comme détermination dans l'indétermination, l'interprétation renvoie à un paradoxe énonciatif qui remet en cause l'opposition entre privé et collectif. Ce paradoxe énonciatif s'articule alors à un paradoxe référentiel qui annule la distinction entre sujet et objet, ce dernier n'étant qu'un autre aspect de l'entour. Une des conséquences de la théorie de la compréhension chez Wittgenstein est ainsi que ce n'est pas l'objet qui est à la base du sens des mots, mais que c'est au contraire l'usage du mot qui rassemble des expériences disparates du point de vue perceptif, constituant ainsi dans des conditions et pour des raisons socialement déterminées, ce qu'on appelle « objet ». Il nous faut maintenant comprendre comment fonctionne ce deuxième pôle paradoxal de la composition.

1 Laurent Jenny, « Tombeau », *Hugo dans les marges*, éd. citée, p. 201.

LE PARADOXE RÉFÉRENTIEL

Revenant sur l'idée hugolienne qui consiste à associer l'objet de « La pente de la rêverie » à l'indicible, à l'inexprimable, au « sans nom », Philippe Hamon conclut au caractère métaphorique de cette posture : « Pour le sémioticien, la question de l'indescriptible n'a pas de sens puisqu'il envisage une modalité du discours à laquelle l'objet de celui-ci est, par définition, indifférent. » S'il existe bien un « effet d'indescriptible[1] », il ne saurait remettre en cause le premier principe de la description, la référence : « Parler, c'est parler de quelque chose. L'acte de référence est inhérent au langage et implique la présence du référant (le sujet parlant), du référent (l'objet dont on parle), de la référence (le rapport de l'un à l'autre) ». L'examen détaillé des romans révèle pourtant chez Hugo une manière un peu différente de poser le problème. Comme Michelet, il pense que l'époque née de la Révolution engendre un nouveau paradigme sémiotique, qui tient plus de l'évocation[2] que de la description. Tout est à construire, dans ce siècle de transition, qui n'offre pour le caractériser que le paradoxe d'un espace vide[3], que configurent en creux les voix collectives. Dans cette perspective, la fiction n'est pas l'autre de la réalité, mais un régime particulier de langage, dans lequel le référent n'existe pas en dehors de la dynamique de composition qui le construit progressivement au fil du parcours de lecture.

Après avoir observé de quelle manière Hugo envisage la question de la référence dans ses romans, nous verrons de quel type de référence on

1 Philippe Hamon, « La description de l'indescriptible chez Hugo », « Groupe Hugo » du 19 mai 1990, http://groupugo.div.jussieu.fr/Groupugo/90-05-19hamon.htm.

2 Comme l'explique Marc Dominicy, « l'évocation poétique aboutit à créer des catégorisations qu'elle nous présente pourtant comme déjà disponibles. » (Marc Dominicy, « L'évocation discursive. Fondements et procédés d'une stratégie "opportuniste" », *Semen* [En ligne], n° 24, 2007).

3 « La révolution a pour monument… le vide… » écrit Michelet dans la préface de 1847 à son *Histoire de la Révolution française*. Contrairement à la colonne de l'Empire, au Louvre de la royauté, à Notre-Dame, où trône la féodalité, « la Révolution est en nous […] vivant esprit de la France ».

peut parler dans le cadre d'un discours littéraire, avant de reconsidérer la dichotomie entre fiction et réalité, grâce aux notions de possible et de version.

THÉMATISATION DE LA RÉFÉRENCE

> La chaloupe s'enfonça dans le brouillard et s'effaça.
> On ne vit plus rien.
> Le frappement des rames décrut et s'évanouit (*TM*, p. 168).

Dans l'esthétique de l'indistinction, sujet et objet se confondent dans la même indétermination. Le sujet se dissout dans le « on » tandis que l'objet disparaît dans le « rien ». De même que l'interprétation ne se rapporte pas à un sujet fédérateur, la référence ne se construit pas en fonction d'un découpage stable de la réalité. À l'image de l'absence, qui est la seule manière de définir le sujet, la seule chose qui soit déjà là c'est le rien.

L'étude thématique de la référence dans les romans de Hugo nous permettra de mieux cerner les orientations d'une esthétique qui à l'image du « paquet de mer qui aveugle tout » (*TM*, p. 266) cherche à esquisser le résultat d'une interprétation sans sujet, faite d'une détermination indéterminée, tantôt multiple tantôt indéfinie.

RÉAGENCEMENT

Un découpage mouvant

La référence chez Hugo n'est jamais construite en fonction d'éléments déterminés. Référence aux multiples visages, elle se modifie sans arrêt. La notion de déformation aurait pu laisser croire qu'il y a une forme de départ, un principe naturel que l'art viendrait modifier. L'étude de la référence nous apprend au contraire que tout ce qui existe est l'objet d'une formation et que l'art n'est là que pour relancer le mouvement. Tout est le résultat d'une configuration dans les romans de Hugo, jusqu'au visage : il ne se contente pas de varier d'expression mais a lui-même été construit. Voilà ce que nous apprend le visage de Gwynplaine et de tous ceux qui furent « sculptés en pleine chair humaine » (*HQR*, p. 367) : pas de distinction entre le naturel et l'artificiel, tout est le résultat d'un travail formel.

Aussi le roman se plaît-il à modifier les distinctions, tellement habituelles qu'on finit par les considérer comme naturelles, pour mieux mettre en relief qu'il ne s'agit jamais que d'une option parmi d'autres. Les objets se composent et se recomposent de diverses manières.

Agglomérer des éléments qu'on sépare habituellement est la première chose qu'imagine Hugo pour mettre en relief sa conception d'une référence comme formation. « Devant notre contemplation spectrale, une vie autre que la nôtre s'agrége et se désagrége, composée de nous-mêmes et d'autre chose » (*TM*, p. 67). Telle est la loi de la référence comme interprétation dans les romans de Hugo : non seulement l'objet ne se détache pas ontologiquement du sujet, puisque tout n'est que « contemplation », mais les éléments n'ont pas de forme fixe ; ils s'agrègent et se désagrègent au fil des compositions particulières. Encastrée dans les rochers Douvres, la Durande propose plus qu'une simple continuité ; elle dessine un signe, une « espèce d'immense H majuscule formée par les deux Douvres ayant la Durande pour trait d'union » (*TM*, p. 194). Il s'agit du principe « nuées » :

> La muraille de nuée avait changé d'aspect. Elle n'avait plus son unité. [...] Elle avait maintenant des étages. La formation de la tempête s'y dessinait comme dans une section de tranchée. On distinguait les couches de la pluie et les gisements de la grêle (*TM*, p. 264).

Le lexique du changement s'associe ici aux adverbes de temps pour souligner le devenir constant dont les choses sont l'objet. Caractère ininterrompu de la « muraille », degrés des « étages », ce qu'on considère généralement comme la réalité ne cesse de changer de forme, entre continuité et discontinuité, ou plutôt se présente sous une forme indistincte qui s'organise différemment selon la situation.

Aussi les romans ne présentent-ils que des éléments à géométrie variable qui ne cessent de se recomposer. C'est le cas des rochers, bien sûr, qui sont soumis avant tout autre élément à ce principe. Selon la situation de la mer, les différents rochers se séparent ou au contraire se rejoignent :

> On devinait que le double prolongement des deux arêtes de roches continuait la rue sous l'eau jusqu'au rocher l'Homme placé comme une citadelle carrée à l'autre extrémité de l'écueil.
>
> Du reste, à mer basse, et c'était l'instant où Gilliatt observait, ces deux rangées de bas-fond montraient leurs affleurements, quelques-uns à sec, tous visibles, et se coordonnant sans interruption (*TM*, p. 200).

Soulignant la particularité de la géométrie variable de certain de ces lieux particuliers des romans, Hugo emploie parfois l'adjectif « géométral », comme dans la description de l'égout des *Misérables* :

> On se fera une image plus ressemblante de cet étrange plan géométral en supposant qu'on voie à plat sur un fond de ténèbres quelque bizarre alphabet d'orient brouillé comme un fouillis, et dont les lettres difformes seraient soudées les unes aux autres, dans un pêle-mêle apparent (*Mis.*, p. 994).

Si la description de cette géométrie insiste sur la présence de l'observateur Gilliatt, c'est que la référence n'est jamais que le résultat de l'angle sous lequel on observe quelque chose. Les romans fourmillent de ces « illusions » :

> Ce bloc légèrement difforme faisait illusion à mess Lethierry. Il le considérait avec une contemplation de croyant. Il était de bonne foi devant cette figure. Il y reconnaissait parfaitement Déruchette. C'est un peu comme cela que le dogme ressemble à la vérité et l'idole à dieu (*TM*, p. 94).

À plusieurs reprises, le roman insiste sur le matérialisme de Lethierry. La croyance dont il est ici question est d'une autre nature : il s'agit de celle qui laisse penser que la manière dont on voit les choses est une réalité, alors que ce n'est qu'une construction de notre esprit, le résultat d'une idée. Par la médiation du regard et de la volonté de Lethierry, Durande et Déruchette deviennent deux versions de la même chose.

> Au-delà de la déformation, le principe de recomposition souligne la multiplicité de ces versions que seul le songeur peut entrevoir : « L'apparition évoquée par la rêverie, se recomposait d'elle-même » (*TM*, p. 224).

C'est avant tout autour du nom que se fait cette recomposition : « Dans les îles normandes, si la misère survient on est vite éliminé de la noblesse. Un changement de prononciation suffit. *Tangroville* devient *Tangrouille*, et tout est dit » (*TM*, p. 154). Tout ici n'est qu'une question de prononciation ou de lecture. Pas de vérité mais différentes compositions du mot ou de la phrase, qui donnent des résultats différents : « une fille [...] que le roi avait au berceau faite duchesse, on ne savait trop pourquoi. Lisez, si vous voulez, on savait trop pourquoi » (*HQR*, p. 483).

Dans les romans de Hugo, le nom ne s'attache pas à un objet déjà spécifié. C'est au contraire le fait de donner un nom à un phénomène indistinct qui permet de le déterminer[1]. On a déjà vu l'emploi particulier que Hugo faisait du nom propre[2]. Cet usage prend une autre dimension lorsqu'il s'agit d'éléments inanimés. Le nom propre entre alors en concurrence avec le nom commun pour mieux mettre en perspective certains aspects de son fonctionnement. Chez Hugo, deux noms propres différents ne renvoient pas à deux éléments ontologiquement distincts. C'est ce qu'on a pu constater avec la petite Douvre, la grande Douvre et le rocher de l'Homme qui, dans certaines situations, s'avèrent être la prolongation du même écueil[3].

Comme en témoigne l'attitude de Déruchette qui, à la fin des *Travailleurs de la mer*, ne parle plus de Lethierry en disant « mon père » mais « mon oncle » (p. 330), l'appellation change en fonction du contexte, non en fonction du référent. Elle est avant tout le résultat d'une interprétation et comme telle peut être soumise à tout moment à un réagencement.

Cette conception de la référence est à la base du fonctionnement de l'idée comme rouage romanesque. C'est l'un des enjeux des scènes de « tempête sous un crâne » : « Ici le vertigineux problème changeait de face brusquement » (*QT*, p. 1037) ; « Formes que prend la souffrance pendant le sommeil » (*Mis.*, p. 189) ; « Mille idées en sens inverse se précipitaient sur Gwynplaine l'une après l'autre » (*HQR*, p. 606-607). Tout est affaire d'agencement ; selon la manière dont on recompose un élément sa portée est toute différente.

C'est pourquoi, dans les romans, ce traitement de la référence ne se limite pas aux problèmes théoriques. Tout contribue à souligner le

---

1 Thomas Pavel montre ainsi que le processus d'individuation n'est pas obligatoirement lié à un processus descriptif : « La théorie causale affirme que la référence est inaugurée par l'imposition d'un nom à un référent quelconque. Or, le mécanisme de cette *impositio nominis* n'est pas toujours clair » (*Univers de la fiction*, éd. citée, p. 52).

2 Voir p. 303 *sq.*

3 On avait déjà observé ce phénomène avec les personnages qui n'étaient pour la plupart que la continuation les uns des autres. Avec l'extension du nom propre aux inanimés, Hugo englobe des éléments qui dépendent normalement d'un fonctionnement conceptuel, montrant ainsi la vacuité d'une ontologie fixe.

primat de la construction sur la description. Le travail sur les décors est particulièrement significatif. Ceux-ci ne sont jamais traités comme des éléments déjà là, comme un support *a priori* à l'action. Divers éléments contribuent à susciter cet effet : l'utilisation du passé composé permet de construire un principe de décalage temporel ; les choses sont en constant réaménagement et ce qui est vrai pour un point chronologique donné n'est pas vrai à tout moment, comme c'est le cas pour « la construction des quais [qui] a démoli cette auberge » (*TM*, p. 112).

Continuation

Aussi, le caractère relatif du découpage dans la construction des décors romanesques est-il souligné. L'archipel de la Manche, qui sert de décor aux *Travailleurs de la mer*, est un lieu singulier. Pourtant, sa description indique d'emblée les relations qu'entretient ce lieu avec d'autres espaces géographiques dont il n'est en fait que le prolongement :

> Les îles de la Manche sont des morceaux de France tombés dans la mer et ramassés par l'Angleterre. De là une nationalité complexe. Les Jersiais et les Guernesiais ne sont certainement pas anglais sans le vouloir, mais ils sont français sans le savoir (*AM*, p. 15).

Loin d'être un lieu déterminé, l'archipel de la Manche est présenté comme un point de l'évolution géographique qui va de la France à l'Angleterre.

L'idée d'un devenir des éléments est essentielle pour bien comprendre la construction de la référence dans les romans de Hugo. Elle se matérialise dans le texte à travers le principe de « continuation », selon un terme fréquemment employé pour décrire ce type de phénomène : « rien de plus étrange que cette vermine morte sur cette proie morte. Sombres continuations de la mort » (*TM*, p. 287). Les situations se multiplient dans lesquelles le découpage habituel de la réalité en objets distincts fait place à un phénomène de passage continu de l'un à l'autre : « Il y avait eu, au fond de l'abîme, abordage entre ces deux existences faites d'attentes et de ténèbres » (*TM*, p. 288). À l'image du capitaine Zuela, « un chilien un peu colombien » (*TM*, p. 113), se dessine ainsi une esthétique de l'entre-deux. Il s'agit d'une autre manière d'envisager le problème de la complexité qui est au cœur de la pensée des romans[1].

1 Voir p. 37 *sq.*

Hybridation, antithèse et contradiction se rejoignent pour indiquer que la manière dont nous découpons la réalité en éléments distincts n'est qu'une perspective et ne correspond à aucune réalité *a priori*. C'est pourquoi on peut tout aussi bien les voir sous l'angle de la continuité. De l'application géographique, Hugo passe ainsi à un exemple linguistique :

> Les îlots et les écueils dans cette vieille Gaule sont volontiers qualifiés *Hou*. Aurigny a Bur-Hou, Serk a Bercq-Hou, Guernesey a Li-Hou et Jet-Hou, Jersey a les Écré-Hou [...] etc. Ce remarquable radical de la langue primitive, *hou*, se retrouve partout (houle, huée, hure, hourque, houre [échafaud, vieux mot], houx [...]. Il transperce dans les deux mots qui expriment l'indéfini, *unda* et *unde*. Il est dans les deux mots qui expriment le doute *ou* et *où* (*AM*, p. 14).

Nom propre et nom commun, lieux et mots, objets et idées, font fi des différences de nature et de classe auxquelles ils sont censés appartenir pour entrer dans une vaste continuité, celle de l'« indéfini » et du « doute ». Mais au-delà d'une métaphysique panthéiste, il s'agit là d'un problème de langue et tout se résout finalement à une question de radical[1].

INDISTINCTION

« Mais au-delà s'ouvre la vaste ouverture du possible. Là d'autres êtres, là d'autres faits. Aucun surnaturalisme ; mais la continuation occulte de la nature infinie » (*TM*, p. 67). La « continuation », c'est l'« ouverture sur le possible ». Ce principe est rendu sensible dans le texte par la mise en avant d'un processus de réagencement permanent, mais également par la mise en valeur de l'indistinct. Si celui-ci ne peut être visé directement par une pensée qui doit séparer pour appréhender, son traitement thématique permet de mieux comprendre le rôle qu'il joue dans la conception hugolienne de la référence.

Les motifs de l'indistinction

Régulièrement, les romans mettent en scène des personnages aux prises avec ce phénomène de l'indistinct. Outre la violence des tempêtes qui cherche à rendre compte de l'idée comme chaos organisé, d'autres

1 Pierre Laforgue explique ainsi que le nom de Javert est une « retranscription des premières lettres du nom GAVRoche » (*Gavroche. Études sur « Les Misérables »*, Paris, SEDES, 1994, p. 92).

éléments permettent de matérialiser l'indéfini. C'est le cas du brouillard auxquels les romans ont fréquemment recours : « avançant dans tous les sens à la fois » (*TM*, p. 161), il efface toute distinction : « La dérivation à l'est était sans but désormais », « on ne voyait plus le ciel et on ne voyait plus la mer. […] Il n'y avait plus de vent » (p. 162). Tout devient uniforme dans le brouillard et il empêche tout repérage. Il permet à Clubin de tromper l'équipage de la Durande, mais il le trompe aussi. Sans cesse, les romans présentent ce principe déconcertant du brouillard : « Le brouillard s'était épaissi ; le temps avait changé ; le vent avait fait du navire ce qu'il avait voulu ; on était hors de route » (*QT*, p. 813).

Le brouillard n'est pas un simple élément de décor : c'est un principe qui permet d'entrevoir d'autres rapports. Il sépare deux types de vision :

> Quelques minutes après la Durande entrait dans le banc de brume.
> Ce fut un instant singulier. Tout à coup ceux qui étaient à l'arrière ne virent plus ceux qui étaient à l'avant. Une molle cloison grise coupa en deux le bateau (*TM*, p. 162).

Ce principe se décline de nombreuses manières dans les romans, en particulier dans une thématique lumineuse : c'est le « jour de soupirail » des *Misérables* qui efface les contours mais aussi le « soir diffus » de *L'Homme qui rit* qui « les mêlait et les estompait » (p. 379).

Pour « ouvrir sur le possible », l'issue doit être la continuation de l'indistinct. C'est ce que suggèrent les portes des lieux clés des romans : porte des Bravées dont « la devanture faisait partie de la muraille du port » (*TM*, p. 87) ; portes de la Tourgue (lorsqu'elles « étaient closes, il était impossible de les retrouver, tant elles étaient bien mêlées aux autres pierres du mur », *QT*, p. 955) ; mais surtout porte énigmatique, « dans cette ouverture de toutes parts qu'est la mer » (*TM*, p. 194).

L'indistinct de la parole romanesque

À l'image de ces éléments, dont on ne sait quand ils commencent et quand ils finissent, le texte des romans expérimente ce phénomène de l'indistinction de diverses manières. On retiendra deux procédés très significatifs du style de Hugo, le coq-à-l'âne et le traitement de l'article partitif.

– Le coq-à-l'âne

> L'ivrognerie commence au maillot. Donnez-vous donc la peine d'être évêque Tillotson et de tonner contre les excès de la boisson. Odieux vent coulis ! Avec cela que mon poële est vieux. Il laisse échapper des bouffées de fumée à vous donner la trichiasis. On a l'inconvénient du froid et l'inconvénient du feu. On ne voit pas clair. L'être que voici abuse de mon hospitalité. Eh bien, je n'ai pas encore pu distinguer le visage de ce mufle. Le confortable fait défaut céans. Par Jupiter, j'estime fortement les festins exquis dans les chambres bien closes. J'ai manqué ma vocation, j'étais né pour être sensuel. Zéro de recette aujourd'hui ! Rien vendu de la journée ! (*HQR*, p. 463).

Les phrases se succèdent les unes aux autres sans aucune transition. Il est parfois difficile de faire le lien entre deux idées, l'enchaînement reposant sur des associations beaucoup trop vagues ou sur des interjections dont la vacuité sémantique n'est pas d'un grand secours. Avant même le contenu, difficilement compréhensible en raison du manque d'organisation des informations, c'est l'absence même de transition qu'on retient de ce type de texte. Or, le rôle de la transition n'est pas simplement de lier les idées entre elles ; elle permet aussi de les séparer, indiquant bien précisément quand on quitte un point pour passer à un autre. L'absence de transition est donc avant tout une absence de démarcation, et c'est ce qui ressort de ces passages de coq-à-l'âne très fréquents dans les romans. Pour traiter d'une référence indistincte, le matériau verbal lui-même doit s'en rapprocher le plus possible. Le traitement de l'actualisation permet de compléter celui du coq-à-l'âne.

– Le partitif

L'étude du pronom « on » a montré quel rôle il jouait dans le traitement de l'indéfini de la voix. On en rencontre un équivalent, concernant la référence, dans le traitement du partitif. L'emploi du partitif à la place du déterminant défini est très fréquent dans les romans de Hugo, comme le note Annick Englebert[1] : « il y a du piédestal » (*TM*, p. 170-172), « du monstre » (*TM*, p. 194), « de la chimère » (*TM*, p. 211), « de la fuite » (*TM*, p. 252), « il y a du vertige dans le brigand » (*QT*, p. 925), « il y

1 Annick Englebert, « L'article Partitif : l'évolution des conditions d'emploi », *Langue Française*, n° 109, février 1996, p. 17.

avait de l'attaque » (*Mis.*, p. 558), « du tapage, de l'émeute, du carnaval, de l'enterrement » (*Mis.*, p. 1033).

On a déjà pu voir (p. 64 *sq.*) quel rôle cet emploi jouait dans l'association du concret et de l'abstrait. Ce qui nous intéresse ici est la manière dont ce déterminant actualise sous l'angle du continu des éléments qui sont normalement dénombrables. Les grammairiens insistent en effet sur l'emploi du partitif « devant le singulier des noms de masse et des noms dits "abstraits" qui ne renvoient pas à des entités comptables[1] ». Hugo multiplie au contraire l'emploi du partitif devant des noms comptables. Ceci a pour effet d'insister sur leur caractère indistinct. Ce faisant, il joue sur l'une des caractéristiques de l'article en français, dont le contenu se caractérise par un *continuum* qui mène insensiblement d'un effet de sens à un autre[2]. Hugo ne se contente pas de créer un effet d'indistinction, il met en perspective ce procédé comme principe fondamental de fonctionnement du texte. Comme on va le voir, en effet, il généralise ce phénomène à l'ensemble des procédures d'actualisation.

CHAMPS DE TRANSITION

Ce que cherche à montrer Hugo dans le traitement de la référence, c'est qu'il n'existe pas d'unités ontologiquement distinctes ; la seule chose qui existe, c'est l'indéfini que le langage segmente de diverses manières. Contre la représentation qui cherche, à l'aide du concept, à former des unités stables, Hugo utilise au contraire toutes les ressources de la langue pour tenter de mettre en perspective l'indéfini, qu'il ne peut rendre directement. Le traitement de la référence dans les romans de Hugo se présente donc, à l'image de nombreuses questions touchant le problème de la composition, comme un équilibre entre exigence d'indéfini et contrainte de discrimination. Plutôt que de remettre en question la distinction, indispensable pour que le texte soit lisible, il joue sur le décalage, brouillant les catégories en créant des situations hybrides, manifestation d'un état de transition.

1 Martin Riegel, Jean-Christophe Pellat, René Rioul, *Grammaire méthodique du français*, éd. citée, p. 161.

2 C'est pour rendre compte de ce phénomène que Guillaume construit la notion de *cinétisme*, les clivages plus ou moins nets n'étant en fait que des seuils.

Actualisation

Étudiant les phénomènes de sémantisme flou, ce qu'il appelle « le plus ou moins vrai », René Martin insiste sur le rôle des déterminants. Expliquant que « le continuum est le plus sensible dans les mots grammaticaux[1] », il précise que « le vrai problème [...] et de concilier continuum et oppositions discrètes, ce qui revient à poser la question [...] de la formalisation du flou[2] ». Or, précisément, « le système des déterminants en français, et tout spécialement celui de l'article qui en est le pivot, est simultanément le lieu d'oppositions discrètes et d'un sémantisme flou[3] ». Afin de thématiser ce problème dans le texte, Hugo joue sur les zones de transition.

– L'article *un*

L'article indéfini singulier est utilisé quand le référent du substantif est présent comme indéterminé. Aussi est-il fréquent dans l'énoncé d'une loi générale, pour présenter un substantif dont le référent désigne n'importe quel élément d'une classe d'objets ou pour inscrire pour la première fois dans l'espace-temps du texte, l'objet évoqué dont il pose l'existence. De manière générale, il « véhicule l'idée que le contenu du SN n'est pas suffisant pour l'identification de l'objet[4] ».

Certaines occurrences des romans de Hugo présentent au contraire des cas où l'on attendrait le défini : « Une excroissance de rocher s'achève en charnière » (*AM*, p. 10), « une viscosité qui a une volonté » (*TM*, p. 280), « une imminence d'orage » (*HQR*, p. 384), « un commencement d'acharnement » (*HQR*, p. 385). Cet emploi particulier crée des phénomènes de passages, des zones où le défini se brouille en indéfini.

– *Des*

L'emploi du pluriel, qui indique une large extension, étend le champ d'une représentation qui reste floue. Utilisé dans les romans pour déterminer des termes abstraits, ou non comptables, il a pour conséquence de

1 *Pour une logique du sens*, Paris, PUF, 1983, p. 150.
2 *Ibid.*, p. 151.
3 *Ibid.*
4 *Ibid.*, p. 153.

dérégler l'extensité des noms : « Des vieillesses » (*AM*, p. 9), « des épaisseurs vertes » (*AM*, p. 10), « l'architecture locale a des fantaisies » (*AM*, p. 13), « Il y a dans des profondeurs » (*TM*, p. 311), « des déchaînements sortaient de ces déchirures » (*HQR*, p. 387). Ce faisant, il contribue à brouiller les catégories du comptable et du non comptable et, partant, du continu et du discontinu.

– *Ces*

Quant aux situations où le repérage est précis, elles sont objet d'illusion dans le récit ; c'est le cas de l'emploi du démonstratif « ces » pour désigner précisément, des éléments qui se révéleront ne pas être ce qu'on attendait. Clubin en fait la douloureuse expérience : « Quand cet homme se vit sur ce rocher, sous ce nuage, au milieu de cette eau [...] il eut une joie profonde » (*TM*, p. 168). L'emploi du démonstratif a ici valeur d'ironie dramatique. Car le repérage spatial qu'il suggère est précisément erroné.

Très fréquente dans les romans, l'utilisation d'un démonstratif ambigu institue l'illusion romanesque comme réciproque de l'illusion comique. Dans le cadre de la pièce de théâtre, écrite pour la représentation, c'est-à-dire pour une situation d'énonciation particulière où le spectateur partage le même espace-temps que celui qui s'exprime sur scène, les deux valeurs du démonstratif, déictique et anaphorique, se superposent en permanence, même si, selon les contextes, chacune prend tour à tour le pas sur l'autre. Dans le roman, au contraire, temps de la narration, de l'événement et de la lecture sont bien séparés : en dehors des passages de dialogue, le démonstratif est donc censé renvoyer à un élément déjà présent dans le texte. Chez Hugo, il s'agit très souvent de mettre en perspective un état transitionnel du démonstratif, entre déictique et anaphorique. Aux fréquents emplois du déterminant discontinu, « un de ces qui » qui, renvoyant à un univers de discours supposé partagé par le lecteur, opèrent de véritables coup de force référentiel tenant pour acquis ce que la fiction est en fait en train de construire[1], s'ajoutent tous les cas où une anaphore complexe met en relief la nécessité d'une participation du lecteur. C'est le cas notamment de la dernière phrase de *Quatrevingt-Treize*, « Et ces deux âmes, sœurs tragiques, s'envolèrent ensemble, l'ombre de l'une mêlée à la lumière de l'autre ».

1 Ce démonstratif renvoie, non à un élément du discours ou de la situation d'énonciation, mais à la mémoire encyclopédique du lecteur.

Renvoyant, non à un maillon de la chaîne anaphorique, mais à son ellipse, le démonstratif exemplifie le processus herméneutique tout en brouillant, en cette fin de roman, les frontières entre texte et hors texte. Selon les cas, le démonstratif pourra s'interpréter comme deixis textuelle évoquant une manière d'écrire ou comme deixis imaginée[1] englobant la situation de lecture.

Le participe

Un certain type d'utilisation du participe dans les romans permet également d'inscrire dans le texte des zones de transition, à la fois floues et assez déterminées pour maintenir une certaine lisibilité. L'emploi d'éléments qui sont formellement des adjectifs mais qui, syntaxiquement, jouent plutôt le rôle d'un participe présent accentuent le lien qui permet de passer de la qualité de l'adjectif à l'action du verbe : « Déruchette, pleurante près de lui sur une chaise, tenait dans ses deux mains [...] » (*TM*, p. 178). « Il y a des législations dispersantes » (*HQR*, p. 385).

L'emploi du participe passé à la place d'un complément du noms, selon la tournure latine, permet également de créer une zone d'indétermination, cette fois-ci entre substance et action : « Un rocher rencontré peut faire pivoter un orage » (*TM*, p. 197) ; « La majesté de Dieu compris était sur son visage » (*HQR*, p. 442) ; « Javert déraillé » (*Mis.*, p. 1039).

Dans les deux cas, il s'agit de brouiller les catégories qui séparent substance et qualité, qui visent à construire une identité ou à rendre compte d'une action.

FICTION ET RÉFÉRENCE

Le traitement thématique de différents problèmes, qu'on peut regrouper autour de la notion de référence, a souligné que Hugo préférait mettre en scène une référence construite plutôt que descriptive. Rien de plus normal, pensera-t-on, dans le cadre d'un texte littéraire, c'est-à-dire

1 Pour reprendre l'opposition de Karl Bühler entre « deixis am phantasma » et « deixis ad oculos », c'est-à-dire imaginaire ou visuelle. (*Théorie du langage. La fonction représentationnelle*, éd. par J. Friedrich et D. Samain, Marseille, Agone, 2009).

d'une fiction. Les romans inventent un monde fictionnel, qui n'a rien à voir avec la réalité. Mais le fait qu'on se situe dans une problématique de l'idée et du « vrai » rend les choses plus complexes et pose le problème du lien entre fiction et référence. Si l'on considère que la référence consiste à renvoyer à des éléments « réels[1] », parler de la référence des romans conduit à remettre en cause leur caractère fictionnel, ainsi que l'autonomie du texte littéraire. Mais on peut aussi se demander, d'une part s'il n'existe pas d'autres manières d'envisager la référence, et d'autre part si l'on ne peut pas envisager la notion de fiction dans une perspective graduelle qui permette de l'intégrer à un fonctionnement linguistique plus général. On verra que sans éluder le problème de la fiction, Hugo cherche à intégrer le cas du discours littéraire dans une conception générale du langage ordinaire afin de conserver toute sa portée à la notion de composition.

AUTORÉFÉRENTIALITÉ

Les romans de Hugo qui s'ouvrent souvent sur l'indistinct et se terminent toujours sur la disparition, placent le vide à leur fin et à leur origine. À l'image de la pieuvre, présentée comme le « vide ayant des pattes » (*TM*, p. 281), les romans ne représentent rien sinon, précisément, « le rien », selon un terme récurrent. Comme on l'a vu, il s'agit d'un fondement incontournable de la composition romanesque par opposition à la mécanique de représentation[2]. Mais les thématiques de la perte et de l'insaisissable suggèrent que l'absence de représentation s'accompagne d'une absence de référence[3]. Figures de la monstruosité mais aussi de la destruction se succèdent pour faire de la perte l'un des moteurs du roman : la Durande fracassée sur l'écueil Douvre, le pendu qui pourrit à la pointe de Portland, la Tourgue en ruine à l'orée de la forêt de Fougères témoignent du caractère insaisissable des éléments du

1 « La communication linguistique ayant souvent pour objet la réalité extra-linguistique, les locuteurs doivent pouvoir désigner les objets qui la constituent : c'est la fonction référentielle du langage » (Oswald Ducrot et Tzvetan Todorov, article « Référence », *op. cit.*, p. 317).

2 Voir p. 91 *sq.*

3 « Du point de vue logique, et plus précisément vérifonctionnel, on définit le discours fictionnel par la dénotation nulle : les constituants linguistiques qui dans le discours factuel ont une fonction dénotative (descriptions définies, noms propres, démonstratifs, déictiques etc.) sont (du moins majoritairement) dénotativement vides » (Oswald Ducrot et Jean-Marie Schaeffer, *Nouveau Dictionnaire encyclopédique des sciences du langage*, article « Fiction », Paris, Seuil, 1995, p. 312).

roman. Quant à la pieuvre, « elle n'a pas d'os, elle n'a pas de sang, elle n'a pas de chair. Elle est flasque. Il n'y a rien dedans » (*TM*, p. 281). Elle est comme un ensemble vide ; elle n'a pas de contenu, échappe à la vue comme à la description ; seule sa phosphorescence permet de la saisir :

> La nuit, pourtant, et particulièrement dans la saison du rut, elle est phosphorescente. [...] elle s'allume, elle s'illumine, et, du haut de quelque rocher, on peut l'apercevoir au dessous de soi dans les profondes ténèbres épanouies en une irradiation blême, soleil spectre (*TM*, p. 281).

Comme en témoigne la fin du paragraphe, la description de la pieuvre se dissout dans la poésie. Cela semble suggérer que la référence ne peut être que d'ordre poétique.

Thématique de la perte, saisie poétique, ces éléments évoquent la problématique de l'autoréférentialité. Le discours littéraire ne renvoie pas à la réalité, il est son propre référent. Comme l'a montré Nicolas Ruwet dans un article sur Jakobson, il faut faire attention à l'emploi de ce dernier terme. Il qualifie ainsi d'absurde l'idée que « les messages poétiques sont soustraits à la référentialité qui fonde la conscience commune » ou que « le langage poétique est à lui-même sa propre référence[1] ». D'une part, comme l'a montré Jakobson, on ne peut dissocier la poésie du langage commun[2], et d'autre part, seule « la phrase que j'écris en ce moment comporte onze mot » est réellement suiréférentielle[3].

On rejoint ici le problème de la séparation entre langage littéraire et langage ordinaire qu'on a déjà fréquemment évoqué. Pas plus qu'il n'existe un langage autonome, il n'existe d'univers de référence entièrement séparé. Même les romans de science fiction font en effet appel à des réalités existantes. À cette objection de nature linguistique, vient s'en ajouter une autre qui a trait à la réception. Si le texte était entièrement coupé de la réalité, il ne pourrait en aucun cas émouvoir un lecteur qui n'y trouverait aucun écho aux sentiments qui le touchent. Comme l'a souligné l'étude du problème de la lisibilité[4], la notion de familiarité est essentielle pour qu'il puisse y avoir réception.

---

1 « Roman Jakobson. Linguistique et poétique, vingt-cinq ans après », *Le Souci des apparences. Neuf études de poétique et de métrique*, Bruxelles, Éditions de l'Université de Bruxelles, 1989, p. 13.

2 « Linguistique et poétique », *Essais de linguistique générale*, Paris, Minuit, 1963, p. 218-219.

3 « Roman Jakobson. Linguistique et poétique, vingt-cinq ans après », *op. cit.*, p. 13.

4 Voir p. 211 *sq.*

POROSITÉ ET INTRARÉFÉRENTIALITÉ

Il n'est donc pas possible de couper entièrement le roman de la réalité. De manière générale, rares sont les récits de fiction dans lesquels tous les énoncés proposent une dénotation nulle. Et en ce qui concerne les romans de Hugo, ils tirent une partie de leur attrait de la manière dont ils articulent travail textuel de la perte ou absence de dénotation et évocation de l'univers réel.

Comme souvent dans les problématiques qui concernent les romans hugoliens, on se trouve confronté à une tension. Celle-ci pose la question de la gradualité de la notion de référence. Si la référence au seul texte est présentée comme première, elle n'est pas pour autant exclusive. L'interaction entre ces différents degrés de référence constitue alors un point de travail important du texte.

Interaction référentielle

Loin de minimiser le problème de la relation entre fiction et réalité, Hugo la met fréquemment en scène. Les moments dans lesquels l'atmosphère fictionnelle est la plus travaillée sont souvent ceux qu'il choisit pour un exposé documentaire. C'est le cas de la description du pendu dans *L'Homme qui rit* :

> Le goudron donnait à cette face un aspect mouillé. Des gouttes de bitume figées dans ce qui avait été les yeux ressemblaient à des larmes. […]
>
> Le gibet était vieux, vermoulu, quoique solide, et servait depuis de longues années.
>
> C'était un usage immémorial en Angleterre, de goudronner les contrebandiers. On les pendait au bord de la mer, on les enduisant de bitume, et on les laissait accrochés (p. 390).

Loin de cloisonner son texte dans l'autoréférentialité, Hugo rappelle sans cesse à son lecteur les caractéristiques du monde réel, dans un système comparatif qui favorise les échanges entre les deux univers. Cela permet de donner une dimension plus large au discours littéraire qui s'inscrit dans un contexte plus large. De la même manière que les références à « l'auteur » permettait de mettre en perspective la complexité de la situation d'énonciation, la référence à la réalité « complique » le texte littéraire d'un entour mondain. Aussi le texte favorise-t-il l'émergence de zones d'interaction dans lesquelles la séparation entre fiction et réalité est beaucoup moins nette[1] ; il multiplie ainsi les passages qu'on peut appeler documentaires, qui ont parfois la précision d'un exposé érudit, comme dans cet exemple de *L'Archipel de la Manche* qui ne concerne pourtant qu'un point de détail dans l'économie générale du roman :

> Aurigny en effet ne tient dans l'histoire de Normandie qu'une place imperceptible. Rabelais, pourtant connaissait l'archipel normand ; il nomme Herm et Serk, qu'il appelle Cercq. « Ie vous asseure que telle est cette terre icy, quelles autres fois I'ai veu les isles de Cercq et Herm, entre Bretagne et Angleterre » (édition de 1558. Lyon, p. 423) (*AM*, p. 18).

De nombreux passages à caractère historique viennent compléter ce souci d'intégrer des éléments de la réalité à l'intérieur même de la fiction. Les romans fourmillent en effet de passages historiques ; des livres entiers y sont consacrés comme le livre II, 1 des *Misérables* qui raconte toute la bataille de Waterloo. Les dates sont fréquentes : elles servent de titres, « En l'année 1817 » (*Les Misérables* I, 3), *Quatrevingt-Treize* ; elles apparaissent au détour d'une phrase comme un point de détail, « On sait qu'en 1650 le parlement avait décrété cette rédaction [...] » (*HQR*, p. 477), « le lendemain c'était le 3 juin » (*Mis.*, p. 801), ou participent à la structure d'un roman en lui servant d'incipit, « Dans les derniers jours de mai 1793 » (*QT*, p. 789), ou de référence constante comme « 1815 » dans *Les Misérables*.

Ces digressions ne sont pas simplement justifiées par le souci pédagogique qui préside à l'écriture de nombreux romans du XIXe siècle. Elles permettent de penser l'articulation complexe qui associe fiction et réalité. Car finalement, même l'exposé le plus technique est une fiction dans la mesure où il réorganise la réalité[2] ; les échos du récit qu'on y rencontre nouent par ailleurs les deux fils de la dénotation et de la fiction, d'une manière qu'il est difficile de démêler. Susciter la nécessité d'avoir recours à des informations extérieures au texte conduit à « augmenter la

1 Ainsi, selon Thomas Pavel : « la mobilité et le flou des frontières fictionnelles révèlent parfois la nature des interactions entre le domaine de la fiction et le monde réel » (*Univers de la fiction*, éd. citée, p. 107).

2 Dans un article intitulé « Le texte littéraire : non-référence, autoréférence ou référence fictionnelle », Catherine Kerbrat-Orecchioni rappelle ainsi que « les textes "non-fictionnels" ne fournissent pas de U [l'univers d'expérience] un parfait analogon, mais une modélisation (Culioli), une "schématisation" (Grize) » (*Texte*, n° 1, 1982, p. 34).

porosité narrative d'un texte » selon l'expression de Thomas Pavel[1]. C'est pourquoi le texte a fréquemment recours à ces passages documentaires, d'ordre technique mais aussi historique.

De manière générale, le texte enjoint sans cesse le lecteur de puiser dans son expérience personnelle. L'emploi du démonstratif sert ainsi fréquemment pour renvoyer à une connaissance supposée partagée par le lecteur : « On n'était pas plus de trois cents, car le bataillon était décimé par cette rude guerre » (*QT*, p. 789) ; « Ces classes de femmes, son entièrement soumises par nos lois à la discrétion de la police » (*Mis.*, p. 152) ; « Il attendit. Quoi ? Il épia. Quoi ? ces inexorables portes, une fois fermées, ne se rouvrent pas tout de suite » (*HQR*, p. 661) ; « Dans cette obscurité de l'étendue qui remue toujours, [les vents] apparaissent, faces de nuées. Qui aperçoit leurs linéaments livides dans cette dispersion qui est l'horizon de la mer, se sent en présence de la force irréductible » (*TM*, p. 254).

Ce type d'« anaphore présuppositionnelle », pour reprendre l'appellation de Jean-Claude Milner[2], est un embrayeur qui permet d'articuler l'expérience suggérée dans le texte à celle du lecteur, soulignant le rôle du contexte mondain dans la construction de la référence des éléments les plus difficiles à cerner.

Résistance du réel

« L'histoire c'est la nuit » (*HQR*, p. 720). Travailler la « porosité » du texte a pour principale fonction d'utiliser la résistance du réel. À se livrer tout entier à la fiction, qui ne pose pas de limite à la construction de son univers de référence, on risque de retomber dans un avatar de la catégorisation. La référence au réel se présente ainsi comme une limite du principe d'hétérogénéité. De la même manière que certaines expériences textuelles allaient jusqu'à utiliser le sémantique pour introduire une certaine altérité de l'art[3], Hugo use de ces pans de réel bruts pour empêcher la fiction de se refermer dans la clôture d'un système. Le réel est comme un point de résistance qui permet d'ouvrir des lignes de fuite vers le possible. C'est pourquoi les passages documentaires sont insérés de manière incongrue, voire avec une certaine violence. Dans

1 *Univers de la fiction*, éd. citée, p. 129.
2 « Réflexions sur la référence », *Langue française*, n° 30, mai 1976, p. 68.
3 Voir p. 265 *sq*.

L'Homme qui rit, le suspense qui entoure le navire en perdition est ainsi interrompu par un exposé technique sur les phares :

> Une vitesse aveuglée, rien n'est plus affreux. Ils sentaient du précipice devant eux, sous eux, sur eux. Ce n'était plus une course, c'était une chute.
>
> Brusquement, dans l'énorme tumulte du brouillard de neige, une rougeur apparut.
>
> – Un phare ! crièrent les naufragés.
>
> XI
>
> LES CASQUETS
>
> C'était en effet la Light-House des Casquets.
>
> Un phare au dix-neuvième siècle est un haut cylindre conoïde de maçonnerie surmonté d'une machine à éclairage toute scientifique. Le phare des Casquets, en particulier, est aujourd'hui une triple tour blanche (*HQR*, p. 424-425).

L'idée d'une porosité entre différents types de référence dans le texte littéraire conduit à renoncer à l'idée d'une autoréférentialité. Mais la réalité dont il est question ici est elle-même reconstruite ; c'est pourquoi on ne peut pas parler de réalité au sens propre mais d'un fonctionnement particulier de la fiction. Il faut donc trouver une manière de penser la référence littéraire en dehors des catégories trop rigides de la référentialité directe ou de l'autoréférentialité.

UNE RÉFÉRENCE NON DESCRIPTIVE

C'est ce que permet de faire le concept d'« intra-référentialité » : « ce terme peut utilement désigner un concept qui s'oppose à la fois à l'autoréférentialité, et à l'extra-référentialité du discours littéraire. Ou plutôt, on marque ainsi un espace de valeur, un mode de fonctionnement langagier qui libère la connexion de deux champs possibles et contraires[1]. » Autour de ce concept, il est possible de construire d'autres manières de penser la référence. Ce concept repose sur une définition de la référence qui ne la confond pas avec la dénotation[2]. La capacité de référence du langage n'est en effet pas épuisée par le discours descriptif. On a déjà rencontré, avec la notion de « référence métaphorique » chez

1 G. Molinié, *Sémiostylistique*, éd. citée, p. 104.

2 Nelson Goodman explique ainsi qu'il est possible de parler de référence, sans qu'il y ait dénotation. Prenant l'exemple d'un tableau de Mondrian qui « ne dit rien, ne dénote, rien, ne peint rien », il explique que, cependant, « il montre beaucoup », et qu'il s'agit bien là d'une « fonction référentielle » (*Manières de faire des mondes*, Nîmes, J. Chambon, 1992, p. 28).

Ricœur, l'idée que « les textes poétiques eux aussi parlent du monde, bien qu'ils ne le fassent pas de façon descriptive[1] ».

Cette tension entre référence et absence de dénotation est traitée dans le texte à travers la notion de transparence. À l'image de la référence du discours littéraire, qui ne peut s'ouvrir sur l'extérieur qu'en étant tournée vers elle-même, la transparence thématisée par les romans entre en tension avec le motif de l'opacité. On a déjà vu le rôle que jouait le motif du brouillard pour rendre compte de l'idée d'indistinct. Mais il permet également de figurer l'idée de cette transparence opaque qui caractérise la référence du discours littéraire[2]. Toute une thématique se développe sur ce modèle : « La nuit était noire et transparente » (*HQR*, p. 598). Le plus frappant est le motif du voile, qui ne se contente pas d'associer les deux pôles de la tension mais les agrège en une « transparence obstacle » : « Entre sa nudité et le regard il y avait deux obstacles, sa chemise et le rideau de gaze et d'argent, deux transparences » (*HQR*, p. 691). Cette « transparence obstacle » du vêtement de Josiane rejoint alors l'idée de pli qui, comme on l'a vu, est au centre du processus de formation par composition : « agenouillée dans mille plis transparents » (p. 695). Le parcours interprétatif chez Hugo n'est possible que dans l'opacité, comme en témoigne l'expérience de Javert qui ne se met à penser qu'en perdant la transparence de sa raison : « Depuis quelques heures, Javert avait cessé d'être simple. Il était troublé ; ce cerveau, si limpide dans sa cécité, avait perdu sa transparence ; il y avait un nuage dans ce cristal » (*Mis.*, p. 1040).

C'est pourquoi, nombreuses sont les descriptions qui soulignent l'impossibilité de leur propre réalisation. Dans cet exemple tiré des *Travailleurs de la mer*, c'est l'usage de la modalité interrogative qui joue ce rôle. En se substituant à la modalité assertive, elle souligne l'absence de réalité :

> On n'était pas bien sûr que cette chose fût. On avait devant les yeux une réalité empreinte d'impossible. On regardait cela, on y touchait, on y était ; seulement il était difficile d'y croire.

---

1 *Temps et récit*, I, éd. citée, p. 150.

2 Jacques Dürrenmatt rapproche la lueur dans le brouillard de la lampe du ver luisant « qui éclaire un point unique», mais qui « est en lui, mais loin de ses yeux, et lui fait tout voir, sans qu'il la voie » (*Le vertige du vague. Les romantiques face à l'ambiguïté*, Paris, Kimé, 2001, p. 70).

> Était-ce du jour qui venait par cette fenêtre sous la mer ? Était-ce de l'eau qui tremblait dans cette cuve obscure ? Ces cintres et ces porches n'étaient-ils point de la nuée céleste imitant une caverne ? Quelle pierre avait-on sous les pieds ? Ce support n'allait-il point se désagréger et devenir fumée ? Qu'était-ce que ce ravissement mêlé de ténèbres ? Émotion inouïe, presque sacrée, à laquelle s'ajoutait la douce inquiétude des herbes au fond de l'eau (*TM*, p. 224).

Répétée sur tout un segment, la modalité interrogative opacifie le texte. Le processus énonciatif prend en effet une part aussi importante que le contenu informatif. En remettant en cause la hiérarchie de l'outil linguistique et du référent, qui veut que le premier doit s'effacer devant le second, le texte met en scène l'échec de la transparence et fait de l'opacité un principe essentiel.

RÉFÉRENCE PAR CONNEXION

Cette opacité que met en scène le texte des romans est précisément celle de l'interprétation. La référence n'est plus considérée comme un lien direct entre les formes linguistiques et la réalité ; le sens résulte d'une construction qui médiatise ces rapports. « Tout discours forge, façonne, fictionne le monde qu'il est censé représenter[1] », selon l'expression de Catherine Kerbrat-Orecchioni, et le discours fictionnel ne fait qu'exploiter largement ce phénomène. Se distinguant d'une simple signification, l'idée apparaît ainsi comme un mouvement fondé sur l'articulation de différentes relations. La notion de référence doit donc être élargie aux problématiques de la communication et de la connexion.

COMMUNICATION

Le trajet

Plus que la description des éléments d'un univers, ce qui intéresse Hugo est le lien qu'ils entretiennent entre eux. En témoigne le motif du trajet, présent dans tous les romans, mais qui occupe une place

1 « Le texte littéraire : non-référence, autoréférence ou référence fictionnelle », *Texte*, n° 1 p. 35.

particulière dans les trois derniers. Au-delà du principe fragmentaire de l'archipel de la Manche, l'accent est mis sur le parcours qui les relie. Si la thématique de la navigation occupe une place différente dans les romans qui ont pour cadre cet archipel, elle instaure le trajet comme principe et le décline de différentes manières. C'est ainsi le point de convergence des différents romans : Lantenac qui, venant de Jersey rejoint la côte française près du mont Saint-Michel, fait le trajet inverse de Clubin qui part de Saint-Malo avant d'échouer la Durande sur les rochers. Le navire en perdition des Comprachicos croise le phare des Casquets (*HQR*, p. 424) qui fait l'objet d'une description dans *L'Archipel de la Manche* (p. 18).

Mais au-delà de ces trajets maritimes, les romans fourmillent d'actions ou de motifs qui évoquent trajet ou relation. Toute la première partie de *L'Homme qui rit* s'ouvre sur l'errance de Gwynplaine qui le conduit de l'isthme de Portland au village de Weymouth. Il y trouve refuge dans le théâtre ambulant d'Ursus à bord duquel ils parcourront l'Angleterre. À ces trajets principaux, répondent des trajets secondaires : celui du wapentake, suivi par Ursus, ou celui de Gwynplaine dans les différentes pièces du château de Corleone-lodge : « Ressemblance d'un palais avec un bois » (*HQR*, p. 687), ce titre rend bien compte des relations qui existent entre les lieux d'errance des différents romans. Principal décor de *Quatrevingt-Treize*, les bois de Bretagne verront le parcours de Lantenac, d'Halmalo, du bataillon du Bonnet-Rouge, de l'armée de Gauvain, de Michèle Fléchard, de l'échelle qui doit sauver les petits otages ou de la guillotine, autant d'éléments hétéroclites qui se rejoignent dans l'idée de trajet.

Comme symboles évidents de liaison, les ponts sont également à l'honneur. Le « pont-Châtelet » (*QT*, p. 957-959) trouve ainsi bien sa place entre la sélection qui réunit des motifs forts du roman comme « la brèche », « la porte de fer » ou « la bibliothèque ».

Ce qui se dégage de cette série thématique, c'est l'importance qu'occupe la communication dans les romans. La Durande est ainsi le point phare de ces différents symboles de la régularité des communications : « il y avait, grâce à ce qu'on appelait la Galiote à Lethierry, sécurité de voyage, régularité de communication, va-et-vient facile et prompt, agrandissement de circulation, multiplication de débouchés, extension de commerce » (*TM*, p. 83).

Le fait de mettre en avant le trajet par rapport au lieu, la situation de communication par rapport à l'objet, révèle une conception du discours qui modifie considérablement le rapport à la référence. Ce qui pose problème avec la notion de référence dans le discours littéraire, c'est qu'elle présuppose l'existence préalable d'un objet. Au contraire, dans une perspective où la communication est première, il n'y a plus de conflit de nature entre un objet « réel » et un discours fictionnel. On n'est plus dans la perspective d'une correspondance terme à terme entre les énoncés et la réalité extralinguistique : il n'y a plus de référent à proprement parler mais un processus de référenciation.

Le réseau

La référence comme ligne directe entre la forme linguistique et le référent ne permet pas de rendre compte de la complexité du processus auquel renvoie le terme d'usage. Il est nécessaire d'avoir recours à la notion de relation et de réseau. Comme l'explique Irène Tamba-Mecz : « On est loin du schéma quelque peu simpliste de la référenciation que se fait le locuteur naïf, persuadé que les mots désignent les causes et que l'homme, par sa parole, est en prise directe avec le monde et ses semblables[1]. » Il apparaît plutôt que « chaque système linguistique s'articule à l'extra-linguistique par tout un réseau de relations entremêlées les unes aux autres, qui mettent en jeu les différents composants de ce système, ainsi que l'activité symbolique et langagière de l'homme[2] ».

C'est cette notion de réseau que permet de prendre en compte l'idée d'une communication non pas au service de la référence mais à l'origine de la construction de la référenciation. Une telle conception induit qu'on prenne en compte le contexte de la situation d'énonciation. Le contexte ne peut être tenu pour un simple environnement ni pour un ensemble de cibles référentielles visées à travers des signes transparents. À tous les niveaux de la référenciation, il se trouve étroitement imbriqué dans le linguistique.

Voir les choses en termes de communication conduit donc à laisser de côté la notion de référence pour celle de système de référence. Il ne s'agit

1 « La composante référentielle dans *Un manteau de laine* et *Un manteau en laine* », *Langue Française*, n° 57, 1983, p. 128.

2 *Ibid.*

plus d'une référence par dénotation mais d'une référence par concordance. Cela permet de traiter la relation entre linguistique et extra-linguistique non par des dichotomies, des exclusions ou des relations à sens unique, mais par l'exploration systématique des interdépendances. La situation n'est pas un pur reflet de l'événement, mais une sélection des données mondaines et ordinaires de celui-ci. Cette sélection est opérée par les coénonciateurs[1], qui eux-mêmes réagissent en fonction du contexte, sans qu'on sache qu'elle est la cause première. Plutôt que d'opposer le réel extra-linguistique et le discours, il est donc plus simple d'opposer un système de référence issu de processus désormais fixés, tellement habituels qu'ils semblent « objectifs », à l'activité de référenciation, qui résulte de la situation d'énonciation dans un contexte donné[2]. C'est dans cette perspective qu'on peut comprendre l'insistance de certains textes des romans sur le relativisme des objets. Dans le texte, cité plus haut, qui décrit l'agencement des différents rochers des *Travailleurs de la mer* (p. 200), l'objet lui-même change en fonction de la situation. C'est ce que souligne une expression comme « l'instant où Gilliatt observait » qui indique que selon le point de vue de l'observateur et le contexte, il y a trois rochers ou un seul. Dans un contexte particulier Gilliatt voit la continuité là où l'usage avait distingué trois éléments comme en témoignent les trois noms différents.

La notion de communication telle que la construit la thématique du trajet est donc d'un type particulier. Fondée sur le principe du réseau de relations, elle rejoint la notion d'indéfini. Elle est ainsi associée à l'idée de vision : « Les choses sombres du monde ignoré deviennent voisines de l'homme, soit qu'il y ait communication véritable, soit que les lointains de l'abîme aient un grossissement visionnaire » (*TM*, p. 67). Mais poussée

1 Comme on l'a vu p. 349 *sq.*

2 La forme interprétative rejoint donc le fonctionnement de la « notion » chez Culioli : « Cette ramification de propriétés qui s'organisent les unes par rapport aux autres en fonction de facteurs physiques, culturels, anthropologiques, établit ce que j'appelle un domaine notionnel. C'est une représentation sans matérialité, ou plutôt dont la matérialité est inaccessible au linguistique. Les notions ne correspondent donc pas directement à des items lexicaux. » Revenant sur ce concept dans un article postérieur, il précise : « à la belle simplicité d'un système d'horlogerie va se substituer la complexité de systèmes qui interagissent, d'étagements, de relations qui forment des architectures hiérarchiques, d'où une prolifération de relations et l'émergence de phénomènes imprévisibles. Au lieu de représentations d'ordre classificatoire, conservées en magasin, inertes et inaltérées, nous nous apercevons que nous avons affaire à des représentations qui ne cessent de se réorganiser et de se déformer. » (*Pour une linguistique de l'énonciation*, t. 3, « domaine notionnel », Paris, Ophrys, 1999, p. 9 et 18).

à sa limite, la multiplication des relations devient insaisissable. Comme Clubin qui « malgré toute son attention [...] dans le brouillard avait fait fausse route » (*TM*, p. 173), tenter de déterminer toutes les relations qui constituent une situation de communication est impossible. Telle qu'elle est envisagée par Hugo, la communication comme référence par connexion conduit à une nouvelle tension : d'un côté il est nécessaire de maintenir un certain équilibre et de sélectionner, mais de l'autre il ne faut pas confondre cette sélection méthodique avec une nécessité ontologique. Diverses tentatives de solution textuelle sont proposées afin d'aborder ce problème.

ANCRAGE TEXTUEL : RAPPORT ET RÉPÉTITION

Cherchant à mettre en valeur le principe de connexion tout en proposant des éléments fixes nécessaires à la lisibilité du texte, les romans choisissent de souligner les outils linguistiques qui ont rapport avec le principe de relation.

Un certain nombre de descriptions sont ainsi entièrement construites sur un rapport : la relation entre les îles de la Manche, la France et l'Angleterre se matérialise ainsi dans le texte par la surdétermination des rapports qu'elles entretiennent entre elles :

> Il faudrait pour faire la France deux mille sept cents Jersey. Au calcul de Charassin, excellent agronome pratique, la France, si elle était cultivée comme Jersey, pourrait nourrir deux cent soixante-dix millions d'hommes, toute l'Europe. Des quatre îles, Serk, la plus petite, est la plus belle ; Jersey, la plus grande, est la plus jolie ; Guernesey, sauvage et riante participe des deux. [...] De l'une de ces îles à l'autre, d'Aurigny à Guernesey et de Guernesey à Jersey, il y a l'enjambée d'une botte de sept lieues. [...] de Guernesey on entend le canon de Cherbourg, et de Cherbourg on entend le tonnerre de Guernesey (*AM*, p. 14).

Fractions, superlatifs relatifs, distances et parallélismes, les outils linguistiques se multiplient jusqu'à prendre l'ascendant sur la description des objets.

La répétition du comparatif est également fréquemment utilisée pour souligner l'outil de relation par rapport à la description de l'objet individuel.

> Les deux variétés de la vieille ferme française sont visibles à Guernesey. À l'est, c'est la ferme normande ; à l'ouest, c'est la ferme bretonne ; la ferme normande avec plus d'architecture, la ferme bretonne avec plus d'arbres. La ferme normande engrange ses récoltes ; la ferme bretonne, plus sauvage, abrite les siennes sous un toit chaume (*AM*, p. 20).

La répétition du parallélisme permet également de décrire sous l'angle de la comparaison :

> Cette femme, comme Dea, avait sa lueur à elle, mais autre. Dea était pâle, cette femme était vermeille. Dea était l'aube, cette femme était l'aurore. Dea était belle, cette femme était superbe. Dea était l'innocence, la candeur, la blancheur, l'albâtre, cette femme était la pourpre (*HQR*, p. 588).

Le texte met également en valeur des outils lexicaux comme « une sorte de » ou « une espèce de » : « l'épouvante est une sorte de colère » (*QT*, p. 917) ; « L'incendie [...] jetait au plafond un reflet rose. Les enfants ne connaissaient pas cette espèce d'aurore-là » (*QT*, p. 1027). L'emploi de ces expressions signale que l'expression est toujours approximative ; aucun mot précis ne peut saisir une réalité, dans la mesure où tout se passe par le rapport. C'est particulièrement net dans les scènes de « tempête sous un crâne » :

> Tout cela était si violent et si étrange qu'il se fit soudain en lui cette espèce de mouvement indescriptible qu'aucun homme n'éprouve plus de deux ou trois fois dans sa vie, sorte de convulsion de la conscience qui remue tout ce que le cœur a de douteux, qui se compose d'ironie, de joie et de désespoir, et qu'on pourrait appeler un éclat de rire intérieur (*Mis.*, p. 178).

Ce qui compte, ce n'est pas l'objet lui-même, mais le rapport. En mettant en valeur l'outil linguistique de relation par rapport à l'objet de la description, le texte suscite une nouvelle manière d'envisager la référence, fondée non sur la liaison entre un énoncé et une réalité mais sur la construction d'un réseau de relations. Contrairement à la référence par dénotation, la référence par connexion n'est donc pas incompatible par nature avec la notion de fiction. Diverses possibilités sont alors envisageables.

FICTION ET POSSIBLE

Penser ainsi les relations entre fiction et référence ouvre la voie à une notion fondamentale pour la pensée de l'interprétation chez Hugo, « le possible ». Le possible, c'est justement cette part d'indistinct qui n'a pas encore été travaillée par le langage ; c'est l'infini à portée de la pensée ; « Le sommeil est en contact avec le possible, que nous nommons aussi l'invraisemblable » (*TM*, p. 67) ; le rapprochement dissonant entre possible et invraisemblable renvoie à la manière que nous avons de refuser ce que nous n'avons pas organisé, tout ce qui n'a pas été fixé dans une représentation stable. Ainsi en est-il également du discours littéraire, fiction qui couve tout ce qui est imaginable : « Le Possible est une matrice formidable » (*TM*, p. 282). Avec cette notion, on comprend toute la portée de l'articulation entre fiction et référence. La référence dénotative ne comprend que le vrai là où le discours littéraire envisage des éventualités multiples.

> Le possible est un oiseau mystérieux toujours planant au dessus de l'homme.
> – Il faut le prendre.
> – Vivant (*QT*, p. 1058).

Prendre le possible vivant, c'est chercher à l'écrire sans le fixer dans une solution. Car le contraire du possible n'est pas l'impossible mais l'établi.

POSSIBLE ET GRADUALITÉ

La notion de possible accentue encore la conception qui veut que « nulle différence ontologique ne sépare la fiction des descriptions non fictives de l'univers[1] », pour reprendre l'expression de Thomas Pavel. Partant de l'idée que nous faisons au quotidien l'expérience d'une pluralité de mondes, passant sans cesse de l'un à l'autre, il montre que la fiction, en circulant librement entre divers mondes fictionnels tout en préservant ses liens avec le « cadre culturel et factuel qui entoure et déborde le texte[2] », ne saurait être définie dans une opposition stricte à

1 Thomas Pavel, *Univers de la fiction*, éd. citée, p. 19-20.
2 *Ibid.*, p. 27.

la réalité. Elle doit plutôt être située sur un *continuum* de mondes plus ou moins « vrai », plus ou moins « fictifs ». C'est ce qu'on constate dans les passages documentaires. Dans le chapitre consacré à la reine Anne (*L'Homme qui rit* chapitre II, 1, 5 « La reine Anne » – 1) la description du personnage romanesque se mêle de manière très serrée à la description du personnage historique. On passe sans cesse de la fiction à la réalité historique, jusqu'à ce que les frontières entre les deux s'amenuisent.

Mais plus que d'un phénomène de gradualité, il s'agit d'une question de point de vue. Dans la description de la pieuvre, diverses versions sont ainsi proposées en regard les unes des autres : « Ce monstre est celui que les marins appellent poulpe, que la science appelle céphalopode, et que la légende appelle kraken » (*TM*, p. 280) ; le texte ne trahira aucune approche, proposant tour à tour une version documentaire, métaphysique ou esthétique de la pieuvre.

Il s'agit alors de « remplacer l'idée classique d'une réalité unique et indivisible par une multiplicité de versions du monde également valides[1] ».

VERSIONS

La fiction, au même titre que les autres systèmes symboliques, construit des systèmes de référence qui sont autant de versions. Toute donnée prétendument pure appartient en fait toujours à une version particulière. C'est ce que propose de penser Nelson Goodman qui explique qu'il n'y a pas de monde au sens strict mais simplement des versions produites par les théories scientifiques, les textes, les œuvres d'art[2], sans qu'elles aient une existence autonome en dehors des activités symboliques qui les produisent.

Dans ses romans, Hugo ne se contente pas de mettre en perspective ce principe en proposant diverses manières d'aborder un phénomène. L'essentiel de son travail concerne la fiction et les possibilités qu'elle ouvre dans le traitement de la relation de composition. La fiction n'est pas qu'une version parmi d'autres mais « la matrice du possible », l'endroit ou la notion même de version prend toute son ampleur. Aussi le texte ménage-t-il une place particulière aux outils linguistiques qui érigent la version en principe, la mettant en relief par rapport à son résultat.

1 *Ibid.*, p. 8.
2 *Manières de faire des mondes*, éd. citée.

Le sens n'est jamais qu'une version : « Le mot chimère a deux sens, il signifie rêve et il signifie monstre » (*QT*, p. 1045). Loin de la signification qui vise un fait établi, la composition cherche au contraire à élargir le champ du possible. Rapporter une idée à un seul fait démultiplié en plusieurs versions permet de la mettre en perspective : « Ce sont les deux sortes de laboureurs, ceux-ci de la terre, ceux-là de la mer » (*TM*, p. 72). Divers outils linguistiques sont utilisés afin de travailler le texte dans ce sens.

Le jeu sur « autre » et ses dérivés dessine en filigrane des versions différentes, sous celle qui est proposée. Il divise l'identité d'une notion en plusieurs versions :

> Le devoir se dressait ; sinistre devant Cimourdain, formidable devant Gauvain. Simple devant l'un ; multiple, divers, tortueux, devant l'autre (*QT*, p. 1041).

L'emploi du déterminant « autre » suggère également que ce dont on parle est l'une des versions d'un élément qui n'est jamais donné : le village de Weymouth est une « autre forme du désert » (*HQR*, p. 454), la Tourgue est « un autre monstre » (*QT*, p. 1061), Cosette est « autrement épouvantée » (*Mis.*, p. 720). On aurait tort de croire que l'emploi de ce déterminant permet de renforcer l'identité référentielle ; l'un et l'autre peuvent tout à fait désigner le même objet, les différentes versions procédant à un redécoupage du système établi :

> Être mouillé et avoir soif ; Gilliatt endurait cette torture bizarre [...]
> Le feu qu'il faisait ne le réchauffait guère ; le feu en plein air n'est qu'un demi secours ; on brûle d'un côté et l'on gèle de l'autre.
> Gilliatt, en sueur, grelottait (*TM*, p. 234).

De fait, les différentes versions ne sont pas exclusives l'une de l'autre. Le texte insiste au contraire sur leur simultanéité : « La machine était sauvée, ce qui ne l'empêchait point d'être perdue » (*TM*, p. 199).

Cependant, ces structures linguistiques ne visent pas que des points de détail. C'est l'ensemble du récit qui est construit pour laisser la place aux différentes versions. Le texte a alors recours à des structures hypothétiques, qui suggèrent l'existence d'autres possibilités[1], même si l'une d'elles est finalement choisie :

---

1 Robert Martin distingue deux types de conditionnel, l'un qui rejette le procès en dehors de l'univers de croyance, l'autre qui le réfère aux mondes possibles appartenant à cet univers de croyance. (*op. cit.*, p. 146-161).

> Dans cette minute-là, le capitaine ou le chef d'escadre qui a la chance de posséder un de ces Verres-de-Tempête dont l'inventeur est inconnu, observe ce verre au microscope et prend ses précautions, contre le vent du Sud si la mixture a un aspect de sucre fondu, et contre le vent du nord si la mixture s'exfolie (*TM*, p. 253).

Mais l'emploi de la structure hypothétique va au-delà de l'alternative ; l'irréel du présent permet de ménager une place à ce qui n'est pas accepté d'ordinaire : « Flamboiements qu'on verrait si l'homme était transparent » (*HQR*, p. 515). Le texte nous propose de faire exister ce qui est généralement refusé. Toutefois, la fiction n'est pas toujours un choix entre des possibilités ; certaines structures hypothétiques mettent ainsi l'accent sur l'idée de doute : « Si le suicide faisait partie de ce qu'il avait rêvé en venant dans ce sépulcre, de ce côté-là il n'avait point réussi » (*Mis.*, p. 989). Ou alors, usant de prétérition, la fiction propose tout en refusant, ce qui la place dans un possible hors choix : « S'il y eût eu un peu plus de jour, et si l'on eût regardé un peu curieusement, on eût aperçu sur ces gens des chapelets et des scapulaires, dissimulés à demi sous les guenilles » (*HQR*, p. 380).

En complément des structures hypothétiques, le texte joue sur les formes modales : « Cette puissante applique, lourde masse de poutres et de planches, qui, à plat, eût été un radeau, et, debout, était un mur [...] » (*TM*, p. 244). Ce qu'est l'objet et ce qu'il n'est pas sont réunis grâce à l'évocation de ce qu'il aurait pu être. Plus loin, c'est l'issue de l'entreprise de Gilliatt qui est évoquée : si le texte choisit de le faire triompher, il ne ferme pas pour autant la porte aux autres formes qu'aurait pu prendre son récit :

> Une longue et lourde poutre, arrachée de la claire-voie d'avant, avait été lancée par-dessus le barrage d'arrière, sur la roche en surplomb choisie un moment par Gilliatt pour poste de combat. Par bonheur, il n'y était point remonté. Il eût été tué roide (*TM*, p. 267).

> Ce qu'il avait pris pour leur salut était leur perte. Le suroît en persistant les eût frénétiquement poussés à quelque rivage, eût gagné de vitesse la voie d'eau, les eût portés peut-être à un bon banc de sable propice, et les eût échoués avant qu'ils eussent sombré. Le rapide emportement de l'orage eût pu leur faire prendre terre (*HQR*, p. 437).

Les informations qui devraient donner au roman sa direction deviennent le règne du « peut-être » : « Vous m'avez sauvé la vie peut-être » (*TM*,

p. 110), dit Ebenezer à Gilliatt, ignorant l'ironie dramatique d'une possibilité qui prendra tout son sens à la fin du roman. « Un pêcheur qui serait par aventure de passage dans les eaux des Douvre pourrait lui venir en aide [...] Un homme et une lanterne et tout pouvait être sauvé » (*TM*, p. 292) : dans cet exemple, le verbe pouvoir est renforcé par l'emploi de l'imparfait d'imminence, également très utilisé par Hugo : « Encore un flot franchi, tout était fini » (*HQR*, p. 433) ; « Encore un instant, et l'enfant et le trépassé, la vie en ébauche et la vie en ruine allaient se confondre dans le même effacement » (*HQR*, p. 392) ; « une seconde encore et la barricade était prise » (*Mis.*, p. 895). L'imparfait crée ici une distance par rapport au fait. N'étant pas assumé par le narrateur, il ouvre une perspective dans le passé et fait peser sur l'événement tout le poids du possible.

LE CHOC DES POSSIBLES

Le traitement du possible chez Hugo permet à la fois de dépasser la dichotomie rigide entre réel et fiction et d'autre part de jouer sur les ressources du discours littéraire pour transformer l'identité de la référence en une multiplicité de versions. Si la réalité est ainsi mise en perspective, l'unique but du texte n'est pas de proposer une vision relativiste du monde dans lequel toutes les versions se valent. L'intention est plutôt de superposer toutes les versions afin de laisser entrevoir la forme interprétative dans sa dynamique, selon le principe qui veut que l'étincelle jaillisse du choc des possibles.

Pour provoquer cet effet, le texte accentue la multiplication des possibles par des structures qui utilisent la répétition. Il s'agit de jouer sur le principe de la réverbération afin d'indiquer ce qu'on ne peut signifier directement ; les romans se font ainsi écho les uns aux autres : le naufrage de la Matutina dans *L'Homme qui rit* semble indiquer ce qui se serait passé si Gilliatt avait échoué. On retrouve le problème du vent, et celui de la voie d'eau. Dans *Quatrevingt-Treize*, l'épisode du canon crée, à partir d'une structure de base similaire, encore une autre version. Aucune ne propose une solution ou une signification : c'est dans le mouvement même d'un va-et-vient de l'une à l'autre que s'esquisse le sens comme interprétation.

Outre la répétition, le texte joue également sur le rapprochement de versions qui ne sont pas du tout sur le même plan. Le segment textuel fonctionne comme un collage ; le choc des deux perspectives très différentes modifie alors la réception qui, ne pouvant se fixer ni sur l'un ni sur l'autre, quitte le plan du contenu pour se tourner vers la forme signifiante qui se laisse entrevoir dans l'interstice :

> Les effets de crépuscule découpent les formes à l'emporte-pièce ; de certaines dentelures à leurs habits étaient visibles, et montraient que ces gens appartenaient à la classe nommée en Angleterre *the ragged*, c'est-à-dire les déguenillés.
>
> On distinguait vaguement dans les reliefs de la falaise la torsion d'un sentier. Une fille qui laisse pendre et traîner son lacet sur un dossier de fauteuil dessine, sans s'en douter, à peu près tous les sentiers de falaises et de montagnes. Le sentier de cette crique, plein de nœuds et de coudes, presque à pic, et meilleur pour les chèvres que pour les hommes, aboutissait à la plate-forme où était la planche (*HQR*, p. 378).

Il peut également rapprocher des possibles qui ne sont pas sur le même plan, ce qui renforce l'impression que l'idée est ailleurs. Le segment qui parle des lacets de « la fille » n'est pas subordonné à la description du sentier comme il le devrait ; aucune structure comparative ne permet d'en faire une simple image. Il s'agit bien de deux événements distincts qui sont comme deux possibilités de penser le « lacet ». Le sens ne se situe ni dans la description principale, ni dans le segment secondaire, ni même réellement dans la comparaison des deux. Leur rapprochement étrange permet de dessiner une zone fuyante, dans laquelle apparaît brièvement une pensée dynamique. Il s'agit en fait de ménager un ancrage textuel au principe d'amplitude : hors de ce processus qui crée un univers de référence d'un type particulier, on « ne voit pas les contours lointains et fuyants qui font l'amplitude des choses » (*HQR*, p. 395).

Le travail sur la référence se révèle un autre moyen d'envisager des pratiques déjà abordées dans l'étude des romans de Hugo. Des notions comme celles d'antithèse ou d'embrayage trouvent ici une nouvelle dimension. Il n'est pas suffisant de se représenter les choses en termes de niveaux articulés entre eux par des points de passage. Il s'agit de différentes versions qui alternent ou au contraire s'entrechoquent et permettent au texte de se dilater jusqu'à ménager un espace d'interprétation fuyant.

MODÉLISATION OPAQUE

LE PROBLÈME DE LA VÉRITÉ

La pensée de la référence comme version a mis en avant l'importance du processus symbolique dans la construction de l'objet. Considérer la référence comme un rapport direct entre les formes verbales et l'objet n'est pas possible dans la mesure où une telle conception ne rend pas compte des différentes connexions et des possibles qu'elles induisent. Mais l'expérience de la fiction pousse à aller plus loin. Il est nécessaire non seulement de refuser le postulat d'un réel absolu, indépendant de notre activité physique et mentale, mais de refuser toute idée d'une réalité autonome. Le monde chez Hugo, finalement, n'est que « le Possible », c'est-à-dire l'ensemble des versions actuelles ou virtuelles qu'on peut construire. Non seulement la référence ne peut être directe, mais elle ne saurait jamais retrouver quelque chose ; c'est le sens de la figure-masque de Gwynplaine :

> Gwynplaine avait un masque, sa face. Chose inexprimable, c'était avec sa propre chair que Gwynplaine était masqué. Quel était son visage, il l'ignorait. Sa figure était dans l'évanouissement. [...] Il avait pour face une disparition (*HQR*, p. 535).

Rien ne se cache derrière l'écriture. Comme l'explique Italo Calvino : « Il se peut ainsi que les niveaux de réalité suscités par l'écriture, la succession des voiles et des écrans, s'éloignent à l'infini, comme il se peut qu'ils donnent sur le rien. Comme nous avons vu s'évanouir le moi, le premier sujet de l'écriture, ainsi nous en échappe le dernier objet. C'est peut-être dans le champ de la tension qui s'établit entre un vide et un vide, que la littérature multiplie les épaisseurs d'une réalité inexorable de forme et de signification[1] ». Il n'existe pas de réalité du visage de Gwynplaine derrière son masque. Il n'est présent ni en puissance ni même dynamiquement derrière la transformation. La moindre activité symbolique contribue à refaire le monde, car, en dévoilant des aspects inédits, inattendus ou

1 « La letteratura e la realtà dei livelli », M. Piatteli Plamarini (a cura di), *Livelli di realta*, p. 439-442, cité dans *Lire Goodman : Les voies de la référence*, Cahors, Éditions de l'éclat, 1992, p. 100.

énigmatiques, on en vient à restructurer le contenu, voire le cadre même de notre représentation. Aussi n'existe-t-il pas de version *de* quelque chose mais seulement des versions. C'est pourquoi à aucun moment le texte ne nous propose de vérité cachée derrière le discours littéraire. L'ambition de Hugo n'est pas de trouver l'origine des versions mais de parcourir leur mouvement à travers la multiplication des possibles[1].

La question du point de vue ne se limite pas à un problème d'interprétation. Il n'y a pas simplement des points de vue sur les choses mais les choses elles-mêmes sont des points de vue. C'est ce que Hugo veut nous faire ressentir à travers le motif du rêve. « Depuis vingt-cinq ans vous dormez. Vous faites un songe, et il faut en sortir », dit Barkilphedro à Gwynplaine qui, de son côté, demande qu'on le réveille (*HQR*, p. 641). Le rêve forme alors une boucle qui ne laisse plus de place à la réalité. À la « lumière » du rêve, « les choses perdent leur réalité » (*TM*, p. 248). Le rêve n'est pas une manière visionnaire de voir la réalité, mais une logique à part entière qui laisse de côté jusqu'à l'idée de réel. Celui-ci n'étant plus que la manière dont on envisage l'idée une fois qu'elle est stabilisée, le rêve est un des moyens de la construire. C'est le sens de l'affirmation : « Dea est un songe ayant un peu pris corps » (*HQR*, p. 538). À l'image du rêve, la fiction n'est pas le contraire de la réalité, mais la manière la plus dynamique d'organiser l'indistinct, de stabiliser l'infini : « L'insaisissable qui flotte en nos songes rencontre dans le possible des aimants auxquels ses linéaments se prennent, et de ces obscures fixations du rêve il sort des êtres » (*TM*, p. 278).

Dans son article sur « la vérité de l'œuvre d'art », Roman Ingarden explique qu'elle ne repose pas sur l'existence réelle de l'objet mais sur l'idée de cohésion. L'important est la « concordance intérieure de l'objet » sans que « les objets représentés dans l'œuvre d'art ressemblent ou doivent ressembler à des objets qu'on trouve dans la nature, ni que l'art, en respectant cette vérité intérieure, doive être nécessairement "naturaliste"[2] ». À quoi s'ajoutent « la vérité comme cohésion de l'ensemble des qualificatifs de l'œuvre d'art[3] » et « la vérité comme cohésion de l'ensemble des qualités particulièrement importantes[4] ».

1 C'est pourquoi Goodman, dans *Esthétique et connaissance* (Combas, l'Éclat, 1990), se propose d'explorer « les chemins de la référence » plutôt que « les racines de la connaissance ».
2 « Les différentes conceptions de la vérité dans l'œuvre d'art », *Revue d'esthétique*, 2, 1949, p. 168.
3 *Ibid.*, p. 172.
4 *Ibid.*, p. 173.

Encore une fois, il ne s'agit pas d'être pertinent au regard d'une norme indépendante mais dans un agencement, afin de sortir de l'indistinct en proposant quelque chose qui soit assez stable pour être lisible. En somme, le véritable critère de pertinence est d'ordre réceptif. Il s'agit de savoir si la configuration est capable de trouver un ancrage dans le contexte de la réception. C'est pourquoi la pertinence ne peut se résoudre à une opération de pure cohérence. D'autres facteurs comme le contexte doivent être pris en compte. Finalement, dire qu'un texte n'est pas vrai, ce n'est pas dire qu'il ne représente rien mais que nous ne pouvons rien en faire. À l'inverse, dire qu'un texte a du sens, c'est le tenir comme susceptible d'une application, donc comme rattachée non à des constituants élémentaires de la réalité mais à des paradigmes, des systèmes de référence. Une telle conception place l'usage comme seule norme et permet d'éviter de tomber dans un conventionnalisme trop poussé qui conduirait à retomber dans une problématique de la clôture du texte comme fiction.

LA RÉFÉRENCE FICTIVE : UNE SEGMENTATION BIEN RÉELLE

Envisager le sens littéraire à travers la problématique de l'usage permet d'éviter les pièges du conventionnalisme aussi bien que ceux de l'essentialisme. Ce n'est pas la réalité qui est à l'origine de l'agencement du discours littéraire, mais la fiction ne reconstruit pas non plus entièrement notre conception des choses. C'est la combinaison, dans un contexte et une situation d'énonciation donnée, de formes issues de la fiction et de l'usage qui conduit à un nouvel agencement. Pas plus qu'il ne suffit d'interroger la réalité pour apprécier la vérité des propositions, il n'est pas possible de dire que le contexte mondain n'a aucune importance au regard des conventions de la fiction, à condition, toutefois, de le penser en termes d'usage et non de réalité. Dans cette perspective, le contexte n'est pas quelque chose qui se tient « autour » de l'œuvre et dans lequel l'œuvre se place, mais il participe à la formation de l'œuvre, en imposant des systèmes de symbolisations spécifiques avec lesquels celle-ci doit composer[1]. Aussi n'existe-t-il pas de différence de nature entre fiction

1 Réfléchissant sur la notion de sens figuré, Irène Tamba-Mecz explique qu'on ne peut se contenter de le définir comme « changement de sens ». Pour sa part, elle insiste sur le rôle de « la composante énonciative référentielle », qui permet d'intégrer le sens figuré à un fonctionnement discursif général. (*Le Sens figuré*, Paris, PUF, 1981, p. 188).

et contexte mondain dans la mesure où le second est en quelque sorte une fiction stabilisée[1].

Le problème est un peu différent quand l'on se place dans une perspective de réception. La lecture d'un texte de fiction produit ainsi un événement particulier qui est bien réel[2]. Ce type de problématique se retrouve dans les analyses qui cherchent à adapter la théorie des actes de langages à la fiction. S'opposant à la définition searlienne d'actes de langages feints, Genette explique que l'énonciation fictive implique des actes de langage sérieux, même s'ils sont indirects[3]. La fiction narrative peut donc être décrite comme une « illocution déclarative à fonction instauratrice » :

> La phrase « la séance est ouverte » ou « vous êtes congédié » décrit l'état de fait institutionnel provoqué par son énonciation même, la phrase « Il était une fois une petite fille… » décrit l'état de fait mental provoqué dans l'esprit de son destinataire par son énonciation même, et la différence est au fond assez mince, car les états de fait institutionnels sont des états mentaux collectifs – comme sont fréquemment les états mentaux provoqués par les énonciations fictionnelles[4].

Aussi peut-on considérer que l'événement produit déborde le simple cadre de la fiction et agit sur le contexte lui-même. La réalité du discours de fiction résiderait donc dans sa capacité de modification du cadre formé par l'usage :

> Le mort sembla pris d'une vie monstrueuse. Les souffles le soulevaient comme s'ils allaient l'emporter. […]
>
> Parfois, la bise redoublant, le pendu pivotait sur lui-même, faisait face à l'essaim de tous les côtés à la fois, paraissait vouloir courir après les oiseaux, et l'on eût dit que ses dents tâchaient de mordre. Il avait le vent pour lui et la chaîne contre lui, comme si des dieux noirs s'en mêlaient. L'ouragan était de la bataille. Le mort se tordait, la troupe d'oiseaux roulait sur lui en spirale. C'était un tournoiement dans un tourbillon.
>
> On entendait en bas un grondement immense, qui était la mer.

1 Fondant son analyse de la vérité fictionnelle sur la notion de possible, David Lewis insiste sur le rôle que joue le contexte compris comme « croyances établies dans la communauté d'origine » (« Truth in fiction », *American Philosophical Quarterly*, XV, 1978, p. 45).

2 « Les œuvres de fiction, les récits et romans enrichissent l'univers d'entités nouvelles. C'est uniquement à propos de leur sujet qu'on peut employer le terme "d'irréel" » (Margaret Macdonald, « Le langage de la fiction », *Poétique*, n° 78, avril 1989, p. 220).

3 *Fiction et diction*, Paris, Seuil, 1991.

4 Gérard Genette, « Le statut pragmatique de la fiction narrative », *Poétique*, n° 78, avril 1989, p. 242.

> L'enfant voyait ce rêve. Subitement il se mit à trembler de tous ses membres, un frisson ruissela le long de son corps, il chancela, tressaillit, faillit tomber, se retourna, pressa son front de ses deux mains, comme si le front était un point d'appui, et, hagard, les cheveux au vent, descendant la colline à grands pas, les yeux fermés, presque fantôme lui-même, il prit la fuite, laissant derrière lui ce tourment dans la nuit (*HQR*, p. 393).

Gwynplaine est ici comme le substitut du lecteur. Les comparaisons qui se succèdent dans les premiers paragraphes finissent par avoir sur lui une action aussi concrète que s'il s'agissait des faits eux-mêmes. Ce n'est pas le pendu qui provoque cette réaction mais l'effet de « paraissait vouloir courir », « on eût dit que ses dents tâchaient de mordre », « comme si des dieux noirs s'en mêlaient ». Et cette peur n'est pas seulement imaginaire ; elle est concrète, physique, comme en témoigne la multiplicité des détails décrivant ses réactions physiologiques.

Plutôt que de réalité, il est ainsi préférable de parler de « correction », pour reprendre les analyses de Nelson Goodman. Selon lui, la valeur des différentes versions ne dépend pas de leur vérité mais de leur correction, c'est-à-dire de leur « manière de s'appliquer au monde[1] ». « La correction elle-même dépend de et implique un monde » et « le monde dépend de la correction[2] ». On en revient ici à l'idée que la référence ne doit pas être envisagée en fonction de critères figés. L'important est ce qu'elle nous apprend, c'est-à-dire la manière dont elle nous enrichit et modifie notre perception des choses[3]. Pour cela, le discours des romans joue sur plusieurs propriétés du discours littéraire. Peu importe que le discours littéraire ait ou non des référents réels, l'essentiel est qu'il puisse organiser des valeurs de sens qui soient en mesure de proposer un mode de segmentation acceptable[4]. Or, comme nous l'avons vu à plusieurs reprises, en particulier dans l'étude de la forme, l'ensemble du processus de composition réside dans la capacité du discours littéraire à proposer des modes de découpage alternatifs, qui sont le support de

1 *Manières de faire des mondes*, éd. citée, p. 12.

2 *Ibid.*

3 Réfléchissant sur la notion de fiction, Gene Blocker précise que l'intérêt d'un roman ne se limite pas à son charme mais réside dans la manière dont il informe notre point de vue. (« The truth about fictionnal entities », *Philosophical Quarterly*, XXIV, 1974, p. 35).

4 Dans le discours en général c'est en effet la notion de segmentation qui est importante : Comme le dit Martin Riegel : « Qu'est-ce, en effet, que le signifié d'une unité lexicale sinon une valeur représentative à travers laquelle une communauté linguistique appréhende un segment de réalité ? » (Présentation du n° 57 de la revue *Langue française*, fév. 1983, p. 4).

l'idée conçue comme relation plus que des signes qui renvoient à des référents[1]. Et ceci peut se faire indépendamment de l'emploi d'un langage « réaliste[2] ». Comme l'explique Nelson Goodman, bien que la « fiction soit littéralement fausse elle peut être métaphoriquement vraie[3] ». La vérité n'a donc rien à voir avec le réalisme ; celui-ci est une question de familiarité avec les symboles utilisés dans l'acte de parole, alors que celle-là a à voir avec ce qui est exprimé, littéralement ou métaphoriquement, à travers le sens de symboles familiers ou fantastiques[4].

C'est en usant de cette propriété de l'imagination qu'écrit Hugo. Comme le montrent ses essais, il cherche en effet avant tout à modifier la conception de ses lecteurs, dans le domaine esthétique mais également moral et philosophique. Conception du beau, du juste, de la société ou même de la science, tout ce qui forme l'usage courant est visé. Mais les choses ne peuvent se bouleverser de front. La modification dont il est question se précise petit à petit, se concrétisant dans des mondes particuliers ; car pour viser le cadre instauré par le contexte de la situation d'énonciation, elle ne peut que s'approcher par esquisses, donner de soi une image volontairement floue, à travers un effet de superpositions ténues. C'est ce que révèlent des personnages étranges comme Thénardier et Cosette qui manifestent littéralement ce dégradé nécessaire à la réalisation des projets de fiction. Le texte feint de présenter Thénardier comme un

1 Réfléchissant sur la notion de référence, Leonard Linsky insiste sur le fait qu'on peut tout à fait se passer du concept de réalité pour penser le découpage qui préside au processus de référenciation. Se fondant sur la distinction de Meinong entre « objets » et « objectifs », il explique que « nos idées, jugements et suppositions » concernent souvent des objets idéaux qui sont (*bestehen*) sans exister (*existieren*) comme c'est le cas par exemple pour « les relations de similarité et de différence » ou pour « les nombres [qui] n'existent pas en plus de ce qui est dénombré » (*Le Problème de la référence*, Paris, Seuil, 1967, p. 34). La notion de support, contenue dans le verbe *bestehen,* rappelle ici bien le terme hugolien de « persister » qui nous a servi à expliquer l'articulation entre forme et implicite (le sens n'existe pas en dehors des mots, même s'il ne se confond pas avec eux).

2 Joseph Margolis distingue ainsi les fictions comme *La Cousine Bette* de Balzac qui sont en partie logiquement ou conceptuellement « compossibles » avec la réalité, et celles qui comme *Alice au pays des merveilles* ne le sont pas et n'entrent donc pas dans la logique des « mondes possibles » (« The logic and structure of fictional narratives », *Philosophy and Literature*, VII, 1983, p. 165-166).

3 « Although all fiction is literally false, some is metaphorically true » (« Fiction for five fingers », *Philosophy and literature*, VI, 1982, p. 163).

4 « Thruth of fiction has nothing to do with realisme. [...] Realisme is a matter of the familiarity of symbols used in the telling ; truth is a matter of what is told, literally or metaphorically, by means of symbols familiar or fantastic » (*Ibid.*).

personnage mauvais, le faisant correspondre à la catégorie simpliste du méchant, tout en soulignant sa complexité, sa richesse narratologique. À rebours, Cosette qui correspond à la catégorie très importante de la jeune héroïne, perd tout intérêt à partir du moment où elle est sortie de la misère. Nicole Savy pointe ainsi son caractère singulièrement médiocre[1] alors qu'il s'agit bien de la principale héroïne du roman. Encore une fois, le texte feint de se conformer aux représentations en usage, et procède par décalages imperceptibles pour imposer une conception différente. Dans une certaine mesure, on peut dire que les notions de bien et de mal en sont, sinon changées, du moins modifiées.

Le traitement de la description dans les romans de Hugo permet bien de rendre compte de cette modification de la perception par légers décalages :

> Gilliatt monta sur la grande Douvre.
>
> De là il voyait toute la mer.
>
> L'ouest était surprenant. Il en sortait une muraille. Une grande muraille de nuée, barrant de part en part l'étendue, montait lentement de l'horizon vers le zénith. Cette muraille rectiligne, verticale, sans une crevasse dans sa hauteur, sans une déchirure à son arête, paraissait bâtie à l'équerre et tirée au cordeau. C'était du nuage ressemblant à du granit. L'escarpement de ce nuage, tout à fait perpendiculaire à l'extrémité Sud, fléchissait un peu vers le Nord comme une tôle ployée, et offrait le vague glissement d'un plan incliné. Ce mur de brume s'élargissait et croissait sans que son entablement cessât un instant d'être parallèle à la ligne d'horizon, presque indistincte dans l'obscurité tombante. Cette muraille de l'air montait tout d'une pièce en silence. Pas une ondulation, pas un plissement, pas une saillie qui se déformât ou se déplaçât. Cette immobilité en mouvement était lugubre. Le soleil, blême derrière on ne sait quelle transparence malsaine, éclairait ce linéament d'apocalypse. La nuée envahissait déjà près de la moitié de l'espace. On eût dit l'effrayant talus de l'abîme. C'était quelque chose comme le lever d'une montagne d'ombre entre la terre et le ciel.
>
> C'était en plein jour l'ascension de la nuit. (*TM*, p. 261).

Ouvrant le chapitre II, 3, 6 des *Travailleurs de la mer* intitulé « Le combat », cette description semble préparer le lecteur à voir ce qui dépasse l'entendement. C'est un véritable « effet de vision » que propose ce texte qui quadrille l'espace dans une géométrie qui se révélera finalement déceptive. Le système référentiel insiste sur la notion d'orientation en

1 « Cosette : Un personnage qui n'existe pas », *Lire* Les Misérables, éd. citée, p. 174.

nommant les points cardinaux : « l'Ouest était surprenant », « perpendiculaire à l'extrémité Sud », « fléchissant vers le Nord ». L'ensemble du texte semble le résultat d'un quadrillage de lignes : lignes « perpendiculaires » ou « parallèles » ; lignes horizontales (« muraille barrant de part en part l'étendue », « s'élargissait », ou lignes verticales, « montait de l'horizon vers le zénith », « muraille rectiligne, verticale ») ; mais aussi lignes « inclinées » (« fléchissant un peu vers le nord comme une tôle ployée »), s'articulent comme autant de points de repères pour la représentation. À ce premier système référentiel, se superpose une dynamique métaphorique qui file l'assimilation paradoxale entre « muraille » et « nuée », « immobilité » et « mouvement ». L'articulation des différents systèmes se fait par dérivation et amplification des traits associés à l'idée de muraille. Des adjectifs comme « rectiligne » et « verticale » dérivent en effet des expressions « sans une crevasse dans sa hauteur », « sans une déchirure à son arrête ». Le segment « bâtie à l'équerre et tirée au cordeau » complète cette amplification dans un phénomène de caractérisation hyperbolique. De la ligne, on passe à la matière : tous les éléments décrits précédemment ne revoient pas seulement au rectiligne mais aussi au lisse. L'utilisation de la caractérisation négative (« sans une crevasse », « sans une déchirure à son arrête »), très fréquente chez Hugo, permet en effet d'embrayer sur la dimension matérielle. Plus encore que les catégories de la forme, celles de la matière vont permettre de modifier les cadres de la représentation : parangons de fluidité et de dureté sont ainsi rapprochés dans la comparaison, « c'était du nuage ressemblant à du granit ». L'article partitif fait par ailleurs du « nuage » une substance et non une unité individualisée, mouvement qui va totalement à l'encontre du découpage géométrique opéré par le système référentiel. L'articulation étrange de tous ces systèmes se concentre alors dans l'expression « l'escarpement de ce nuage », qui réunit forme et matière, dureté et douceur, y compris d'ailleurs dans les sonorités. On est alors conduit à un autre paradoxe que résume le syntagme « immobilité en mouvement », amené progressivement par les deux phrases qui précèdent, « Ce mur de brume s'élargissait et croissait sans que son entablement [...] » et « Pas une ondulation, pas un plissement [...] déplaçât ». Dans ce nouveau paradoxe se laisse entrevoir un autre système, de nature symbolique, l'ensemble de ce passage servant à amener le « combat » annoncé dans le titre. On comprend que ce combat est avant tout celui de l'écriture, ou de la lecture à venir, mais aussi celui de la description, symbole même de l'« immobilité en mouvement » ; et non pas « mouvement immobile ». Ce que nous signale ce passage, c'est le paradoxe d'une écriture qui parvient à créer des effets de catégorie : faisant croire au lecteur qu'il a tous les supports pour organiser sa représentation, il le conduit en fait à en modifier les paramètres. L'ensemble de la description fonctionne ainsi de manière déceptive, à l'image de la comparaison, qui loin de faciliter la compréhension souligne la contradiction ; l'idée même de descriptif est ainsi remise en cause, dans la mesure où le langage ne rend pas compte de l'objet mais le produit.

Pour modifier notre perception des choses, le texte des romans ne se contente pas de jouer sur les principes de la métaphore et de la comparaison qui permettent de construire des idées incongrues et nouvelles. Il nous force à nous concentrer sur des aspects de la langue que nous négligeons normalement. C'est le sens des passages qui, au lieu de les dissimuler pour créer un effet harmonique, mettent en relief les outils linguistiques, connecteurs, déterminants, formes verbales ou structures syntaxiques. C'est comme s'il fallait souligner les coutures du texte, toute la machinerie qui normalement devrait être discrètement au service du contenu. La modification ne touche plus alors simplement les catégories établies mais le processus même de création.

Car une fois fixée dans une version, même fictionnelle, l'idée est toujours fausse. Elle laisse en effet de côté la seule réalité, l'infini des possibles, toujours multiple et en mouvement. C'est pourquoi les seules réalités que Hugo veuille bien décrire directement sont celles qui existent sans exister. L'histoire joue à ce titre un rôle fondamental, mais aussi l'exil, qui permet de parler d'un espace qui n'est pas là. Ces deux principes opèrent une modification de la conception du contexte : ils sont là sans être là, existent sans exister. Aussi les frontières entre l'histoire et la légende ne sont-elles pas toujours très nettes : « Il y avait en Bretagne sept forêts horribles ». Ainsi s'ouvre la troisième partie de ce roman historique qu'est *Quatrevingt-Treize* (p. 915). Si « la vérité légendaire est d'une autre nature que la vérité historique », elle fonctionne de la même manière, jouant sur ce qui n'existe pas ou plus mais qui subsiste sous une autre forme.

DÉCENTREMENT ET RÉFÉRENCE PARADOXALE

Dans ses travaux sur le théâtre de Hugo, Anne Ubersfeld a beaucoup insisté sur le mécanisme de la « fenêtre qui ouvre sur un ailleurs historique ou naturel », « où le locuteur s'abstrait de son drame présent, oppressant ; il rêve ou il contemple[1] ». Il s'agit généralement de moments lyriques, associés ou non à la figure d'hypotypose ou de monologues, qui débrayent le discours du contrat de communication avec son destinataire. On peut leur ajouter les décentrements narratifs[2], bien souvent associés à une pragmatique déceptive, soit qu'ils s'adressent à un absent, soit qu'ils ne puissent être compris de l'interlocuteur. Caractéristiques de l'esthétique de *la vaine parole*, ils exemplifient l'échec présent du dialogue, qu'il soit interne ou externe, tout en préparant les conditions favorables d'une réception à venir.

Dans le cadre de l'écrit romanesque, les conditions sont différentes. Après l'échec du drame, l'utopie du public peuple fait place à une pragmatique démocratique, qui reconnaît comme une nécessité les contradictions de la communication polyphonique. La réalisation matérielle est elle aussi différentes. Contrairement à la salle de spectacle qui constitue le présent et l'espace concret de la communication, l'énonciation différée de l'écrit, sa différ*a*nce constitutive, en font nécessairement une réalité à construire. S'appuyant sur des phénomènes d'opacification du signifiant qui, pointant le dialogisme linguistique, suscitent chez le lecteur un phénomène de distanciation réflexive[3], la référence paradoxale apparaît ainsi comme le moyen d'une « redéfinition de l'événement linguistique[4] », dans une perspective qui l'articule de manière intrinsèque à l'interprétation. L'étude de la notion de portée nous permettra de mieux comprendre cet aspect particulier.

1 Anne Ubersfeld, *Lire le théâtre III*, Nathan, 1996, p. 138.

2 Judith Wulf, « Décentrements narratifs dans *Hernani* », *Genres, Styles, Auteurs*, dir. C. Reggiani, Claire Stolz, L. Susini, n° 8, Paris, PUPS, 2008, p. 195-210.

3 Qu'elle soit ironique ou qu'elle s'appuie sur une stylisation non parodique, comme chez Bakhtine.

4 Pour reprendre l'expression de Franck Neveu, « Critique du concept d'homonymie textuelle », *Littérature et linguistique : diachronie / synchronie – Autour des travaux de Michèle Perret*, dir. D. Lagorgette et M. Lignereux, CD-Rom, Chambéry, Université de Savoie, 2007.

QUATRIÈME PARTIE

PORTÉE ROMANESQUE

Comme le rappelle Jean-Marie Schaeffer dans son article sur le romanesque, l'origine du terme n'évoque pas « des faits littéraires, mais des faits linguistiques[1] ». La langue romane, qui partage son radical avec roman et romantisme, romanesque et romantique, est, on le sait, ce qui fonde au Moyen-âge un genre écrit, non en latin, langue savante, mais dans la langue du peuple. Le substantif, pourtant, n'appartient pas au vocabulaire critique de Hugo. On a pu y voir le signe d'un désintérêt. Myriam Roman[2], à la suite d'Anne Ubersfeld[3], explique ainsi que le romanesque « ne paraît pas constituer un outil d'analyse pertinent ». Si cette idée est en partie vraie à l'époque où, dans le cadre de sa théorie du drame, Hugo prend position par rapport aux registres classiques, les choses sont différentes pour les romans de l'exil. Envisagé dans le cadre d'une pensée de la langue comme matériau historique, le romanesque participe au contraire pleinement aux réflexions sur la tension entre écriture et parole vive ainsi que, plus largement, sur la portée de la fiction. Comme tous les termes qui partagent le radical *roman*, on pourrait dire qu'il est ce qui permet de rejoindre la catégorie du « primitif », telle que Hugo la définit, en opposition à celle d'« original », dans un article écrit dans les années 1860 : « Le poëte original est distinct du poëte primitif, en ce qu'il peut avoir, lui, des guides et des modèles. Le poëte original imite quelquefois ; le poëte primitif jamais[4]. » Libre des classifications traditionnelles et des débats sur le goût, le romanesque peut se concentrer sur de nouveaux fondements. Et c'est justement parce qu'il renonce à un statut théorique qu'il apparaît comme « de la vie prise dans la vie », qu'il « jaillit directement de la nature et de l'humanité », en somme qu'il est « riche de l'énorme richesse du possible ». S'éloignant de la dichotomie simpliste qui sépare à l'époque réaliste le roman du romanesque au titre que le premier n'est une source de réflexion sur le monde et la société qu'une fois qu'on l'a purgé du second, Hugo ne

1 Jean-Marie Schaeffer, « le romanesque », *Vox poetica* [en ligne], p. 1.

2 Myriam Roman, « Un romancier non romanesque : Victor Hugo », *Le Romanesque*, éd. citée.

3 Anne Ubersfeld, « Limites du romanesque », *Victor Hugo et le romanesque*, dir. A. Spiquel, « Études romanesques », 9, Minard, 2005, p. 11-17.

4 *Goût*, p. 574.

limite pas cette notion au simple divertissement, mais l'envisage au contraire comme le principe même d'un retour à l'origine. Comme le comique, auquel il est explicitement associé dans *William Shakespeare*[1], le romanesque est ainsi du côté de « l'instinct ». Par opposition au romanesque « de surface », au romanesque mécanique, qui ne propose qu'une fiction dichotomique du monde, cet instinct romanesque est au contraire ce qui permet au livre de sortir des frontières du texte pour se confronter aux variations composites des relations collectives. Dans son ouvrage sur le romantisme, Claude Millet explique que ce dernier pose « l'activité créatrice comme un fait historique, c'est-à-dire comme une réponse à une situation historique donnée[2] ». Il y a bien, selon ce principe, une responsabilité romanesque chez Hugo, qui consiste conjointement à créer et à interpréter un ensemble de valeurs qui varient en fonction du contexte dans lequel elles s'insèrent. Ni contenu idéologique, ni enseignement dogmatique, ni universaux, mais des interprétants qui, composant avec les points de force de la langue, en dessinent les lignes de fuite.

1 Par opposition au dramatique, auquel est associé le roman à l'époque de la rédaction de l'article sur Walter Scott.
2 Claude Millet, *Le Romantisme*, Paris, Le Livre de Poche, 2007, p. 77.

LA VALEUR D'UNE LANGUE

Étudiant la mise en fiction de l'argent dans *Les Misérables*, Guy Rosa et Jean-Claude Nabet insistent sur l'originalité de la position hugolienne. À une période de transition qui conduit d'une matérialité concrète de l'argent, sous forme de métal précieux, à sa représentation abstraite comme « unité monétaire, déliée de toute réalité matérielle[1] », Hugo oriente au contraire l'appareil optique du roman vers la diversité des formes concrètes qu'il prend dans la main des personnages. Ce faisant, il interroge un processus sémiotique caractéristique du XIXe siècle, qui tend à faire de la valeur monétaire un parangon[2], comme « signe transparent, arbitraire et uniforme d'une réalité elle-même abstraite[3] ». On connaît la postérité linguistique de ce principe, dont la définition par Saussure du signe comme valeur sera l'expression la plus fameuse. Comme la valeur monétaire, la valeur du signe est immatérielle et vaut dans le cadre d'un système d'échange. Ce rapprochement cependant a ses limites et ne fonctionne que dans la perspective d'un système décontextualisé. La communication ne se limite pas à un échange de mots, leur valeur n'est pas fixe et « circule sans contrepartie[4] ». De ce fait, s'il peut y avoir un partage des richesses, ce n'est pas possible avec la langue[5], associée à la « valeur philosophique » du « consensus omnium », de « l'état mental de l'humanité » qui affleure dans les « légendes quelques-unes poétiques, d'autres puériles » et dont les « hautes traditions épiques, les menues fables populaires » sont le « symptôme externe[6] ». Si les misérables n'ont

1 Menant à la « commune mesure des valeurs affectées aux objets, au travail et à elle-même par le système général de la production et des échanges » comme l'expliquent Guy Rosa et Jean-Claude Nabet, (« L'argent des *Misérables* », *Romantisme*, n° 40, 1983, p. 87).

2 Le « synonyme de valeurs quelconques », pour reprendre l'expression de Pierre Larousse.

3 Guy Rosa, Jean-Claude Nabet, « L'argent des *Misérables* », *Romantisme*, n° 40, 1983, p. 87.

4 Pour une analyse détaillée, voir le développement de François Rastier, « Valeur saussurienne et valeur monétaire », *L'Information grammaticale*, n° 95, 2002, p. 46-49.

5 N'en déplaise aux nationalismes linguistiques.

6 *Ph.*, p. 499.

pas accès au code rhétorique qui, divisant la société en castes, ne leur laisse rien en partage, en revanche ce sont eux qui témoignent de la plus grande créativité linguistique dans le roman auquel ils donnent leur nom. Parce que les langues ne se fixent jamais, parce que la valeur linguistique est avant tout une variable qui ne peut s'exprimer que dans la diversité, elle ne trouve toute sa portée que dans ceux qui, ventriloque comme Ursus ou « artiste dramatique » comme Thénardier la font circuler et en bousculent les acquis, les fausses évidences.

UNE QUESTION DE MORALE ?

DES VALEURS RELATIVES

La réflexion sur la règle n'est pas seulement une question de poétique chez Hugo ; on a pu le constater à de nombreuses reprises. À travers les différentes métaphores qui en rendent compte, la ligne en constitue la mise en forme la plus variée : esthétique de la spirale ou de la courbe, du zigzag aussi, mais rarement de la ligne droite. Associée aux personnages les plus durs, attribut des objets les plus horribles comme la guillotine, la ligne droite est le symbole d'une rigidité inhumaine qui est avant tout celle du devoir.

Le texte multiplie ainsi les considérations sur la « férocité du devoir » (*QT*, p. 996) ou son caractère inflexible (*QT*, p. 827). Mais derrière le motif, largement développé dans *Les Misérables* de l'aveuglement que peut susciter la pratique froide du devoir, se cache une réflexion plus générale sur l'abstraction et le défaut d'adaptation. En témoigne l'exemple suivant :

> Le devoir se dressait ; sinistre devant Cimourdain, formidable devant Gauvain.
>
> Simple devant l'un ; multiple, divers, tortueux devant l'autre (*QT*, p. 1041).

Pour être juste, il faut savoir s'adapter aux situations. Dans son acception morale, au contraire, le devoir est conditionné à une norme extérieure et unique qui ne tient pas compte de la situation. C'est pourquoi les textes insistent sur l'importance d'un principe relativiste[1]. L'utilisation du possessif est significative de ce phénomène. Chacune des valeurs présentées dans le texte est ainsi d'emblée placée dans un dégradé de valeurs qui la soumet à un contexte précis et non plus à une norme absolue : « Le marécage a sa transparence. Dans une eau sale on voit des vices ; dans une eau trouble on voit des inepties. Anne n'était qu'une eau trouble » (*HQR*, p. 522). Trouble et transparent ne sont plus ici deux catégories entièrement distinctes ; selon les situations, elles peuvent se combiner pour former des systèmes de valeurs particuliers, formalisés ici autour du personnage de la reine Anne.

L'interaction dialogique permet de mieux rendre compte du caractère relatif de la valeur. Sans doute parce qu'il rend compte d'une période historique singulière, *Quatrevingt-Treize* est le roman qui va le plus loin dans ce sens. À chaque valeur ne correspond pas un personnage mais plusieurs, ce qui multiplie les degrés ; ainsi en est-il de la discussion à trois voix entre Robespierre, Danton et Marat à laquelle vient se joindre celle de Cimourdain :

> – Grave faute, murmura Cimourdain.
> – Crime, dit Marat.
> – Quelquefois, dit Danton.
> – Souvent, dit Robespierre.
> – Presque toujours, reprit Marat (*QT*, p. 887).

Les valeurs sont bien distinguées les unes des autres, mais à l'excès, dans la mesure où chaque tendance est elle-même divisée. Le principe de relativisme rejoint alors celui d'indistinction, dont on sait l'importance qu'il a pour la composition romanesque : c'est le sens de la conclusion du dialogue entre Michelle Fléchard et les soldats du bataillon du Bonnet-Rouge :

> – Et ton mari, madame ? que fait-il ? Qu'est-ce qu'il est devenu ?
> – Il est devenu rien, puisqu'on l'a tué.
> – Où ça ?

1 Comme le souligne Barbara Herrstein Smith, la notion de contingence est essentielle pour penser le fonctionnement de la valeur dans le texte littéraire. La valeur est avant tout une variable : « La valeur littéraire est radicalement relative et de ce fait constamment variable » (« Literary value is radically relative and therefore "constantly variable" »). Aussi le texte littéraire nous permet-il de construire une conception de la valeur distincte d'une valeur de vérité (« truth value »). (Barbara Herrnstein Smith, *Contingencies of value. Alternative perspectives for critical theory*, Harvard university press, Cambridge, Massachussets, and London, England, 1991, p. 11 et 94).

– Dans la haie.
– Quand çà ?
– Il y a trois jours.
– Qui çà ?
– Je ne sais pas.
– Comment, tu ne sais pas qui a tué ton mari ?
– Non.
– Est-ce un bleu ? Est-ce un blanc ?
– C'est un coup de fusil (*QT*, p. 796).

Aux questions *quoi, où, quand*, *comment* du sergent Radoub, qui visent à identifier la situation à travers les catégories logiques précises, la paysanne oppose l'indistinction de termes comme « rien », « je ne sais pas ». Il s'agit de souligner toute l'absurdité d'une situation qui prend toute sa force avec la dernière réponse : « C'est un coup de fusil ».

Le principe même de distinction est remis en cause. C'est le sens de la remarque que fait Tellmarch à Lantenac :

> – J'ai vu que vous étiez hors la loi. Qu'est-ce que cela, la loi ? On peut donc être dehors. Je ne comprends pas. Quant à moi, suis-je dans la loi ? suis-je hors la loi ? Je n'en sais rien. Mourir de faim, est-ce être dans la loi ? (*QT*, p. 844).

On comprend que c'est le caractère identitaire de la norme qui est cruel dans la mesure où, par essence, celle-ci crée de l'exclusion. Le personnage du Caimand est là pour nous le faire sentir, lui qui au contraire crée de la continuité là où l'on ne verrait qu'opposition : « Nous sommes deux mendiants », dit-il au seigneur des Sept-Forêts (p. 844).

Ce n'est donc pas le devoir en soi mais l'idée d'une norme unique qui est remise en cause. Cette idée d'une morale qui n'en est pas une, dans la mesure où elle a perdu toute identité, apparaît avec toute sa force dans le traitement très particulier qui est fait de la religion en général et de Dieu en particulier.

TRANSCENDANCE ET RÉÉVALUATION

Si nombre d'emplois de ce terme dans les romans correspondent à une tradition religieuse et métaphysique qui en fait une référence ultime et la source de toute vérité, d'autres se révèlent plus complexes. On passe ainsi d'expressions comme « La sainte loi de Jésus-Christ gouverne notre civilisation » (*Mis.*, p. 149) ou « Là était le secret de Jean Valjean ; là aussi était le secret de Dieu » (*Mis.*, p. 1108) à l'association de Dieu et du multiple : « Dieu lui-même à des intermittences » (*HQR*, p. 149) ; Dieu fait par ailleurs l'objet de rapprochements inattendus, par exemple avec le personnage d'Ursus (« Ce sont là des choses auxquelles le bon Dieu, en sa qualité de vieux philosophe, sourit » *HQR*, p. 544), ou avec le monstre Gwynplaine, à la page suivante (« Toi là, c'est le ciel à côté de moi. Donne-moi ta main, que je touche Dieu ! »).

> J'en délivrerai la République s'il plaît à Dieu.
> Il s'arrêta puis reprit :
> – Je suis prêtre ; c'est égal, je crois en Dieu.
> – Dieu a vieilli, dit Danton.
> – Je crois en Dieu dit Cimourdain, impassible. (*QT*, p. 885).

Alors que Danton annonce la mort de Dieu comme l'une des conséquences inéluctables de l'ère révolutionnaire, Cimourdain, qui incarne pourtant l'un des plus inflexibles républicains, réaffirme sa foi. Deux voix s'opposent ici, incarnant l'un des conflits de l'idéologie romanesque. Comme toutes les normes du roman, celle-ci n'a pas de valeur en soi mais selon le contexte qu'elle sert. Dans tout le roman de *Quatrevingt-Treize* s'opposent le prêtre républicain Cimourdain et le marquis de Lantenac dont chaque acte est justifié par la nécessité de « secourir Dieu » (*QT*, p. 827). Dieu est ainsi aussi bien du côté de la Révolution (« la Convention a toujours ployé au vent ; mais ce vent sortait de la bouche du peuple et était le souffle de Dieu », p. 907) que de la contre-révolution (« nous sommes simples et purs sous la volonté de Dieu, comme l'herbe sous la rosée. C'est la république qui nous a attaqués », p. 963). Vent et mouvement d'un côté, simplicité et pureté de l'autre, chacun peut donner le même nom à ses convictions. Comme toujours chez Hugo, ce n'est pas le nom qui importe mais ce que veut celui qui l'emploie. En témoignent les nombreux passages où il insiste sur le fait que dieu est une manière parmi d'autres d'exprimer certains phénomènes mystérieux :

> Nous employons le mot Centre ; chacun le traduira selon la vision qu'il a de l'absolu ; l'artiste dira le Beau ; le savant dira le Vrai ; l'homme politique dira le Progrès ; le philosophe dira l'Idéal ; ceux qui cherchent la condensation de toutes les idées dans un mot suprême, diront : Dieu[1].

1 *Goût*, p. 568.

Le Dieu dont il est question correspond au possible comme contraire de la norme établie et stabilisée. Par opposition, la religion comme système d'organisation rigide est désapprouvée : dans *Les Misérables*, l'ensemble du livre consacré au couvent met en forme cette critique de la religion en soulignant les relations entre religieuses et forçats, reliant les deux groupes comme les victimes du même principe répressif.

Dans *Les Travailleurs de la mer*, Lethierry est un anticlérical : « Mess Lethierry avait un défaut ; un gros. Il haïssait, non quelqu'un mais quelque chose, le prêtre. Un jour, lisant, – car il lisait, – dans Voltaire, – car il lisait Voltaire, – ces mots : "les prêtres sont des chats", il posa le livre, et on l'entendit grommeler à demi-voix : je me sens chien » (*TM*, p. 95). Tout un chapitre est consacré à la description de son athéisme. Propriétaire de la Durande, il incarne le progrès face à la réaction de l'église qui la surnomme « devilboat » :

> Tous les propriétaires de coutres faisant le voyage de l'île guernesiaise à la côte française jetèrent les hauts cris. Ils dénoncèrent cet attentat à l'Écriture sainte et à leur monopole. Quelques chapelles fulminèrent. Un révérend nommé Elihu, qualifia le bateau à vapeur « un libertinage ». Le navire à voile fut déclaré orthodoxe. On vit distinctement les cornes du diable sur la tête des bœufs que le bateau à vapeur apportait et débarquait (*TM*, p. 82-83).

Le texte joue sur le lexique de la religion pour souligner de manière ironique le rapprochement des divers intérêts réactionnaires. Quant à Gilliatt, c'est un visionnaire qui n'est d'aucune « paroisse », comme l'annonce sa rencontre avec Ebenezer (p. 110). Aux dogmes réglés de la religion, s'opposent les pratiques marginales et libres des personnages : ainsi en est-il d'Ursus et de sa baraque de bateleurs qu'il qualifie lui-même de « temple errant » (*HQR*, p. 549).

À la réunion de l'église, s'oppose la « complication » de « l'Évêché » dans *Quatrevingt-Treize* :

> La réunion, dite l'Évêché, parce qu'elle tenait ses séances dans une salle du vieux palais épiscopal, était plutôt une complication d'hommes qu'une réunion. Là assistaient, comme à la Commune, ces spectateurs silencieux et significatifs qui avaient sur eux, comme dit Marat, « autant de pistolets que de poches ». L'Évêché était un pêle-mêle étrange ; pêle-mêle cosmopolite et parisien (*QT*, p. 866).

Le problème ne concerne donc pas ici la nature de la foi de Hugo. Plus que de religion il est question de morale, de ce type de morale qui impose une norme et s'oppose à l'esprit critique. Derrière l'opposition entre identité et hétérogénéité, pérennité et mouvement, unicité et multiplicité, qui est au centre de la dynamique esthétique des romans, se cache en fait un problème moral : la morale est du côté de la représentation et de l'identité, de tout ce qui fige et réduit. Derrière la critique de principes apparemment abstraits, c'est tout un système normatif qui est remis en cause.

AXIOLOGIE ET CONTEXTE

Conséquence de tout cela, c'est avant tout la notion de morale comme équivalent humain de la norme divine qui est combattue. Ce qui fonde la plupart des systèmes moraux, c'est avant tout la référence à cette norme unique que les hommes trouvent en dieu. Hugo pourrait très bien se contenter de critiquer l'application de la norme divine dans la religion. Mais il sait que le danger n'est pas dans la mauvaise interprétation mais dans le principe même d'une norme unique. C'est pourquoi, c'est la morale elle-même comme identification des valeurs qu'il remet en cause.

L'intolérance qui est la conséquence de l'obéissance aveugle à une norme unique est ainsi critiquée à travers le personnage de Madame Victurnien. Le texte se moque de l'attitude de la « bigote » qui « dépense trente-cinq francs pour la morale » (*Mis.*, p. 141). Le terme « bon » est employé de manière ironique : « La veuve du moine fut donc bonne à quelque chose » est-il écrit une fois qu'elle a renvoyé Fantine (*Mis.*, p. 143).

Bien et mal ne sont pas conditionnés à une norme unique, mais dépendent du système de référence du personnage qui les utilise :

> – Oui, je vous sauve, monseigneur.
> Et la voix de Tellmarch devint grave.
> – À une condition.
> – Laquelle ?
> – C'est que vous ne venez pas ici pour faire le mal.
> – Je viens ici pour faire le bien, dit le marquis (*QT*, p. 846).

La norme du marquis n'est pas celle du mendiant comme ce dernier, horrifié, le découvrira quelque temps après, à l'occasion du massacre du village voisin.

Pourtant les notions de bien et de mal ne sont pas simplement dépendantes du contexte. Elles font également l'objet de développements métaphysiques. Mais loin de chercher un sens à ces deux notions, Hugo les assimile à des processus naturels qui comme tels n'ont pas à trouver de justification. La nature, le réel dépassent en effet les intérêts humains et sont présentés comme indifférents à leur destin. Ce contraste est particulièrement net dans la description simultanée du Luxembourg « charmant », rempli de « grâce et de gaîté », et de la barricade qui se meurt un peu plus loin. D'un côté,

> [q]ui était là aspirait du bonheur. [...] Grâce au sable, il n'y avait pas une tache de boue ; grâce à la pluie il n'y avait pas un grain de cendre (...) le grand silence de la nature heureuse emplissait tout le jardin. (...) Toute l'harmonie de la saison s'accomplissait dans un gracieux ensemble (*Mis.*, p. 964).

De l'autre, la violence du soulèvement n'apparaît que comme un écho lointain :

> Çà et là, par intervalles, quand le vent donnait, on entendait confusément des cris, une rumeur, des espèces de râles tumultueux, qui étaient des fusillades, et des frappements sourds, qui étaient des coups de canon. Il y avait de la fumée au-dessus des toits du côté des halles (*Mis.*, p. 965).

C'est également une description de ce type qui sert de décor au chapitre « La grande tombe » qui relate le suicide désespéré de Gilliatt :

> La journée était charmante plus qu'aucune autre qu'il y eût encore eu cette année-là. Cette matinée avait on ne sait quoi de nuptial. C'était un de ces jours printaniers où mai se dépense tout entier ; la création semble n'avoir d'autre but que de se donner une fête et de faire son bonheur (*TM*, p. 338-339).

Tout élément, y compris humain, qui entre dans cette logique semble sans réaction face aux mouvements historiques les plus violents ; ainsi, pendant la féroce bataille de Dol : « Au milieu de tout cela, de sombres indifférences. Une femme allaitait son nouveau-né, assise contre un pan de mur auquel était adossé son mari qui avait la jambe cassée » (*QT*, p. 937).

Ce que les hommes nomment le mal est inévitable dans la mesure où il fait partie de la nature :

> Le prodige nocturne universel ne s'accomplit pas sans frottements, et tous les frottements d'une telle machine sont des contusions à la vie. Les frottements de la machine, c'est là ce que nous nommons le mal. [...] Le mal complique d'on ne sait quelle tératologie à mille têtes le vaste ensemble cosmique. Le mal est présent à tout pour protester. Il est ouragan, et il tourmente la marche d'un navire, il est chaos, et il entrave l'éclosion d'un monde. Le mal déconcerte la vie, qui est une logique. Il fait dévorer la mouche par l'oiseau et la planète par la comète. Le mal est une rature à la création (*TM*, p. 238).

On retrouve ici la notion d'immanence[1]. Rien ne sert de s'en remettre à une transcendance bienveillante et d'ignorer la réalité. Les phénomènes naturels se produisent sans faire de distinction entre celui qui est bon et les autres. À l'image de ces phénomènes naturels, nombre de mots qui affectent les hommes frappent sans distinction. C'est pourquoi les fléaux qui affectent les hommes sont fréquemment assimilés aux tempêtes qui portent le chaos dans la nature. Comme elles, ils sont souvent indifférents à la valeur de celui qu'ils frappent. Réalités aveugles et inévitables, comme l'action de l'Imânus dont le surnom « difforme » rappelle « la férocité épique » (*QT*, p. 935), mais qu'on ne peut pas entendre sans penser au terme « immanence » : le coup de sabre du sergent Radoub n'arrêtera pas sa main, qui met le feu à la pièce où sont gardés les trois petits otages, symboles mêmes de l'innocence.

« Le mal est une rature à la création » : comme l'écrivain qui doit raturer pour avancer, ce qu'on appelle le mal n'est autre qu'un principe dynamique dans lequel disparaissent les significations morales. Au-delà de la dimension morale, se trouve un principe esthétique. En témoigne le traitement des personnages les plus noirs : Thénardier-Fabantou[2], artiste du crime, personnage protéiforme qui travaille le mal en esthète ; mais aussi les Comprachicos dont l'art de la mutilation est à la fois terrible et puissant.

MODES D'ANCRAGE DE LA VALEUR

Le héros

L'important, c'est la dimension artistique et c'est pourquoi le texte doit lui-même échapper à tout discours normatif qui remettrait en cause

1 Sur le statut particulier de la notion d'immanence, voir p. 37 *sq.*

2 Fabantou est lu par Anne Ubersfeld « fabulateur en tout », ce qui souligne son rôle dans la fabula. (« *Les Misérables*, Théâtre-Roman », *Lire* Les Misérables, éd. citée, p. 123).

sa volonté première. Le plus difficile n'est donc pas de mettre en garde contre la rigidité du devoir et le danger qu'il y a à suivre une norme sans prendre en compte la situation dans laquelle on doit l'appliquer. Ce que cherche à faire le texte, c'est à ne pas s'enfermer dans ce type de raisonnement. Comme l'explique Philippe Hamon dans *Texte et idéologie* : « À la différence des autres appareils évaluatifs du texte, polarisés sur des "objets" souvent très concrets, la morale semble être un système idéologique (et pour certains le système idéologique par excellence) à la fois plus totalitaire et plus abstrait, moins incarné dans des sites[1] ». Au contraire, Hugo multiplie les points d'ancrage et brouille les catégories. Aussi une valeur n'est-elle pas attribuée obligatoirement à un personnage ou à un groupe de personnages. Il n'y a pas de répartition des valeurs fondée sur un système d'opposition mais au contraire de redistribution. Pour qu'il y ait une véritable morale il faudrait qu'il y ait « hiérarchie de niveaux de médiation[2] ». Refusant d'obéir à ce principe, les romans présentent au contraire une multiplicité de points d'ancrage équivalents.

Ainsi, les deux figures féminines de *L'Homme qui rit*, que tout oppose, ne correspondent aucunement à une opposition entre bien et mal, comme en témoigne l'adjectif « bonne » qui qualifie Josiane : « Du reste, aucune méchanceté, elle était plutôt bonne » (*HQR*, p. 491).

De manière générale, le texte des romans refuse d'avoir recours à la structure fédératrice du héros[3], et pour cela brouille les catégories[4]. On a déjà vu que le traitement des personnages dans un roman comme *Les Misérables* répondait à une stratégie de la multiplication, qui rend impossible toute hiérarchisation[5]. Quant au personnage de

1 *Texte et idéologie*, éd. citée, p. 186.

2 *Ibid.*, p. 219.

3 Comme l'explique Philippe Hamon, « le héros relève à la fois des procédés structuraux internes à l'œuvre : c'est le personnage au portrait le plus riche, à l'action la plus déterminante, à l'apparition la plus fréquente » ; mais il sert aussi de « référence axiologique à des systèmes de valeurs » dans la mesure où « c'est le personnage que le lecteur soupçonne d'assurer et d'incarner les valeurs idéologiques positives d'une société » (*Ibid.*, p. 47).

4 Le héros doit être parfaitement lisible selon Charles Grivel : « Un héros "parfait" c'est-à-dire héroïque, correspondant idéalement à son rôle, le remplissant absolument (chacun de ses traits déclare à la plus haute puissance possible sa conformité avec la place qui lui échoit dans le système) est translucide » (*Production de l'intérêt romanesque*, La Haye, Paris Mouton, 1973, p. 149).

5 « Le héros des *Misérables*, à la mesure duquel tout le livre est conçu, n'est pas "un ou plusieurs personnages", et n'est pas non plus "donné comme réel". Sans être "collectif", avec ce que ce terme implique d'uniformité et de simplification, il est pluriel, combinaison

Jean Valjean, il se métamorphose selon les rencontres ; c'est ce principe, plus que des caractéristiques permanentes, qui le définit[1] : le véritable héros de ce roman ainsi que celui des *Travailleurs de la mer* est un principe, incarné dans une multiplicité, comme en témoigne la forme des titres. Dans *L'Homme qui rit*, Gwynplaine n'est finalement que le cœur d'un ensemble de personnages eux-mêmes constitués de manière « hybride », comme cela est précisé à plusieurs reprises. On voit déjà se constituer l'opposition en deux camps qui prendra force de principe dans le roman suivant. *Quatrevingt-Treize*, qui renonce à évoquer des personnages dans son titre, expérimente le redoublement systématique des valeurs dans deux camps différents. Les catégories qui concernent le héros sont définitivement brouillées. En témoigne la présentation du Marquis de Lantenac, qui répond à un certain paradigme de présentation romanesque du roman. Pendant toute la première partie du livre, on insiste sur lui sans le nommer, on le présente de manière mystérieuse et insaisissable, comme si l'on voulait aiguiser l'intérêt du lecteur pour le personnage principal. La présentation de Cimourdain, de manière tout à fait indépendante, selon la technique très répandue chez Hugo du montage parallèle, semble indiquer une logique inverse, selon laquelle c'est finalement Cimourdain qui détient les vraies valeurs du roman, entrant avec Lantenac dans un système d'opposition. L'entrée en scène de Gauvain, de manière tout à fait anecdotique (une simple signature illisible), introduit en fait une ligne de fuite dans le système dichotomique qui semblait proposé au lecteur. On passe d'une organisation fondée sur des relations claires à un jeu de diffractions qui ne permet pas de fixer une axiologie.

L'absence de héros stable, censé « organiser l'espace interne de l'œuvre en hiérarchisant la population des personnages (principal/secondaire) », et servir « de point de référence » et de « discriminateur idéologique[2] », rend indécidable une norme unique qui régirait le système évaluatif global.

fictive de matériaux hétérogènes qui ne saurait se "représenter" par les voies d'une histoire individuelle, d'un destin ou d'une psychologie » (France Vernier, « Ni personnages, ni Peuple : quel est le héros des *Misérables* ? », *Victor Hugo*, Les Misérables. *La preuve par les abîmes*, édit. J.-L. Diaz, Paris, SEDES, 1994, p. 74).

1 Voir p. 349 *sq*.

2 *Texte et idéologie*, éd. citée, p. 47.

Dialogisme axiologique

Quant aux fréquents discours du narrateur qui prennent souvent la forme de longues digressions, on aurait tort de croire qu'ils condensent l'idéologie du texte. Comme on l'a vu (p. 303 *sq.*), l'ambiguïté référentielle[1] est le propre de la fiction, particulièrement dans les romans de Hugo qui se fondent sur le brouillage des voix. C'est pourquoi même si l'on décèle les traces d'un contenu idéologique, il est impossible d'en décider l'attribution.

De manière générale, les voix se mêlent ainsi que les échelles de valeurs, avec une rapidité qui refuse toute organisation :

> – De quel parti es-tu ?
> – Je ne sais pas.
> – Es-tu des bleus ? Es-tu des blancs ? Avec qui es-tu ?
> – Je suis avec mes enfants.
> Il y eut une pause. La vivandière dit :
> – Moi, je ne n'ai pas eu d'enfants. Je n'ai pas eu le temps.
> Le Sergent recommença
> – Mais tes parents ! Voyons, madame, mets-nous au fait de tes parents. Moi, je m'appelle Radoub ; je suis sergent, je suis de la rue du Cherche-Midi, mon père et ma mère en étaient, je peux parler de mes parents. Parle-nous des tiens. Dis-nous ce que c'était que tes parents. [...]
> – C'étaient des laboureurs. Mon père était infirme et ne pouvait travailler à cause qu'il avait reçu des coups de bâton que le seigneur, son seigneur, notre seigneur, lui avait fait donner, ce qui était une bonté, parce que mon père avait pris un lapin, pour le fait de quoi on était jugé à mort ; mais le seigneur avait fait grâce et avait dit : donnez-lui seulement cent coups de bâton ; et mon père était demeuré estropié.
> – Et puis ?
> – Mon grand-père était huguenot. Monsieur le curé l'a fait envoyer aux galères. J'étais toute petite.
> [...]
> – Et ton mari, qu'est-ce qu'il fait.
> – Ces jours-ci, il se battait.
> – Pour qui ?
> – Pour le roi.

---

1 Nicole Bilous insiste sur le lien entre ambiguïté référentielle et idéologie dans les romans de Hugo, soulignant que « si l'on décèle les traces d'un contenu idéologique [...] il est *a priori* impossible d'en décider l'attribution. Inutile donc de se demander si tel jugement sur le calembour d'un personnage ou du narrateur reflète ou non la pensée de l'auteur » (« La Fiente et la Feinte. Idée du mot et travail du texte dans *Les Misérables* », *Idéologies hugoliennes*, Nice, Éditions Serre, 1985, p. 167-168).

> [...]
> – Sacré mille noms de noms de brutes ! cria un grenadier.
> La femme eut un sursaut d'épouvante (*QT*, p. 794).

Ce dialogue entre le bataillon du Bonnet-Rouge et la paysanne Michelle Fléchard multiplie les systèmes de valeurs. Chaque voix indique une orientation différente, et les différentes séries s'opposent ou au contraire se rejoignent, sans qu'il soit possible de les articuler de manière stable.

Personne ne semble jamais avoir le dernier mot dans les romans de Hugo, comme en témoignent les scènes finales, qui ne sont jamais traitées comme clôtures. Alors qu'elles sont censées être un autre élément stabilisateur du roman, il n'est en fait pas possible d'y trouver « un lieu privilégié qui par rétroaction donne sa signification donc sa valeur au système entier du texte[1] ».

LUTTER CONTRE L'INDIFFÉRENCE

Hugo refuse de se conformer à une morale absolue, dangereuse dans la mesure où elle ne peut s'adapter qu'avec violence à un réel multiple et changeant. Pourtant il ne cesse de réaffirmer son attachement à certaines valeurs. L'engagement est partout dans ses romans à partir des *Misérables* : engagement pour le progrès de l'humanité et en particulier des plus démunis. Dénoncer le scandale de la misère « et y mettre fin dans les consciences pour qu'il y soit mis fin dans les faits », tel semble être le sujet des romans suivants. C'est comme si l'activité politique, interdite depuis l'exil, avait trouvé refuge dans l'écriture. Les discours dans des lieux institutionnels se succèdent et suggèrent ceux qui auraient pu être prononcés par l'homme politique Hugo : discours de Jean Valjean au procès de Champmathieu ou de Gwynplaine à la chambre des lords, mais surtout polyphonie de voix révolutionnaires qui traversent *Quatrevingt-Treize.*

DES SUJETS QUI NOUS REGARDENT

Il est facile de constater que les questions sociales et politiques sont au cœur des romans de Hugo. Des *Misérables* dont le titre souligne assez

1 *Texte et idéologie*, éd. citée, p. 205.

les préoccupations sociales à *Quatrevingt-Treize* qui aborde de front la question révolutionnaire, tous les romans de Hugo semblent avoir pour but de traiter ces questions qu'on peut qualifier d'idéologiques. « 1830 a ouvert un débat, littéraire à la surface, social et humain au fond. Le moment est venu de conclure. Nous concluons à une littérature ayant ce but : le Peuple[1]. »

La question de la valeur occupe une place prépondérante dans la réflexion sur la composition ; et c'est là une conséquence directe du refus de la représentation comme système d'observation d'un objet par un sujet. Le discours représentatif est connaissance, et en cela il ne fait aucun cas de son objet, qui lui est totalement extérieur. C'est ce mouvement d'une vision froide et indifférente que Hugo remet en cause avant tout. Ce qui est important pour lui, c'est que ce que nous lisons nous touche, que ce que nous voyons nous regarde. Choisir cette perspective, c'est échapper à une raison catégorise sans état d'âme. Nombreux sont les passages qui insistent sur cette inversion du regard, au nom de la valeur :

> Rassurés de le sentir entre eux et la vision, ils regardèrent eux aussi. La masure de son côté semblait les regarder (*TM*, p. 126).

À chaque fois qu'un élément est objet d'un examen, il réagit et affecte son observateur : « La phosphorescence que Gilliatt surveillait et sur laquelle il avait l'œil fixé, le menaçait » (*TM*, p. 250).

Ce phénomène est commenté dans ce passage de *L'Homme qui rit* qui voit s'inverser la relation habituelle du regard et de « l'effet de vision » :

> La Green-Box était un peu un spectacle fantasmagorique, *Chaos vaincu* était plutôt un songe qu'une pièce, ils étaient habitués à faire sur le public un effet de vision ; cette fois l'effet de vision revenait sur eux, la salle renvoyait au théâtre la surprise, et c'était leur tour d'être effarés. Ils avaient le ricochet de la fascination.
>
> Cette femme les regardait, et ils la regardaient (*HQR*, p. 589).

Tout ce qui a trait à des sujets graves est ainsi sujet à ce détournement du regard de la connaissance vers la valeur. Le pendu de *L'Homme qui rit* est à ce titre comme le symbole de l'inversion du processus qui a fait d'un homme un objet exposé à la vue de tous :

1 *WS*, p. 394.

> Une fascination lugubre tenait l'enfant. Il demeurait là, béant. Il ne baissa le front qu'un moment pour une ortie qui lui piquait les jambes et qui lui fit la sensation d'une bête. Puis il se redressa. Il regardait au-dessus de lui cette face qui le regardait (*HQR*, p. 391).

On est bien loin de la représentation. Piqûre ou fascination, tout n'est ici qu'effet ; « Un homme se fût fait des questions, l'enfant ne s'en faisait pas » (p. 390) ; réflexion du regard qui empêche la réflexion de la pensée, c'est là tout le sens de la valeur. Car loin de refuser la représentation, elle lui est intrinsèquement opposée. Toute la force de ce regard est dans son caractère intransitif et indistinct, comme l'indique la suite du passage : « Elle le regardait d'autant plus qu'elle n'avait pas d'yeux. C'était du regard répandu ».

Plus d'objet mais un effet, plus de représentation mais une impression, c'est en abordant la question de la valeur qu'on entre réellement dans une autre logique de la composition[1].

« PAS D'ÉLOQUENCE »

Froideur technique

Dans les romans, la problématique idéologique rejoint une problématique poétique. Si la rigidité du langage représentatif, qui refuse tout ce qu'il ne peut absorber, est présentée comme dangereuse, il est un autre danger, tout aussi grave, qu'on pourrait qualifier de froideur théorique. Comme on l'a déjà vu[2], le discours représentatif rejette tout ce qui ressortit au domaine du sentiment et de l'émotion. Comme tel il risque de tomber dans une indifférence beaucoup plus scandaleuse que celle d'une nature dont l'homme ne constitue pas le principal souci. Car cette dernière est une nécessité, un fait contre lequel on ne peut rien, quand l'indifférence de la pensée est issue d'un choix. Le traitement du personnage de Lantenac a ainsi pour objet de souligner le lien entre émotion et humanité : « Le marquis demeura immobile. Il était de ces hommes qui s'efforcent de ne rien éprouver » (*QT*, p. 1019). Cette phrase

1 Comme l'explique Georges Didi-Huberman, auquel nous empruntons ce jeu de mot grâce auquel il s'interroge sur les rapports entre représentation et réception esthétique, « la façon dont l'objet devient une variable dans la situation n'est autre qu'une façon de se poser en quasi sujet » (*Ce que nous voyons, ce qui nous regarde*, Paris, Minuit, 1992, p. 41).

2 Voir p. 37 *sq.*

qui résume au début du roman le portrait d'un homme qui vient de faire exécuter celui qu'il avait décoré juste avant, pointe le lien direct entre impassibilité et despotisme. Elle annonce la problématique générale du texte qui tente d'articuler des questions comme la clémence et le devoir. La fin du texte opposera ainsi la rigidité de l'Imânus qui n'hésite pas à exécuter les petits otages et l'attitude de Lantenac qui finit par les sauver au péril non seulement de sa vie mais de la cause qu'il défend. La larme qui coule sur sa joue au moment où il tend Georgette à sa mère symbolise alors son humanité retrouvée.

Dans les romans, cette critique d'une impassibilité froide et deshumanisée vise plus particulièrement la dimension technique du langage. « Pas d'éloquence », s'exclame le sergent Radoub à un grenadier qui commente la situation de la pauvre Michelle Fléchard (*QT*, p. 795). Cette injonction rappelle le « guerre à la rhétorique » des *Contemplations*[1]. On s'étonnera sans doute de trouver ce type de réticence chez celui qui place l'effet à l'origine de son esthétique. Mais ce que Hugo entend par rhétorique, c'est avant tout une certaine maîtrise classique du langage, qui préfère la technique à la sincérité. On peut la voir à l'œuvre dans le discours de l'avocat de Champmathieu :

> Le défenseur avait assez bien parlé, dans cette langue de province qui a longtemps constitué l'éloquence du barreau et dont usaient jadis tous les avocats, aussi bien à Paris qu'à Romorantin ou à Montbrison, et qui aujourd'hui, étant devenue classique, n'est plus guère parlée que par les orateurs officiels du parquet, auxquels elle convient par sa sonorité grave et son allure majestueuse ; langue où un mari s'appelle un époux, une femme, une épouse, Paris, le centre des arts et de la civilisation […] – L'avocat donc avait commencé à s'expliquer sur le vol de pommes, – chose malaisée en beau style (*Mis.*, p. 212).

Tous les personnages qui ont de l'esprit, de Tholomyès à monsieur Bamatabois, sont des personnages qui manquent de cœur. Dès lors, ils sont indifférents aux malheurs qui les entourent et deviennent d'ailleurs la cause de nombre d'entre eux. Par opposition à cela, les discours comme ceux de Gwynplaine ou de Tellmarch sont empreints d'émotion. Malheureusement, face à un auditoire qui ne reconnaît que les règles de la rhétorique, ces plaidoyers ne sont pas entendus.

1 « Réponse à un acte d'accusation », *Les Contemplations*, I, 7.

C'est pourquoi, tournant le dos à cette rhétorique sans cœur, les romans multiplient les passages qui ont recours au pathétique. C'est le rôle de l'écrivain d'élaborer une écriture qui fasse appel aux passions, afin d'inscrire la sensibilité dans les usages. Comme l'explique Albert Halshall, le narrateur hugolien développe « un discours méta-rhétorique romantique en opposition à la rhétorique classique. Celle-ci, qui préconise chez l'orateur l'emploi d'une argumentation "logique" et le respect des modèles anciens qui "font autorité", doit céder la place à la rhétorique "nouvelle", où domine le pathos[1] ».

Le devenir discours

Dans la Préface de *Cromwell*, Hugo opposait d'un côté les injonctions de la rhétorique classique à suivre une argumentation logique, à respecter l'autorité des modèles anciens ainsi que les règles qu'ils diffusent et de l'autre la liberté du génie créateur à proposer ses propres lois. Cette conception tranchée de l'histoire où un paradigme vient se substituer à l'autre ne correspond plus à l'actualité de l'exil, qui voit les mêmes qui s'opposaient naguère, suivre désormais les préceptes qu'ils avaient combattus. La rhétorique et le bon goût sont plus que jamais d'actualité sous le Second Empire, la bourgeoisie au pouvoir tentant de se trouver une nouvelle légitimité en imitant les principes emblématiques de l'aristocratie.

Travaillant à la « pensée publique », le roman tente par opposition d'en retrouver les fondements éthiques. C'est donc paradoxalement dans sa transposition écrite que l'engagement de la parole se matérialise désormais, dans ce qu'on peut nommer avec Christelle Reggiani, son « devenir discours[2] ».

Revenant, dans la perspective de l'écrit, aux émotions fondamentales qui fondait dans la tradition rhétorique la relation discursive, Hugo les réinvestit de manière critique dans ses romans. C'est particulièrement vrai des deux émotions fondamentales, le rire et les larmes, qui font l'objet d'un réglage renouvelé. « Il peut y avoir un mauvais rire, mais on ne peut pleurer méchamment », nous dit un fragment des années 1840[3]. Prenant sa source dans la hiérarchie traditionnelle des passions, qui associe

1 *Victor Hugo et l'art de convaincre*, éd. citée, p. 446.

2 *Éloquence du roman : rhétorique, littérature et politique aux* XIX*e et* XX*e siècles*, Genève, Droz, 2008.

3 *Tas de pierres, Oc.*

le pathétique au sublime et se méfie de l'excitation que produit le rire, cet aphorisme s'applique particulièrement bien aux premiers romans, qui font souvent l'analogie entre rire et rictus[1]. Dans *Han d'Islande*, c'est le « rire funeste », caractéristique du diable et de celui qui donne la mort, qu'il soit meurtrier, bourreau ou chasseur. Dans *Notre-Dame de Paris*, c'est le rire de l'archidiacre devant son crime : « Au moment où c'était le plus effroyable, un rire de démon, un rire qu'on ne peut avoir que lorsqu'on n'est plus homme, éclata sur le visage livide du prêtre » (p. 856). Bien qu'il fasse l'objet d'une sérieuse réévaluation critique, le rire n'est pas pour autant banni de l'esthétique hugolienne. Dans le cadre de la théorie du drame, il joue un rôle important. Présent dans la nature et dans la société, il possède une portée métaphysique visant à faire prendre conscience à l'homme des contradictions de sa nature profonde. Sous la forme du comique, dans le cadre du mélange des genres et de registres, il est indissociable du tragique dont il n'est pourtant pas l'*alter ego*. Dans la perspective de l'esthétique du contraste dramatique, il s'agit avant tout d'« aiguiser le tragique sous le comique[2] », ce qui maintient le second dans un statut ancillaire.

Dans le cadre des romans de l'exil, la question devient plus complexe, avec l'apparition, à partir des *Misérables*, de la catégorie de l'« humour », qui ne fonctionne pas par contraste mais en composition. Dans *Les Misérables*, il est question de « cette chose anglaise qu'on appelle l'humour », que ne mentionnaient pas les ouvrages précédents. *L'Homme qui rit* souligne le caractère intraduisible de cette forme : « *Fun* est, comme *cant*, comme humour, un mot spécial intraduisible ». On peut donc distinguer deux tendances, qui se superposent, dans la manière dont Hugo appréhende l'idée d'humour. La première se présente comme une position existentielle qui, comme toutes les questions qui touchent à la question du rire*, entre en résonance critique avec sa théorisation romantique, telle qu'on la trouve par exemple chez Jean-Paul. Chez ce philosophe allemand, l'humour apparaît comme une forme de comique supérieur : alors que le comique se joue exclusivement dans le fini et se voit exclu du domaine moral, l'humour fait intervenir l'idée, qu'il rend perceptible dans la finitude : de ce fait, il n'est pas comme le comique le contraire

1 Maxime Prévost, *Rictus romantiques. Politique du rire chez Victor Hugo*, Montréal, Presses de l'Université de Montréal, 2002.

2 *PC*, p. 56.

mais seulement l'inverse du sublime. Chez Hugo, l'humour comme autodérision, permet au sujet de faire retour sur lui-même et complète le comique, qui risque toujours de se tromper de cible. La seconde tendance envisage l'humour dans une perspective linguistique. Elle met l'accent sur la dimension pragmatique du jeu de langage, mettant en avant combinaisons linguistiques et connivence pragmatique. Moins utile au théâtre, qui peut jouer sur toute la gamme de l'émotion, cette dimension interactive prend tout son sens dans les romans et notamment les romans de l'exil : il permet d'opposer à l'isolement historique, l'idée poétique d'une gaîté collective. En attendant le moment idéal où l'historique et le poétique pourront enfant coïncider, l'humour apparaît comme un avant-goût utopique, notamment chez les amis de l'ABC. Leur présentation dans le chapitre des *Misérables* intitulé « l'arrière-salle du café Musain », rassemble en effet, de manière métaphorique, tous les éléments de définition, philosophique, linguistique et politique : « chacun haranguait un peu au hasard. Les causeries entre camarades ont parfois de ces tumultes paisibles. C'était un jeu et un pêle-mêle autant qu'une conversation. On se jetait des mots qu'on rattrapait. On causait aux quatre coins. »

Contrairement à « l'anesthésie momentanée du cœur[1] » que produit le rire mécanique, au rire froid et mécanique, au rire historique synonyme d'aliénation et d'oppression, le rire poétique travaille l'ambivalence constitutive de cette émotion[2] dans le sens d'une communication plus solidaire ; à condition, cependant, de s'inscrire dans la dynamique d'un montage discursif dont les subtilités sont plus sensibles à la lecture qu'à l'audition. Si, prise une par une, parodie, ironie ou bouffonnerie isolent et dispersent, articulées à d'autres formes du rire et combinées à des émotions plus empathiques comme le tragique ou l'épique, elles permettent une opacification du parcours interprétatif propre au discours romanesque, qui vise autant à interroger le lecteur sur le sujet du discours que sur ses propres émotions.

1 Henri Bergson, *Le Rire, essai sur la signification du comique*, Paris, PUF, « Quadrige », 1989, p. 4.

2 Voir Alain Vaillant, « Lyrisme de l'ironie », *Esthétique du rire*, dir. A. Vaillant, Nanterre, Presses Universitaires de Paris Ouest, 2013, p. 277-306.

LE PROBLÈME DE LA FINALITÉ

Si les romans affirment leur refus de se soumettre à une orthodoxie morale, ils soulignent en même temps le caractère essentiel de la question de la valeur. Insoluble de manière théorique, il est nécessaire pour démêler ce dilemme de le déplacer sur le plan esthétique. On rejoint alors la question centrale de l'art pour l'art ou l'art pour le progrès.

ART POUR L'ART OU ART POUR LE PROGRÈS ?

Fidèle au principe qui veut que l'art « doit parler le langage des principes éternels » et risque de perdre « sa grandeur à se prostituer aux causes passagères, aux petits principes édictés par des partis pour les besoins de la polémique, et qui sont aussi transitoires que les circonstances qui les ont vu naître[1] », Hugo compose[2] avec les deux positions et chacune doit être lue à la lumière de l'autre, y compris lorsque la position semble tranchée : « Ah ! esprits ! soyez utiles ! servez à quelque chose. Ne faites pas les dégoûtés quand il s'agit d'être efficaces et bons. L'art pour l'art peut être beau, mais l'art pour le progrès est plus beau encore[3]. » Il ne s'agit pas là d'une question de devoir mais bien d'une question esthétique. Selon le principe de redoublement, le rapprochement de l'art et de l'utile creuse une profondeur sublime dans le texte. Non seulement « l'utilité patriotique ou révolutionnaire n'ôte rien à la poésie », mais elle lui apporte quelque chose :

> Quelques purs amants de l'art, émus d'une préoccupation qui du reste a sa dignité et sa noblesse, écartent cette formule, *l'art pour le progrès*, le Beau Utile, craignant que l'utile ne déforme le beau. Ils tremblent de voir les bras de la muse se terminer en mains de servante. Selon eux, l'idéal peut gauchir dans trop de contact avec la réalité. Ils sont inquiets pour le sublime s'il descend jusqu'à l'humanité. Ah ! ils se trompent. [...]

---

1 Marieke Stein, *Victor Hugo orateur politique*, Paris, Honoré Champion, 2007, p. 106.

2 « Tout parti contient un morceau de raison, grand ou petit. Mais il ne contient ce morceau qu'à la condition d'exclure absolument le fragment de vérité qui est chez le voisin. Donc tout parti est nécessairement absurde. C'est de tous ces morceaux réunis, rapprochés, ajustés et dégagés de l'alliage des folies locales, que se compose la sagesse des hommes supérieurs » (*CV*, p. 800).

3 *WS*, p. 399.

> L'utile, loin de circonscrire le sublime, le grandit. L'application du sublime aux choses humaines produit des chefs-d'œuvre inattendus[1].

Mais il ne se contente pas de souligner l'intérêt de « l'art pour le progrès » ; il dénonce également le caractère indifférent de cette doctrine :

> Pas de poëte sans cette activité d'âme qui est la résultante de la conscience [...]. Cet effort incombe au poëte. Il fait à chaque instant fonction de philosophe. Il faut qu'il défende, selon le côté menacé, tantôt la liberté de l'esprit humain, tantôt la liberté du cœur humain, aimer n'étant pas moins sacré que penser. Rien de tout cela n'est l'Art pour l'Art[2].

Toutefois, Hugo ne renonce pas pour autant à la doctrine de l'art pur.

> L'art d'à présent ne doit plus chercher seulement le beau, mais encore le bien.
>
> Ce n'est pas d'ailleurs que nous soyons le moins du monde partisan de *l'utilité directe* de l'art, théorie puérile émise dans ces derniers temps par des sectes philosophiques qui n'avaient pas étudié le fond de la question[3].

Le double mouvement de cette citation indique bien qu'il ne faut pas confondre « Beau Utile » et « utilité directe ». Faisant ici allusion aux saint-simoniens, Hugo dénonce le caractère utilitaire de la raison représentative qui ne voit dans l'art qu'un simple moyen. Conditionner l'œuvre à une finalité extérieure, c'est remettre en cause son autonomie et la vouer à disparaître avec ce qu'elle sert :

> Si quelque œuvre d'art a eu le malheur de faire cause commune avec les *vérités politiques*, et de se mêler à elles dans le combat, tant pis pour l'œuvre d'art, après la victoire elle sera hors de service, rejetée comme le reste, et ira se rouiller dans le tas. Disons-le donc bien haut, toutes les larges et éternelles vérités qui constituent chez tous les peuples et dans tous les temps le fond même des sentiments humains, voilà la matière première de l'art, de l'art immortel et divin[4].

Si Hugo refuse d'utiliser l'appellation « art pour l'art », il ne la remet pas en cause dans son principe mais seulement dans son usage, qui l'oppose radicalement à l'idée d'un art pour le progrès. Comme l'explique Jean-Pierre Reynaud dans sa présentation du volume *Critique* :

1 *Ibid.*, p. 400.
2 *Ibid.*, p. 411.
3 *LPM*, p. 57.
4 *Ibid.*, p. 58.

« La vérité qui peut paraître paradoxale mais que démontrera aisément l'examen des textes réunis ici, c'est que Hugo est resté jusqu'au bout fidèle à la doctrine dite de l'art pur. Simplement il en a développé mieux que d'autres toutes les fécondes implications ; et s'il n'a jamais consenti en effet à reprendre à son compte la formule de l'"art pour l'art[1]", c'est à cause de l'usage polémique qu'on en faisait et parce qu'elle exprime "une vérité presque dangereuse[2]". »

Ce n'est pas l'art pour l'art qui est réactionnaire ; c'est tout à l'inverse l'utilitarisme bourgeois, l'art fonctionnel qui remplace par des lignes géométriques les divines arabesques du beau, qui invente la rue de Rivoli et croit bien faire honneur au génie de la Liberté, en dressant un tuyau de poêle à la place de la Bastille[3].

ENSEIGNER « CHEMIN FAISANT »

« Il faut après tout, que l'art soit son propre but à lui-même, et qu'il enseigne, qu'il moralise, qu'il civilise et qu'il édifie chemin faisant, mais sans se détourner et tout en allant devant lui » affirme Hugo dès *Littérature et philosophie mêlées*[4]. Dépassant la problématique de l'art pour l'art et de l'art pour le progrès, Hugo met en perspective cette spécificité de l'art qui lui permet, tout en restant intransitif et inconditionné, d'avoir comme conséquence le progrès. C'est là une nouvelle manifestation des principes d'effet et d'oblique, mais qui prend toute sa force avec la question de la valeur. L'art n'est pas conditionné au progrès dans la mesure où chacun est intrinsèquement lié à l'autre. À tel point que, même lorsqu'il est consciemment produit contre la liberté et le progrès, l'art travaille en fait en leur faveur : « Insistons sur cette vérité ignorée et surprenante : l'art, à la seule condition d'être fidèle à sa loi ; le beau, civilise les hommes par sa puissance propre, même sans

1 « À en croire une affirmation très-générale et très-souvent répétée, de bonne foi, nous le pensons, ce mot, *l'Art pour l'Art*, aurait été écrit par l'auteur même de ce livre. Écrit, jamais. On peut lire, de la première à la dernière ligne, tout ce que nous avons publié, on n'y trouvera point ce mot. C'est le contraire de ce mot qui est écrit dans toute notre œuvre, et, insistons-y dans notre vie entière » (*WS*, p. 403).

2 P. XII.

3 « Cette espèce de poêle gigantesque, orné de son tuyau, a remplacé la sombre forteresse à neuf tours à peu près comme la bourgeoisie a remplacé la féodalité. Il est tout simple qu'un poêle soit le symbole d'une époque dont une marmite contient la puissance » (Lettre à Baudelaire, citée par Jean-Pierre Reynaud, « Présentation » du volume *Critique*, p. XIII).

4 *LPM*, p. 58.

intention, même contre son intention[1]. Dans ses romans Hugo va plus loin, assimilant l'art pour l'art et la nature, ce qui conduit à remettre en cause le caractère artificiel et autarcique de cette doctrine : « L'art pour l'art est dans la nature plus qu'on ne croit » (*HQR*, p. 513).

L'art engagé tel que le conçoit Hugo n'entre donc pas en contradiction avec un art pur. L'art est l'azur, disent les tenants de l'art pour l'art qui refusent que s'y mêlent « l'hérésie de l'enseignement ». Chez Hugo, l'affirmation de l'azur est aussi affirmation de la nuit, et la pureté du ciel devient l'intermittence du ciel étoilé.

Le large développement de cette thématique témoigne de son importance dans les romans. Tous les personnages de pensifs ou de rêveurs sont décrits en relation avec le ciel étoilé, à tel point qu'on pourrait en faire leur attribut commun : dans le cas de Myriel, c'est sur la mention du ciel étoilé que se clôt le chapitre I, 1, 14 « Ce qu'il croyait » : « quelques fleurs sur la terre et toutes les étoiles dans le ciel » (*Mis.*, p. 46). Ayant renoncé à la rigidité du devoir, « Javert déraillé » tombe dans la folie dans un ciel sans étoile : « Un plafond de nuages cachait les étoiles. Le ciel n'était qu'une épaisseur sinistre » (*Mis.*, p. 1047). Le chapitre métaphysique « *Sub umbrâ* », qui retrace les médiations de Gilliatt face à l'ombre, s'appuie également sur cette métaphore de l'étoile (*TM*, p. 240). Le mendiant Tellmarch fait également de cette forme la clé de sa simplicité : « vous comprenez, je ne sais pas au juste, on va, on vient, il se passe des choses ; moi, je suis là sous les étoiles » (*QT*, p. 846).

Thématique poétique du ciel étoilé, mais aussi symbolique complexe, dans la mesure où elle se subdivise dans un « pêle-mêle » de séries. Il s'agit ici d'articuler les notions de pureté et d'intermittence. Cette dimension apparaît dans le rapprochement entre l'étoile du ciel et l'étoile de mer. Cette nouvelle série embraye elle-même sur celle des monstres, comme le montre l'image de la pieuvre comme étoile de mer. L'expression « étoile vorace de la mer » (*TM*, p. 281), qui inverse le mécanisme de lexicalisation par l'ajout d'un adjectif, indique que le terme « étoile » doit être considéré de manière autonome, ce qui lui permet de s'insérer plus facilement dans la série thématique. Le rapprochement entre cette expression et la question du ciel étoilé est souligné par ailleurs dans le cotexte : « C'est dans le plus bel azur de l'eau limpide que surgit cette hideuse étoile vorace de la mer ».

1 *UB*, p. 581.

La composition en séries permet donc de mettre en relief un phénomène particulier du texte fondé sur la relation entre esthétique et valeur. Car la série ne permet pas simplement ici de construire un support au traitement de la notion de pureté. Elle lui apporte directement une solution textuelle, en remettant en cause le fonctionnement même de la catégorie. Ce que cherche Hugo à travers ce procédé, c'est à atteindre un point où les questions esthétique et sociale ne se distinguent plus. C'est seulement dans cette perspective que peut être dépassée l'opposition entre l'art pour l'art et l'art pour le progrès.

Le deuxième type de traitement textuel repose sur le principe d'intermittence. On l'a déjà rencontré à plusieurs reprises, comme mode de composition, mais il prend une dimension particulière dans le cadre de la question de la valeur. L'axiologie dont Hugo nous fait part ne repose donc pas sur un simple renversement des valeurs habituelles, mais sur une double affirmation. Cette dimension est particulièrement visible dans *Quatrevingt-Treize* : qu'il s'agisse des notions de devoir, de pureté ou du motif de l'azur, rien n'est en soi bon ou mauvais, dans la mesure où ces éléments ne sont que la conséquence d'un traitement avant tout esthétique. Ce qui importe, ce n'est pas le pur ou l'impur, mais l'affirmation inconditionnée qui ne peut être obtenue que dans un régime intransitif et donc esthétique. C'est tout le sens de l'idée d'un art qui enseigne chemin faisant. Pour affirmer de manière absolue, il faut être dans un processus qui n'est pas soumis à un but extérieur, ce qui se produit en contexte esthétique.

UNE IDÉOLOGIE DIFFUSE

Dans le texte, ce phénomène se traduit par un traitement particulier du contenu idéologique. Il est présent de manière diffuse, et ne se fixe jamais dans un segment isolable. En ceci, il échappe à l'idéologie comme système[1]. Pour obéir à l'exigence d'inconditionné, les éléments idéologiques ne sont jamais présentés sous une forme autonome et stabilisée.

---

1 L'idéologie se présente avant tout sous la forme d'un système stabilisé, d'un langage. C'est ce que souligne Catherine Kerbrat-Orecchioni dans la définition qu'elle donne de cette notion : « Un système de représentations de nature interprétative (et non objective) jouant un rôle historique et politique précis […] qui tend fallacieusement, à s'universaliser et à se naturaliser […] et qui, tout en investissant le langage verbal, constitue elle-même un langage relativement autonome » (*La Connotation*, éd. citée, p. 215).

Afin d'inscrire ce principe dans le texte, Hugo joue sur une écriture intermittente et sur le statut particulier des personnages féminins.

Intermittence

Comme la lumière des étoiles tranche sur l'indistinct de la nuit, l'idéologie se laisse saisir par intermittence dans les romans. Jamais fixée dans un point précis, elle n'est pas pour autant insaisissable. Par ce procédé de l'intermittence, le texte cherche à inscrire un certain équilibre entre ce qui nous échappe et ce que nous pouvons saisir. Ce principe est fréquemment thématisé dans les romans, en particulier dans *Quatrevingt-Treize*, qui avant tout autre pose le problème du traitement de l'idéologie ; c'est sous cette forme qu'est présentée la fumée que Tellmarch observe sans pouvoir déterminer ce qu'elle symbolise :

> La fumée que regardait Tellmarch était inquiétante.
> Elle était noire avec des rougeurs subites comme si le brasier d'où elle sortait avait des intermittences (*QT*, p. 853).

L'intermittence permet de voir ce qui ne peut se matérialiser dans une parole précise. C'est ce que suggère l'expérience particulière de Lantenac, qui voit ce qu'il ne peut entendre :

> La cage de la cloche carrée [...] apparaissait alternativement ouverte et fermée, à intervalles égaux ; sa haute fenêtre se dessinait toute blanche, puis toute noire ; on voyait le ciel à travers, puis on ne le voyait plus ; il y avait clarté, puis occultation, et l'ouverture et la fermeture se succédaient d'une seconde à l'autre avec la régularité du marteau sur l'enclume. [...]
> Qu'était-ce donc ? Évidemment le tocsin. [...]
> Toutes ces cloches forcenées appelant de toutes parts, et en même temps ce silence, rien de plus sinistre.
> Le vieillard regardait et écoutait.
> Il n'entendait pas le tocsin, et il le voyait. Voir le tocsin, sensation étrange (*QT*, p. 840).

Or cette alternance est le symbole même de la vérité, au sens large du terme : aucun élément théorique ne peut être présenté comme tel ; si l'on veut rester dans le cadre de l'esthétique il faut choisir le silence ; mais cela n'empêche pas d'entrevoir, par intervalles, un certain sens.

Ce procédé s'applique généralement à des objets métaphysiques :

> La lumière s'éclipsait, reparaissait, s'éclipsait encore, comme font ces lumières-là. Ces intermittences sinistres tiennent probablement du va-et-vient de l'enfer. Cela s'entre-ouvre puis se referme. Le soupirail du sépulcre a des effets de lanterne sourde (*TM*, p. 126).

Mais Hugo l'utilise aussi pour l'idéologie. C'est ainsi le cas dans la scène où Gauvain s'interroge sur le devoir devant l'incendie de la Tourgue.

> C'est au devoir en effet qu'on avait à faire.
>
> Le devoir se dressait ; sinistre devant Cimourdain, formidable devant Gauvain.
>
> Simple devant l'un ; multiple, divers, tortueux, devant l'autre.
>
> Minuit sonna, puis une heure du matin. Gauvain s'était, sans s'en apercevoir, insensiblement rapproché de l'entrée de la brèche.
>
> L'incendie ne jetait plus qu'une réverbération diffuse et s'éteignait.
>
> Le plateau, de l'autre côté de la tour, en avait le reflet, et devenait visible par instants, puis s'éclipsait, quand la fumée couvrait le feu. Cette lueur, ravivée par soubresauts et coupée d'obscurités subites, disproportionnait les objets et donnait aux sentinelles du camp des aspects de larves. Gauvain, à travers sa méditation, considérait vaguement ces effacements de la fumée par le flamboiement et du flamboiement par la fumée. Ces apparitions et ces disparitions de la clarté devant ses yeux avaient on ne sait quelle analogie avec les apparitions et les disparitions de la vérité dans son esprit (*QT*, p. 1041).

Éléments qui deviennent « visibles un instant » avant de « s'éclipser » ; objets rendus « disproportionnés » par ces « soubresauts » de « lueurs », ce passage qui décrit les réflexions de Gauvain sur le devoir se présente sous le signe de « l'effacement ».

Le texte lui-même exemplifie le principe dont il nous rend compte. Réflexion de Gauvain et description de l'incendie alternent en même temps que les passages théoriques ou descriptifs. Aussi ne peut-on qu'*entrevoir* le problème moral qui se pose à Gauvain, mais jamais le saisir précisément. À chaque fois que l'esprit est sur le point de s'y fixer, l'écriture l'en détourne et le ramène à la sensation esthétique. L'organisation typographique met en évidence ce phénomène. On passe d'une succession de paragraphes très courts, dans lesquels les séries se détachent, à des passages plus denses, où elles se succèdent avec rapidité.

Le principe d'intermittence joue donc sur un procédé de montage des différentes séries. Il est complété par un procédé qui consiste à sortir la pensée d'un personnage de son cadre habituel. La valeur est ainsi diffusée dans diverses séries du texte ; présentée en décalage, elle ne peut plus coïncider avec elle-même. C'est le rôle que jouent les lettres écrites par mademoiselle Baptistine à propos de son frère :

> Maintenant, pour donner une idée de ce qui se passa à cette table, nous ne saurions mieux faire que de transcrire ici un passage d'une lettre de mademoiselle Baptistine à madame de Boischevron, où la conversation du forçat et de l'évêque est racontée avec une minutie naïve :
>
> ....
>
> « … Cet homme ne faisait aucune attention à personne. Il mangeait avec une « voracité d'affamé […].
>
> « Alors mon frère, tout en faisant manger cet homme, lui a expliqué très en « détail ce qu'était que les fruitières de Pontarlier ; […]
>
> « L'homme se ranimait tout en mangeant. Mon frère lui faisait boire de ce bon « vin de Mauves dont il ne boit pas lui-même parce qu'il dit que c'est du vin cher. Mon « frère lui disait tous ces détails avec cette gaîté aisée que vous lui connaissez, « entremêlant ses paroles de façon gracieuse pour moi. Il est beaucoup revenu sur ce « bon état de grurin, comme s'il eût souhaité que cet homme comprît, sans le lui « conseiller directement et durement, que ce serait un asile pour lui. Une chose m'a « frappée. Cet homme était ce que je vous ai dit. Eh bien ! mon frère pendant tout le « souper, ni de toute la soirée, à l'exception de quelques paroles sur Jésus quand il est « entré, n'a pas dit un mot qui pût rappeler à cet homme qui il était ni apprendre à cet « homme qui était mon frère. C'était bien une occasion en apparence de faire un peu de « sermon et d'appuyer l'évêque sur le galérien pour laisser la marque du passage » (*Mis.*, p. 64-65).

Pas de « sermon », tel est bien le *credo* d'une écriture qui se refuse à livrer tout contenu moral directement. On attendait une signification morale des actes de l'évêque, mais elle ne peut aboutir en raison de la superposition des points de vue. Mademoiselle Baptistine ne peut que donner son propre avis qui se superpose aux actions de l'évêque en leur apportant les modifications du discours indirect. Aussi ce passage nous présente-t-il la pratique de l'évêque sans nous la présenter. Par un subtil jeu de montage, les paroles de la sœur rendent compte des actions de l'évêque tout en les oblitérant, les livrent et nous les cachent, et le texte qui annonçait qu'il allait nous « donner une idée » de la scène du dîner nous la retire. Une partie du sens de cette scène nous sera livrée à travers l'écho d'une autre expérience utopique, celle des verroteries noires de Montreuil-sur-Mer, le texte prolongeant sous une autre forme le processus d'intermittence et de recadrage.

Il n'est pas fortuit que ce procédé concerne plutôt des voix féminines. Comme on va le voir, le statut des personnages féminins s'accorde particulièrement bien avec le traitement d'une idéologie en ligne de fuite.

Les personnages féminins

Incarnation de l'irrationnel, du mystère et de l'inconnu, les figures féminines jouent un rôle particulier dans les romans de Hugo comme d'ailleurs dans tout l'imaginaire du XIXe siècle. Leur rôle dans la mise en forme de l'idéologie est toujours en ligne de fuite. Elles ne dénoncent jamais les maux sociaux dans un discours explicite ; c'est par leur seule présence qu'elles manifestent l'injustice ou la misère. Fantine ou Éponine, ne se plaignent jamais, mais les descriptions qui en sont faites trahissent tout leur malheur. Éponine n'a qu'à se tenir dans l'embrasure de la porte de Marius pour en dire plus long que toutes les démonstrations :

> Une toute jeune fille était debout dans la porte entre-baillée. La lucarne du galetas où le jour paraissait était précisément en face de la porte et éclairait cette figure d'une lumière blafarde. C'était une créature hâve, chétive, décharnée ; rien qu'une chemise et une jupe sur une nudité frissonnante et glacée. Pour ceinture une ficelle, pour coiffure une ficelle, des épaules pointues sortant de la chemise, une pâleur blonde et lymphatique, des clavicules terreuses, des mains rouges, la bouche entr'ouverte et dégradée, des dents de moins, l'œil terne, hardi et bas, les formes d'une jeune fille avortée et le regard d'une vieille femme corrompue ; cinquante ans mêlés à quinze ans ; un de ces êtres qui sont tout ensemble faibles et horribles et qui font frémir ceux qu'ils ne font pas pleurer.
>
> Marius s'était levé et considérait avec une sorte de stupeur cet être, presque pareil aux formes de l'ombre qui traversent les rêves. [...] La grâce de l'ange luttait encore contre la hideuse vieillesse anticipée de la débauche et de la pauvreté. Un reste de beauté se mourait sur ce visage de seize ans, comme ce pâle soleil qui s'éteint sous d'affreuses nuées à l'aube d'une journée d'hiver (*Mis.*, p. 583-584).

Cette « rose dans la misère » indique par les contrastes de son portrait, dans lequel alternent beauté et abaissement, toute l'horreur de sa disparition dans le malheur. L'effet douloureux de ce portrait est accentué par le mutisme statique de son objet. Éponine paraît subir son tourment comme étrangère à elle-même. Elle semble se glisser à travers son malheur comme elle se glisse à travers les événements politiques qu'elle ne vivra que par son amour pour Marius. Cela fait d'autant mieux ressortir la complexité, indiquant, selon l'expression de Claudine Lautier, « les césures insolites, les discontinuités inexplicables, les ensembles tacites et secrets dont l'organisation mystérieuse gouverne et censure l'œuvre[1] ».

Le motif du ciel étoilé et le principe d'intermittence ont permis de mettre au jour une axiologie fondée non sur un classement normatif des valeurs, mais sur une affirmation généralisée, axiologie qui découle du fait que les valeurs prennent d'abord leur source dans un traitement esthétique. Mais cela ne signifie pas qu'il s'agisse d'un relativisme absolu. Tout ne se vaut pas et les préférences de Hugo sont claires. L'idée de l'art qui enseigne chemin faisant pose le principe d'une affirmation inconditionnée, mais dont les conséquences ne sont pas indifférentes. Il nous faut à présent étudier quel traitement textuel Hugo réserve à ce principe.

LE REVERS

Pour maintenir l'idée d'affirmation, comme moyen de ne pas tomber dans une classification fixe sans pour autant tomber dans un relativisme absolu, Hugo s'appuie sur le principe du « revers ». La notion de revers est au cœur de l'esthétique de Hugo. Il l'employait déjà dans la Préface de *Cromwell* pour rendre compte de la notion de génie :

> Où voit-on médaille qui n'ait son revers ? talent qui n'apporte son ombre avec sa lumière, sa fumée avec sa flamme ? Telle tache peut n'être que la conséquence indivisible de telle beauté. Cette touche heurtée, qui me choque de près, complète l'effet et donne la saillie à l'ensemble. Le génie est nécessairement inégal. Il n'est pas de haute montagne sans profonds précipices. Comblez la vallée avec le mont, vous n'aurez plus qu'un steppe, une lande, la plaine des Sablons au lieu des Alpes, des alouettes et non des aigles.
>
> Il faut aussi faire la part du temps, du climat, des influences locales[2].

Prendre en compte les « influences locales » : telle est la clé du principe de revers. Plus de valeur absolue, car c'est en fonction de l'agencement dans

1 « La belle et la bête et le parler vrai », *Idéologies hugoliennes*, éd. citée, p. 61.
2 *PC*, p. 38.

lequel elle s'insère que telle valeur devient bonne ou mauvaise[1]. C'est ce qu'indique Hugo en soulignant l'influence du point de vue spatial, mais aussi de données moins évidentes comme le « temps » ou le « climat ».

L'ensemble des valeurs de ses romans sont construites sur ce principe, qu'il ne cesse de rappeler à chaque fois qu'on pourrait vouloir fixer un élément dans une norme établie. Le terme de *revers* est souvent utilisé dans ce sens : « La pente était difficile et rude. C'était, avec moins d'âpreté pourtant, le revers de l'ascension qu'il avait faite pour sortir de la crique » (*HQR*, p. 396).

La mer est le lieu par excellence de ces retournements d'éléments d'opposants en adjuvants : « Il fallait substituer l'obstacle qui irrite à l'obstacle qui apaise » (*TM*, p. 243). La brume est le type même d'élément qui protège mais qui peut perdre aussi : Clubin en fait les frais, qui est finalement pris à son propre piège : « La brume l'avait égaré. Elle lui avait paru excellente pour l'exécution de son projet, mais elle avait ses périls » (*TM*, p. 173). Pas de valeur absolue, mais, selon les situations, un même élément peut passer d'une catégorie dans l'autre ; ainsi en est-il de la panse : « Pour ce que méditait Gilliatt, les défauts de la panse devenaient des qualités » (*TM*, p. 242). Comme l'explique David Charles, c'est ce qui fait des gestes techniques de Gilliatt ceux d'un bricoleur qui se constitue un stock, « résultat contingent d'un compromis entre ce qu'il cherchait et ce qu'il aura trouvé[2] ». Dans certains cas, il s'agit d'une double valeur, un équilibre qui ne demande qu'un petit coup de pouce pour basculer d'un côté ou de l'autre : « Il avait de la fièvre ce qui le soutenait ; la fièvre est un secours qui tue » (*TM*, p. 234).

Le motif du revers est complété par celui du versant : « Le difforme est l'envers du sublime. C'est l'autre côté. L'Olympe a deux versants : l'un, dans la clarté, donne Apollon ; l'autre, dans la nuit, donne Polyphème » (*HQR*, p. 699). Les deux versants sont aussi ceux de la convention : « Les révolutions ont deux versants, montée et descente, et portent étagées sur ces deux versants toutes les saisons depuis la glace jusqu'aux fleurs » (*QT*, p. 901).

---

1 Ce qui n'implique pas un relativisme radical, mais la mise en fiction de « l'antinomie de l'historicité », pour reprendre l'expression de Bernard Leuillot, qui commente le chapitre de *Quatrevingt-Treize* intitulé *Vis et vir* relatant le face-à-face entre un cannonier et son canon qu'une mer déchaînée fait rouler dans l'entrepont d'un navire contre-révolutionnaire. La fiction, selon lui, y pose la rationalité comme « exigence de sens et non plus comme vérité dogmatique, sans que son antithèse, la contingence, soit pour autant récusée » (« La loi des tempêtes », *Hugo le fabuleux*, éd. citée, p. 90 et 93).

2 *La Pensée technique dans l'œuvre de Victor Hugo*, éd. citée, p. 158.

Si les motifs du revers ou du versant permettent de rendre compte d'un phénomène contextuel particulier, ils ne suffisent pas à figurer tous les phénomènes de composition auxquels ils renvoient. Comme toujours dans les romans, seul un agencement peut indiquer une pensée. Dans le cas présent, il faut articuler l'idée de continuité afin de ne pas tomber dans une logique bipolaire, trop proche d'une classification hermétique. Les valeurs du texte se retournent comme « les vêtements de paysan » (*QT*, p. 800) ou les « habits de prêtre » (p. 865). Le même objet est tour à tour bon ou mauvais : « La cloche qui a sonné ton baptême tue peut-être ta mère » (*QT*, p. 828), dit Lantenac à Halmalo, mettant en relief le principe de fusion qui fait qu'un même élément se métamorphose et prend une autre voie. Car « en révolution les prêtres se fondent en citoyens comme les cloches en sous et en canons » (*QT*, p. 884). Le revers est ainsi une forme de continuation, pour reprendre un principe très fréquent chez Hugo[1], qui permet de passer d'une valeur à l'autre.

On voit bien ici tout l'intérêt de l'agencement lexical sur le motif simple : des expressions comme « se fondent » ou « mouvait de » sont trop vagues pour servir de support lexical à un principe. De son côté, le terme de *revers* perd en souplesse ce qu'il gagne en précision. Seul un agencement peut alors permettre, par corrections successives, de viser la relation de composition dans son ensemble. L'agencement est beaucoup plus vaste ; il concerne un nombre infini de séries, qu'on doit évidemment sélectionner pour l'observation. Chacune apporte sa touche, aussi minime soit-elle, et la multiplicité finit par créer des changements significatifs. Or ce phénomène de montage est particulièrement important dans le cadre de la question de la valeur : à partir du moment où l'on ne se situe plus dans une classification normative des valeurs, il est nécessaire d'envisager l'agencement global pour déterminer la valeur de la valeur.

Afin de mieux comprendre ce mécanisme de composition, on le rapprochera de la question de la dominante. Cette notion permet de déterminer une œuvre sans le faire de manière absolue. Comme l'explique Jakobson : « À l'exact opposé d'une attitude rigoureusement moniste, se situe le point de vue mécaniste, qui reconnaît à une œuvre poétique une multiplicité de fonctions, et traite cette œuvre, délibérément ou inopinément, comme un agrégat mécanique de fonction[2]. » Mis à

1 Voir p. 349 *sq.* et p. 405 *sq.*

2 *Questions de poétique*, Paris, Seuil, 1973, p. 146.

part la question de la fonction, ce qui nous intéresse ici, c'est l'idée de multiplicité et d'agrégat qu'on peut rapprocher de l'agencement et du « pêle-mêle » hugolien. La notion de dominante est ici essentielle pour donner une orientation aux séries : « La dominante peut se définir comme l'élément focal d'une œuvre d'art : elle gouverne, détermine et transforme les autres éléments. C'est elle qui garantit la cohésion de la structure. La dominante spécifie l'œuvre[1]. » Hugo, de son côté parlera plutôt de « coefficient » ; cette notion lui permet de rendre compte des « données [qui] défient toute nomenclature » :

> Nul moyen de les définir, nul moyen de les circonscrire. Les contraires s'épousent ; les lointains sont des contacts. Ce qui vous semble divorce est mariage. La haine s'achève en amour. Sous le combat il y a le baiser. Tout est coefficient. Vous croyez être à un pôle, vous êtes à l'autre. Jamais l'union n'est plus étroite que là où l'écart semble le plus irrémédiable[2].

Grâce à la notion de coefficient on comprend mieux le fonctionnement du principe de revers dans les romans : il s'agit de rendre compte de la dynamique mouvante qui affecte les séries et fait prévaloir telle ou telle interprétation. Associée à la notion de revers, comme c'est le cas dans ce passage, la notion de coefficient permet de penser la valeur de manière non statique. Car dans un contexte toujours changeant, où apparaissent sans cesse de nouvelles séries, on peut à tout moment basculer d'un « pôle à l'autre ». « Une goutte d'eau c'est toute l'eau[3] » : cette expression rend bien compte du fonctionnement de la dominante dans le texte. La simple variation d'un élément peut modifier la tonalité de l'ensemble. Les romans insistent souvent sur ce phénomène, soulignant ainsi le rôle qu'il joue dans leur composition. Il n'est pas fortuit que ce principe s'applique en particulier à la description de la convention, symbole axiologique dans le roman :

> Il s'est dit à cette tribune de ces vertigineuses paroles, qui ont, quelquefois, à l'insu même de celui qui les prononce, l'accent fatidique des révolutions, et à la suite desquelles les faits matériels paraissent avoir brusquement on ne sait quoi de mécontent et de passionné, comme s'ils avaient mal pris les choses qu'on vient d'entendre ; ce qui se passe semble courroucé de ce qui se dit ; les catastrophes surviennent furieuses et comme exaspérées par les paroles des

1 *Ibid.*, p. 145.
2 *MV*, p. 686.
3 *Trad.*, p. 621.

> hommes. Ainsi une voix dans la montagne suffit pour détacher l'avalanche. Un mot de trop peut être suivi d'un écroulement (*QT*, p. 905).

Ainsi en est-il du fonctionnement du texte : sa tonalité est due à des déplacements, trop ténus parfois pour être maîtrisés par l'auteur[1], mais qui peuvent modifier du tout au tout la perspective, à la manière de la peinture pointilliste où l'ajout de quelques points d'une couleur peut faire passer d'une nuance à l'autre. Le texte joue ainsi sur la juxtaposition des différentes séries pour créer des mélanges et faire ressortir des nuances de valeur. Les passages de description fondés sur l'accumulation permettent d'observer, sur un segment relativement réduit, un phénomène qui concerne en fait l'ensemble de la composition de l'œuvre. Ainsi en est-il de la description de Paris en 1793 :

> On vivait en public, on mangeait sur des tables dressées devant les portes, les femmes assises sur les perrons des églises faisaient de la charpie en chantant la Marseillaise, le parc Monceaux et le Luxembourg étaient des champs de manœuvre, il y avait dans tous les carrefours des armureries en plein travail, on fabriquait des fusils sous les yeux des passants qui battaient des mains. [...] On allait au spectacle comme à Athènes pendant la guerre du Péloponèse : on voyait affiché au coin des rues : *Le siége de Thionville. – La mère de famille sauvée des flammes. – Le Club des Sans-Soucis. – L'Aînée des papesses Jeanne. – Les Philosophes soldats. – L'art d'aimer au village.* – Les Allemands étaient aux portes ; le bruit courait que le roi de Prusse avait fait retenir des loges à l'Opéra. Tout était effrayant et personne n'était effrayé. La ténébreuse loi des suspects, qui est le crime de Merlin de Douai, faisait la guillotine visible au-dessus de toutes les têtes. Un procureur, nommé Séran, dénoncé, attendait qu'on vînt l'arrêter, en robe de chambre et en pantoufles, et en jouant de la flûte par la fenêtre. Tout le monde se hâtait. Pas un chapeau qui n'eût une cocarde. Les femmes disaient : *Nous sommes jolies sous le bonnet rouge.* Paris semblait plein d'un déménagement. [...] On faisait des rondes de carmagnoles ; on ne disait pas le *cavalier et la dame*, on disait « le citoyen et la citoyenne ». On dansait dans les cloîtres en ruine, avec des lampions sur l'autel. [...] Un dénuement farouche, une probité stoïque. Les va-nu-pieds et les meurt-de-faim passaient, les yeux gravement baissés, devant les devantures des bijoutiers du Palais-Égalité. Dans une visite domiciliaire que fit la section Antoine chez Beaumarchais, une femme cueillit dans le jardin une fleur ; le peuple la souffleta (*QT*, p. 859-862).

L'évocation guerrière, qui peut-être traitée aussi bien de manière positive que négative, est ici associée à l'isotopie méliorative révolutionnaire.

---

1 Voir p. 349 *sq*.

L'inquiétude se perd dans l'évocation de la joie. Le spectre de la guillotine se dissout dans l'anecdote. L'idée de chaos est corrigée par celle d'énergie. Même l'évocation de la misère, dont on sait l'habileté de Hugo à la rendre sordide, est emportée dans l'idée d'effervescence générale. Pour parvenir à ce résultat, tout est question de dosage : une phrase qui évoque un élément négatif est entourée de plusieurs autres, qui au contraire construisent une tonalité positive. Dans certains cas, même, les secondes débordent sur la première, gagnant toujours plus de terrain mais sans jamais unifier totalement.

Si l'on considère le fonctionnement du texte sous l'angle de la série et non pas de la structure, l'idée de dominante doit être envisagée de manière contextuelle. La hiérarchie des valeurs n'est pas structurellement inscrite dans le texte, mais c'est une question d'effet : de la combinaison des différentes séries, se dégage une dominante, qui elle-même s'articule avec les séries de l'entour contextuel. Tout ceci aboutit à une orientation du parcours interprétatif dans telle ou telle direction, qui servira de point d'ancrage à l'interprétation.

Car c'est une loi de la lecture de chercher à se fixer dans une perspective. Parlant de la hiérarchie des personnages, Georg Luckacs explique ainsi que « cette nécessité formelle est si forte que le lecteur cherche instinctivement cette hiérarchie, même dans les œuvres dont la composition est relâchée, et qu'il demeure insatisfait quand, en comparaison des autres et de l'action, la figuration du personnage principal ne correspond pas au "rang[1]" ».

Mais ce que souligne le traitement de la question du revers dans les romans de Hugo, c'est que cette dominante ne doit être qu'un point d'équilibre, toujours prêt à basculer, une perspective parmi d'autres. La perspective, dont on a vu l'importance à travers la notion de point de vue, prend, dans le contexte de la valeur, une nouvelle dimension : elle ne permet plus seulement de penser certains problèmes de hiérarchie formelle mais aussi des problèmes de hiérarchie axiologique ; tel agencement de série aboutit à telle évaluation. Comme dans le système visuel de la perspective, l'évaluation se construit en fonction d'un point de fuite. Il permet de construire l'interprétation selon un principe unitaire de cohésion, ni agrégatif ni systématique, mais suffisamment stable pour servir de point d'appui à l'interprétation. Dans le texte, le discours joue le rôle unificateur du point de fuite. Il permet de ponctuer le texte des

1 *Problème du réalisme*, Paris, L'Arche, 1975, p. 90.

points d'ancrage plus stables. Le recours au discours a l'avantage d'éviter une stabilisation trop rigide : l'agencement dynamique des points de vue maintient en effet un certain équilibre.

Ce mécanisme de composition est relayé par un mode d'écriture fondé sur la « réverbération », pour reprendre une expression chère à Hugo. À l'image du pendu de Portland, « reste de la nature et de la société », qui a « dans son mystère une vague réverbération de toutes les énigmes » (*HQR*, p. 389), ce procédé permet de mettre un problème en relief sans le citer directement. Il associe ainsi multiplicité de la répétition et caractère indirect de l'implicite. Le dilemme du devoir, auxquels sont confrontés Gauvain et Cimourdain, est ainsi mis en perspective par un système de médaillon, qui évoque, de manière apparemment anecdotique, ce qui est en fait l'enjeu général du roman :

> – Il y a pourtant dans ce tiers état, répliqua Boisberthelot, des hommes estimables. Tenez, par exemple, cet horloger Joly. Il avait été sergent au régiment de Flandre ; il se fait chef vendéen ; il commande une bande de la côte ; il a un fils, qui est républicain, et, pendant que le père sert du côté des blancs, le fils sert dans les bleus. Rencontre. Bataille. Le père fait prisonnier son fils, et lui brûle la cervelle.
> – Celui-là est bien, dit la Vieuville.
> – Un Brutus royaliste, reprit Boisberthelot (*QT*, p. 804).

Dans ce passage, il semble que l'idée générale du texte se réverbère dans l'anecdote, qui se réfléchit elle-même dans l'évocation d'un passage édifiant de l'histoire romaine.

LA NOTION DE VALEUR

Ce que révèle l'étude de l'idéologie du texte, c'est que la valeur dans les romans de Hugo n'est ni une donnée ni un contenu. Il s'agit d'un principe d'organisation du texte qui dépasse le simple niveau axiologique.

LA VALEUR COMME PRINCIPE D'ORGANISATION

Comme on l'a vu dans les sections précédentes, la conception idéologique et axiologique chez Hugo est centrée autour de la notion de valeur. Or cette notion ne se limite pas à une acception morale, mais est également utilisée dans une perspective plus large. Les sémantiques structuralistes utilisent ainsi la notion de valeur afin de substituer un rapport systématique à une classification statique. Pour Hjelmslev[1] par exemple, appliquer la procédure structurale au niveau sémantique, c'est étudier non le signifié en lui-même, mais les valeurs positionnelles du signe. Si les valeurs se rapprochent des catégories, elles ne naissent et ne peuvent être appréhendées que comme pures différences : elles ne se définissent pas par leur contenu, mais par la manière dont elles s'opposent aux autres éléments du système.

Le principe de la composition peut être rapproché de celui de la valeur dans la mesure où lui non plus ne se limite pas à un contenu mais repose sur un système de relations. Mais il le complexifie, dans la mesure où son fonctionnement est fondé non sur une opposition binaire mais sur un agencement de séries. Comme le dit Henri Meschonnic à propos des romans de Hugo : « Les universaux n'existent pas dans l'écriture. Ainsi le latin de *Quatrevingt-Treize* n'est pas le latin torture de *L'Homme qui rit*[2]. » Penser l'idée comme valeur conduit donc à considérer chacun des composants du roman non comme un contenu fixe mais comme l'élément d'un processus[3].

DE L'ÉTHIQUE À L'ESTHÉTIQUE

Pas plus qu'il n'y avait d'opposition entre idée et poétique, il n'y a d'opposition entre écriture et valeur[4]. Ces distinctions ne sont que des manières commodes d'appréhender ce qui n'est en fait que la même chose vue sous des angles différents[5]. Envisager la composition sous

1 « Pour une sémantique structurale », *Essais linguistiques*, Paris, Minuit, 1971.

2 *Écrire Hugo*, Paris, Gallimard, 1977, p. 204.

3 Comme le précise Henri Meschonnic, la « continuité » qui existe entre les textes tend « à transfigurer ce qui était un système [...] en une rhétorique » (*Ibid.*).

4 C'est l'une des caractéristiques de la modernité de Hugo selon Henri Meschonnic : « L'actualité de Hugo est qu'il continue de scandaliser, dans la mesure où il impose un rapport entre le poétique, l'éthique et le politique » ; mais aussi une des causes du désintérêt que lui porte une partie de la critique contemporaine : « La phénoménologie n'a adoré et ne continue d'adorer la poésie que pour la séparer, en la sacralisant, du langage ordinaire, qu'elle méprise et qu'elle méconnaît » (« Victor Hugo. Pour la poétique d'ajourd'hui », *Hugo le fabuleux*, éd. citée, p. 290 et 293).

5 De nombreux commentateurs insistent sur la manière dont Hugo mélange les thèmes politique et poétique ; par exemple Jean Gaudon explique que « le "guerre à la rhétorique",

l'angle de la valeur, c'est considérer que les trois catégories du sens, de l'émotion et de la valeur qu'on distingue généralement, ne sont en fait que des modes de segmentation du même *continuum* de l'idée. En refusant de laisser de côté l'une de ces dimensions comme extérieure à la littérature, Hugo cherche une fois de plus à ouvrir son écriture vers l'infini du tout indifférencié.

Le champ de la composition est donc présenté comme un *continuum* qui va du sémantique à l'éthique. C'est là une autre conséquence de l'injonction d'un art enseignant chemin faisant : en choisissant une esthétique on choisit aussi une éthique.

Dans le texte des romans, ce principe se matérialise dans le passage d'un lexique à l'autre. Ainsi en est-il de la description de la convention qui provoque une émotion aussi bien esthétique que politique :

> En dehors de toute émotion politique, et à ne voir que l'architecture, un certain frisson se dégageait de cette salle. On se rappelait confusément l'ancien théâtre, les loges enguirlandées, le plafond d'azur et de pourpre, le lustre à facettes, les girandoles à reflets de diamants, les tentures gorge de pigeon, la profusion d'amours et de nymphes sur le rideau et sur les draperies, toute l'idylle royale et galante, peinte, sculptée et dorée, qui avait empli de son sourire ce lieu sévère, et l'on regardait partout autour de soi ces durs angles rectilignes, froids et tranchants comme l'acier ; c'était quelque chose comme Boucher guillotiné par David (*QT*, p. 896).

De manière générale, les mêmes motifs que ceux qui désignaient les principes de l'esthétique romanesque sont employés à propos des questions politiques : « Je ne suis l'écho de rien, je suis le cri de tout » (*QT*, p. 882), s'exclame Marat, faisant ainsi le lien entre l'une des exigences fondamentales de l'idée à savoir l'intransitivité, et le statut politique de son personnage.

Réflexion esthétique et réflexion politique se mêlent jusqu'à ne former plus qu'un. Le chapitre des *Misérables* intitulé « Les morts ont raison

---

comme le "guerre aux châteaux" du slogan révolutionnaire, est essentiellement l'expression d'une rupture totale avec l'Ancien Régime » (« Victor Hugo : mesure et démesure », *La Revue d'histoire littéraire de la France*, mars-avril 1980, p. 223-224). À propos des romans de l'exil, Michel Granet parle de « la quadruple révolution ontologique et esthétique, mythologique et idéologique, politique et sociale, scientifique et technique de Victor Hugo entre 1866 et 1874 » (« L'idéologie de la révolution chez Victor Hugo à travers sa trilogie incomplète *L'Homme qui rit / La Monarchie / Quatrevingt-Treize* », *Idéologies hugoliennes*, éd. citée, p. 29).

et les vivants n'ont pas tort » (V, 1, 20) illustre bien ce phénomène. Interrompant le récit du combat sur la barricade, il glisse très rapidement du commentaire politique aux considérations esthétiques. Le caractère civilisateur de la France est inséparable de son caractère artistique, et poésie et politique se rejoignent dans la quête du même idéal (p. 978).

Car comme l'explique Guy Rosa, « principe politique, la République est porteuse d'un principe poétique[1] ». Aussi le modèle du poète dans le roman est-il un modèle de résistance au despote. Lorsque Hugo distingue, dans « Le fond de la question » (IV, 10, 2), l'émeute et l'insurrection, il insère au milieu de sa réflexion des considérations sur le statut du poète : « Mais Juvénal et Tacite, de même qu'Isaïe aux temps bibliques, de même que Dante au moyen âge, c'est l'homme ; l'émeute et l'insurrection, c'est la multitude, qui tantôt a tort, tantôt a raison » (*Mis.*, p. 832). Derrière les querelles esthétiques se cachent ainsi des querelles politiques. La question pénale n'est pas seule en jeu dans le procès de Champmathieu ; l'avocat général est ainsi autant le symbole de l'oppression que du classicisme littéraire ; il pourfend le romantisme et les deux séries se mêlent si bien qu'il semble que le pauvre Champmathieu soit condamné plus pour délit de romantisme que pour récidive :

> Ici, par une habile antonomase, remontant aux sources et aux causes de la criminalité, l'avocat général tonna contre l'immoralité de l'école romantique, à son aurore sous le nom d'*école satanique* que lui avaient décerné les critiques de *L'Oriflamme* et de *La Quotidienne*, il attribua, non sans vraisemblance, à l'influence de cette littérature le délit de Champmathieu, ou pour mieux dire, de Jean Valjean (*Mis.*, p. 213).

Mais la grande figure romantique est bien sûr celle de Napoléon, qui s'oppose au classicisme de Wellington, symbole de la contre-révolution.

Si la bataille d'*Hernani* n'est pas transposée dans le roman, il y est fait référence pour souligner le caractère réactionnaire de Gillenormand :

> C'est républicain, c'est romantique. Qu'est-ce que c'est que ça romantique ? faites-moi l'amitié de me dire ce que c'est que ça ? Toutes les folies possibles. Il y a un an, ça vous allait à *Hernani*. Je vous demande un peu, *Hernani* ! des antithèses ! des abominations qui ne sont pas même écrites en français ! Et

---

1 « Idéo-logique hugolienne ; Hommage à Pierre Albouy », *Recherches en sciences des textes*, dir. Y. Gohin et R. Ricatte, Grenoble, Presses Universitaires de Grenoble, 1977, p. 10.

> puis on a des canons dans la cour du Louvre. Tels sont les brigandages de ces temps-ci (*Mis.*, p. 550).

Quant au personnage de Jean Prouvaire, dont le goût pour le moyen-âge et l'orient, l'admiration pour Henri Chénier forment comme un portrait littéraire de Hugo (*Mis.*, p. 517), c'est par sa mort sur la barricade qu'il se distingue dans le roman. Le titre du chapitre qui relate sa fin (IV, 14, 5, « Fin des vers de Jean Prouvaire ») scelle la relation entre poésie et révolution.

On a déjà vu que Hugo reprochait à la rhétorique sa froideur technique. Mais c'est en fait tout un système de pensée qu'il remet en cause. Si Hugo critique la rhétorique classique, c'est dans le but d'abolir le privilège accordé à certaines formes (linguistiques) sur d'autres. Définie comme écart, la figure implique la présence d'une norme comme idéal général et absolu. Dans une axiologie où chaque individu est censé être égal, il n'y a plus de place pour l'idée de déviance. L'égalité règne entre les phrases comme entre les hommes. À ce premier refus, s'ajoute celui d'une structure idéale de la langue. Le refus de la rhétorique classique, c'est alors, comme l'explique Tzvetan Todorov :

> l'éviction du rationalisme par l'empirisme, des constructions spéculatives par l'étude historique. Ici, la rhétorique – dont on a vu qu'elle était aussi « générale et raisonnée » – partage le sort de la grammaire (philosophique). La grammaire générale visait à la construction d'un patron unique, la structure universelle de la langue ; de même la rhétorique, dont l'objet n'est pas synchronique mais bien panchronique[1].

Le refus de la rhétorique est avant tout refus des inégalités. En témoigne le traitement textuel du sublime, censé redonner une grandeur aux éléments rejetés comme trop vils : le grandissement épique est partout, y compris dans la représentation de la « difformité » sociale. Ce traitement repose sur la notion d'horreur, qui s'oppose à la laideur en ce qu'elle est inséparable de la perception morale de l'humanité de tout homme.

> Horreur, soit ; caricature jamais. Sinon, pas de grandeur. L'épopée est à ce prix. Ne cachez rien, dites tout ; cette franchise, c'est de la lumière. Rien n'est petit, dit grandement. Homère est dans Thersite autant que dans Priam.
>
> Ce qui serait inharmonieux sur la terre perd sa dissonance en se dilatant jusqu'au zénith. La laideur se dissout dans la grandeur. L'infini pénètre de

1 *Théories du symbole*, éd. citée, p. 138.

toutes parts et fait une formidable grimace mêlée aux constellations. Le rictus de la poissarde devient le masque de Némésis[1].

Nombreux sont les passages de romans qui tentent d'opérer cette transmutation du méprisable en terrible. Pour cela le texte a recours aux principes d'excès et de dilatation. « En matière de civilisation, il ne faut pas raffiner, mais il faut sublimer » (*Mis.*, p. 978), et ce principe s'applique aussi bien au vol, au crime ou à la prostitution. On en trouve un exemple dans la description du pendu de Portland :

> Une brise faible agitait la chaîne, et ce qui pendait à la chaîne vacillait doucement. Cette masse passive obéissait aux mouvements diffus des étendues ; elle avait on ne sait quoi de panique ; l'horreur qui disproportionne les objets lui ôtait presque la dimension en lui laissant le contour ; c'était une condensation de noirceur ayant un aspect ; il y avait de la nuit dessus et de la nuit dedans ; cela était en proie au grandissement sépulcral ; les crépuscules, les levers de lune, les descentes de constellation derrière les falaises, les flottaisons de l'espace, les nuages, toute la rose des vents, avaient fini par entrer dans la composition de ce néant visible ; cette espèce de bloc quelconque suspendu dans le vent participait de l'impersonnalité éparse au loin de la mer et dans le ciel, et les ténèbres achevaient cette chose qui avait été un homme (*HQR*, p. 389).

Par la magie de l'écriture, ce bloc quelconque devient une apparition métaphysique. C'est le résultat du grandissement ; dans ce passage, les figures d'accumulation se mêlent aux métaphores et aux métonymies pour donner une autre dimension à ce qui n'est plus qu'un « reste ».

VALEUR ET FORME DE VIE

Comme on l'a vu dans la partie précédente, l'écriture est une forme de vie dans la mesure où elle ne se limite pas à un jeu formel mais inclut les séries formées par le contexte de la situation d'énonciation. Cette forme de vie est aussi une évaluation morale. Réfléchissant sur la notion de point de vue, Jacques Fontanille explique ainsi comment les stratégies discursives peuvent « devenir dans certains contextes, une manière d'être au monde, une "forme de vie[2]" ».

1 *Fl.*, p. 543-544.
2 *Sémiotique et littérature*, éd. citée, p. 50.

Ce que le poète écrit n'est jamais coupé du monde, et son style se modifie aussi au gré des séries formées par le contexte historique ou les questions éthiques :

> Les despotes sont pour quelque chose dans les penseurs. Parole enchaînée c'est parole terrible. L'écrivain double et triple son style quand le silence est imposé par un maître au peuple. Il sort de ce silence une certaine plénitude mystérieuse qui filtre et se fige en airain dans la pensée. La compression dans l'histoire produit la concision. La solidité granitique de telle prose célèbre n'est autre chose qu'un tassement fait par le tyran.
>
> La tyrannie contraint l'écrivain à des rétrécissements de diamètre qui sont des accroissements de force (*Mis.*, p. 831).

C'est cette relation entre style et vie qui fonde la responsabilité de l'écrivain, car dans son écriture se forgent des valeurs : « Les livres font les crimes. Le mot chimère a deux sens, il signifie rêve, et il signifie monstre » (*QT*, p. 1045).

Mais pour comprendre la signification profonde de cette phrase, il faut la replacer dans son contexte. Il n'est pas fortuit qu'elle soit prononcée par Lantenac, qui a commencé son discours par « Quand on pense que tout cela ne serait pas arrivé si l'on avait pendu Voltaire et mis Rousseau aux galères ! » (*QT*, p. 1044). Seul le jeu des séries peut nous indiquer toute la portée de cette phrase. Par son contenu, elle s'insère dans la série du revers et souligne la responsabilité morale de l'écrivain. Mais la situation dans laquelle elle est énoncée suggère qu'on ne peut se contenter de cette interprétation que si l'on en reste au niveau de la distinction représentative ; l'opposition entre rêve et monstre, en particulier, indique, surtout dans la bouche du marquis, le rejet de tout ce qui n'est pas à la hauteur. Par opposition à cela, Hugo préfère l'affirmation sans condition, que seule l'écriture comme processus esthétique intransitif[1] peut atteindre : « Insistons sur cette vérité ignorée et surprenante : l'art, à la seule condition d'être fidèle à sa loi ; le beau, civilise les hommes par sa puissance propre, même sans intention, même contre son intention[2]. » Et plus loin : « Nous

1 Au sens où, comme l'explique Jacques Seebacher, « l'art est censé agir dans un sens civilisateur parce que sa nature est de refléter non pas le monde réel mais l'idéal, garant du monde futur » (« Esthétique et politique chez Victor Hugo : "L'utilité du beau" », *Cahiers de l'Association nationale des études françaises*, 1979, vol. 19, nº 19, p. 245).

2 *UB*, p. 581.

voici arrivés, la logique le voulant, à une vérité presque dangereuse : l'art civilise par sa puissance propre. L'œuvre participant de l'influence générale du beau, a une action indépendante au besoin de la volonté de l'ouvrier[1]. »

VALEUR ET VARIABLE

Ce que le discours littéraire apporte de plus, c'est son caractère dynamique, son élan qui bouleverse la rigidité des catégories et leur insuffle le souffle de l'infini. Tant qu'ils ne sont pas saisis dans une interprétation, les éléments n'ont aucune valeur particulière. Le mot « Gauvain » dans *Quatrevingt-Treize* illustre bien ce phénomène sur un mode tautologique : « La Tour-Gauvain avait une destinée étrange : un Gauvain l'attaquait, un Gauvain la défendait » (p. 966). À la fois objet et double sujet, le terme « Gauvain » est comme un point neutre dans le texte. C'est pourtant autour de lui que se joue tout l'agencement du texte. Car selon le contexte dans lequel il se trouve, l'agencement auquel il s'intègre, il ne prend pas du tout la même direction.

Ce que signifie ce jeu sur la neutralité d'un signifiant, c'est que les mots n'ont pas de signification en soi, mais peuvent simplement acquérir une valeur. Selon l'endroit dans lequel il se place, le même n'est jamais le même :

> Disons-le, ces deux hommes, le marquis et le prêtre, étaient jusqu'à un certain point le même homme. Le masque de bronze de la guerre civile a deux profils, l'un tourné vers le passé l'autre tourné vers l'avenir, mais aussi tragiques l'un que l'autre. Lantenac était le premier de ces profils, Cimourdain était le second ; seulement l'amer rictus de Lantenac était couvert d'ombre et de nuit, et sur le front fatal de Cimourdain il y avait une lueur d'aurore (*QT*, p. 965).

Désormais il n'est plus possible de déterminer le bien et le mal à partir d'une notion. Mais ce n'est pas pour cela qu'on ne peut pas juger de la valeur des valeurs. De la même manière que dans le chapitre VIII, la hiérarchie des différentes versions du monde se faisait en fonction d'un critère de correction, qui ne se fondait pas sur une vérité ou un fondement unique mais sur la possibilité d'apprendre donc d'enrichir notre vision du monde, il faut substituer aux critères de bien et de mal

1 *Ibid.*, p. 584.

ceux de bon et de mauvais : est bon ce qui va de l'avant, nous enrichit et augmente notre force. C'est le véritable sens du mot « Progrès » chez Hugo, qui devient le pivot de ce qu'on peut appeler une éthique par opposition à une morale. Pas de norme absolue, indépendante de tout contexte. C'est tout le sens de la réflexion sur l'expérience que nous livre le texte à l'issue de la rencontre entre l'enfant et pendu :

> Ajoutons que l'enfant a ce don d'accepter très-vite la fin d'une sensation. Les contours lointains et fuyants, qui font l'amplitude des choses douloureuses, lui échappent. L'enfant est défendu par sa limite, qui est la faiblesse, contre les émotions trop complexes. Il voit le fait, et peu de chose à côté. La difficulté de se contenter des idées partielles n'existe pas pour l'enfant. Le procès de la vie ne s'instruit que plus tard, quand l'expérience arrive avec son dossier. Alors il y a confrontation des groupes de faits rencontrés, l'intelligence renseignée et grandie compare, les souvenirs du jeune âge reparaissent sous les passions comme le palimpseste sous les ratures, ces souvenirs sont des points d'appui pour la logique, et ce qui était vision dans le cerveau de l'enfant devient syllogisme dans le cerveau de l'homme. Du reste l'expérience est diverse, et tourne bien ou mal selon les natures. Les bons mûrissent. Les mauvais pourrissent (*HQR*, p. 395).

Pas de donnée définie au départ, mais l'absence de contour ; les valeurs se forgent dans l'expérience qui ne débouche pas sur un bien et un mal mais sur un bon et un mauvais, eux-mêmes dépendant d'un affaiblissement ou d'une maturation[1].

Qu'il soit politique ou esthétique, le seul critère est dynamique. C'est ce que nous enseigne le discours de Lantenac qui, même s'il fait pleurer Halmalo par son caractère sincère, ne propose que rigidité et obéissance fermée à une norme unique :

> Tu crois en Dieu, n'est-ce pas ? Eh bien, tu sais que Dieu souffre en ce moment ; Dieu souffre dans son fils très-chrétien le roi de France qui est enfant comme l'enfant Jésus et qui est en prison dans la tour du Temple ; Dieu souffre dans son église en Bretagne ; Dieu souffre dans ses cathédrales insultées, dans ses évangiles déchirés, dans ses maisons de prières violées ; Dieu souffre dans ses prêtres assassinés. Qu'est-ce que nous venions faire, nous dans ce navire qui périt en ce moment ? Nous venions secourir Dieu. […] Voilà ce que moi, le

1 « La loi morale est le fil trouvé dans le labyrinthe. Je sens de la chaleur, j'avance, c'est le bien ; je sens du froid, je recule, c'est le mal » (*Préf.*, p. 710). Même sous la forme plus idéaliste qui conserve des termes comme « bien », « mal » et « loi morale », on discerne une volonté de conditionner ces notions à celles de sensation et de mouvement.

> seul qui reste, je viens faire. Mais tu t'y opposes. Dans cette lutte des impies contre les prêtres, dans cette lutte des régicides contre le roi, dans cette lutte de Satan contre Dieu tu es pour Satan (*QT*, p. 827).

Isotopie du savoir et phrases affirmatives se mêlent pour exposer des règles sans appel et des propositions dogmatiques. C'est là finalement que réside la plus grande violence de Lantenac, à la fois morale, politique et esthétique. Peu importe la notion de bien contenue dans ses propos ; la seule absence d'ouverture et de mouvement en souligne le danger[1].

> Ta solution n'en est pas une ô songeur ! – Gauvain voyait dans l'ombre le sinistre sourire du sphinx.
>
> Cette situation était une sorte de carrefour redoutable où les vérités combattantes venaient aboutir et se confronter, et où se regardaient fixement les trois idées suprêmes de l'homme, l'humanité, la famille, la patrie.
>
> Chacune de ces voix prenait à son tour la parole, et chacune à son tour disait vrai. Comment choisir ? chacune à son tour semblait trouver le joint de sagesse et de justice, et disait : Fais cela. Était-ce cela qu'il fallait faire ? Oui. Non (*QT*, p. 1040).

Tant que Gauvain se pose ces questions en termes de devoir, il n'obtient aucune réponse. Pour choisir, il lui faut entrer dans une autre logique, celle qu'a adoptée peu de temps avant son oncle, en sauvant les enfants au péril de sa vie et de son combat. Peu importe les notions de « devoir » ou de « clémence », qui fondent la première forme du problème dans le texte : seule a une valeur la conservation de la vie ou plutôt du principe dynamique qu'elle contient. Dans ce roman politique qu'est *Quatrevingt-Treize*, cette idée difficile à cerner prend toute sa portée. Ce n'est que dans sa dimension sociale ou esthétique qu'elle trouve une issue favorable, quand son expérimentation privée chez Ebenezer et Déruchette ou chez Marius et Cosette aboutit paradoxalement à l'indifférence.

Dans les romans de Hugo, la notion de valeur ne se comprend pas comme contenu normatif, mais comme forme-sens. Aussi permet-elle de concevoir une éthique qui se distingue d'une morale comprise

1 Pour en revenir à la critique hugolienne de la rhétorique, elle repose avant tout sur ce principe de dynamique. Comme l'explique Bernard Leuilliot : « Faut-il rappeler que dans le vers : "Guerre à la rhétorique mais paix à la syntaxe !" l'accent n'est pas tant mis sur "rhétorique" ou "syntaxe", termes interchangeables d'une ambiguïté contrastée, que sur "guerre" et "paix" : toute écriture est conflictuelle » (« "Ceci tuera cela" : le Roman et le paradoxe littéraire », *Littérature*, n° 36, déc. 1979, p. 13).

comme système dogmatique qui tire son fondement de normes absolues et transcendantes. Cette conception éthique de Hugo est propre à ses romans. Elle ne se confond pas forcément avec sa « situation d'esprit[1] », avec les réflexions qu'il livre dans ses écrits théoriques. Elle est le fruit d'une pratique de l'écriture et de l'expérience des contraintes du texte. Autonomie du texte et fonctionnement contextuel ne permettent pas en effet de penser une norme extérieure. Plus que toute autre question, la valeur met en évidence comment la logique de formation du discours littéraire peut influer sur un mode de pensée. Au-delà de la question proprement éthique, c'est tout un fonctionnement de la pensée que permet la valeur. Non seulement il n'y a pas de norme absolue, mais il n'y a pas d'absolu tout court ; c'est la question de l'universel qui se voit ici remise en cause. Aucun élément du texte ne vaut en soi mais toujours comme variable dans un agencement dynamique.

1 Dans son projet de préface aux *Misérables*, Hugo justifie son exposé philosophique et religieux en disant que « la situation d'esprit de l'auteur d'un livre importe au livre lui-même et s'y réverbère », il ne terminera pas ce « quasi ouvrage sur sa philosophie religieuse personnelle » (*Ph.*, p. 467).

LES FORCES DU ROMAN

De tout point d'intersection une vie jaillit.
Les mondes sont des nœuds de forces[1].

Cette énigme du nœud de forces s'applique particulièrement bien, chez Hugo, au monde de l'œuvre et au monde de la langue, qui se reflètent l'un l'autre. À la fois fixe et en mouvement, il rend compte de la superposition conceptuelle attachée à l'idée de composition comme intersection paradoxale, comme position fixée et en puissance, comme relation segmentée. Ni universaux, ni structures, ni règles de non-contradiction, mais des devenirs fugaces et instables, qu'on peine à observer et qu'il est inutile de vouloir mesurer. Cette conception de l'œuvre comme « chantier ouvert[2] » correspond plus précisément au problème de « l'inadéquation du livre à l'œuvre[3] » dont parle Guy Rosa. Si elle s'exprime sous sa forme la plus emblématique dans les manuscrits, elle ne s'y limite pas et renvoie à un principe général qui laisse des traces particulièrement nettes dans l'œuvre romanesque. Plus généralement, elle engage une certaine conception des styles comme « formes de l'inachevé, comme ce qui est inabouti et ce qui est en cours [...] l'informe – en donnant à ce préfixe une valeur non pas négative mais inchoative », pour reprendre la formulation d'Anne Herschberg-Pierrot[4].

1 *Cho.*, p. 677.

2 Pointant « l'état d'ébauche permanente » des dessins de Victor Hugo, Pierre Georgel souligne la « vocation de métamorphose » et l'« inachèvement constitutif » de cette partie de l'œuvre de Hugo qui met en perspective une forme de communication libérée des contraintes éditoriales et qui s'exerce non « plus vers tel ou tel destinataire », mais « en direction d'un public inconnu, aux virtualités incalculables » (« "Pour l'intimité" : les champs de la communication de l'œuvre graphique de Hugo », 20 avril 1991, http://groupugo.div.jussieu.fr/Groupugo/91-04-20georgel.htm.)

3 « Parole et livre, comment Hugo publie », *Promenades et souvenirs – Mélanges offerts à Gabrielle Chamarat*, Cahiers RITM de l'Université Paris-Ouest Nanterre, 2009, disponible sur le site du groupe Hugo : http://groupugo.div.jussieu.fr/Groupugo/10-02-06rosa.htm

4 « Approche génétique du style », *Stylistiques ?*, dir. L. Bougault et J. Wulf, Rennes, PUR, 2010, p. 38.

« La force littéraire a toujours été et est de nos jours plus que jamais une force révolutionnaire », affirme Hugo[1]. L'étude de cette thématique dans les romans nous permettra de constater que, au-delà de la métaphysique romantique qu'elle croise volontiers, elle permet principalement de dessiner les contours d'une problématique de la relation de composition démocratique. Nous verrons que celle-ci repose avant tout sur une tension entre stabilité du point et mouvement de la ligne, que Hugo modélise dans le motif de la machine comme alternative aux systèmes dialectiques. Nous étudierons alors comment Hugo parvient à concevoir une forme-sens d'une grande complexité, fondée sur l'agencement différentiel de variables, et qui, à travers un principe rythmique qui prend le relais d'un schématisme, constitue une véritable alternative à la représentation.

FLUX ET FORCE

> Il faut savoir que le vent est composite. On croit que le vent est simple ; il ne l'est point. Cette force n'est pas seulement dynamique, elle est chimique ; elle n'est pas seulement chimique, elle est magnétique. Il y a en elle de l'inexplicable. Le vent est électrique autant qu'aérien. […]
>
> Le vent est plein de ce mystère. De même la mer. Elle aussi est compliquée ; sous ses vagues d'eau, qu'on voit, elle a ses vagues de forces, qu'on ne voit pas. Elle se compose de tout. De tous les pêle-mêle, l'océan est le plus indivisible et le plus profond (*TM*, p. 202).

« Inexplicable », « mystère », « compliquée », « invisible », « tout », « pêle-mêle », « indivisible », tous ces synonymes de l'infini indistinct, que ne cesse de croiser Hugo dans sa quête de d'une véritable relation de composition, semblent converger vers la question de la « force ». La forme interprétative est une force : si elle ne peut être appréhendée directement, on peut la mesurer ou en faire l'expérience. Hors de la physique qui tente de la circonscrire par le calcul, elle reste cependant un principe difficile à cerner. C'est pourquoi les romans multiplient inlassablement les réseaux thématiques afin de se rapprocher au plus

1 *Cho.*, p. 609.

près de ce phénomène. L'étude des plus significatifs d'entre eux nous permettra de délimiter un premier espace de compréhension.

FORCE ET INTENSITÉ

Dynamique

La force, c'est l'élan de la pensée contre la connaissance qui s'attache à un fondement solide et ne risque rien. C'est l'ardeur de la rêverie esthétique contre la stabilité de la représentation :

> Ignorer invite à essayer. L'ignorance est une rêverie, et la rêverie curieuse est une force. Savoir, déconcerte parfois et déconseille souvent. Gama, savant, eût reculé devant le cap des Tempêtes. Si Christophe Colomb eût été bon cosmographe, il n'eût point découvert l'Amérique.
>
> Le second qui monta sur le mont Blanc fut un savant, Saussure ; le premier fut un pâtre, Balmat (*TM*, p. 230).

La science est toujours seconde dans l'ordre de la pensée dans la mesure où son rôle est de stabiliser les forces pour en faire des catégories. La pensée que propose Hugo, en revanche, est une aventurière ; contrairement aux pratiques représentatives qui cherchent à s'enraciner dans des codes déjà établis, la dynamique de composition n'a de cesse de parcourir le champ des possibles pour en repousser les frontières ; la composition est mouvement et non résultat, c'est pourquoi il est nécessaire de l'appréhender dans une logique du dynamique et de la force.

La volonté comme portée

« Rien » et « tout » à la fois, la force est la clé de la notion d'indistinct. Totalement indéfinie, elle n'en est pas moins réelle, comme en témoigne la volonté de Hugo de l'inscrire au cœur du dispositif social et historique. Si la force brute est le symbole d'un chaos qui va dans « tous les sens », elle se définit avant tout par son influence. La portée de la force, c'est ce que Hugo appelle la volonté, mais une volonté intransitive, sans but ni objet précis, à l'image de celle de Cimourdain, présentée comme étant au-delà de la force collective :

> Ainsi grondait le camp victorieux et mécontent. Une sombre colère entourait Cimourdain. Quatre mille hommes contre un seul, il semble que ce soit une force ; ce n'en est pas une. Ces quatre mille hommes étaient une foule et Cimourdain était une volonté (*QT*, p. 1054).

Si cette volonté fait signe vers une force qui nous dépasse, elle nous regarde pourtant, dans la mesure où elle s'articule avec notre environnement mondain.

Agencement

Aussi la force qui intéresse Hugo n'est-elle pas la force brute, totalement indéfinie, mais celle qui existe par les effets qu'elle produit sur notre environnement. C'est le motif de l'électricité, insaisissable et pourtant bien présente :

> De quoi se compose l'émeute ? De rien et de tout. D'une électricité dégagée peu à peu, d'une flamme subitement jaillie, d'une force qui erre, d'un souffle qui passe. Ce souffle rencontre des têtes qui parlent, des cerveaux qui rêvent, des âmes qui souffrent, des passions qui brûlent, des misères qui hurlent, et les emporte.
>
> Où ?
>
> Au hasard. À travers l'état, à travers les lois, à travers la prospérité et l'insolence des autres (*Mis.*, p. 827).

Pour devenir active, la force doit se faire agencement, interaction, carrefour de forces. Elle reprend sous une forme plus dynamique le motif de la « patte d'oie », symbole même de la notion de possible.

> Pas de secousse dans le flot, pas de saccade dans les palans. C'était une étrange collaboration de toutes les forces naturelles, soumises. D'un côté, la gravitation, apportant la machine ; de l'autre, la marée, apportant la barque. L'attraction des astres, qui est flux, et l'attraction du globe, qui est la pesanteur, semblaient s'entendre pour servir Gilliatt. Leur subordination n'avait pas d'hésitation ni de temps d'arrêt, et, sous la pression d'une âme, ces puissances passives devenaient des auxiliaires actifs (*TM*, p. 246).

À l'origine des « phénomènes », pas de force isolée mais un « composé de forces », une « coalition de forces » (*TM*, p. 156 et p. 235) une alternance entre « composition et décomposition de forces » (*HQR*, p. 400) en somme un « nœud de forces[1] », ce qui rend cette notion indispensable pour penser toute idée d'interaction[2] : l'œuvre est un lieu de rencontre de forces sociales ou esthétiques, collectives et singulières ; aussi donne-t-elle tout son sens à la notion de revers[3] ; n'ayant pas de nature, elle se modifie au gré du contexte dans lequel elle s'insère, selon « l'atmosphère », pour reprendre l'expression de Hugo : « L'émeute est une sorte de trombe de l'atmosphère sociale qui se forme brusquement dans de certaines conditions de température » (*Mis.*, p. 827). Essentiellement graduelle[4], elle permet de prendre en compte ce qu'une logique de la structure ne pourrait intégrer ; c'est ce que révèle la suite du passage de l'émeute, l'une des principales manifestations de l'agencement dynamique :

> Les convictions irritées, les enthousiasmes aigris, les indignations émues, les instincts de guerre comprimés, les jeunes courages exaltés, les aveuglements généreux ; la curiosité, le goût du changement, la soif de l'inattendu, le sentiment qui fait qu'on se plaît à lire l'affiche d'un nouveau spectacle et qu'on aime au théâtre le coup de sifflet du machiniste ; les haines vagues, les rancunes, les désappointements, toute vanité qui croit que la destinée lui a fait faillite ; les malaises, les songes creux, les ambitions entourées d'escarpements, quiconque espère d'un écroulement une issue ; enfin, au plus bas, la tourbe, cette boue qui prend feu, tels sont les éléments de l'émeute (*Mis.*, p. 827).

L'utilisation d'une figure d'énumération conduit, par l'accélération du rythme, à transformer la donnée en intensité, si bien que des éléments auparavant bien individualisés se fondent dans l'indéfini du « Quiconque » qui scande toute la page.

---

1 *Cho.*, p. 677.

2 Pierre Campion explique que le nœud est « une certaine figure de la poétique hugolienne, un complexe imaginaire de formes et d'énergies, obscur et résistant, qui unit de manière organique deux ou plusieurs réalités, d'ordre différent ou non : un lieu et un moment (ou bien, entre eux, deux lieux ou deux moments), un personnage et un événement (ou bien, entre eux, deux personnages ou deux événements), un geste et une notion (ou bien, entre eux, deux gestes ou deux notions), etc. » (« *Quatrevingt-Treize* de Victor Hugo. Un drame sans dénouement », [en ligne] http://pierre.campion2.free.fr/c93.htm).

3 Sur le principe de revers, voir p. 451 *sq.*

4 Outre les deux extrêmes que constituent la force brute, entièrement indéterminée, et le concept, qui en est la forme figée, on peut en effet distinguer différents degrés de stabilisation dans le jeu des motifs, des thèmes, des principes, qui s'organisent en séries plus ou moins déterminées.

Intensité

Car l'unité réelle minimum du texte, ce n'est pas le mot, ni l'idée ou le concept, ni le signifiant, ni la phrase, ni même une combinaison spécifique au texte littéraire, mais le point d'intensité, carrefour des forces qui proviennent de l'interaction des différentes séries. Chaque élément du roman qu'on peut isoler est en fait la manifestation d'une force, et les personnages, en particulier, ne sont pas le résultat d'une addition d'attributs mais des points d'intensité : les scènes de foule en sont l'exemple par excellence dans la mesure où les caractéristiques personnelles se fondent dans une continuité dynamique, mais les personnages individuels sont aussi traités de cette manière. On peut citer les exemples de Barkilphedro : « Être ce qu'il était, une force de dévastation, une animosité vorace [...] » (*HQR*, p. 518) ; de Fantine : « Fantine était la joie » (*Les Misérables* p. 102) ; de Déruchette : « Déruchette était de l'allégresse allant et venant dans la maison » (*TM*, p. 90) ; mais surtout de Josiane :

> Josiane, c'était la chair. [...]
>
> La beauté de la chair, c'est de n'être point marbre ; c'est de palpiter, c'est de trembler, c'est de rougir, c'est de saigner (*HQR*, p. 486).

FLUX ET RÉGIME

Dynamique et intense, indéterminée mais concrète, la force est la clé de la logique romanesque de Hugo. Toujours présentée comme « coalition », elle ne peut être pensée que de manière collective. On comprend ici tout ce qu'elle peut apporter à la notion de série, dont on a vu le rôle essentiel dans la compréhension du processus de composition. La série dynamique, dans les romans de Hugo, c'est le flux. Il représente le moment où l'on passe du point déterminé ou du segment précisément découpé à la ligne dynamique, à la série sous sa forme la plus dense et donc la plus difficile à détailler.

Flux en liberté

Flux et force sont intiment liés. On a déjà vu que le vent était l'un des motifs principaux de la force dans les romans. Il entre en fait dans la série maritime qui relie « la mer, le vent, les espaces, les flux et les reflux, les orages, les calmes, les souffles » (*HQR*, p. 646). Toute manifestation de la force peut ainsi être ramenée au principe du flux : les passages qui mettent en scène la transformation d'un objet en une intensité dynamique ont ainsi systématiquement recours à cette isotopie. C'est le cas par exemple de la description du combat du canonnier et de son canon dans *Quatrevingt-Treize*. Défait de ses entraves, le canon échappe en même temps à son statut d'objet pour devenir un « bloc forcené », « un glissement étrange » (*QT*, p. 808).

« C'est l'entrée en liberté de la matière » (*QT*, p. 807) ; alors, l'objet animé « d'une vie sinistre qui lui vient de l'infini » rejoint le champ de forces du vent et de l'océan : « Le navire, les flots, les souffles, tout cela se tient » (*QT*, p. 808). Il n'y a plus d'objet comme résultat d'un processus de segmentation, mais une zone dynamique, un flux. Une fois de plus, on comprend l'importance de ce principe pour la relation interprétative, en particulier en ce qui concerne la notion de « continuation[1] », et de « revers ». Comme flux dynamique, la ligne ou la série sont neutres et peuvent changer entièrement d'orientation selon la coloration textuelle dans laquelle elles se trouvent. Le flux est ainsi la clé de l'idée comme dynamique, de ces idées qu'on ne peut stabiliser dans un contenu et qui « passent comme des ondes » (*Mis.*, p. 176).

Ligne de force

Plus proche de la ligne de force[2] du tableau que de la linéarité du récit, la composition se fait plus dynamique. Avec le principe du flux, on passe du point comme élément discret à la ligne comme mouvement : « Qu'on se figure, pour avoir une idée de ce glissement étrange, une goutte d'eau courant sur une vitre » (*QT*, p. 808).

Mais il ne s'agit pas de la ligne rigide et sans âme que Hugo critique à plusieurs reprises, la ligne droite qui donne une orientation finalisée à tous les points qui la constituent. Celle dont il est question ici transforme le point en flux, dissout le segment et lui ouvre les portes de l'indéfini.

1 Sur le principe de continuation, voir p. 349 *sq.* et 405 *sq.*

2 Ces lignes qui dirigent l'organisation spatiale du tableau et construisent l'équilibre de l'image n'ont pas seulement une signification mais orientent le parcours du regard.

Ce phénomène est mis en scène dans le chapitre de *L'Homme qui rit* intitulé « Corps à corps avec l'écueil » (I, 2, 12) :

> La nuée noire et la fumée rouge combattaient, serpent contre serpent, un arrachement de braises volait au vent, et les flocons de neige semblaient prendre la fuite devant cette brusque attaque d'étincelles. Les brisants estompés d'abord, se dessinaient maintenant nettement, fouillis de roches, avec des pics, des crêtes et des vertèbres. Les angles se modelaient par de vives lignes vermeilles, et les plans inclinés par de sanglants glissements de clarté (*HQR*, p. 427).

Dans ce combat lumineux, les éléments s'estompent pour laisser la place aux couleurs, pures dynamiques sans contour. Les seuls éléments qui se dessinent alors sont formés par les lignes lumineuses, de nature purement dynamique, composées de la vitesse des « arrachements de braises », de la « fuite des flocons de neige », des « lignes vermeilles » ou des « sanglants glissements de clarté ».

Ce principe est également d'ordre narratologique. Contre la classification représentative fondée sur un système de points et de positions, qui opère par grandes coupures signifiantes, le discours romanesque procède par continuation, et prolonge chaque élément dans un champ d'interaction. Les idées ne sont pas des éléments fixes mais des intensités qui parcourent différentes sphères, des courants qui passent – ou ne passent pas – par le lecteur.

Le livre ne propose pas une simple évolution linéaire mais des rencontres de forces qui s'articulent dans les points d'intensité que sont les personnages. En témoigne la description de l'errance de Gwynplaine :

> Vagabond il avait lutté contre l'espace. Sauvage et solitaire, il avait lutté contre la foule, et il s'en était fait une amie. Athlète, il avait lutté contre ce lion, le peuple, et il l'avait apprivoisé. Indigent, il avait lutté contre la détresse, il avait fait face à la sombre nécessité de vivre, et, à force d'amalgamer à la misère toutes les joies du cœur il s'était fait de la pauvreté une richesse. Il avait pu se croire le vainqueur de la vie. Tout à coup de nouvelles forces étaient arrivées contre lui du fond de l'inconnu, non plus avec des menaces, mais avec des caresses et des sourires ; à lui, tout pénétré d'amour angélique, l'amour draconien et matériel était apparu ; la chair l'avait saisi, lui qui vivait d'idéal (*HQR*, p. 761).

Ce passage souligne que le statut du personnage ne se limite pas à des caractéristiques psychologiques. Il est en fait un procédé particulièrement efficace pour rendre compte de la dynamique interprétative. Mais pour aller au bout de cette logique, il ne doit pas seulement se concentrer en un point, mais s'étirer dans le flux d'une ligne de fuite, à l'image de Cimourdain, qui a « la certitude aveugle de la flèche » (*QT*, p. 866), ou de l'homme comme « caillou » : « L'homme est le caillou. Résistez donc une fois lancé » (*HQR*, p. 651).

Les différents éléments du roman ne sont pas des objets ou des contenus, mais valent pour les forces qu'ils manifestent ou qu'ils expriment, pour les effets qu'ils peuvent produire[1]. C'est là tout le sens des notions d'implicite et d'expression, et de manière plus générale du fonctionnement de la forme romanesque[2] ; l'écriture ne cherche pas à dégager le contenu explicite d'une chose mais la traite comme un symptôme[3], le symptôme d'une force. Contrairement au signe, les éléments textuels ne renvoient pas à un référent mais au rien de la force et de l'effet. C'est le sens des passages d'engloutissement dans l'élément marin, qui précisent ce moment où l'élément se sépare de son statut d'objet, où la force qu'il exprime se fait plus présente :

> On courut au cabestan. On mouilla l'ancre. Les ourques n'en avaient qu'une. Ceci n'aboutit qu'à la perdre. Le fond était de roc vif, la houle forcenée. Le câble cassa comme un cheveu.
>
> L'ancre demeura au fond de la mer.
>
> Du taille-mer il ne restait que l'ange regardant dans sa lunette.
>
> À dater de ce moment, l'ourque ne fut plus qu'une épave. La *Matutina* était irrémédiablement désemparée. Ce navire, tout à l'heure ailé, et presque terrible dans sa course, était maintenant impotent. Pas une manœuvre qui ne fut tronquée et désarticulée. Il obéissait ankylosé et passif aux furies bizarres de la flottaison. [...]
>
> La *Matutina* s'en allait au hasard des vagues ; un bouchon de liége a de ces ondulations ; elle ne voyait plus, elle surnageait ; [...]
>
> L'ourque dansait hideusement dans l'angoisse des flots. [...] L'épave courait dans le noir. Une vitesse aveuglée, rien n'est plus affreux. Ils sentaient du

---

1 Comme le note Henri Quéré, « l'espace du sens – lieu d'accomplissement de la sémiosis – a des propriétés non seulement taxiques, mais comme d'ailleurs le souligne l'art ou l'acte rhétorique de la "dispositio", également énergétiques. Le sens du sens c'est cette configuration dynamique où se retrouvent sans qu'on puisse véritablement les disjoindre, les notions de place, d'orientation et de force » (*Intermittences du sens*, Paris, PUF, 1992, p. 164).

2 Sur la question de la forme de l'idée, voir p. 303 *sq.*.

3 Hugo établit une distinction entre le signe qui renvoie à des éléments déterminés et le symptôme qui indique ce qui ne peut être précisé. « Cette prospérité créée à Montreuil-sur-Mer par le père Madeleine avait, outre les signes visibles que nous avons indiqués, un autre symptôme qui, pour n'être pas visible, n'était pas moins significatif » (*Mis.*, p. 141).

> précipice devant eux, sous eux, sur eux. Ce n'était plus une course, c'était une chute (*HQR*, p. 424).

Simple reste du navire qu'elle fut, la *Matutina* est désormais plus proche de l'élément liquide que de n'importe quel objet. Le flux absorbe progressivement le navire et ses passagers : passif, le navire perd d'abord toute autonomie pour se régler sur le rythme des flots. Le transfert de caractérisant opéré par l'hypallage « l'ourque dansait hideusement dans l'angoisse des flots » conduit à estomper un peu plus les frontières entre le navire, les flots et les passagers. Tout se mêle, sur le point de rejoindre « ce qui n'a point de nuance, le noir », et plus rien n'existe désormais que l'abstraction d'une force, « vitesse aveuglée », sans qu'on sache désormais si cette expression désigne la mer ou le navire.

Il ne s'agit pas ici seulement d'une ontologie, mais bien d'une sémiotique, comme en témoigne l'écho métaphorique : « L'ancre, c'est la conscience. Chose lugubre la conscience peut casser » (*HQR*, p. 694). Ce qu'indique le texte, c'est que le discours littéraire n'est pas constitué d'universaux ou d'invariants mais seulement d'une articulation de forces[1]. Il s'agit alors de pousser la langue au point où elle ne dépend pas d'une structure stabilisée mais de la conjugaison de flux changeants qui se mesurent en termes de vitesse.

Rhétorique du flux

Flux et forces sont donc à la base de l'esthétique de Hugo comme agencement dynamique. Il s'agit d'un point essentiel de sa théorie du langage. Si cette question prend sa source dans un ensemble thématique et théorique propre à l'époque romantique, elle révèle également une conception générale de la langue.

Dans son ouvrage sur *L'Idée d'énergie au tournant des lumières*, Michel Delon explique ainsi que

> le classicisme avait décomposé l'univers, l'avait mis en pièces puis reconstruit selon un ordre strictement hiérarchique. L'âge de l'énergie bouscule ces catégories. Il veut saisir l'univers comme un tout, comme un devenir. Les

1 Comme le note Dominique Maingueneau, « l'unité sémantique ne peut apparaître comme la zone de projection stable et homogène d'un vouloir dire. Elle est plutôt un nœud dans un espace conflictuel, une stabilisation jamais définitive dans un jeu de forces » (*Analyse du discours*, Paris, Hachette, 1991, p. 20).

> mots, les êtres et les choses n'existent plus qu'en relation, en tension et en mutation. La langue et la littérature, la nature, la vie humaine sont conçues comme autant de processus de transformation. Des forces y sont à l'œuvre qui se communiquent d'un individu à l'autre, d'un élément de la nature à l'autre, qui réagissent mutuellement[1].

On perçoit ici de nombreux échos de l'esthétique hugolienne, en particulier dans sa version cosmique.

Mais la thématique de la force ne correspond pas seulement à une métaphysique de la nature ou à une conception spiritualiste de la vie. La force est avant tout objet de création, ce dont témoignent des expressions comme « construire un coup de foudre » (*HQR*, p. 648). Aussi s'agit-il avant tout d'une conception du langage. À l'instar de ce que décrit Humboldt, qui voit dans la langue un champ d'énergie où s'exprime une vision du monde, la conception hugolienne de la force est avant tout d'ordre linguistique. Elle s'inscrit dans la « révolution rhétorique[2] » de Hugo qui cherche à promouvoir l'émotion contre la raison[3].

Dans l'interprétation, les éléments textuels dans les romans de Hugo tirent leur signification mais surtout leur portée du régime dans lequel ils s'insèrent, c'est-à-dire du courant qu'ils ont croisé[4]. En accord avec le principe de « revers », il s'agit parfois d'influences imperceptibles. « Un rocher rencontré peut faire pivoter un orage » (*TM*, p. 197). Nombreux sont ainsi les éléments du texte dont la portée est entièrement différente selon le flux dans lequel ils s'insèrent. C'est en particulier le cas des termes-principes, dont l'usage peut aller de l'expression la plus insignifiante à la véritable notion. Si l'on prend l'exemple de l'étoile, dont on a déjà observé l'importance (p. 479 *sq.*), on constate que ce terme subit des traitements très divers : imperceptible dans la phrase « Ursus avait

1 *L'Idée d'énergie au tournant des lumières*, Paris, PUF, 1988, p. 32.

2 Sur l'association des problématiques révolutionnaire et rhétorique, voir p. 451 *sq.*

3 Michel Delon souligne d'ailleurs cette dimension rhétorique lorsqu'il explique qu'« à la clarté comme valeur suprême succède l'efficacité linguistique et rhétorique » (*op. cit.*, p. 32).

4 Pour mieux comprendre le fonctionnement de ce principe du flux, on peut le rapprocher des analyses de Claude Zilberberg et Jacques Fontanille sur « l'espace tensif ». Ils opposent ainsi un état de la conception du sens « où les structures étaient pensées [...] comme définitives, fixes et achroniques » et le moment où « leur inscription dans un espace tensif les a fait reconnaître bientôt comme instables, mouvantes et temporelles ; et le signifié auparavant solidaire de son seul contenu sémique, est entré dans la dépendance des valences positives et négatives des programmes et des contreprogrammes » (*Tension et signification*, Liège, Mardaga, 1998, p. 21-22).

appliqué sur cette avarie une étoile de papier qui s'était décollée » (*HQR*, p. 463), elle se signale parfois plus précisément par une structure grammaticale particulière comme dans « étoile vorace de la mer », où l'emploi d'un caractérisant dans une expression lexicalisée crée un effet dissonant.

On rencontre également ce phénomène, au niveau narratif, dans le procédé, très courant, du détail apparemment neutre, dont l'intérêt n'est activé que beaucoup plus loin. On peut citer la liste des pairies au-dessus du lit de Gwynplaine qui, à la fin du roman, se révèlent lui appartenir : « Tous ces noms prononcés par Barkilphedro, Gwynplaine les connaissaient. Ils étaient inscrits aux dernières lignes de ces deux placards qui tapissaient la cahute où s'était écoulée son enfance » (*HQR*, p. 653). C'est aussi le cas de Gavroche dont on n'entend que le cri au début des Misérables et qui devient bien plus loin un personnage essentiel « Le petit qui criait au tome II » (*Mis.*, p. 645).

Avec le principe du flux et de la conjugaison de flux, il n'est plus possible de se contenter d'une conception métaphorique du sens littéraire, même dans la complexité de son fonctionnement non-substitutif observé précédemment[1]. On ne peut en effet en rester à une logique du transfert des éléments de sens, mais il faut tenter de penser leur conjugaison dynamique.

L'ÉQUILIBRE

POINT ET STABILITÉ

> Voir manœuvrer dans l'insondable et dans l'illimité la diffusion des forces, rien n'est plus troublant. On cherche des buts. L'espace toujours en mouvement, l'eau infatigable, les nuages qu'on dirait, affairés, le vaste effort obscur, toute cette convulsion est un problème. Qu'est-ce que ce tremblement perpétuel fait ? que bâtissent ces secousses ? Ces chocs, ces sanglots, ces hurlements, qu'est-ce qu'ils créent ? à quoi est occupé ce tumulte ? Le flux et le reflux de ces questions est éternel comme la marée. Gilliatt, lui, savait ce qu'il faisait ; mais l'agitation de l'étendue l'obsédait confusément de son énigme. À son insu, mécaniquement, impérieusement, par pression et pénétration, sans

1 Voir p. 91 *sq.*

> autre résultat qu'un éblouissement inconscient et presque farouche, Gilliatt rêveur amalgamait à son propre travail le prodigieux travail inutile de la mer. Comment, en effet, ne pas subir et sonder, quand on est là, le mystère de l'effrayante ombre laborieuse ? Comment ne pas méditer, dans la mesure de ce qu'on a de méditation possible, la vacillation du flot, l'acharnement de l'écume, l'usure imperceptible du rocher, l'époumonement insensé des quatre vents ? Quelle terreur pour la pensée, le recommencement perpétuel, l'océan puits, les nuées Danaïdes, toute cette peine pour rien ! (*TM*, p. 217-218).

Si ce passage réaffirme le lien indispensable entre force et pensée, il en souligne aussi l'impossibilité. Même pour cet athlète de la pensée qu'est Gilliatt, il est difficile de livrer entièrement son esprit à la force et rien qu'à elle. Comme tous les éléments qui se rapprochent au plus près de l'idéal d'un système, cette notion est aussi la plus éloignée de sa réalisation empirique.

C'est pourquoi, si le point ou le segment doivent se transformer en ligne de fuite, la ligne de fuite doit également prendre appui sur des points, « points d'appui » de la pensée, à l'image de ceux qui soutiennent la révolte paysanne dans *Quatrevingt-Treize* (p. 916). Le point est ainsi au centre de la méditation qui se poursuit dans tous les romans de Hugo et qui a pour objet la tension entre la détermination de l'Un et l'infini du multiple.

Point de départ ou point de vue, il est indispensable au regard : « Comme le jour commençait à poindre, les yeux inconnus qui sont peut-être ouverts dans les espaces purent voir au milieu de la mer, sur un des points où il y a le plus de solitude et de menace, deux choses [...] » (*TM*, p. 193). Perdu dans l'espace, le regard a besoin d'un point pour se fixer : « sa prunelle, devenue tout à fait de hibou et toute ronde, s'était dilatée de stupeur en examinant un point de l'espace » (*HQR*, p. 411).

C'est pourquoi la thématique du point est si répandue dans les romans. Face à la fluidité de la force et à son caractère instable, elle permet d'introduire un appui, comme Lantenac qui « voulait dans cette guerre flottante et diffuse créer un point solide » (*QT*, p. 934). Elle se combine avec la thématique de la pointe, qui lui ajoute l'idée d'un sommet à partir duquel la perspective est organisée, comme le suggère l'exemple de la « pointe » de la petite Douvre que Gilliatt gravit et qui lui permet d'observer « plus distinctement » les possibilités qui s'offrent à lui lors de son arrivée sur le lieu de son exploit (*TM*, p. 207).

Dans les moments où la vision se perd dans l'indistinct, le point est le dernier appui qui permet encore une certaine appréhension alors que la compréhension n'est plus possible. Lorsque Gilliatt aperçoit la pieuvre pour la première fois, sans savoir encore s'il s'agit d'un « être » ou d'une « apparence », elle n'apparaît que sous la forme de « pointes, flasques [qui] ondoyaient » (*TM*, p. 225). Ces pointes sont le mince support d'une vision furtive avant que cette « chose », dont l'écriture ne peut rendre compte qu'à force d'indéfinis ou d'expressions approximatives comme « espèce de », ne « glisse » et « disparaisse ».

Mais comme toujours, le point est d'abord de nature linguistique, comme en témoigne l'importance, dans certaines séquences, de la ponctuation. Les points font partie de ces éléments que Hugo aime à mettre en relief dans des structures métalinguistiques. Il s'agit souvent de souligner leur rôle dans la mise en forme des modalités de phrase : « Melle Gillenormand était remontée dans sa chambre très intriguée et avait jeté dans l'escalier ce point d'exclamation : C'est fort ! et ce point d'interrogation : mais où donc est-ce qu'il va ? » (*Mis.*, p. 504). Dans d'autres passages, c'est la graphie, comme tradition, qui est mise en avant : « Il faut donc vous épeler la politique, il faut donc vous mettre les points sur les *i* » (*QT*, p. 877).

Dans les passages les plus denses, où une composition en coq-à-l'âne associée à une parataxe rend le découpage sémantique difficile, les seuls repères reposent bien souvent sur la ponctuation. On citera les points virgules, qui laissent la plus grande liberté au texte :

> Elle savait que, toute petite, expirante sur sa mère expirée, tétant un cadavre, un être, un peu moins petit qu'elle, l'avait ramassée ; [...] que, le ciel se fermant, il avait ouvert son cœur ; que, perdu, il avait sauvé ; que, n'ayant pas de toit ni d'abri, il avait été asile ; (*HQR*, p. 537).

L'association des points virgules et des deux points est également caractéristique :

> Aujourd'hui on dit : *louvoyer*, alors on disait : *leauvoyer* ; on dit : *naviguer*, on disait : *naviger* ; on dit : *virer vent devant*, on disait : *donner vent devant* ; on dit : *aller de l'avant*, on disait : *tailler de l'avant* ; on dit : *tirez d'accord*, on disait : *halez d'accord* ; on dit : *dérapez*, on disait : *déplantez* ; on dit : *embraquez*, on disait : *abraquez* ; on dit : *taquets*, on disait : *bittons* ; on dit : *burins*, on disait : *tappes* ; on dit : *balancines*, on disait : *valancines* (*TM*, p. 74).

Points d'exclamation d'un Ursus furieux :

> Ce gueux-ci broute ! brouter, mot qui dérive de brute. Quelle idée ai-je eue de venir dans ce Weymouth, sept fois voué aux dieux infernaux ! Je n'ai depuis ce matin rien vendu, j'ai parlé à la neige, j'ai joué de la flûte à l'ouragan, je n'ai pas empoché un farthing, et le soir il m'arrive des pauvres ! Hideuse contrée (*HQR*, p. 461).

Ou d'une Michelle Fléchard au comble de l'angoisse :

> – Au feu ! je crie au feu ! on est donc sourds qu'on ne vient pas ! on me brûle mes enfants ! arrivez donc, vous les hommes qui êtes là. Voilà des jours et des jours que je marche, et c'est comme ça que je les retrouve ! Au feu ! au secours ! des anges ! dire que ce sont des anges ! (*QT*, p. 1025).

Points d'interrogation de Gilliatt devant le mystère de l'océan : « Où commence la destinée ? Où finit la nature ? Quelle différence y a-t-il entre un événement et une saison, entre un chagrin et une pluie, entre une vertu et une étoile ? » (*TM*, p. 240). Ou du pêcheur qui le voit partir :

> il crut apercevoir une troisième balise. Qu'était-ce que cette balise ? quand l'avait-on plantée sur ce point ? quel bas-fond indiquait-elle ? La balise répondit tout de suite à ces interrogations ; elle remuait ; c'était un mât. L'étonnement du pêcheur ne décrut point. Une balise faisait question ; un mât bien plus encore. Il n'y avait point de pêche possible. Quand tout le monde rentrait, quelqu'un sortait. Qui ? Pourquoi ? (*TM*, p. 182).

À chaque fois que l'on se trouve dans un état instable, lorsque la situation – narrative ou linguistique– est telle qu'on est sur le point de basculer dans le chaos ou l'indéfini, le point offre une dernière chance de stabilité. Si la force est la promesse d'une dynamique débarrassée de toute contrainte, c'est aussi l'assurance d'une disparition totale de toute possibilité d'expression et donc de l'œuvre elle-même. Aussi le point est-il présenté dans les romans de Hugo comme le dernier rempart contre cette dissolution dans l'indéfini.

POINT TENSIF

Mais précisément, le point est bien le *dernier* rempart et pas simplement l'expression du contraire de la force. Le traitement du point dans les romans de Hugo n'en fait pas le motif opposé de la force, mais l'un de ses corrélats. Le point, c'est la tension, tension entre force et stabilité, mais également expression de toutes les formes de tension qu'on a pu recenser dans l'étude de la langue romanesque. C'est pourquoi le point est lui-même l'objet d'un traitement tensif. S'il permet la stabilité, il crée aussi la dispersion : « Le panier lancé sur une pointe par le vent s'y était crevé » (*TM*, p. 225). Le point rend compte de la tension comme d'une frontière entre deux états à l'image d'Halmalo qui n'est « plus qu'un point noir s'enfonçant dans l'horizon » (*QT*, p. 834).

Équilibre

Le rapport entre point et tension se manifeste dans le motif de l'équilibre. L'équilibre propose une stabilité particulière, dynamique avant tout. Comme telle elle s'oppose à l'ordre, comme en témoigne le principal reproche que Gwynplaine fait à sa nouvelle condition de lord : « l'ordre, mais pas d'équilibre » (*HQR*, p. 762). Cet équilibre qu'il regrette, c'est celui de son existence de saltimbanque ; il ne s'agit donc en aucun cas de stabilité mais plutôt de l'oscillation dynamique d'une vie toujours sur le fil. On retrouve cet emploi particulier du motif de l'équilibre dans *Les Travailleurs de la mer* où il est cette fois-ci opposé à la logique : « Nulle logique, un vaste équilibre » (*TM*, p. 219).

C'est pourquoi le motif de l'équilibre est intimement lié à celui de la force :

> Ici l'invention de Gilliatt éclata.
> Une remarquable coïncidence de forces se produisit.
> Pendant que la machine de la Durande, détachée en bloc, desce9ndait vers la panse, la panse montait vers la machine. L'épave et le bateau sauveteur, s'entr'aidant en sens inverse, allaient au devant l'un de l'autre. [...]
> C'était une étrange collaboration de toutes les forces naturelles, soumises. D'un côté, la gravitation, apportant la machine ; de l'autre, la marée apportant la barque. L'attraction des astres, qui est le flux, et l'attraction du globe, qui est la pesanteur, semblaient s'entendre pour servir Gilliatt. Leur subordination n'avait pas d'hésitation ni de temps d'arrêt, et, sous la pression d'une âme, ces puissances passives devenaient des auxiliaires actifs. De minute en minute l'œuvre avançait (*TM*, p. 245-246).

Pour que la force s'accorde à l'œuvre plutôt que de la dissoudre, il faut qu'elle devienne équilibre, mais cet équilibre est lui-même une oscillation, un équilibre critique : « En ce monde tout est pendule. Graviter, c'est osciller. Un pôle veut l'autre » (*HQR*, p. 510). Selon le principe d'excès, c'est « à force de » tempête qu'on aboutit à l'équilibre :

> Essayez de vous rendre compte de ce chaos, si énorme qu'il aboutit au niveau. Il est le récipient universel, réservoir pour les fécondations, creuset pour les transformations. Il amasse, puis disperse ; il accumule puis ensemence ; il dévoile, puis crée, il reçoit tous les égouts de la terre, et il les thésaurise. Il est solide dans la banquise, liquide dans le flot, fluide dans l'effluve. Comme matière il est masse, et comme force il est abstraction. Il égalise et marie les phénomènes. Il se simplifie par l'infini dans la combinaison. C'est à force de mélange et dans le trouble qu'il arrive à la transparence. La diversité soluble se fond dans son unité. Il a tant d'éléments qu'il est l'identité. Une de ses gouttes, c'est tout lui. Parce qu'il est plein de tempête, il devient l'équilibre. Platon voyait danser les sphères, chose étrange à dire, mais réelle, dans la colossale évolution terrestre autour du soleil, l'océan, avec son flux et son reflux, est le balancier du globe (*TM*, p. 202).

Dans ce passage, l'équilibre est celui du « flux et du reflux », exprimé de manière thématique mais aussi par la forme même du texte qui alterne les balancements, comme en témoigne l'abondance des connecteurs « puis » et « et ».

Le va-et-vient

– Vitesse

Car l'équilibre comme équilibre critique est avant tout un principe de formation discursive, une forme dynamique[1]. C'est lui que Hugo cherche à saisir dans le principe du va-et-vient qui vise à rendre compte de l'effet complexe et indéfini produit par la force :

> La mer est magnétique autant qu'aquatique ; un océan de forces flotte, inconnu, dans l'océan des flots ; à vau l'eau pourrait-on dire. Ne voir dans la mer qu'une masse d'eau, c'est ne pas voir la mer ; la mer est un va-et-vient de fluide autant qu'un flux et un reflux de liquide ; les attractions la compliquent plus encore peut-être que les ouragans (*HQR*, p. 400).

1 Comme le note Claude Zilberberg, « l'existence du sens est, avantageusement, existence critique » (*Raison et poétique du sens*, éd. citée, p. 224).

Mais ce mouvement est aussi celui du sens, c'est pourquoi il est également très répandu dans les romans lorsqu'il s'agit de décrire un état particulier de la pensée. C'est le « va-et-vient » de Gilliatt dans son travail (*TM*, p. 290) ; le « va et vient machinal propre à tous les fauves mis en cage » qui rend compte de l'état d'esprit de Lantenac arrêté (*QT*, p. 1043) ou de celui de Jean Valjean chez l'évêque :

> Il était dans un de ces moments où les idées qu'on a dans l'esprit sont troubles. Il avait une sorte de va-et-vient obscur dans le cerveau. Ses souvenirs anciens et ses souvenirs immédiats y flottaient pêle-mêle et s'y croisaient confusément, perdant leurs formes, se grossissant démesurément, puis disparaissant tout à coup comme dans une eau fangeuse et agitée (*Mis.*, p. 80).

On retrouve ici l'agitation des tempêtes sous un crâne et le dilemme insoluble qui les caractérise. Mais ce que nous enseigne le motif du va-et-vient, son articulation avec le principe d'équilibre comme oscillation, c'est qu'on ne peut se sortir de cette situation angoissante qu'à partir du moment où l'on renonce à trouver une solution pour affirmer la tension elle-même. Il n'est pas besoin de choisir entre l'un de ses termes, de s'arrêter sur l'un des points, mais il faut se laisser entraîner par le mouvement, dépasser la signification dans le passage de l'un à l'autre : dédoubler le point pour aboutir à la ligne de fuite, telle est l'expérience textuelle tentée par Hugo pour transformer l'appui en dynamique, pour articuler exigence de force et nécessité de stabilité. Dans la vitesse de l'oscillation, l'esprit quitte ses certitudes représentatives pour entrer dans un champ de forces, à l'image de Gwynplaine qui, « égaré, écoutait, sentant de plus en plus sa pensée osciller » (*HQR*, p. 696). Loin d'aboutir à une aporie, le va-et-vient est un véritable mode de formation discursive. Mais il ne conduit pas à un résultat stable ; il ne produit pas des formes bien formées mais des formes en formation, des transformations.

– Ambiguïté

D'un point de vue sémantique, le va-et-vient se traduit sous la forme de l'ambiguïté d'une image double qui ne peut choisir entre l'un de ses termes :

> Au bout de quelques semaines pleines de tous les va-et-vient de la guerre civile, il n'était bruit dans le pays de Fougères que de deux hommes dont l'un était

> l'opposé de l'autre, et qui cependant faisaient la même œuvre, c'est-à-dire combattaient côte à côte le grand combat révolutionnaire. [...]
> Ces deux hommes incarnaient l'un la mort, l'autre la vie ; l'un était le principe terrible, l'autre était le principe pacifique et ils s'aimaient. Problème étrange (*QT*, p. 949).

Dans ce passage, s'exprime toute la problématique de *Quatrevingt-Treize*, problématique théorique mais surtout formelle : seul le va-et-vient est à même de rendre compte de leur relation. De fait, le texte se refuse à basculer dans une dialectique : il ne cherche pas à dépasser l'opposition dans un troisième terme et se contente de passer de « l'un » à « l'autre » comme en témoigne la répétition de ces deux pronoms.

Le va-et-vient, c'est une manière de reprendre la figure de l'antithèse, – dont on sait l'importance dans l'esthétique hugolienne – sous une forme plus dynamique :

> L'obscurité est indivisible. Elle est habitée. Habitée sans déplacement par l'absolu ; habitée aussi avec déplacement. On s'y meut, chose inquiétante. [...] il y a l'embrassement et l'antagonisme, un magnifique flux et reflux d'antithèse universelle, l'impondérable en liberté au milieu des centres (*TM*, p. 239).

« L'impondérable en liberté au milieu des centres » : cette étrange expression qui rend compte de l'idée d'une antithèse dynamique nous indique que l'idée ne se trouve pas dans l'un ou l'autre des termes de l'antithèse mais dans l'entre-deux qu'ouvre leur mouvement, dans le point de suspens qui est aussi une ligne de fuite. Cette ligne de fuite, c'est ce que Hugo nomme « l'effluve » qu'on pourrait gloser, à la manière de ces étymologies populaires qu'il affectionne, par « flux du dehors » ou « jaillissement de flux » :

> On veut tout expliquer par le vent et par le flot. Or dans l'air il y a une force qui n'est pas le vent, et dans l'eau il y a une force qui n'est pas le flot. Cette force, la même dans l'air et dans l'eau, c'est l'effluve. L'air et l'eau sont deux masses liquides, à peu près identiques, et rentrant l'une dans l'autre par la condensation et par la dilatation, tellement que respirer, c'est boire ; l'effluve seule est fluide. Le vent est visible par les nuées, le flot est visible par l'écume ; l'effluve est invisible. De temps en temps pourtant elle dit : je suis là. Son *Je suis là*, c'est un coup de tonnerre (*HQR*, p. 399).

L'effluve, c'est la composition comme force prise dans une dynamique de va-et-vient entre deux pôles, c'est le point qui, grâce à la vitesse de l'oscillation, s'est transformé en ligne. Mais l'effluve, c'est surtout le véritable sens de la relation interprétative, non pas contenu immanent à l'un des points du texte, mais conséquence de sa dynamique.

– L'étincelle

« Le for intérieur a, comme la nature externe, sa tension électrique. Une idée est un météore ; à l'instant du succès, les méditations amoncelées qui l'ont préparé s'entr'ouvrent, et il en jaillit une étincelle » (*TM*, p. 169). L'idée, issue du va-et-vient, ne peut exister que de manière instantanée, dans le choc d'une étincelle. L'accélération du passage d'un pôle à l'autre finit par produire le choc d'une image qui n'est pas un troisième terme mais la conjonction fulgurante des deux premiers[1] :

> Il évita l'antenne, et au moment où la bête allait mordre sa poitrine, son poing armé s'abattit sur la bête.
>
> Il y eut deux convulsions en sens inverse, celle de la pieuvre et celle de Gilliatt. Ce fut comme la lutte de deux éclairs (*TM*, p. 285).

« Deux convulsions en sens inverse », « lutte de deux éclairs », l'étincelle est bien le résultat d'un mouvement dédoublé. On retrouve ici, avec une portée beaucoup plus large, la question de l'intermittence qu'on avait déjà abordée dans l'étude de la notion de valeur. Ce qu'on ne peut saisir directement peut l'être de manière oblique, dans l'instantané de la vision. Mais cette saisie se fait de manière imprévisible, hors de tout point de repère : « Les chocs des jeunes esprits entre eux ont cela d'admirable qu'on ne peut jamais prévoir l'étincelle ni deviner l'éclair. Que va-t-il jaillir tout à l'heure ? on l'ignore » (*Mis.*, p. 531).

Systématiquement associée à l'éclair, l'étincelle souligne que ce n'est pas le choc lui-même qui est important mais l'effet qu'il produit, énergie à l'état pur mais surtout ligne de fuite lumineuse. Aussi la fuite fait-elle souvent partie de cet agencement de motifs : « Il y a de l'étoile et de l'éclair dans la mystérieuse lueur de la fuite » (*Mis.*, p. 769).

1 On peut rapprocher ce phénomène de « l'image dialectique » chez Benjamin qui, loin de viser un mouvement de subsompsion, cherche au contraire à penser de manière *simultanée* passé et présent. Dans cette « étincelle » où le passé apparaît de manière inachevée, ouverte, se forme une image historique, non au sens où elle apppartient à une époque révolue, mais parce qu'elle la met en perspective en la détachant du continuum de l'histoire qu'elle fait éclater (*Le Livre des passages*, éd. citée, p. 491).

De même que l'effluve, invisible, est rendue sensible par le tonnerre, l'éclair est la trace de la force qui se dégage du choc. C'est dans cette mesure qu'il donne tout son sens à la notion de ligne de fuite. Ce qui intéresse Hugo dans l'étincelle ou l'éclair, c'est qu'elle est comme la matérialisation indirecte, sous forme de trace, de la force qui ne peut être appréhendée directement. « L'écume étincelle » (*TM*, p. 249) : c'est précisément ce qu'il cherche à faire dans son écriture ; non pas donner un contenu stable à la force, mais ménager les conditions d'une écume étincelante, symptôme et trace de la dynamique interprétative de flux et de reflux.

LE BALANCEMENT COMME ANCRAGE TEXTUEL DU VA-ET-VIENT

> L'abondance de la clarté avait on ne sait quoi de rassurant. Vie, sève, chaleur, effluves, débordaient ; on sentait sous la création l'énormité de la source ; dans tous ces souffles pénétrés d'amour, dans ce va-et-vient de réverbérations et de reflets, dans cette prodigieuse dépense de rayons, dans ce versement indéfini d'or fluide, on sentait la prodigalité de l'inépuisable (*Mis.*, p. 964).

« Vie », « effluve », « débordement », « création », « dépense », « versement », tous ces mots sont des synonymes de la force comme agencement dynamique tellement complexe qu'il rejoint l'indistinct de l'infini. Faire « sentir la prodigalité de l'inépuisable » telle est la tâche du va-et-vient comme forme dynamique.

Balancement parallèle

On a déjà vu le rôle que joue la répétition des pronoms « l'un » et « l'autre », mais d'autres types de balancement sont employés dans les romans de Hugo. C'est ce mode de relation dynamique qui permet de rendre compte de « l'association » de Ursus et Homo dans *L'Homme qui rit* : l'opposition générale entre deux séquences numérotées, l'une consacrée à Ursus (I, 1 « Ursus » – 1) et l'autre à Homo (I, 1, « Ursus » – 2) se double d'une opposition interne qui instaure, par la répétition des parallélismes entre les deux personnages, un mouvement de balancement : « Ursus et Homo étaient liés d'une amitié étroite. Ursus était un homme, Homo était un loup » ; « Ursus habitait une cahute roulante qu'Homo, suffisamment civilisé, traînait le jour et gardait la nuit » ;

« Ursus approuvait, Homo pérorait » ; « Le loup ne mordait jamais, l'homme quelquefois ».

De ce balancement naît une influence : « ayant fait dans un bois la connaissance d'Homo, le goût de la vie errante lui était venu » ; mais elle ne conduit jamais à un résultat figé que ce soit dans la victoire d'une nature sur l'autre – « surtout ne dégénère pas en homme, lui disait son ami »– ou dans la création d'un troisième terme. Ce qui compte, c'est le mouvement lui-même, la dynamique qui s'instaure dans le passage de l'un à l'autre et qui se transmet à l'environnement de leur vie de nomades.

Ce mouvement de l'un à l'autre crée une alternance d'équilibre et de déséquilibre. « Rupture d'équilibre » (*HQR*, p. 649), telle est l'expression qui est employée pour décrire cet autre balancement qui oppose le Gwynplaine lord au Gwynplaine saltimbanque. C'est le passage d'une forme à l'autre qui permet de créer le mouvement, mais dans le même temps, paradoxalement, l'équilibre de la forme initiale doit être réaffirmé pour relancer le mouvement, en déséquilibrant à son tour la forme vers laquelle on tend. Le balancement parallèle permet ici de donner une nouvelle portée au principe d'hybridation[1], ainsi qu'à celui de « continuité[2] ». La notion d'hétérogénéité ne prend tout son sens que lorsqu'elle s'affirme dans un mouvement. Pour cela la négation doit être double, selon un principe dynamique qui l'empêche de se figer dans une identité.

Balancement négatif

De fait l'emploi de la coordination négative est fort répandu dans les romans de Hugo. Il s'agit d'affirmer de manière plus explicite l'équilibre dans le déséquilibre. Contrairement à la parataxe en « et » ou à l'énumération qui conduisent à un phénomène d'addition, la parataxe en « ni » introduit une dynamique de va-et-vient. Mais il ne s'agit en aucun cas d'un mouvement qui vise à trouver l'identité dans la négation.

Ceci permet de laisser apparaître les différentes séries mais surtout de dynamiser leur agencement : ce n'est plus dans le signifiant – il est nié – qu'il faut chercher un support à la communication comme force mais

1 Voir p. 91 *sq.*
2 Voir p. 349 *sq.* et 405 *sq.*

dans le mouvement lui-même. C'est pourquoi la coordination négative est employée pour décrire les êtres insaisissables dans leur nature mais surtout en raison de leur caractère nomade : « Vers minuit, un homme rôdait, ou plutôt rampait du côté du chemin creux d'Ohain. C'était selon toute apparence, un de ceux que nous venons de caractériser, ni anglais, ni français, ni paysan, ni soldat, moins homme que goule » (*Mis.*, p. 281).

Le terme ne nie pas l'autre, dans le but de mieux affirmer sa propre identité, mais se nie lui-même, se déséquilibre pour mieux s'ouvrir à l'extérieur et devenir « insignifiant » : « Ces jeunes gens étaient insignifiants ; tout le monde a vu ces figures-là ; quatre échantillons du premier venu ; ni bons ni mauvais, ni savants ni ignorants, ni des génies ni des imbéciles » (*Mis.*, p. 97). Comme souvent, l'utilisation de la négation permet ici de rejoindre l'indifférencié dans la disparition de l'identité[1] ; mais le fait qu'elle s'insère dans une structure de balancement ajoute le mouvement. Ce mécanisme confère à la neutralité qui est ici visée un caractère dynamique et ne lui permet pas de se fixer dans une solution.

C'est le sens de la réponse que fait à Halmalo le marquis au moment de prendre la fuite :

> – Monseigneur, faut-il vous conduire ou vous suivre ?
> – Ni l'un ni l'autre.
> Halmalo stupéfait regarda le vieillard (*QT*, p. 829).

L'utilisation du mécanisme de balancement permet d'associer le mouvement aux principes d'hétérogénéité et de continuation dont on connaît l'importance dans la formation discursive. Il évite surtout de tomber dans une nouvelle forme d'identité : des deux éléments contradictoires aucun n'annule l'autre. Ils sont juxtaposés mais d'une manière dynamique qui ne les fige pas dans une aporie. L'oscillation entre les termes de la tension paraît en quelque sorte programmée à l'infini et l'on comprend comment le va-et-vient entre des postures contradictoires peut être considéré comme un mode d'énonciation puissant, et un principe essentiel de formation du parcours interprétatif.

---

1 Même si, *a priori*, le terme d'« insignifiant » est ici employé de manière péjorative, on peut le rapprocher du traitement du neutre, en particulier dans l'emploi du pronom « on », dont on a vu l'importance en ce qui concerne le travail de l'indéfini dans une perspective actancielle, p. 398 *sq.*

LE DISCOURS LITTÉRAIRE COMME MACHINE : UNE ALTERNATIVE AU SYSTÈME

MACHINE ABSTRAITE

Thématique de la machine

Ce que vise Hugo par le phénomène du va-et-vient, c'est à introduire du mouvement dans la configuration des romans ou, dans l'autre sens, à saisir un peut de cet indistinct de la force qui est le véritable infini du possible. Car après le livre cathédrale que constitue *Notre-Dame de Paris*, Hugo se tourne vers des architectures plus dynamiques. L'architecture dynamique, c'est la machine[1], selon un motif qui prendra de plus en plus de place à partir des *Misérables*. Chaque roman a sa ou ses machines, qui jouent parfois un rôle central. On peut citer en premier lieu la Durande, « le bateau-diable » des *Travailleurs de la mer* qui place la force au premier plan de ses qualités. D'une architecture peu engageante : « La Galiote était trop courte, trop ronde, trop ramassée ; elle avait trop de joue et trop de hanche » (*TM*, p. 84), elle est cependant remarquable par l'agencement complexe de sa machine. D'autres machines, moins modernes, hantent les romans. Elles sont terrifiantes comme la guillotine de *Quatrevingt-Treize*, ou étranges comme la machine en ruine devant l'auberge des Thénardier. Mais le motif de la machine ne concerne pas seulement des objets ; tout un agencement sériel s'articule autour de lui[2]. Ce terme désigne en effet aussi bien des personnages comme Cosette : « La rose s'aperçoit qu'elle est une machine de guerre » (*Mis.*, p. 706),

1 Comme l'a bien expliqué Jacques Noiray dans son livre sur l'écrivain et la machine, la révolution industrielle qui a lieu en Europe au XVIIIe siècle donne naissance non seulement à de nouvelles structures sociales et de travail mais aussi à de nouvelles idéologies. Le motif de la machine, particulièrement frappant, permet ainsi de traduire ces nouvelles formes de pensée, mais également de projeter « dans cette forme nouvelle des rêves, des désirs, des angoisses profondes, et qui, souvent, appartiennent au fond de l'humanité » (*Le Romancier et la machine*, Paris, Corti, p. 17). Il cite le dynamisme comme étant le premier principe incarné par ce motif.

2 Jacques Noiray parle de la « technolâtrie » de Hugo dans ses poèmes, plaçant la machine à « la source d'un lyrisme qui reparaîtra, sous des formes différentes, dans la poésie futuriste, [et qui] se substitue ici à la méfiance et au refus qui marquaient les premières œuvres romantiques » (*Ibid.*, p. 27).

que des actes, comme les machineries de Barkilphedro : « La cour est un engrenage. Barkilphedro y devint moteur. Avez-vous remarqué dans certains cas la petitesse de la roue motrice ? » (*HQR*, p. 511).

On comprend que ce motif de la machine est avant tout un principe qui vise à rendre compte du fonctionnement de la force dans le roman. Ce qui intéresse Hugo dans ce principe, c'est qu'il manifeste un agencement complexe qui fonctionne selon une dynamique étrange[1]. En témoigne la description de la pieuvre comme « machine pneumatique » :

> C'est la machine pneumatique qui vous attaque. Vous avez affaire au vide ayant des pattes. Ni coups d'ongles, ni coups de dents ; une scarification indicible. Une morsure est redoutable ; moins qu'une succion. La griffe n'est rien près de la ventouse. La griffe, c'est la bête qui entre dans votre chair ; la ventouse, c'est vous-même qui entrez dans la bête. Vos muscles s'enflent, vos fibres se tordent, votre peau éclate sous la pesée immonde, votre sang jaillit et se mêle affreusement à la lymphe du mollusque. La bête se superpose à vous par mille bouches infâmes ; l'hydre s'incorpore à l'homme. L'homme s'amalgame à l'hydre (*TM*, p. 281).

« Vide », « enfle », « jaillit », « se superpose », « mille bouches », « s'incorpore », « s'amalgame » : on reconnaît ici nombre de thèmes qui rendent souvent compte du fonctionnement de la composition. À travers le motif de la machine, Hugo cherche à les rassembler, à les articuler pour mieux les mettre en perspective. La machine, c'est ce qui permet d'agencer des modes de fonctionnement différents dans une dynamique générale.

C'est pourquoi il faut distinguer la machine du mécanique[2]. Quand la première n'est qu'élan et force, le second est sclérosé : c'est le « sourire mécanique » du bourgeois du Luxembourg (*Mis.*, p. 965), ou le déplacement figé du wapentake : « Le wapentake, d'un seul mouvement, et comme une pièce mécanique qui pivote sur elle-même, tourna le dos, et se dirigea vers l'issue de la Green-Box » (*HQR*, p. 612).

C'est avant tout par leur système de rapports que les deux se distinguent ; contrairement au fonctionnement mécanique qui est fondé sur un système fixe et hiérarchisé, la machine est un agencement de termes

1 L'étrange est l'une des trois composantes du motif de la machine. En raison de leur caractère beaucoup plus « artificiel » que les machines des âges précédents, « ces nouvelles machines superposent au règne naturel une forme d'existence différente, radicalement étrangère » (*Ibid.*, p. 16).

2 L'une des particularités du traitement de la machine chez Hugo, c'est qu'il ne l'associe pas à la rationalité de l'ingénieur, qui se manifeste plutôt dans le terme « mécanique ».

hétérogènes indépendants[1], de séries qui ont parfois des directions différentes ; la machine, c'est avant tout le débat. En témoigne l'exemple de la Durande, qui ne prend tout son sens qu'à partir du moment où elle est l'objet d'un conflit. C'est le cas au début de son existence, mais surtout lorsqu'elle est échouée. Ce n'est pas comme mécanique qu'elle est la plus intéressante, mais lorsqu'elle sort de son rôle pour insuffler autour d'elle la dynamique qui la caractérise : « Peu à peu cette machine fut la préoccupation unique. Elle échauffa les opinions pour et contre » (*TM*, p. 181).

Car la machine est avant tout une machine abstraite, à l'image de Gilliatt qui, au plus profond de ses activités mécaniques, se trouve en fait dans l'abstraction la plus complète :

> L'espèce d'abstraction où vivait Gilliatt s'augmentait de la matérialité même de ses occupations. La réalité à haute dose effare. Le labeur corporel avec ses détails sans nombre n'ôtait rien à la stupeur de se trouver là et de faire ce qu'il faisait. Ordinairement la lassitude matérielle est un fil qui tire à terre ; mais la singularité même de la besogne entreprise par Gilliatt le maintenait dans une sorte de région idéale et crépusculaire. Il lui semblait par moments donner des coups de marteau dans les nuages (*TM*, p. 217).

La machine est surtout machinerie de sens, moins élément déjà formé que possibilité d'énonciation. C'est pourquoi elle ne prend tout son sens que dans le motif de l'engrenage.

Engrenage et agencement

« À tout fait se rattache un engrenage » (*HQR*, p. 642). C'est à travers le motif de l'engrenage que se révèle toute la portée de la machine comme machinerie d'énonciation. Ce n'est pas la mécanique qui est intéressante dans la machine mais l'engrenage qui permet de mettre en place une articulation dynamique. On retrouve ici la notion de régime : ce qui est important, ce n'est pas l'élément lui-même mais le contexte dans lequel il

1 Ce phénomène est ce qui conduit Italo Calvino à parler de « machine littéraire » plutôt que de simple « jeu combinatoire » : « la littérature est, certes, un jeu combinatoire qui suit les possibilités implicites à son propre matériau, indépendamment de la personnalité du poète, mais c'est un jeu qui, à un moment donné, se trouve investi d'un sens inattendu ; non pas un sens contenu à ce même niveau linguistique sur lequel nous nous mouvions, mais un sens qui a glissé d'un autre plan ; un sens capable de mettre en jeu quelque chose qui, sur cet autre plan, fait poids pour l'auteur ou la société à laquelle il appartient » (Italo Calvino, *La Machine littérature*, Paris, Seuil, 1984, p. 25).

est employé, avec quel autre élément il entre en combinaison, en somme quelle est la situation dans laquelle il se trouve. La machinerie de forces que met en place Gilliatt pour contrer l'océan est ainsi composée de ces éléments qui n'ont pas de nature propre : « Cette puissante applique, lourde masse de poutres et de planches qui, à plat, eût été un radeau, et, debout était un mur, avait, le flot aidant, été maniée par Gilliatt avec une dextérité de saltimbanque » (*TM*, p. 244).

L'engrenage, c'est une autre manière de penser la ligne de fuite ; il ne s'agit plus seulement du « linéament » qui se dissout dans l'indéfini, mais de la tentacule qui permet des connexions toujours nouvelles. On a déjà vu, dans la description de la pieuvre comme machine, comment celle-ci permettait de mettre en place de nouvelles formes de continuité. Le principe de l'engrenage précise ce mouvement en insistant sur la question de l'articulation : l'engrenage est toujours une variable que le texte met en scène dans la manière dont elle se conjugue avec d'autres flux de sens, dans un *continuum* d'intensité. Il est ce qui permet de sortir d'une logique de l'identité ontologique pour entrer dans une pensée de l'ouverture dynamique :

> Les engrenages en mouvement continuent, sans répondre à l'homme, leur révolution impassible. Le ciel étoilé est une vision de roues, de balanciers et de contrepoids. C'est la contemplation suprême, doublée de la suprême méditation. C'est toute la réalité plus toute l'abstraction. Rien au-delà. On se sent pris. On est dans la discrétion de cette ombre. Pas d'évasion possible. On se voit dans l'engrenage, on est partie intégrante d'un Tout ignoré (*TM*, p. 240).

C'est pourquoi l'engrenage du parcours interprétatif s'appuie sur le mot sans se confondre avec lui : « Un mot qui vous échappe, saisi par l'engrenage inconnu, peut vous tirer tout entier sous on ne sait quelles roues » (*HQR*, p. 652). L'important n'est pas de comprendre ou d'interpréter, de rechercher un sens qui serait déjà là. Ce que nous enseigne l'image du livre comme engrenage de forces, c'est qu'il faut plutôt se demander selon quelles articulations ou connexions s'agencent les intensités qui le constituent.

MACHINE MATRICE

Le mot comme engrenage s'oppose au mot comme signe ; il ne renvoie pas à l'idée comme élément de contenu, mais simplement à une force, à un mouvement d'articulation. Le mot ne renvoie à rien de spécifique, sauf à un régime d'énonciation qui est aussi une dynamique. Aussi l'engrenage n'est-il pas un simple motif parmi d'autres ; car c'est grâce à lui qu'on peut donner toute sa portée à l'idée de forme comme formation. Dans l'étude de la forme (p. 303 *sq.*), on a pu voir, à travers le principe de l'échafaudage, comment la composition prenait appui sur le texte sans se confondre avec lui. Si ce mode de figuration avait le mérite de sortir d'une logique du contenu, il restait cependant dans une pensée statique de l'architecture. Avec le motif de la machine, on parvient à une forme plus aboutie qui inclut la notion de force, essentielle pour aller jusqu'au bout d'une pensée de la communication. La machine est alors conçue comme une matrice :

> Le Possible est une matrice formidable. Le mystère se concrète en monstres. Des morceaux d'ombre sortent de ce bloc, l'immanence, se déchirent, se détachent, roulent, flottent, se condensent, font des emprunts à la noirceur ambiante, subissent des polarisations inconnues, prennent vie, se composent on ne sait quelle forme avec l'obscurité et on ne sait quelle âme avec le miasme, et s'en vont, larves, à travers la vitalité (*TM*, p. 282).

Ce n'est que dans le mouvement que la forme peut viser l'infini du « possible » et ainsi sortir de la représentation.

L'ESPACE DU TEXTE COMME *AGON* : UNE ALTERNATIVE À LA DIALECTIQUE

Dans la machine comme matrice, la composition n'est plus le modèle de la représentation mais le milieu de la vision. Le livre n'est pas l'image du monde, dans la mesure où il ne renvoie pas à celui-ci selon un processus de signification dichotomique. Il n'est ni totalité ni unité de sens, mais simplement dynamique d'agencement et de connexion. C'est pourquoi ce qui importe avant tout dans la description de la machine, c'est l'agencement de lignes qui est produit par l'articulation des forces entre elles :

> Un canon qui casse son amarre devient brusquement on ne sait quelle bête surnaturelle. C'est une machine qui se transforme en un monstre, penche avec le roulis, plonge avec le tangage, va, vient, s'arrête, paraît méditer, reprend sa course, traverse comme une flèche le navire d'un bout à l'autre, pirouette, se dérobe, s'évade, se cabre, heurte, ébrèche, tue, extermine. […] c'est l'entrée en liberté de la matière.

> Le navire, les flots, les souffles, tout cela le tient ; de là sa vie affreuse. Que faire à cet engrenage ? Comment entraver ce mécanisme monstrueux du naufrage ? Comment prévoir ces allées et venues, ces retours, ces arrêts, ces chocs ? […] On a affaire à un projectile qui se ravise, qui a l'air d'avoir des idées, et qui change à chaque instant de direction. Comment arrêter ce qu'il faut éviter ? L'horrible canon se démène, avance, recule, frappe à droite, frappe à gauche, fuit, passe, déconcerte l'attente, broie l'obstacle, écrase les hommes comme des mouches. Toute la terreur de la situation est dans la mobilité du plancher. […] qu'on se figure pour avoir une idée de ce glissement étrange, une goutte d'eau courant sur une vitre (*QT*, p. 807-808).

Défait de son statut d'objet, le canon se dissout dans les lignes de force qu'il dessine dans l'espace. Le va-et-vient n'est plus seulement entre des pôles opposés, mais dessine des trajectoires obliques qui se rencontrent et se croisent pour former un plan dynamique. Répétition et figures d'accumulation se combinent ici jusqu'à faire disparaître les éléments discrets dans un réseau de lignes qui traversent le texte dans tous les sens.

Mais l'articulation des forces ne prend tout son sens que lorsqu'elle se fait entre des éléments hétérogènes, et surtout lorsqu'elle met en jeu de l'humain. C'est ce que signifie la suite de la description de l'épisode du canon dans le chapitre intitulé « Vis et vir » (*Quatrevingt-Treize* I, 2, 5). D'autres éléments s'articulent aux précédents pour rendre compte des variations de puissance mais surtout de vitesse, dans un affrontement qui rappelle les déséquilibres de la corrida :

> Le canon allait et venait dans l'entre-pont. […]
>
> Il se ruait frénétiquement sur les membrures ; les porques très-robustes résistaient, les bois courbes ont une solidité particulière ; mais on entendait leurs craquements sous cette masse démesurée, frappant, avec une sorte d'ubiquité inouïe, de tous les côtés à la fois. […]
>
> Alors une chose farouche commença ; spectacle titanique ; le combat du canon contre le canonnier ; la bataille de la matière et de l'intelligence. Le duel de la chose contre l'homme.
>
> L'homme s'était posté dans un angle, et, sa barre et sa corde dans ses deux poings, adossé à une porque, affermi sur ses jarrets qui semblaient deux piliers d'acier, livide, calme, tragique, comme enraciné dans le plancher, il attendait.
>
> Il attendait que le canon passât près de lui.
>
> Le canonnier connaissait sa pièce, et il lui semblait qu'elle devait le reconnaître. Il vivait depuis longtemps avec elle. Que de fois il lui avait fourré la main dans la gueule ! C'était son monstre familier. Il se mit à lui parler comme à son chien.

> – Viens, disait-il. Il l'aimait peut-être. [...]
> Sous eux le flot, aveugle, dirigeait le combat. [...]
> Subitement [la caronade] sauta sur lui. L'homme esquiva le choc.
> La lutte s'engagea. Lutte inouïe. Le fragile se colletant avec l'invulnérable. Le belluaire de chair attaquant la bête d'airain. D'un côté une force, de l'autre une âme (*QT*, p. 809-811).

Le combat du canon et du canonnier va au-delà d'un agencement de lignes ; c'est un différentiel de forces qui est présenté dans le passage, hétérogénéité de l'homme et du canon, que souligne le lexique séparé en deux séries bien distinctes, « matière » et « intelligence », mais surtout différence de vitesses entre la fulguration du canon qualifiée « d'ubiquité » et le statisme de l'homme « comme enraciné dans le plancher ». Leur rencontre n'en est que plus spectaculaire, faite d'évitements mais surtout de démultiplication dynamique.

Ce dont vise à rendre compte ce passage, c'est d'une structure dynamique qui ne s'interrompt jamais mais accroît au contraire toujours plus ses possibilités. Cette dynamique est celle du combat, mais d'un combat particulier qui ne vise pas à l'élimination de l'adversaire. Les liens, faits d'affrontement et d'amour, sont plus complexes. Proche de *l'agon* grec, c'est un jeu plus qu'une guerre dans laquelle le but semble moins la victoire par l'élimination de l'adversaire que l'affirmation toujours plus forte de la différence pour elle-même.

Ce type de combat très particulier se signale dans les romans de Hugo par l'emploi du terme « belluaire » ; c'est également lui qui est utilisé à propos de Gilliatt dans son combat contre l'océan : Gilliatt « se sentait de moins en moins ouvrier et de plus en plus belluaire » (*TM*, p. 217).

On est loin ici d'un mouvement dialectique fondé sur une structure binaire. C'est la multiplicité qui est visée ici, à l'opposé de la recherche d'une identité. Mais surtout, comme le suggère l'opposition entre ouvrier et belluaire dans l'exemple des *Travailleurs de la mer*, l'agencement mécanique n'a de valeur que lorsqu'il se sépare d'une logique de l'objet, de la création matérielle, pour entrer dans une logique de la force et de l'effet.

LE LIVRE COMME PROMESSE

L'effet dont il est question ici est celui du possible. Ce que nous révèle le principe du combat, c'est une nouvelle forme d'intransitivité, fondée non seulement sur l'absence de référent, mais sur l'absence de résultat. On comprend mieux alors comment fonctionnent les articulations et les connexions de l'agencement dynamique. Jamais nécessaires, elles valent plus par l'élan lui-même que par le résultat qu'elles obtiennent. Ce que cherche à mettre en place le texte, c'est une dynamique de valence[1] qui vaudrait par elle-même, non en fonction des éléments auxquels elle s'articule.

Ce phénomène se traduit dans la thématique du désir de rien. On a déjà vu le rôle que jouait le motif du rien, non comme simple négation mais comme principe d'intransitivité[2]. Mais il prend tout son sens dans la structure dynamique du désir. Ce phénomène particulier définit les personnages de Gwynplaine et Dea dans *L'Homme qui rit*. À quelques pages d'intervalle s'affirme la même force d'un désir intransitif : Gwynplaine « ne désirait rien » (*HQR*, p. 556) ; quant à Dea, lorsqu'on lui pose la question, elle ne sait que répondre :

> Désires-tu quelque chose ? que te faut-il ?
> Dea répondit :
> – Je ne sais pas (*HQR*, p. 609).

Le désir, c'est ce qui s'oppose à l'envie, qui a un objet défini[3]. C'est pourquoi celle-ci caractérise des personnages comme Barkilphedro : « Qu'était-ce que Barkilphedro ? Ce qu'il y a de plus petit et ce qu'il y a de plus terrible. Un envieux. » (*HQR*, p. 508).

Au contraire, lorsqu'elle n'est pas déterminée, la volonté se fait puissance, comme Gilliatt dont il est dit qu'il « avait pour puissance sa volonté » (*TM*, p. 227).

---

1 Si le terme de *valence* est d'ordinaire employé dans un contexte grammatical, nous en faisons ici un usage élargi, en nous fondant sur la définition qu'en donnent Claude Zilberberg et Jacques Fontanille dans *Tension et signification* : « Globalement la valence caractériserait à la fois le lien tensif et le nombre de liens qui unissent un noyau à ses périphériques, les périphériques étant définis par l'attraction qu'exerce sur eux le noyau et par la puissance d'attraction du noyau reconnaissable au nombre de périphériques qu'elle est susceptible de tenir ensemble » (*op. cit.*, p. 11).

2 Voir p. 91 *sq.* ; voir aussi p. 418 *sq.* la question du rien comme élément positif de non-existence.

3 Cette définition du désir est caractéristique de la littérature selon Northrop Frye : « Le désir ne se limite pas à son objet et ne se satisfait pas de sa conquête – il représente la force qui pousse la société des hommes à façonner sa propre forme. En ce sens, l'équivalent du désir, sous son aspect social, est ce qu'au niveau littéral nous avons nommé l'émotion, autrement dit une incitation à exprimer tout ce qui demeurerait informe si le poème ne fournissait la forme libératoire de cette expression » (*Anatomie de la critique*, éd. citée, p. 132).

Le même phénomène peut s'appliquer au livre qui ne propose rien si ce n'est une promesse[1]. Dans un livre, il n'y a rien à comprendre, rien à interpréter, aucun contenu de signification mais seulement la promesse d'une expérience. C'est tout le sens de la notion de machine, d'engrenage ou d'outil. Ce qui est proposé, c'est seulement la possibilité de nouvelles connexions. Car l'outil ne vaut pas pour lui-même, mais ne trouve sa signification que dans la situation dans laquelle il est employé. Lui-même est en quelque sorte construit par la machine abstraite, par le contexte dans lequel il entre. Lorsque Gilliatt part sauver la machine de la Durande, il n'emporte avec lui que peu d'outils, pensant en trouver sur place. Mais ceux-ci ont été emportés dans le naufrage et il est obligé de se forger des outils non seulement adaptés à la situation mais littéralement issus des possibilités que lui offre le contexte.

> Il mit immédiatement la forge en activité. Il manquait d'outils, il s'en fabriqua.
>
> Il avait pour combustible l'épave, l'eau pour moteur, le vent pour souffleur, une pierre pour enclume, pour art son instinct, pour puissance sa volonté. [...]
>
> Gilliatt avait une scie ; il se fabriqua une lime ; avec la scie il attaqua le bois, avec la lime il attaqua le métal ; puis il s'ajouta les deux mains de fer du forgeron, une tenaille et une pince ; la tenaille étreint, la pince manie ; l'une agit comme le poignet, l'autre comme le doigt ; l'outillage est un organisme. Peu à peu Gilliatt se donnait des auxiliaires, et construisait son armure. D'un morceau de feuillard il fit un auvent au foyer de sa forge (*TM*, p. 227).

Rien n'est déjà là, tout est à faire. Les combinaisons, les utilisations, les connexions ne sont pas immanentes au texte, mais dépendent de la manière dont on en tire parti, c'est-à-dire de la façon dont elles s'agencent avec le contexte de leur utilisation.

On peut rapprocher cette question du principe de la lunette ou du grossissement de la rêverie, qu'on a souvent rencontré. Ce qui compte, c'est d'essayer de percevoir grâce à la lentille du livre ce qu'on n'aurait pas pu saisir autrement. Le livre comme machine est l'occasion d'une vision, à l'image de « Chaos vaincu », la pièce d'Ursus qui fait sur le public « un effet de vision » (*HQR*, p. 589). En somme, c'est la possibilité de laisser de côté la structure dominante pour se tourner vers la création de désirs dynamiques, intransitifs et toujours renouvelés. Il n'est donc pas question ici d'articulations immanentes qui bloqueraient les forces

1 Adorno en fait l'une des conditions de l'art (*Théorie esthétique*, Paris, Klincksieck, 1989).

dans un universel, mais bien d'appuis pour une modélisation : le lecteur ne trouve pas des règles toutes faites mais les outils pour moduler un sens, l'organiser.

L'étude du principe de la machine comme matrice a permis de mieux comprendre le fonctionnement de la formation discursive dans les romans de Victor Hugo. L'idée de matrice permet de compléter l'étude de la forme comme simple support sans contenu en lui ajoutant une dimension dynamique. Mais ce principe n'est qu'une manière abstraite de définir le fonctionnement du sens. Il nous faut donc à présent étudier comment ce principe se manifeste concrètement dans le texte. Nous verrons que pour cela, Hugo doit se tourner vers un motif plus complexe, le « polype ».

« LE POLYPE », UN EXEMPLE DE FORME-SENS DYNAMIQUE

> Les promontoires, les caps, les finisterres, les nases, les brisants, les récifs, sont, insistons-y, de vraies constructions. La formation géologique est peu de chose, comparée à la formation océanique. Les écueils, ces maisons de la vague, ces pyramides et ces syringes de l'écume, appartiennent à un art mystérieux que l'auteur de ce livre a nommé quelque part l'Art de la nature, et ont une sorte de style énorme. Le fortuit y semble voulu. Ces constructions sont multiformes. Elles ont l'enchevêtrement du polypier, la sublimité de la cathédrale, l'extravagance de la pagode, l'amplitude du mont, la délicatesse du bijou, l'horreur du sépulcre. Elles ont des alvéoles comme un guêpier, des tanières comme une ménagerie, des tunnels comme une taupinière, des cachots comme une bastille, des embuscades comme un camp. Elles ont des portes mais barricadées, des colonnes, mais tronquées, des tours, mais penchées, des ponts mais rompus. Leurs compartiments sont inexorables ; ceci n'est que pour les oiseaux, ceci n'est que pour les poissons. On ne passe pas. Leur figure architecturale se transforme, se déconcerte, affirme la statique, se brise, s'arrête, court, commence en archivolte, finit en architrave ; bloc sur bloc ; Encelade est le maçon. Une dynamique extraordinaire étale là ses problèmes, résolus. D'effrayants pendentifs menacent, mais ne tombent pas. On ne sait comment tiennent ces bâtisses vertigineuses. Partout des surplombs, des porte-à-faux, des lacunes, des suspensions insensées ; la loi de ce babélisme échappe ; l'Inconnu, immense architecte, ne calcule rien, et réussit tout ; les rochers, bâtis pêle-mêle, composent un monument monstre ; nulle logique, un vaste équilibre. C'est

> plus que de la solidité, c'est de l'éternité. En même temps, c'est le désordre. Le tumulte de la vague semble avoir passé dans le granit. Un écueil, c'est de la tempête pétrifiée. Rien de plus émouvant pour l'esprit que cette farouche architecture, toujours croulante, toujours debout. Tout s'y entr'aide et s'y contrarie. C'est un combat de lignes d'où résulte un édifice. On y reconnaît la collaboration de ces deux querelles, l'océan et l'ouragan (*TM*, p. 218-219).

« Promontoire », « style énorme », « construction multiforme », « inconnu », « pêle-mêle », « monstre », « vaste équilibre », on retrouve ici toute une gamme de thèmes qu'on a souvent rencontrés dans la description de la composition romanesque en général et de sa description comme force en particulier. Mais l'intérêt, ici, réside avant tout dans la syntaxe ; à l'accumulation et à la répétition se mêlent d'autres structures de balancement dont on connaît désormais l'importance : balancement thématique entre « amplitude » et « délicatesse », « sublimité » et horreur souligné dans le texte par la disposition en chiasme. À ce premier type de balancement, encore proche de l'antithèse, s'ajoute un mouvement de va-et-vient que met en relief l'emploi répété de la conjonction « mais » relayée par des structures asyndétiques, ou par la locution « en même temps », qui souligne, dans la variation, l'importance de la structure syntaxique. Contrairement à certains passages qui mettent l'accent sur un motif ou une structure grammaticale particulière, tout s'enchevêtre ici, la forme reflétant la définition du « polypier ». Ce que recherche Hugo, dans cette nouvelle figure, c'est à rendre compte de la question de la pensée et de l'écriture romanesque de manière totale. C'est comme si les différents principes qu'on avait étudiés jusqu'ici n'étaient qu'une manière décomposée de présenter les divers aspects de sa réflexion. Avec le motif du polype, au contraire, il cherche à en rendre compte dans leur articulation dynamique. C'est pourquoi l'étude des caractéristiques de ce motif est importante pour toucher au plus près toute la portée de langue comme interaction. On tentera en particulier de voir comment le phénomène de tension produit par le mécanisme du va-et-vient, source de force autant que de lisibilité dans les romans, s'articule avec celui de multiplicité.

LES CARACTÉRISTIQUES DU POLYPE

Le motif du polype dans les romans de Hugo emprunte des formes très diverses ; alternativement égout ou jardin envahi par les mauvaises herbes, il désigne des lieux à la fois sublimes ou horribles en même temps que des associations humaines. Principe même de la diversité des formes, son nom lui-même hésite entre celui de « polype » et de « polypier ».

Connexions hétérogènes

Le polype, c'est ce qui n'a pas de centre ni d'axe à partir duquel s'ordonnerait le reste. Il n'est pas constitué d'une structure organisée et codifiée qui donnerait son sens à chacune de ses parties. Il n'est pas organisé une fois pour toutes selon des règles et des éléments déjà imposés. Il n'est jamais le reflet d'un événement, mais une reconstruction de celui-ci qu'il absorbe dans ses linéaments comme la pieuvre avec ses tentacules. Le polype, c'est le lieu de l'invention souterraine à l'image de ces « hommes à l'imagination nocturne », qui forment la bande de Patron-minette :

> À eux quatre, ces bandits formaient une sorte de Protée, serpentant à travers la police et s'efforçant d'échapper aux regards indiscrets de Vidocq « sous diverse figure, arbre, flamme, fontaine », s'entre-prêtant leurs noms et leurs trucs, se dérobant dans leur propre ombre, boîtes à secrets et asiles les uns pour les autres, défaisant leurs personnalités comme on ôte son faux nez au bal masqué, parfois se simplifiant au point de ne plus être qu'un, parfois se multipliant au point que Coco-Lacour lui-même les prenait pour une foule.
>
> Ces quatre hommes n'étaient point quatre hommes ; c'était une sorte de mystérieux voleur à quatre têtes travaillant en grand sur Paris ; c'était le polype monstrueux du mal habitant la crypte de la société.
>
> Grâce à leurs ramifications et au réseau sous-jacent de leurs relations, Babet, Gueulemer, Claquesous et Montparnasse avaient l'entreprise générale des guets-apens du département de la Seine. Ils faisaient sur le passant le coup d'état d'en bas. Les trouveurs d'idées en ce genre, les hommes à l'imagination nocturne, s'adressaient à eux pour l'exécution (*Mis.*, p. 574).

Constitué d'éléments qui se dérobent, de « boites à secret », le polype est un agencement de lignes de fuite. Pas de forme prédéfinie mais une formation ou plutôt une transformation continuelle qui fait penser à Protée. En ce sens, le polype rend bien compte de l'une des particularités de la pensée romanesque chez Hugo, moins souvent refermée sur sa propre contemplation qu'ouverte sur toute la diversité des choses sur lesquelles elle se projette à travers une multiplicité de principes-motifs.

Aussi le polype se définit-il également par les ruptures de signification qu'il engendre. Il refuse de se découper selon des lignes de significations claires et stables mais joue sur un mouvement constant de déformations et de transformations, d'équilibres qui affirment une nature et de déséquilibres qui la remettent en cause. C'est pourquoi la portée de ce principe va au-delà de la question de la valeur. Aucune opposition n'est valable, même celle, minimale, du bon et du mauvais, dans la mesure où elles sont constamment remises en cause par la multiplicité des connexions.

Conjuguer les déséquilibres

Car ce qui caractérise le polype avant tout, c'est la multiplicité de ses connexions. Véritable « pêle-mêle », selon une expression fréquemment employée par Hugo, le polype ne se développe pas selon une organisation nécessairement hiérarchisée. N'importe quel point peut être relié à n'importe quel autre sans qu'une finalité ne lui donne une direction précise. C'est ce que révèle la description de l'égout dans *Les Misérables* :

> Le sous-sol de Paris, si l'œil pouvait en pénétrer la surface, présenterait l'aspect d'un madrépore colossal. Une éponge n'a guère plus de pertuis et de couloirs que la motte de terre de six lieues de tour sur laquelle repose l'antique grande ville. Sans parler des catacombes, qui sont une cave à part, sans parler de l'inextricable treillis de conduits du gaz, sans compter le vaste système tubulaire de la distribution d'eau vive, qui aboutit aux bornes fontaines, les égouts à eux seuls font sous les deux rives un prodigieux réseau ténébreux ; labyrinthe qui a pour fil sa pente (*Mis.*, p. 993-994).

Le polype ne se contente pas de proposer une nature multiple et changeante, mais il se définit par sa capacité à se connecter sur l'extérieur, et ceci de différentes manières. L'une des caractéristiques les plus importantes du polype est d'être à entrées multiples. N'importe lequel de ses points semble pouvoir être connecté avec n'importe quel autre dans une conjugaison de flux qui sont avant tout des flux de déséquilibre. Car chacun des traits n'est pas obligatoirement de même nature, mais il existe autant de matière et de formes différentes.

Ce phénomène est également vrai du point de vue du sens, comme semble l'indiquer la dimension sémiotique de l'égout comme polype :

> On se fera une image plus ressemblante de cet étrange plan géométral en supposant qu'on voie à plat sur un fond de ténèbres quelque bizarre alphabet d'orient brouillé comme un fouillis, et dont les lettres difformes seraient soudées les unes aux autres, dans un pêle-mêle apparent et comme au hasard, tantôt par leurs angles, tantôt par leurs extrémités (*Mis.*, p. 994).

L'association d'un lieu matériel et de signes n'est pas ici uniquement de nature métaphorique ou symbolique. Ce que cherche ici à indiquer le texte, c'est que sa dynamique n'est complexe que s'il conjugue non seulement des régimes différents mais aussi des états de choses. Comme on l'a vu dans la troisième partie, le discours littéraire comme forme de vie n'est pas un lieu autonome mais s'ouvre par un processus d'interaction sur une situation d'énonciation qui est de l'ordre d'un agencement collectif. Dans le polype, il n'y a pas de coupure radicale entre les différents régimes linguistiques, historiques ou sociaux, mais un agencement dynamique qui cherche à les articuler. C'est pourquoi la description se fait dans une longue digression qui mêle toutes ces approches : statistiques sur les déchets, « histoire ancienne », « histoire moderne », portrait des ingénieurs et de leur réalisation, « détails » anecdotiques et considérations stylistiques sur l'égout « classique », se mêlent comme autant de facettes apparemment hétéroclites mais qui forment en fait un agencement dynamique de tous les points de vue : « L'égout, dans l'ancien Paris, est le rendez-vous de tous les épuisements et de tous les essais. L'économie politique y voit un détritus, la philosophie sociale y voit un résidu » (*Mis.*, p. 995).

Multiplicité

Maintenir la multiplicité à tout prix, c'est ce que recherche le texte à travers le principe du polype. On a déjà vu l'importance que jouait cette notion dans les romans de Hugo. Mais la penser dans une perspective dynamique permettra de lui donner tout son sens.

C'est seulement lorsque le multiple est traité de manière dynamique qu'il n'a plus de rapport avec l'un. La multiplicité du polype dénonce les pseudo-multiplicités qui sont en fait organisées autour d'une unité qui sert de pivot. Ce que nous enseigne le polype comme conjugaison de déséquilibres, c'est qu'il n'y a pas d'éléments distincts mais seulement des grandeurs, des dimensions, des intensités qui comme telles peuvent changer de nature au fil des combinaisons et des régimes dans lesquelles elles s'insèrent. Dans le polype il n'y a pas de points pivots mais seulement des vitesses qui forment des lignes de fuite et rejoignent l'indifférencié du champ de force.

La notion d'unité n'apparaît jamais que dans un agencement multiple où l'un des éléments prend le contrôle de l'ensemble et devient le centre ou le pivot des relations. C'est pourquoi la notion de déséquilibre n'est pas suffisante. On risque toujours en effet de choisir d'établir une nouvelle stabilité même autour des points de déséquilibre qui en se répétant finissent par devenir familiers et par réintroduire une certaine forme d'identité. C'est le risque de la multiplication comme va-et-vient qui finit par former un nouveau fondement à force de répétitions.

C'est pourquoi le polype offre une nouvelle forme de multiplicité ; non pas addition qui risque de se changer en répétition mais soustraction, creusement de flux minoritaires qui étendent le champ de forces en introduisant une nouvelle forme de déséquilibre. Le polype ne se contente pas de multiplier les connexions, mais il en introduit de plus faibles, courants sous-jacents qui l'empêche de se stabiliser dans un courant dominant. C'est le véritable sens du polype comme égout, envers souterrain de Paris qui cultive les résidus, marge qui comprend les flux minoritaires : « L'égout en effet reçoit tous les contrecoups de la croissance de Paris. C'est, dans la terre, une sorte de polype ténébreux aux mille antennes qui grandit dessous en même temps que la ville dessus » (*Mis.*, p. 1002). À côté du goût pour la dilatation, le colossal, et l'excès il y a tout un travail – moins connu – du petit chez Hugo, moins spectaculaire mais tout aussi important dans le gigantesque agencement différentiel de la langue romanesque.

MULTIPLICITÉ ET SOUSTRACTION

Se faire infiniment petit

– Thématique du petit

Si beaucoup des personnages de Hugo sont souvent des titans, des colosses ou des athlètes, nombreux sont ceux qui se définissent avant tout par leur petitesse ou leur faiblesse. Si le petit est associé au ridicule ou au mesquin comme dans *Châtiments* ou *Napoléon le Petit*, il constitue également un point de vue sur le sublime qui est « en bas[1] ». S'inscrivant

1 « Être un titan cloué sur une énormité, / Cela plaît. On veut bien des maux qui sont sublimes ; / Et l'on se dit : Souffrons, mais souffrons sur les cimes ! / Eh bien non ! Le

dans la lignée des *Petites Épopées*[1], les romans de l'exil thématisent le petit en ce sens. Loin d'être un simple élément de contraste, il est bien souvent mis en rapport avec la notion de force : « Ces petits enfants c'était l'immense avenir » (*QT*, p. 812) ; à tel point que cela peut même devenir une injonction : « Soyez les hommes nouveaux. Devenez petits ! » (*QT*, p. 1047). Si cette phrase est ironique dans la bouche de Lantenac, on sent qu'Hugo pourrait la reprendre à son compte, comme en témoignent les nombreux exemples qui insistent sur ses qualités.

Il est ainsi souvent question de la « sécurité de la petitesse » :

> Tous ces reptiles qu'on appelle les pauvres n'ont rien de mieux à faire que de se tapir dans leur trou quand ils aperçoivent quelque chose d'extraordinaire. Se tenir coi est une force. [...]
>
> Il y a deux façons d'être inaccessible, c'est d'être très-haut et d'être très-bas. Au moins autant que la première, la deuxième est souhaitable. Plus sûrement que l'aigle n'échappe à la flèche, l'infusoire échappe à l'écrasement. [...] sécurité de la petitesse (*HQR*, p. 596-597).

Mais elle possède également une force : c'est la force d'un Gilliatt tenace, « rien ne résiste à un acharnement de fourmi » (*TM*, p. 214) ; c'est aussi la finesse du sable mouvant, plus dangereuse que le rocher : « Pour le sable comme pour la femme il y a une finesse qui est perfidie », indique le titre du chapitre V, 3, 5 des *Misérables* (p. 1018). De manière générale, c'est la force rhétorique du roman, force de la séduction qui à en croire Jean Baudrillard repose avant tout sur la faiblesse[2].

– Le langage minoritaire ;
emploi du substantif épithète et de l'apposition

Le petit, c'est aussi le marginal, celui dont le statut est minoritaire mais aussi le code ou la langue. Le meilleur exemple en est Gavroche, gamin de Paris qui manie l'argot à la perfection. On a souvent vu le soin que mettait Hugo à retranscrire les langues étrangères qu'il utilisait dans

sublime est en bas » (*Cont.*, II, 5, 26, « Les Malheureux »).

1 Marie-Catherine Huet-Brichard, « Le "petit" dans *La Légende des siècles* », La Légende des siècles *de Victor Hugo*, dir. J.-L. Diaz, Paris, SEDES, 2001.

2 « Séduire c'est fragiliser. Séduire, c'est défaillir. C'est par notre fragilité que nous séduisons, jamais par des pouvoirs ou des signes forts. C'est cette fragilité que nous mettons en jeu dans la séduction, et c'est ce qui lui donne cette puissance » (*De la séduction*, Paris, Galilée, 1988, p. 115).

ses romans. Il ne s'agit pas seulement d'une question d'hétérogénéité, mais de flux linguistiques minoritaires.

Mais cette articulation de flux majoritaires et minoritaires ne se limite pas aux exemples les plus flagrants de l'emploi d'une langue étrangère. Déjà le statut de l'argot est plus complexe dans la mesure où il n'est pas une autre langue mais un courant secondaire de la même langue. C'est dans cette voie que travaille le texte des romans. Encore une fois, la perspective dynamique permet de donner une nouvelle portée à une notion essentielle, celle de polyphonie. Expression thématique par excellence de ce phénomène, la « ventriloquie transcendante » d'Ursus est ainsi qualifiée de « tourbillon de bégaiements » :

> Alors Ursus devint extraordinaire. Ce ne fut plus un homme, ce fut une foule. Forcé de faire la plénitude avec le vide, il appela à son secours une ventriloquie prodigieuse. Tout l'orchestre de voix humaines et bestiales qu'il avait en lui entra en branle à la fois. Il se fit légion. Le tourbillon de bégaiements et de clameurs qui sortait d'Ursus chantait, clabaudait, causait, toussait, crachait, éternuait, [...]. Les syllabes ébauchées rentraient les unes dans les autres. [...] Dans cette cour où il n'y avait rien, on entendait des hommes, des femmes, des enfants. C'était la confusion claire du brouhaha. À travers ce fracas, serpentait, comme dans une fumée des cacophonies étranges (*HQR*, p. 667).

Créer une dynamique de parole là où il n'y a « rien », tel, est le rôle du bégaiement qui introduit du secondaire dans la prédominance d'une voix. Il s'agit d'obtenir la clarté dans la confusion, une clarté qui n'est pas la transparence illusoire du concept mais plutôt l'intermittence du scintillement qui « découpe » dans le champ de force de l'obscurité les « intervalles » qui en indiquent la dynamique[1]. Face au vide et à l'indécomposable de la force, le bégaiement devient ainsi le seul recours :

> Que faire de ces phénomènes ! Comment se mouvoir sous leur convergence ! Décomposer cette pression est impossible. Quelle rêverie ajuster à tous ces aboutissants mystérieux ? Que de révélations abstruses, simultanées, balbutiantes, s'obscurcissant par leur foule même, sortes de bégayements du verbe ! (*TM*, p. 240).

---

1 L'« intervalle » chez Hugo, c'est une forme de découpage instable auquel on a recours précisément dans les situations où l'on cherche à appréhender l'indistinct sans le fixer. Il est souvent associé au ciel étoilé comme dans l'exemple suivant : « Des intervalles de ciel, pleins d'étoiles, découpaient une silhouette de palais » (*HQR*, p. 650).

Dans le texte des romans, ce phénomène se manifeste de manière particulièrement flagrante dans l'emploi du substantif épithète, ainsi que dans l'utilisation de certaines appositions. Contrairement aux caractérisants habituels qui ajoutent un élément dans un rapport hiérarchisé, le doublement du substantif permet de multiplier le support lexical de la phrase en deux centres. Cela crée un effet d'inexactitude, comme si la phrase bégayait et ne pouvait se fixer une fois pour toutes.

Ce phénomène est particulièrement visible dans l'emploi, très fréquent chez Hugo, d'un type d'apposition séparé par une ponctuation forte : « Il aboie aussi, par condescendance pour la civilisation. Adoucissement magnanime » (*HQR*, p. 571) ; « il copiait le brouhaha du public, et il soufflait comme s'il eût été à lui seul un tas de gens. Talents remarquables » (*HQR*, p. 574) ; « L'un était le principe terrible, l'autre était le principe pacifique et ils s'aimaient. Problème étrange » (*QT*, p. 949).

Par ce procédé, on échappe totalement à une logique du concept : l'inexactitude met en valeur une certaine fragilité de la phrase[1] qui se traduit parfois par des déséquilibres ; c'est le cas lorsque l'apposition se combine avec des relatives qui rallongent la phrase : « Remarque étrange et qui est un enseignement, ce carré formé par le trône, les évêques et les barons, et dans lequel sont les magistrats à genoux, c'était l'ancien parlement de France sous les deux premières races » (*HQR*, p. 722).

Encore une fois, mais d'une manière plus complète parce que plus dynamique, c'est une manière de détourner l'esprit du contenu pour l'orienter vers l'effet qui « serpente, comme dans une fumée » entre les substantifs devenus les différentiels de la phrase. C'est particulièrement net dans l'emploi relativement fréquent chez Hugo du substantif épithète. D'après la définition qu'en donne Michèle Noailly : « On parle certes à chaque fois d'une seule réalité, mais on la détermine au moyen de deux notions différentes : l'une qui dit ce dont on parle [...] l'autre qui apporte à celle-là une caractérisation [...] ou une identification[2]. »

---

1 Comme l'explique Franck Neveu, l'apposition qui a longtemps été pensée dans le cadre de la phrase « n'est pas pour autant indépendante, dans sa constitution, des conditions de son énonciation : la compréhension du rapport qui unit les deux appositifs nécessite dans de nombreux cas un décryptage d'indices situés hors de ce cadre » (*Études sur l'apposition. Aspects du détachement nominal et adjectival en français contemporain, dans un corpus de textes de J.-P. Sartre*, Paris, Honoré Champion, p. 65).

2 *Le Substantif épithète*, Paris, PUF, 1990, p. 19.

On est donc « loin de l'"idée unique" : on a bel et bien deux idées qui servent conjointement à définir un objet donné[1]. »

> Il semblerait en effet qu'il existe dans certains hommes un véritable instinct bestial, pur et intègre comme tout instinct [...] qui, de quelque façon que les destinées soient faites, avertit secrètement l'homme-chien de la présence de l'homme-chat, et l'homme-renard de la présence de l'homme-lion (*Mis.*, p. 135).

Ce type de structure syntaxique met l'accent sur la différence de statut entre les deux substantifs, le second ayant pour rôle d'introduire une nature secondaire. Le tiret apparaît alors ici comme le symptôme de cet instinct, invisible dynamique produite par la différence des deux substantifs.

Dans les cas où le substantif épithète se distingue plus clairement du mot composé, la différence est de nature syntaxique, les deux substantifs n'ayant pas tout à fait le même statut dans la phrase. C'est ce léger décalage qui introduit le mouvement. Aussi leur emploi est-il très fréquent lorsqu'il s'agit de rendre compte de l'association de la force et de l'indéfini. C'est le cas avec les « âmes écrevisses reculant continuellement vers les ténèbres, rétrogradant plutôt qu'elles n'y avancent, employant l'expérience à augmenter leur difformité » (*Mis.*, p. 123). C'est le cas également quand « Ce malaise de l'effroi nocturne amplifié par ces maisons spectres s'ajout[e] à tout cet ensemble lugubre sous lequel il luttait » (*HQR*, p. 456). On retrouve également cette construction dans l'environnement de la pieuvre : « Elle se fait belle, elle s'allume, elle s'illumine, et, du haut de quelques rochers, on peut l'apercevoir au dessous de soi dans les profondes ténèbres épanouie en une irradiation blême, soleil spectre » (*TM*, p. 281).

– La digression mineure

La question linguistique rejoint alors la question narratologique avec le traitement de la digression. On a étudié comment l'emploi de digressions parfois importantes permettait d'ouvrir une certaine épaisseur dans le roman[2]. Mais les digressions peuvent également servir à ouvrir tout un ensemble de flux minoritaires, parfois de manière imperceptible, flux qui sont autant de petites forces qui introduisent des différences de taille et

1 *Ibid.*
2 Sur la digression, voir p. 166 *sq.*

de vitesse. Au milieu du long passage qui décrit l'évasion de Thénardier on trouve ainsi une minuscule digression sur la langue des enfants qui contraste absolument avec le régime dominant du personnage, mais aussi de la situation de suspens : « Thénardier était arrivé sur ce que les enfants, dans leur langue figurée, appellent le *coupant* du mur de la ruine, il s'y était couché de tout son long, et là, la force lui avait manqué » (*Mis.*, p. 769).

Ce contraste est ici souligné par l'emploi de l'italique mais surtout par la petite rupture de construction « le *coupant* du mur de la ruine » qui marque la séparation entre les différents courants. Dans la même veine de formation, on peut citer les très nombreux petits détails de formulation qui visent moins à introduire la variation qu'à introduire ou à rappeler un courant narratif minoritaire. Lorsque Lord Dirry Moir prend la défense de Gwynplaine après l'échec de son discours devant les lords, il est désigné par le nom de Tom-Jim-Jack qui rappelle, dans ce contexte auquel il n'appartient pas, un autre type de relation qui n'est pourtant plus d'actualité (*HQR*, p. 747-748).

On rapprochera ce phénomène de l'emploi très fréquent de la périphrase dans les romans de Hugo. Comme figure d'amplification, elle est également censée fonctionner dans une logique de l'ajout. Mais nombreuses sont les périphrases hugoliennes qui permettent au contraire d'introduire un flux secondaire, créant l'impression qu'on a creusé une voie mineure dans l'axe principal. C'est le cas par exemple de la périphrase « l'homme à la redingote jaune » qui désigne Jean Valjean lorsqu'il vient chercher Cosette chez les Thénardier. Il ne s'agit pas ici d'ajouter une caractéristique au personnage de Jean Valjean mais au contraire d'y ménager un vide mystérieux. À mesure que l'adjectif « jaune » se répète, les contours de la signification semblent se dissoudre dans la couleur, le faisant passer du statut de détail pittoresque à celui de ligne de fuite. On voit ici comment le travail de la multiplicité peut se faire non pas simplement dans l'ajout mais dans un étrange processus de soustraction.

L'atome

L'utilisation du petit ou du secondaire est donc un puissant facteur de dynamique dans les romans de Hugo. Comme articulation, il prend tout son sens dans le motif de l'atome : « La toute puissance ne prend pas la peine de cacher son atome, elle fait la faiblesse force, elle emplit de son tout le néant, et c'est avec l'infiniment petit que l'infiniment grand vous écrase. C'est avec des gouttes que l'Océan vous broie » (*HQR*, p. 432). Ce que propose le principe de l'atome, c'est un mode d'articulation qui ne soit pas stable parce qu'il n'est pas nécessaire. La spécificité des atomes, c'est de s'articuler selon un mode non hiérarchisé, par juxtaposition et de manière dynamique. L'atome a bien toutes les qualités du petit comme le signale la métaphore qui désigne le gamin comme « Paris vu dans son atome ». Mais l'atome est avant tout un puissant principe de formation à l'image de l'atomisme antique. Comme l'explique Gilles Deleuze :

> L'atomisme antique n'a pas seulement multiplié l'être parménidien, il a conçu les idées comme des multiplicités d'atomes, l'atome étant l'élément objectif de la pensée. Dès lors, il est bien essentiel que l'atome se rapporte à l'autre atome au sein d'une structure qui s'actualise dans les composés sensibles. Le clinamen à cet égard [...] est la détermination originelle de la direction du mouvement, la synthèse du mouvement et de la direction[1].

Les romans de Hugo font souvent référence au principe atomiste comme en témoignent les nombreuses références à Lucrèce. Le passage suivant permettra d'éclairer le fonctionnement de cette forme dynamique qu'est le clinamen :

> Foliis ac frondibus[2]
>
> Ce jardin ainsi livré à lui-même depuis plus d'un demi-siècle était devenu extraordinaire et charmant. Les passants d'il y a quarante ans s'arrêtaient dans cette rue pour le contempler, sans se douter des secrets qu'il dérobait derrière ses épaisseurs fraîches et vertes. Plus d'un songeur à cette époque a laissé bien des fois ses yeux et sa pensée pénétrer indiscrètement à travers les barreaux de l'antique grille cadenassée, tordue, branlante, scellée à deux piliers verdis et moussus, bizarrement couronnée d'un fronton d'arabesques indéchiffrables.
>
> Il y avait un banc de pierre dans un coin, une ou deux statues moisies, quelques treillages décloués par le temps pourrissant sur le mur ; du reste plus d'allées ni de gazon ; du chiendent partout. Le jardinage était parti, et la nature était revenue. Les mauvaises herbes abondaient, aventure admirable pour un pauvre coin de terre. La fête des giroflées y était splendide. Rien dans ce jardin ne contrariait l'effort sacré des choses vers la vie ; la croissance

1 *Différence et répétition*, Paris, PUF, 1989, p. 238.
2 Extrait d'un vers du *De Natura rerum*, V, 971.

vénérable était là chez elle. Les arbres s'étaient baissés vers les ronces, les ronces étaient montées vers les arbres, la plante avait grimpé, la branche avait fléchi, ce qui rampe sur la terre avait été trouver ce qui se traîne dans la mousse [...].

En floréal, cet énorme buisson, libre derrière sa grille et dans ses quatre murs, entrait en rut dans le sourd travail de la germination universelle [...].

Rien n'est petit en effet ; quiconque est sujet aux pénétrations profondes de la nature, le sait. Bien qu'aucune satisfaction absolue ne soit donnée à la philosophie, pas plus de circonscrire la cause que de limiter l'effet, le contemplateur tombe dans des extases sans fond à cause de toutes ces décompositions de forces qui aboutissent à l'unité [...]

Ou finit le télescope, le microscope commence. Lequel des deux a la vue la plus grande ? Choisissez. Une moisissure est une pléiade de fleurs ; une nébuleuse est une fourmilière d'étoiles. Même promiscuité et plus inouïe encore, des choses de l'intelligence et des faits de la substance. Les éléments et les principes se mêlent, se combinent, s'épousent, se multiplient les uns par les autres, au point de faire aboutir le monde matériel et le monde moral à la même clarté. Le phénomène est en perpétuel repli sur lui-même. Dans les vastes échanges cosmiques, la vie universelle va et vient en quantités inconnues, roulant tout dans l'invisible mystère des effluves, employant tout, ne perdant pas un rêve et pas un sommeil, semant un animalcule ici, émiettant un astre là, oscillant et serpentant, faisant de la lumière une force et de la pensée un élément, disséminée et indivisible [...] ; enchevêtrant, depuis la plus haute jusqu'à la plus basse, toutes les activités dans l'obscurité d'un mécanisme vertigineux, rattachant le vol d'un insecte au mouvement de la terre, subordonnant, qui sait ? ne fût-ce que par l'identité de la loi, l'évolution de la comète dans le firmament au tournoiement de l'infusoire dans la goutte d'eau. Machine faite d'esprit. Engrenage énorme dont le premier moteur est le moucheron et dont la dernière roue est le zodiaque (*Mis.*, p. 700-702).

Ce passage est comme la synthèse des différentes caractéristiques qu'on a pu observer dans l'étude du motif du polype ; enchevêtrement, multiplicité des connexions, éléments au statut étrange comme l'effluve. Mais l'accent est mis ici sur le rôle de l'élément atomique, véritable source du mouvement et de la dissémination. Plus que la notion de petit, c'est donc la notion de clinamen comme conjugaison qui intéresse Hugo[1]. Chez lui, il s'agit d'un principe avant tout esthétique, qui insiste sur la liberté des agencements dans lequel le hasard prend une place importante. On

1 Les atomes, en grec *stoikeia*, sont chez les atomistes grecs explicitement comparés aux lettres de l'alphabet comme le souligne Jesper Svenbro (« La Grèce archaïque et classique. L'invention de la lecture silencieuse », *Histoire de la lecture dans le monde occidental*, Paris, Seuil, 1997, p. 71).

rejoint ici la notion de variable : la notion de clinamen permet en effet de penser la formation de mondes sans faire appel à l'instance transcendante.

Par ailleurs, ce qui intéresse Hugo dans l'atome, ce n'est pas l'élément lui-même, mais la faiblesse de sa présence par rapport à la force qu'il représente. L'atome est, comme le mot tel que cherche à l'employer Hugo, aussi discret comme contenu que puissant dans les effets qu'il induit grâce à la subtilité des agencements dans lesquels il entre. Comme le passant, il nous invite à laisser nos yeux et notre pensée « pénétrer indiscrètement à travers les barreaux de l'antique grille cadenassée, tordue, branlante, scellée à deux piliers verdis et moussus, bizarrement couronnée d'un fronton d'arabesques indéchiffrables » qui constitue la véritable nature de formation romanesque comme agencement de forces.

Ancrage linguistique : le jeu de mots et le calembour

Si Hugo nous invite à penser que le principe de l'atome est général à l'ensemble des romans, certains procédés permettent de comprendre son fonctionnement textuel de manière particulièrement claire. C'est le cas des jeux de mots et des calembours, qui soulignent le mécanisme de la circulation de la force grâce aux atomes de mots que sont les lettres.

Dans le jeu de mots ou le calembour, les lettres ne sont plus ordonnées d'une manière nécessaire, en fonction d'une logique de la racine, mais circulent librement et s'agencent au gré d'associations instables. L'unité du mot et de la phrase n'est plus le morphème mais le son qui conduit à des déplacements de sens inattendus. Grâce au mouvement de la lettre, un seuil est franchi qui ne correspond pas obligatoirement à un découpage codifié. « Signifiant protéiforme[1] », le calembour correspond moins à l'organisation statique du mot comme point qu'à l'intensité de la ligne de fuite qui fonctionne selon une logique graduelle.

Loin d'être léger et sans conséquence, le calembour est un procédé important dont Hugo souligne l'intérêt : « On se déclarait les amis de l'ABC– L'abaissé, c'était le peuple. On voulait le relever. Calembour dont on aurait tort de rire. Les calembours sont quelquefois graves en politique » (*Mis.*, p. 514).

---

1 L'expression est de Michèle Aquien qui souligne la relation entre le mécanisme du calembour et le « fonctionnement inconscient » (*L'Autre versant du langage*, Paris, Corti, 1997, p. 44).

Le calembour permet ainsi de mettre l'accent sur des possibilités du mot que ne permet pas son fonctionnement normal :

> Un jour, une belle dame de la high life de Saint-Sampson [...] lui dit : Nous ne voulons décidément pas de Déruchette. J'ai trouvé pour votre fille un joli nom : Marianne. – Joli nom en effet, repartit mess Lethierry, mais composé de deux vilaines bêtes, un mari et un âne (*TM*, p. 89).

Différentes figures complètent le calembour. On peut citer l'emploi de la paronomase qui rapproche les idées par le son sans que leur lien soit de nature logique. Il sert à faire ressentir divers points sans jamais les fixer dans un argument : « Railler, régner », sert ainsi de titre au chapitre XI du livre intitulé « Paris, étudié dans son atome » (*Mis.*, p. 468). On peut également citer « Dieu veuille avoir son âne » (*HQR*, p. 511) ou « Les cygnes comprennent les signes, dit le bourgeois, heureux d'avoir de l'esprit » (*Mis.*, p. 966).

Offrant un terme susceptible d'au moins deux interprétations, la syllepse de sens crée une ambiguïté qui augmente la circulation de l'interprétation. Dans le mot envoyé par Tholomyès comme lettre de rupture, entre tout le gouffre du malheur à venir de Fantine : « Si cette lettre vous déchire rendez-le-lui. Adieu » (*Mis.*, p. 115).

Le calembour se sert du phonème comme d'un flux qui s'agence pour former un surplus de signification. Mais celui-ci ne se limite pas au niveau de la phrase et le calembour permet bien souvent des connexions beaucoup plus larges, qui se moquent de l'organisation linéaire du discours : « Cab roule en anglais et jappe en argot » (*Mis.*, p. 801). Outre le jeu de mots qui met en valeur le caractère variable du mot en fonction du régime dans lequel il est employé, on peut penser à un effet de proximité avec l'anagramme de « cab », « ABC », qui est lui-même l'objet d'un calembour.

Ce que met en valeur le jeu de mots comme principe atomique, c'est la force de la juxtaposition dans les romans de Hugo. Avec le jeu de mots, l'individuation n'appartient plus à une racine et ne renvoie plus à un individu déterminé : c'est une affection, c'est-à-dire la simple modalisation d'un effet. Plus d'universaux ni d'invariants, dans la logique atomiste du jeu de mots, mais l'agencement de forces toujours sur le point de se réagencer.

Dans le calembour et le jeu de mots, les lettres qui se déplacent sont comme un mode de coloration qui permettrait de rendre les forces visibles[1], comme si elles remontaient à la surface des mots. La surface : on retrouve ici le principal point de tension de la composition romanesque ; comment viser la profondeur sans se noyer ou comment rester à la surface sans demeurer sur le rivage. L'étude de la notion de rythme nous permettra de mieux comprendre cette question formelle essentielle du traitement de la profondeur comme surface dans les romans de Hugo.

SPIRALE ET RYTHME

Ce dont cherche à rendre compte le motif du polype, c'est d'un mode de formation dynamique fondé sur l'agencement par connexion de variables dont la différence crée le mouvement. Mais ces variables aux multiples connexions ne brisent effectivement l'unité linéaire du discours qu'en introduisant un mouvement cyclique qui écarte définitivement la finalité rigide de la ligne droite. C'est pourquoi la ligne de fuite, « linéament » ou « tentacule » a toujours la forme d'une spirale chez Hugo : « L'enfer, le serpent et la rêverie s'enroulent sur eux-mêmes. Gwynplaine descendait les spirales sépulcrales de l'approfondissement pensif » (*HQR*, p. 762).

La spirale est une forme élaborée du va-et-vient qui permet de combiner, au mouvement de retour éternel, la variation d'un flux minoritaire. Dans le va-et-vient le point forme un cercle en faisant retour sur lui-même. Mais ce faisant il risque de retomber dans une nouvelle forme d'identité et de stabilité[2]. C'est à cela que sert le flux minoritaire qui introduit un léger décalage, le minuscule déséquilibre qui transforme le retour du cercle en avancée de la spirale.

Concrètement toutefois, tout ceci est avant tout une question de rythme, et l'on ne peut comprendre le fonctionnement de la composition

1 Comme le souligne Henri Meschonnic, il s'agit là d'un phénomène central dans l'esthétique de Hugo : « Si les lettres sont des *éléments*, *stoikeia*, elles sont des unités à la fois du langage et du monde. C'est par là qu'elles sont motivables, motivées. Aussi Hugo a-t-il, avant Rimbaud, la chose est connue, ses voyelles colorées. Il propose dans "Journal de ce que j'apprends chaque jour (1846-47), interrogation et réponse" : "que les voyelles existent pour le regard presque autant que pour l'oreille et qu'elles peignent des couleurs ? On les voit. A et I sont des voyelles blanches et brillantes, O est une voyelle rouge. E et Y sont des voyelles bleues. U est la voyelle noire" » (« Ce que Hugo dit de la langue », *Romantisme*, IX, n° 25-26, 1979, p. 68) (p. 246 *sq.*).

2 Comme on l'a vu (p. 234 *sq.*), la répétition est un puissant facteur de familiarisation.

comme agencement dynamique qu'en envisageant la forme des romans sous l'angle du rythme. Si l'on y réfléchit bien tout est pensé en termes de rythme dans les romans, rythme dominant du flux et du reflux, mais aussi rythmes secondaires, à l'image de Gwynplaine, qui « ricochait d'un étonnement sur l'autre » (*HQR*, p. 651). Jusqu'à Ursus, maître de la polyphonie, qui parle des gens en termes de prosodie :

> Il résultait de sa familiarité avec les vénérables rhythmes et mètres des anciens qu'il avait des images à lui, et toute une famille de métaphores classiques. Il disait d'une mère précédée de ses deux filles : *c'est un dactyle*, d'un père suivi de ses deux fils, *c'est un anapeste*, et d'un petit enfant marchant entre son grand-père et sa grand'mère : *c'est un amphimacre* (*HQR*, p. 353).

Le rythme, c'est le véritable sens de la forme comme matrice. D'une part, il est ce qui subsiste lorsqu'on est confronté au rien positif de l'indéfini. À partir du moment où la Matutina cesse d'être un objet pour s'abîmer dans le champ dynamique de l'océan, elle devient un rythme. Le texte passe ainsi de la description du naufrage à la suggestion de la métaphore, avant de se dissoudre dans un rythme ternaire : « L'épave courait dans le noir. Une vitesse aveuglée, rien n'est plus affreux. Ils sentaient du précipice devant eux, sous eux, sur eux » (*HQR*, p. 424). D'autre part, il n'impose pas une signification universelle, mais ne se comprend que dans la variation d'une interprétation : « Sa parole était une musique, mais Gwynplaine entendait cette musique comme une tempête » (*HQR*, p. 697). Enfin, il résout la tension entre fixité et profondeur dans la mesure ou il permet de ne pas choisir entre les deux : « je suis l'homme-océan : j'ai mon flux et mon reflux ; à mer basse on voit mes bas-fonds, à mer haute on voit mes flots » (*QT*, p. 881). Tout est une question de point de vue dans le rythme, ce qui permet d'affirmer la surface comme véritable espace de la composition.

En cela, le rythme s'accorde bien avec le régime entendu comme mode de formation. Aussi l'analyse de Henri Meschonnic sur le rythme comme organisation est-elle particulièrement adaptée à la compréhension du fonctionnement de la forme de l'idée romanesque dans les romans de Hugo :

> Il y a un enjeu de la théorie du rythme, dans le langage, et ce n'est pas la notion de rythme, mais celle de sens, le statut du sens, et par là toute la

> théorie du langage. D'emblée, on peut poser qu'une théorie du rythme, quelle qu'elle soit, est une situation critique pour la théorie du langage. L'enjeu du sens est soit l'appartenance à la théorie du signe, soit la constitution d'une théorie du discours. De l'une à l'autre la définition du rythme a changé. La relation entre signe, langue, discours a changé. J'expose la critique de la notion courante de rythme après l'analyse de l'enjeu, parce que celui-ci est le cadre et l'orientation du conflit, qui détermine les termes. Leur sens[1].

Le rythme, c'est le régime par excellence comme mode de formation dynamique, contexte de forces. Agencés dans un rythme, les éléments n'ont pas un statut donné et encore moins une nature ; ce sont des variables qui sont soumises au gré des forces. Le rythme comme régime de formation, c'est le contraire même du système représentatif qui donne un rôle et une place à chaque élément.

Reprenant les analyses de Benveniste sur l'opposition entre une forme schématique et une forme rythmique[2], Henri Meschonnic voit dans la notion de rythme la meilleure alternative à la signification : « le rythme ne privilégie plus la symétrie et l'ordre. Il apparaît comme l'organisation du mouvant, qui intègre la périodicité, la symétrie dans l'infini des figures[3]. » Le rythme est ce qui permet de donner une forme, un sens, à tout ce qui est irréductible au signe, au singulier, à l'événement, à la force contingente et changeante. Comme le dit Henri Meschonnic : « Dans le langage, il peut s'analyser comme l'organisation du discours par un sujet, et d'un sujet par son discours, faisant intervenir tout

1 *Critique du rythme*, Lagrasse, Verdier, 1982, p. 69. On peut citer également François Rastier qui parle de « rythme sémantique » (*Sens et Textualité*, éd. citée, p. 97).

2 *Skema* « se définit comme une "forme" fixe, réalisée, posée en quelques sorte comme un objet. Au contraire *rhuthmon*, d'après les contextes où il est donné, désigne la forme dans l'instant qu'elle est assumée par ce qui est mouvant, mobile, fluide, la forme de ce qui n'a pas de consistance organique : il convient au *pattern* d'un élément fluide ; à une lettre arbitrairement modelée, à un péplos qu'on arrange à son gré, à la disposition particulière du caractère ou de l'humeur. C'est la forme improvisée, momentanée, modifiable. Or, rhein est le prédicat essentiel de la nature et des choses dans la philosophie ionienne depuis Héraclite, et Démocrite pensait que, tout étant produit par les atomes, seul leur arrangement différent produit la différence des formes et des objets. On peut alors comprendre que "rhutmos" signifiant littéralement "manière particulière de fluer" ait été le terme le plus propre à décrire des "dispositions" une des "configurations" sans fixité ni nécessité naturelle et résultant d'un arrangement toujours sujet à changer. » (Benveniste, « La notion de rythme dans son expression linguistique », *Problèmes de linguistique générale*, I, éd. citée, p. 333).

3 Henri Meschonnic, « Rythme, respiration et langage », *Les États de la poétique*, Paris, PUF, 1995, p. 158.

l'anthropologique exclu par le signe : le corps, la voix, la prosodie, qui remettent la poésie dans le langage ordinaire[1]. »

Dans les romans de Hugo, l'utilisation du rythme est le principal mode de mise en forme de la tension. « Rythme sémantique[2] », il permet de substituer un mode d'organisation dynamique à une composition schématique. Ce rythme des romans est la plupart du temps fondé sur un double niveau d'organisation : un rythme majeur, binaire, souligne l'opposition et des rythmes secondaires relancent le mouvement, le préservant d'une forme trop rigide. Ce procédé est généralement employé lorsqu'il s'agit de décrire des éléments difficiles à cerner ou inquiétants, comme la chambre du palais de Corleone-lodge, où Gwynplaine surprend Josiane endormie :

> Au delà du lit, au fond de l'alcôve, il y avait probablement une porte, masquée et marquée par une assez grande glace sur laquelle étaient peints des paons et des cygnes. Dans cette chambre faite d'ombre tout reluisait. Les espacements entre les cristaux et les dorures étaient enduits de cette matière étincelante qu'on appelait à Venise « fiel de verre » (*HQR*, p. 691).

Dans cette séquence, on peut isoler quatre sèmes récurrents, /opacité/, /visibilité/, /opulence/ et /pureté/ qui s'opposent deux à deux et qui forment une régularité qui varie légèrement à la fin, selon le schéma : abcd, abdc. Une deuxième variation est introduite par l'ajout d'un nouveau sème /le mal/ dans l'expression « fiel de verre » qui, reprenant l'idée de transparence opaque, permet d'embrayer sur un autre niveau. L'association « complication », « pureté » et « mal » forme en effet le rythme général de l'ensemble de trois chapitres, « Ressemblance d'un palais avec un bois », « Ève » et « Satan », d'où est extrait ce passage. Par ailleurs, si l'on envisage les choses en termes d'opposition de forces, un second rythme se superpose au premier : abba, abab et même, si l'on rajoute la variation finale, abba, ab, abba[3]. Bien entendu, le choix des sèmes qui forment ces schémas rythmiques n'est pas conditionné par une norme absolue mais dépend du contexte. Ce sont les séries thématiques

1 *Ibid.*

2 Dans *Sens et textualité*, François Rastier souligne l'importance dans l'organisation d'un texte de ces « rythmes sémantiques » qui résultent de l'arrangement d'isotopies (éd. citée, p. 97).

3 François Rastier nomme « polyphonie sémantique » cette « superposition de rythmes sémiques différents » (*Sens et textualité*, éd. citée, p. 98).

constituées tout au long du roman qui permettent d'identifier les traits significatifs.

Cette forme rythmique se retrouve au niveau général du roman, voire *des* romans. Un rythme majeur correspond au principe du va-et-vient et peut être stabilisé dans une opposition binaire. Il peut être envisagé de différentes manières. Confronté à la tension de l'agencement, le lecteur peut choisir l'une des solutions qu'il fixe dans un contenu[1]. Mais il peut également ne choisir ni l'un ni l'autre et se laisser emporter dans le mouvement créé par la tension transformée en rythme, que complique encore la présence de rythmes secondaires. L'étude de l'opposition entre hauteur et profondeur, dans *Quatrevingt-Treize*, nous permettra de mieux comprendre ce phénomène. On peut dire que, comme d'ailleurs dans tous les romans, cette antithèse sert de fondement à l'organisation du roman. Elle s'applique à la plupart des éléments, opposant la profondeur de l'océan à la Convention qui est comparée à une montagne dans la première partie, la Tour Gauvain à l'oubliette à la fin du roman. Entre ces grandes oppositions se glisse un troisième élément, plus discret, sans profondeur ni hauteur, qui introduit comme un flux secondaire dans l'antithèse : la demeure du Caimand, « cabane plus basse qu'une cave » (*QT*, p. 843) pour la première partie ; et le pont-Châtelet dont le seul rôle semble être de créer une dissonance dans la description des différents éléments du château des Gauvain (« Les deux styles n'étaient point d'accord » p. 958). Ce troisième terme correspond au thème de la surface. Il se manifeste sous toutes sortes de motifs mais en particulier celui du reptile, s'appliquant aussi bien à la description de « la vie souterraine » des paysans bretons qui se cachent dans la forêt (p. 917) ou à celle des armées vendéennes qui « serpentent sous les armées républicaines » (p. 918), qu'à des éléments plus abstraits comme la conscience (p. 925) ou la raison : « Raisonnait-il ? Oui, mais comme les serpents rampent ; en spirale » (p. 935). Au-delà du roman, ce motif fait le lien avec les romans précédents : *Les Travailleurs de la mer*, avec la pieuvre, « Méduse servie par huit serpents » (p. 281) ; *L'Homme qui rit*, avec Josiane, qui « ondule » à la surface de son lit, « composant et décomposant des courbes charmantes » (p. 693)[2] ; mais aussi *Les Misérables*,

1 Le texte n'impose jamais une lecture, il se contente de juxtaposer les éléments, ce qui est la clé de sa lisibilité.

2 Le motif du serpent est présent tout au long de la séquence qui rapporte la rencontre de Gwynplaine et Josiane à Corleone-lodge ; il glisse notamment entre les chapitre II, 7, 3 « Ève » et II, 7, 4 « Satan ».

associant de manière récurrente description des malheureux et motif du reptile. Si tous ces éléments sont forts différents, ils se rejoignent tous dans l'idée d'insaisissable, soulignant l'importance du fait de serpenter, et au-delà de la forme rythmique tensive qu'il exemplifie.

Ce principe de « régulateur perceptif[1] », qu'on le trouve au niveau thématique ou dans les différentes antithèses[2], existe aussi à un niveau plus général dans les différentes tensions qui opposent exigences poétiques et contraintes d'un traitement empirique dans l'écriture, qu'on a pu énumérer dans les chapitres précédents. Enfin, il existe entre les différents régimes de traitement du sens, dans la mesure où chaque élément peut être lu dans une perspective représentative, symbolique ou esthétique. Là encore, à ces différents types de rythmes majeurs se superposent des rythmes secondaires, comme autant de contrepoints de déséquilibre qui empêchent le sens de se stabiliser dans un rythme désormais identifié. Rythme irrégulier de l'hyperbate comme dans les rejets d'appositions ; élargissement rythmique dans les énumérations colossales ou au contraire concentration extrême des mots-paragraphes ; et enfin rythme qui rejoint cet autre mode de formation sensible qu'est la typographie comme dans l'exemple suivant :

> Il s'agissait d'arrêter cette épouvantable folle.
> Il s'agissait de colleter cet éclair.
> Il s'agissait de terrasser cette foudre (*QT*, p. 810).

Tous ces rythmes secondaires permettent une variation infinie qui relance toujours la dynamique.

Il semble que la spirale rythmique soit le mode le plus efficace d'alternative à la représentation dans les romans de Hugo. Le système du va-et-vient qui transforme le point en cercle, est associé au déséquilibre du rythme secondaire qui l'empêche de faire retour sur lui-même dans une nouvelle forme d'identité. Stabilité et mouvement sont réunis dans une logique de la simultanéité qui permet à l'interprétation de serpenter entre les points verbaux du texte. Cette forme à la fois simple et complexe, distanciée et impliquée, organise des éléments de sens mais sans passer par des structures de signification. Aussi parvient-elle à

1 Pour reprendre l'expression d'Éric Bordas, dans son « Introduction » au *Rythme de la prose*, *Semen*, nº 16, 2003.

2 Voir p. 91 *sq*.

éviter deux types d'écueil : d'un côté le sens échappe à la représentation, trouvant enfin une forme assez souple pour lui permettre de s'ouvrir au possible en toute liberté ; mais de l'autre le texte reste lisible, accueillant à la lecture la moins avertie.

CONCLUSION

« Le roman n'est pas un genre de littérature, c'est une littérature tout entière », écrit en 1832 Cyprien Desmarais[1]. Une *langue* tout entière, pourrait ajouter le Hugo romancier. Revenant à l'origine spécifiquement linguistique d'un radical qui l'associe au romantisme, le roman de l'exil en fait un argument central[2]. Opérant un véritable retournement copernicien, Hugo comprend à cette époque qu'il est vain de composer le nouveau monde autour de la parole du poète, mais que c'est à ce dernier de se laisser entraîner dans le tourbillon de la langue de tous.

En témoigne l'évolution de la conception hugolienne du tout. Avec l'exil, non seulement Pan occupe une place de plus en plus importante, mais voit s'accentuer son caractère baroque. Pan n'est pas seulement le dieu unique d'une nature harmonieuse, mais également un dieu atypique, multiple, à l'origine douteuse, monstre à la fois divin et mortel, dieu de la foule et de ses mouvements de panique, qui déchire, démembre et réduit en miettes le tout qu'incarne son idole. L'hésitation devient de plus en plus forte entre la répartition de forces condamnées à ne jamais s'entendre et leur affirmation totale, composite et explosive. Avec *Les Misérables*, « je suis Pan. Jupiter à genoux » (*La Légende des siècles*), devient « *Pan*, tout le monde » (p. 784).

Car c'est dans le roman, comme exemplification de la langue du peuple, que s'opère ce glissement ténu entre deux conceptions de la

1 « Madame Sophie Gay, *Un mariage sous l'Empire* », *Le Temps*, 4 août 1832, cité par José-Luis Diaz (« Conquêtes du roman (1800-1850) », *Romantisme*, 2013/2, n° 160, p. 9), qui rapproche ces remarques des déclarations de Zola, à la fin du siècle : « Aujourd'hui le roman s'est emparé de toute la place, il a absorbé tous les genres. Son cadre si souple embrasse l'universalité des connaissances. Il est la poésie et il est la science. Ce n'est plus seulement un amusement, une récréation ; c'est tout ce qu'on veut, un poème, un traité de pathologie, un traité d'anatomie, une arme politique, un essai de morale » (« Les Romanciers contemporains », *Le Messager de l'Europe*, septembre 1878).

2 Ce faisant, il souligne, comme Stendhal avant lui, la dimension intempestive de ces termes, qui expriment non un moment esthétique, générique ou plus largement culturel, mais le fondement même de la dynamique populaire.

démocratie, l'une fondée sur le partage, l'autre sur la composition. En même temps que Hugo écrit *Les Misérables*, Marx construit son concept de prolétaire, qui, on le sait, désigne des travailleurs qui ne possèdent que leur force de travail pour vivre. Dans cette logique, libérer le prolétariat consisterait à faire une révolution pour confisquer les moyens et les outils de production[1]. Pour le Hugo de l'exil, ce n'est pas suffisant : la libération des misérables passe par une révolution plus fondamentale, celle qui leur permettra d'avoir accès à l'outil de production d'eux-mêmes et de leur histoire, c'est-à-dire la langue.

Sortir les misérables d'une logique strictement économique pour les penser dans une perspective linguistique permet alors de sortir d'une problématique du partage, impliquant la division, pour entrer dans une dynamique de la composition, grâce à laquelle le peuple ne s'arrêtera pas au résultat de son œuvre, mais y cherchera le sens de son humanité. Reste la question d'une langue qui, évoluant du conte au roman, du mythe à la légende[2], passe de plus en plus par l'écrit. Cela engage une conception renouvelée de la composition. Création d'une communauté idéale dans le poème, création d'une communauté publique qui partage les mêmes émotions au théâtre, elle devient recréation permanente dans l'aire transitionnelle du roman, espace paradoxal où la séparation radicale de l'auteur et de son œuvre est en même temps l'occasion d'une multiplication infinie des relations possibles. De ces conditions matérielles inédites, découlent de nouvelles formes, qui avant tout posent la question de leur agencement. Ni signe phénoménologique, ni système dialectique, recentrées sur la matière même du verbal, elles engagent une conception topique de la langue.

C'est tout l'enjeu d'une réflexion herméneutique, qui prend en compte la question du contexte et de la matérialité du texte, son style. Car c'est à la langue littéraire qu'incombe le rôle d'oser fouiller la vérité de l'histoire humaine, de conserver les détails de la société, par opposition à l'histoire qui se retrouve, paradoxalement, du côté de la rhétorique, du « beau langage » : « Dire, c'est oser. Et oser, c'est trop pour l'histoire. Ne me brouillez pas avec la rhétorique. L'histoire est un cahier d'expressions. Elle ne demande point : cela a-t-il pu se faire,

1 Sur le modèle de la révolution agraire et du partage des terres.

2 « *[L]egenda*, ce qui doit être lu », comme le souligne Claude Millet, *Victor Hugo, La Légende des siècles*, « Étude littéraire » PUF, p. 100.

mais : cela peut-il se dire [...]. Ces délicatesses de style font partie de ce qu'on appelle en France le goût[1]. »

Car le discours littéraire ne fonctionne pas selon une logique descriptive, qui associe un symbole à une idée ; c'est la trace d'un événement, d'une relation. Deux perspectives s'opposent lorsqu'il est question de composition : soit la parole vise l'extrême exactitude, dans une complète abstraction et en désignant le rien comme la substance ultime du monde[2] ; soit l'écriture s'intéresse aux choses les plus humbles, les plus contingentes, les plus hétérogènes, parcourant l'infinie variété de ces formes irrégulières, leur multiplicité complexe. Dans le premier cas, la parole est le moyen d'atteindre une substance, l'Être dans sa pérennité et son identité. Dans le second au contraire, l'usage de la parole est un parcours, une incessante poursuite des choses qui vise non leur substance mais leur singularité, un effleurement de leur surface multiforme et inépuisable[3]. « Cette écume, c'est le mot », dit Hugo à propos du mot de Cambronne, qui « trouve à l'âme une expression, l'excrément » (*Mis.*, p. 272). Par cette formule, il souligne la nature matérielle de l'écriture. Peu importe qu'il existe ou non un inexprimable, une énigme irréductible, une chose cachée ou insaisissable. Pour l'écriture, rien n'existe en dehors des traces qui affleurent dans l'agencement textuel ou dans l'esprit du lecteur, du « fond remué [qui] monte à la surface[4] ». C'est le parti pris des romans de Hugo : même s'il y a une pensée hugolienne de nature métaphysique, qui vise un au-delà de la profondeur, comme écriture, elle ne considère que la surface ou plutôt les effets de surface[5].

Écrire en roman, ce n'est donc pas écrire dans une autre langue, mais au contraire écrire *entre* les différentes langues. C'est considérer la langue

1 *Reliquat de l'Homme qui rit*, p. 1083.

2 Cette approche ne concerne pas uniquement des écrits analytiques ; on la retrouve dans certaines expériences poétiques, dont la plus évidente est sans conteste celle de Mallarmé.

3 La surface est donc l'une des clés de la notion de « possible » chez Hugo, telle qu'elle est reprise dans des motifs comme l'asymptote, qui souligne l'absence d'aboutissement, ou la volonté intransitive, qui privilégie l'élan sur le résultat.

4 *Mis*, p. 229.

5 C'est tout le sens d'une figure romanesque comme celle de la pieuvre : inutile d'aller chercher une explication de cette énigme dans une classification scientifique ; mais la logique de la profondeur n'est pas plus satisfaisante, dans la mesure où « c'est une peau. Il n'y a rien dedans. On peut retourner ses huit tentacules du dedans au dehors comme des doigts de gants » (*TM*, p. 281).

non comme un code, mais comme un usage, une formation dialogique[1]. Les traits les plus caractéristiques de la langue romanesque chez Hugo convergent tous vers ce principe. Avant de clore cette étude, nous souhaiterions, non pas les résumer, mais préciser leur mode d'agencement. Le texte des romans est une véritable toile d'araignée[2], simple et transparent en apparence, mais en fait constitué d'une multitude de séries, où les éléments textuels s'agencent de manière aussi serrée que le permettent des fils parfois très ténus. Mettre en relief les nœuds principaux a permis de mieux comprendre les enjeux de la composition romanesque. On peut les regrouper autour de deux principes fondamentaux de son écriture, la notion de contexte et celle d'interaction.

La composition n'est pas un processus arrêté à la publication du livre, elle ne se lit pas dans un contenu de signification, telle est la première conclusion que l'on peut tirer de l'étude de son fonctionnement proprement esthétique dans les romans de Hugo[3]. C'est en effet d'abord sur ce critère que repose la distinction de fonctionnement des régimes représentatif et esthétique : pas de catégorie ou de concept au niveau lexical, de relation sujet/prédicat au niveau syntaxique, ni de taxinomie, de système dialectique ou de structure conditionnant des rapports fixes, au niveau de l'organisation d'ensemble. La composition n'est pas un résultat, une réalité qui existerait en dehors du texte et que la parole n'aurait plus qu'à refléter. C'est un événement, un effet qui se construit, non pas dans l'intentionnalité d'un auteur – en cela elle se distingue d'un processus réflexif – mais dans une situation d'énonciation complexe qui inclut non seulement narration et lecture[4] mais également, en arrière fond, tout un dispositif culturel et social, qui organise l'horizon d'attente des interprètes[5]. Pas plus que le texte n'est un objet existant une fois

1 Interdiscursive aussi bien qu'intertextuelle.

2 Pour reprendre une métaphore du texte, qui se substitue fréquemment à celle du tissu dans les romans de Hugo.

3 Cela ne signifie pas, nous le rappelons, qu'on ne peut pas trouver, dans certains contextes ou dans certaines perspectives de réception, des éléments textuels qui se rapprochent du concept ou de la catégorie ou qui appartiennent au régime représentatif.

4 Voir en particulier p. 349 *sq.*

5 Comme le rappelle François Rastier : « une situation n'est pas un simple état de choses, ni une relation intersubjective qui échapperait à l'histoire : elle ne se définit et ne se circonscrit que relativement à une légalité culturelle et sociale où elle prend son sens initial. En d'autres termes, une situation est une occurrence d'une pratique sociale » (« Le problème épistémologique du contexte et le statut de l'interprétation dans les sciences

pour toutes, la composition n'est pas un élément déjà constitué. Elle est le résultat – temporaire – d'une interaction entre divers facteurs, trop nombreux pour pouvoir être dénombrés, mais dont les grandes lignes, en se stabilisant, forment des faisceaux interprétables. C'est ce que nous a permis de penser l'idée de contexte. La forme signifiante est une variable : elle n'existe pas en soi mais dans un agencement de valeurs ; elle n'a pas de signification mais une portée. C'est ce qui nous a conduit à reconsidérer la notion de morale comme norme absolue et extérieure, au profit d'une conception éthique directement inspirée d'une pratique esthétique[1].

Mais de manière plus générale, se pose le problème d'une forme qui ne se laisse pas réduire à un signe[2]. Ni descriptive ni symbolique, elle correspond à un phénomène plus complexe, qui ne peut se comprendre que dans une perspective pragmatique. Cela se traduit dans le texte par toutes les procédures qui reposent sur des phénomènes indirects, obliques ou ambigus[3]. L'idée de collaboration du lecteur n'est pas suffisante et il faut réellement parler d'interaction ou de « coénonciation ». D'un point de vue formel, c'est l'un des points qui s'est révélé le plus complexe. Le texte n'est pas simplement un ensemble d'instructions destinées, dans une seconde étape, à être suivies à la lettre par le lecteur. Penser véritablement le sens comme effet, c'est aller jusqu'à dire que l'implicite ne peut être ramené à un contenu explicite et que le texte ne constitue qu'un support, une impulsion, une possibilité[4]. La notion de « possible », omniprésente dans la problématique romanesque, ne concerne donc pas

du langage », *Langages*, n° 129, mars 1998 p. 99). Sur le rôle du contexte mondain et de la notion d'« usage », voir la troisième partie.

1 Voir en particulier p. 451 *sq.*
2 Que ce signe soit de nature lexicale ou syntaxique.
3 Voir en particulier p. 91 *sq.*
4 Le texte ne propose que des données en puissance. Pour mieux comprendre ce phénomène, on peut le rapprocher de notions comme les « valeurs potentielles » de François Récanati, qui explique que l'illocutoire n'est pas une force ajoutée à un contenu explicite, mais que le niveau sémantique des actes signifiés comporte d'emblée un potentiel de force illocutionnaire (*Les Énoncés performatifs. Contribution à la pragmatique*, Paris, Minuit, 1981, p. 248-253) ; les « pures virtualités » d'Alain Berrendonner ainsi que sa thèse du « complexe illocutoire » selon laquelle « toute phrase est virtuellement ambiguë » (*Éléments de pragmatique linguistique*, Paris, Minuit, 1981, p. 99) ; ou encore la manière dont Oswald Ducrot écarte la notion de sens littéral pour écrire : « La phrase dit seulement ce qu'il faut faire pour découvrir le sens » et parle à partir de là de stratégies interprétatives (« Texte et énonciation », *Les Mots du discours*, Paris, Minuit, 1980, p. 17 et 19).

seulement les marges de la connaissance[1] ; elle est à la base d'un mécanisme formel fondé sur les principes de virtualité et d'élan. L'étude du fonctionnement de la composition dans les romans de Hugo a permis de mesurer le rôle que jouait ce phénomène. Au niveau le plus simple, il implique un certain nombre d'effets de réception destinés à faciliter la compréhension du lecteur mais surtout à favoriser son adhésion[2]. Mais de manière plus générale, il conditionne la conception même de la forme dans le texte, remettant en cause les notions de sens littéral ou de contenu de signification, et substituant une relation dynamique aux formes schématiques et statiques au pouvoir[3].

Par opposition à la composition transitive (composition *de* quelque chose), la composition contextuelle (composition *avec*) est avant tout de nature relationnelle : la question n'est pas comment construire un système de pensée qui puisse rendre compte de phénomènes extérieurs, mais comment créer une forme collective. Pour cela, le texte met en place un mécanisme stylistique singulier, fondé sur l'articulation de niveaux distincts, ou plutôt la conjugaison de séries hétérogènes, ce qu'on peut appeler avec Deleuze une synthèse disjonctive. Tout se fait sous le signe de la rencontre dans les romans de Hugo : rien n'est imposé d'avance, aucun contenu, aucune solution, mais chaque élément se présente comme une invitation, un possible. Cela nous a conduit à examiner le texte dans une perspective spatiale. L'étude de l'espace romanesque a ainsi indiqué que rares sont les éléments qui peuvent être localisés : la forme romanesque est de nature diffuse, c'est un « tourbillon », un courant maritime ou un souffle aérien. C'est pourquoi la notion de contexte ou de zone est généralement requise pour expliquer le fonctionnement des éléments textuels. Loin de se présenter comme un parcours linéaire, l'espace romanesque se développe en épaisseur au gré des correspondances qui articulent niveaux ou séries. L'idée comme rouage est un « rien » positif[4], un lieu indéfini qu'on ne peut viser directement, une absence de charnière qui fait qu'il y a toujours du jeu entre les pièces. Aussi la figure dans les romans n'est-elle jamais un avatar de la catégorie, mais un conflit conceptuel[5], la phrase

1 Sur ce point, voir p. 37 *sq.*
2 Sur ce point, voir en particulier p. 211 *sq.*
3 Voir en particulier p. 303 *sq.* et 497 *sq.*
4 Voir en particulier p. 91 *sq.* et 405 *sq.*
5 P. 91 *sq.*

une périphrase[1], et l'origine de la parole une zone indéterminée[2]. Tous ces éléments sont des conséquences de l'indétermination du discours littéraire, qui constitue le principal point de distinction entre régimes représentatif et esthétique. Ils sont également à l'origine de la principale difficulté qu'il y a pour faire accepter la perspective d'une cohérence singulière. Manquant d'appuis concrets dans le texte, le lecteur risque de ne saisir que la dimension anecdotique de la narration. Aussi l'un des points essentiels de la stylistique de Hugo réside-t-il dans tous les mécanismes d'indexation, de lignes de fuite et d'embrayage, qui permettent sans relâche de relancer l'intérêt vers le processus lui-même.

Opérant à un niveau plus global que local, le style de Hugo affiche peu ses mécanismes de déconstruction de la représentation. Apparemment simple et parfaitement lisible, son écriture romanesque est en fait soutenue par une multiplicité d'agencements textuels, qui sont autant de supports de l'effet. Composite, la forme interprétative ne correspond pas à un élément en particulier mais à une multiplicité d'éléments, trop importante pour pouvoir être localisée, trop diverse pour pouvoir être identifiée. Ce processus complexe se signale dans le texte sous la forme de traces mais aussi d'indices ou de symptômes. Ce sont toutes les zones de l'hétérogène et des marges du texte, les phénomènes de polyphonie, de répétition et de métamorphose. Mais pour qu'il y ait réception, il est nécessaire de ménager une configuration moins dense[3]. C'est pourquoi le texte crée des points d'appui pour le lecteur, des zones d'équilibre plus faciles à appréhender. C'est ce que les romans appellent des « blocs » : dépassant le niveau de l'individu[4], ils forment des agencements temporairement stabilisés qui ouvrent la possibilité d'une appréhension, sans pour autant se figer dans une identité. Mais surtout ils permettent plusieurs niveaux de réception. « Entrechoquer » ces blocs permet de les faire résonner,

1 P. 37 *sq.* et 497 *sq.*

2 P. 349 *sq.*

3 C'est ce que rappellent sans cesse les « tempêtes sous un crâne » comme expériences-limites de la pensée : « Par degré la dilatation se faisait en sa pensée dans les ténèbres de l'incident comme elle s'était faite en sa pupille dans les ténèbres du souterrain de Southwark. Le difficile, c'est de parvenir à mettre un certain espacement entre tant de sensations accumulées. Pour que cette combustion des idées troubles, dite compréhension, puisse s'opérer, il faut de l'air entre les émotions. L'air ici manquait. L'événement, pour ainsi dire, n'était pas respirable » (*HQR*, p. 652).

4 Aussi bien en ce qui concerne la clôture d'une conscience dans un sujet que la définition d'un objet dans une perspective essentialiste.

dans un jeu différentiel qui fait jaillir, de manière fugace, « l'étincelle » pour le plus entraîné des récepteurs, le lecteur « athlète », dont l'adresse de gymnaste permet, pour un moment, de saisir l'événement formel ; mais ils sont également la clé des réceptions les plus modestes ; le lecteur débutant les utilisera de manière dissociée, choisissant ceux qui lui sont les plus familiers pour, au fur et à mesure, parvenir à intégrer ceux qui lui étaient étrangers. Cette conception de la réception remet en cause la définition habituelle de l'énigme[1], généralement associée à la notion d'opacité. Dans cette logique, l'idée de collaboration du lecteur a souvent été limitée à une perspective phénoménologique, comme une manière de dévoiler un sens caché dans les replis d'un discours qui se veut cryptique. Rien de tel dans les romans de Hugo. C'est dans un discours au premier abord parfaitement compréhensible, que se cachent, en pleine lumière[2], des énigmes qui sont en apparence d'une parfaite clarté discursive[3]. Aucun besoin d'être spécialiste des jeux hermétiques pour les aborder, syntaxe et lexique étant la plupart du temps sans difficulté. C'est au niveau plus large de l'organisation d'ensemble que l'énigme prend toute son ampleur, dans l'agencement des différents blocs de clarté juxtaposés dans les romans[4].

C'est tout le sens du montage comme principe fondamental de l'esthétique romanesque de Hugo. C'est par leur confrontation, non par leur structure propre que les séquences échappent au régime représentatif. Si le texte propose des passages d'une grande lisibilité, l'éclairage qu'il porte sur eux en dévoile l'artifice. Cet éclairage n'est pas unique et ne provient d'aucun lieu de vérité qui jouerait le rôle de point de référence et prétendrait se soustraire au jeu de la confrontation[5]. C'est chaque élément qui tour à tour sert à jeter, comparativement, une lumière démystifiante sur les autres avant d'être soumis par eux-mêmes au même sort. Le texte

1 Sur ce point, voir en particulier p. 91 *sq.*

2 Ce lien entre clarté et énigme est thématisé dans la description de l'étrange clarté de la grotte marine des *Travailleurs de la mer* : « Il y avait du jour dans cette cave, mais du jour inconnu. Il n'y avait plus dans cette clarté rien de notre lumière. […] La lumière était une énigme » (*TM*, p. 221).

3 Sur le travail de la simplicité chez Hugo, voir en particulier p. 211 *sq.*

4 Ce phénomène est une conséquence du double niveau de lecture, qu'on a pu observer dans l'étude des romans. Au niveau représentatif, les différents ensembles apparaissent comme les étapes du déroulement linéaire de la narration ; mais au niveau esthétique qui, comme cela a été étudié (p. 171 *sq.*), s'ouvre en épaisseur, les blocs ne sont pas des segments fixes mais des groupements de méthode ; aussi le lien qui les unit est-il contingent, ce qui permet de parler de juxtaposition.

5 C'est ce que souligne France Vernier (« *Les Misérables*, un texte intraitable », art. cité).

ne propose aucune solution, il ne choisit pas entre un mode d'écriture ou un autre. Il se contente de les juxtaposer, traitant chacun pour lui-même, mais les exposant tous à la confrontation. Montages parallèles[1], montage du cliché[2], montage des différentes séries dans un régime de variables[3], ce principe est bien l'une des principales conséquences de l'idée de dynamique contextuelle. Car la forme rythmique telle que nous avons pu l'observer[4] est bien une manière de montage. À un niveau général, les rythmes sémantiques correspondent en effet à un mode d'organisation souple et non représentatif, qui permet d'agencer les différents blocs : loin de la composition rigide de la forme schématique, ceux-ci peuvent se stabiliser de manière contingente, proposant des configurations aux contours suffisamment précis pour pouvoir être lisibles, mais en même temps assez flexibles pour pouvoir varier en fonction des contextes.

Mais ce phénomène ne concerne pas seulement les structures générales du roman. Il se manifeste à tous les niveaux, insufflant ce processus jusqu'aux éléments les plus discrets. Chaque question peut se ramener à une tension, comme nous avons eu l'occasion de l'observer au fil des études. Les gérer constitue ainsi l'une des principales tâches de l'écriture romanesque. C'est là que se révèlent les ressources stylistiques les plus originales : choisissant d'affronter les contradictions plutôt que de les éluder, le texte met en place des procédures complexes qui permettent de conserver leur dynamique tout en leur donnant une forme lisible. Excès, dilatation, usage de la répétition et du principe de continuité sont plus que de simples traits stylistiques. S'ils se manifestent dans des structures ou des figures particulières[5], ils sont aussi de puissants principes. Loin de se figer dans une aporie ou de se dissoudre dans une synthèse dialectique, la tension dans les romans de Hugo est affirmée comme origine du mouvement ; c'est le principe de la conjugaison, du clinamen[6], qui ouvre un espace de respiration entre les pôles, interstice de liberté qui laisse la voie ouverte aux multiples déplacements.

Mais le travail de ces tensions est aussi le premier signe du caractère matérialiste du romanesque de Hugo. L'écriture chez Hugo va toujours

1 Voir p. 153 *sq.*
2 Voir p. 211 *sq.*
3 Voir p. 451 *sq.*
4 Voir en particulier p. 497 *sq.*
5 Antithèses, oxymores, figures d'amplification, hyperboles ou métaboles, etc.
6 Sur ce point voir en particulier p. 497 *sq.*

de l'idéal à la matière, du transcendant vers l'immanent, même si ce mouvement produit une tension[1]. Plusieurs éléments soulignent ce phénomène. Des termes comme « immanence[2] », particuliers aux romans de l'exil, jouent le rôle d'embrayeur entre interrogations métaphysiques et pratique empirique de l'écriture. Tous les degrés sont représentés, comme si se manifestait, à l'intérieur du lexique, le mouvement même du passage entre deux types d'expérience, spirituelle et scripturale. Le devenir critique de certaines digressions romanesques est à ce titre particulièrement éloquent. Le texte intitulé « Philosophie[3] », contemporain du chantier de reprise des *Misérables*, permet de mesurer l'écart entre discours analytique et romanesque. Ce « quasi ouvrage sur [sa] philosophie religieuse et personnelle », destiné à servir de préface soit aux *Misérables* soit à l'ensemble de ses œuvres, ne sera pas achevé, sans doute parce que les œuvres elles-mêmes ont donné des réponses bien plus satisfaisantes.

Ce point en amène un autre, tout aussi singulier, que résume d'ailleurs une formule de l'introduction de « Philosophie » : « La situation d'esprit d'un auteur importe au livre lui-même et s'y réverbère[4]. » L'expression « s'y réverbère » ainsi que la distinction du livre et de son auteur soulignent l'importance de la distinction entre personnalité de l'auteur et voix du texte. Plusieurs voix, incluant celle du lecteur[5], se mêlent dans les romans, origine de toutes sortes de dimensions y compris représentative. Ce phénomène constitue l'une des principales difficultés de l'étude de la composition. Il engage tout particulièrement la distinction entre contenu de signification et forme-sens. Seul l'examen des faits d'hétérogénéité

1 Ce phénomène apparaît clairement dans l'opposition entre Dea et Josiane. Si la première symbolise l'idéal et la pureté de l'amour de Gwynplaine, la seconde est la vie, « la chair qui palpite ». Même si Gwynplaine aussi attiré qu'effrayé finit par rejoindre Dea, son expérience avec Josiane restera la plus forte. Si comme le dit Victor Brombert, « la chair comme matière demeure une réalité menaçante chez Hugo » (*Victor Hugo et le roman visionnaire*, Paris, PUF, 1985, p. 242), elle donne lieu aux plus beaux passages d'écriture.

2 Sur la particularité de ce terme voir notamment p. 37 *sq.* Si ce phénomène apparaît plus clairement dans certaines structures, il est présent dans tous les éléments du roman. Voir en particulier l'utilisation du nom propre (p. 303 *sq.*) et le traitement du lyrisme (p. 349 *sq.*).

3 *Ph.*, p. 467-534.

4 *Ibid.*, p. 467.

5 Car c'est « la lecture [qui] transforme le fragmentaire en totalité », pour reprendre l'expression de Jacques Dürrenmatt (*Bien coupé mal cousu. De la ponctuation et de la division du texte romantique*, Presses Universitaires de Vincennes, collection essais et savoirs, 1998, p. 152).

et de polyphonie dans le texte des romans permet de mettre au jour cette seconde dimension souvent occultée par la première, plus explicite.

Dans un article consacré à la « chose littéraire[1] », Pierre Macherey oppose le « champ littéraire » de Bourdieu et « l'espace littéraire » de Blanchot. Dans le premier, l'écrivain, s'intégrant, à sa manière en « s'exceptant », adopte une position qui se définit en s'opposant à l'intérieur d'un système de relations en permanence remodelables. Par opposition à cette logique du point de vue, l'idée d'espace littéraire témoigne d'une conception de la littérature qui ne s'intègre pas à un ensemble de corrélations, mais s'affirme uniquement en référence à elle-même, qui ne se laisse pas confiner dans la clôture d'un champ, mais « ouvre la perspective du grand large », et se définit comme un « pôle d'excellence[2] » dont ne peut s'approcher qu'une élite. En formation au XIXe siècle, ces deux conceptions résonnent dans l'œuvre de Hugo. Dans laquelle s'inscrit-il plus particulièrement ? Dans les deux ou plutôt dans aucune, ne serait-ce que parce qu'elles reconduisent une logique du partage, qu'il soit hérité ou conquis. Comme chose publique, comme langue internationale, comme genre flottant, le roman plaide pour un espace démocratique, où le pouvoir ne tient pas à la place qu'on occupe. À côté de la dialectique du drame, qui permet à Hugo de mettre en lumière le problème du déterminisme historique, entre les lignes de la poésie, qui reste le genre idéal pour penser l'exigence éthique, la matière du roman s'affirme comme paradoxe, pour mieux s'ouvrir à une cohérence en constant déplacement.

1 « La chose littéraire », postface à *La Production de l'immatériel, Théories, représentations et pratiques de la culture au XIXe siècle*, Saint-Étienne, Publications de l'Université de Saint-Étienne, 2008, p. 442-455.

2 *Ibid.*, p. 448.

BIBLIOGRAPHIE (OUVRAGES CITÉS)

OUVRAGES DE VICTOR HUGO

ÉDITION DE RÉFÉRENCE

HUGO, Victor, *Œuvres complètes*, dir. Jacques Seebacher et Guy Rosa, Paris, Robert Laffont, collection « Bouquins », 1985.

AUTRES ÉDITIONS UTILISÉES

HUGO, Victor, *Œuvres complètes*, 45 volumes, éd. P. Meurice, G. Simon et C. Daubray, Paris, Imprimerie Nationale, Librairie Ollendorff, 1901-1952.

HUGO, Victor, *Œuvres complètes*, 18 volumes, édition chronologique publiée sous la direction de Jean Massin, Paris, Club français du livre, 1967-1970.

HUGO, Victor, *L'Homme qui rit*, 2 volumes, introduction de Marc Eigeldinger et Gérald Schaeffer, notes de Gérald Schaeffer, Paris, Garnier Flammarion, 1982.

HUGO, Victor, *Les Misérables*, édition établie et annotée par Maurice Allem, Paris, Gallimard, « Bibliothèque de la Pléiade », 1951.

HUGO, Victor, *Les Misérables*, 3 volumes, préface de Vercors, commentaires de Nicole Savy, notes de Guy Rosa, Librairie Générale française, « Le Livre de poche », 1985.

HUGO, Victor, *Les Misérables*, édition critique et génétique établie par Guy Rosa, publiée sur le site du groupe Hugo, http//groupugo.div.jussieu.fr/Miserables/Default.htm.

HUGO, Victor, *Notre-Dame de Paris, Les Travailleurs de la mer*, textes établis, présentés et annotés par Jacques Seebacher et Yves Gohin, Paris, Gallimard, « Bibliothèque de la Pléiade », 1975.

HUGO, Victor, *Quatrevingt-treize*, préface d'Yves Gohin, Paris, « Folio » Gallimard, 1979.

HUGO, Victor, *Quatrevingt-treize*, présentation, note et dossier par Judith Wulf, Paris, GF, 2002.

ÉTUDES PORTANT SUR VICTOR HUGO

ALBOUY, Pierre, *La Création mythologique chez Victor Hugo*, Paris, José Corti, 1968.

ALBOUY, Pierre, « Hugo ou le je éclaté », *Romantisme*, n° 1-2, 1971 p. 53-64.

ANTOINE, Gérald, « La langue de Victor Hugo », http://www.asmp.fr-AcadémiedesSciencesmorales etpolitiques.

BARBEY D'AUREVILLY, Jules, *Victor Hugo*, Paris, Crès et Cie, 1922.

BARRÈRE, Jean-Bertrand, *La Fantaisie de Victor Hugo*, Paris, José Corti, 3 volumes, 1949, 1950, 1960.

BAUDELAIRE, Charles, « *Les Misérables* par Victor Hugo », article publié dans *Le Boulevard* du 20 avril 1862, repris dans *L'Art romantique, Œuvres complètes*, tome II, Paris, Gallimard, « Bibliothèque de la Pléiade », 1976.

BELLET, Roger, « Le G majuscule dans l'onomastique hugolienne », *G comme Hugo*, textes réunis par Antoine Court et Roger Bellet, Travaux LV, Centre Interdisciplinaire d'Études et de Recherches sur l'expression contemporaine, Université de Saint-Étienne, 1987, p. 9-16.

BILOUS, Nicole, « La Fiente et la Feinte. Idée du mot et travail du texte dans *Les Misérables* », *Idéologies hugoliennes*, actes du colloque interdisciplinaire de l'université de Nice des 23, 24, 25 mai 1985 organisé par Anne-Marie Amiot, Éditions Serre, Nice, 1985, p. 167-179.

BRIÈRE, Chantal, *Victor Hugo et le roman architectural*, Paris, Honoré Champion, 2007.

BROMBERT, Victor, « Victor Hugo : l'auteur effacé ou le moi de l'infini », *Poétique*, n° 52, nov. 1982, p. 417-429.

BROMBERT, Victor, *Victor Hugo et le roman visionnaire*, Paris, PUF, 1985 pour la traduction française.

BRUNET, Émile, « Le dictionnaire de Hugo a-t-il un bonnet rouge ? », *Cahiers de lexicologie*, vol 50, n° 1, 1987, p. 35-53.

BUTOR, Michel, *Répertoire II*, Paris, Minuit, 1964.

CAMPION, Pierre, « La raison lyrique », [en ligne] http://pierre.campion2.free.fr/express23.htm.

CAMPION, Pierre, « *Quatrevingt-Treize* de Victor Hugo. Un drame sans dénouement », [en ligne] http://pierre.campion2.free.fr/c93.htm.

CHARLES, David, *La Pensée technique dans l'œuvre de Victor Hugo*, Paris, PUF, 1997.

CHARLES, David, « Le trognon et l'omnibus : faire de sa misère une barricade », *La Barricade*, Actes du colloque de Paris (1995), Centre de Recherches sur l'Histoire du XIXe siècle et Société d'Histoire de la Révolution de 1848 et des Révolutions du XIXe siècle, dir. A. Corbin et J.-M. Mayeur, Paris, Publications de la Sorbonne, 1997.

CHARLES-WURTZ, Ludmila, *Poétique du sujet lyrique dans l'œuvre de Victor Hugo*, Paris, Honoré Champion, 1998.

COLLOT, Michel, « L'esthétique baroque dans *L'Homme qui rit* », L'Homme qui rit *ou la parole-monstre de Victor Hugo*, Société des études romantiques, Paris, SEDES, 1985, p. 99-121.

COURT, Antoine, « Lamartine "lecteur" des *Misérables* », *G comme Hugo*, textes réunis par Antoine Court et Roger Bellet, Travaux LV, Centre Interdisciplinaire d'Études et de Recherches sur l'expression contemporaine, Université de Saint-Étienne, 1987, p. 43-56.

DHAINAUT, Pierre, *La Demeure océan de Victor Hugo*, Paris, Nouvelle société des Éditions Encre, 1984.

DUFOUR, Philippe, « De la langue aux langages : *Les Misérables* », *Victor Hugo et la langue*, dir. Florence Naugrette et Guy Rosa, Rosny-sous-Bois, Bréal, 2005, p. 299-316.

DÜRRENMATT, Jacques, « Virgules et blancs : une question d'importance ? », *Victor Hugo et la langue*, dir. Florence Naugrette et Guy Rosa, Rosny-sous-Bois, Bréal, 2005, p. 71-86.

GAUDON, Jean, « Je ne sais quel jour de soupirail », *Le Centenaire des Misérables. 1862-1962. Hommage à Victor Hugo*, actes du colloque organisé du 10 au 17 décembre 1961 par le Centre de Philologie et de Littératures Romanes de la Faculté des lettres de Strasbourg, Strasbourg, 1962, repris dans Victor Hugo, *Œuvres complètes*, Club français du livre, tome XI, p. XLIX-LX.

GAUDON, Jean, « Éloge de la digression », *Travaux de linguistique et de littérature*, Paris, Klincksieck, 1968, p. 125-142.

GAUDON, Jean, « Victor Hugo : mesure et démesure », *La Revue d'histoire littéraire de la France*, mars-avril 1980, p. 223-224.

GAUDON, Jean, « Les vicissitudes du savoir », L'Homme qui rit *ou la parole-monstre de Victor Hugo*, Société des études romantiques, Paris, SEDES, 1985, p. 25-34.

GAUDON, Jean, « Bricolage et collage », *Soleil d'encre : manuscrits et dessins de Victor Hugo*, Paris, Paris Musées, 1985, p. 21-22.

GAUDON, Jean, « Collages : *la France pittoresque* dans *Les Misérables* », *Victor Hugo*, Les Misérables. *La preuve par les abîmes*, actes du colloque d'agrégation du 3 décembre 1994, organisé par la Société des études romantiques, édit. José-Luis Diaz, Paris, SEDES, 1994, p. 21-33.

GEORGEL, Pierre, « “Pour l'intimité” : les champs de la communication de l'œuvre graphique de Hugo », groupe Hugo du 20 avril 1991, http://groupugo.div.jussieu.fr/Groupugo/91-04-20georgel.htm.

GOHIN, Yves, *Sur l'emploi des mots immanent et immanence chez Victor Hugo*, Archives Hugoliennes, n° 6. Archives des lettres modernes, 1968.

GOHIN, Yves, « Une écriture de l'immanence », *Hugo le fabuleux*, actes du colloque organisé par le centre culturel international de Cerisy-la-salle, 30 juin-10 juillet 1984, dir. Jacques Seebacher et Anne Ubersfeld, Paris, Seghers, 1985, p. 19-37.

GOHIN, Yves, « Histoire d'un ourson : *L'Homme qui rit* et *Mangeront-ils* », L'Homme qui rit *ou la parole-monstre de Victor Hugo*, Société des études romantiques, Paris, SEDES, 1985, p. 55-70.

GRANET, Michel, « L'idéologie de la révolution chez Victor Hugo à travers sa trilogie incomplète *L'Homme qui rit / La Monarchie ! / Quatrevingt-treize* », *Idéologies hugoliennes*, actes du colloque interdisciplinaire de l'université de Nice des 23, 24, 25 mai 1985 organisé par Anne-Marie Amiot, Nice, Éditions Serre, 1985, p. 19-29.

GRIMAUD, Michel, « Compétence narrative et nom propre », L'Homme qui rit *ou la parole-monstre de Victor Hugo*, Société des études romantiques, Paris, SEDES, 1985, p. 141-168.

HALSALL, Albert W., *Victor Hugo et l'art de convaincre. Le récit Hugolien : rhétorique, argumentation, persuasion*, Montréal, Les Éditions Balzac, 1995.

HAMMON, Philippe, « La description de l'indescriptible chez Hugo », « Groupe Hugo » du 19 mai 1990, http://groupugo.div.jussieu.fr/Groupugo/90-05-19hamon.htm.

HOVASSE, Jean-Marc, « Victor Hugo raconté par le roman de sa vie », *Les Misérables, un roman inconnu ?*, Maison de Victor Hugo, 10 octobre 2008-1er février 2009, dir. Danielle Molinari et Vincent Gille, Paris-Musées, 2008, p. 39-44.

HUET-BRICHARD, Marie-Catherine, « Le “petit” dans *La Légende des siècles* », La Légende des siècles *de Victor Hugo*, dir. José-Luis Diaz, Paris, SEDES, 2001.

HUNT, H. J., « Le sens épique des *Misérables* », *Le Centenaire des Misérables, 1862-1962. Hommage à Victor Hugo*, actes du colloque organisé du 10 au 17 décembre 1961 par le Centre de Philologie et de Littératures Romanes de la Faculté des Lettres de Strasbourg, Strasbourg, Presses Universitaires de Strasbourg, 1962, p. 127-138.

JENNY, Laurent, *La Terreur et les signes. Poétiques de la rupture*, Paris, Gallimard, 1982.

JENNY, Laurent, « Tombeau », *Hugo dans les marges*, textes réunis par Lucien Dällenbach et Laurent Jenny, Genève, Zoé, 1985.

JENNY, Laurent et DALLENBACH, Lucien, « Introduction », *Hugo dans les marges*, Genève, Zoé, 1985.

JOURNET, René, « Victor Hugo et la métamorphose du roman » *Romantisme*, n° 60, 1988, p. 109-114.

JOURNET, René, et ROBERT, Guy, *Le Manuscrit des « Misérables »*, Paris, Les Belles Lettres, Annales littéraires de l'université de Besançon, volume 61, 1963.

LAFORGUE, Pierre, « La reprise des *Misérables* en 1860 », *La Pensée*, mai-juin 1985, p. 29-40.

LAFORGUE, Pierre, « Filousophie de la misère », Les Misérables *: nommer l'innommable*, dir. Gabrielle Chamarat, Orléans, Paradigmes, 1994, p. 73-85.

LAFORGUE, Pierre, « *Bug Jargal* ou de la difficulté d'écrire en style blanc », *Romantisme*, n° 69, 1990, p. 29-42.

LAFORGUE, Pierre, *Gavroche. Études sur « Les Misérables »*, Paris, SEDES, 1994.

LAMARTINE, Alphonse de, « Considérations sur un chef-d'œuvre ou le danger du génie. *Les Misérables*, par Victor Hugo », Entretiens 83 à 87, *Cours familier de littérature*, tome XV, Paris, L'auteur, 1863.

LARTHOMAS, Pierre, « Théories linguistiques de l'école romantique : le cas de Victor Hugo », *Romantisme*, n° 86, p. 67-72.

LAURENT, Franck, « Langue et nation », *Victor Hugo et la langue*, dir. Florence Naugrette et Guy Rosa, Rosny-sous-Bois, Bréal, 2005, p. 525-548.

LAURENT, Franck, *Victor Hugo. Espace et politique* (Jusqu'à l'exil : 1823-1852), Rennes, Presses Universitaires de Rennes, 2008.

LAUTIER, Claudine, « La belle et la bête et le parler vrai », *Idéologies hugoliennes*, actes du colloque interdisciplinaire de l'université de Nice des 23, 24, 25 mai 1985 organisé par Anne-Marie Amiot, Nice, Éditions Serre, 1985, p. 59-69.

LEUILLIOT, Bernard, « "Ceci tuera cela" : Le roman et le paradoxe littéraire », *Littérature*, n° 36, déc. 1979, p. 3-18.

LEUILLIOT, Bernard, « Philosophie(s) : commencement d'un livre », *Lire* Les Misérables, textes réunis et présentés par Anne Ubersfeld et Guy Rosa, Paris, José Corti, 1985.

LEUILLOT, Bernard, « La loi des tempêtes », *Hugo le fabuleux*, actes du colloque organisé par le centre culturel international de Cerisy-la-salle, 30 juin-10 juillet 1984, dir. Jacques Seebacher et Anne Ubersfeld, Paris, Seghers, 1985, p. 84-97.

MATHIEU, Georges, *Changer de chapitre dans* Les Misérables, Paris, Honoré Champion, 2007.

MAUREL, Jean, *Victor Hugo philosophe*, Paris, PUF, 1985.

MAUREL, Jean, « L'homme qui écrit », L'Homme qui rit *ou la parole-monstre de Victor Hugo*, Paris, Société des études romantiques, SEDES, 1985, p. 199-229.

MAUREL, Jean, « L'alphabet analphabète ou Victor Hugo de A à Z (idéologie et idéographie) », *Littérature et idéologie*, colloque de Cluny II, La nouvelle critique, spécial 39 bis, p. 101-110.

MAUREL, Jean, *Le Vocabulaire de Victor Hugo*, Paris, Ellipses, 2006.

MESCHONNIC, Henri, « La poésie dans *Les Misérables* », Victor Hugo *Œuvres complètes*, Club français du livre, t. XI, p. XXV à XLVI.

MESCHONNIC, Henri, *Écrire Hugo. Pour la Poétique IV*, tome 2, Paris, Gallimard, 1977.

MESCHONNIC, Henri, « Ce que Hugo dit de la langue », *Romantisme*, IX, n° 25-26, 1979, p. 57-73.

MESCHONNIC, Henri, « Victor Hugo. Pour la poétique aujourd'hui », *Hugo le fabuleux*, actes du colloque organisé par le centre culturel international de Cerisy-la-salle, 30 juin-10 juillet 1984, dir. Jacques Seebacher et Anne Ubersfeld, Paris, Seghers, 1985, p. 286-296.

MILLET, Claude, *Victor Hugo. La Légende des siècles*, Paris, PUF, « Études littéraires », 1995.

MILLET, Claude, « Histoire de la langue », *Victor Hugo et la langue*, dir. Florence Naugrette et Guy Rosa, Rosny-sous-Bois, Bréal, 2005, p. 549-562.

MILLET, Claude, « Amphibologie : le génie, le passant, la philosophie, l'opinion », Les Misérable *: nommer l'innommable*, dir. Gabrielle Chamarat, Orléans, Paradigme, Orléans, 1994, p. 123-149.

MOULIN, Christine, « La liste dans les fragments de Victor Hugo : "une machine faite esprit" », communication au groupe Hugo du 18 juin 2011 [en ligne] http://www.groupugo.univ-paris-diderot.fr/groupugo/doc/11-06-18moulin.pdf.

NAUGRETTE, Florence, « Le coup de théâtre dans la dramaturgie hugolienne », communication au Groupe Hugo du 23 janvier 1999, [en ligne], http://www.groupugo.univ-paris-diderot.fr/groupugo/99-01-23Naugrette.htm.

NAUGRETTE, Florence, « Le devenir des emplois tragiques et comiques dans le théâtre de Hugo », communication au Groupe Hugo du 31 mars 2001, [en ligne], www.groupugo.univ-paris-diderot.fr /groupugo/01-03-31naugrette.htm.

NEEFS, Jacques, « Penser par la fiction », *Hugo le fabuleux*, actes du colloque organisé par le centre culturel international de Cerisy-la-salle, 30 juin-10 juillet 1984, dir. Jacques Seebacher et Anne Ubersfeld, Paris, Seghers, 1985, p. 98-107.

NEVEU, Franck, « De la phrase au texte. Les constructions appositives détachées et la structure informationnelle de l'énoncé dans *Les Misérables* », *L'Information grammaticale*, n° 64, 1995, p. 23-26.

PETITIER, Paule, « Le nombre dans *Les Misérables*, une opération de conscience », Les Misérables *: nommer l'innommable*, dir. Gabrielle Chamarat, Orléans, Paradigmes, 1994, p. 15-42.

PLANCHE, Gustave, « Poètes et romanciers modernes de la France. M. Victor Hugo », *Revue des Deux Mondes*, 1838, t. I, p. 757.

POMMIER, Jean, « Premiers pas dans l'étude des Misérables », *Le Centenaire des Misérables*, 1862-7962. *Hommage à Victor Hugo*, actes du colloque organisé du 10 au 17 décembre 1961 par le Centre de Philologie et de Littératures Romanes de la Faculté des Lettres de Strasbourg, Strasbourg, Presses Universitaires de Strasbourg, 1962, p. 29-37.

PRAT, Marie-Hélène, « Aspects de la phrase hugolienne dans *L'Homme qui rit* », *L'Information grammaticale*, n° 23, octobre 1984, p. 24-29.

PRAT, Marie-Hélène, « Victor Hugo ou l'homme qui parle », *L'Information grammaticale*, n° 24, janvier 1985, p. 28-32.

PRÉVOST, Maxime, *Rictus romantiques. Politique du rire chez Victor Hugo*, Montréal, Presses de l'Université de Montréal, 2002.

RÉMUSAT, Charles-François-Marie de, « Du *Cromwell* de M. Victor Hugo », *Critiques et études littéraires. Passé et présent*, tome I, Paris, Didier, nouvelle édition, 1859.

REYNAUD, Jean-Pierre, « Le contour et l'infini », *Victor Hugo et les images*, actes du colloque de Dijon, Musée des Beaux-Arts, 19 et 20 octobre 1984, organisé par la ville de Dijon et le Centre de recherche sur l'image, le symbole et le mythe de l'Université de Dijon, textes réunis par Madeleine Blondel et Pierre Georgel, Dijon, Ville de Dijon, Paris, diff. Aux Amateurs de Livres, 1989, p. 213-222.

RIFFATERRE, Michael, « Sémiosis hugolienne », *Hugo le fabuleux*, actes du colloque organisé par le centre culturel international de Cerisy-la-salle, 30 juin-10 juillet 1984, dir. Jacques Seebacher et Anne Ubersfeld, Paris, Seghers, 1985, p. 38-60.

RIMBAUD, Arthur, *Lettres de la vie littéraire d'Arthur Rimbaud*, Paris, Gallimard, « L'imaginaire », 1990.

ROMAN, Myriam et BELLOSTA, Marie-Christine, Les Misérables, *roman pensif*, Paris, Belin Sup, 1995.

ROSA, Guy, « Idéologique hugolienne ; Hommage à Pierre Albouy », *Recherches en sciences des textes*, dir. Yves Gohin et Robert Ricatte, Grenoble, Presses Universitaires de Grenoble, 1977, p. 7-17.

ROSA, Guy, « Du moi-je au mage, individu et sujet dans le romantisme et chez Victor Hugo », *Hugo le fabuleux*, actes du colloque organisé par le centre culturel international de Cerisy-la-salle, 30 juin-10 juillet 1984, dir. Jacques Seebacher et Anne Ubersfeld, Paris, Seghers, 1985, p. 267-285.

ROSA, Guy, « "Jean Valjean" (I, 2, 6), réalisme et irréalisme dans *Les Misérables* », *Lire* Les Misérables, textes réunis et présentés par Anne Ubersfeld et Guy Rosa, Paris, José Corti 1985 p. 205-238.

Rosa, Guy, « Critique et autocritique dans *L'Homme qui rit* », L'Homme qui rit *ou la parole-monstre de Victor Hugo*, Société des études romantiques, Paris, SEDES, 1985, p. 5-23.

Rosa, Guy, « Victor Hugo poète romantique ou le droit à la parole », *Romantisme*, n° 60, 1988, p. 37-55.

Rosa, Guy, « Victor Hugo poète romantique ou le droit à la parole », *Romantisme*, n° 60, 1988, p. 37-55.

Rosa, Guy, « Hugo complet », *Éditer des manuscrits*, dir. Béatrice Didier et Jacques Neefs, Vincennes, Presses Universitaires de Vincennes, 1996, p. 83-94.

Rosa, Guy, « *Ce que c'est que l'exil* de Victor Hugo », communication au groupe Hugo du 20 octobre 2001, [en ligne] http://groupugo.div.jussieu.fr/Groupugo/01-10-20rosa.htm.

Rosa, Guy, « "L'avenir arrivera-t-il ?" *Les Misérables* roman de l'Histoire », *Écriture(s) de l'histoire*, dir. Gisèle Séginger, Presses Universitaires de Strasbourg, 2005, p. 53-80.

Rosa, Guy, « Parole et livre, comment Hugo publie », *Promenades et souvenirs – Mélanges offerts à Gabrielle Chamarat*, Cahiers RITM de l'Université Paris-Ouest Nanterre, 2009.

Rosa, Guy et Nabet, Jean-Claude, « L'argent des *Misérables* », *Romantisme*, n° 40, 1983, p. 87-114.

Seebacher, Jacques, « Esthétique et politique chez Victor Hugo : "L'utilité du beau" », *Cahiers de l'Association nationale des études françaises*, 1979, vol. 19, n° 19, p. 245, p. 233-246.

Seebacher, Jacques, *Victor Hugo ou le calcul des profondeurs*, Paris, PUF, 1993.

Stein, Marieke, *« Un homme parlait au monde ». Victor Hugo orateur politique (1846-1880)*, Paris, Honoré Champion, 2007.

Ubersfeld, Anne, « Le carnaval de *Cromwell* », *Romantisme*, n° 1-2, 1971, p. 80-93.

Ubersfeld, Anne, *Le Roi et le bouffon. Essai sur le théâtre de Victor Hugo*, Paris, José Corti, 1974.

Ubersfeld, Anne, « Nommer la misère », *Revue des sciences humaines*, n° 156, 1974, p. 560-568.

Ubersfeld, Anne, « *Chaos vaincu* ou la transformation », *Revue d'histoire littéraire de la France*, janv.-fév. 1984, p. 67-76.

Ubersfeld, Anne, « *Les Misérables.* Théâtre-Roman », *Lire* Les Misérables, textes réunis et présentés par Anne Ubersfeld et Guy Rosa, Paris, José Corti, 1985, p. 119-134.

Ubersfeld, Anne, *Paroles de Hugo*, Paris, Messidor/Éditions sociales, 1985.

Ubersfeld, Anne, « Limites du romanesque », *Victor Hugo et le romanesque*, « Études romanesques », 9, Minard, 2005, p. 11-17.

VERNIER, France, « *Les Misérables* ou de la modernité », *Hugo le fabuleux*, actes du colloque organisé par le centre culturel international de Cerisy-la-salle, 30 juin-10 juillet 1984, dir. Jacques Seebacher et Anne Ubersfeld, Paris, Seghers, 1985, p. 61-83.

VERNIER, France, « *Les Misérables* : un texte intraitable », *Lire* Les Misérables, textes réunis et présentés par Anne Ubersfeld et Guy Rosa, Paris, José Corti, 1985, p. 5-27.

VERNIER, France, « Ni personnages, ni Peuple : quel est le héros des *Misérables* ? », *Victor Hugo,* Les Misérables, *« la preuve par les abîmes »*, actes du colloque d'agrégation du 3 décembre 1994, organisé par la Société des études romantiques, textes réunis par José-Luis Diaz, Paris, SEDES, 1994, p. 73-89.

WULF, Judith, « Décentrements narratifs dans *Hernani* », *Genres, Styles, Auteurs*, dir. C. Reggiani, Claire Stolz, L. Susini, n° 8, Paris, PUPS, 2008, p. 195-210.

WULF, Judith, « Dénombrement titanique. L'effet-liste dans *Quatrevingt-Treize* », *Liste et effet-liste en littérature*, dir. S. Lawson, M. Lecolle, M. Raymond, Paris, Garnier, 2013, p. 261-273.

AUTRES TEXTES CRITIQUES ET THÉORIQUES

ADAM, Jean-Marie, « Types de séquences textuelles élémentaires », *Pratiques*, n° 56, 1987, p. 54-79.

ADAM, Jean-Marie, « Textualité et séquentialité, l'exemple de la description », *Langue Française*, n° 74, mai 1987, p. 51-72.

ADAM, Jean-Marie, *Langue et littérature – Analyses pragmatiques et textuelles*, Paris, Hachette, 1991.

ADAM, Jean-Michel, LUGRIN, Gilles et REVAZ, Françoise, « Pour en finir avec le couple récit/discours », *Pratiques*, n° 100, 1998, p. 81-98.

ADAM, Jean-Marie et PETITJEAN, André, *Le Texte descriptif. Poétique historique et linguistique textuelle*, Paris, Nathan, 1989.

ADORNO, Théodor Wisengrund, *Mahler, une physionomie musicale* (1960), Paris, Minuit, 1976 pour la traduction française.

ADORNO, Théodor Wisengrund, *Quasi una fantasia. Écrits musicaux II* (1963), Paris, Gallimard, 1982 pour la traduction française.

ADORNO, Théodor Wisengrund, *Dialectique négative* (1966), Paris, Payot, 1992 pour la traduction française.

ADORNO, Théodor Wisengrund, *Théorie esthétique* (1970), Paris, Klincksieck, 1989 pour la traduction française.

AMOSSY, Ruth et MAINGUENEAU, Dominique (dir.), *L'Analyse du discours dans les études littéraires*, Toulouse, Presses Universitaires du Mirail, 2004.

ANGENOT, Marc, *La Parole pamphlétaire : contribution à la typologie des discours modernes*, Paris, Payot, coll. « Langages et sociétés », 1982.

ANSCOMBE, Jean-Claude et DUCROT, Oswald, *L'Argumentation dans la langue*, Bruxelles, Mardaga, 1983.

ANTOINE, Gérald, *La Coordination en français*, t. 2, Paris, D'Artrey, 1958.

AQUIEN, Michèle, *L'Autre Versant du langage*, Paris, José Corti, 1997.

ARISTOTE, *La Poétique*, Paris, Les Belles Lettres, 1985.

ARISTOTE, *La Rhétorique*, introduction de Michel Meyer, Paris Librairie générale française, 1991.

ARISTOTE, *Rhétorique des passions*, postface de Michel Meyer, Paris, Marseille, Rivages, 1991.

ARNAULD, Antoine et LANCELOT, Claude, *Grammaire générale et raisonnée* (1660), Hildesheim-New York, Georg Olms Verlag, 1973.

ARNAULD, Antoine et NICOLE, Pierre, *La Logique ou l'art de penser, contenant outre les règles communes, plusieurs observations nouvelles, propres à former le jugement* (1662), Paris, Flammarion, 1970.

ATLANI, Françoise, « On l'illusionniste », *La Langue au ras du texte*, Lille, Presses Universitaires de Lille, 1984, p. 13-29.

AUERBACH, Erich, *Mimesis. La représentation de la réalité dans la littérature occidentale*, Paris, Gallimard, « Tel », 1968 pour la traduction française.

AUSTIN, J. L., *Quand dire c'est faire* (1962), Paris, Seuil, 1970 pour la traduction française.

AUTHIER-REVUZ, Jacqueline, « Repères dans le champ du discours rapporté », *L'Information grammaticale*, n° 55, 1992, p. 38-42.

AUTHIER-REVUZ, Jacqueline, *Ces Mots qui ne vont pas de soi. Boucles réflexives et non coïncidences du dire*, 2 vol., Paris, Larousse, 1995.

AUTHIER-REVUZ, Jacqueline, « Énonciation, méta-énonciation. Hétérogénéités énonciatives et problématiques du sujet », *Les Sujets et leurs discours. Énonciation et interaction*, dir. Robert Vion, Aix-en-Provence, Publications de l'Université de Provence, p. 63-79.

AYMES, Marc, RUELLE, Charles, CASSAN, Élodie, COHEN, Déborah, FLICHE, Benoît, HERMANT, Héloïse, HURAND, Bérengère et MARIE, Laurence, « Penser par extraordinaire », *Labyrinthe*, n° 26, 2007, p. 11-76.

BACHELARD, Gaston, *La Formation de l'esprit scientifique. Contribution à une psychanalyse de la connaissance*, Paris, Vrin, 1996.

BAKHTINE, Mikhaïl, *Poétique de Dostoïevski*, Paris, Seuil, 1970, pour la traduction française.

BAKHTINE, Mikhaïl, *Le Marxisme et la philosophie du langage*, Paris, Minuit, 1977 pour la traduction française.

BAKHTINE, Mikhaïl, *Esthétique et théorie du roman*, Paris, Gallimard, « Tel », 1987, pour la traduction française.

BAL, Mieke, « Narration et focalisation », *Poétique*, n° 29, 1977, p. 107-127.

BALLY, Charles, *Traité de stylistique française*, Heidelberg, C. Winter, 1921.

BARTHES, Roland, *Le Degré zéro de l'écriture*, Paris, « Points », Seuil, 1953.

BARTHES, Roland, « L'effet de réel » *Communications*, n° 11, 1968, p. 84-89, repris dans *Littératures et réalité*, Paris, Seuil, 1982.

BARTHES, Roland, *S/Z*, Paris, « Points », Seuil 1970.

BARTHES, Roland, *Sade, Fourier, Loyola*, Paris, « Points », Seuil, 1971.

BARTHES, Roland, *Le Plaisir du texte*, Paris, Seuil, 1973.

BATTEUX, Charles, *Les Beaux-Arts réduits à un même principe* (1746-1773), Paris, Aux Amateurs de Livres, 1989.

BATTEUX, Charles, *Principes de la littérature* (1764), Genève, Droz, 1967.

BAUDELAIRE, Charles, « Le palimpseste du cerveau humain » de Thomas de Quincey, *Suspiria de profundis, Confessions of an english opium eater* (1845), *in Un mangeur d'opium*, Études Baudelairiennes VI VII, Neuchâtel, Les Éditions de la Baconnière, 1976.

BAUDRILLARD, Jean, *De la séduction*, Paris, Galilée, 1988.

BEARDSLEY, Monroe, *Aesthetic, Problems in the philosopha of criticism*, Indianapolis, Hackett, 1981.

BECQ, Annie, *Genèse de l'esthétique française moderne. De la Raison classique à l'imagination créatice (1680-1814)*, Pisa, Pacini editore, 1984.

BÉNICHOU, Paul, *Le Sacre de l'écrivain. 1750-1830. Essai sur l'avènement d'un pouvoir spirituel laïque dans la France moderne*, Paris, José Corti, 1973.

BENJAMIN, Walter, *Origine du drame baroque allemand* (1916), Paris, Flammarion, 1985 pour la traduction française.

BENJAMIN, Walter, *Paris, capitale du XIX*e *siècle. Le livre des passages*, Paris, Le Cerf, 1989, pour la traduction française.

BENJAMIN, Walter, *Écrits français*, Paris, Gallimard, 1991 pour l'appareil critique, l'introduction et les notices.

BENVENISTE, Émile, *Problèmes de linguistique générale*, I et II, Paris, Gallimard, NRF, 1966 et 1974.

BERGSON, Henri, *Le Rire. Essai sur la signification du comique*, Paris, PUF, « Quadrige », 1989.

BERNADET, Arnaud, *L'exil et l'utopie, Politiques de Verlaine*, Saint Étienne, Publications de l'université de Saint-Étienne, 2007.

BERRENDONNER, Alain, *Éléments de pragmatique linguistique*, Paris, Minuit, 1981.

BERTRAND, Denis, « Le langage spatial dans *La Bête humaine* », *Mimesis et semiosis. Littérature et représentation. Miscellanées offertes à H. Mitterand*, Paris, Nathan, 1992, p. 187-201.

BESSIÈRE, Jean, *Énigmaticité de la littérature. Pour une anatomie de la fiction au XXe siècle*, Paris, PUF, 1993.

BINKLEY, Thimothy, « "Pièce" : contre l'esthétique », *in Esthétique et poétique*, textes réunis et présentés par Gérard Genette, Paris, Seuil, 1992.

BLANCHOT, Maurice, *La Part du feu*, Paris, Gallimard, 1949.

BLANCHOT, Maurice, *L'Espace littéraire*, Paris, Gallimard, 1955.

BLANCHOT, Maurice, *L'Entretien infini*, Paris, Gallimard, 1971.

BLOCKER, Gene, « The truth about fictionnal entities » *Philosophical Quarterly*, XXIV, 1974, p. 27-36.

BONHOMME, Marc, *Linguistique de la métonymie*, Bern, Francfort, Main, New York, Paris, Peter Lang, 1987.

BONNEFOY, Yves, *Entretiens sur la poésie : 1972-1990*, Paris, Mercure de France, 1992.

BOOTH, Wayne, *The Rhetoric of fiction*, Chicago, University of Chicago Press, 1961.

BORDAS, Éric, « Un stylème dix-neuviémiste : le déterminant discontinu *un de ces… qui…* », *L'Information grammaticale*, n° 90, 2001, p. 32-43.

BORDAS, Éric, « Introduction » au *Rythme de la prose*, *Semen*, n° 16, Presses Universitaires de Franche-Comté, 2003.

BORDAS, Éric, *« Style ». Un mot et des discours*, Paris, Éditions Kimé, 2008.

BORDAS, Éric, « Introduction », *Romantisme*, n° 148, « Style d'auteur », 2010, p. 3-9.

BOSSUET, Jacques-Bénigne, *Logique du dauphin*, Paris, Éditions Universitaires, 1990.

BOUGEARD, Cécile, « Les racines du droit d'auteur », *Le Droit d'auteur aujourd'hui*, dir. Cécile Bougeard et Isabelle de Lamberterie, Paris, Éditions du CNRS, 1991.

BOUVERESSE, Jacques, *La Parole malheureuse. De l'alchimie linguistique à la grammaire philosophique*, Paris, Minuit, 1971.

BOUVIER, Alban, *L'Argumentation philosophique*, Paris, PUF, 1995.

BRÉAL, Michel, *Essais de sémantique (science des significations)*, Paris, Hachette, 1897.

BRÉMOND, Claude, « Concept et thème », *Poétique*, n° 64, nov. 1985, p. 415-433.

BRES, Jacques, *La narrativité*, Duculot, Louvain-La-Neuve, 1994.

BRUNEAU, Charles, « L'époque romantique », *Histoire de la langue française des origines à nos jours*, XII, Ferdinand Brunot, Paris, Armand Colin, 1948.

BRUNEAU, Charles, « L'époque réaliste », *Histoire de la langue française des origines à nos jours*, XII, Ferdinand Brunot, Paris, Armand Colin, 1953.

BUFFAT, Marc, « Sur la notion de description dans *L'Encyclopédie* », *Rhétorique et discours critique. Échanges entre langue et métalangues*, actes du colloque du G.E.H.L.F tenu à l'École Normale Supérieure les 13 et 14 mars 1987, Paris, Presses de L'É.N.S, 1989, p. 113-121.

BÜHLER, Karl, *Théorie du langage. La fonction représentationnelle*, éd. par J. Friedrich et D. Samain, Marseille, Agone, 2009.

BUI, Véronique, « Le châle jaune des prostituées au XIXe siècle : signe d'appartenance ou signe de reconnaissance », *Signe, déchiffrement et interprétation*, *Fabula*, [en ligne] http://www.fabula.org/colloques/document939.php.

CALVINO, Italo, *La Machine littérature*, Paris, Seuil, 1984 pour la traduction française.

CALVINO, Italo, *Leçons américaines. Aide-mémoire pour le prochain millénaire*, Paris, Gallimard, 1989 pour la traduction française.

CAMPION, Pierre, *La Littérature à la recherche de la vérité*, Paris, Seuil, 1996.

CARRUTHERS, Mary, *The Book of memory. A study of memory in médieval culture*, Cambridge, New York, Melbourne, Cambridge University Press, 1992.

CARTIER-BRESSON, Bernard et MURAT, Michel, « C'est-à-dire ou la reprise interprétative », *Langue française*, n° 73, « La reformulation du sens dans le discours », fév 1987, p. 5-10.

CASSIRER, Ernst, *La Philosophie des formes symboliques*, 3 vol., Paris, Minuit, 1972.

CHANTRAINE, Pierre, *Dictionnaire étymologique de la langue grecque. Histoire des mots*, Paris, Klincksieck, 1968.

CHARLES, Michel, *Rhétorique de la lecture*, Paris, Seuil, 1977.

CHARLES, Michel, *Introduction à l'étude des textes*, Paris, Seuil, 1995.

CHAROLLES, Michel, « Introduction aux problèmes de la cohérence des textes (approche théorique et étude des pratiques pédagogiques) », *Langue Française*, n° 38, mai 1978, p. 7-41.

CHAROLLES, Michel, « L'ordre de la signification », *Pratiques*, n° spécial, « Pour un nouvel enseignement du français», 1980, p. 49-64.

CHISS, Jean-Louis et PUECH, Christian « L'anthropologie du langage : point aveugle de la philosophie linguistique de tradition française », *Cahiers Ferdinand de Saussure*, 56, 2003, p. 225-239.

COHEN, Jean, *Structure du langage poétique*, Paris, Flammarion, 1966, repris dans la collection « Champs ».

COHN, Dorrit, *La Transparence intérieure. Modes de représentation de la vie psychique dans le roman*, Paris, Seuil, 1981.

COLLOT, Michel, *L'Horizon fabuleux*, tome I (XIXe siècle), Paris, José Corti, 1988.

COLLOT, Michel, « L'autre dans le même », *Poésie et altérité*, actes du colloque *Rencontres sur la poésie moderne* de juin 1988, dir. Michel Collot et Jean-Claude Mathieu, Paris, Presses de l'É.N.S., 1990, p. 25-32.

COLLOT, Michel, *La Matière-émotion*, Paris, PUF, 1997.

COMBE, Dominique, *Les Genres littéraires*, Paris, Hachette, 1992.

COMBE, Dominique, *La Pensée et le style*, Paris, Éditions Universitaires, 1991.

COMBETTES, Bernard, *Pour une grammaire textuelle. La progression thématique*, Paris-Bruxelles, De Boeck-Duculot, 1983.

CORBLIN, Francis, « Défini et démonstratif dans la reprise immédiate », *Le Français moderne*, 1983, p. 118-133.

CORBLIN, Francis, « Les désignateurs dans les romans », *Poétique*, n° 54, avril 1983, p. 199-211.

CULIOLI, Antoine, « Valeurs aspectuelles et opérations énonciatives », *La Notion d'aspect*, dir. Jean David et Robert Martin, Paris, Klincksieck, 1980, p. 181-195.

CULIOLI, Antoine, *Pour une linguistique de l'énonciation* tome 3, « Domaine notionnel », Paris, Ophrys, 1999.

CULLER, Jonathan, « Prolegomena to a theory of reading », *The Reader in the text, Essays on audience and interpretation*, dir. Susan Suleiman et Inge Crosman, Princeton, Princeton University Press, 1980, p. 46-66.

DECOTTIGNIES, Jean, *L'Écriture de la fiction. Situation idéologique du roman*, Paris, PUF, 1979.

DEGUY, Michel, « Phrase, périphrase, paraphrase », *Poétique*, n° 117, fév. 1999, p. 57-73.

DELEUZE, Gilles, *Logique du sens*, Paris, Minuit, 1971.

DELEUZE, Gilles, *Différence et répétition*, Paris, PUF, 1989.

DELEUZE, Gilles, *Qu'est-ce que la philosophie ?*, Paris, Minuit, 1991.

DELON, Michel, *L'Idée d'énergie au tournant des Lumières (1770-1820)*, Paris, PUF, 1988.

DÉRUELLE, Aude, *Balzac et la digression. Une nouvelle prose romanesque*, Saint-Cyr sur Loire, Christian Pirot éditeur, 2004.

DÉTRIE, Catherine, « Entre ipséité et altérité : Statut énonciatif de "on" dans *Sylvie* », *L'Information grammaticale*, n° 76, 1998, p. 29-33.

DEWEY, John, *Art as experience*, New York, Capricorn Books, 1958.

DIAZ, José-Luis, « Conquêtes du roman (1800-1850) », *Romantisme*, 2013/2, n° 160, p. 3-9.

DIAZ, José-Luis, *L'Écrivain imaginaire. Scénographies auctoriales à l'époque romantique*, Paris, Honoré Champion, 2007.

DIDI-HUBERMAN, Georges, *Ce que nous voyons, ce qui nous regarde*, Paris, Minuit, 1992.

DOMINICY, Marc, « L'évocation discursive. Fondements et procédés d'une stratégie "opportuniste" », *Semen* [en ligne], n° 24, 2007.

DUCROT, Oswald, *Dire et ne pas dire* (1972), Paris, Hermann, édition revue et augmentée, 1980.

DUCROT, Oswald, « Texte et énonciation » *Les Mots du discours*, dir. Oswald Ducrot *et alii*, Paris, Minuit, 1980.

DUCROT, Oswald, *Le Dire et le dit*, Paris, Minuit, 1984.

DUCROT, Oswald, « "Topoi et Argumentation dans la langue" », *Lieux communs, topoï, stérétotypes, clichés*, dir. Christian Plantin, Paris, Kimé, 1993, p. 233-248.

DUCROT, Oswald et TODOROV, Tzvetan, *Dictionnaire encyclopédique des sciences du langage*, Paris, « Points », Seuil, 1972.

DUCROT, Oswald et SCHAEFFER, Jean-Marie, *Nouveau Dictionnaire encyclopédique des sciences du langage*, Paris, Seuil, 1995.

DUFOUR, Philippe, *La Pensée romanesque du langage*, Paris, Seuil, 2004.

DUMARSAIS, César Chesneau, *Des Tropes ou des différents sens* (1730), éd. critique par François Soublin, Paris, Flammarion, 1988.

DÜRRENMATT, Jacques, *Le vertige du vague. Les romantiques face à l'ambiguïté*, Paris, Kimé, 2001.

DÜRRENMATT, Jacques, *« Bien coupé mal cousu ». De la ponctuation et de la division du texte romantique*, Presses Universitaires de Vincennes, 1998.

EAGLETON, Terry, *Critique et théorie littéraire. Une introduction* (1983), Paris, PUF, 1994 pour la traduction française.

ECO, Umberto, *L'Œuvre ouverte*, Paris, Seuil, 1979 pour la traduction.

ECO, Umberto, « Peirce et la sémantique contemporaine », *Langages*, n° 58, 1981, p. 75-92.

ECO, Umberto, *Lector in fabula*, Paris, Grasset, 1985, pour la traduction française.

ECO, Umberto, *Le Signe. Histoire et analyse d'un concept*, Bruxelles, Éditions Labor, 1988 pour la traduction française.

EIKHENBAUM, Boris, « La théorie de la "méthode formelle" » (1925), *Théorie de la littérature. Textes des formalistes russes* réunis, présentés et traduits par Tzvetan Todorov, Paris, Seuil, 1965.

ENGLEBERT, Annick, « L'article partitif : l'évolution des conditions d'emploi », *Langue Française*, n° 109, février 1996, p. 9-28.

ERLICH, Victor, *Russian Formalism, history, doctrine*, Londres, la Haye Paris, Mouton, 1969.

ESCARPIT, Robert, « La définition du terme de littérature », actes du troisième congrès de littérature comparée, Utrecht, Mouton, 1961, p. 78-88.

EVERAERT-DESMEDT, Nicole, *Le Processus interprétatif. Introduction à la sémiotique de Charles S. Peirce*, Liège, Mardaga, 1990.

FISH, Stanley, « Is there a text in this class ? » Cambridge, Mass., Harvard University Press, 1982.

FONTANIER, Pierre, *Les Figures du discours*, [réunion de deux traités de Fontanier concernant les figures non-tropes (1827) et les figures tropes (1830)], Paris, Flammarion, 1968, repris dans la collection « Champs ».

FONTANILLE, Jacques, *Le Savoir partagé. Sémiotique et théorie de la connaissance chez Marcel Proust*, Paris, Amsterdam, Philadelphia, Hadès Benjamin, 1987.

FONTANILLE, Jacques, *Sémiotique et littérature. Essais de méthode*, Paris, PUF, 1999.
FOUCAULT, Michel, *Les Mots et les choses*, Paris, Gallimard, 1966.
FOUCAULT, Michel, *L'Archéologie du savoir*, Paris, Gallimard, 1969.
FOUCAULT, Michel, « Qu'est-ce qu'un auteur ? », *Dits et écrits I, 1954-1975*, Paris, Gallimard, 2001.
FRANCKEL, Jean-Jacques et PAILLARD, Denis, « Aspects de la théorie d'Antoine Culioli », *Langages*, n° 129, 1998, p. 52-64.
FREGE, Gottlob, *Écrits logiques et philosophiques*, Paris, Seuil, 1971.
FRYE, Northrop, *Anatomie de la critique*, Paris, Gallimard, 1969 pour la traduction française.
GADAMER, Hans Georg, *Vérité et méthode* (1960), Paris, Seuil, 1976 pour la traduction française.
GARDES-TAMINE, Joëlle, « Métaphore et syntaxe », *Langages*, n° 54, juin 1979, p. 65-81.
GARY-PRIEUR, Marie-Noëlle, « Le nom propre constitue-t-il une catégorie linguistique ? », *Langue Française*, n° 92, déc 1991, p. 4-25.
GENETTE, Gérard, *Figures III*, Paris, Seuil, 1972.
GENETTE, Gérard, « Le statut pragmatique de la fiction narrative », *Poétique*, n° 78, avril 1989, p. 237-249.
GENETTE, Gérard, *Nouveau discours du récit*, Paris, Seuil, 1983.
GENETTE, Gérard, *L'Œuvre de l'art*, I, *Immanence et transcendance*, Paris, Seuil, 1994.
GENETTE, Gérard, *Fiction et Diction*, Paris, Seuil, 1991.
GENETTE, Gérard, *Figures IV*, Paris, Seuil, 1999.
GOODMAN, Nelson, *Langages de l'art. Une approche de la théorie des symboles*, Nîmes, J. Chambon, 1990, pour la traduction française.
GOODMAN, Nelson, *Manières de faire des mondes*, Nîmes, J. Chambon, 1992, pour la traduction française.
GOODMAN, Nelson, « Fiction for five fingers », *Philosophy and literature*, VI, 1982, p. 162-164.
GOODMAN, Nelson et ELGIN, Catherine, *Esthétique et connaissance. Pour changer de sujet*, Combas, l'Éclat, 1990, pour la traduction française.
GREIMAS, Algirdas Julien et COURTÉS, Joseph, *Sémiotique. Dictionnaire raisonné de la théorie du langage*, Paris, Hachette, 1979.
GREIMAS, Algirdas Julien et FONTANILLE, Jacques, *Sémiotique des passions*, Paris, Seuil, 1991.
GRICE, Herbert Paul, « Logique et Conversation », *Communications*, n° 30, 1979, p. 57-72.
GRIVEL, Charles, *Production de l'intérêt romanesque*, La Haye, Paris Mouton, 1973.

GRIZE, Jean-Blaise, « Argumentation, schématisation et logique naturelle », *Recherches sur le discours et l'argumentation*, Centre de Recherches Sémiologique de Neuchâtel, tirage spécial du n° 32 de la *Revue européenne des sciences sociales / Cahiers Vilfredo Pareto*, Genève, Droz, 1982, p. 183-200.

GRIZE, Jean-Blaise, *De la logique à l'argumentation*, Genève, Droz, 1982.

GUILLAUME, Gustave, *Temps et verbe. Théorie des aspects, des modes et des temps*, Paris, Honoré Champion, 1970.

HAMBURGER, Käte, *Logique des genres littéraires*, Paris, Seuil, 1986, pour la traduction française.

HAMON, Philippe, « Qu'est-ce qu'une description ? », *Poétique*, n° 12, 1972, p. 465-485.

HAMON, Philippe, « Note sur les notions de norme et de lisibilité en stylistique », *Littérature*, n° 14, mai 1974, p. 1 14-122.

HAMON, Philippe, « Pour un statut sémiologique du personnage », *Littérature*, n° 6, 1972, repris dans *Poétique du récit*, Paris, Seuil, 1977.

HAMON, Philippe, « Un discours contraint », *Littérature et réalité*, dir. R. Barthes *et alii*, Paris, Seuil, 1982.

HAMON, Philippe, *Le Personnel du roman. Le système des personnages dans les* Rougon-Macquart *d'Émile Zola*, Genève, Paris, diffusion Champion, 1983.

HAMON, Philippe, *Introduction à l'étude du descriptif*, Paris, Hachette, 1981.

HAMON, Philippe, *Texte et idéologie*, Paris, PUF, 1984, collection « Quadrige ».

HEGEL, Georg, Wilhelm, Friedrich, *Cours d'esthétique* (1842), troisième partie, « Le système des différents arts », Paris, Aubier, 1997, pour la traduction française.

HERRSTEIN-SMITH, Barbara, *Contingencies of value. Alternative perspectives for critical theory*, Harvard university press, Cambridge, Massachussets, and London, England, 1991.

HERSCHBERG-PIERROT, Anne, « Approche génétique du style », *Stylistiques ?*, dir. Laurence Bougault et Judith Wulf, Rennes, PUR, 2010, p. 33-40.

HJELMSLEV, Louis, *Prolégomènes à une théorie du langage* (1943), Paris, Minuit, 1968-1971.

HJELMSLEV, Louis, *Essais Linguistiques*, Paris, Minuit, 1971.

HOBSBAWM, Eric, *Nations et nationalisme depuis 1780. Programme, mythe, réalité* (1990), trad. Dominique Peters, Paris, Gallimard, 1992.

HUMBOLDT, Alexander et, OLTMANNS, Jabbo, *Voyage de Humbold et Bonpland [4, 1-2]. Recueil d'observations astronomiques d'opération trigonométriques et des mesures barométriques* –, Paris, Schoell, 1810.

HUMBOLDT, Wilhelm von, *Introduction à l'œuvre sur le Kavi* (1835), Paris, Seuil, 1974 pour la traduction française.

INGARDEN, Roman, *L'Œuvre d'art littéraire*, Lausanne, L'Age d'Homme, 1983 pour la traduction française.

INGARDEN, Roman, « Les différentes conceptions de la vérité dans l'œuvre d'art », *Revue d'esthétique*, *2*, 1949, p. 162-180.

ISER, Wolfgang, *L'Acte de lecture. Théorie de l'effet esthétique* (1976), Bruxelles, Mardaga, 1985 pour la traduction française.

JAKOBSON, Roman, *Essais de linguistique générale.* Minuit, 1963.

JAKOBSON, Roman, *Questions de poétique*, Paris, Seuil, 1973.

JANKÉLÉVICH, Vladimir, *Quelque part dans l'inachevé*, Paris, Gallimard, 1978.

JAUSS, Hans Robert, *Pour une esthétique de la réception* (traduction de divers textes datant de 1972 à 1978), Paris, « Tel » Gallimard, 1978 pour la traduction française.

JENNY, Laurent, *La Parole singulière*, Paris, Belin, 1990.

JOUVE, Vincent, *L'Effet-personnage dans le roman*, Paris, PUF, 1992.

KANDINSKY, Wassily, *Du spirituel dans l'art et dans la peinture en particulier*, Paris, « Folio », Gallimard, 1989 pour la traduction française.

KANT, Emmanuel, *Critique de la raison pure*, Paris, PUF, 1975 pour la traduction française.

KANT, Emmanuel, *Critique de la faculté de juger*, Paris, Vrin, 1993 pour la traduction française.

KERBRAT-ORECCHIONI, Catherine, *L'Énonciation. De la subjectivité dans le langage*, Paris, Armand Colin, 1980.

KERBRAT-ORECCHIONI, « Le texte littéraire : non-référence, autoréférence ou référence fictionnelle », *Texte*, n° 1, 1982, p. 27-49.

KERBRAT-ORECCHIONI, *La Connotation*, Lyon, Presses Universitaires de Lyon, 1983.

KERBRAT-ORECCHIONI, *L'Implicite*, Paris, Armand Colin, 1986.

KLEIBER, Georges, « Pour une explication du paradoxe de la reprise immédiate », *Langue française*, n° 72, déc. 1986, p. 54-76.

KLEIBER, Georges, *Nominales. Essais de sémantique référentielle*, Paris, Armand Colin, 1994.

KLINKENBERG, Jean-Marie, « Le concept d'isotopie en sémantique et en sémiotique littéraire », *Le Français Moderne*, n° 41, 1973, p. 285-290.

KLINKENBERG, Jean-Marie, *Le Sens rhétorique. Essais de sémantique littéraire*, Toronto, Bruxelles, Éditions du Gref / Les Éperonniers, 1990.

KRIPKE, Saul, *La Logique des noms propres* (1972), Paris, Minuit, 1982 pour la traduction française.

KRISTEVA, Julia, *Semeiotike. Recherches pour une Sémanalyse*, Paris, Seuil, 1969.

KRISTEVA, Julia, *La Révolution du langage poétique*, Paris, Seuil, 1974.

KRISTEVA, Julia, *Le Temps sensible. Proust et l'expérience littéraire*, Paris, Gallimard, 1994.

KRISTEVA, Julia, *Le Texte du roman. Approche sémiologique d'une structure discursive transformationnelle*, La Hague, Paris, New York, Mouton Publishers, 1970.

LACOUE-LABARTHE, Philippe, Présentation du n° 21 de la revue *Poétique*, « Littérature et philosophie mêlées », 1975.

LACOUE-LABARTHE, Philippe et NANCY, Jean-Luc, *L'Absolu littéraire. Théorie de la littérature du romantisme allemand*, Paris, Seuil, 1978.

LA HARPE, Jean-François de, *Lycée ou cours de littérature ancienne et moderne*, 2 volumes, Paris, Didier, 1834.

LE BRUN, Annie, *Les Châteaux de la subversion*, Paris, Jean-Jacques Pauvert, 1982, repris dans la collection « Folio essais ».

LE GUERN MICHEL, *Sémantique de la métaphore et de la métonymie*, Paris, Seuil, 1975.

LEVI-STRAUSS, Claude, « Introduction à l'œuvre de Marcel Mauss » *Marcel Mauss, Sociologie et anthropologie*, Paris, PUF, 1968.

LEWIS, David, « Truth in fiction », *American Philosophical Quarterly*, XV, 1978, p. 37-46.

LINSKY, Léonard, *Le Problème de la référence*, Paris, Seuil, 1967 pour la traduction française.

LOTMAN, Iouri, *La Structure du texte artistique* (1970), Paris, Gallimard, 1973 pour la traduction française.

LUKACS, Georg, *La Théorie du roman*, Paris, Gallimard, 1995 pour la traduction française.

LUKACS, Georg, *Problèmes du réalisme*, Paris, L'Arche, 1975 pour la traduction française.

MACDONALD, Margaret, « Le langage de la fiction » (traduction de « The language of fiction », *Proceedings of the Aristotelician Society*, suppl. vol 27, 1954 p. 165-184), *Poétique*, n° 78, avril 1989, p. 219-235.

MACHEREY, Pierre, *À quoi pense la littérature ? Exercices de philosophie littéraire*, Paris, PUF, 1990.

MACHEREY, Pierre, « La chose littéraire », postface à *La Production de l'immatériel, Théories, représentations et pratiques de la culture au XIXe siècle*, dir. Jean-Yves Mollier, Philippe Régnier et Alain Vaillant, Saint-Étienne, Publications de l'Université de Saint-Étienne, 2008, p. 442-455.

MADELÉNAT, Daniel, *L'Épopée*, Paris, PUF, 1986.

MAINGUENEAU, Dominique, *Pragmatique pour le discours littéraire*, Paris, Bordas, 1990.

MAINGUENEAU, Dominique, *Analyse du discours. Introduction aux lectures de l'archive*, Paris, Hachette, 1991.

MAINGUENEAU, Dominique, *Le Contexte de l'œuvre littéraire. Énonciation, écrivain, société*, Paris, Dunod, 1993.

MARGOLIS, Joseph, « The logic and structure of fictional narratives », *Philosophy and Literature*, VII, 1983, p. 162-181.

MARTIN, René, *Pour une logique du sens*, Paris, PUF, 1983.

MARTIN, René, *Langage et croyance*, Bruxelles, Mardaga, 1987.

MARTIN, Yves-Olivier, *Histoire du roman populaire en France de 1840 à 1980*, Paris, Albin Michel, 1980.

MAZALEYRAT, Jean et MOLINIÉ, Georges, *Vocabulaire de la stylistique*, Paris, PUF, 1989.

MESCHONNIC, Henri, *Pour la poétique I*, Paris, Gallimard, 1970.

MESCHONNIC, Henri, *Critique du rythme. Anthropologie et histoire du langage*, Lagrasse, Verdier, 1982.

MESCHONNIC, Henri, *Les États de la poétique*, Paris, PUF, 1995.

MEYER, Michel, *Questions de rhétorique : langage, raison et séduction*, Paris, Librairie Générale Française, 1993.

MICHELET, Jules, *Œuvres complètes*, I, édit. critique par Paul Viallaneix, Paris, Flammarion, 1971.

MILLET, Claude, *Le Légendaire au XIXe siècle*, Paris, PUF, 1997.

MILLET, Claude, *Le Romantisme*, Paris, Le Livre de Poche, 2007.

MILLET, Claude, « Le jargon romantique », *Politiques de l'antiromantisme*, dir. Claude Millet, Paris, Garnier, 2012, p. 25-45.

MILNER, Jean-Claude, « Réflexions sur la référence », *Langue française*, n° 30, mai 1976 p. 63-73.

MITTERAND, Henri, « Le paragraphe est-il une unité linguistique ? », *La Notion de Paragraphe*, dir. Roger Laufer, Paris, Éditions du CNRS, 1985.

MODIGLIANI, Denise, « La céleste étincelle de Prométhée. Essai sur la philosophie du langage dans le discours de Herder », *Traité de l'origine du langage*, Johann Gottfried Herder, Paris, PUF, 1997.

MOLINIÉ, Georges, *Éléments de stylistique française*, Paris, PUF, 1986.

MOLINIÉ, Georges, *Dictionnaire de rhétorique*, Les usuels de poche, Paris, Librairie générale française, 1993.

MOLINIÉ, Georges, *Approches de la réception. Sémiostylistique et sociopoétique de Le Clézio*, Paris, PUF, 1993.

MOLINIÉ, Georges, « Le style en sémiostylistique », *Qu'est-ce que le style ?*, actes du colloque international de la sorborme des 9, 10 et 11 octobre 1991, dir. Pierre Cahné et Georges Molinié, Paris, PUF, 1994.

MOLINIÉ, Georges, *Sémiostylistique. L'effet de l'art*, Paris PUF, 1998.

MOLINIÉ, Georges, *Hermès mutilé. Vers une herméneutique matérielle. Essai de philosophie du langage*, Honoré Champion, coll. *« Bibliothèque de Grammaire et de Linguistique »*, n° 21, 2005.

MONTAIGNE, Michel de, *Les Essais, III, 13*, Paris, PUF, « Quadrige », 1992.
MULLER, Claude, « La négation comme jugement », *Langue française*, n° 94, 1992, p. 26-34.
MURAT, Michel, « Reconnaisance au romanesque », *Le Romanesque*, dir. Gilles Declercq et Michel Murat, Paris, Presses de la Sorbonne Nouvelle, 2004.
NEVEU, Franck, *Études sur l'apposition. Aspects du détachement nominal et adjectival en français contemporain, dans un corpus de textes de J.-P. Sartre*, Honoré Champion, 1998.
NEVEU, Franck, « L'homonymie textuelle à l'épreuve de l'évocation. Quelques éléments de réflexion épistémologique pour une sémantique de l'interprétation », *Littérature et linguistique : diachronie / synchronie – Autour des travaux de Michèle Perret*, dir. Dominique Lagorgette et Marielle Lignereux, CD-Rom, Chambéry, Université de Savoie, 2007, p. 2-9.
NIETZSCHE, Friedrich, *Le Livre du philosophe*, Paris, Flammarion, 1991 pour la traduction française.
NOAILLY, Michèle, *Le substantif épithète*, Paris, PUF, 1990.
NOIRAY, Jacques, *Le Romancier et la machine. L'image de la machine dans le roman français (1850-1900).* Tome I, « L'univers de Zola », Paris, José Corti, 1981.
NONNENMACHER, Georges, « Poésie, relation et altérité », *Poésie et altérité*, actes du colloque Rencontres sur la poésie moderne de juin 1988, dir. Michel Collot et Jean-Claude Mathieu, Paris, Presse de l'É.N.S., 1990, p. 33-41.
NORMAND, Claudine, *Métaphore et Concept*, Bruxelles, Éditions Complexes, 1976.
NOVALIS, *Le Brouillon général*, trad. française et annotation d'Olivier Schefer, Paris, Allia, 2000.
OGDEN, Charles Kay et RICHARDS, Ivor Amonstrong, *The Meaning of meaning* (1923), New-York, Harcourt, Brace, 1948.
OUELLET, Pierre, « Signification et sensation », PULIM 20, 1992.
PANOFSKY, Erwin, *Idea. Contribution à l'histoire du concept de l'ancienne théorie de l'art* (1924), Paris, Gallimard, 1983 pour la traduction française.
PARRET, Herman, Introduction et « Seuils et discontinuité : les fractures du sublime », *Le Sens et ses hétérogénéités*, dir. Herman Parret, Paris, Éditions du CNRS, 1991, p. 11-28 et p. 233-253.
PAVEAU, Marie-Anne et SARFATI, Georges-Elia, *Les Grandes Théories de la linguistique*, Paris, Armand Colin, 2003.
PAVEL, Thomas, *Univers de la fiction*, Paris, Seuil, 1988, pour la traduction française.
PÊCHEUX, Michel, *Les Vérités de La Palice.* Paris, Maspero, 1975.
PEIRCE, Charles Sanders, *Collected Papers*, sélectionnés et présentés par P. Weiss et C. Hartshorne, 8 vol., Harvard University Press, 1932-1954.

PEIRCE, Charles Sanders, *Écrits sur le signe*, rassemblés, traduits et commentés par Gérard Deledalle, Paris, Seuil, 1978.

PERELMAN, Chaïm, *L'Empire rhétorique. Rhétorique et argumentation*, Paris, Vrin, 1997.

PERELMAN, Chaïm et OLBRECHTS-TYTECA, Lucie, *Traité de l'argumentation. La nouvelle rhétorique*, Bruxelles, Éditions de l'Université de Bruxelles, 1970.

PETITJEAN, André, « Les typologies textuelles », *Pratiques*, n° 62, juin 1989, p. 86-125.

PHILIPPE, Gilles, « Purisme linguistique et purisme stylistique : la langue littéraire et la norme au XXe siècle », *Le Français moderne*, n° 1, 2008, p. 14-23.

PHILIPPE, Gilles et PIAT, Julien, *La Langue littéraire. Une histoire de la prose en France de Gustave Flaubert à Claude Simon*, Fayard, 2009.

PIERSSENS, Michel, *Savoirs à l'œuvre : Essais d'épistémocritique*, Lille, Septentrion, 1990.

PLATON, *La République*, texte établi et traduit par Émile Chambry, Paris, Les Belles Lettres, 1970.

POUIVET, Georges (dir.), *Lire Goodman, Les voies de la référence*, Cahors, Éditions de l'éclat, 1992.

PRANDI, Michele, « Figures textuelles du silence, l'exemple de la réticence », *Le Sens et ses hétérogénéités*, dir. Herman Parret, Paris, Éditons du CNRS, 1991, p. 155-174.

PRANDI, Michele, *Grammaire philosophique des tropes. Mise en forme linguistique et interprétation discursive des conflits conceptuels*, Paris, Minuit, 1992.

PRINCE, Gerald, « Thème et interprétation », *Poétique*, n° 64, nov. 1985, p. 425-433.

PULCINELLI-ORLANDI, Eni, « Hétérogénéité et silence », *Le Sens et ses hétérogénéités*, dir. Herman Parret, Paris, Éditions du CNRS, 1991, p. 203-215.

QUEFFÉLEC, Lise, *Le Roman-feuilleton français au XIXe siècle*, Paris, PUF, Collection « Que-sais-je ? », 1989.

QUÉRÉ, Henri, *Intermittences du sens*, Paris, PUF, 1992.

QUINTILIEN, *Institution oratoire*, volume V, Paris, Les Belles Lettres, 1978.

RABATÉ, Dominique (dir.), *Figures du sujet lyrique*, Paris, PUF, 1996.

RABATEL, Alain, « Fondus enchaînés énonciatifs. Scénographie énonciative et points de vue », *Poétique*, n° 126, 2001, p. 151-173.

RABATEL, Alain, *Argumenter en racontant*, De Boeck, Bruxelles, 2004.

RANCIÈRE, Jacques, *La Mésentente*, Paris, Galilée, 1995.

RANCIÈRE, Jacques, *La Parole muette. Essai sur les contradictions de la littérature*, Paris, Hachette 1998.

RANCIÈRE, Jacques, *Le Partage du sensible*, Paris, La Fabrique, 2000.

RASTIER, François, *Sémantique interprétative*, Paris, PUF, 1987.

RASTIER, François, *Sens et textualité*, Paris, Hachette, 1989.

RASTIER, François, « Problématiques du signe et du texte », *Intellectica*, nº 23, 1996, p. 11-52.

RASTIER, François, « Le problème épistémologique du contexte et le statut de l'interprétation dans les sciences du langage », *Langages*, nº 129, mars 1998, p. 97-111.

RASTIER, François, « Rhétorique et interprétation des figures », *Sémantique et rhétorique*, dir. Michel Ballabriga, Toulouse, Éditions Universitaires du Sud, 1998, p. 33-57.

RASTIER, François, « Valeur saussurienne et valeur monétaire », *L'Information grammaticale*, nº 95, 2002, p. 46-49.

RASTIER, François, « Formes sémantiques et textualité », *Langages*, nº 163, 2006, p. 99-114.

RAULET-MARCEL, Caroline, *Librairie romantique et genre romanesque : l'instauration d'une nouvelle relation entre l'auteur et son lecteur sous la restauration*, thèse de doctorat, sous la direction de Guy Rosa, Université Paris VII, 2008.

REBOUL, Anne, *Rhétorique et stylistique de la fiction*, Nancy, Presses Universitaires de Nancy, 1992.

RECANATI, François, *La Transparence et l'énonciation. Pour introduire à la pragmatique*, Paris, Seuil, 1979.

RECANATI, François, *Les Énoncés performatifs. Contribution à la pragmatique*, Paris, Minuit, 1981.

REGGIANI, Christelle, *Éloquence du roman : rhétorique, littérature et politique aux XIXe et XXe siècles*, Genève, Droz, 2008.

REISS, Timothy, « Peirce, Frege, la vérité, le Tiers inclus et le champ pratiqué », *Langages*, nº 58, 1980, p. 103-127.

REY-DEBOVE, Josette, « Autonymie et sémiotique littéraire », *Littérature*, nº 16, déc 1974, p. 107-116.

REY-DEBOVE, Josette, *Le Métalangage. Étude linguistique du discours sur le langage*, Paris, Le Robert, 1978, repris chez Armand Colin / Masson, 1997.

RICHARDS, Ivor Amstrong, *Principles of literary criticism*, London, Kegan Paul, Trubner and C, 1944.

RICŒUR, Paul, *La Métaphore vive*, Paris, Seuil, 1975, repris dans la collection « Points ».

RICŒUR, Paul, *Temps et récit I. L'intrigue et le récit historique*, Paris, Seuil, 1983, repris dans la collection « Points ».

RICŒUR, Paul, *Temps et récit IL La configuration dans le récit de fiction*, Paris, Seuil, 1984, repris dans la collection « Points ».

RICŒUR, Paul, *Temps et récit III. Le temps raconté*, Paris, Seuil, 1985, repris dans la collection « Points ».

RIEGEL, Martin, Présentation du n° 57 de la revue *Langue française*, « Grammaire et référence », 1983.

RIEGEL, Martin, « Définition directe et indirecte dans le langage ordinaire. Les énoncés définitoires copulatifs », *Langue française*, n° 73, « La reformulation du sens dans le discours », fév 1987, p. 29-51.

RIEGEL, Martin, PELLAT, Jean-Christophe, RIOUL, René, *Grammaire méthodique du français*, Paris, PUF, 1994 (2e édition).

RIFFATERRE, Michael, *Essais de stylistique structurale*, Paris, Flammarion, 1971 pour la traduction française.

RIFFATERRE, Michael, « L'illusion référentielle » (1978), *Littérature et Réalité*, (dir. R. Barthes et al), Paris, Seuil, 1982.

RIFFATERRE, Michael, *La Production du texte*, Paris, Seuil, 1979.

RIFFATERRE, Michael, « La trace de l'intertexte », *La Pensée*, n° 215, octobre 1980.

RIFFATERRE, Michael, *Sémiotique de la poésie*, Paris, Seuil, 1983, pour la traduction française.

RUWET, Nicolas, « Roman Jakobson. Linguistique et poétique, vingt-cinq ans après », *Le Souci des apparences. Neuf études de poétique et de métrique*, dir. Marc Dominicy, Bruxelles, Éditions de l'Université de Bruxelles, 1989.

RYLE, Gilbert, « Imaginary objects », *Aristotelian Society*, supplementary volume, XII, 1933, p. 18-43.

SAINT-GÉRAND, Jacques-Philippe, « Les mots pour interpréter : Stendhal sémiologue contre l'idéologie », *L'Information grammaticale*, n° 72, 1997, p. 41-46.

SAINT-GÉRAND, Jacques-Philippe, « Langue et langages du XIXe siècle », *Nouvelle histoire de la langue française*, dir. Jacques Chaurand, Paris, Seuil, 1999.

SAUSSURE, Frédéric de, *Cours de linguistique générale*, Paris, Payot, 1974.

SCHAEFFER, Jean-Marie, *Les Célibataires de l'art. Pour une esthétique sans mythes*, Paris, Gallimard, 1996.

SCHAEFFER, Jean-Marie, « Le romanesque », *Vox poetica*, [en ligne] p. 1.

SCHEFER, Olivier MARGANTIN, Laurent et LEBLANC, Charles, *La Forme poétique du monde. Anthologie du romantisme allemand*, Paris, José Corti, 2003.

SCHELLING, F. W. J., *Système de l'idéalisme transcendantal*, Louvain, Peeters, Louvain-la-Neuve, Éditions de l'Institut supérieur de Philosophie, diffusion Vrin, 1978, pour la traduction française.

SCHLEGEL, August Wilhelm, *Leçons sur l'histoire de la théorie des beaux arts* suivies des *articles du « Conversations-Lexicon » concernant l'architecture la sculpture et la peinture*, Paris, Pichon et Didier, 1830 pour la traduction française.

SCHOR, Naomi, « Fiction as interprétation / Interprétation as fiction », *The Reader in the text : Essays on audience and interpretation*, dir. Susan Suleiman et Inge Crosman, Princeton, Princeton University Press, 1980, p. 165-182.

SEARLE, John Rogers, *Les Actes de langage*, Paris, Hermann, 1972.

SEARLE, John Rogers, *Sens et expression*, Paris, Minuit, 1982 pour la traduction française.

SIMMEL, Georg, *Philosophie de la modernité* (trad. de divers textes datant de 1891 à 1923), Paris, Payot, 1990 pour la traduction française.

SKULSY, Harold, « On being moved by fiction », *Journal of Aesthetics and Art Criticism*, XXXIX, 1980, p. 5-14.

SPERBER, Dan et WILSON, Deirdre, « Remarques sur l'interprétation des énoncés selon Paul Grice », *Communications*, n° 30, 1979, p. 80-94.

STAËL, Germaine de, *De la littérature considérée dans ses rapports avec les institutions sociales* (1801), Paris, Classiques Garnier, 1998.

STAROBINSKI, Jean, *Action et réaction. Vie et aventure d'un couple*, Paris, Seuil, 1999.

SULEIMAN, Susan, « Introduction », *The Reader in the text. Essays on audience and interprétation*, dir. Susan Suleiman et Inge Crosman, Princeton, Princeton University Press, 1980.

SULEIMAN, Susan, *Le Roman à thèse ou l'autorité fictive*, Paris, PUF, 1983, pour la traduction française.

SUSINI, Laurent, « "Je ne vois partout qu'obscurité" : clairs-obscurs du paradoxe dans les Pensées de Pascal. », *L'obscurité. Langage et herméneutique sous l'Ancien Régime*, dir. Delphine Denis, Academia-Bruylant, 2007, p. 93-106.

SVENBRO, Jesper, « La Grèce archaïque et classique. L'invention de la lecture silencieuse », *Histoire de la lecture dans le monde occidental*, dir. Gugliemo Cavallo et Roger Chartier, Paris, Seuil, 1997.

TAMBA-MECZ, Irène, *Le Sens figuré. Vers une théorie de l'énonciation figurative*, Paris, PUF, 1981.

TAMBA-MECZ, Irène, « La composante référentielle dans *Un manteau de laine* et *Un manteau en laine* », *Langue Française*, n° 57, 1983, p. 119-128.

TODOROV, Tzvetan, *Théorie de la littérature. Textes des formalistes* russes, Paris, seuil, 1965.

TODOROV, Tzvetan, « Les anomalies sémantiques », *Langages*, n° 1, mars 1966, p. 100-123.

TODOROV, Tzvetan, « La lecture comme construction », *Poétique*, n° 24, 1975, p. 417-425, repris dans *Poétique de la prose* choix, suivi de *Nouvelles recherches sur le récit*, Paris, Seuil, 1971, 1978.

TODOROV, Tzvetan, *Théories du symbole*, Paris, Seuil, 1977, repris dans la collection « Points ».

TODOROV, Tzvetan, *La Notion de littérature*, Paris, Seuil, 1987.

TRABANT, Jürgen, « Du génie aux gènes de la langue », *Et le génie des langues ?*, dir. Henri Meschonnic, Saint-Denis, Presses Universitaires de Vincennes, 2000.

TRABANT, Jürgen, « Les langues des peuples sauvages dans quelques projets anthropologiques autour de 1800 », *Revue Germanique internationale*, 21, 2004, p. 11-26.

UBERSFELD, Anne, *Lire le théâtre III*, Paris, Nathan, 1996.

VADÉ, Yves, *L'Enchantement littéraire. Écriture et magie de Chateaubriand à Rimbaud*, Paris, Gallimard, 1990.

VAILLANT, Alain, *La crise de la littérature. Romantisme et modernité*, Grenoble, ELLUG, 2005.

VAILLANT, Alain, « Lyrisme de l'ironie », *Esthétique du rire*, dir. Alain Vaillant, Nanterre, Presses Universitaires de Paris Ouest, 2013, p. 277-306.

VALÉRY, Paul, *Variétés*, *Œuvres*, I, Paris, Gallimard, « Bibliothèque de la Pléiade », 1957.

VALÉRY, Paul, *Pièces sur l'art*, *Œuvres*, II, Paris, Gallimard, « Bibliothèque de la Pléiade », 1960.

VIALA, Alain, *Naissance de l'écrivain*, Paris, Minuit, 1985.

VICO, Giambattista, *De antiquissima sapientia italororum : ex linguae latinae originibus eruenda libri tres*, Mauvezin, Trans-Europ-Repress, 1987.

VON MOOS, Peter, « Introduction à une histoire de *l'endoxon* », *Lieux communs, topoï, stérétotypes, clichés*, dir. Christian Plantin, Kimé, 1993, chapitre 1, p. 3-16.

VUILLAUME, Marcel, *Grammaire temporelle des récits*, Paris, Minuit, 1990.

WEINRICH, Harald, « Semantik der Metapher », *Folia linguistica* I, 1967, p. 3-17.

WEINRICH, Harald, *Le Temps*, Paris, Seuil, 1973 pour la traduction française.

WELLEK, René et WARREN, Austin, *La Théorie littéraire*, Paris, Seuil, 1971 pour la traduction française.

WIMSATT, William Kurtz Jr et BEARDSLEY, Monroe Curtis, « The affective fallacy », *Sewanee Review*, LVII, The University of the South, Sewanee, Tenessee, p. 31-55.

WIMSATT, William Kurtz Jr et BEARDSLEY, Monroe Curtis, « *The Verbal Icon* », University of Kentucky Press, 1954.

WITTGENSTEIN, Ludwig, *Tractatus logico-philosophicus* suivi des *Investigations philosophiques* (1918 et 1953), Paris, Gallimard, 1961 pour la traduction française, repris dans la collection « Tel ».

ZILBERBERG, Claude, *Raison et poétique du sens*, Paris, PUF, 1988.

ZILBERBERG, Claude et FONTANILLE, Jacques, *Tension et signification*, Liège, Mardaga, 1998.

INDEX DES ŒUVRES CITÉES

TABLE DES MATIÈRES

DEUXIÈME PARTIE

LES CONTRAINTES DU VERBAL

TROISIÈME PARTIE

LE STYLE COMME MODE DE VIVRE

QUATRIÈME PARTIE

PORTÉE ROMANESQUE

IMPRIM'VERT®

Achevé d'imprimer par Corlet,
Condé-en-Normandie (Calvados),
en Janvier 2022
N° d'impression : 174752 - dépôt légal : Janvier 2022
Imprimé en France